Zu diesem Buch

Das 19. Jahrhundert gilt als Zeitalter des Historismus, als Epoche also, in der der Sinn für das Historische sowohl in den Wissenschaften wie im gesellschaftlichen Bewußtsein zentrale Bedeutung gewinnt und gleichzeitig eine Professionalisierung der Historiographie selbst zu beobachten ist. Die Beiträge des dritten Bandes der Reihe *Geschichtsdiskurs* nehmen diese Prozesse einer umgreifenden Historisierung aus verschiedenen Perspektiven in den Blick. Der Historismus wird dadurch als internationales und die verschiedenen wissenschaftlichen Disziplinen übergreifendes Phänomen vor Augen geführt. Das 19. Jahrhundert zeigt sich als Epoche eines tiefgreifenden Wandels historischer Repräsentation, nicht zuletzt auch in der bildenden Kunst und Literatur. Gleichzeitig läßt die Untersuchung verschiedener nationaler Geschichtskulturen erkennen, welche Rolle die Geschichtswissenschaften bei der Herausbildung der neuen Nationalstaaten spielten.

Die Herausgeber

WOLFGANG KÜTTLER, geboren 1936, war von 1990 bis 1991 Direktor des Instituts für deutsche Geschichte an der Akademie der Wissenschaften Berlin (Ost) und ist seit 1995 wissenschaftlicher Mitarbeiter am Max-Planck-Institut für Wissenschaftsgeschichte in Berlin. Wichtige Veröffentlichungen: *Formationstheorie und Geschichte* (Mithg. und Autor, 1978); *Gesellschaftstheorie und geschichtswissenschaftliche Erklärung* (Hg. und Autor, 1985); *Max Weber und die Geschichtswissenschaft* (1989); *Krise, Umbruch, Neubeginn. Eine kritische und selbstkritische Dokumentation der DDR-Geschichtswissenschaft 1989/90* (Mithg., 1992). Zahlreiche Aufsätze.

JÖRN RÜSEN, geboren 1938, war Professor für Allgemeine Geschichte an der Universität Bielefeld und ist seit 1997 Präsident des Kulturwissenschaftlichen Instituts (KWI) im Wissenschaftszentrum Nordrhein-Westfalen in Essen. Wichtige Veröffentlichungen: *Begriffene Geschichte* (1969); *Historische Vernunft* (1983); *Rekonstruktion der Vergangenheit* (1986); *Zeit und Sinn* (Fischer Taschenbuch Bd. 7435, 1990); *Geschichte des Historismus* (zus. mit Friedrich Jaeger, 1992); *Konfigurationen des Historismus* (1993); *Studies in Metahistory* (1993); *Historische Orientierung* (1994); *Historismus in den Kulturwissenschaften. Geschichtskonzepte, historische Einschätzungen, Grundlagenprobleme* (Mithg., 1996). Zahlreiche Aufsätze.

ERNST SCHULIN, geboren 1929, ist Professor für Neuere Geschichte an der Universität Freiburg im Breisgau, seit 1995 emeritiert. Wichtige Veröffentlichungen: *Traditionskritik und Rekonstruktionsversuch. Studien zur Entwicklung von Geschichtswissenschaft und historischem Denken* (1979); *Walther Rathenau* (1979); *Die Französische Revolution* (1988); *Deutsche Geschichtswissenschaft nach dem 2. Weltkrieg* (Hg., 1988). Zahlreiche Aufsätze.

Geschichtsdiskurs

in 5 Bänden

Herausgegeben von
Wolfgang Küttler
Jörn Rüsen
Ernst Schulin

Geschichtsdiskurs

Band 3:

Die Epoche der Historisierung

Beiträge von Ernst Schulin, Wolfgang Bialas, Friedrich Jaeger,
Ulrich Muhlack, Jörn Rüsen, Karen Offen,
Harro Müller, Robert-Jan van Pelt, Wulf Wülfing,
Susanne von Falkenhausen,
Hans-Jürgen Lüsebrink, Fritz Ringer, Wilfried Nippel,
Jürgen Osterhammel, Christoph Marx,
Kurt Nowak, Joachim Rückert, Egon Flaig,
Gangolf Hübinger, Christian Simon,
Wolfgang Küttler, Eckhardt Fuchs, Hans Schleier,
Siegbert Peetz, Georg G. Iggers

Fischer Taschenbuch Verlag

FISCHER WISSENSCHAFT

Originalausgabe
Veröffentlicht im Fischer Taschenbuch Verlag GmbH,
Frankfurt am Main, Juni 1997

Redaktion: Matthias Dornhege
Gesamtherstellung: Clausen & Bosse, Leck
Printed in Germany
ISBN 3-596-11477-2

Gedruckt auf chlor- und säurefreiem Papier

Inhalt

III. Historisierung von Literatur und Kunst

IV. Die historische Konstruktion der Nation

V. Geschichte und Bildung

VI. Interdisziplinäre Konfigurationen

VII. Kontroversen der Historisierung

Statt eines Nachworts

Vorwort der Herausgeber

Der vorliegende dritte Band der Reihe *Geschichtsdiskurs* behandelt den Zeitraum, in dem das historische Denken in Europa zentrale Bedeutung für die kulturelle Orientierung gewann und sich zugleich in seinen fachspezifischen Formen etablierte. Das 19. Jahrhundert gilt als das Zeitalter des Historismus, aber zugleich treten in ihm historische Denkformen auf, die den lebensweltlichen Wertbeziehungen und kognitiven Grundlagen, auf denen sich dieser (vor allem in Deutschland) professionell und institutionell ausprägte, kritisch gegenüberstehen und die später zu deren Überwindung oder Veränderung beigetragen haben. Deshalb ziehen wir vor, übergreifend von der Epoche der Historisierung zu sprechen.

Schon die beiden vorausgegangenen Bände über Grundlagen und Anfänge der modernen Historiographiegeschichte zeigten Schwierigkeiten und Kontroversen hinsichtlich des Inhalts und der Entwicklung des modernen historischen Denkens und seiner Verwissenschaftlichung, die letztlich damit zusammenhängen, daß »Historismus« ambivalent verstanden wird: zum einen als *allgemeine* Kategorie für das historische Prinzip im modernen wissenschaftlichen Denken und gesellschaftlichen Bewußtsein und zum anderen als Bezeichnung für die *besondere* methodische Fundierung und Professionalisierung der historischen Wissenschaften nach der Aufklärung. Erwies sich diese Problematik bereits für die Ausdifferenzierung von Vorformen, Entwicklungsschüben und Epochenschwellen des modernen Geschichtsdiskurses als ein wichtiger Bezugspunkt, so ist sie für die Beiträge dieses Bandes das zentrale Thema. Dies gilt für alle drei inhaltlichen Schwerpunkte, die Leitaspekte der gesamten Reihe sind.

Erstens geht es hinsichtlich der »*Strukturen*« vor allem um die Frage der Kompatibilität und / oder Gegensätzlichkeit konkurrierender Ansätze methodischer Regelung, theoretischer Fundierung und erkenntnisgeschichtlicher Entwicklung, die disziplinär und interdisziplinär die für die Epoche kennzeichnende Historisierung der Wissenschaften auf den Weg bringen. Zunächst werden als Folgewirkungen der Epochenwende Ende des 18. Jahrhunderts Grundlagen, Inhalte, Entwicklungsphasen und Formen des Historismus behandelt. Dieser wird vor allem als internationales und interdisziplinäres Phänomen vorgestellt. Seine vielfach als klassisch angesehene, aber ebenso auch kritisch betrachtete Entwicklung in Deutschland bleibt zentrales Thema, wird aber in internationale Zusammenhänge des gesellschaftlichen Wandels eingebunden und zugleich im umfassenden Prozeß der Historisierung der Geistes- und Sozialwissenschaften dargestellt. Diese vergleichende Sicht verlangt eine übergreifende ideen- und wissenschaftsgeschichtliche Betrachtung, die die Entwicklung der Geschichtsphilosophie ebenso einbezieht wie andere, unter sich und gegenüber dem Historismus im engeren Sinne kontroverse Formen der Historisierung des gesellschaftlichen Denkens und der mit Gesellschaft und Kultur befaßten Wissenschaften, wie Struktur- und Entwicklungstheorien, Positivismus, Marxismus und eigenständige Ansätze der Kulturgeschichte.

Unter dem zweiten Hauptaspekt der »*Formen*« wird das 19. Jahrhundert als Epoche vielschichtiger und tiefgreifender Veränderungen historischer Repräsentation deutlich. Hier zeigt sich eine enge Verbindung von Fachdisziplin und Geschichtskultur, sowohl innerhalb der Geschichtsschreibung als auch in anderen Wissenschaften, besonders aber in der Historisierung von Kunst (Malerei, Architektur) und Literatur (historische Dramen und Romane). Zugleich werden die Unterschiede dieses Verhältnisses z. B. in Frankreich, Großbritannien mit stärker publizistischen Formen einerseits und Deutschland mit der Konzentration von Forschung und Lehre an den Universitäten andererseits demonstriert.

Drittens werden Wandel und wachsende Bedeutung der »*Funktion*«, der Stellung des Geschichtsdenkens und -schreibens im öffentlichen Bewußtsein, vor allem im Rahmen nationaler Bewegungen und des Nationalismus, der »historischen Konstruktion der Nation«, behandelt. Die Ausprägung nationaler Geschichtskulturen zeigte sich je nach den Besonderheiten der soziokulturellen und politischen Entwicklung in historischer Mythen- und Legendenbildung, in künstlerischen Ausdrucksformen und in der Legitimation des Nationalstaats. Historisches Denken und Wissen wird eines der tragenden Phänomene des Nationalismus, aber auch der Ausprägung nationalen, religiösen und sozialen Bewußtseins von Minderheiten und Unterprivilegierten. Sein Funktionswandel zeigt sich auch in den vorherrschenden Bildungskonzeptionen, in geohistorischen Auffassungen und im veränderten Verhältnis der Europäer zu den außereuropäischen Kulturen. Er wird schließlich – wie am Beispiel Frankreichs gezeigt – in ersten Ansätzen frauengeschichtlicher Strategien deutlich.

Der Gegenstand bringt es mit sich, daß in diesem Band die europäisch-westliche Entwicklung, in der sich in dieser Epoche die spezifisch modernen Formen des Geschichtsdenkens ausprägten, in besonderem Maße im Mittelpunkt stehen muß. Auch der nichtokzidentale Bereich erscheint im veränderten Blick der Europäer. Mit dieser eurozentrischen Einstellung werden dort später komplizierte Rezeptionsprozesse und Gegenbewegungen ausgelöst, die der Behandlung der Umbrüche im 20. Jahrhundert vorbehalten bleiben. Ebenso konnten Entwicklungen im letzten Drittel des 19. Jahrhunderts, die bereits auf Krisen und Innovationen des Geschichtsdenkens um und nach 1900 hinweisen, in den Beiträgen dieses Bandes nur angedeutet werden.

Wie Autoren und Themen aus den Bereichen der Geschichts-, Staats-, Rechts-, Literatur- und Kunstwissenschaft, der Philosophie und Theologie zeigen, war die Gesamtproblematik des Bandes wiederum nur interdisziplinär und international zu behandeln. Sie wurde vom 7. bis zum 9. Juli 1994 auf einer Konferenz im »Zentrum für interdisziplinäre Forschung« an der Universität Bielefeld erörtert. Die Herausgeber sind dem »Zentrum« für seine vorzügliche Hilfe bei der Vorbereitung, Organisation und Durchführung der Tagung zu großem Dank verpflichtet. Für die redaktionelle Betreuung des Bandes danken wir Matthias Dornhege.

August 1995

I.
Einführung

ERNST SCHULIN

Die Epochenschwelle zwischen Aufklärung und Historismus

Der Weg von der Aufklärung zum Historismus ist ein großes, oft verhandeltes Thema, ein nie zufriedenstellend gelöstes Problem. Die Gegensätze sind hervorgehoben worden, ebenso die Ähnlichkeiten, und der Weg ist als fortschrittliche oder als reaktionäre, verengende Entwicklung gedeutet worden. Wenn der zweite Band dieses *Geschichtsdiskurses* ursprünglich »Modernisierungsschub der Geschichtswissenschaft« heißen sollte, so war damit sicherlich nicht diese Epochenschwelle gemeint, sondern Entwicklungen in der Spätaufklärung, die man bestenfalls als Entstehungsphase des Historismus bezeichnen, keineswegs in Frontstellung gegen die Spätaufklärung sehen konnte. Wir haben dann vorsichtiger und sachgerechter von »Anfängen modernen historischen Denkens« gesprochen und sind weit in die früheren Jahrhunderte zurückgegangen.

Bei dieser Aufgliederung in für die moderne Geschichtswissenschaft vorbereitende, zum Teil auch gegenläufige Einzelentwicklungen ist das Thema der Epochenschwelle zwischen Aufklärung und Historismus gewissermaßen wieder faßbarer, konkreter geworden, aber in reduzierter Form, nicht mehr als die entscheidende Epochenschwelle. Durch die Forschungen von Peter Reill, Georg Iggers, Horst Walter Blanke und vielen anderen über die deutsche Aufklärungshistorie, die in den 1980er Jahren zu wichtigen Tagungen geführt haben, wurde die theoretische und praktische innovative Leistung besonders der Göttinger Geschichtswissenschaft so beeindruckend herausgehoben – gesteigert freilich auch durch neue Anerkennung ihrer vom Historismus des 19. Jahrhunderts nicht aufgenommenen Richtungen und Ziele –, daß man sich genötigt sah, die wissenschaftsgeschichtlichen Epochen neu zu bestimmen. Ich glaube, man kann da zwei Richtungen unterscheiden. Die eine, repräsentiert in dem Sammelband *Von der Aufklärung zum Historismus* (1984), sieht einen wissenschaftsgeschichtlichen Doppelschritt. Die deutsche Aufklärungshistorie erscheint ihr als neues Paradigma, der deutsche Historismus seit Niebuhr und Ranke, darauf aufbauend, auch wieder als ein neues Paradigma, wobei auch seine Verengungen in ihrer wissenschaftlichen Fortschrittlichkeit interpretiert werden. Die andere Richtung, in dem Sammelband *Aufklärung und Geschichte* (1986) repräsentiert, verschiebt den Anfang des modernen historischen Denkens und die historische Methode so eindeutig zurück in die deutsche Spätaufklärung, daß Anfang des 19. Jahrhunderts offenbar gar nichts wirklich Neues mehr festzustellen ist. Nur von einem gewissen Wandel im Lebensgefühl und im Umgang mit der Geschichte ist die Rede, außerdem von der Aufwertung der Geschichte als Fachwissenschaft.[1]

Mir schien damals, der Begriff »Historismus« sei eigentlich hinderlich für die neuen wissenschaftsgeschichtlichen Erkenntnisse. Er suggeriert viel zu sehr etwas ganz anderes und Langwirkendes im 19. Jahrhundert und lenkt von der entscheidenden Neuheit der Aufklärungshistorie ab. Es besteht eine störende Diskrepanz zwischen dem durch diesen Begriff signalisierten Neuanfangsanspruch und der Unklarheit über die Elemente der Neuheit, der Schwierigkeit, Veränderung oder Veränderungen deutlich und zustimmungsfähig zu benennen. Ich hätte – wenn man so etwas durchsetzen könnte – am besten gefunden, den Begriff für die Geschichtswissenschaft des 19. Jahrhunderts fallenzulassen.[2] Andere haben anders reagiert: Otto Gerhard Oexle hat für eine (wieder) breitere, nicht auf die Geschichtswissenschaft fixierte Verwendung des Begriffs plädiert; Friedrich Jaeger und Jörn Rüsen haben sich für eine systematische Rehabilitierung des Historismus als Wissenschaftsparadigma eingesetzt; Ulrich Muhlack hat die geschichtswissenschaftliche Vorgeschichte weit über die Aufklärung zurück bis in den Humanismus des 15./16. Jahrhunderts rekonstruiert und wird den Historismus davon wiederum absetzen.[3]

Selbstverständlich werden wir in diesem *Geschichtsdiskurs* auch weiter von Historismus zur Charakterisierung des spezifischen Geschichtsdenkens, der Geschichtswissenschaft und der entsprechenden Ausrichtungen anderer Wissenschaften im 19. Jahrhundert, besonders in Deutschland, sprechen, und ich will mich da keineswegs ausschließen. Angesichts der inzwischen erkannten langfristigen Vorgeschichte dieser modernen Geschichtswissenschaft ist das Thema der Epochenschwelle zwischen Aufklärung und Historismus aber um so deutlicher eingrenzbar. Es ist anzusprechen als das Thema der Veränderung der Geschichtswissenschaft und des Geschichtsinteresses speziell in Deutschland durch die Französische Revolution. Als solches habe ich es schon 1989 behandelt, weil mir auffiel, wie stark bei fast allen neueren Interpretationen (und auch schon bei vielen älteren) die Bedeutung dieser Zeit für die Geschichtswissenschaft zurücktritt.[4] Ich will das im folgenden kurz ausführen, weil ich glaube, daß daraus die spezifisch deutsche Entwicklung in ihrem so auffallenden Zusammenwirken von Geschichtsdenken, Geschichtsschreibung und Geschichtswissenschaft erklärbar ist.

Gehen wir aus von der geistigen Situation in Deutschland zur Zeit der Spätaufklärung, des beginnenden Idealismus vor 1789. Wir finden da (im Vergleich zu England und Frankreich) kaum große Geschichtsschreibung, erst spät Geschichtsphilosophie, aber sehr verbreitetes Geschichtsinteresse, und vor allem finden wir an Akademien und einigen Universitäten, besonders in Göttingen, breit entwickelte und institutionalisierte Geschichtswissenschaft wie sonst nirgends im damaligen Europa. Landesgeschichte, Reichsgeschichte, europäische Staatengeschichte, Welt- und Kulturgeschichte wurden gelehrt und in Lehrbüchern, Abrissen und Zeitschriften verbreitet.

Geschichtsschreibung wurde von diesen Wissenschaftlern für wichtig gehalten und theoretisch vorbereitet, sie wurde vom Publikum angesichts der ausländischen Muster erwartet, ja ersehnt, aber sie blieb lange aus. Schlözer fand, der heutige Geschichtsschreiber habe es eben schwerer als der antike, bei dem die »Grenzen zwischen Dichterei und Geschichte ... lange nicht so gewissenhaft abgestochen« waren.[5] Die erste gelungene, allgemein anerkannte (wenn auch sicherlich nicht so gewissenhafte) Geschichtsdarstellung in deutscher Sprache war ein Werk der Kunst- und Kulturgeschichte, Johann Joachim Winckelmanns *Geschichte der Kunst des Alterthums* (1764). Man kann an ihn den Schweizer Johannes Müller anschließen, der seit Erscheinen des ersten Bandes seiner volks- und freiheitsverherrlichenden *Geschichten der Schweizer* (1778) als der ersehnte, vielversprechende Geschichtsschreiber galt, voll ausgebildet in der Göttinger Schule und in enger geistiger und sprachlicher Verbindung zur neuen deutschen Literatur.

Die anspruchsvolle Erwartungshaltung hinsichtlich der Geschichtsschreibung lag, wie ich meine, nicht nur an den ausländischen Vorbildern und an der entwickelten Verwissenschaftlichung, sondern auch an dem großen Aufschwung der neuen deutschen Literatur und etwas später dem der neuen Philosophie. Beides forderte und beeinflußte, erschwerte aber auch die historiographische Entwicklung.

Viel früher und unmittelbarer als durch Geschichtswissenschaft oder Geschichtsschreibung wurde Geschichte für das deutsche bürgerliche Publikum sichtbar gemacht durch das neue historische Drama. Das ist altbekannt, wird aber leicht vergessen.[6] Das sogenannte »bürgerliche« Drama hatte die Geschichtsebene der großen Tragödie, der Fürsten, Heroen und Staatsaktionen zugunsten der privaten Gegenwart verdrängt. Mit dem *Götz von Berlichingen*, den Goethe 1771–73 schrieb, wurde die Geschichte zurückgewonnen, jedoch eine andere, vielschichtigere, fürsten- und staatskritische. Ähnlich finden wir es im *Egmont* (1774–87). Schiller schrieb seinen *Don Carlos* 1785–87 mit derselben Kritik am absoluten Fürstenstaat, und dieser Theaterdichter wurde dann sogar zeitweise Geschichtsschreiber. Die ihn interessierende Geschichte war nahezu immer Aufstandsgeschichte. 1786 regte er eine Sammlung »Geschichte der merkwürdigsten Rebellionen und Verschwörungen aus den mittlern und neuern Zeiten« an und schrieb ursprünglich für sie die *Geschichte des Abfalls der vereinigten Niederlande von der spanischen Regierung*, deren erster und einziger Band 1788 erschien und als erstes großes Werk der erzählenden politischen Geschichtsschreibung in Deutschland gelten kann. Schiller wurde daraufhin Geschichtsprofessor in Jena und hielt im Mai 1789 seine berühmte Antrittsrede: »Was heißt und zu welchem Ende studiert man Universalgeschichte?« Damit wollte er nun nicht seinen Weg in die Geschichtswissenschaft einleiten, sondern präsentierte sich vielmehr als idealistischer, fortschrittsgläubiger Geschichtsphilosoph, der von Herder und Kant gelernt hatte.

Das ist sehr bezeichnend, denn nicht nur die veranschaulichende Literatur, sondern auch die spekulierende Philosophie bemächtigte sich der Geschichte. Dabei handelt es sich weniger um die Aufklärungsphilosophie, mit der sich die Historiker methodisch und weltanschaulich weitgehend in Übereinstimmung befanden, als um die neue Denkweise Herders und die neue Erkenntniskritik Kants.

Herder lehnte das Rationalisieren, das Verplanen, in gewisser Weise das Verwissenschaftlichen der Geschichte ab, wie es in Göttingen getrieben wurde. Er war von der Besonderheit jeder Nationalentwicklung durchdrungen. 1784–91 erschien sein geschichtsphilosophisches Hauptwerk, die *Ideen zur Philosophie der Geschichte der Menschheit*, eine harmonisierende Vermischung aller religiösen, aufklärerischen und naturwissenschaftlichen Ideen seines Jahrhunderts, wodurch er den sichtbaren Stufenbau der Körper und den unsichtbaren der organisierenden Kräfte zu zeigen versuchte sowie den Menschen, das Geschöpf der Natur und Gottes, als Mittelwesen zwischen beiden. Kant wies diese philosophisch und wissenschaftlich unbeweisbaren Entstehungs- und Stufentheorien prinzipiell zurück. Er hielt Zusammenhang und Fortschritt der Weltgeschichte für theoretisch unbeweisbar, betonte sie aber als Handlungsgebot der praktischen Vernunft. Damit stellte er die Wissenschaftlichkeit der Historie wieder in Frage und förderte zugleich das Selbstbewußtsein der Philosophen, aus ihrer Erkenntnis und ihrer praktischen Vernunft heraus den Weg der Geschichte a priori zu bestimmen.

Kurz vor der Französischen Revolution finden wir also in Deutschland eine besonders starke geschichtswissenschaftliche und eine noch ungleich bedeutendere literarische und philosophische Entwicklung. Die neue Literatur veranschaulichte Geschichtlichkeit weit deutlicher, als es die Geschichtswissenschaft vermochte; sie zeigte nicht nur Zustände und Veränderungen, sondern auch den darin empfindenden, handelnden und leidenden Einzelmenschen und vermochte dadurch den Betrachter unmittelbarer und aktivierender einzubinden. Die neue Philosophie aktivierte ihn ebenfalls durch idealistische Betonung von Notwendigkeit und Freiheit einzelmenschlichen Denkens und Handelns.

Wie wirkte sich das nach Ausbruch der Revolution aus? Hier muß man zunächst daran erinnern, daß die Französische Revolution sofort ein hohes Geschichtsbewußtsein von sich selbst hatte, eine neue Art von Geschichte in dramatischer Bildhaftigkeit präsentierte – in der Nationalversammlung, auf den Pariser Straßen unter Mitwirkung des ganzen Volkes – und vom Ausland wie ein historisches Schauspiel erlebt wurde. Auch in großen Festakten feierte sich die neue Geschichtsepoche selbst. Geschichte, geschichtliche Veränderung wurde durch die sensationelle und originelle Handlungs- und Ereignisfolge der Französischen Revolution in ganz neuer Weise, begeisternd und erschreckend, sichtbar.

Deutschland konnte dieses Schauspiel jahrelang verfolgen, machtlos, mit direkten Konfrontationen im Westen und Süden, größerenteils aber, vor allem in der nördlichen Hälfte, bis 1805 geschont. Man erlebte Geschichte, während Geschichtswissenschaft und Geschichtsschreibung verstört und gehemmt waren, wie man an den Göttingern oder an Müller sehen kann. Im Vordergrund standen weiterhin Literatur und Philosophie, sogar mit gestiegenem Selbstbewußtsein, weil sie sich den Neuerungen der Revolution ebenbürtig fühlten, und außerdem auch, weil sie sich in ziemlicher politischer Ruhe weiterentwickeln konnten.

Am sprechendsten ist vielleicht die Entwicklung von Schiller, dem Dichter, Geschichtsschreiber und Geschichtsphilosophen. Die Revolution hatte ihn von vornherein befremdet. Nach ihrem Ausbruch äußerte er sich über den Sinn der Geschichte nie wieder so optimistisch wie in der Antrittsrede vom Mai 1789. Er schrieb das Werk über die niederländische Revolution nicht weiter, sondern verfaßte bis 1793 die *Geschichte des Dreißigjährigen Krieges*, die wenig Anlaß zum Idealisieren bot. Das verstärkte seinen historischen Realismus, und der Publikumsbeifall war so groß, daß er glaubte, er könne der erste Geschichtsschreiber in Deutschland werden. Schon während der Historiographie reizte ihn aber wieder die Dichtung desselben Stoffes. Die Erfahrung der Französischen Revolution spielte insofern hinein, als er der Meinung war, eine freiheitliche Staatsverfassung könne nur glücken, wenn vorher der einzelne Mensch versittlicht worden wäre, und das geschähe nicht mehr durch Religion oder Philosophie, auch wohl nicht durch Geschichtsschreibung, sondern durch die ästhetische Erziehung, durch die Kunst, durch die Schaubühne als moralische Anstalt. Mit diesem Anspruch schuf er den *Wallenstein* und die späteren historischen Dramen.[7]

Während die dramatische Dichtung zwischen Idealismus und Realismus, zwischen ästhetischer Erziehung und Geschichte vermittelte, nahm die Philosophie eine extremere Position ein. Die deutsche Geschichtsphilosophie wurde durch die Realisierung von Philosophie in der Französischen Revolution, besonders in der Verfassungsgebung der Nationalversammlung, außerordentlich stimuliert. Zum ersten Mal hatte sich ja, wie es Hegel später (und dann schon etwas ironisierend) ausdrückte, der Mensch »auf den Kopf, d.i. auf den Gedanken gestellt und die Wirklichkeit nach diesem erbaut«.[8] Zukunftsgerichtete Geschichtsdeutung unter vereinfachender, selektiver Zusammenschau der Vergangenheit nach einigen Grundprinzipien schien den Zeitveränderungen, dem großen Geschichtsprozeß angemessener als kleinliche Erforschung einer Vergangenheit, deren Weiterleben in Frage stand oder schon überwunden schien. Fichte drückte es am selbstherrlichsten aus: »Der Philosoph, der als Philosoph sich mit der Geschichte befaßt, geht jenem apriori fortlaufenden Faden des Weltplans nach, der ihm klar ist ohne alle Geschichte; und sein Gebrauch der Geschichte ist keineswegs, um durch sie etwas zu erweisen, da seine Sätze schon früher und unabhängig von aller Geschichte erwiesen sind: sondern dieser sein Gebrauch der Geschichte ist nur erläuternd und in der Geschichte darlegend im lebendigen Leben, was auch ohne die Geschichte sich versteht.«[9]

Fichte und die anderen Geschichtsphilosophen verbanden das, jedenfalls zunächst und länger, mit einer positiveren Einstellung zur Revolution, als man sie bei den meisten Dichtern und Historikern dieser Zeit findet. Bei Kant, Friedrich Schlegel, Görres, Forster und vielen anderen treffen wir also auf verschiedene geschichtsphilosophische Konzepte der Verknüpfung von Menschheitsentwicklung und Revolution.

Hiergegen polemisierten die Historiker und bereiteten damit ihre neue, selbständige Rolle in der Öffentlichkeit vor. Sie polemisierten zunächst methodisch und dann national. Heeren, der letzte der großen Göttinger Universalhistoriker, wandte sich 1795 gegen den Kantianer Pölitz, der die Forderung erhoben hatte, Geschichte so zu schreiben, daß die Vervollkommnung des Menschen als ihr Ziel deutlich werde. Heeren widersprach, übrigens mit Berufung auf Herder und dessen Betonung der einzelnen Völker: Geschichte sei als Wissenschaft empirisch und suche die Begebenheiten in ihrem pragmatischen Zusammenhang zu erkennen. »Wenn man aber«, fährt er fort, »ein Prinzip zuerst demonstriert und ihm dann als schon erwiesen die Geschichte anpaßt, so läßt sich auf diesem Wege für die Wahrheit kein großer Gewinn erwarten. Vormals nannte man dies Verfahren Hypothesensucht, gegenwärtig hat man ... bereits einen neuen Namen dafür entdeckt, indem man es philosophisches Studium der Geschichte im Gegensatz gegen bloß empirisches nennt. Richtiger und deutlicher wäre es doch, man spräche von Geschichte a priori (wie es nach den Entdeckungen der neuesten Philosophie in der Welt hat hergehen müssen) und a posteriori (wie es laut den vorhandenen Berichten darin hergegangen ist). Jene Wissenschaft würde alsdann der Philosophie zuteil, letztere bliebe dem gemeinen Historiker.«[10]

Johannes von Müller war ein noch leidenschaftlicherer Gegner der abstrahierenden und spekulierenden Philosophen. Er hielt sie für Verächter der Tradition, auch der alten freiheitlichen Rechte, er identifizierte sie mit den »Revolutionswirbeln« und warf ihnen 1806 vor, unpatriotisch zu sein und die eigentliche Aufgabe der Historiker, nämlich Tatkraft für das Vaterland zu wecken, zu untergraben – ein Vorwurf, den Schelling sehr betroffen zurückwies.[11]

Tatsächlich waren es dann die Geschichtsphilosophen, Schelling, Görres und besonders Fichte, die das Nationalbewußtsein oder die Nationalerziehung förderten. Fichte redete 1807/08 nicht vom Reich oder Staat, sondern vom Volk, seinem germanischen Ursprung, seiner Sprache, seinem vorbildlichen Bürgerstand in den mittelalterlichen Reichsstädten mit ihrer republikanischen Verfassung und seiner inneren Erneuerung in der

Zeit der Reformation. Er wünschte ein geschichtliches National- oder Volksbuch darüber.

Neben den Philosophen und jüngeren Dichtern fühlten sich entsprechend vor allem die Historiker aufgerufen, den vaterländischen Geist zu stärken, wie Heinrich Luden, der 1808 darüber in Jena vortrug und das »eigentliche Volksleben« in den Mittelpunkt stellen wollte, nicht, wie bisher, Reichs- und Kirchengeschichte.[12]

Wenn ich zusammenfassen darf: Die Modernisierung der Geschichtswissenschaft durch die Epochenschwelle zwischen Aufklärung und Historismus ist nicht in erster Linie eine methodische oder innerwissenschaftliche. Sie liegt in der neuen Verbindung von historischer Forschung, Lehre und öffentlicher Wirksamkeit. Das Neue ist der Historismus als Bildungsidee.

Wenn sich das in Deutschland so spezifisch entwickelt hat, so sind dafür zunächst die besonderen geschichtlichen Erfahrungen um die Jahrhundertwende verantwortlich zu machen: die Französische Revolution, noch mehr wohl die Veränderung der deutschen Staaten und die napoleonische Herrschaft. Ranke hat mit Recht betont, die historischen Studien hätten sich im Widerspruch gegen die Alleinherrschaft der »napoleonischen« Ideen entwickelt (nicht der aufklärerischen oder der revolutionären).[13] Die Verarbeitung dieser geschichtlichen Erfahrungen ist aber, wie ich meine, nicht zu verstehen ohne die besondere geistige Entwicklung in Deutschland vor der Revolution: das ist nicht nur die institutionalisierte Geschichtsforschung, sondern auch die geschichtsveranschaulichende Literatur und die handlungsfordernde Philosophie. Aufgrund dieser Disposition führte das theorieverwirklichende Schauspiel der Französischen Revolution zur Machtsteigerung der Geschichtsphilosophie, zum Konzept des einheitlichen Geschichtsprozesses. In den Worten Kosellecks: »Die Differenz zwischen allen bisherigen Geschichten und der Geschichte der Zukunft wurde zu einem Prozeß verzeitlicht, in den handelnd einzugreifen menschliche Pflicht sei.«[14]

Das provozierte aber die Abgrenzung der wissenschaftlichen Historie von der Philosophie und ihren Drang zu eigener darstellerischer Wirkung. Die wissenschaftliche Historie in der »heiligen Dreieinigkeit von Forschung, Lehre und Darstellung« (wie sie Goethe spöttisch nannte)[15] verstand sich nun nicht nur als eine empirische Spezialwissenschaft, sondern als autonome Wirklichkeitswissenschaft mit eigener Theorie und Praxis, gleichrangig neben Philosophie und Naturwissenschaft und hinsichtlich der Darstellungskunst auch neben der Dichtung. Darin liegt das anspruchsvolle Neue der Historie, das sich in den ersten Jahrzehnten des 19. Jahrhunderts entfaltete.

Anmerkungen

1 Peter Hanns Reill, *The German Enlightenment and the Rise of Historicism*, Berkeley 1975; Georg G. Iggers, »The University of Göttingen 1760–1800 and the Transformation of Historical Scholarship«, in: *Storia della Storiografia* 2 (1982), S. 11–37; Horst Walter Blanke, »Die Wiederentdeckung der deutschen Aufklärungshistorie und die Begründung der Historischen Sozialwissenschaft«, in: Wolfgang Prinz/Peter Weingart (Hg.), *Die sog. Geisteswissenschaften: Innenansichten*, Frankfurt/M. 1990, S. 105–133. Dies sind nur Beispiele. Die genannten Sammelbände: Horst Walter Blanke/Jörn Rüsen (Hg.), *Von der Aufklärung zum Historismus. Zum Strukturwandel des historischen Denkens*, Paderborn 1984; Hans Erich Bödeker/Georg G. Iggers/Jonathan B. Knudsen/Peter H. Reill (Hg.), *Aufklärung und Geschichte. Studien zur deutschen Geschichtswissenschaft im 18. Jahrhundert*, Göttingen 1986.

2 In meiner Besprechung des Sammelbandes von Bödeker u. a. in: *Storia della Storiografia* 12 (1987), S. 108–113, hier S. 112.

3 Otto Gerhard Oexle, »›Historismus‹. Überlegungen zur Geschichte des Phänomens und des Begriffs«, in: *Braunschweigische Wissenschaftliche Gesellschaft. Jahrbuch 1986*, S. 119–155; Friedrich Jaeger/Jörn Rüsen, *Geschichte des Historismus. Eine Einführung*, München 1992; Ulrich Muhlack, *Geschichtswissenschaft im Humanismus und in der Aufklärung. Die Vorgeschichte des Historismus*, München 1991.

4 Ernst Schulin, »›Historiker, seid der Geschichte würdig!‹ Zur Geschichtsschreibung im Zeitalter der Französischen Revolution – zwischen Aufklärung und Historismus«, in: *Tel Aviver Jahrbuch für deutsche Geschichte* 18 (1989), S. 1–28. Das folgende gibt Hauptergebnisse dieses Aufsatzes in sehr verkürzter Weise wieder. Für genauere Ausführung und Nachweise darf ich also auf ihn verweisen.

5 August Ludwig Schlözer, Vorrede zu: Abbé Mably, *Von der Art die Geschichte zu schreiben*, Straßburg 1784, abgedruckt in: Horst Walter Blanke/Dirk Fleischer (Hg.), *Theoretiker der deutschen Aufklärungshistorie*, Bd. 2, Stuttgart 1990, S. 590.

6 Es ist die Domäne der Germanisten. Friedrich Sengle, *Das historische Drama in Deutschland*, Stuttgart 1969; Elfriede Neubuhr (Hg.), *Geschichtsdrama*, Darmstadt 1980; Walter Hinck (Hg.), *Geschichte als Schauspiel. Deutsche Geschichtsdramen, Interpretationen*, Frankfurt/M. 1981.

7 Hierzu die Beiträge in dem von Otto Dann u. a. hg. Sammelband: *Schiller als Historiker*, Stuttgart 1995.

8 Georg Wilhelm Friedrich Hegel, *Vorlesungen über die Philosophie der Weltgeschichte*, hg. v. Georg Lasson, Leipzig 1944, S. 926.

9 Johann Gottlieb Fichte, *Werke VII*, S. 140; zitiert nach Rüdiger Bubner, *Geschichtsprozesse und Handlungsnormen. Untersuchungen zur praktischen Philosophie*, Frankfurt/M. 1984, S. 109.

10 Arnold Hermann Ludwig Heeren anonym in den *Göttingischen Gelehrten Anzeigen* 1795, zitiert nach Ernst Schaumkell, *Geschichte der deutschen Kulturgeschichtsschreibung von der Mitte des 18. Jahrhunderts bis zur Romantik im Zusammenhang mit der allgemeinen geistigen Entwicklung*, Leipzig 1905, S. 287 f.

11 Nach Kurt Rainer Meist, »Geschichte im Konflikt. Bemerkungen zu einer Kontroverse J. v. Müllers mit der Geschichtsphilosophie F. J. Molitors«, in: Christoph Jamme/Otto Pöggeler (Hg.), *Johannes von Müller – Geschichtsschreiber der Goethezeit*, Schaffhausen 1986, S. 265–276, hier S. 272; Ralph Marks, »Johannes von Müller und der Patriotismus«, in: ders., *Philosophie im Spannungsfeld zwischen Historiographie und Historismus. Studien zu Kant, Johannes von Müller und Dilthey*, Frankfurt/M. 1988, S. 54–84.

12 Heinrich Luden, *Über das Studium der vaterländischen Geschichte*, Darmstadt 1955, S. 30 f.

13 Leopold von Ranke, *Sämmtliche Werke*, Bd. 53/54, hg. v. Alfred Dove, Leipzig 1890, S. 47.

14 Reinhart Koselleck, Art. »Geschichte, Historie [Abschnitte Vff.]«, in: *Geschichtliche Grundbegriffe. Historisches Lexikon zur politisch-sozialen Sprache in Deutschland*, hg. v. Otto Brunner, Werner Conze u. Reinhart Koselleck, Bd. 2, Stuttgart 1975, S. 647–717, hier S. 676.

15 Im Gespräch mit dem Historiker Luden: Flodoard Frhr. von Biedermann (Hg.), *Goethes Gespräche*, Leipzig 1909, Bd. I, S. 433.

II.
Verwissenschaftlichung des Historischen

WOLFGANG BIALAS

Das Geschichtsdenken der klassischen deutschen Philosophie: Hegels Geschichtsphilosophie zwischen historischem Erfahrungsraum und utopischem Erwartungshorizont

Im folgenden wird der Versuch unternommen, an Hegels konzeptioneller Sicht auf Geschichte geschichtsphilosophische Fragestellungen zu rehabilitieren. Geschichtsphilosophische Apriori, so die Ausgangshypothese, müssen gehaltvolle empirische Untersuchungen nicht zur Diffusion ahistorischer Spekulation führen, sondern können in der begrifflich-systematischen Verdichtung der Komplexität zeitgeschichtlicher Turbulenzen eine Schärfung des analytischen Verstandes zur Zusammenhänge freilegenden Zeitdiagnose bewirken. Historiographiegeschichtlich geht es darum, mit der Verortung idealistischer Geschichtsphilosophie im Spannungsfeld von Aufklärung und Historismus aus der Alternative einer Fortschritts- oder Verlustgeschichte auszusteigen zugunsten einer Konzentration auf historisch variierende Problemkonfigurationen historischen Denkens.

1. Hegel entwickelt einen »internen Zusammenhang zwischen Modernität, Zeitbewußtsein und Rationalität«.[1] Identitätsbildende Traditionen haben die Naturwüchsigkeit ihrer fraglosen Fortschreibung verloren und sind selbst problematisch geworden. Erst diese Problematisierung macht es unmöglich, den eigenen geschichtlichen Standort im Rückbezug auf Vergangenheit als modifizierende Fortsetzung unproblematischer Traditionsbestände zu bestimmen. Normativität wird nun zum Begründungsproblem einer aus der Sicherheit eines zeitlichen Kontinuums entlassenen Gegenwart. Zur Bewältigung der anstehenden Probleme kann nicht länger auf geschichtlich akkumulierte Erfahrungen zurückgegriffen werden. Ein auf Dauer gestellter, sich ständig beschleunigender Übergang zu einer Zukunft, die dann, wenn sie eintritt, schon wieder überholt ist, tritt an die Stelle einer ihrer selbst sicheren Gegenwart. Diese Dynamik der Moderne sucht Hegel mit seiner Geschichtsphilosophie einzuholen. Anstatt sie begrifflich stillzustellen, übersetzt er sie in eine prozessierende Teleologie, die begriffsdialektisch so gebaut ist, daß Entwicklung nicht zum Stillstand kommen *kann*. Das Geheimnis dieser Begriffsdialektik ist eine eigentümliche symbiotische Verklammerung von kognitiver Eigen-

logik als Interesse an Selbsterkenntnis und geschichtlicher Entwicklung. Dieses Interesse geschichtlicher Subjekte an Selbsterkenntnis treibt den historischen Prozeß voran. Seine Befriedigung setzt die Möglichkeit einer von Verstrickungen und einseitiger Parteilichkeit freien Perspektive reflexiver Distanz auf den geschichtlichen Prozeß voraus, die jedoch erst in seinem Fortgang zu erreichen ist, nachdem sich die Turbulenzen offener Entwicklungen zu vorläufigen Resultaten gesetzt haben. Geschichtliche Entwicklung wird von Hegel damit zur kognitiven Notwendigkeit umdefiniert. Konkrete Entwicklungsstadien lassen sich aus seiner Sicht nur vom Standpunkt der nächsthöheren Entwicklungsstufe begreifen. Indem er das Problem gesellschaftlicher Transformation aus einem gesellschaftspraktischen in ein erkenntnistheoretisches Problem umschreibt, vollzieht sich der Wechsel Hegels von einer revolutionstheoretischen Perspektive auf Geschichte zu einer philosophischen.[2]

2. Ausgangspunkt der sich an Hegels Geschichtsphilosophie erneut entzündenden Kontroverse über den kulturellen Standort und den Begründungsmodus von Geschichte als Wissenschaft ist die Frage der historiographischen Legitimität kontrafaktischer Konstruktionen, *im nachhinein* historische Ereignisse zum retrospektiven Zusammenhang zu vermitteln. Läßt sich also die Plausibilität Zusammenhang stiftender Kategorien nur im Rekurs auf eine empirische Basis, auf historische Quellen, auf das artikulierte Selbstverständnis historischer Akteure und dessen historisch-kritische Interpretation nachweisen? Oder kann ein solcher Zusammenhang allein aus der Draufsicht des um den Ausgang historischer Prozesse wissenden Beobachters konstruiert werden, der damit Vergangenheit zur teleologisch drängenden Vorgeschichte einer zeitlich so gewissen wie inhaltlich fokussierten späteren Erfüllung vereindeutigt? Ist ein wie immer diffuser und schwacher Zusammenhang in den Ereignissen selbst als Ausgangspunkt seiner theoretischen Verstärkung zum Modell begrifflicher Strukturierung und Periodisierung von Geschichte unverzichtbar? In welchem methodologischen Zusammenhang also stehen Rekonstruktion und Konstruktion bei der theoretischen Bestimmung historisch übergreifender Prozeßrationalität und der phänomenologischen Beschreibung ihrer empirischen Verlaufsformen? Die Beantwortung dieser Fragen entscheidet nicht zuletzt auch darüber, in welchem Sinn überhaupt von einer Geschichte im Singular gesprochen werden kann. Anschlußfragen stellen sich, die kaum weniger gewichtig sind: Läßt sich Geschichte als Handlungszusammenhang mit-, neben-

oder gegeneinander agierender Individuen und Gruppen rekonstruieren? Oder steht Geschichte eher für einen Systemzusammenhang, der sich hinter dem Rücken historischer Subjekte, gegen ihre erklärten Absichten und Intentionen in einer Weise durchsetzt, daß diese sich in den zu Rahmenbedingungen ihres Handelns verfestigten gesellschaftlichen Verhältnissen und Strukturen buchstäblich ›nicht wiederfinden‹?

3. Auf Kant geht Herbert Schnädelbachs Vorschlag zurück, zwischen *dogmatischer* und *kritischer* Geschichtsphilosophie zu unterscheiden, also zwischen einer Sicht auf Geschichte, die »die Systematisierbarkeit von Geschichte für garantiert hält allein durch objektive Bedingungen im geschichtlichen Material selbst«[3], und einer solchen, die »untersucht, ob und in welchem Sinne der Eindruck, daß es geschichtliche Ereigniszusammenhänge gibt, von unserer Art und Weise abhängt, Geschichte aufzufassen. Kritische Geschichtsphilosophie sucht also die Bedingungen der Systematisierbarkeit der res gestae im Bereich der rerum gestarum memoria auf.«[4] Hegels Geschichtsphilosophie fällt nach dieser Kategorisierung eindeutig unter die Rubrik ›kritisch‹. Auch wenn er nicht wie Kant geschichtliche Ereignisse als Handlungen zu konzeptualisieren sucht, sondern eine objektive Teleologie als weltgeschichtlichen Zusammenhang entwirft, in die das Handeln geschichtlicher Subjekte nur bedingt eingeht, ist für ihn klar, daß der bloße Rückgriff auf die Empirie der Ereignisse noch keine geschichtlichen Zusammenhänge eröffnet. Im Unterschied zu Kant geht es Hegel jedoch darum, dessen regulative »Idee einer Geschichte in weltbürgerlicher Absicht« zur Verbindlichkeit einer dramaturgisch durchkomponierten philosophischen Weltgeschichte zu generalisieren. Für ihn ist es eine in der Philosophie entwickelte Überzeugung, die als »eine Voraussetzung in Ansehung der Geschichte überhaupt« gelten kann, »daß die Vernunft die Welt beherrsche, daß es also auch in der Weltgeschichte vernünftig zugegangen sei«.[5] Als geschichtsphilosophische Kategorie ist die Vernunft für Hegel eben nicht nur regulative Idee, sondern Substanz, »nämlich das, wodurch und worin alle Wirklichkeit ihr Sein und Bestehen hat; – die *unendliche* Macht, indem die Vernunft nicht so ohnmächtig ist, es nur bis zum Ideal, bis zum Sollen zu bringen und nur außerhalb der Wirklichkeit, wer weiß wo, als etwas Besonderes in den Köpfen einiger Menschen vorhanden zu sein«.[6]

4. Immer dann, wenn die Kontinuität historisch gleichförmiger Entwicklung durch Brüche und Zäsuren unterbrochen wird, ohne daß schon ersichtlich wäre, welche historischen Kräfte und Tendenzen sich am Ende

in den unkalkulierbaren Turbulenzen der Zeit als die bestimmenden durchsetzen werden, wächst die Attraktion geschichtsphilosophischer Interpretationsangebote. Im Ausstieg aus zeitgeschichtlichen Turbulenzen ermöglichen sie es, aus der Distanz welthistorischer Draufsicht die auseinanderstrebenden Entwicklungen wieder in einen einheitlichen Sinn- und Interpretationszusammenhang einzubinden. Ihre Plausibilität beziehen diese Interpretationen daraus, daß sie Argumentationen auf einem Terrain entwickeln, das durch Tatsachen, Fakten, Quellen, durch kontroverse Situationsdefinitionen und empirische Evidenzen nicht tangiert wird oder nur in einer Weise, die durch apriorische Interpretationsfiguren vorentschieden ist.

5. Hegels Geschichtsphilosophie systematisiert das lebensgeschichtliche Dilemma einer Ungleichzeitigkeit von ›kleiner Biographie‹ und ›großer Geschichte‹ in einer Zeit des gesellschaftlichen Umbruchs und der Krise. Sie fällt in eine Zeit des Übergangs, in der zwar klar zu sein schien, daß eine Epoche unwiderruflich zu Ende ging, jedoch unklar blieb, was an ihre Stelle treten würde. In seiner *Phänomenologie des Geistes* hat Hegel die wohl schönste Formulierung dieses Übergangs gefunden: »Es ist übrigens nicht schwer zu sehen«, so schreibt er hier, »daß unsre Zeit eine Zeit der Geburt und des Übergangs zu einer neuen Periode ist. Der Geist hat mit der bisherigen Welt seines Daseins und Vorstellens gebrochen und steht im Begriffe, es in die Vergangenheit hinab zu versenken, und in der Arbeit seiner Umgestaltung. (...) so reift der sich bildende Geist langsam und stille der neuen Gestalt entgegen, löst ein Teilchen des Baues seiner vorhergehenden Welt nach dem andern auf, ihr Wanken wird nur durch einzelne Symptome angedeutet; der Leichtsinn wie die Langeweile, die im Bestehenden einreißen, die unbestimmte Ahnung eines Unbekannten sind Vorboten, daß etwas anderes im Anzuge ist. Dies allmähliche Zerbröckeln, das die Physiognomie des Ganzen nicht veränderte, wird durch den Aufgang unterbrochen, der, ein Blitz, in einem Male das Gebilde der neuen Welt hinstellt.«[7]

In der geschichtsphilosophischen Synthese als Kompensation dessen, was zu Ende geht, bei gleichzeitiger Antizipation derjenigen Entwicklungen, die im günstigsten Fall zu erwarten sind, wird diese ›unbestimmte Ahnung des Unbekannten‹ zur konkreten Erwartung verdichtet. Erfahrung und Erwartung werden durch solche Synthesen auseinandergezogen. Erwartet wird nun gerade das, wozu es in geschichtlicher Erfahrung und ihrer extrapolierenden Verlängerung keine Entsprechung gibt.

6. In Hegels Geschichtsphilosophie deutet sich die Möglichkeit an, lernend geschichtliche Erfahrungen zu verarbeiten, ohne kontrafaktischen Erwartungen die Zügel der jeweiligen Sieger der Geschichte anlegen zu müssen. Diese Möglichkeit ist bei ihm an den Übergang von einer ›historischen Geschichtsschreibung‹ zu einer ›philosophischen‹ gebunden. Während die *historische* Geschichtsschreibung den Geist der eigenen Zeit, von dem sie selbst geprägt ist, aus der Betrachtung des Geistes jener vergangenen Zeiten herauszuhalten sucht, indem sie sich vornimmt, »die Geschichte *anschaulich* so zu *schreiben*, daß *der Leser die Vorstellung* habe, er höre Zeitgenossen und Augenzeugen die Begebenheiten erzählen«[8], besteht der *philosophische* Geschichtsschreiber darauf, Geschichte nach der Tonart der eigenen Zeit zu schreiben. »Das ganze Werk soll und muß auch einen Ton haben; denn es ist *ein* Individuum von einer bestimmten Bildung, welches der Verfasser desselben ist; aber die Zeiten, welche eine solche Geschichte durchläuft, sind sehr verschiedener Bildung, ebenso die Geschichtsschreiber, die er benutzen kann, und der Geist, der in ihnen aus dem Schriftsteller spricht, ist ein anderer als der Geist der Zeiten.«[9] Mit einem Wort: »Will der Geschichtsschreiber« aus der unparteiischen Distanz des Nachgeborenen »den Geist der Zeiten schildern, so pflegt es der Geist der Herren zu sein.«[10] Die subjektive Einbildung unparteiischer Objektivität wird zur objektiven Nachbildung der herrschenden Verhältnisse, deren Durchsetzungsmacht zum Zeitgeist neutralisiert wird. In der intellektuellen Verklärung zum Zeitgeist wird Macht in ihrer symbolischen Verklammerung von Herrschaftsinteressen und Systemreproduktion einschließlich der Sicherung lebensweltlich-alltäglicher Vollzüge zur Systemrationalität normativ festgeschrieben.[11]

Bei Hegel dagegen bleibt Geschichte entgegen der verbreiteten Auffassung, sie komme in seinem System zum Stillstand, offen, und zwar auch für den utopischen Horizont eines Endes der Dialektik von Herren und Knechten, Siegern und Besiegten, Tätern und Opfern. Offen bleibt freilich auch, wer oder was ein solches Ende herbeiführen könnte. Der sozial frei schwebende Überflug geschichtsphilosophischer Synthese verbleibt in der assoziativen Metaphorik einer eigenmächtigen Vernunft der Geschichte, vorgestellt als wirkungsmächtige Logik des Begriffs. Mit ihr beansprucht Hegel nicht weniger, als den weltlichen Mächten eine weltgeschichtliche Gegenmacht entgegenzustellen.

7. Dem emanzipatorischen *Eigensinn* weltbürgerlich gestimmter Indi-

viduen muß der Verweis auf die *Eigenlogik* gesellschaftlicher Verhältnisse als Aufforderung erscheinen, sich einer Fremdbestimmung zu unterwerfen, die ihre eigenen Lebensentwürfe permanent durchkreuzt und tendenziell zur Bedeutungslosigkeit minimiert. Dieser Konsequenz entgeht Hegel durch eine weltgeschichtliche Logik teleologisch gesicherter Endzeiterwartung, die der möglichen Ungleichzeitigkeit von Biographie und Realgeschichte Rechnung trägt. Der in unzeitgemäßen Biographien verdichtete Erwartungsüberschuß an Entwicklung und der in gesellschaftlichen Strukturen als Eingrenzung der Wahrscheinlichkeit möglicher Entwicklung definierte Erfahrungsraum werden durch diese Konstruktion zu einer Variantenvielfalt zeitgemäßer, an noch unentschiedenen Prozessen der Aktualisierung dieser Möglichkeiten orientierter Identitäten und Interpretationen erweitert. Sinn, der in alltäglich lebensweltlichen Vollzügen nicht erfahren werden kann, Handlungen zugeschriebene Bedeutungen, die durch ihre Resultate dementiert werden, gewinnen im Kontext geschichtsphilosophischer Konstruktionen eine Resistenz gegenüber frustrierenden Erfahrungen, die nonkonforme Erwartungen ermöglicht. Erfahrungsräume erweitern sich zu Erwartungshorizonten, deren Medium nicht länger der mit struktureller Gleichförmigkeit assoziierte Raum ist, sondern eine sich stufenförmig entwikkelnde Zeit.

8. Die Möglichkeit zum Anschluß an lebensweltliche Erfahrungen hält Hegels Geschichtsphilosophie dadurch offen, daß sie in der Konstruktion historischer Möglichkeitsfelder diese in Situationen übersetzt, in denen Menschen unter je konkreten Bedingungen Standpunkte und Entscheidungen abverlangt werden. Solche Entscheidungen nicht blind und dezisionistisch treffen zu müssen, sondern im Wissen um Folgen und Konsequenzen *analoger* Entscheidungen für Menschen in vergleichbaren Situationen treffen zu können, ist eben die Funktion historischer Analogiebildung für Hegel. Zur Veranschaulichung exemplarischer Mechanismen, die geschichtliche Entwicklung vorantreiben, wählt er das Wirken weltgeschichtlicher Individuen, solcher also, deren Wirken nicht in der Anonymität eigengesetzlicher Entwicklungen untergegangen, sondern – überhöht durch Legendenbildung und konträre Deutungen – in geschichtliche Überlieferung eingegangen ist. Weder geht es Hegel dabei darum, abschreckende Beispiele noch nachahmenswerte Vorbilder plastisch zu zeichnen. Jesus ist für den jungen Hegel hier das wohl prominenteste Beispiel eines weltgeschichtlichen Individuums, an dessen

Schicksal sich die Tragik von erwartungsvollem Aufbruch zu neuen historischen Horizonten, subjektivem Scheitern an der in dieser Komplexität nicht bedachten Realität und objektiver Verkehrung intendierter Wirkungen durch ihre Angleichung an noch funktionierende und effektive Herrschaftsapparate aufzeigen läßt.[12]

9. Die Konstituierung der bürgerlichen Gesellschaft hat für Hegel auch die spezifische Stellung der Philosophie und der Philosophen in der Gesellschaft verändert. Früher sagte man: »Ein Philosoph... soll auch als Philosoph leben, d. h. von den äußerlichen Verhältnissen zur Welt unabhängig, die Beschäftigung in ihnen und die Bemühung um sie aufgeben.«[13] In solch unparteiischer Distanz zum profanen Geschehen läßt sich weltbürgerliche Vernunft nicht länger begründen. Damit wird der Begründungsmodus einer Parteilichkeit für die Vernunft zum normativen Problem, das ohne den analytischen Rekurs auf die widersprüchliche Empirie geschichtlicher Verhältnisse nicht zu lösen ist. Geschichtsphilosophie verliert dadurch die Beliebigkeit, aber auch die Unschuld der frei schwebenden Konstruktion. Ihr Geltungsraum ist der Ereignisfluß der Zeit, ihr Geltungskriterium der historischen Sinn und Bedeutung vermittelnde Zusammenschluß der Ereignisse zur in sich differenzierten Sinneinheit, in der das, was historisch aufeinander folgt, als logisch auseinander sich entwickelnd konstruiert wird.

10. Einer unvermittelten Entgegensetzung von Sollen und Sein, von Ideal und Wirklichkeit sucht Hegel durch die systematisch-begriffliche Transformation lebensgeschichtlicher Erfahrungen in ein geschichtsphilosophisches Modell der Voraussetzungen, Bedingungen und Konsequenzen gesellschaftlich folgenreicher Interventionen zu entgehen. In diesem Modell subjektphilosophischer Dezentrierung rücken die Subjekte an den Rand historischer Prozesse, deren Verlauf sie nun aus einer Position kontemplativer Gelassenheit und des Vertrauens in den gesetzmäßigen Gang der Geschichte verfolgen können. Die *Einsicht* in den gesetzmäßigen Gang der Geschichte tritt an die Stelle der kontrafaktischen *Absicht*. Aus potentiell tragischen Helden der Geschichte, die noch im Scheitern die Aura verkannter Größe, zu früh oder zu spät Gekommener, umgibt, werden Menschen, die gelernt haben, auf ihre Stunde zu warten – und sei es in der Weitergabe dieser Haltung an nachfolgende Generationen.

11. Mit der an Subjekt-Objekt-Formationen in weltgeschichtlichen Entwicklungsprozessen orientierten philosophischen Generalisierung

der gesellschaftlichen Verhältnisse seiner Zeit glaubt Hegel, die Vermittlung von subjektiven Lebensentwürfen und objektiven Bedingungen in der reflexiven Distanz offenzuhalten. Zeitlich nicht kalkulierbare weltgeschichtliche Zusammenhänge ersetzen in diesem Modell offene Entscheidungssituationen. Sein Übergang zur Philosophie der Geschichte realisiert Einsichten, die der mit historischer Analogiebildung und hermeneutischer Einfühlung in die Situationen historischer Akteure vergangener Zeiten arbeitende junge Hegel im Blick auf die Möglichkeiten und Grenzen einer solchen Vorgehensweise gewonnen hatte: Der *funktionale Zusammenschluß* kontrafaktischer Intentionen und realer Entwicklungen durch die Simulation eines dezisionistischen Aktivismus historischer Subjekte erweist sich dabei als *methodologischer Kurzschluß*, der nur um den Preis der Ausblendung ganzer Realitätsbereiche oder ihrer reduktionistischen Verkürzung aufrechtzuerhalten ist. Der Wille zu gesellschaftlicher Veränderung kann sich nicht gegen gesellschaftliche Entwicklungstendenzen durchsetzen. Die immanente Logik gesellschaftlicher Funktionsmechanismen läßt sich nicht voluntaristisch im aktionistischen Handstreich aushebeln. Aus der je konkreten Spannung kaum vermeidbarer Entscheidungszwänge und dennoch vorhandener Gestaltungsräume historischer Subjekte konstituieren sich ihre tatsächlichen Einflußchancen auf gesellschaftliche Entwicklungen. Die Art und Weise, in der sich der ›Geist ihrer Zeit‹ zu historischen Tendenzen verdichtet, läßt sich jedoch erst im nachhinein in der analytischen Rekonstruktion sozialer Kräfteverhältnisse und epochaler Konstellationen, und das auch nur näherungsweise, bestimmen.

12. Historische Subjekte profilieren sich aus Hegels Sicht in einer riskanten Gratwanderung zwischen dezisionistischem Aktivismus und fatalistischem Objektivismus. Es liegt bei ihnen, den ›Fortschritt im Bewußtsein‹ der Freiheit zu realisieren. Mit geschichtlicher Entwicklung und der Akkumulation von Erfahrungen wird die variable Spannung von subjektiven Freiheitsgraden und objektiven Bestimmungsgrößen kalkulierbarer. Zugleich wachsen mit der Einsicht in die Grenzen des Machbaren die Ambitionen, diese Grenzen ins Unendliche zu erweitern. Mit der Delegierung von Subjektqualifikationen an die Eigengesetzlichkeit historischer Prozesse, der Generalisierung von Geschichte zur Weltgeschichte, der systematisierenden Zusammenfassung von Einzelgeschichten zu einer teleologisch fokussierten Metageschichte werden historische Subjekte in Hegels System eigentlich überflüssig für den Gang der Ge-

schichte. Soweit ihnen ein Einfluß auf Entwicklungen zugestanden wird, reduziert sich dieser darauf, intuitiv den Anschluß an welthistorische Entwicklungstendenzen herzustellen und sich damit zu ›weltgeschichtlichen Individuen‹ zu qualifizieren. Gerade an diesen aber schlägt die ›List der Vernunft‹ auch biographisch verheerend durch, erfüllt sich gleichsam schicksalhaft, daß die Weltgeschichte nicht der Boden des Glücks für individuelle Lebensverläufe ist, daß vielmehr solche Individuen, nachdem sich ihre Funktion erledigt hat, als ›leere Blätter‹ fallengelassen werden.[14]

13. Hegels Geschichtsphilosophie stellt sich Fragen, deren theoretische Substanz noch immer die Theoriediskussion der modernen Geschichtswissenschaft prägt: Wie ist eine Systematisierung von Geschichte möglich? Entlang welcher Begriffe und strukturierenden Fragestellungen lassen sich Zusammenhänge zwischen Ereignissen aufweisen, die nicht nur ereignisgeschichtliche Kontinuitäten lediglich nachzeichnen, sondern Zusammenhänge erst konstruieren? Diese grundsätzliche Frage ist Ausgangs- und Endpunkt von Hegels Überlegungen. Mit ihr sucht er historische Theoriebildung und lebenspraktische Orientierung historischer Subjekte in intersubjektiven Zusammenhängen zu einer einheitlichen Fragestellung zu integrieren. Das thematische Zwischenglied dieser Synthesis ist die These, Menschen seien unter konkret zu bestimmenden Bedingungen in der Lage, in Abstimmung ihrer unterschiedlichen Handlungsintentionen geschichtlichen Verhältnissen ihren praktischen Willen aufzuzwingen und diese dadurch zur Kalkulierbarkeit intendierter Entwicklungen zu gestalten. Die dieser Konstruktion eingeschriebene Teleologie geschichtlicher Entwicklung setzt gelingende Prozesse kommunikativer Verständigung und Konsensbildung voraus und übersetzt diese in eine kontrafaktische Strukturgeschichte historischer Vernunft.[15] Geschichtstheoretisch wird damit die Einheit von philosophischer Systematisierung der Geschichte und empirischer Geschichtsschreibung als möglich und historiographisch produktiv unterstellt.

14. Zum strategisch ausschlaggebenden Argument wird dabei für Hegel die Behauptung einer historischen Affinität von Geschichtserzählung und Theoriebildung, die Geschichtstheorie erst ermögliche. Er geht aus von der Doppelbedeutung des Begriffs Geschichte, die er als sprachlichen Indikator einer solchen Affinität nimmt: »*Geschichte* vereinigt in unserer Sprache die objektive sowohl als subjektive Seite und bedeutet ebensogut die *historiam rerum gestarum* als die *res gestas* selbst; sie ist das Geschehene nicht minder wie die Geschichtserzählung. Diese Ver-

einigung der beiden Bedeutungen müssen wir für höherer Art als für eine bloß äußerliche Zufälligkeit ansehen: es ist dafür zu halten, daß Geschichtserzählung mit eigentlich geschichtlichen Taten und Begebenheiten gleichzeitig erscheine; es ist eine innerliche gemeinsame Grundlage, welche sie zusammen hervortreibt.«[16]

Die lineare Fortschreibung sich gleichförmig tradierender historischer Zustände läßt historische Erinnerung ins Leere laufen. Sie braucht »einen Inhalt..., der für die Prosa der Geschichte nicht nur geeignet ist, sondern sie selbst mit erzeugt«.[17] Die Genügsamkeit einer in sich vollkommenen Gegenwart, deren Herkunft und Zukunft als Punkte eines gleichsam statischen Zeitkontinuums gleichermaßen unproblematisch erscheinen, muß der Dynamik einer für Neues offenen Entwicklung weichen. Erst wenn Vergänglichkeit als kulturelle Möglichkeit des Vergessens zum Problem wird, entsteht das Bedürfnis, diesem Vergessen eine gegen die Konjunkturen des Zeitgeistes strukturell gesicherte historische Erinnerung entgegenzusetzen.

15. Für Hegel ist es der Staat, mit dem sich historische Erinnerung als Problem überhaupt erst stellt. Zum Problem wird historische Erinnerung für ihn erst dadurch, daß mit der Institutionalisierung und Verrechtlichung von Gemeinwesen eine strukturelle Verunsicherung einhergeht, die das kulturelle Bedürfnis nach historischer Absicherung, nach Einbindung in ein Kontinuum von Traditionen hervorruft. Erst ein »zum Staate sich erhebendes Gemeinwesen«, so Hegel, »erfordert Gebote, Gesetze, allgemeine und allgemeingültige Bestimmungen und erzeugt damit sowohl einen Vortrag als ein Interesse von verständigen, in sich bestimmten und in ihren Resultaten dauernden Taten und Begebenheiten, welchen die Mnemosyne ... die Dauer des Andenkens hinzuzufügen getrieben ist«.[18]

Zur Dauer der Tat soll die Dauer des Andenkens hinzukommen. Dieses Andenken an die Begebenheiten wird gebraucht, um deren vergehende Gegenwärtigkeit in der historischen Erinnerung auch unabhängig von der Verläßlichkeit der Resultate aktualisieren zu können. Historische Erinnerung wirkt dabei als Prozeß kultureller Umkodierung, mit dem ein Sinnzusammenhang zwischen dem Gegenstand und dem Subjekt bzw. Adressaten der Erinnerung erst hergestellt wird. Sie wird getrieben vom Drang nach Vervollständigung einer unvollständigen Gegenwart, die der Staat in seiner äußerlichen Existenz ist. In dieser Äußerlichkeit bedarf er der »Integrierung des Bewußtseins der Vergangenheit«.[19] Die identitätsbildende Mobilisierung der Vergangenheit durch historische Erinnerung dient hier zur Legitimitätsbeschaffung. Nur dadurch, daß sich der Staat historischer Bedeutungsressourcen bedient, kann er seine jeweilige Unvollkommenheit vergessen machen, kann die Geschichte der Formierung und Transformation, des Untergangs und der Erneuerung von Gemeinwesen als positive Bilanz einer Erfolgsgeschichte geschrieben werden, die noch den Verlusten einen ›höheren Sinn‹ in einem konstruierten Gesamtzusammenhang abzugewinnen vermag.

Die Grenze zwischen Geschichte und Vorgeschichte wird für Hegel markiert dadurch, daß Bedürfnis und Fähigkeit zu historischer Erinnerung sich zur Geschichtserzählung objektivieren. Vorgeschichte ist für Hegel der ganze Zeitraum »vor der Geschichtsschreibung«, unabhängig von den mehr oder weniger dramatischen Entwicklungen, die diesen Zeitraum kennzeichnen. Diese Zeiträume mögen also »mit Revolutionen, mit Wanderungen, mit den wildesten Veränderungen ... angefüllt gewesen sein«. Dennoch sind sie »ohne objektive Geschichte, weil sie keine subjektive, keine Geschichtserzählung aufweisen«.[20] Kurz: Ohne Geschichtserzählung keine objektive Geschichte. Die Erhebung des Gemeinwesens zum Staat als Indikator des Endes der Vorgeschichte fungiert bei Hegel jedoch eher als politischer Resonanzboden einer ›Ideengeschichte des Geistes‹[21] denn als Zäsur einer Sozialgeschichte der Entwicklung von Gemeinwesen.

16. Hegel als Provokation des Rankeschen Historismus:

16.1. Gesetzt, Menschen hätten sich als vernünftige Weltbürger verhalten, wie ließe sich dann Geschichte zur Weltgeschichte einer sich über verschiedene Stufen als organischer Zusammenhang realisierenden Vernunft systematisieren? Dieser von Kant vorgegebenen Frage geht Hegel in spezifischer Weise nach. Als geschichtsphilosophische Kategorie, die eine Systematisierung von Geschichte überhaupt erst ermöglicht, schließt Hegels Vernunftbegriff empirische Geschichte und ihre Erkenntnis zu einer durchgängig aufeinander bezogenen Metageschichte zusammen. Als Synonym für das Vermögen, äußere Bedingungen in der Aneignung zu inneren Reproduktionsbedingungen umzuorganisieren, ist Vernunft für Hegel eine autopoietische Prozeßkategorie. Die Vernunft gibt sich selbst den Stoff vor, »den sie ihrer Tätigkeit zu verarbeiten gibt, denn sie bedarf nicht ... der Bedingungen eines äußerlichen Materials, gegebener Mittel, aus denen sie Nahrung und Gegenstände ihrer

Tätigkeit empfinge; sie zehrt aus sich und ist sich selbst das Material, das sie verarbeitet«.[22]

Geschichtliche Ereignisse werden von Hegel im Blick auf ihre mögliche Darstellung begrifflich vorstrukturiert. Für die Kritiker einer solchen Vorgehensweise ist damit ausgemacht, daß es der Hegelschen Dialektik absolut gleichgültig ist, »wie die ›Dinge eigentlich gewesen‹, die Überlieferung der Dinge, und sei sie eine falsche, ist ihr das wichtigere historische Phänomen vor der sog. Tatsächlichkeit der Hergänge«.[23]

16.2. Rankes These, jede Epoche sei unmittelbar zu Gott, ist die klare Gegenthese zu der Hegels, auf Gott als Ausgangspunkt und absoluten Endzweck laufe Geschichte mit teleologischer Zwangsläufigkeit hinaus, oder, in Aufnahme der Rankeschen Metaphorik, nur als funktionales Glied in der Kette, die zu Gott als diesem Endzweck der Geschichte führe, habe jede Epoche ihren weltgeschichtlichen Wert. Wiederum im Unterschied zu Ranke, der darauf besteht, der Wert jeder Epoche beruhe »gar nicht auf dem, was aus ihr hervorgeht, sondern in ihrer Existenz selbst, in ihrem eigenen Selbst«[24], hat für Hegel jede Epoche eben nur Wert als Übergang, als Stufe auf dem Weg zur geschichtlichen Vollendung des Weltgeistes. Würde man jedoch annehmen, so weiter Ranke in ausdrücklicher Polemik gegen diese Position Hegels, »Fortschritt bestehe darin, daß in jeder Epoche das Leben der Menschheit sich höher potenziert, daß also jede Generation die vorhergehende vollkommen übertreffe, mithin die letzte die bevorzugte, die vorhergehenden aber nur die Träger der nachfolgenden wären, so würde das eine Ungerechtigkeit der Gottheit sein. Eine solche gleichsam mediatisierte Generation würde an und für sich eine Bedeutung nicht haben. Sie würde nur insofern etwas bedeuten, als sie die Stufe der nachfolgenden ist und würde nicht in unmittelbarem Bezug zum Göttlichen stehen. Ich aber behaupte: jede Epoche ist unmittelbar zu Gott.«[25] Denn: Gott ist gerecht.

Geschichtstheoretisch spitzt sich die Kontroverse um die Legitimität von Geschichtsphilosophie zur Frage nach der Berechtigung von Allgemeinbegriffen in der Geschichtsbetrachtung zu. In seiner Kritik der Hegelschen Geschichtsphilosophie ist es für Ranke eben ihre Übersetzbarkeit in empirisch operationale Begriffe, die theoretischen Begriffen eine relative Berechtigung als regulativen Ideen der Forschung gibt. Diese Berechtigung haben sie für ihn jedoch nur im Rahmen der Geschichte als erfahrungswissenschaftlicher Disziplin, die darauf aus ist, zu rekonstruieren, ›wie es eigentlich gewesen‹ ist. Ihre Funktion ist es, Quellenkritik zu ermöglichen und dadurch einem positivistischen Tatsachenfetischismus die Möglichkeit entgegenzustellen, von der Erforschung und Betrachtung des einzelnen zur Erkenntnis ihres objektiv vorhandenen Zusammenhanges fortzuschreiten. Auch aus Rankes Sicht wird sich also der Historiker der Existenz eines Allgemeinen nicht von vornherein verschließen. Aber: »Er wird es sich nicht vorher ausdenken wie der Philosoph; sondern während der Betrachtung des Einzelnen wird sich ihm der Gang zeigen, den die Entwicklung der Welt im allgemeinen genommen.«[26] Aus einem philosophischen Apriori wird das Allgemeine zu einem durch den konkreten Gang der Geschichtsforschung und Quellenkritik empirisch vermittelten Aposteriori. Daß dieses Aposteriori selbst durch geschichtsphilosophische Apriori vermittelt ist, die überhaupt erst eine theoretische Strukturierung empirischer Daten ermöglichen, blendet Ranke aus dieser verbalen Verabschiedung von Geschichtsphilosophie aus. Es bleibt auch nach seiner Kritik der Hegelschen Geschichtsphilosophie dabei, entweder theoretische Voraussetzungen einer Systematisierung historischer Erfahrungen als geschichtsphilosophische Apriori zu benennen und dem empirischen Test ihrer forschungspraktischen Operationalisierung auszusetzen oder aber im Anspruch theoretischer Voraussetzungslosigkeit im Forschungsprozeß von eben diesen Apriori eingeholt zu werden.

16.3. Wird eine Systematisierung historischen Geschehens nach theoretischen Ordnungsprinzipien, die einen Ereigniszusammenhang konstruieren, als kontrafaktische spekulative Konstruktion abgetan, bleibt eigentlich nur noch die Annahme einer ›göttlichen Ordnung‹ – vorausgesetzt, eine Systematisierung von Geschichte, die über die zeitliche Aufeinanderfolge eines Erfahrungskontinuums hinausgeht, wird überhaupt noch als theoretisch sinnvolle Fragestellung zugelassen. An eine solche ›göttliche Ordnung der Dinge‹ als einer strukturierten Aufeinanderfolge der Zeiten delegiert Ranke die Funktion einer weltgeschichtlichen Systematisierung. Methodologisch hat das die Konsequenz, empirische Geschichtsschreibung von der Funktion philosophischer Systematisierung zu entlasten. Geschichts*philosophie* wird dadurch funktional durch eine Geschichts*theologie* substituiert. Während Gott als absoluter Geist bei Hegel durch seine Fähigkeit zur teleologisch retrospektiven Draufsicht auf weltgeschichtliche Zusammenhänge zum Metahistoriker par excellence avanciert, wird er bei Ranke zum Kronzeugen einer Dichotomie von Empirie und Theorie resp. Geschichtsphilosophie als Geschichtstheologie. In beiden Fällen ist die Möglichkeit einer Geschichte als ganzheitlicher Zusammenhang im Singular unterstellt.

Gerade weil sich nachhegelsche Geschichtsphilosophie noch in der verbalradikalen Abgrenzung vom Hegelschen Ausgangspunkt nur bedingt von dessen geschichtsphilosophischen Denkfiguren lösen konnte, mußten diese als Provokation erscheinen. Diese Provokation hat wiederum Ranke auf den Begriff gebracht: »Der Lehre, wonach der Weltgeist die Dinge gleichsam durch Betrug hervorbringt und sich der menschlichen Leidenschaften bedient, um seine Zwecke zu erreichen, liegt eine höchst unwürdige Vorstellung von Gott und der Menschheit zu Grunde; sie kann auch consequent nur zum Pantheismus führen; die Menschheit ist dann der werdende Gott, der sich durch einen geistigen Proceß, der in seiner Natur liegt, selbst gebiert.«[27]

Während also für Hegel die Gleichzeitigkeit und bleibende Gegenwärtigkeit der Geschichte durch eine eigens zu ihrem Nachweis konstruierte Geschichtsteleologie abgesichert ist, sucht Ranke sich ihrer in der historischen Kritik der Quellen zu vergewissern: Denn »wie die lebenden Menschen einander berühren, ohne einander gerade zu verstehen, oder auch verstehen zu wollen, in wetteifernder oder feindseliger Thätigkeit, so erscheinen die vergangenen Geschlechter in den Archiven, die gleichsam ein Niederschlag des Lebens sind«.[28]

Weder kontrafaktische Vernunftteleologie, die ein historisches Kontinuum nach emanzipationstheoretischen Kriterien uneingelöster Hoffnungen auf freie Entfaltung autonomer Subjektivität konstruiert, noch die objektivistische Festschreibung einer geltungssicheren Faktizität, aus der subjektive Präferenzen ihrer – idealtypischerweise am Gang des Geschehens unbeteiligten – Autoren herausgenommen sind, verspricht eine Lösung des methodologischen Dilemmas, vermeintlich zwingend zwischen Verstehen und Erklären als nicht vermittelbaren erkenntnistheoretischen Alternativen historischen Denkens wählen zu müssen. Das historiographiegeschichtliche Pendant dieses Dilemmas ist die Versuchung, die Ideengeschichte der Historik zur Linearität einer Geschichte von Verlusten *oder* Gewinnen zu vereindeutigen. Im Übergang von der Aufklärung zum Historismus etwa, in dem sich die Hegelsche Geschichtsphilosophie verorten läßt, droht dann die Gefahr, mit den historiographisch unbefriedigenden Lösungsansätzen idealistischer Geschichtsphilosophie zugleich deren anspruchsvolle Fragestellungen als spekulative Konstruktionen mit zu verabschieden.[29] Demgegenüber wäre in einer hermeneutischen Transformation transzendentalphilosophischer Ansätze der Geschichtsphilosophie des deutschen Idealismus darauf zu bestehen, daß ohne die je konkrete historiographische Konstruktion einer sich tradierenden und dabei modifizierenden Spannung von historischen Erfahrungsräumen und Erwartungshorizonten Geschichtsdenken jede wie auch immer definierte Verbindlichkeit verlieren würde.

Anmerkungen

1 Jürgen Habermas, *Der philosophische Diskurs der Moderne. Zwölf Vorlesungen*, Frankfurt/M. 1985, S. 57.

2 Zum über Hegel hinausweisenden Problem dieser Transformation vgl.: *Die Ideen von 1789 in der deutschen Rezeption*, hg. v. Forum für Philosophie Bad Homburg, Frankfurt/M. 1989.

3 Herbert Schnädelbach, *Geschichtsphilosophie nach Hegel. Die Probleme des Historismus*, München 1974, S. 15.

4 Ebd.

5 Georg Wilhelm Friedrich Hegel, *Vorlesungen über die Philosophie der Geschichte* (= *Werke*, Bd. 12), hg. v. Eva Moldenhauer u. Karl Markus Michel, Frankfurt/M. 1970, S. 20.

6 Ebd., S. 21.

7 Georg Wilhelm Friedrich Hegel, *Phänomenologie des Geistes* (= *Werke*, Bd. 3), hg. v. Eva Moldenhauer u. Karl Markus Michel, Frankfurt/M. 1970, S. 18f.

8 Hegel, *Philosophie der Geschichte* (wie Anm. 5), S. 550.

9 Ebd., S. 550f.

10 Ebd., S. 551.

11 Vgl. dazu auch Michael Kirn, »Der Begriff der Revolution in Hegels Philosophie der Weltgeschichte«, in: *Stuttgarter Hegel-Kongreß 1970*, hg. v. Hans-Georg Gadamer, Bonn 1974 (= *Hegel-Studien*, Beiheft 11), S. 339–363.

12 Zum Gesamtproblem vgl. Wolfgang Bialas, *Von der Theologie der Befreiung zur Philosophie der Freiheit. Hegel und die Religion*, Fribourg 1993.

13 Georg Wilhelm Friedrich Hegel, *Vorlesungen über die Geschichte der Philosophie III* (= *Werke*, Bd. 20), hg. v. Eva Moldenhauer u. Karl Markus Michel, Frankfurt/M. 1977, S. 207.

14 Vgl. dazu Hegel, *Philosophie der Geschichte* (wie Anm. 5), S. 42.

15 Vgl. dazu Axel Honneth, *Kampf um Anerkennung. Zur moralischen Grammatik sozialer Konflikte*, Frankfurt/M. 1994.

16 Hegel, *Philosophie der Geschichte* (wie Anm. 5), S. 83.

17 Ebd.
18 Ebd.
19 Ebd., S. 84.
20 Ebd.
21 Vgl. ebd., S. 105.
22 Ebd., S. 21.
23 Ernst Simon, *Ranke und Hegel*, München/Berlin 1928, S. 160.
24 Leopold von Ranke, *Über die Epochen der neueren Geschichte. Historisch-kritische Ausgabe*, hg. v. Theodor Schieder u. Helmut Berding (= *Aus Werk und Nachlaß*, Bd. 2), München 1971, S. 60.
25 Ebd., S. 59f.
26 Zitiert nach Simon, *Ranke und Hegel* (wie Anm. 23), S. 176.
27 Ranke, *Über die Epochen* (wie Anm. 24), S. 64f.
28 Leopold von Ranke, *Geschichte Wallensteins* (= *Sämmtliche Werke*, Bd. 23), Leipzig 1870, S. VII.
29 Vgl. dazu Friedrich Jaeger/Jörn Rüsen, *Geschichte des Historismus. Eine Einführung*, München 1992, insbes. S. 30ff.

FRIEDRICH JAEGER

Geschichtsphilosophie, Hermeneutik und Kontingenz in der Geschichte des Historismus

Anknüpfend an die Beiträge von Wolfgang Bialas, Eckhardt Fuchs und Gangolf Hübinger in diesem Band möchte ich den Blick auf ein Problem des historischen Denkens lenken, das die Geschichte des Historismus von seiner Formierungsphase in den ersten Jahrzehnten des 19. Jahrhunderts bis in die tiefgreifende Krise der Jahrhundertwende hinein geprägt hat: das Verhältnis von historischer Hermeneutik und kontingenter Erfahrung. Dieses Problem läßt sich entfalten, indem man den Historismus im theoriegeschichtlichen Kontrast zu den zwei wichtigsten mit ihm konkurrierenden geistigen Strömungen sieht, gegenüber denen er sich im Verlaufe des 19. Jahrhunderts in zeitlicher Abfolge behaupten mußte: in der ersten Jahrhunderthälfte gegenüber der idealistischen Geschichtsphilosophie, in der zweiten Hälfte gegenüber den verschiedenen Varianten des »positivistischen Szientismus« (Fuchs).

In seinem Beitrag zur Geschichtsphilosophie Hegels lenkt Wolfgang Bialas den Blick auf den Stellenwert der idealistischen Geschichtsphilosophie für die geschichtstheoretische und forschungspraktische Formierung des Historismus und thematisiert damit eine unübersichtliche Konstellation aus der Entstehungsphase des Historismus: die zwischen bewußter Abgrenzung bei Ranke und partieller Anknüpfung bei Droysen schwankende Hegel-Rezeption der historistischen Geschichtswissenschaft in der ersten Hälfte des 19. Jahrhunderts.

Eckhardt Fuchs und Gangolf Hübinger thematisieren in jeweils unterschiedlichem Kontext, jedoch mit weitgehend identischer Stoßrichtung das Verhältnis des Historismus zum Positivismus und seinen theoretischen und methodischen Implikationen als ein weiteres Kernproblem des historischen Denkens, das die zweite Hälfte des 19. Jahrhunderts durchzieht. Damit eröffnen sie der Historismusforschung ein neues und bisher weitgehend ungeklärtes Diskussionsfeld. Ihr Argument lautet, daß das Verhältnis zwischen Historismus und Positivismus im Kontext einer dichotomisierenden Interpretation nicht in der angemessenen Komplexität zur Kenntnis genommen worden sei oder werden könne. Statt zweier sich mehr oder weniger antagonistisch gegenüberstehender Wissenschaftsparadigmen habe es vielfältige Prozesse wechselseitiger Beeinflussung und partieller Überlagerung gegeben, die beachtet werden müßten, wenn man zu einem angemessenen Verständnis sowohl des Historismus als auch des Positivismus gelangen wolle. Beide verbinden diese Problemdiagnose mit einer Kritik an der von Jörn Rüsen und mir vertretenen Position, die die Unterschiede und die bewußte Konkurrenz zwischen der historistischen und positivistischen Wissenschaftskonzeption betont und sich damit eher dem in Droysens Buckle-Kritik zum Ausdruck kommenden Selbstverständnis des Historismus anschließt.[1]

Im folgenden möchte ich dieses Problem einer theoriegeschichtlichen Einordnung des Historismus zwischen zwei Polen des teleologischen Denkens: zwischen der Skylla der idealistischen Geschichtsphilosophie und der Charybdis positivistischer Gesetzmäßigkeitstheoreme aufgreifen, indem ich die Spezifik des historistischen Denkens in seinem besonderen Umgang mit dem Phänomen historischer Kontingenz verankere. Nimmt man von diesem Gesichtspunkt aus die Geschichte des Historismus in den Blick, läßt er sich als eine Form des historischen Denkens spezifizieren, die sich dem Problem historischer Kontingenzerfahrungen stellt, ohne den »Ernst und Schmerz des Negativen« in der Manier Hegels als eine notwendige Durchgangsstufe zur Freiheit mit geschichtsphilosophisch zugesichertem Sinngehalt zu versehen oder aber zum nicht weiter beunruhigenden Bestandteil einer fortschrittlichen und gesetzesförmig ablaufenden Zivilisationsautomatik stillzustellen. Der Historismus repräsentiert dann die Fähigkeit, historische Kontingenz geschichtstheoretisch und historiographisch zuzulassen, und er setzt eine kulturelle Entsicherungsbereitschaft voraus, die sehr heterogene Züge annehmen konnte und in einer niemals stillgestellten Spannung zu den idealistischen und positivistischen Alternativen einer teleologischen Deutung geschichtlicher Prozesse stand. Die Geschichte des Historismus dokumentiert daher auch in sich selber die Schwierigkeit, ohne geschichtsphilosophische Rückversicherung historisch zu denken. Mit »Kontingenz« meine ich hier vor allem die empirisch-methodische Öffnung des historischen Denkens in Richtung auf das Unvorhergesehene, Fremde und Unbekannte, auf die in ihrer beunruhigenden Latenz nicht immer schon geschichtsphilosophisch entschärften historischen Erfahrungen. Sie impliziert die historiographische Bereitschaft, ohne diejenigen kulturellen Gewißheiten auszukommen, die heilsgeschichtliche, geschichtsphilosophische oder teleologische Argumente zu bieten haben, indem sie historische Erfahrungen immer schon in theoretisch vorformulierte Sinnzusammenhänge einbetten, auf traditionalistisch eingefahrene Lebenszusammenhänge zurückverweisen und ihnen damit die Kraft zur historischen Beunruhigung in der Konfrontation mit dem nicht a priori Gedeuteten und Gewußten nehmen. Anstatt historische Prozesse zu einem an festgefügte Prinzipien des geschichtlichen Wandels fixierten Automatismus verkümmern zu lassen, ermöglicht die historiographische Gewährung von Kontingenz die Konjunktur eines historischen Denkens, das die Freiheit des Menschen und seines Handelns an der Individualität des Vergangenen, der Offenheit der Gegenwart und der Unabsehbarkeit der Zukunft festmacht. Die geschichtstheoretische Auseinandersetzung um eine solche Vorstellung von geschichtlicher Kontingenz bildet einen wichtigen Aspekt in der Geschichte des Historismus zwischen idealistischer und positivistischer Geschichtsphilosophie. Die Geschichte der historischen Hermeneutik dokumentiert den schwierigen und niemals letztgültig abgeschlossenen Versuch des Historismus, die mit der Integration der bisher teleologisch stillgestellten Kontingenzerfahrungen verbundene Destabilisierung des historischen Fortschrittsbewußtseins im Modus einer neuen Konzeption des historischen Zusammenhangs aufzufangen.

Rankes Auseinandersetzung mit und Absetzung von der Geschichtsphilosophie Hegels gilt als ein erster entscheidender Akt im theoretisch-methodischen Verselbständigungsprozeß des Historismus. Wolfgang Bialas zeigt in seinem Beitrag, wie Hegels Geschichtsphilosophie angesichts der mit dem geschichtlichen Durchbruch der modernen Gesellschaft einhergehenden irritierenden Zeiterfahrungen der Gegenwart »die auseinanderstrebenden Entwicklungen wieder in einen einheitlichen Sinn- und Interpretationszusammenhang einzubinden« versucht, indem sie eine objektive Teleologie weltgeschichtlicher Zusammenhänge sowie des Fortschritts im Bewußtsein der Freiheit entwirft. In einem zentralen Punkt schießt dabei Hegels Geschichtsphilosophie im Selbstverständnis des entstehenden Historismus eindeutig über das Ziel einer historischen Interpretation des geschichtlichen Wandels hinaus: Mit ihrer Vorstellung einer zu sich selber und damit zur Wirklichkeit der Vernunft gekommenen Gegenwart erbringt sie ein philosophisches Übersoll, das genau die Fragen einer historischen und zugleich normativen Orientierung der Gegenwart verstummen läßt, denen sie sich selber verdankt.[2]

In seiner Abkehr von der idealistischen Geschichtsphilosophie stellt sich dem Historismus in seiner empirischen Öffnung gegenüber der geschichtlichen Faktizität – der »Realität der Tatsache«[3] – das herausfordernde Problem der historischen Kontingenz in verschärfter Form. Droysen hat diese anfängliche kulturelle Verunsicherung und Herausforderung des Historismus durch die Erfahrung historischer Kontingenz in seinen *Vorlesungen über die Freiheitskriege* deutlich artikuliert. Wer Geschichte betrachte, heißt es dort, »wähnt nichts als den Taumel der Atome, als das hämische Trugspiel des Zufalls zu sehen«.[4]

Rankes Entwurf einer historischen Hermeneutik repräsentiert mit seiner Kritik der spekulativen Geschichtsphilosophie ein seit den zwanziger Jahren des 19. Jahrhunderts verbreitetes geistesgeschichtliches Milieu, das ich hier als den Versuch einer hermeneutischen Rettung von Kontingenz bezeichnen möchte. Mit Ranke konstituiert sich die historistische Geschichtswissenschaft »in ihrem Widerstreit mit der Philosophie«.[5] In seiner Kritik am »Konstruieren der Historie« vom Standpunkt »des höchsten Gedankens«[6] und in seiner Abneigung gegenüber »spekulativer Deduktion«, in seinem Geltendmachen des »partikularen Interesses«, der »Bedingungen der Erscheinung«, der Notwendigkeit empirischer »urkundlicher Forschung«, der »Erkenntnis des Einzelnen« und schließlich des nicht a priori zu konstruierenden, sondern erst a posteriori festzustellenden »inneren Zusammenhangs« der Begebenheiten als notwendigen Bedingungen historischer Erkenntnis und Forschung klagt Ranke die prinzipielle Offenheit, Undeterminiertheit, Unableitbarkeit und Unendlichkeit der Geschichte, mit einem Wort: ein neues Bewußtsein menschlicher Freiheit und des Eigenrechts der Individuen in der Geschichte und im Angesicht kontingenter Ereignisse ein.[7]

Der historische Zusammenhang und die Totalität der Ereignisse, auf deren Explikation Rankes hermeneutischer Begriff der Geschichte gleichwohl nicht verzichtet, konstituieren sich daher auch für ihn erst in der geschichtlichen Abfolge kontingenter Ereignisse, liegen ihnen nicht immer schon logisch voraus, sondern sind nur rekonstruktiv aus den individuellen Ereignisketten herauszulesen: »Es ist notwendig, daß der Historiker sein Auge für das Allgemeine offen habe. Er wird es sich nicht vorher ausdenken wie der Philosoph; sondern während der Betrachtung des Einzelnen wird sich ihm der Gang zeigen, den die Entwickelung der Welt im allgemeinen genommen.«[8] Was die historische Erkenntnis angesichts der Vielfalt je individueller Erscheinungen und Realitäten für

Ranke nicht ins Chaos völliger historischer Kontingenz abstürzen läßt, ist zum einen die hermeneutische Konzeption eines transzendentalen Zusammenhangs menschlicher Geistestätigkeit, die Handeln und Verstehen, Theorie und Praxis, Geschichte und Gegenwart zu einer sinnhaften Totalität zusammenbindet[9], und zum anderen ein Bewußtsein religiösen Heils[10] und kultureller Evidenzen, das ihn auch angesichts kontingenter Faktizität noch von Entwicklung und Fortschritt, ja von einer kulturellen Notwendigkeit und Gesetzmäßigkeit geschichtlicher Prozesse sprechen ließ.[11] Jenseits der unmittelbar erfahrbaren Kontingenz der historischen Ereignisse, in der sich die Freiheit des Menschen als individuell zurechenbares Schicksal und als ein nicht auf andere Faktoren rückführbarer Prozeß konstituiert, existiert für Ranke ein Sinn des geschichtlichen Wandels, der im Medium der historischen Forschung hermeneutisch – und eben nicht teleologisch – erschlossen werden kann.

Mit Ranke konstituiert sich der Historismus somit als eine hermeneutische Geisteswissenschaft mit antiteleologischer Stoßrichtung. Dennoch blieb die Auseinandersetzung mit teleologischen Denkmustern des geschichtlichen Fortschritts während des gesamten 19. Jahrhunderts eine wichtige Diskursebene des Historismus und zugleich ein nur schwierig zu lösendes Problem, das zu vielfältigen Polarisierungen innerhalb des Historismus selber geführt hat. Die Ausdifferenzierung des Historismus zu verschiedenen Strömungen und Spielarten, die wechselseitige Überlagerung in sich heterogener Denkformen und -traditionen und schließlich seine dynamische Prozessualität lassen sich zu einem großen Teil auf die eigentümliche Stellung des Historismus zwischen idealistischer und positivistischer Geschichtsphilosophie zurückführen.

Ich möchte im folgenden die von Bialas gebrachten Argumente sowie die von Fuchs und Hübinger gegen Rüsen und mich vorgebrachte Kritik aufgreifen, um das Verhältnis von Hermeneutik, Teleologie und Kontingenz als eine die Geschichte des Historismus im 19. und frühen 20. Jahrhundert durchziehende Problemstellung zu skizzieren, die die Spezifik der historistischen Geschichtswissenschaft in der notwendigen Abgrenzung sowohl von der idealistischen Geschichtsphilosophie Hegels als auch vom positivistischen Szientismus deutlich werden läßt.

I. Das Problem bei Johann Gustav Droysen

Ein Blick auf Droysens »Alexander« vermag die Schwierigkeiten des Historismus beim Durchbruch zu einer hermeneutischen Konzeption des historischen Denkens und die strukturelle Überlagerung hermeneutischer und geschichtsphilosophischer Motive ansatzweise deutlich zu machen.[12] Beim jungen Droysen existieren Elemente teleologischen Denkens, die auf die Gratwanderung des Historismus zwischen geschichtsphilosophischem Erbe und positiver Wissenschaft hinweisen und ihn nicht erst in der zweiten Hälfte des 19. Jahrhunderts, sondern von Anfang an in einem schwierigen Verhältnis mit konkurrierenden Theorieströmen zeigen.

Droysen spricht in seiner *Geschichte Alexanders des Großen* von einem »Beruf« des Griechentums und des makedonischen Volkes[13], erkennt eine »hohe Sendung« Alexanders zur Unterwerfung des Perserreichs[14], dem er wiederum die »Notwendigkeit seines Falles« unterstellt, weil hier alles zum Untergang »reif« gewesen sei.[15] Alles in allem manifestiere sich in dem Erfolg Alexanders des Großen und der Geschichte des Hellenismus für Droysen der »Sieg eines höheren Rechtes«.[16] Warum aber und mit welcher geschichtstheoretischen Begründung nennt Droysen Alexander den legitimen »Vorkämpfer einer neuen Zeit«, auf dessen Seite das Recht der Geschichte stand[17], und mit welchem Recht erkennt er dem Hellenismus in seiner Eigenschaft eines Agenten der griechischen Bildung die Weihen einer höheren weltgeschichtlichen Aufgabe und Notwendigkeit zu, die getan werden »mußte«? – Die teleologische Struktur des geschichtlichen Prozesses ergibt sich für Droysen von der Gegenwart und von der in ihr notwendigen Fortsetzung der Dialektik von Leiden und Versöhnung im Interesse der werdenden Freiheit. Und gleichzeitig eröffnen sich von ihr her die erkenntnisleitenden Perspektiven auf die Vergangenheit, und das macht es möglich, vom Standpunkt der Gegenwart aus das Telos der Vergangenheit zu begreifen.

Das Telos des Hellenismus bedeutet dann unter politischen Gesichtspunkten, »ein wesentliches Element zu einer neuen und höheren Gestaltung des Staatslebens«[18] zu sein, und das heißt letztlich, daß sich in ihm erstmals diejenigen Normen und Grundlagen der menschlichen Freiheit geltend gemacht haben, an denen die Gegenwart anknüpfen muß, um die geschichtliche Kontinuität dieser Freiheit als ein Versprechen der Zukunft sicherzustellen. Daher projiziert Droysen bereits die Aktualität nationalstaatlicher Entwicklungen des 19. Jahrhunderts in das Geschehen der Vergangenheit hinein und läßt die Anfänge derjenigen Konzeption politischer Herrschaft, die das bürgerliche Milieu seiner Zeit als zukunftsfähig und normativ verbindlich ansah – eine volkstümlich verankerte und zugleich konstitutionell gebändigte Monarchie –, in die politischen Auseinandersetzungen der hellenistischen Vergangenheit hinein. Der Geist Alexanders des Großen durchweht gewissermaßen auch noch die Paulskirche der Jahre 1848/49, und in seiner Tradition müssen die politischen Akteure der Gegenwart stehen, wollen sie das kulturelle Telos der europäischen Weltgeschichte, die werdende Freiheit des Menschen, als ein geschichtliches Erbe aufgreifen und als eine praktische Aufgabe weiterführen, deren Ziel die erneute politische Versöhnung einer entzweiten Totalität darstellt: »Das Reich Alexanders ist der erste Versuch eines monarchischen Organismus, wie ihn bisher weder das Morgenland, noch die Theorien hellenischer Philosophen geahnt hatten. Und wenn dieser erste Versuch noch beschränkt und mangelhaft gewesen, wenn das Neue selbst noch despotisch in der Person Alexanders aufgetreten ist, so darf man weder vergessen, daß in der Vollendung dieses Systems selbst die Geschichte unserer Gegenwart noch immer ihre höchste Arbeit findet, noch auch verkennen, was es heißt, daß den verknechteten Völkern Asiens ihre Nationalität, dem zerrissenen Leben Griechenlands Friede und Einheit zurückgegeben wurden, daß die Völker, sonst rechtlos der Willkür des Despoten gegenüber, fortan Recht und Anerkennung, und die Staaten, sonst herrenlos ihrer eigenen Willkür preisgegeben, einen Herren erhielten. Von Alexander her datieren die Anfänge einer Entwicklung, die allein das große Problem eines wahrhaft staatlichen Lebens zu lösen vermag.«[19]

Aber auch unter religiösen Gesichtspunkten erwähnt Droysen einen Gegenwartsbezug des Hellenismus, der seine historische Darstellung im Sinne teleologischer Argumente theoretisch vorstrukturiert und leitmotivisch durchzieht. Die Geschichte des Hellenismus verdankt ihre einzigartige Bedeutung und Signifikanz dem Umstand, daß sie die unmittelbare Vorgeschichte des Christentums darstellt. Auch diesem Argument gibt Droysen eine teleologische Wendung: »Das Griechentum ist berufen gewesen, den Übergang aus der heidnischen in die christliche Welt zu erarbeiten; es hat das schwierigste und fruchtreichste Tagewerk in der Geschichte der Menschheit vollbracht.«[20]

Im Vorwort zur ersten Auflage der *Geschichte der Epigonen* von 1843 hat Droysen seinen Standpunkt zusammenhängend resümiert. In der Entwicklung der Freiheit als einer Dialektik von Entzweiung und Versöhnung, Leiden und Hoffnung offenbart sich für den gläubigen Protestanten Droysen die Entstehung des Christentums als »Angelpunkt ihrer Geschichte«: »Das ist der Punkt, zu dem hin die Entwicklung der alten, der heidnischen Welt strebt, von dem aus ihre Geschichte begriffen werden muß. (...) Das Höchste, was das Altertum aus eigener Kraft zu erreichen vermocht hat, ist der Untergang des Heidentums. Es drängt alles zu diesem Ziele unablässig, mit steigender Gewalt hin.«[21]

Auch hier ergibt sich die historiographische Bedeutung des Hellenismus aus seinem religiösen Beitrag zu der geschichtlichen Aufgabe, in einer Situation der Verzweiflung die Möglichkeit erneuter Versöhnung kulturell so zu erschließen, daß sich das Telos der werdenden Freiheit des Menschen erfüllt: »Man fühlt es, wie eine durchaus andere Basis des religiösen Lebens zu gewinnen die Aufgabe ist.«[22]

In der religiösen Wegbereitung des Christentums bündelt sich aus der Sicht Droysens die Geschichte des Hellenismus wie in einem Brennglas; dort erfährt dieser die Erfüllung seines geschichtlichen Auftrags. Angesichts der erfahrenen Notwendigkeit einer religiösen Versöhnung des zerrissenen Lebens im Interesse der menschlichen Freiheit ergibt sich die wesentlichste Kulturbedeutung des Hellenismus für Droysen aus dem einzigartigen Vorgang der Theokrasie, der die christliche Lösung dieses Problems der menschlichen Freiheit vorbereitet hat. In der Trostlosigkeit des hellenistischen Lebens und der Unfähigkeit des Heidentums, plausible Antworten auf die Fragen der Leidenden nach dem Sinn ihres Leidens zu finden, erwachsen zugleich die geschichtlichen Bedingungen eines erneuten Fortschritts der Freiheit durch den Aufstieg des Christentums: »Es war die Arbeit der hellenistischen Jahrhunderte, die Elemente einer höheren und wahrhaftigeren Einigung zu entwickeln, das Gefühl der Endlichkeit und Ohnmacht, das Bedürfnis der Buße und des Trostes, die Kraft der tiefsten Demut und der Erhebung zur Freiheit in Gott zu erwecken; es sind die Jahrhunderte der Gottlosigkeit, der tiefsten Zerknirschung, des immer lauteren Rufes nach dem Erlösenden. In Alexander hatte sich der Anthropomorphismus des griechischen Heidentums erfüllt, der Mensch war Gott, Götter nicht mehr.«[23]

Für Droysen ließ sich die durch den Hellenismus vorbereitete Aufnahme des Christentums in die Geschichte der europäischen Kulturentwicklung, deren Substanz es dann werden sollte, als die »letzte, die entscheidende Arbeit des sich erfüllenden Altertums« verstehen[24], weil mit ihm eine neue Vermittlung von Diesseits und Jenseits, von Leiden und Versöhnung geschichtlich wirksam wird, indem sich das Prinzip der Versöhnung in der Widerspruchsfülle eines entzweiten Lebens selber verankert – als »erfüllte Zeit«.[25] Seither ist die Geschichte – und darin liegt die weltgeschichtliche Bedeutung des Christentums[26] – als eine göttlich sanktionierte und gesicherte Teleologie der Freiheit denkbar geworden, und in der geschichtlichen Arbeit an dieser Teleologie der Freiheit gibt es kein sinnloses, unversöhntes Leiden mehr, da mit der Menschwerdung Gottes die Welt zur Gotteswelt geworden ist. In der geschichtlichen Praxis der Freiheit und in der Arbeit an ihrer Beförderung weiß sich der Mensch als eine an seiner Endlichkeit leidende Kreatur eins mit dem selber geschichtlichen Prinzip der Versöhnung. Jenseits der heidnischen Anthropomorphisierung des Göttlichen und der Anverwandlung des Jenseits ans Diesseits, aber auch jenseits seiner Auslagerung zu einem zeitlosen Jenseits wird Gott als das wirkende Prinzip der Geschichte denkbar, in dem das Heil der Seele in der Gewißheit einer erfüllten Zeit gesichert ist.

Daher kann Droysen auch die Rede von der Geschichte als einem »Suchen Gottes« akzeptieren[27], das sich in der Entstehung des Christentums geschichtlich erfüllt, so »daß hinfort jede wahrhafte Weiterentwicklung in dem Leben der Menschheit nur ein tieferes Verständnis dieser Lehre vermittelt, nur sie selbst in reicherer, freierer Ausführung darstellt«.[28] Ist aber die Geschichte erst einmal auf diese Weise zur »Theodizee« geworden, so kann sich auch die Wissenschaft nicht vor ihrer vornehmsten Aufgabe verschließen, in ihrer historiographischen Vergegenwärtigung der geschichtlichen Teleologie der menschlichen Freiheit das Wirken der göttlichen Vorsehung in der Geschichte der sittlichen Praxis des Menschen zu erweisen: »Die höchste Aufgabe unserer Wissenschaft ist ja die Theodizee. Wenigstens sollte sie es sein.«[29]

Droysens *Geschichte des Hellenismus* konstituiert sich historiographisch in dem Theorierahmen einer Teleologie der europäischen Kulturentwicklung, in der die praktische Arbeit der Gegenwart einbegriffen ist und sich mit der geschichtlichen Vergangenheit seit dem Ursprung der griechisch-hellenistischen Kultur und der weiteren Zukunft zu einem universellen geschichtlichen Sinnzusammenhang verbindet. Innerhalb dieses sinnhaften Kosmos der werdenden Freiheit kommt dem Christentum der Charakter eines einheits- und sinnstiftenden Prinzips zu, das allen Phänomenen des kulturellen Wandels erst ihre geschichtliche Signifikanz zuweist. Die Bedeutung der griechisch-hellenistischen Epoche innerhalb dieser Kulturkontinuität Europas ist damit eindeutig und vom Christentum her teleologisch fixiert: Mit Hellenismus und Heidentum ist »der Menschengeist ... so weit gekommen, als er durch sich allein hat kommen können. Er hat seine volle Kraft verbraucht, sich von der Erde zu lösen, die Unmittelbarkeit um sich her in ihrer Nichtigkeit zu erkennen, das Bedürfnis eines Jenseits zu entwickeln, das ihm zunächst in der Gestalt eines räumlich und zeitlich Fernen erscheint; bis dann der stille Stern der Offenbarung aufgeht und das Sehnen des menschlichen Geschlechtes erfüllt.«[30]

An der Historiographie des jungen Droysen wird deutlich, daß der Historismus von Anfang an mit Theorieelementen konfrontiert ist, die dem Charakter einer hermeneutischen Geisteswissenschaft nicht entsprechen, sondern ihm zuwiderlaufen. Die Koexistenz (und die schwierige Vereinbarkeit) von hermeneutischen, geschichtsphilosophischen und teleologischen Elementen innerhalb des Historismus ist daher keine Problematik, die erst mit der Konjunktur positivistischer Denkströmungen seit der Jahrhundertwende aufbricht, wie eine Orientierung an Rankes Selbstverständnis nahelegen könnte, sondern prägt die Geschichte des Historismus von Beginn an.

Insbesondere von Baumgartner, Kohlstrunk und Rüsen ist gezeigt worden, wie sich der Versuch einer Integration hermeneutischer, erkenntnistheoretischer und geschichtsphilosophischer Motive durch das Werk Droysens zieht und daß die methodologische Begründung einer hermeneutisch geprägten Konzeption der historischen Forschung die eigentlich innovative Leistung seiner Historik darstellt.[31] Ausgangspunkt von Droysens mit der hermeneutischen Wendung zum »forschenden Verstehen« einhergehenden Hegel-Kritik ist ein neuer, emphatischer Begriff geschichtlicher Faktizität, der auf riskantem Handeln und kontingenter Praxis beruht, unter Verabschiedung teleologischer Präformationen und einer immer schon vernünftig vorentschiedenen Geschichte: »Man muß beginnen, ephemer und empirice zu leben, zu denken, zu hoffen und zu verzweifeln.«[32] Bei Droysen wird die Erfahrung einer kontingenten Praxis und unentschiedenen Gegenwart zum lebensweltlichen Stachel des historischen Denkens, und dieses Bewußtsein darf für ihn nicht geschichtsteleologisch geschlossen werden, sondern bleibt im Modus der empirisch-kritischen Forschung erhalten. Die methodische Kehrseite dieses Bewußtseins kontingenter Handlungsabläufe und Zeitstrukturen ist die Hermeneutik des »forschenden Verstehens«, die Droysen sowohl gegen die spekulativen Verfahren der Geschichtsphilosophie als auch gegen den Positivismus Buckles geltend macht.[33]

II. Die Krise der historischen Hermeneutik in der Polarisierung zwischen Kontingenz und Teleologie

Am Beispiel Droysens läßt sich zeigen, daß die Herausbildung des Historismus im Sinne einer verstehenden Geisteswissenschaft in einem theoriegeschichtlichen Spannungsfeld geschieht, in dem sich Erfahrungen historischer Kontingenz und teleologische Denkmuster in der Tradition der idealistischen Geschichtsphilosophie überlagern und hermeneutische mit geschichtsphilosophischen Motiven in Konflikt geraten.

Ausgehend von diesen Vorklärungen zum Verhältnis von Teleologie, Kontingenz und Hermeneutik im frühen Historismus möchte ich im folgenden einen Versuch zur Erklärung der zunehmenden Polarisierung zwischen Historismus und Positivismus machen, die die Geschichte des Historismus in der zweiten Hälfte des 19. Jahrhunderts weitgehend geprägt hat. Anhand der jeweiligen Verhältnisbestimmung zwischen der Kontingenz der Ereignisse und der Teleologie des Fortschritts lassen sich – so meine These – die konkurrierenden Positionen bestimmen und damit zugleich Perspektiven zur Interpretation des Historismus in der zweiten Hälfte des 19. Jahrhunderts gewinnen.

Für den Historismus nach der Jahrhundertmitte ergaben sich die wichtigsten Abgrenzungsprobleme nicht mehr gegenüber der Geschichtsphilosophie, sondern gegenüber den Herausforderungen des »positivistischen Szientismus«.[34] Bereits Helmuth Plessner hatte die Geschichtsphilosophie Hegels, den Historismus Rankes und Droysens und den Positivismus der zweiten Jahrhunderthälfte in der Tradition Comtes und Buckles als sich einander ablösende Zerfallsstufen der Heilsgeschichte und eines christlichen Zeitbewußtseins gedeutet, für deren Abfolge sich die jeweiligen Deutungen einer kontingenten Zeit und eines Verlusts teleologisch zugesicherten Sinns verantwortlich zeigen. Plessner deutet den Positivismus als eine szientistische Reaktion auf ein vom Historismus empirisch, methodisch und theoretisch nahegelegtes Bewußtsein menschlicher Freiheit und unhintergehbarer Individualität innerhalb kontingenter Zeitverläufe. Der dem Positivismus in der zweiten Hälfte des 19. Jahrhunderts beschiedene Erfolg resultiert aus seinem zeitgenössisch offensichtlich überzeugenden Versuch zur erneuten Selbstvergewisserung einer kulturell haltlos gewordenen, an ihren Kontingenzen leidenden bürgerlichen Gesellschaft: »Naturgesetzliche Erklärungen bieten einer kompliziert gewordenen Erkenntnis menschlicher Dinge drei Vorteile: sie reduzieren die Vielfalt der geistigen Dimensionen auf eine obendrein handfeste Dimension der Vitalität, sie geben statt persönlicher, jedenfalls irgendwie immer standortgebundener Deutungen objektive Erklärungen, und sie nehmen schließlich der Geschichte den Druck der Verantwortung, d. h. sie setzen an Stelle der Freiheit den Weltlauf. Dem Menschen selber aber bedeuten sie eine Geborgenheit trotz aller Schranken, welche das Bewußtsein mit sich bringt. Aus diesen gefühlsmäßigen Gründen wird der Ungläubige in irgendeinem Sinne Naturalist sein müssen, wenn er den Halt am Christentum und am Geist verloren hat. Irgendein Umgreifendes braucht der in christlicher Tradition und Kultur erzogene Mensch, einerlei unter welchen Bildern und Namen es sich ihm darstellt, als Materie, Natur, Entwicklung, Leben.«[35]

Dieser Erklärungsversuch Plessners ergibt auch Hinweise für eine Interpretation des Historismus der zweiten Jahrhunderthälfte, deren Umriß ich hier zumindest andeuten möchte. Diese Periode war weitgehend geprägt durch den sich verschärfenden Gegensatz zwischen dem Versuch einer Minimierung historischer Kontingenz durch die verschiedenen Spielarten des szientifischen Positivismus und dem Prozeß einer Maximierung von Kontingenz innerhalb der verschiedenen Strömungen der bürgerlichen Kulturkritik – ein Gegensatz, der Rankes und Droysens Konzeptionen einer historischen Hermeneutik im Sinne einer Vereinbarung von Kontingenz, Teleologie, Fortschritt und Sinn aufgesprengt und letztlich die Grundlagen des Historismus insgesamt in Frage gestellt hat. Im Prozeß einer Minimierung von Kontingenz zugunsten gesetzesförmiger Abläufe, die mit Hilfe positivistischer Erklärungen eingesehen werden können, gehen der lebensweltliche Stachel und das pragmatische Motiv des historischen Denkens verloren: eben die Erfahrung von Kontingenz und das kulturell verankerte Bedürfnis, angesichts dieser Erfahrung kontingenter Ereignisse die Freiheit des Menschen behaupten zu wollen.[36] Bei einer Maximierung historischer Kontingenzerfahrungen, in der sich die Geschichte zu einem letztlich chaotischen und sinnlosen

Geschehen entgegenständlicht, wird der kulturelle Gebrauchswert des historischen Denkens fragwürdig und obsolet, da in einem solchen Falle nur noch schwer einsichtig zu machen ist, welchem lebensweltlichen Zweck denn die historischen Orientierungsangebote der Wissenschaft noch dienen sollen, wenn angesichts der Herrschaft bloßer Kontingenz die Sinnansprüche menschlichen Handelns und historischen Denkens nicht mehr einzulösen sind.

Für diese – hier idealtypisch zugespitzte – Polarisierung des historischen Denkens, in der sich die methodischen und theoretischen Grundlagen der historischen Hermeneutik allmählich auflösen, lassen sich viele Beispiele anführen: Der von Gangolf Hübinger angeführte Gervinus wäre dann der Vertreter eines historischen Denkens, der die Destabilisierung eines spezifisch bürgerlichen Fortschrittsbewußtseins und die Enttäuschung politischer Emanzipationshoffnungen durch die historischen Erfahrungen zwischen 1848er Revolution und deutscher Reichseinigung verarbeitet, indem er die hermeneutische Konzeption historischer Individualität und Entwicklung zu einem »Gesetz aller geschichtlichen Entwicklung« transformiert, das den Fortschritt bürgerlicher Emanzipation und die Existenz seiner sozialen Träger historisch garantiert und als methodologische Konsequenz nicht nur ein Verstehen, sondern ein Erklären historischer Phänomene erlaubt.[37] Die theoretische und methodische Öffnung Gervinus' gegenüber erklärenden und genetisch-typologisierenden Verfahren läßt ihn nicht nur als Übergangsfigur zwischen Aufklärung und Historismus erscheinen, sondern gibt ihn auch als einen sich bereits dem Gedankenarsenal des Positivismus öffnenden Historiker zu erkennen.[38] Diese Öffnung erlaubte Gervinus die szientifische Entschärfung kontingenter politischer Zeiterfahrungen, durch die sich die geöffnete Schere zwischen Erfahrung und Erwartung erneut schließen und die historische Verunsicherung infolge eines fragwürdig gewordenen Fortschritts der Geschichte historiographisch beheben ließ.

Als Vertreter einer kulturkritischen Maximierung historischer Kontingenzerfahrungen mit direkt antipositivistischer Tendenz ließe sich demgegenüber Jacob Burckhardt anführen. Ein wichtiger Indikator für ein geschärftes Bewußtsein historischer Kontingenz, das den Theorierahmen der historischen Hermeneutik und einer historistischen Konzeption geschichtlicher Entwicklungen sprengt, ist (neben der geschichtstheoretisch konstitutiven Abgrenzung vom geschichtsphilosophischen Diskurs, dem Verlust christlicher Heilsüberzeugungen, der verschärften Gegenwartskritik und der bewußt gepflegten intellektuellen Unzeitgemäßheit gegenüber den herrschenden geistigen Strömungen der Zeit) ein ausgeprägter Habitus des Leidens an der Sinnlosigkeit zeitgenössischer, utilitaristisch vereinseitigter Lebensformen, hervorgerufen durch den Traditionsverlust und den Verlust kultureller Evidenzen in der Modernisierungskrise der bürgerlichen Gesellschaft.[39] Burckhardts Relativierung der kulturellen Funktionen des historischen Denkens zugunsten einer mythologischen Deutung von Zeit und einer ästhetischen Transzendierung der Gegenwart im Medium der Kunst verweist auf die zunehmende Kapitulation wissenschaftsspezifischer Rationalität vor dem Faktum einer ins Extrem gesteigerten historischen Kontingenzerfahrung in der Kulturkrise seiner Zeit.

Die Polarisierung zwischen Kontingenz und Teleologie bzw. zwischen den beiden hier idealtypisch zugespitzten programmatischen Auswegen aus der historistischen Konzeption einer verstehenden Geisteswissenschaft kulminiert im Antagonismus zwischen Karl Lamprecht und Max Weber. Lamprechts Variante der Kulturgeschichte steht dabei gleich unter mehreren Gesichtspunkten in einem diametralen Widerspruch mit der historistischen Tradition der historischen Hermeneutik:

1. Lamprecht konfrontiert das historische Denken nicht mehr mit der hermeneutischen Aufgabe einer Individualisierung des historischen Geschehens innerhalb eines umgreifenden Sinnzusammenhangs der menschlichen Kulturentwicklung, sondern benutzt es zur Typisierung historischer Phänomene im Sinne einer Abfolge verschiedener Entwicklungsstufen innerhalb eines naturgesetzlich strukturierten Gesamtprozesses.[40]

2. Er ersetzt die historistische Konzeption der Freiheit und Unvorhersehbarkeit des menschlichen Geistes sowie der Geschichtsmächtigkeit kulturell definierter Handlungsintentionen durch eine Theorie psychischer Strukturen des menschlichen Seelenlebens, die eine eindeutig hierarchisierbare und sich mit innerer Zwangsläufigkeit vollziehende Aneinanderreihung einzelner Kulturzeitalter bewirken.[41] Lamprecht deutet die Freiheit des Menschen als Herrschaft irrationaler Kontingenz, bringt sie in der Positivität nomologischen Kausalwissens zur Ruhe und entschärft damit zugleich ein bedrohliches Potential der kulturellen Destabilisierung der bürgerlichen Gesellschaft.

3. Er rückt schließlich die hermeneutischen Methoden der historischen Forschung und Interpretation in die geistige Nähe zur Kunst, irrationali-

siert sie damit und substituiert sie durch diejenige Rationalität wissenschaftsspezifischer Urteilsverfahren, die auf positivierbaren Erkenntnissen und nomologischen Wissensbeständen neuer Leitwissenschaften wie der neueren Ökonomie und Sozialpsychologie beruhen.[42]

In der Konsequenz impliziert Lamprechts theoretische und methodische Strategie einer Überwindung des Historismus die Abschaffung historischer Kontingenz. Gibt es aber keine sinnbedrohlichen Erfahrungen unvorhergesehener bzw. unvorhersehbarer Zeitverläufe mehr, ist zugleich die kulturelle Pragmatik des historischen Denkens hinfällig, sie narrativ vergegenwärtigen zu müssen, um sie in ihrer zunächst verstellten Bedeutung und in ihrer jeweils einzigartigen Spezifik verstehen zu können.[43] Was bleibt, ist ihre Erklärung im Sinne einer immer wieder gleichen Reduktion aller historischen Phänomene auf ein »absolutes Gesetz der Gesamtentwicklung jeglicher menschlichen Gesellschaft«.[44]

Max Weber, der Lamprecht in seiner ihm eigentümlichen Rigorosität des Urteils einmal einen »Schwindler und Scharlatan schlimmster Sorte« nannte[45], stellt unter mehreren Gesichtspunkten den genauen Gegenpol zu Lamprecht dar und läßt sich daher in unserem Zusammenhang in die Traditionslinie »kontingenzmaximierender« Auswege aus der Geschichte des Historismus stellen. Als Indikator dafür kann (wie bei Burckhardt) ein ausgeprägter Heroismus der Verzweiflung und des Aushaltens von Kontingenz gelten, der sich:

1. kulturtheoretisch auf die Sinnproblematik des modernen »Fachmenschentums« bezieht, die sich für Weber aus der Entzauberung der okzidentalen Kultur ergeben hat und sich in der Ablehnung des Fortschrittsbegriffs sowie in einem epigonalen Zeitbewußtsein äußert: »Es ist eine der herbsten Mitgiften unserer Generation, daß für uns an der Eintrittspforte des Lebensweges die Resignation steht (...). Wir sind Epigonen einer großen Zeit, und es ist uns nicht möglich, auf dem Wege der altklugen Reflexion den ungestümen Drang des Idealismus wieder zu erwecken, der Illusionen bedarf, die durch die klarere Erkenntnis der nüchternen Gesetze des sozialen Lebens in uns zerstört sind.«[46]

2. Unter normen- und praxistheoretischen Gesichtspunkten impliziert Webers Bewußtsein einer gesteigerten Kontingenz menschlichen Lebens eine Irrationalisierung der Werte im Rahmen einer Entscheidungsethik und »Wertkollisionslehre«, die den kulturellen Orientierungs- und Rationalisierungsanspruch der Wissenschaft vor der Existenz kollidierender lebenspraktischer Wertfragen enden läßt. Dies ist der neukantiani-

sche Gedanke einer prinzipiellen Heterogenität von Sollen und Sein: »Es gibt keinerlei (rationales oder empirisches) wissenschaftliches Verfahren irgendwelcher Art, welches hier eine Entscheidung geben könnte.«[47]

3. Wissenschaftstheoretisch äußert sich schließlich das Bewußtsein von Kontingenz bei Weber in der Aufspaltung der historischen Totalität zu einer objektiven Sinnlosigkeit der Geschichte einerseits und zu einer an subjektive Wertgesichtspunkte und -beziehungen gebundenen Sinnproduktion der Kulturwissenschaften andererseits. Allein diese hermeneutische Subjektleistung transformiert das Chaos der unendlichen und mannigfaltigen Wirklichkeit in den sinnhaft strukturierten Aggregatzustand der Kultur: »In dieses Chaos bringt nur der Umstand Ordnung, daß in jedem Fall nur ein Teil der individuellen Wirklichkeit für uns Interesse und Bedeutung hat, weil nur er in Beziehung steht zu den Kulturwertideen, mit welchen wir an die Wirklichkeit herantreten.«[48] Kultur ist die durch Aktivierung der menschlichen Subjektivität möglich werdende Umstrukturierung einer kontingenten – und daher »chaotischen« – objektiven Realität zu subjektivem Sinn. Wertbeziehungen implizieren, daß sich die motivierenden Ausgangsimpulse des kulturwissenschaftlichen Erkenntnisprozesses – die Werte und die Bedürfnisse der Persönlichkeiten nach kultureller Orientierung – in der Konfrontation mit dem Gegenstand der kulturwissenschaftlichen Erkenntnis zu notwendigerweise individuellen und subjektiven Erkenntnisinteressen ausprägen, welche dann erst das Chaos der Wirklichkeitserfahrungen im Sinne bedeutungsverleihender Gesichtspunkte selegieren und perspektivisch ordnen lassen: »Der Begriff der Kultur ist ein Wertbegriff. Die empirische Wirklichkeit ist für uns ›Kultur‹, weil und sofern wir sie mit Wertideen in Beziehung setzen, sie umfaßt diejenigen Bestandteile der Wirklichkeit, welche durch jene Beziehung für uns bedeutsam werden, und nur diese. Ein winziger Teil der jeweils betrachteten individuellen Wirklichkeit wird von unserm durch jene Wertideen bedingten Interesse gefärbt, er allein hat Bedeutung für uns; er hat sie, weil er Beziehungen aufweist, die für uns infolge ihrer Verknüpfung mit Wertideen wichtig sind.«[49]

Unter allen drei Gesichtspunkten steht Webers Position nicht nur in einem klaren Gegensatz zur kontingenzminimierenden Strategie des positivistischen Szientismus, sondern auch zur historischen Hermeneutik des Historismus, indem sie bewußt diejenigen Gesichtspunkte ausklammert und negiert, die den Historismus noch jenseits der grundsätzlichen Anerkennung von Geschichte als Ausdruck einer kontingenten Zeit- und

Geschehensstruktur sinnvoll von einem gerichteten Fortschritt u. Sinnprozeß des geschichtlichen Wandels ausgehen ließen.

In der Geschichte des Historismus – so könnte man die Ergebnisse abschließend zusammenfassen – kommt ein sich verschärfendes Spannungsverhältnis zwischen hermeneutischer Kontingenzerfahrung und einer geschichtsphilosophisch inspirierten Fortschrittsteleologie zum Ausdruck, das in idealtypischer Zuspitzung im Antagonismus zwischen Lamprecht und Weber kulminiert, die beide das im Historismus bewahrte, wie auch immer fragile und gefährdete Gleichgewicht zwischen beiden Polen des historischen Denkens beenden. Auf dem Boden einer derartigen Interpretation könnte der Vorgang des Einbruchs positivistischer Denkelemente und Wissenschaftstraditionen erklärt werden, ohne daß die idealtypische Deutung des Historismus als einer verstehenden Geisteswissenschaft damit obsolet würde. Möglich würde statt dessen eine Prozessualisierung des Historismus, die das Auseinanderdriften der Positionen und die zunehmende Überforderung seiner Integrationskraft erklären könnte.

Die von Wolfgang Bialas, Gangolf Hübinger und Eckhardt Fuchs ins Blickfeld gerückten Gesichtspunkte thematisieren die schwierige Gratwanderung des Historismus zwischen idealistischer und positivistischer Geschichtsphilosophie, zwischen Erklären und Verstehen, zwischen historischer Kontingenz und gerichtetem Fortschritt und zielen damit auf zentrale Probleme der Geschichte des Historismus. Die von Hübinger und Fuchs in diesem Zusammenhang formulierte Kritik an bisherigen Deutungen des Verhältnisses zwischen Historismus und Positivismus ließe sich nach den vorangegangenen Ausführungen folgendermaßen aufgreifen:

Hübingers am Beispiel von Gervinus und Roscher herausgearbeiteten Befunde stellen eine idealtypische Konzeption des Historismus im Sinne einer historischen Hermeneutik und verstehenden Geisteswissenschaft weniger in Frage, als sie es seiner Ansicht nach tun müßten. In der Geschichte des Historismus trägt sich von Anfang an ein Streit miteinander konkurrierender Wissenschaftskonzeptionen und sich überlagernder Denkströmungen aus, deren Gemengelage jeweils im einzelnen bestimmt werden müßte und die der Geschichte des Historismus erst ihre eigentümliche Dynamik verleihen. Hübingers Hinweise auf historismusfremde Elemente im Werk Gervinus' und Roschers sind nur zwei

Beispiele für diese strukturelle Überlagerung unterschiedlicher Theorieelemente in der Geschichte des Historismus insgesamt. Sie im einzelnen herauszuarbeiten und in ihrem jeweiligen Gewicht zu bestimmen ist freilich eher eine zukünftige Aufgabe als ein bereits eingelöstes Ergebnis der historiographiehistorischen Forschung. Der hier vorgeschlagene Interpretationsrahmen stellt nur einen Versuch zur heuristischen Sichtung der Probleme und zur Einordnung der Befunde dar.

Die Kritik von Eckhardt Fuchs an der vom Historismus betriebenen Ausgrenzung des »positivistischen Szientismus« und sein Versuch, in der Geschichte des Positivismus unabgegoltene Rationalitätspotentiale des historischen Denkens zu erweisen, müßte, um überzeugend zu sein, durch eine präzise Explikation derjenigen Aspekte ergänzt werden, unter denen der Positivismus geschichtstheoretisch, methodisch und forschungspraktisch überzeugende Alternativen zu einer Konzeption der Historie im Sinne einer narrativ strukturierten verstehenden Geisteswissenschaft formuliert und einzulösen vermag. Solange diese Vorzüge einer Integration spezifisch positivistischer Denkelemente und Forschungsstrategien in das System der historischen Forschung nicht geklärt sind, bleibt es eine offene Frage, ob die erfolgreiche Abwehr des Positivismus durch Droysens Kritik an Buckle und durch die Ausgrenzung Lamprechts aus dem Späthistorismus der Jahrhundertwende eher eine immanente Wissenschaftlichkeitsgrenze des Historismus markiert oder ob sie eines seiner wichtigsten Verdienste darstellt, indem es ihm nämlich gelang, dem historischen Denken die äußerst problematischen Konsequenzen des Positivismus zu ersparen.

Anmerkungen

1 Friedrich Jaeger/Jörn Rüsen, *Geschichte des Historismus. Eine Einführung*, München 1992, passim.

2 Jürgen Habermas, *Der philosophische Diskurs der Moderne. Zwölf Vorlesungen*, Frankfurt/M. 1985, S. 55, hat diesen Sachverhalt auf die gelungene Formel gebracht, daß Hegels Geschichts- und Rechtsphilosophie »das anfängliche Problem einer Selbstvergewisserung der Moderne nicht nur löst, sondern *zu gut* löst«.

3 Leopold von Ranke, *Vorlesungseinleitungen*, in: *Aus Werk und Nachlaß*, Bd. 4, hg. v. Volker Dotterweich u. Walther Peter Fuchs, München 1975, S. 75.

4 Johann Gustav Droysen, *Vorlesungen über die Freiheitskriege*, Kiel 1846, Bd. 1, S. 5.

5 Ranke, *Vorlesungseinleitungen* (wie Anm. 3), S. 74.

6 Ebd., S. 76 u. 74.

7 Leopold von Ranke, »Universalgeschichte«, in: Manfred Asendorf, *Aus der Aufklärung in die permanente Restauration. Geschichtswissenschaft in Deutschland*, Hamburg 1974, S. 118–120.

8 Ranke, *Vorlesungseinleitungen* (wie Anm. 3), S. 88.

9 Siehe ebd., S. 78: »Denn wie ... jedwede Einheit eine geistige ist, so kann sie nur durch geistige Apperzeption aufgefaßt werden. Diese beruht auf der Übereinstimmung der Gesetze, nach welchen der betrachtende Geist verfährt, mit denen, durch welche das betrachtete Objekt hervortritt. Schon hier kann es eine höhere oder mindere Begabung geben. Alles Genie beruht auf der Übereinstimmung des Individuums mit der Gattung. Das produktive Prinzip, welches gestaltete, die Natur, welche schuf, tritt in dem Individuum, das sie erkennt, sich selber klar geworden, verstanden gegenüber.« – Die Nähe zu Wilhelm von Humboldts Entwurf einer transzendentalen Hermeneutik in seinem Aufsatz »Über die Aufgabe des Geschichtschreibers« ist unübersehbar.

10 Ranke, *Vorlesungseinleitungen* (wie Anm. 3), S. 77: »Es ist nicht notwendig, daß wir das Inwohnen des Ewigen in dem Einzelnen lange beweisen; dies ist der religiöse Grund, auf welchem unser Bemühen beruht; wir glauben, daß nichts sei ohne Gott und nichts lebe als durch Gott; indem wir uns dem Anspruche einer gewissen beschränkten Theologie entziehen, – bekennen wir doch, daß alles unser Bemühen aus einem höhern, aus einem religiösen Ursprung entquillt.« – Siehe hierzu auch Wolfgang Hardtwig, »Geschichtsreligion – Wissenschaft als Arbeit – Objektivität. Der Historismus in neuer Sicht«, in: *Historische Zeitschrift*, Bd. 252 (1991), S. 1–32.

11 Ranke, »Universalgeschichte« (wie Anm. 7), S. 118: »Jeden Augenblick kann wieder etwas Neues beginnen, das nur auf die erste und gemeinschaftliche Quelle alles menschlichen Thuns und Lassens zurückzuführen ist; nichts ist ganz um des anderen willen da; keines geht ganz in der Realität des anderen auf. Aber dabei waltet doch auch ein tiefer, innerer Zusammenhang ob, von dem Niemand ganz unabhängig ist, der überall eindringt. Der Freiheit zur Seite besteht die Nothwendigkeit. Sie liegt in dem bereits Gebildeten, nicht wieder Umzustoßenden, welches die Grundlage aller neu emporkommenden Thätigkeit ist. Das Gewordene constituiert den Zusammenhang mit dem Werdenden. Aber auch dieser Zusammenhang selbst ist nichts willkürlich Anzunehmendes; sondern er war auf eine bestimmte Weise, so und so, nicht anders. Er ist ebenfalls ein Objekt der Erkenntnis.«

12 Johann Gustav Droysen, *Geschichte Alexanders des Großen*, nach dem Text der Erstausgabe 1833 hg. v. J. Busche, Zürich o. J. – Siehe hierzu auch Dietrich Harth, »Biographie als Weltgeschichte. Die theoretische und ästhetische Konstruktion der historischen Handlung in Droysens Alexander und Rankes Wallenstein«, in: *Deutsche Vierteljahrsschrift für Literaturwissenschaft und Geistesgeschichte* 54 (1980), S. 58–104; Jörn Rüsen, *Begriffene Geschichte. Genesis und Begründung der Geschichtstheorie J. G. Droysens*, Paderborn 1969, S. 23 ff.

13 Droysen, *Geschichte Alexanders* (wie Anm. 12), S. 52.
14 Ebd., S. 240.
15 Ebd., S. 122.
16 Ebd., S. 232.
17 Ebd., S. 172.
18 Ebd., S. 535.
19 Ebd., S. 536.
20 Johann Gustav Droysen, »Zur griechischen Litteratur«, in: ders., *Kleine Schriften zur alten Geschichte*, 2 Bde., Leipzig 1893/94, Bd. 2, S. 62–74, hier S. 63.
21 Johann Gustav Droysen, *Geschichte des Hellenismus*, Bd. III: *Geschichte der Epigonen*, neue, durchges. Ausg., hg. v. Erich Bayer, Tübingen 1953, S. XI u. 6. – Zu der Frage, inwieweit Droysen hierbei an Hegels geschichtsphilosophische Deutung des Christentums anknüpft, siehe Reinhold Bichler, *»Hellenismus«. Geschichte und Problematik eines Epochenbegriffs*, Darmstadt 1983, S. 66 ff.; Rüsen, *Begriffene Geschichte* (wie Anm. 12), S. 128 ff.; Christel Wagner, *Die Entwicklung Johann Gustav Droysens als Althistoriker*, Bonn 1991, S. 19 ff.
22 Droysen, *Hellenismus III* (wie Anm. 21), S. 415.
23 Droysen, *Geschichte Alexanders* (wie Anm. 12), S. 551.
24 Droysen, *Hellenismus III* (wie Anm. 21), S. 424.
25 Ebd. Daß das Christentum »diese Versöhnung in unmittelbarster Gewißheit hat und weiß« (ebd., S. 417), verschaffte ihm für Droysen seine bis in die eigene Zeit hin wirksame Bedeutung. In dieser Gewißheit begreift sich auch noch die Praxis der Gegenwart als ein geschichtlicher Beitrag zur Kontinuität der Freiheit, deren Transzendierungskraft das teleologische Prinzip innerhalb der Dialektik von Leiden und Versöhnung darstellt.
26 Rüsen, *Begriffene Geschichte* (wie Anm. 12), S. 46.
27 Droysen, »Zur griechischen Litteratur« (wie Anm. 20), S. 64.
28 Droysen, *Hellenismus III* (wie Anm. 21), S. XII.
29 Ebd., S. XI.
30 Droysen, »Zur griechischen Litteratur« (wie Anm. 20), S. 73.
31 Hans Michael Baumgartner, *Kontinuität und Geschichte. Zur Kritik und Metakritik der historischen Vernunft*, Frankfurt/M. 1972, S. 55–87; Irene Kohlstrunk, *Logik und Historie in Droysens Historik. Eine Analyse von Genese und Konstitutionsprinzipien seiner »Historik«*, Wiesbaden 1980, S. 23 ff.; Rüsen, *Begriffene Geschichte* (wie Anm. 12), S. 117 ff. – Zu Droysens Konzeption der historischen Hermeneutik siehe auch Friedrich Jaeger, *Bürgerliche Modernisierungskrise und historische Sinnbildung. Kulturgeschichte bei Droysen, Burckhardt und Max Weber*, Göttingen 1994, S. 65 ff.
32 Johann Gustav Droysen, *Briefwechsel*, hg. v. Rudolf Hübner, Bd. 1, Berlin 1929, S. 33 [1831].
33 Rüsen, *Begriffene Geschichte* (wie Anm. 12); ders., *Konfigurationen des Historismus. Studien zur deutschen Wissenschaftskultur*, Frankfurt/M. 1993, S. 253 ff.; Jaeger, *Bürgerliche Modernisierungskrise* (wie Anm. 31), S. 65 ff.
34 Herbert Schnädelbach hat in diesem Zusammenhang darauf hingewiesen, daß der Positivismus der zweiten Jahrhunderthälfte die Oppositionsrolle gegenüber dem Historismus von der idealistischen Geschichtsphilosophie übernimmt und an ihrer

Stelle zur wichtigsten intellektuellen Herausforderung des Historismus aufsteigt. Nachdem es dem Positivismus aufgrund des praktischen Erfolges und der größeren theoretischen Plausibilität seiner Naturphilosophie gelungen war, die Naturmetaphysik des Idealismus allmählich zurückzudrängen, richtete sich sein Anspruch auf kulturelle Suprematie seit der Jahrhundertmitte zunehmend auch gegen den Historismus und seinen Versuch einer hermeneutischen Selbstdeutung der eigenen Gegenwart. Siehe hierzu im einzelnen: Herbert Schnädelbach, *Philosophie in Deutschland 1831–1933*, Frankfurt/M. 1983, S. 20f. u. 88ff.

35 Helmuth Plessner, *Die verspätete Nation. Über die politische Verführbarkeit bürgerlichen Geistes*, Frankfurt/M. 1974, S. 117.

36 Zu diesem geschichtstheoretischen Zusammenhang siehe Jörn Rüsen, *Rekonstruktion der Vergangenheit (Grundzüge einer Historik II: Die Prinzipien der historischen Forschung)*, Göttingen 1986, S. 41ff.

37 Georg Gottfried Gervinus, *Einleitung in die Geschichte des neunzehnten Jahrhunderts*, hg. v. Walter Boehlich, Frankfurt/M. 1967, S. 13. – Aus der Forschungsliteratur siehe zu diesem Punkt Gangolf Hübinger, *Georg Gottfried Gervinus. Historisches Urteil und politische Kritik*, Göttingen 1984, insbes. S. 95ff. u. 220ff.; ders., »Forschendes Erklären. Georg Gottfried Gervinus' Mittelstellung zwischen Aufklärung und Historismus«, in: Horst Walter Blanke/Jörn Rüsen (Hg.), *Von der Aufklärung zum Historismus. Zum Strukturwandel des historischen Denkens*, Paderborn 1984, S. 227–235. – Zur Frage nach Gervinus' historiographischer Kritik an den politischen Tendenzen der Reichsgründungszeit siehe außerdem Rüsen, *Konfigurationen* (wie Anm. 33), S. 206ff.

38 Hübinger, *Gervinus* (wie Anm. 37), S. 94.

39 Zu diesen verschiedenen Aspekten im Werk Burckhardts siehe im einzelnen: Egon Flaig, *Angeschaute Geschichte. Zu Jacob Burckhardts »Griechische Kulturgeschichte«*, Rheinfelden 1987; Wolfgang Hardtwig, *Geschichtsschreibung zwischen Alteuropa und moderner Welt. Jacob Burckhardt in seiner Zeit*, Göttingen 1974; Jaeger, *Bürgerliche Modernisierungskrise* (wie Anm. 31), S. 86–181; Rüsen, *Konfigurationen* (wie Anm. 33), S. 276–328.

40 Karl Lamprecht, *Ausgewählte Schriften zur Wirtschafts- und Kulturgeschichte und zur Theorie der Geschichtswissenschaft*, hg. v. Herbert Schönebaum, Aalen 1974, S. 501ff.

41 Ebd., S. 507ff. u. 594ff.

42 Ebd., S. 506ff. u. 584ff.

43 Siehe hierzu Rüsen, *Historische Vernunft (Grundzüge einer Historik I: Die Grundlagen der Geschichtswissenschaft)*, Göttingen 1983, S. 45ff.

44 Lamprecht, *Ausgewählte Schriften* (wie Anm. 40), S. 579.

45 Wolfgang J. Mommsen, *Max Weber. Gesellschaft, Politik und Geschichte*, Frankfurt/M. 1974, S. 252.

46 Max Weber, »Zur Rechtfertigung Göhres«, in: *Die christliche Welt*, Nr. 45 (1892), Sp. 1104–1109, hier Sp. 1109. – Siehe zur folgenden Zusammenfassung von Webers Position ausführlicher: Jaeger, *Bürgerliche Modernisierungskrise* (wie Anm. 31), S. 182ff.; ders., »Der Kulturbegriff im Werk Max Webers und seine Bedeutung für eine moderne Kulturgeschichte«, in: *Geschichte und Gesellschaft* 18 (1992), S. 371–393.

47 Max Weber, *Gesammelte Aufsätze zur Wissenschaftslehre*, hg. v. Johannes Winckelmann, 6. Aufl. Tübingen 1985, S. 508.

48 Ebd., S. 177 f.

49 Ebd., S. 175.

ULRICH MUHLACK

Geschichtsschreibung als Geschichtswissenschaft

Das Thema meines Beitrags ist die Verwissenschaftlichung der Geschichtsschreibung in Deutschland im 19. Jahrhundert oder, genauer, das, was die damaligen deutschen Historiker, im Gegensatz zur bisherigen Konzeption von historischer Wissenschaft, darunter verstanden haben. Ich meine dabei mit Geschichtsschreibung, im strikten Sinne des Wortes, die historische Darstellung, nicht, wie vielfach üblich, einen Sammelnamen für die verschiedenen Formen historischen Denkens überhaupt. Freilich kommt dieser unspezifische Sprachgebrauch nicht von ungefähr; er verweist darauf, daß sich alles historische Denken in der historischen Darstellung konzentriert oder erfüllt. Die deutschen Historiker des 19. Jahrhunderts haben davon ein klares Bewußtsein. Die Verwissenschaftlichung der historischen Darstellung gilt ihnen als Inbegriff ihres neuen Wissenschaftsverständnisses: Geschichtsschreibung als Geschichtswissenschaft. Nach einer heute verbreiteten Meinung resultiert diese Gleichung daraus, daß ihnen die historische Darstellung, bis dahin eine Abteilung der schönen Künste, immer mehr aus einer literarischen Veranstaltung zu einer Funktion der historischen Forschung geworden sei. Mein Beitrag soll einige Stichworte für eine eher gegenteilige oder gegenläufige Meinung beibringen: daß es eine literarisch anspruchsvolle Geschichtsschreibung in Deutschland im Grunde erst seit dem Anfang des 19. Jahrhunderts gibt und daß sich die historische Forschung durch sie oder als sie konstituiert.[1]

Wer die historiographische Produktion in Deutschland vom Humanismus bis zum 18. Jahrhundert überblickt, sieht sich weithin in ein literarisches Niemandsland versetzt.[2] Nur wenige Autoren, die mit ihrer Darstellungskunst hervorragen; keiner von ihnen, der schulbildend gewirkt hätte. Wenn man die Lateiner außer Betracht läßt und sich allein an die deutschschreibenden Historiker hält, muß man, nach bemerkenswerten Anfängen im 16. Jahrhundert, bis zur zweiten Hälfte des 18. Jahrhunderts warten, bis mit Winckelmann, Möser, Spittler und Heeren eine Reihe namhafter historischer Schriftsteller hervortritt. Allerdings sind diese Autoren noch geraume Zeit Ausnahmeerscheinungen; man braucht nur zu sehen, wie Winckelmanns *Geschichte der Kunst des Alterthums* bei ihrer Rezeption durch Heyne unbarmherzig auf ihre antiquarisch-philologischen Elemente reduziert wird.[3] Im Vordergrund stehen Elaborate, die aus der Praxis des Universitätsunterrichts stammen oder im gleichen Geiste abgefaßt sind: Hand- oder Lehrbücher zur Universalhistorie, zur Reichshistorie, zur europäischen Staatengeschichte. Sie verfolgen ganz äußerliche didaktische Zwecke, wollen den jeweiligen Lehrstoff möglichst einprägsam vermitteln, bieten vor allem handfeste Hilfen zum Memorieren; so will Schlözer die ganze Weltgeschichte in ungefähr gleich lange Zeiträume und Perioden einteilen.[4] Freilich ist auch diesen Autoren die traditionelle »ars historica« wohlvertraut; sie beziehen sie in ihre propädeutischen Vorlesungen ein[5] und suchen ihr auch in ihren Schriften gerecht zu werden. Gatterer verkündet, als er sich der Universalhistorie zuwendet, die Devise: »Begebenheiten sind der eigene Gegenstand der Geschichte: man liest aus der unübersehlichen Menge derselben nur die merkwürdigen aus, beweist ihre Wirklichkeit aus den Quellen, und erzählt sie auf eine gute Art und im Zusammenhang.«[6] Er hat in dreißig Jahren nicht weniger als sieben oder acht universalhistorische Darstellungen verfaßt[7]; keine von ihnen ist »auf eine gute Art und im Zusammenhang« erzählt.

Ein Blick über die Grenzen zeigt, wie sehr das alles hinter anderen europäischen Ländern zurückbleibt. In Italien, Frankreich und England-Schottland hat sich seit dem 16. und 17. Jahrhundert eine nationalsprachliche literarische Tradition der Historiographie von höchstem Rang herausgebildet: von Guicciardini über Varchi bis zu Giannone, von Mézeray über Bossuet bis zu Montesquieu und Voltaire, von Bacon über Clarendon bis zu Hume, Robertson und Gibbon.[8] Die deutsche Geschichtsschreibung hat dem bis zum Ende des 18. Jahrhunderts nichts entgegenzusetzen.[9] Als sie an der Wende vom 18. zum 19. Jahrhundert ihre eigene literarische Karriere beginnt, handelt es sich zunächst einmal darum, diesen Rückstand aufzuholen: Schiller möchte, allerdings im vollen Bewußtsein seiner originären literarischen Kompetenz, ein deutscher Robertson werden[10]; Gibbon ist den deutschen Althistorikern von Niebuhr bis zu Mommsen ein Vorbild[11]; Ranke rühmt noch 1867 die neuere italienische, französische und englische Geschichtsschreibung.[12]

Die deutsche Verspätung ist darauf zurückzuführen, daß sich in Deutschland bestimmte Voraussetzungen für eine literarisch anspruchsvolle Geschichtsschreibung erst verhältnismäßig spät einstellen. Ich beschränke mich hier auf eine ganz elementare Voraussetzung: die Kultivierung der Nationalsprache oder, was dasselbe ist, die Existenz einer poetischen Nationalliteratur. Die italienischen, französischen und englisch-schottischen Geschichtsschreiber des 16., 17. und 18. Jahrhunderts sind ohne diese Prämisse nicht zu denken. Voltaire stellt in seinen Geschichtswerken wiederholt Reflexionen über derartige Zusammenhänge an[13]; er selbst ist zuerst Dichter, danach Geschichtsschreiber oder beides zugleich. In Deutschland bringt erst die poetische Revolution des ausgehenden 18. Jahrhunderts, vom Sturm und Drang über die Klassik bis zur Romantik, Bedingungen hervor, unter denen eine historiographische Literatur gedeihen kann. Die Protagonisten dieser Literatur sind sich darüber völlig im klaren. Ranke erklärt die neue deutsche Geschichtsschreibung geradezu zum Erben der neuen poetischen Literatur: »Doch wurde das Werk des deutschen Genius noch bei weitem nicht vollendet; seine Aufgabe war, die positive Wissenschaft zu durchdringen.«[14] Er selbst ist in seiner Jugend durch das Erlebnis der modernen deutschen Dichtung hindurchgegangen, versucht sich an eigenen poetischen Hervorbringungen, kommt von diesem poetischen Motiv her zur Geschichtsschreibung, beginnt gewissermaßen mit den Dichtern zu konkurrieren[15]; seine Historiographie soll »dem gebildeten Geist denselben Genuß gewähren wie die gelungenste literarische Hervorbringung«.[16] Gleiche Beobachtungen lassen sich zu anderen Autoren machen, etwa zu Gervinus, Droysen und Treitschke; man lese nur die Kapitel über die neuere deutsche Literatur in ihren großen Gesamtdarstellungen.[17]

Es ist wesentlich, daß diese Nachfolge sich nicht in äußerlichen Beziehungen, etwa in der Übernahme bestimmter literarischer Techniken, erschöpft. Die Geschichtsschreiber gewinnen aus der Dichtung vielmehr den kategorialen Rahmen, in dem sie ihr neues Verständnis von historischer Forschung fixieren. Sie werden damit zugleich aus Nachzüglern zu Vorreitern der historiographischen Literatur in Europa; ein Indiz für diesen Wandel sind ihre zunehmend absprechenden Urteile über Franzosen oder Engländer.[18]

Zunächst ist das neue Verständnis von historischer Forschung zu präzisieren. Gemeint ist nicht die historisch-kritische Quellenforschung. Sie ist keineswegs neu, sondern wird seit dem Humanismus betrieben und steht gegen Ende des 18. Jahrhunderts in Deutschland und Europa in höchster Blüte. Die deutsche Geschichtsschreibung des 19. Jahrhunderts kann da methodisch wie stofflich auf einer fest etablierten Grundlage aufbauen. Als Niebuhr seine *Römische Geschichte* eröffnet, rühmt er die Vorarbeit der großen humanistischen Antiquare.[19] Ranke beutet noch in den »Großen Mächten« und in der *Deutschen Geschichte im Zeitalter der Reformation* vorwiegend ältere Quellensammlungen aus[20]; seine Zusätze aus eigenen archivalischen Studien wirken beide Male eher komplementär, um nicht zu sagen dekorativ. Wenn an dieser Stelle von historischer Forschung die Rede ist, so meint das eine ganz neue Form des historischen Wissens, die allerdings der historisch-kritischen Quellenforschung im Laufe des 19. Jahrhunderts eine vorher unbekannte Intensität verleiht.

Historisches Wissen ist bis dahin Traditionswissen. Im Zeichen der »historia magistra vitae« haben die Historiker ein normatives Wissen zu exemplifizieren oder zu illustrieren, das als starr, unveränderlich, universal gültig angesehen wird: als ein in sich abgeschlossener Wissensbestand, der jeweils von Generation zu Generation weitergegeben werden muß. Die von ihnen beigebrachten historischen Tatsachen dienen immer nur der Bestätigung und damit Tradierung dieses Wissensbestandes; neue Tatsachen wirken insoweit wie alte Tatsachen. Dem entspricht, daß historisches Wissen mit der historiographischen Überlieferung gleichgesetzt wird: Die Konsequenz ist, daß es auf die fortgesetzte Aneignung und Weitergabe der bisherigen Geschichtswerke wie auf die fortgesetzte Fortschreibung oder Ergänzung des in ihnen enthaltenen Wissens ankommt; noch Gatterers »Teutscher Livius« ist dafür ein Beispiel.[21] Diese Grundeinstellung schließt keineswegs aus, daß die überkommenen Geschichtswerke Gegenstand selbst schärfster Quellenkritik werden; aber Ziel der Kritik ist nicht die Verwerfung, sondern die Reinigung der Überlieferung: die Feststellung oder Klarstellung des überlieferungswürdigen Kerns. Urform der Geschichtsschreibung ist demgemäß die Zeitgeschichte; die von Epoche zu Epoche fortgeführte Reihe der Zeitgeschichten konstituiert die »historia perpetua« als Grundmuster historiographischer Überlieferung. Neben der Zeitgeschichte kann es nur eine Kompilation früherer Geschichtswerke geben, unter denen wiederum zeitgeschichtliche Werke den höchsten Überlieferungswert besitzen; eine Sonderform ist die reflektierende Geschichtsliteratur der »Discorsi«, »Discours« und »Considérations«.

Bei den deutschen Historikern des 19. Jahrhunderts tritt an die Stelle des Traditionswissens die Forschung als Produktion des Wissens.[22] Die neue Einsicht in die Dynamik historischer Prozesse macht das normative Wissen der »historia magistra vitae« hinfällig. Statt um Exemplifizierung oder Illustrierung eines tradierbaren Wissensbestandes handelt es sich jetzt um eigene historische Erkenntnis, die von immer neuen Interessen oder Problemen ausgeht und damit immer neues Wissen hervorbringt. Dem entspricht, daß die Einheit des historischen Wissens mit der historiographischen Überlieferung zerbricht. In Wilhelm von Humboldts Worten: »Sobald man aufhört, eigentlich Wissenschaft zu suchen, oder sich einbildet, sie brauche nicht aus der Tiefe des Geistes heraus geschaffen, sondern könne durch Sammeln extensiv aneinandergereiht werden, so ist Alles unwiederbringlich und auf ewig verloren.«[23] Niebuhrs *Römische Geschichte* und Rankes Erstlingswerk führen die Wende vor. Bevor Niebuhr seine *Römische Geschichte* verfaßt, gibt es ein klassizistisches Monopol der antiken Geschichtsschreibung auf die römische Geschichte, das allen quellenkritischen Zweifeln standhält; der Traditionscharakter des historischen Wissens überhaupt kommt hier besonders sinnfällig zur Anschauung. Niebuhr demonstriert demgegenüber, daß eine neue Darstellung als eigene Erkenntnisleistung möglich ist: daß in der römischen Geschichte noch nichts abgemacht oder abgeschlossen, sondern noch alles zu erforschen ist.[24] Die Niebuhrsche Kritik der historiographischen Quellen zur römischen Frühgeschichte zielt nicht auf die Sicherung der historiographischen Überlieferung ab, sondern darauf, Bausteine für einen völligen Neubau der römischen Geschichte zu gewinnen; die antiken Historiker werden aus den Trägern einer fort und fort zu vermittelnden Tradition zu bloßen Quellen für ein neues Erkenntnisinteresse. Rankes Erstlingswerk knüpft daran an. Vor den *Geschichten der romanischen und germanischen Völker* pflegen Historiker die Kämpfe um Italien an der Wende vom 15. zum 16. Jahrhundert nach Guicciardini und anderen gleichzeitigen Autoren zu erzählen, wie noch zuletzt Heeren[25]: in genauer Übereinstimmung mit der Idee der »historia perpetua«. Ranke erschüttert die Glaubwürdigkeit dieser Autoren in einem Maße, daß die Möglichkeit einer Nacherzählung gänzlich ausscheidet, vielmehr eine von Grund auf neue Forschungsleistung erforderlich wird: Das ist die eigentliche Pointe seiner berühmten »Kritik neuerer Geschichtschreiber«; er entwickelt dabei zugleich ein allgemeines Programm für die Erforschung der neueren Geschichte insgesamt.

Historische Forschung in diesem Sinne beginnt mit der Quellenforschung; sie übernimmt und steigert dabei ein längst ausgebildetes Instrumentarium. Aber sie vollendet sich erst in der Geschichtsschreibung und wird damit, streng genommen, mit ihr identisch. Die Quellenforschung stellt das Baumaterial bereit, die Geschichtsschreibung führt den Neubau selbst aus; die Errichtung dieses Neubaus ist der Inbegriff des neuen Forschungsanspruchs. Die Lösung dieser Aufgabe geht über den Horizont der bisherigen Historiographie hinaus; sie erfordert eine bis dahin beispiellose literarische Anstrengung. Niebuhr ist sich sehr darüber im klaren, daß seine *Römische Geschichte* noch über weite Strecken hin im Stadium bloßer Quellenforschung steckengeblieben ist. Er bittet um »eine schonende Beurtheilung der Sprache und Darstellung«, gesteht »die Schwerfälligkeit weitläuftiger Untersuchungen« ein, entschuldigt sich für seine mangelnde Fähigkeit, »die zusammengebrachten starren Theile frey zu behandeln«[26], aber er erklärt es als sein Ziel, »wenn dies gelehrte Werk, wodurch der Stoff wieder geschaffen wird, vollendet seyn würde, eine ganz erzählende Geschichte der Römer zu schreiben, ohne Untersuchung, Erweis und Gelehrsamkeit; wie man sie vor 1800 Jahren geschrieben haben würde«[27]; seine klassizistische Sehnsucht nach den antiken Mustern darf nicht darüber hinwegtäuschen, daß er es mit einem neuen historiographischen Problem zu tun hat. Auch Ranke ringt eine Zeitlang um den rechten historiographischen Stil; er erreicht immerhin schon in seinem Erstlingswerk, die Darstellung von »Untersuchung, Erweis und Gelehrsamkeit« freizuhalten, indem er diese anhangsweise dokumentiert.

Das neue historiographische Programm hat verschiedene Wurzeln oder Anstöße, die durch ihre jeweilige Ausprägung wie durch ihre Konfiguration außerhalb Deutschlands ohne Parallele sind und damit die europäische Vorreiterrolle der deutschen Geschichtsschreibung im 19. Jahrhundert begründen. Es ist nicht denkmöglich ohne die neue Realitätserfahrung im Gefolge der Französischen Revolution; es verrät auch deutlich genug den Einfluß der neuen deutschen Philosophie. Was hier evident gemacht werden soll, das ist die besondere Einwirkung der neuen deutschen Poesie. Sie wirkt auf die deutschen Historiker zunächst einmal durch ihre ungeheure ästhetische Potenz, die sich über Hergebrachtes hinwegsetzt und Neues schafft, die sich über bisherige Normen erhebt und sich selbst Norm wird: eine Manifestation jener menschlichen Schöpferkraft oder Selbstbestimmung, auf die auch das neue Verständnis von historischer Forschung zielt. Entscheidend ist aber, daß die Historiker diese Analogie zu einem ästhetischen Konzept der Geschichtsschreibung fortbilden oder vielmehr ihr neues historiographisches Programm in ästhetischen Begriffen konzipieren. Roscher bezeichnet die Historik, die er seinem Thukydides-Buch voransetzt, geradezu als »Aesthetik der historischen Kunst überhaupt«.[28] Ein Schlüsselbegriff ist dabei der Begriff der Einbildungskraft oder der Phantasie mit allen seinen Konnotationen. Dieser Begriff, der die konstitutive oder produktive Leistung des Dichters wie des Künstlers überhaupt benennen soll, wird auf die Forschungs- und damit Darstellungsleistung des Historikers angewandt. Die Tätigkeit des Künstlers und die Tätigkeit des Geschichtsschreibers erscheinen als gleichen Ursprungs, als aus dem gleichen Vermögen unseres Geistes hervorgegangen. Exemplarisch läßt sich dieser Weg von der Ästhetik zur Historiographie bei Wilhelm von Humboldt verfolgen. Das Humboldtsche Geschichtsdenken kommt vom Revolutionserlebnis und vom Studium der Kantisch-Fichteschen Philosophie her. Aber die Passage zu der berühmten Rede »Über die Aufgabe des Geschichtschreibers« sind die ästhetischen Arbeiten, die Humboldt in den späten 1790er Jahren im Umkreis Goethes und Schillers unternimmt: besonders die großangelegte Untersuchung über Goethes *Hermann und Dorothea*. Hier arbeitet er die Terminologie aus, mit der er später »die Aufgabe des Geschichtschreibers« bestimmt. Als Hauptaufgabe gilt ihm, das »Stückwerk« der Quellenforschung zur Einheit des Geschehenen zu verknüpfen: Der Geschichtsschreiber ist hier »selbstthätig und sogar schöpferisch«[29]; das ist der neue Begriff der historischen Forschung, die sich in der historischen Darstellung vollendet. Zur Definition dieser Hauptaufgabe dient ein durchgängiger Vergleich mit der Tätigkeit des Dichters und Künstlers. Der Geschichtsschreiber soll wie der Dichter »das zerstreut Gesammelte in sich zu einem Ganzen verarbeiten«[30]: »Die historische Darstellung ist, wie die künstlerische Nachahmung der Natur. Die Grundlage von beiden ist das Erkennen der wahren Gestalt, das Herausfinden des Nothwendigen, die Absonderung des Zufälligen.«[31] Alles läuft darauf hinaus, daß der Geschichtsschreiber das ihm gesetzte Ziel gleich dem Dichter »nur durch die Phantasie« erreiche; Humboldt nennt sie auch »Ahndungsvermögen und Verknüpfungsgabe«.[32] Die Geltung dieser Terminologie läßt sich noch bei Bernheim nachweisen.[33]

Es versteht sich allerdings, daß sich aus der Analogie keine Gleichsetzung von Poesie und Geschichtsschreibung ergibt. Beide sollen die Phantasie einsetzen, um aus vereinzelten Materialien ein Ganzes zu bilden, aber mit verschiedener Zielsetzung: die Poesie mit dem Ziel, uns mit dem schönen Bild einer idealen Wirklichkeit zu gefallen, die Geschichtsschreibung mit dem Ziel, uns das wahre Bild der empirischen Wirklichkeit erkennen zu lassen. Über diese Differenzierung herrscht unter den deutschen Historikern des 19. Jahrhunderts allgemeine Übereinstimmung; ich kann mir Zitate ersparen.[34] Gervinus' *Grundzüge der Historik* fallen durch, weil in ihnen die Grenze zwischen Poesie und Geschichtsschreibung verwischt zu werden droht.[35] Manche Autoren, wie Droysen[36] und Bernheim[37], ziehen demgegenüber die Grenze so scharf, daß dabei die Analogie von Poesie und Geschichtsschreibung selbst, von der alles ausgeht, in Frage zu stehen scheint; das ist freilich sozusagen nur eine optische Täuschung. Andererseits herrscht gleichfalls allgemeine Übereinstimmung darüber, daß die Geschichtsschreibung ihre eigene Schönheit besitze, daß sie gerade dadurch, daß sie nichts als ein Werk der Erkenntnis sei, zu gefallen vermöge. Das wahre Bild der empirischen Wirklichkeit, das der Geschichtsschreiber erschafft oder erforscht, übt auf uns eine ästhetische Wirkung aus, indem wir die gelungene Erkenntnisleistung bewundern: die Durchführung eines Gedankens, dem sich alles Einzelne einfügt; die Stimmigkeit der Argumentation; das restlose Verständnis; Hegelisch gesprochen: die Vernunft in der Geschichte. Wir finden eine solche Leistung gekonnt; wir genießen sie wie ein Kunstwerk. Goethe hat so über Niebuhrs *Römische Geschichte* geurteilt, trotz aller Unzulänglichkeiten der Darstellung.[38] Es ist in diesem Sinne, daß Ranke von der Geschichtsschreibung verlangt, sie solle »dem gebildeten Geiste denselben Genuß gewähren wie die gelungenste literarische Hervorbringung«: »Eine freie und große Form kann nur aus dem mit dem Geiste vollkommen Ergriffenen hervorgehen.«[39] Droysen nennt die untersuchende Darstellung ein »logisches Kunstwerk«, »wo die Eleganz die Knappheit, Präzision und Geschlossenheit der Beweisführung bezeichnet«; »das Künstlerische« der erzählenden Darstellung besteht ihm darin, »daß wir erzählend die Resultate unserer Forschung in eine Form geben, die gleichsam mimetisch das Nacheinander des Werdens vorführt«.[40] Für Bernheim ist »überall nur diejenige Form wahrhaft schön«, »welche den darzustellenden Inhalt zweckentsprechend wiedergibt«.[41] Noch Fueter, der den deutschen Historikern des 19. Jahrhunderts eher fernsteht, spricht die gleiche Meinung aus; er verlangt vom Geschichtsschreiber, wie das seiner wissenschaftlichen Aufgabe entspreche, »Klarheit der Disposition und des Ausdrucks«: »Sein Werk kann dann ästhetisch befriedigen wie schmucklose Zweckmäßigkeit überhaupt, wie eine gut konstruierte Maschine.«[42]

Ich schließe mit einer kurzen Bemerkung über Theodor Mommsen, die zugleich über ihn hinausführen soll. Es ist bekannt, daß er für seine *Römische Geschichte* den Nobelpreis für Literatur erhalten hat; das ist ein augenfälliger Beweis für die ästhetische Geltung der neuen deutschen Geschichtsschreibung, die sich als Vollzug historischer Forschung versteht. Es ist aber ebenso bekannt, daß Mommsen den schon angekündigten vierten Band der *Römischen Geschichte* niemals geschrieben hat; die kürzlich veröffentlichten Vorlesungen zur »Römischen Kaisergeschichte« sind dafür naturgemäß kein Ersatz.[43] Man hat daraus auf eine Abwendung Mommsens von der Geschichtsschreibung überhaupt geschlossen, die für ihn mit der inzwischen hochspezialisierten Einzelforschung immer weniger verträglich gewesen sei.[44] Zum Hauptbeleg dient der immer wieder zitierte Satz aus der Rektoratsrede von 1874: »Der Geschichtschreiber gehört vielleicht mehr zu den Künstlern als zu den Gelehrten.«[45] Mommsen scheint damit zugleich für eine damals allgemein einsetzende Trennung von Geschichtsschreibung und Geschichtsforschung zu stehen: für das, wie Heuß sagt, Phänomen einer »aus der Geschichtsschreibung entlassenen Forschung«[46], die sich von der Geschichtsschreibung emanzipiert. Sicher läßt sich dieses Phänomen seit dem Ende des 19. Jahrhunderts vielfach antreffen. Es ist freilich nicht ganz neu; schon ein Autor wie Gatterer kommt über seinen weitverzweigten hilfswissenschaftlichen Forschungen nicht zur Geschichtsschreibung, ohne damit gegen die Möglichkeit der Geschichtsschreibung an sich zu zeugen. Was Mommsen betrifft, so lehrt die genaue Lektüre der Rektoratsrede, daß er den bisherigen Rang der Geschichtsschreibung mitnichten anzweifelt: der Geschichtsschreiber soll »die rechte Verknüpfung des scheinbar Unzusammenhängenden oder Sichwidersprechenden« leisten; er ist »Künstler«, indem er diese Aufgabe, in Analogie zum eigentlichen Künstler, erfüllt, ohne dabei von seiner genuinen Zielsetzung, Erkenntnis zu stiften, abzuweichen; er ist von »Gelehrten« verschieden, weil er dabei über die Routine der Quellenforschung hinausgehen, Geschichtsforschung als Produktion des Wissens betreiben muß. Mommsen mag vor den Hindernissen, die sich ihm auf dem Weg zum vierten Band seiner *Römischen Geschichte* auftürmten, die Waffen gestreckt haben; es mag auch sein, daß er die Chancen der Geschichtsschreibung überhaupt zunehmend skeptischer oder realistischer beurteilt hat. Grundsätzlich abgesagt hat er der Geschichtsschreibung nicht, und die Geschichte der Geschichtsschreibung ist seitdem weitergegangen. Ich zitiere nochmals Heuß und komme damit auf den Anfang meines Beitrags zurück: »Die Geschichtsschreibung bzw. die ihr gestellte Aufgabe ist also der Angelpunkt, um den sich letztlich alle Bemühung um Geschichte dreht, auch da, wo sie unmittelbar gar nicht auftritt. Sie ist die belebende Mitte für alles, was mit Geschichte zu tun hat, denn sie ist auch da gegenwärtig (in irgendeiner Form), wo ihre Buchstaben nicht sichtbar sind.«[47]

Anmerkungen

1 Der neuere Diskussionsstand ist gut dokumentiert in: Reinhart Koselleck/Heinrich Lutz/Jörn Rüsen (Hg.), *Formen der Geschichtsschreibung (Theorie der Geschichte. Beiträge zur Historik*, Bd. 4), München 1982; die beiden hier einschlägigsten Beiträge: Jörn Rüsen, »Geschichtsschreibung als Theorieproblem der Geschichtswissenschaft. Skizze zum historischen Hintergrund der gegenwärtigen Diskussion«, S. 14–35 (auch in: ders., *Zeit und Sinn. Strategien historischen Denkens*, Frankfurt/M. 1990, S. 135–152), und Wolfgang Hardtwig, »Die Verwissenschaftlichung der Historie und die Ästhetisierung der Darstellung«, S. 147–191 (auch in: ders., *Geschichtskultur und Wissenschaft*, München 1990, S. 58–91). Ergänzend dazu Helmut Berding, »Theodor Mommsen. Das Problem der Geschichtsschreibung«, in: *Geschichte und politisches Handeln. Studien zu europäischen Denkern der Neuzeit. Theodor Schieder zum Gedächtnis*, hg. v. Peter Alter, Wolfgang J. Mommsen u. Thomas Nipperdey, Stuttgart 1985, S. 243–260.

2 Dazu immer noch unübertroffen Eduard Fueter, *Geschichte der neueren Historiographie*, 3. Aufl. München/Berlin 1936 (ND Zürich/Schwäbisch-Hall 1985), bes. S. 181ff., 371ff. u. 385ff.; vgl. auch Rudolf Vierhaus, »Geschichtsschreibung als Literatur im 18. Jahrhundert«, in: Karl Hammer/Jürgen Voss (Hg.), *Historische Forschung im 18. Jahrhundert. Organisation, Zielsetzung, Ergebnisse* (*Pariser Historische Studien*, Bd. 13), Bonn 1976, S. 416–431.

3 Heynes zusammenfassendes Urteil: Er würdigt an Winckelmann den »Entwurf seiner Geschichte der Kunst des Alterthums, welche das antiquarische Studium in sein rechtes Gleis gebracht und uns eingeleitet hat, die alten Kunstwerke als Kunstwerke zu studieren. Nur mischte sich seine Begeisterung oft ins Spiel, wo kalte Betrachtung, Erwägung und Prüfung erfordert ward« (Christian Gottlob Heyne, *Sammlung antiquarischer Aufsätze*, Bd. 1, Leipzig 1778, S. VII).

4 August Ludwig Schlözer, *Vorstellung seiner Universal-Historie* (1772/73), mit Beilagen hg. v. Horst Walter Blanke (*Beiträge zur Geschichtskultur*, Bd. 4), Hagen 1990, S. 59ff.

5 Vgl. dazu Horst Walter Blanke, »Georg Andreas Wills ›Einleitung in die historische Gelahrtheit‹ (1776) und die Anfänge moderner Historik-Vorlesungen in Deutschland«, in: *Dilthey-Jahrbuch für Philosophie und Geschichte der Geistes-*

wissenschaften 2 (1984), S. 193–265, sowie Horst Walter Blanke/Dirk Fleischer (Hg.), *Theoretiker der deutschen Aufklärungshistorie*, 2 Bde. (*Fundamenta Historica*, Bd. 1), Stuttgart 1990.

6 Johann Christoph Gatterer, *Versuch einer allgemeinen Weltgeschichte bis zur Entdeckung Amerikens*, Göttingen 1792, S. I.

7 Übersicht bei Franz X. von Wegele, *Geschichte der Deutschen Historiographie seit dem Auftreten des Humanismus* (*Geschichte der Wissenschaften in Deutschland. Neuere Zeit*, Bd. 20), München/Leipzig 1885, S. 787.

8 Zur neueren französischen und britischen Historiographiegeschichte vgl. zuletzt Lutz Raphael, »Epochen der französischen Geschichtsschreibung«, in: Wolfgang Küttler/Jörn Rüsen/Ernst Schulin (Hg.), *Geschichtsdiskurs*, Bd. 1: *Grundlagen und Methoden der Historiographiegeschichte*, Frankfurt/M. 1993, S. 101–132, und Jürgen Osterhammel, »Epochen der britischen Geschichtsschreibung«, in: ebd., S. 157–188, sowie Vera Nünning, »›In Speech an Irony, in Fact a Fiction‹. Funktionen englischer Historiographie im 18. Jahrhundert im Spannungsfeld zwischen Anspruch und Wirklichkeit«, in: *Zeitschrift für Historische Forschung*, Bd. 21 (1994), S. 37–63; zu Italien: Gioacchino Gargallo di Castel Lentini, *Storia della storiografia moderna. Il settecento*, Rom 1972, passim.

9 Vgl. dazu Georg G. Iggers, »The European Context of Eighteenth-Century German Enlightenment Historiography«, in: Hans Erich Bödeker/Georg G. Iggers/Jonathan B. Knudsen/Peter H. Reill (Hg.), *Aufklärung und Geschichte. Studien zur deutschen Geschichtswissenschaft im 18. Jahrhundert*, Göttingen 1986, S. 225–245.

10 Schiller an Körner, 7. Januar 1788, in: *Schillers Werke. Nationalausgabe*, Bd. 25, hg. v. Eberhard Haufe, Weimar 1979, S. 1–5, hier S. 2.

11 Alfred Heuß, *Römische Geschichte*, Braunschweig 1960, S. 505.

12 Tischrede beim fünfzigjährigen Doktorjubiläum am 20. Februar 1867, in: Leopold von Ranke, *Sämmtliche Werke*, Bd. 51/52, hg. v. Alfred Dove u. Theodor Wiedemann, Leipzig 1888, S. 590f.

13 Voltaire, *Le siècle de Louis XIV*, in: ders., *Œuvres historiques*, hg. v. René Pommeau, Paris 1957, S. 603-1274, hier S. 1002ff., und ders., *Essai sur les moeurs et l'esprit des nations et sur les principaux faits de l'histoire depuis Charlemagne jusqu'à Louis XIII*, hg. v. René Pommeau, Bd. 1, Paris 1963, S. 762ff.

14 Leopold von Ranke, »Die großen Mächte«, in: ders., *Sämmtliche Werke*, Bd. 24, Leipzig 1872, S. 3–40, hier S. 27f.

15 Zu alledem sehr aufschlußreich: Leopold von Ranke, *Frühe Schriften*, hg. v. Walther Peter Fuchs (*Aus Werk und Nachlaß*, Bd. 3), München/Wien 1973.

16 Leopold von Ranke, *Französische Geschichte vornehmlich im sechzehnten und siebzehnten Jahrhundert*, Bd. 5 (= *Sämmtliche Werke*, Bd. 12), Leipzig 1870, S. 5.

17 Johann Gustav Droysen, *Vorlesungen über die Freiheitskriege*, Bd. 1, Kiel 1846, S. 150ff.; Georg Gottfried Gervinus, *Geschichte des neunzehnten Jahrhunderts seit den Wiener Verträgen*, Bd. VIII/1, Leipzig 1866, S. 3ff.; Heinrich von Treitschke, *Deutsche Geschichte im Neunzehnten Jahrhundert*, Bd. 1, Leipzig 1927, S. 82ff.

18 Zwei Beispiele: Treitschke an den Vater, 19. November 1864, in: *Heinrich von Treitschkes Briefe*, hg. v. Max Cornicelius, Bd. 2, Leipzig 1913, S. 351f.; Ernst

Bernheim, *Lehrbuch der Historischen Methode und der Geschichtsphilosophie*, 2 Bde., 5. u. 6. Aufl. Leipzig 1908 (ND New York o. J.), Bd. 2, S. 793.

19 Barthold Georg Niebuhr, *Römische Geschichte*, Bd. 1, Berlin 1811, S. 7.

20 Vgl. zur Quellenbenutzung in der *Deutschen Geschichte* Arthur Geoffrey Dickens, »Ranke as Reformation Historian«, in: ders., *Reformation Studies* (*History Series*, Bd. 9), London 1982, S. 565–581.

21 Johann Christoph Gatterer, »Abhandlung vom Standort und Gesichtspunct des Geschichtschreibers oder der teutsche Livius« (1768), in: Blanke/Fleischer, *Theoretiker* (wie Anm. 5), Bd. 2, S. 452–466.

22 Dazu Wolfgang Hardtwig, »Konzeption und Begriff der Forschung in der deutschen Historie des 19. Jahrhunderts«, in: Alwin Diemer (Hg.), *Konzeption und Begriff der Forschung in den Wissenschaften des 19. Jahrhunderts* (*Studien zur Wissenschaftstheorie*, Bd. 12), Meisenheim am Glan 1978, S. 11–26.

23 Wilhelm von Humboldt, »Über die innere und äußere Organisation der höheren wissenschaftlichen Anstalten in Berlin«, in: ders., *Werke in fünf Bänden*, hg. v. Andreas Flitner u. Klaus Giel, Bd. 4: *Schriften zur Politik und zum Bildungswesen*, Darmstadt 1964, S. 255–266, hier S. 257 f.

24 Zum Forschungsbegriff Niebuhrs zuletzt Alfred Heuß, *Barthold Georg Niebuhrs wissenschaftliche Anfänge. Untersuchungen und Mitteilungen über die Kopenhagener Manuscripte und zur europäischen Tradition der lex agraria (loi agraire)*, Göttingen 1981, und Gerrit Walther, *Niebuhrs Forschung* (*Frankfurter Historische Abhandlungen*, Bd. 35), Stuttgart 1993.

25 Arnold Hermann Ludwig Heeren, *Handbuch der Geschichte des Europäischen Staatensystems und seiner Colonieen*, Bd. 1 (= ders., *Historische Werke*, Bd. 8), Göttingen 1822, S. 23.

26 Niebuhr, *Römische Geschichte* (wie Anm. 19), S. XIII.

27 Niebuhr an den preußischen Kronprinzen, 17. November 1830, in: Barthold Georg Niebuhr, *Briefe 1816–1830*, hg. v. Eduard Vischer, Bd. 4, Bern/München 1984, S. 116 f., hier S. 117.

28 Wilhelm Roscher, *Leben, Werk und Zeitalter des Thukydides. Mit einer Einleitung zur Aesthetik der historischen Kunst überhaupt*, Göttingen 1842.

29 Wilhelm von Humboldt, »Über die Aufgabe des Geschichtschreibers« (1821), in: ders., *Werke* (wie Anm. 23), Bd. 1, Darmstadt 1960, S. 585–606, hier S. 585 f.

30 Ebd., S. 586.

31 Ebd., S. 591.

32 Ebd., S. 586 f.

33 Bernheim, *Lehrbuch* (wie Anm. 18), Bd. 2, S. 614 u. 626.

34 Ich begnüge mich hier mit Verweisen auf Humboldt, »Aufgabe« (wie Anm. 29), S. 586 f. u. 588 f., und Roscher, *Thukydides* (wie Anm. 28), S. 50.

35 Gervinus schreibt etwa: »Will aber der Geschichtschreiber diese geschlossene und totale Wirkung des Kunstwerkes mit seiner Erzählung machen, so muß er schon in der Wahl seiner Stoffe so vorsichtig sein wie der Dichter« (Georg Gottfried Gervinus, *Grundzüge der Historik* [Leipzig 1837], in: ders., *Schriften zur Literatur*, hg. v. Gotthard Erler, Berlin 1962, S. 49–103, hier S. 92).

36 Johann Gustav Droysen, *Historik. Historisch-kritische Ausgabe*, hg. v. Peter Leyh, Bd. 1, Stuttgart 1977, S. 51 u. 217 ff.

37 Bernheim, *Lehrbuch* (wie Anm. 18), Bd. 1, S. 145 ff., u. Bd. 2, S. 777 ff.

38 Goethe an Zelter, 17. Januar 1831; zitiert bei: Alfred Heuß, »Näheres zu Niebuhr. Zur 150. Wiederkehr seines Todestages am 2. Januar 1981«, in: *Antike und Abendland*, Bd. 27 (1981), S. 1–33, hier S. 25.

39 Ranke, *Französische Geschichte* (wie Anm. 16), S. 5 f.

40 Droysen, *Historik* (wie Anm. 36), S. 225, 228 u. 231.

41 Bernheim, *Lehrbuch* (wie Anm. 18), Bd. 2, S. 792.

42 Fueter, *Neuere Historiographie* (wie Anm. 2), S. 604.

43 Theodor Mommsen, *Römische Kaisergeschichte. Nach den Vorlesungs-Mitschriften von Sebastian und Paul Hensel 1882/86*, hg. v. Barbara u. Alexander Demandt, München 1992.

44 Vgl. dazu Alfred Heuß, *Theodor Mommsen und das 19. Jahrhundert*, Kiel 1956, S. 90, und Berding, »Theodor Mommsen« (wie Anm. 1), S. 252 ff.; Zusammenfassung der Diskussion von Alexander Demandt (wie Anm. 43), S. 15 ff.

45 Rede bei Antritt des Rektorates, 15. Oktober 1874, in: Wolfgang Hardtwig (Hg.), *Über das Studium der Geschichte*, München 1990, S. 184–194, hier S. 190.

46 Alfred Heuß, »Geschichtsschreibung und Geschichtsforschung. Zur ›Logik‹ ihrer gegenseitigen Beziehungen«, in: *Was die Wirklichkeit lehrt. Golo Mann zum 70. Geburtstag*, hg. v. Hartmut von Hentig u. August Nitschke, Frankfurt/M. 1979, S. 271–311, hier S. 307.

47 Ebd., S. 310.

JÖRN RÜSEN

Historik – Überlegungen zur metatheoretischen Selbstauslegung und Interpretation des historischen Denkens im Historismus (und außerhalb)

1. Historik als Textgattung in der Historiographie

Historisches Denken kann sich auf zwei Ebenen vollziehen: auf der Objekt- und auf der Metaebene. Auf der ersten Ebene geht es um den sinn- und bedeutungsvollen Zusammenhang der Vergangenheit mit der Gegenwart, in dem Vergangenes den Charakter des Geschichtlichen hat und als Vergegenwärtigtes eine wichtige Rolle in der kulturellen Organisation der menschlichen Lebenspraxis spielt. Auf der zweiten Ebene werden die mentalen Prozeduren dieser Vergegenwärtigung und ihre Voraussetzungen und Folgen in und für die Lebenspraxis reflektiert. Beide Ebenen sind ineinander verschränkt. Die zweite ist ohne die erste nicht möglich, aber ein ›reines‹, gleichsam selbstvergessenes historisches Denken ist selten, wenn nicht gar unmöglich, weil es stets in Kontexten erfolgt, in denen sich Erinnerungsgemeinschaften bilden und von anderen abgrenzen und dabei unterschiedliche Interessen einbringen, aufeinander beziehen und miteinander abgleichen müssen. In solchen Zusammenhängen wird historisches Denken stets begründungs- und auskunftspflichtig über seine Absichten, seine Geltungsansprüche und seine Folgen. In einfachen Formen des historischen Erzählens sind die reflexiven Elemente in den Erzählduktus vorgängig so integriert, daß der ihnen eigene Denkmodus gar nicht eigens in Erscheinung tritt. Komplexere Formen des Umgangs mit der Vergangenheit zeichnen sich dadurch aus, daß sich die Reflexion verselbständigt. Dann tritt sie auch in eigenen Formen auf.

In solchen Formen wird die Geschichtsschreibung von der Antike bis zur Gegenwart begleitet.[1] Am Anfang dieser Tradition in Europa[2] steht Lucians Schrift *Wie man Geschichte schreiben soll.*[3] Im Mittelalter verliert sich die Reflexion auf Geschichte in unterschiedliche Bereiche des gelehrten Schrifttums.[4] Im Humanismus findet sie sich dann als ein relativ eigenständiger Diskurs wieder, der eine eigene Tradition begründet.[5] Zwei Werke sollen als typisch für diese Tradition genannt werden: Jean

Bodins *Methodus ad facilem historiarum cognitionem* von 1566 und Gerhard Johannes Vossius *Ars historica sive de historiae et historices natura historiaeque scribenda receptiis* von 1623. Die Wandlungen des historischen Denkens durch die Aufklärung, seine epochale Veränderung in der Spätaufklärung und im Frühhistorismus, seine Institutionalisierung in der Wissenschaftsdisziplin der Geschichtswissenschaft und deren Entwicklung spiegeln und vollziehen sich metatheoretisch. Chladenius' *Allgemeine Geschichtswissenschaft* von 1752 signalisiert einen Ausgangspunkt des Verwissenschaftlichungsprozesses[6]; die Innovationsschübe der Aufklärung, insbesondere der Spätaufklärung, verdanken der metatheoretischen Reflexion wesentliche Impulse[7]; der Historismus weist mit Droysens *Historik* einen klassischen Text auf, der die unterschiedlichen Traditionsstränge der Reflexion auf historisches Denken in unübertroffener Weise zusammenfaßt[8]; und am Ende des Jahrhunderts signalisieren lehrbuchartige Konzeptionen der Metatheorie zugleich einen Reifezustand und einen sich ankündigenden Umbruch der akademischen Disziplin der Geschichtswissenschaft. Die großen Grundlagenkrisen der Kulturwissenschaften um die Jahrhundertwende tragen ihren Prinzipienstreit explizit metatheoretisch aus. In der Geschichtswissenschaft signalisiert der Lamprecht-Streit diese Krise; allerdings erfährt sie, langfristig gesehen, aus den dieser Krise in der Nationalökonomie geschuldeten wissenschaftstheoretischen Schriften Max Webers stärkere und wichtigere Impulse. Im 20. Jahrhundert setzt sich diese Reflexion fort, zumeist auf die fachliche Verfassung der Geschichtswissenschaft gerichtet, aber mit dem sogenannten ›linguistic turn‹ und der Debatte um die Postmoderne löst sie sich von den disziplinären Vorgaben und wirft grundsätzlichere Fragen auf, die bis heute die Debatte um Eigenart und Funktion des historischen Denkens und den Status der Geschichtswissenschaft in Atem halten.[9]

Es würde freilich zu einer Verengung des historiographie-historischen Blicks führen, wenn man die metatheoretische Komponente in der Entwicklung des historischen Denkens und der Geschichtsschreibung vornehmlich in solchen verselbständigten Verlautbarungen der Reflexion sähe. Die Reflexion zieht sich nämlich durch eine ganze Reihe unterschiedlicher Textarten hindurch: Vorworte, Einleitungen, Festreden, und natürlich gehört sie immer auch zu den Elementen, die einen historiographischen Text selber konstituieren. Reflexivität läßt sich sogar als ein Darstellungsmerkmal moderner Geschichtsschreibung ausmachen.[10]

Schließlich sollte nicht übersehen werden, daß die Metatheorie ein integrales Element der akademischen Lehre darstellt. Sie entwickelt also ihre Einflüsse auf das Geschäft der Historiker und Historikerinnen gar nicht über das Medium von Texten allein, sondern bringt sich in den didaktischen Prozeduren zur Geltung, in denen das Expertentum der Fachleute erzeugt wird.[11]

Wovon ist in diesen Texten die Rede, worauf richtet sich die Reflexion, was beabsichtigt sie? Es lassen sich typisierend ganz verschiedene Reflexionsstrategien unterscheiden[12]: Am ältesten ist die Strategie der rhetorischen Anweisung zum Schreiben und Rezipieren (Lernen) von Geschichte. Rhetorik ist hier eine Einheit von Poetik und Didaktik; es werden Regeln der Geschichtsschreibung expliziert und erörtert, und das durchaus auch in der pragmatischen Absicht, die Praxis der Historiographie anzuleiten. Da zu dieser Praxis eine Wirkungsabsicht gehört, wendet sich die Reflexion der Funktion der Geschichtsschreibung, dem Nutzen der Historie für das Leben und den didaktischen Fragen zu, wie dieser Nutzen, die Wirkung der Historiographie auf ihre Rezipienten, am besten erzielt werden kann. Diese Reflexion ordnet den politischen und ästhetischen Bereich der Geschichtskultur. Andere Strategien der Reflexion sind vor allem der kognitiven Dimension des erinnernden Umgangs mit der Vergangenheit gewidmet und beziehen sich damit eindeutiger auf die fachlich-akademische Verfassung der Geschichtswissenschaft, auf ihren Status und ihren Anspruch als akademische Disziplin und Wissenschaft. In diesem Bereich können historische Wissensbestände gesichtet und kategorial geordnet werden (Enzyklopädie), oder es können die methodischen Strategien der Gewinnung und der Sicherung historischen Wissens dargelegt werden (Methodik). Die enzyklopädische Ausrichtung der Reflexion kann in geschichtsphilosophische Überlegungen zur Ontologie des Historischen und zur Explikation von Geschichte als eines inhaltlich bestimmten übergreifenden Zusammenhangs zeitlicher Veränderungen des Menschen und seiner Welt werden. Geschichte kann aber auch als kognitive Veranstaltung in den Blick genommen und auf die für sie maßgeblichen Denkformen und Erkenntnisprinzipien hin reflektiert werden. Dann geht es um Eigenart, Reichweite und Grenzen der historischen Erkenntnis; die Metatheorie wird zur Erkenntnistheorie. Es geht also um die Darstellung der Vergangenheit und um das Wissen um sie; beides kann auf je eigentümliche Formen, Inhalte und Funktionen hin betrachtet werden.

Dieser unterschiedlichen Ausrichtung, die in wechselnden Konstellationen auftritt, entspricht eine unterschiedliche Funktion metatheoretischer Reflexion. Grundsätzlich lassen sich zwei Funktionen, eine pragmatische und eine legitimatorische, unterscheiden. Die *pragmatische* kann propädeutisch, technisch und didaktisch sein und sich auf die Förderung der Kompetenz zum Verfertigen, Rezipieren und Gebrauch historischer Darstellungen ausrichten und die Forschungsprozeduren durch Sensibilisierung für methodische Strategien des Umgangs mit den Quellen fördern (so vor allem in der Explikation eines Kanons quellenkritischer Methoden). *Legitimatorisch* begründet sie den besonderen Status der Geschichtsschreibung als Literatur und des historischen Denkens als kognitiver Prozedur. Sie kann diese Begründungsfunktion mit der Absicht der Verteidigung etablierter Traditionen und Konventionen wahrnehmen, aber auch in der entgegengesetzten Absicht einer Kritik, die den Boden für Veränderungen und Innovationen im literarischen und wissenschaftlichen Umgang mit der Vergangenheit bereiten soll.[13]

2. Historik im Wissenschaftsprozeß

Die reflexiven Elemente der Geschichtsschreibung und des historischen Denkens sind unterschiedlich ausgeprägt und haben eine unterschiedliche Funktion. Das verlangt nach Integration. Ein integrativer Gesichtspunkt kann die zeitliche Entwicklung sein. Wenn es in ihr um die Ausbildung spezifisch modernen historischen Denkens und einer ihm verpflichteten Art der Geschichtsschreibung geht, dann fügen sich Formen und Funktionen der Reflexion auf das Historische in den Zusammenhang einer ›Historik‹. Damit ist die Schnittstelle gemeint, in der die geschilderten Ausprägungen und Absichten sich im historischen Prozeß der Entstehung und Entwicklung moderner Geschichtswissenschaft zusammenfügen. Der Terminus ›Historik‹ soll diese integrative Perspektive bezeichnen: Von Droysen entlehnt, faßt er die reflexiven Elemente des Historischen im Fokus der Wissenschaftsentwicklung zusammen, rekonstruiert und interpretiert sie also als Elemente des Verwissenschaftlichungs- und des Wissenschaftsprozesses.

Reflexion kann in diesem Prozeß eine unterschiedliche Bedeutung haben: Sie kann den Rationalisierungsvorgang der Verwissenschaftlichung geradezu initiieren, indem sie über die etablierten Praxen des universitären Betriebes hinaus Regulative formuliert und plausibel macht, die diese Praxen in Frage stellen und neue Modi des Erwerbs und der Begründung und Sicherung historischen Wissens in Gang bringen. Historik ist dann ein Motor der Verwissenschaftlichung. Wenn die Befunde nicht trügen, dann hat die Historik im Entstehungsprozeß der Geschichte als Fachwissenschaft, also in der Spätaufklärung und im Frühhistorismus, in dieser Weise gewirkt.[14] Die Historik kann aber auch statt einer solchen vorwärtsdrängenden Vorreiterrolle Entwicklungen im nachhinein rationalisieren, indem sie forschungspraktisch erschlossene Erkenntnismöglichkeiten auf ihre konzeptuelle und methodische Ermöglichung hin durchsichtig macht oder historiographische Innovationen auf die Gründe und Folgen ihrer Wirkung in der Geschichtskultur hin befragt. Es ist eine empirische Frage, wie sich diese unterschiedliche Wirkungsweise im wissenschaftlichen Prozeß ausnimmt; zumeist dürfte die Reflexionsarbeit der Historiker auf ihr Tun beide Wirkungsweisen in sich vereinigen.

Dabei sollte freilich nicht übersehen werden, daß in der Reflexion selber schon, ganz ohne Ansehen ihrer jeweiligen Absicht, ein rationalisierendes Element steckt. Insofern ist sie allemal konform mit dem Wissenschaftsprozeß, ja sie muß als ein Medium dieses Prozesses selber, als ein unverzichtbares Element wissenschaftsspezifischer Erinnerungsarbeit angesehen werden. Im Blick auf die Geschichte der Geschichtsschreibung und der Geschichtswissenschaft hat die Historik also auf jeden Fall eine indikatorische Funktion: Sie zeigt an, in welchem Ausmaß die Praxis der historischen Forschungen und der Geschichtsschreibung reflektiert ist, und damit zugleich zeigt sie auch das Gegenteil an: Ob und wie jeweils im Selbstverständnis der Historikerinnen und Historiker Elemente ihrer Praxis ausgeblendet und verdrängt werden. Letzteres ist freilich nicht möglich, wenn nur die einschlägigen Texte in Betracht genommen werden, sondern nur dann, wenn diese Texte in den Zusammenhang der historiographischen Praxis gestellt werden, in dem sie entstehen und auf den sie sich beziehen. Wer beispielsweise nur Droysens Historik kennt, kann sich nicht vorstellen, daß der gleiche Autor sich einem historiographischen Lebenswerk widmet, das sich in seiner politischen Ausrichtung ideologischen Prinzipien verschrieben hat, die den Standards der eigenen Historik nicht entsprechen.[15]

Historik läßt sich freilich auf der Objektebene der Wissenschaftsgeschichte nicht halten. Diese selber bedarf ja reflexiv zu gewinnender Gesichtspunkte ihrer eigenen Interpretation. Auf der Ebene der Historik können diese Gesichtspunkte, nach denen der Wissenschaftsprozeß rekonstruiert werden soll, entwickelt und begründet werden. Ein solches reflexives Verfahren ist zunächst einmal insofern unerläßlich, als dasjenige, was in den Blick kommen soll, also Geschichte als Fachwissenschaft, immer schon im Medium einer Historik vorverstanden ist und daher um so deutlicher und klarer erforscht werden kann, je systematischer dieses Vorverständnis entfaltet ist. Insofern ist Historik ein unverzichtbares Erkenntnismittel der Geschichte des historischen Denkens und der Geschichtsschreibung. Je theorieförmiger sie als ein solches Mittel entwikkelt wird, desto klarer sind der heuristische Bezug auf die Sache und die Leitlinien ihrer Interpretation. Historik im Sinne eines theorieförmigen Modells der für die Geschichte als Fachwissenschaft konstitutiven Gesichtspunkte (›disziplinäre Matrix‹) ist ein notwendiges und erkenntnisförderndes theoretisches Instrumentarium.[16] Dies gilt natürlich auch dann, wenn es um Historik als Faktor des Wissenschaftsprozesses selber geht. Eine daraufhin ausgerichtete Analyse des Wissenschaftsprozesses kann mit einem systematisch entwickelten Reflexionsmodell von Geschichte als Fachwissenschaft deren Herausbildung und Entwicklung interpretieren, indem sie die Reflexion untersucht, die die Verwissenschaftlichung begleitet und beeinflußt. Mit der Historik als strukturanalytischem Interpretationsrahmen der historischen Rekonstruktion sollen durch die Historik, wie sie sich im Wissenschaftsprozeß selber als dessen reflexive Verfaßtheit manifestiert, die für diesen Prozeß entscheidenden Ausprägungen begriffen werden, die die konstitutiven Faktoren der Matrix erfahren haben.

Welche konstitutiven Faktoren sind gemeint? Es geht um diejenigen Gesichtspunkte, die die Deutung der Vergangenheit als Geschichte maßgeblich bestimmen. Es geht also um ein prinzipielles Arrangement des Geschichtsbewußtseins und nicht um dessen Bedingtheit oder Bestimmtheit durch Lebensumstände seiner Subjekte. Natürlich ist an die mentale Ausrichtung der historischen Deutung ohne die Umstände ihrer Subjekte nicht zu denken; aber wozu diese Umstände die Subjekte im Umgang mit ihrer Vergangenheit, in den Tätigkeiten ihres Geschichtsbewußtseins, nötigen, muß als etwas Eigenes und Besonderes, als Bewußtseinsleistung selber, in den Blick genommen werden (zumindest solange man wissen will, was denn an historischer Erinnerungsarbeit wirklich geleistet wurde).

Ich schlage als systematische Explikation dieser maßgebenden Gesichtspunkte einen komplexen Zusammenhang von sechs Faktoren und drei Strategien vor, die sich schematisch folgendermaßen darstellen lassen:

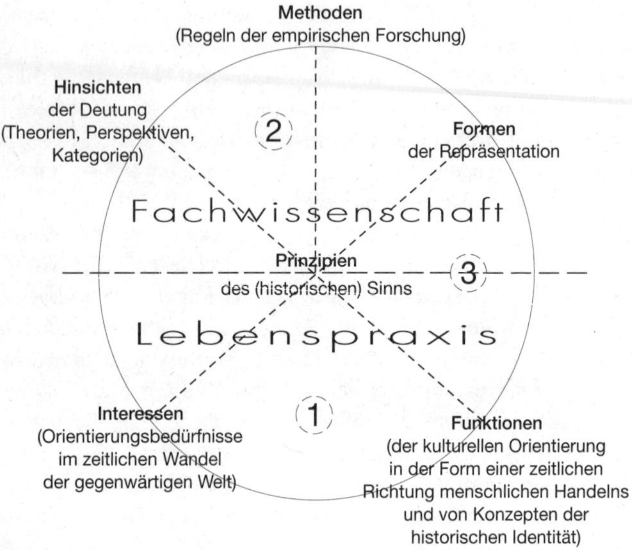

Schema
der disziplinären Matrix
der Geschichtswissenschaft

1:	**politische**	Strategie der kollektiven Erinnerung
2:	**kognitive**	Strategie der Erzeugung historischen Wissens
3:	**ästhetische**	Strategie der Poetik und Rhetorik historischer Repräsentation

Mit diesem Schema wurde die bisherige Konzeption der disziplinären Matrix der Geschichtswissenschaft[17] um zwei Elemente ergänzt: Einmal wird mit dem zentralen Faktor ›Prinzipien der historischen Sinnbildung‹ eine Bezugsgröße der fünf Faktoren Interessen, Konzepte, Methoden, Formen und Funktionen angesprochen, mit der ihr Zusammenhang offener und komplexer thematisiert werden kann als in der ursprünglichen Vorstellung, in der sie einliniger aufeinander bezogen waren. Damit möchte ich dem Diskussionsertrag entsprechen, den die postmoderne Wendung der Geschichtstheorie erbracht hat. Es geht nicht an, die Formen der Repräsentation von den Interessen und Hinsichten abhängig zu machen, ohne sie zugleich als deren Bedingungsfaktor zu veranschlagen. Die Darstellungsformen spielen gegenüber den begrifflichen Elementen der historischen Erkenntnis ihr Eigenleben (auch mit kognitiven Konsequenzen). Überdies lassen sich im Bezugsgeflecht, das die fünf Faktoren mit den sie gemeinsam konstituierenden Prinzipien der historischen Sinnbildung ergeben, Felder mentaler Erinnerungsstrategien analytisch voneinander abgrenzen, die die Mehrdimensionalität der Geschichtskultur[18] im Felde der kognitiven Arbeit des Geschichtsbewußtseins selber zur Geltung bringen. Die politische, ästhetische und kognitive Seite der historischen Erinnerung wird als Mehrdimensionalität oder Vielschichtigkeit der kognitiven Veranstaltung selber einsehbar gemacht. Natürlich sind diese Unterscheidungen künstlich, aber nur mit ihnen können die Phänomene präzise beschrieben und interpretiert werden.

Um als theorieförmiger Interpretationsrahmen für historiographiehistorische Rekonstruktionen dienen zu können, muß das skizzierte Historikmodell historisiert werden. Die Ausprägung der einzelnen Faktoren und ihres komplexen Verhältnisses zueinander muß als zeitlich gerichteter Prozeß entworfen und als Frage an das Quellenmaterial gerichtet werden. Eine solche innere Verzeitlichung und Historisierung, die die Verwissenschaftlichung des historischen Denkens und die Entwicklung der Geschichte als Fachwissenschaft im Kern betrifft, ergibt sich aus einer doppelten Argumentation: Einmal muß der Gesichtspunkt ›Rationalisierung‹ als Prozeßkategorie auf die Faktoren und ihren Zusammenhang appliziert werden, und zweitens muß die Ausbildung eben dieses Zusammenhangs in inneren Reflexionsprozessen des historischen Denkens und der Geschichtsschreibung als Modus dieser Rationalisierung selber angesehen werden.[19] Rationalisierung erscheint dann als eine zeitlich gerichtete Ausprägung der einzelnen Faktoren und ihres Zusammenhangs und zugleich als wachsender Reflexions- und Differenzierungsgrad in der Selbstverständigung der Fachleute. Mit der Rationalisierungsvorstellung werden die Prinzipien der historischen Sinnbildung in eine gerichtete zeitliche Bewegung gebracht, die als Dialektik von Entzauberung und Verzauberung im Sinngehalt und Orientierungsanspruch historischen Wissens näher ausgemacht werden können.[20] Für die einzelnen Faktoren bedeutet diese Rationalisierung eine Kopplung von Orientierungsbedürfnissen an Vernunftansprüche, eine (implizite oder explizite) Theoretisierung der leitenden Hinsichten auf die Vergangenheit, eine Methodisierung des Umgangs mit der historischen Erfahrung zu den Prozeduren der Forschung, die Einführung neuer Kohärenzbedingungen in die Formen der historischen Darstellung, mit denen der Plausibilitätsanspruch, den die Geschichtsschreibung durch den Forschungsbezug ihrer Wissensbestände gewinnt, zum Ausdruck gebracht wird, und die Bekräftigung von Gesichtspunkten intersubjektiver Geltung durch Erfahrungskontrolle und universalistische Normen in der Erfüllung historischer Orientierungsbedürfnisse.

Diese verzeitlichte Form der disziplinären Matrix ist abstrakt und hypothetisch. Sie setzt sich damit geradezu zwangsläufig dem Vorwurf aus, von der konkreten Praxis der historischen Forschung und der Geschichtsschreibung wegzuführen und eine Mikro- und Erfahrungsgeschichte der Geschichtswissenschaft zu verhindern. Diese Vorwürfe sind so lange berechtigt, solange das Modell selber schon als empirische Einsicht angesehen wird und nicht in die Fülle des Materials hinein diffundiert und sich dabei zugleich konkretisiert und differenziert. Ohne solche abstrakten Theorieentwürfe freilich leidet die Historiographiegeschichte am Mangel einer klaren Perspektive und eines reflektierten Gegenwartsbezuges. Und schließlich wird in dieser theoriegeleiteten Form der historischen Rekonstruktion im methodischen Zugriff auf die Erfahrung das Vernunftkriterium aufrechterhalten, das letztlich Geschichte als Wissenschaft konstituiert und kulturell legitimiert.

3. Der Historismus im Blickwinkel der Historik I: eine Epoche der Modernisierung

Das 19. Jahrhundert läßt sich als Epoche des Historismus bezeichnen, und diese Großperiodisierung kann im strukturanalytischen Zugriff der Historik expliziert und an der reflexiven Selbstverständigung der Geschichtswissenschaft und der Geschichtsschreibung dieser Zeit auch aufgewiesen werden. Im Schematismus der sechs Faktoren und ihres Bedingungszusammenhangs gründet die Einheit dieser Epoche zunächst einmal und vor allem auf einem konstitutiven Kriterium der historischen Sinnbildung. Es handelt sich dabei um eine Kategorie, die ›Geschichte‹ als einen umfassenden Zusammenhang zeitlicher Veränderung des Menschen und seiner Welt denken läßt und sie religionsnah mit Sinn auflädt.[21] Maßgebend ist eine Zeitverlaufsvorstellung in der Form eines gerichteten Prozesses, der tendenziell die Menschheit in allen Formen und Phasen ihrer kulturellen Ausprägung umfaßt. Diese Zeitverlaufsvorstellung wurde von der Spätaufklärung als Fortschrittskategorie entwickelt und dann im Historismus zur Kategorie der ›Entwicklung‹ verfeinert und ausdifferenziert.

Mit dieser kategorialen Sinnbestimmung wird den Orientierungsbedürfnissen Rechnung getragen, die die Entstehung und Ausprägung der bürgerlichen Welt von den Revolutionen des späten 18. Jahrhunderts bis zur Ausbildung einer hochindustrialisierten Gesellschaft am Ende des 19. Jahrhunderts mit sich gebracht haben. Die Orientierungsbedürfnisse treten als Erkenntnisinteressen auf, die sich auf Veränderungen in den jeweils relevant erscheinenden Bereichen der menschlichen Lebenswelt richten. Herkunft und Zukunft sind auseinandergetreten, so daß die menschliche Lebenspraxis nur noch mit Zeitvorstellungen kulturell orientiert werden kann, die Wandel und Veränderung betreffen. Zeitliche Veränderung wird nicht mehr im historischen Sinn stillgestellt (etwa in der Überzeugungskraft von Traditionen oder empirisch gesättigter allgemeiner Erfahrungsregeln), sondern die Veränderung selber macht Sinn. Die Vergangenheit rückt damit in eine historische Perspektive, in der die Kräfte der Veränderung so vergegenwärtigt werden können, daß sie als Garanten von Zukunft erscheinen. ›Bürgerlich‹ ist diese Perspektive, da sie diese Kräfte in der Tiefe der menschlichen Subjektivität als geistiges Vermögen der Menschheit identifiziert.

Der Methodenfaktor wird in zwei Hinsichten epochentypisch ausgeprägt: Er entwickelt sich zum Regelsystem der Forschung, und zugleich nimmt er eine hermeneutische Ausprägung an, indem er aus den Quellen, in denen die Vergangenheit gegenwärtig ist, die geistigen Triebkräfte menschlichen Handelns sichtbar werden läßt. Die epochentypische Form der Darstellung ist die große Erzählung, die im Fluß der Ereignisse die Entstehung und Veränderung der menschlichen Welt als Kulturleistung realistisch präsentiert. Die Historiographie ist die Epopöe der bürgerlichen Welt.

Ihre Orientierungsfunktion nimmt die Historiographie als Legitimation bürgerlicher Leistungs- und Partizipationsansprüche an politischer Herrschaft wahr. Sie ist primär politisch ausgerichtet, legitimiert mit ihrer Thematisierung der schöpferischen Kräfte des menschlichen Geistes vor allem in den Bereichen Politik und Kultur den Nationalstaat und seine bürgerliche Teilhabe an politischer Herrschaft und bringt in dem von der Aufklärung erschlossenen menschheitlichen Horizont der historischen Erfahrung nationale Identität als dominierende Form kollektiver Zugehörigkeit zur Geltung. (Freilich kann dabei – vor allem in späteren Entwicklungsphasen des Historismus – der menschheitliche Horizont der historischen Erfahrung und Deutung ausgeblendet, ja sogar in eine ideologisch aufgespreizte Einzigartigkeit des Nationalen zurückgenommen werden.) Es geht daher in der politischen Strategie kollektiven Gedächtnisses um die Etablierung nationaler Identität, in der kognitiven Strategie der Produktion historischen Wissens um die Fachlichkeit und Forschungsorientierung des historischen Denkens und in der ästhetischen Strategie der Poetik und Rhetorik der historischen Repräsentation um die Veranschaulichung zukunftsweisender kulturschöpferischer Geistigkeit in den Ereignissen der Vergangenheit.

In zeitlicher Hinsicht beginnt das 19. Jahrhundert als Epoche des historischen Denkens mit dem Modernisierungsschub der Spätaufklärung, also im späten 18. Jahrhundert. Allerdings läßt sich der Historismus von der Spätaufklärung durch folgende Gesichtspunkte abgrenzen:

- Er transformiert die Orientierungsbedürfnisse als Erkenntnisinteressen von einer Kritik an ständischen Lebensverhältnissen mit Hilfe universalistischer Normen der menschlichen Lebensführung zu einer post-revolutionären Rückgewinnung historischer Anschlüsse an Zukunftsentwürfe, die die gegenwärtigen Lebensverhältnisse überschreiten. Damit ist der Historismus in der Fortsetzung der Aufklärung zugleich deren Kritik. Er lehnt ihre naturrechtliche (und das heißt für ihn: ahistorische) Ausrichtung und Legitimation der Politik als revolutionäre Zerstörung gewordener Bedingungen politischen Handelns ab und ersetzt sie durch das Konzept evolutionärer Veränderungen, die aus diesen Bedingungen selber begründet werden können.

- Er kategorisiert Geschichte als einen inneren objektiven Zeitzusammenhang menschlicher Weltveränderung, der in der Geistnatur des Menschen konstituiert ist.
- Er entwickelt historische Methode als regelgeleitete Interpretation quellenkritischer Informationen über die Vergangenheit im Unterschied zu einem rhetorischen Methodenverständnis, das Methode noch als Darstellungsform begreift.
- Er bevorzugt eine geschlossene epische Form der historischen Darstellung gegenüber der offenen Diskursform räsonierender Historiographie.
- Und schließlich richtet er die historische Erkenntnis und die Geschichtsschreibung funktional auf nationale Identität als dominierende historische Orientierung aus.

Im einzelnen ist natürlich die Grenze zwischen Spätaufklärung und Historismus fließend; konzeptionell kann sie, wie stichwortartig angedeutet, präzise bestimmt werden.[22]

Auf derselben Ebene typisierender Abstraktion endet das 19. Jahrhundert als Epoche des historischen Denkens mit der Entstehung einer ›neuen Geschichte‹, die sich allerdings je nach Kontext in unterschiedlichen Entwicklungsschüben und in unterschiedlicher Intensität durchsetzen konnte. In der deutschen Wissenschaftsgeschichte stehen der Lamprecht-Streit und Max Webers Untersuchungen zur Logik kulturwissenschaftlicher Erkenntnis für diese Epochenschwelle, obwohl dort die Tradition des Historismus bis in die fünfziger Jahre des 20. Jahrhunderts wirkungsmächtig geblieben ist. Der neue Typ historischen Denkens verdankt sich neuen Orientierungsbedürfnissen, die aus Krisenerfahrungen hochindustrialisierter Gesellschaften entstehen, neuen Konzeptualisierungen des Zeitzusammenhangs zwischen Vergangenheit und Gegenwart, die die strukturellen Lebensbedingungen des Menschen als historische Tiefenschicht erschließen, entsprechenden methodischen Verfahren analytischer Rekonstruktion komplexer Tatsachen und deren zeitlicher Zusammenhänge, neuen Darstellungsformen, in denen die geschlossene epische Gestalt der großen historischen Erzählung zugunsten argumentativer Darlegungsformen geöffnet wurde, und schließlich

Orientierungsbedürfnissen, die soziale Tiefenschichten menschlicher Identität betreffen. Zugrunde liegt ein neues Kriterium historischen Sinns. Er verliert seine mimetische Kraft, die die geistigen Bewegungsfaktoren der Weltgeschichte in die Tiefe der erinnernden Subjektivität abbildet, zugunsten einer Kohärenz der Rekonstruktion, die das menschliche Subjekt nicht mehr bruchlos im Zeitfluß sich wandelnder Lebensbedingungen aufgehen läßt, sondern ihm kritisch oder je nachdem zerbrochen gegenübertreten läßt, um in der Erinnerung an die Bedingtheit seiner Lebensführung die Kraft zur Bewältigung von Orientierungskrisen zu finden.[23]

4. Der Historismus im Blickwinkel der Historik II: innere und äußere Differenzierungen

Das strukturanalytische Konzept der disziplinären Matrix legt es nahe – nicht zuletzt auch angesichts seiner historischen Herkunft aus der Wissenschaftsgeschichte der Naturwissenschaften (Thomas S. Kuhn) –, jeweils eine einzige Ausprägung der Matrix für eine Epoche als maßgeblich anzusehen. Dies ist aber von der Logik dieser Konzeptualisierung her gar nicht nötig. Im Gegenteil: Die theorieförmigen Hinsichten, die die Historiographiegeschichte mit Hilfe des Matrix-Modells entwickeln kann, stellen ein begriffliches Instrumentarium zur Unterscheidung verschiedener Ausprägungen unterschiedlicher, ja gegenläufiger Entwicklungen dar. Wegen seiner konstitutiven Kontextabhängigkeit (über die Orientierungsbedürfnisse und Erkenntnisinteressen und im Blick auf die Funktionen der kulturellen Orientierung) liegt es nahe, von unterschiedlichen paradigmatischen Ausprägungen des historischen Denkens im 19. Jahrhundert zu sprechen. Das Matrix-Schema läßt auch eine differenzierte Analyse hinsichtlich der komplexen Relationen zwischen den genannten sechs Faktoren zu. Und schließlich kann man mit ihm innere Periodisierungen entwickeln, die Veränderungen im betrachteten Zeitraum markieren.

Hinsichtlich der Ausdifferenzierung zu unterschiedlichen Paradigmen lassen sich zwei Varianten des Historismus unterscheiden. Die eine wird auf der Theorieebene am deutlichsten von Droysens Historik repräsentiert. Sie konzipiert den Entwicklungsgedanken so, daß die Vergangenheit die Signifikanz des Individuellen gewinnt; historische Entwicklung treibt je besondere Ausprägungen der kulturschöpferischen Tätigkeit des menschlichen Geistes hervor. Die andere Variante betont übergreifende Entwicklungslinien, die sich in den kulturellen Besonderungen durchhalten und Vergleiche und Generalisierungen ermöglichen. Dieser Typ wird durch das historische Denken von Georg Gottfried Gervinus präsentiert.[24] Gemeinsam ist beiden Geschichtskonzeptionen die Annahme, daß die Einheit der Geschichte als Vergangenheit, Gegenwart und Zukunft umgreifende kulturelle Entwicklung der Menschheit durch die Geistnatur des Menschen konstituiert wird. Ihre methodischen Strategien sind unterschiedlich ausgerichtet: Die eine geht auf Individualisierung aus, die andere auf Generalisierung und Vergleich; beide aber haben einen gemeinsamen hermeneutischen Charakter, wenn auch die zweite im Unterschied zur ersten nicht auf dem strengen Gegensatz zwischen Verstehen und Erklären beharrt, den Droysens Historik betont. Auch die Form der Darstellung ist ihnen gemeinsam – die geschlossene Erzählform. Das gleiche gilt für die Generierung von Orientierungsbedürfnissen aus der Erfahrung sich beschleunigenden Wandels und für die nationalpolitische Orientierungsfunktion der Historiographie mit Einschluß universalistischer Normen.

Der Historismus hat aber nicht nur eine synchrone Variationsbreite, sondern natürlich auch eine diachrone: So läßt sich eine Entstehungsphase bis in die dreißiger Jahre des 19. Jahrhunderts, eine Blütezeit bis etwa in die 1880er Jahre und dann eine Zeit wachsender Problematisierung unterscheiden.[25]

Eine synchrone Differenzierung innerhalb des Geschichtskonzepts des Historismus läßt sich im Blick auf unterschiedliche Ausprägungen einzelner Faktoren der Matrix vornehmen. So kann etwa eine objektivistische von einer stärker an Gesichtspunkten der politischen Parteilichkeit orientierten Ausprägung des Erkenntnisinteresses unterschieden werden und eine Denkweise, die ihre theoretischen Prämissen und die verwendeten Bezugsrahmen der Interpretation expliziert, von einer, die sie implizit hält. Eine methodische Differenz in der Ausprägung hermeneutischer Interpretationsverfahren habe ich bereits erwähnt. Hinsichtlich der Form der Darstellung sollte nicht übersehen werden, daß es auch im Historismus eine Strukturgeschichtsschreibung gibt, die sich deutlich von der epischen Erzählform unterscheidet.

Der Wissenschaftsprozeß läßt sich als Rationalisierungsvorgang auf der Metaebene der Historik als Verdrängung traditioneller Einsichten in die poetisch-rhetorische Gestaltung der Geschichtsschreibung beschreiben – eine Verdrängung, die mit einem Wissenschaftlichkeitsanspruch einhergeht. Damit verschwinden natürlich die poetisch-rhetorischen Darstellungsstrategien nicht, sie geraten nur aus dem Blick der Reflexion und können damit eine Eigendynamik entfalten, die durchaus in einem gebrochenen, ja widersinnigen Verhältnis zur intendierten und in Anspruch genommenen Wissenschaftlichkeit des historiographisch präsentierten Wissens stehen kann.

Vom Historismus als dominanter Denkform im Entwicklungsprozeß der Geschichtswissenschaft lassen sich zwei andere Formen abgrenzen, in denen eine je eigene Logik des historischen Denkens vorherrscht: der nomologische Positivismus und der Marxismus. Beide haben ihre metatheoretische Explikation und Begründung erfahren.

Der Positivismus[26] teilt mit dem Historismus die geschichtstheoretische Prämisse, daß Geschichte ein übergreifender, geist-konstituierter Zeitzusammenhang zwischen Vergangenheit, Gegenwart und Zukunft ist, der durch eine gemeinsame Entwicklungsrichtung gekennzeichnet ist. Er unterscheidet sich vom Historismus mit dem Anspruch, diese Entwicklungsrichtung in der Form einer allgemeinen historischen Gesetzmäßigkeit konzipieren und dieses Konzept als Interpretationsrahmen zum erkennenden Umgang mit den Quelleninformationen verwenden zu können. Hatte der Historismus sein disziplinäres Selbstbewußtsein in einer klaren Abgrenzung von den Naturwissenschaften zum Ausdruck gebracht, so versuchte der Positivismus umgekehrt die Attraktivität naturwissenschaftlichen Denkens als Mittel der Vernunftherrschaft des Menschen über die Welt dem geschichtlichen Denken zu applizieren und es ihm konform zu machen. Dieses Geschichtskonzept ist im wesentlichen Programm geblieben; und da es die logische Divergenz zwischen historisch-narrativem und naturwissenschaftlich-nomologischem Denken zugunsten des letzteren beseitigen wollte, lud es sich die Beweislast eines von allen Traditionen historischen Erzählens abgekoppelten Modus der historischen Erkenntnis auf, die angesichts des massiven Bedarfs der historischen Identitätsbildung im Zeitalter der Nationalstaaten auch nur schwer zu erbringen war. Erst in dem Maße, in dem die menschliche Welt Erkenntnisobjekt nomologisch ausgerichteter Verfahren der Wissenschaften wurde, etwa der Psychologie oder der Soziologie, konnte eine nomologische Reorganisation der Geschichtswissenschaft im Sinne des Positivismus plausibel erscheinen (gegen Ende des 19. Jahrhunderts).

Nicht zuletzt diese Plausibilität war es, die dem Lamprecht-Streit seine methodologische Schärfe gab und die die Konzeption von Lehrbüchern der historischen Methode beflügelte, die die erreichten Standards der historischen Forschung im Blick auf das Rationalitätspotential dieser neuen Wissenschaften absichern und zur Geltung bringen sollte.[27]

Der Marxismus schließlich teilt mit dem Historismus und Positivismus ein übergreifendes genetisches Geschichtskonzept und die Generierung historischen Sinns aus zeitlichem Wandel. Mit dem kritischen Potential von Orientierungsbedürfnissen aufgeladen, die aus der ›sozialen Frage‹ stammen, verhält er sich aber zur Prämisse des Historismus und des Positivismus, Geschichte sei geist-konstituiert und durch die erinnernde Einsicht in die geistigen Beweggründe des zeitlichen Wandels von Mensch und Welt auch geist-konform durch Praxis zukunftsfähig zu halten, radikal kritisch: Er kehrt den Idealismus der Hermeneutik in den Materialismus konstitutiver Lebensbedingungen und ihrer sozio-ökonomischen Rekonstruktion um und unterzieht ihn einer fundamentalen Ideologiekritik des falschen Bewußtseins. Er ändert die Geschichtsvorstellungen einer individualisierenden Entwicklung in das Konzept einer gesetzmäßigen Abfolge von umfassenden Gesellschaftsformationen, und er führt in das Entwicklungs- und Fortschrittskonzept von Historismus und Positivismus die Negativität einer fortschreitenden Entfremdung und ihres revolutionären Umschlages ein. Wenn er auch im Augenblick angesichts seiner katastrophischen Wirkung als Staatsideologie keine intellektuelle Konjunktur mehr hat, so sollte zumindest seine Ideologiekritik an der idealistischen Geschichtsphilosophie und die mit ihr verbundene Einsicht in die historische Triebkraft widersprüchlicher materieller Lebensverhältnisse als unumkehrbarer Schritt über den Historismus hinaus historisch festgehalten werden. Auch seine Ansprüche an die Theoretisierbarkeit der historischen Erkenntnis, wenn sie undogmatisch gefaßt werden, sollten zum wirksamen Erfahrungsschatz historischen Denkens in seinem Selbstverständnis gehören.

Im einzelnen lassen sich natürlich Überschneidungen dieser Konzepte ausmachen und beschreiben, und auch der Positivismus und Marxismus gewinnen bei näherem Hinsehen eine Spielbreite unterschiedlicher Manifestationen. Aber in jedem Fall bedarf es theorieförmig entwickelter und differenzierungsfähiger analytischer Instrumentarien des historischen Blicks, um diese Variationsbreiten auszuloten und das Verhältnis der drei Denkformen zueinander, ihre wechselseitige Beeinflussung und ihre Abgrenzung so zu bestimmen, daß die jeweils maßgebenden kognitiven Mechanismen im Blick bleiben. Nicht zuletzt war es die Historik selber, die als Medium und Abgrenzung, Transformation und Beeinflussung fungierte. So ist zum Beispiel Droysens Buckle-Rezension ein klassischer Text zur Selbstexplikation des Historismus als Abgrenzungsstrategie gegen jeden Versuch, die Geschichtswissenschaft nach dem Paradigma nomologischen Erkennens zu modellieren.[28]

5. Defizite und Ausblicke

Die bisherigen wissenschaftsgeschichtlichen Applikationen der Historik leiden unter Einseitigkeiten.[29] Zunächst einmal wurde der Historismus auf der Metaebene fachlicher Selbstreflexion bisher nur in einer paradigmatischen Eindeutigkeit theorieförmig expliziert. Unterschiedliche Ausprägungen und Brüche in seiner Entwicklung wurden vorschnell marginalisiert oder ausgeklammert. Eine gesamteuropäische Perspektive ist mit den theoretischen Mitteln der Historik möglich, wurde aber noch nicht ernsthaft versucht. Erst recht fehlt es an einem energischen Versuch, auf der Theorieebene die Europazentrik der jüngeren Historiographiegeschichte zu überwinden.

Eine Grenze findet die historische Verwendung des Historik-Schemas dort, wo es um die Rekonstruktion der Bedingtheit des historischen Denkens durch nicht-kognitive Faktoren (Institutionen, gesellschaftliche Situation der Wissenschaftler, politische Einflüsse, aber auch ästhetische Strömungen, rhetorische Strategien und religiöse Überzeugungen) geht. Da es um Wissenschaft, um Denken und um Vernunft- und Wahrheitsansprüche geht, wurden überwiegend, wenn nicht gar ausschließlich die kognitiven Prinzipien in den Blick genommen. Allerdings kann mit dem Matrix-Modell systematisch klargemacht werden, daß und wie die genannten Faktoren auf historisches Denken einwirken (können), ja daß Ästhetik, Rhetorik und Politik in der kognitiven Anstrengung wissenschaftlichen historischen Denkens selber eine konstitutive Rolle spielen. So grenzt die Matrix zwar die Geschichtswissenschaft und die Geschichtsschreibung von anderen Bereichen der Geschichtskultur ab, wie dem historischen Roman, dem Denkmal und den historischen Dramen, aber zugleich zeigt sie durch die Unterscheidung der drei Strategien, der politischen, kognitiven und ästhetischen, daß und wie Geschichtswissenschaft und historische Erkenntnis in untrennbarem Zusammenhang mit diesen anderen Bereichen stehen, wie sich diese in sie hinein erstrecken und sie sich umgekehrt auf diese anderen Bereiche beziehen. Diese ›geschichtskulturelle Komplexität‹ des historiographie-historischen Blicks bedarf freilich auf der Theorieebene einer genaueren Ausarbeitung und auf der Empirieebene der Bereicherung durch die historische Erfahrung, ohne die er leer bliebe.

Anmerkungen

1 Eine umfassende Geschichte der Historik gibt es nicht. Wesentliche Vorarbeiten dazu hat vor allem Horst-Walter Blanke vorgelegt. Vergleiche seine instruktive Skizze »Georg Andreas Wills ›Einleitung in die historische Gelahrtheit‹ (1766) und die Anfänge moderner Historik-Vorlesungen in Deutschland«, in: *Dilthey-Jahrbuch für Philosophie und Geschichte der Geisteswissenschaften* 2 (1984), S. 193–265, bes. S. 196–208; ferner ders., »Von Chyträus zu Gatterer. Eine Skizze der Historik in Deutschland vom Humanismus bis zur Spätaufklärung«, in: ders. / Dirk Fleischer (Hg.), *Aufklärung und Historik. Aufsätze zur Entwicklung der Geschichtswissenschaft, Kirchengeschichte und Geschichtstheorie in der deutschen Aufklärung*, Waltrop 1991, S. 113–140. – Ich danke Matthias Dornhege für kritische und hilfreiche Anregungen.

2 Nur anmerkungsweise kann ich darauf hinweisen, daß auch die nichteuropäische Geschichtsschreibung Historiken kennt. In China z. B. stellt das *Shi Tong* von Liu Zhiji »den ersten großangelegten Versuch systematischen Nachdenkens über die Prinzipien der Geschichtsschreibung dar« (Michael Quirin, *Liu Zhiji und das Chun-Qiu*, Frankfurt/M. 1987, S. 13).

3 Lukian, *Wie man Geschichte schreiben soll*, hg. v. H. Homeyer, München 1965.

4 Dazu vor allem Gert Melville, »System und Diachronie. Untersuchungen zur theoretischen Grundlegung geschichtsschreiberischer Praxis im Mittelalter«, in: *Historisches Jahrbuch* 95 (1975), S. 33–67 u. S. 308–341.

5 Vgl. dazu die brillante Einleitung von Eckard Kessler in: ders., *Theoretiker humanistischer Geschichtsschreibung*, München 1971; ferner Rüdiger Landfester, *Historia Magistra Vitae. Untersuchungen zur humanistischen Geschichtstheorie des 14. bis 16. Jahrhunderts*, Genf 1972.

6 Johann Martin Chladenius, *Allgemeine Geschichtswissenschaft* (1752), ND Wien 1985.

7 Dazu grundlegend Horst Walter Blanke/Dirk Fleischer (Hg.), *Theoretiker der deutschen Aufklärungshistorie*, 2 Bde. (*Fundamenta Historica*, Bd. 1), Stuttgart 1990.

8 Johann Gustav Droysen, *Historik. Historisch-kritische Ausgabe*, hg. v. Peter Leyh, Bd. 1, Stuttgart 1977.

9 Dazu Jörn Rüsen, »Postmoderne Geschichtstheorie«, in: ders., *Historische Orientierung. Über die Arbeit des Geschichtsbewußtseins, sich in der Zeit zurechtzufinden*, Köln 1994, S. 188–208; ders., »›Moderne‹ und ›Postmoderne‹ als Gesichtspunkte einer Geschichte der modernen Geschichtswissenschaft«, in: Wolfgang Küttler/Jörn Rüsen/Ernst Schulin (Hg.), *Geschichtsdiskurs*, Bd. 1: *Grundlagen und Methoden der Historiographiegeschichte*, Frankfurt/M. 1993, S. 17–30.

10 Winfried Schulze, »Narration und Analyse. Beobachtungen zur Historiographie der Englischen Revolution«, in: Reinhart Koselleck/Heinrich Lutz/Jörn Rüsen (Hg.), *Formen der Geschichtsschreibung* (*Theorie der Geschichte. Beiträge zur Historik*, Bd. 4), München 1982, S. 290–319; Jürgen Kocka, »Zurück zur Erzählung? Plädoyer für historische Argumentation«, in: ders., *Geschichte und Aufklärung. Aufsätze*, Göttingen 1989, S. 8–20.

11 Vgl. Wolfgang Hardtwig (Hg.), *Über das Studium der Geschichte*, München 1990.

12 Zum folgenden vgl. die Einleitung zu Horst Walter Blanke/Dirk Fleischer/Jörn Rüsen, »Historik als akademische Praxis. Eine Dokumentation der geschichtstheoretischen Vorlesungen an deutschsprachigen Universitäten von 1750 bis 1900«, in: *Dilthey-Jahrbuch für Philosophie und Geschichte der Geisteswissenschaften* 1 (1983), S. 182–255.

13 Zur Funktion der Historik vergleiche Jörn Rüsen, *Historische Vernunft* (*Grundzüge einer Historik I: Die Grundlagen der Geschichtswissenschaft*), Göttingen 1983, S. 32–44; ferner Blanke/Fleischer/Rüsen, »Historik« (wie Anm. 12), S. 190–204.

14 Dazu vor allem: Blanke/Fleischer, *Theoretiker* (wie Anm. 7). Zur Kritik an dieser Interpretation vgl. die Rezension von D. A. Jeremy Telman in: *History and Theory* 33 (1994), S. 249–265.

15 Johann Gustav Droysen, *Geschichte der preußischen Politik*, 5 Teile in 14 Bdn., Leipzig 1855–1886.

16 Vgl. Rüsen, *Historische Vernunft* (wie Anm. 13).

17 So zuerst in: ebd., S. 24ff., bes. S. 29.

18 Jörn Rüsen, »Was ist Geschichtskultur? Überlegungen zu einer neuen Art, über Geschichte nachzudenken«, in: ders., *Historische Orientierung* (wie Anm. 9), S. 211–234.

19 Vgl. Jörn Rüsen, »Von der Aufklärung zum Historismus – eine strukturgenetische These«, in: ders., *Konfigurationen des Historismus. Studien zur deutschen Wissenschaftskultur*, Frankfurt/M. 1993, S. 29–94, bes. S. 29–44.

20 Ich habe diese Dialektik in einem ersten Zugriff als Spannungsverhältnis zwischen religiösem Sinn und historischer Methode zu skizzieren versucht in: »Historische Methode und religiöser Sinn – Vorüberlegungen zu einer Dialektik der Rationalisierung des historischen Denkens in der Moderne«, in: Wolfgang Küttler/Jörn Rüsen/Ernst Schulin (Hg.), *Geschichtsdiskurs*, Bd. 2: *Anfänge modernen historischen Denkens*, Frankfurt/M. 1994, S. 344–377.

21 Zur Religionsnähe vgl. Wolfgang Hardtwig, »Geschichtsreligion – Wissenschaft als Arbeit – Objektivität. Der Historismus in neuer Sicht«, in: *Historische Zeitschrift*, Bd. 252 (1991), S. 1–32; Rüsen, »Historische Methode und religiöser Sinn« (wie Anm. 20).

22 Dies habe ich versucht in: »Von der Aufklärung zum Historismus« (wie Anm. 19).

Zur Transformation der Aufklärung in den Historismus vergleiche die kenntnisreiche Arbeit von Hans-Jürgen Pandel, *Historik und Didaktik. Das Problem der Distribution historiographisch erzeugten Wissens in der deutschen Geschichtswissenschaft von der Spätaufklärung zum Frühhistorismus (1765–1830)* (*Fundamenta Historica*, Bd. 2), Stuttgart 1990. Eine aufschlußreiche Fallstudie zum gleichen Transformationsprozeß liefert Horst Walter Blanke, »Zwischen Aufklärung und Historismus: A. H. L. Heerens ›Geschichte des europäischen Staatensystems‹«, in: ders. / Fleischer, *Aufklärung und Historik* (wie Anm. 1) S. 202–226.

23 Einen epochalen Typ »Neue Geschichte« präsentiert Ignacio Olábarri, »›New‹ New History: *A longue durée* Structure«, in: *History and Theory* 34 (1995), S. 1–29. Die hier zur Debatte stehende Geschichte des 19. Jahrhunderts wäre der Gegentyp der »Alten Geschichte«, den Olábarri im wesentlichen voraussetzt, ohne ihn mit gleicher analytischer Präzision zu charakterisieren wie den anderen.

24 Vgl. Jörn Rüsen, »Der Historiker als ›Parteimann des Schicksals‹ – Georg Gottfried Gervinus«, in: ders., *Konfigurationen* (wie Anm. 19), S. 157–225; Gangolf Hübinger, *Georg Gottfried Gervinus. Historisches Urteil und politische Kritik*, Göttingen 1984; ferner ders., »Wissenschaftliche Politik und Historismus«, in diesem Band, S. 340–352.

25 Dazu Horst Walter Blanke, *Historiographiegeschichte als Historik* (*Fundamenta Historica*, Bd. 3), Stuttgart 1991, S. 192.

26 Programmatisch als Konzeption von Geschichtswissenschaft trat er im 19. Jahrhundert in Henry Thomas Buckles *History of Civilization in England* (2 Bde., London 1857/1861) auf. Dazu Eckhardt Fuchs, *Henry Thomas Buckle. Geschichtsschreibung und Positivismus in England und Deutschland*, Leipzig 1994. Ebenso programmatisch ist Droysens kritische Rezension »Erhebung der Geschichte zum Rang einer Wissenschaft«, in: Johann Gustav Droysen, *Historik. Vorlesungen über Enzyklopädie und Methodologie der Geschichte*, hg. v. Rudolf Hübner, 4. Aufl. Darmstadt 1960, S. 386–405 (zuerst in: *Historische Zeitschrift*, Bd. 9 [1863]). – Fuchs folgt den programmatischen Äußerungen der von ihm behandelten Vertreter des positivistischen Szientismus, ohne sie im Ernst auf innere Stimmigkeit und logische Plausibilität hin zu überprüfen. Er verhält sich selbst historistisch: Er rekonstruiert das Selbstverständnis der behandelten Autoren, ohne ein übergreifendes (oder gar nomologisches) Konzept historischer Zusammenhänge heranzuziehen, in dem sie interpretierend Platz fänden. Daß eine Gesetzmäßigkeit im Fortschritt von Erkenntnissen nicht besteht, wie wir seit Kuhn und Popper wissen, wird gar nicht erst ernsthaft als Herausforderung zur Interpretation der Autoren herangezogen, die eben diese Gesetzmäßigkeit behaupten.

27 So Bernheim im Vorwort zur ersten Auflage seines Lehrbuchs: Ernst Bernheim, *Lehrbuch der Historischen Methode*, Leipzig 1889, S. V-VII. Ohne daß der Name Lamprecht fällt, ist die Anspielung den Zeitgenossen klar.

28 Siehe Anm. 26.

29 Dazu ausführlicher Jörn Rüsen, »Historismus als Wissenschaftsparadigma. Leistung und Grenzen eines strukturgeschichtlichen Ansatzes der Historiographiegeschichte«, in: Otto Gerhard Oexle/Jörn Rüsen (Hg.), *Historismus in den Kulturwissenschaften. Geschichtskonzepte, historische Einschätzungen, Grundlagenprobleme*, Köln 1996, S. 117–136.

KAREN OFFEN

Die Geschlechterpolitik in der französischen Frauengeschichte des 19. Jahrhunderts

Die Geschichtsschreibung diente lange der Politik und der Verherrlichung männlicher Macht, und zwar nirgendwo ausgeprägter als in Frankreich. Dort gab es im 19. Jahrhundert auch einen lebhaft anwachsenden Trend der Frauengeschichte, der in enger Parallele zu – und in Wechselwirkung mit – dem Anwachsen der sich diametral gegenüberstehenden Bewegungen zur Unterordnung und zur Befreiung der Frauen verlief. Eine solche Wechselwirkung ist für einen Großteil gerade auch der »etablierteren« Politik- und Geistesgeschichte charakteristisch gewesen. Tatsächlich reagierte in Frankreich das akademische – oder »wissenschaftliche« – Studium der Frauengeschichte auf eben jene Interessen an der Freiheit (und ihrem Gegenteil: Autorität und Ordnung), die auch die frühe Entwicklung anderer historischer Genres der westlichen Tradition geprägt haben, und kann fast in der gleichen Weise gesehen werden. Die Entwicklung der Frauengeschichte war in den westlichen Nationen aufs engste mit Kampagnen für die Menschenrechte verflochten. Die Frauenfrage ist ein wesentliches Merkmal dieser Diskussion; und seit dem frühen 19. Jahrhundert manifestierte sich das Interesse an der Rekonstruktion der Geschichte von Frauen einerseits im Kontext der Verteidigung der patriarchalen Familie und der männlichen Vormachtstellung als notwendige, gleichsam »natürliche« Herrschaftsprinzipien, andererseits im Kontext einer emanzipatorischen Umgestaltung der rechtlichen, bildungspolitischen, ökonomischen und politischen Situation der Frauen.[1]

Es ist deshalb nicht verwunderlich, daß französische Denker unter den ersten anzutreffen sind, die Geschlecht als eine zentrale Kategorie historischer Analyse postulierten. 1803 argumentierte der Vicomte de Ségur in seinem Buch *Les Femmes; leur condition et leur influence dans l'ordre social*, daß »das Studium des Menschen ... das Studium beider Geschlechter« umfaßt, und betonte nachdrücklich: »man muß die Geschichte [i. e. die der Frauen] schreiben«.[2]

Auch zuvor hatte es schon eine lange und beharrliche Tradition der

»Bedeutenden Frauenleben« gegeben, eine Geschichtsschreibung, die sich bis Boccaccios *De claris mulieribus* und Christine de Pizans *Le Livre de La Cité des Dames* zurückverfolgen läßt. Vertreter dieser Art von Frauengeschichte waren oft motiviert, Rollenmodelle für eine neue Generation von Frauen bereitzustellen, indem sie nicht nur Aspekte weiblichen Ruhms, sondern auch deren persönliches Leben ergründeten.[3] Im frühen 18. Jahrhundert begann die begüterte Madame Dupin, Eigentümerin des Château de Chenonceaux, mit dem Projekt einer monumentalen Geschichte der Frauen. Unterstützt wurde sie von ihrem damaligen Sekretär und Forschungsassistenten Jean-Jacques Rousseau, dem die Frauenfrage von nun an nicht mehr aus dem Kopf gehen sollte.[4] Angesichts von Napoleons Insistieren auf weiblicher Unterordnung im *Code Civil* entbehrt es nicht einer gewissen Ironie, daß genau 1804, im Jahr der Verkündigung des *Code*, eine gewisse Dame Briquet ihr *Dictionnaire biographique des Françaises et des Etrangères naturalisées en France, connues par leurs écrits* dem französischen Kaiser widmete.[5] Dieses Genre erhielt in den späten 1820er und 1830er Jahren mit der Publikation mehrerer anderer wichtiger biographischer Kompendien zu weiblichen Autoren – darunter von Fanny de Mongellaz auch eines von einer Frau – einen Auftrieb und florierte während des ganzen Jahrhunderts.[6]

Im frühen 19. Jahrhundert erkannten weibliche Autoren, daß ihre Geschichte nicht anderen überlassen bleiben durfte. Ende des Jahres 1832 erschien in der *Revue encyclopédique* ein mit »Marie de G***« gezeichneter Artikel.[7] Darin forderte die Autorin das Schreiben einer überzeugenden Frauengeschichte, die über eine Auflistung weiblicher Verdienste oder Vergehen hinausgehe und statt dessen »ein historisches Resümee der Lage der Frauen in den vergangenen Jahrhunderten« beinhalte, »das dazu dienen könnte, die graduelle Verbesserung [perfectionnement] aufzuzeigen, die sich in ihrer Lage ereignete«; »das Studium der Verbesserungen in der Vergangenheit«, so fügte die Autorin optimistisch hinzu, »ließe die künftigen Verbesserungen vermuten«. Abgeschlossen werden sollte ein solches Werk von einer Darstellung der aktuellen Lage der Frauen, nach der man die sukzessiven, noch zu erreichenden Verbesserungen erst spezifizieren könne, unter Berücksichtigung der »allgemeinen Ziele der Vorsehung«.[8]

»Marie de G***« war offensichtlich daran interessiert, die Geschichte der Frauen an die allgemeinere Fortschrittsdiskussion anzubinden, eine Verbindung, die von früheren, so unterschiedlichen Sozialkritikern wie

Charles Fourier und Louis de Bonald ausdrücklich, wenn auch nur gelegentlich, hergestellt worden war.[9] Ein zweiter, entschiedenerer Aspekt sollte jedoch ebenfalls erwähnt werden. Nimmt man den Kontext des Artikels zusammen mit der expliziten Bewunderung der Autorin für Madame Roland, so wird deutlich, daß sich »Marie de G***« von jeglicher Assoziation mit den Andeutungen sexueller Emanzipation zu distanzieren sucht, die mit der seit kurzem diskreditierten Saint-Simonistischen Vorstellung der *femme libre* verknüpft waren. Wie so viele andere ihrer Generation, die die Forderungen Barthélemy Prosper Enfantins, des Führers der Saint-Simonisten, ablehnten, war ihre Perspektive geprägt durch Hingabe an die Schlüsselkonstrukte der »Moral« des 19. Jahrhunderts: die Verpflichtung auf die monogame Ehe, eine strikte Rollenteilung zwischen den Geschlechtern und ein unerschütterlicher Glaube an ein Konzept weiblicher Natur. All diese Merkmale – ein starker Fortschrittsglaube, eine nachdrückliche Bindung von Moral an Monogamie, ein Bestehen auf der Trennung männlicher und weiblicher Tätigkeitsbereiche – sollten in den Werken zur Geschichte der Lebensbedingungen von Frauen, die in den folgenden zehn Jahren entstanden, immer wieder auftauchen.

Es gab in den folgenden Jahren einige andere Frauen, die sich an einer Frauengeschichte versuchten. Eine von ihnen war Pauline Roland (nicht zu verwechseln mit Madame Roland), die in den späten 1840er Jahren verschiedene kompilatorische Aufsätze zur Geschichte der Frauen in Gallien und zu mittelalterlichen Frauenkonventen verfaßte.[10] Wäre Pauline Roland nicht darauf angewiesen gewesen, ihre Kinder mit dem Schreiben von Auftragsartikeln zu ernähren, hätte sie durchaus einen originären Beitrag zur Frauengeschichte leisten können, denn ihr fester Glaube an die Frauenbefreiung wurde von einem scharfen, wißbegierigen Geist und von literarischem Talent begleitet.[11] Aber Pauline Roland hatte weder die Zeit noch Zugang zu Bibliotheken und Archiven; und in der Tat besaßen nur wenige französische Frauen die Ausbildung oder freie Zeit, geschweige denn die gesellschaftliche Erlaubnis, wissenschaftlich zu arbeiten.[12]

Das Bewußtsein der Frauen von der politischen Bedeutung ihrer Geschichte blieb dennoch hoch. »Die Geschichte muß vollständig neu geschrieben werden«, erklärte während der 1848er Revolution eine der wichtigsten Autorinnen in *La Voix des Femmes*. »Die Frau ist wie der Mann aufgerufen, das Gebiet der Geschichte zu erforschen; (...) die Geschichte ist besonders für die Frau eine Lüge, ... die Wahrheit wird dort nur sichtbar werden, wenn die weibliche Beobachtung und Intelligenz daran teilnehmen und insbesondere die weiblichen Interessen daran angebunden werden.«[13]

Diese Kritik verweist auf die wenig überraschende Tatsache, daß sich in den 1840er Jahren männliche Gelehrte – in Verbindung mit den französischen Akademien – ausführlich mit einer systematischen Analyse der vergangenen Lebensbedingung und des Status von Frauen und Familie beschäftigten. Auch war es nicht verwunderlich, daß sie sich dem Thema mit unterschiedlichen politischen Absichten näherten. Im Gegensatz zu den eher amateurhaften Arbeiten ihrer Vorgänger gingen diese Forscher nun vom Besonderen zum Allgemeinen vor, und sie versuchten, mit einem geschlechterzentrierten Blick auf die soziale Organisation und institutionelle Entwicklung die Konturen zukünftiger Forschung zu bestimmen.[14] Die späteren Untersuchungen zur Geschichte der Familie von französischen Gelehrten wie Paul Janet und Jules Michelet (wie auch das nachfolgende Werk international einflußreicher Forscher wie Bachofen, Spencer, Maine und politischer Reformer wie LePlay und Engels) verdanken sich dem »wissenschaftlicheren« Vorgehen der französischen Pioniere der Frauengeschichte in den 1840er Jahren.

In den frühen 1840er Jahren schrieb die historische Sektion der *Académie des sciences morales et politiques* einen Wettbewerb zur Geschichte des weiblichen Erbfolgerechts in den zivilrechtlichen und politischen Ordnungen der verschiedenen Völker Europas im Mittelalter aus.[15] Das Wettbewerbsthema wurde von dem Historiker François Mignet, Begründer der französischen Diplomatiegeschichte und ständiger Sekretär der *Académie*, entworfen. Sein Ziel war es, die Geistesgeschichte zur Königin der Humanwissenschaften zu machen, und er förderte historische Untersuchungen zu zeitgenössischen sozialen Themen wie der Lage der Frauen, der Sklaven und der Eigentumslosen.[16] Im Mai 1842 wurden drei, von männlichen Autoren verfaßte Denkschriften preisgekrönt: die *Recherches sur la condition civile et politique des femmes, depuis les Romains jusqu'à nos jours* von Edouard Laboulaye; die *Recherches sur l'histoire du droit de succession des femmes* von Edmé-Jacques-Benoît Rathéry, wovon später nur ein Fragment veröffentlicht wurde; sowie der *Essai sur la législation des peuples anciens et modernes relative aux enfant nés hors mariage* von Louis-Jean Koenigswarter.[17]

Von diesen drei Preisträgern wurde der zweiunddreißigjährige Laboulaye der bekannteste und galt später als bedeutender Freund der Frauenbewegung. 1849 erhielt Laboulaye einen Ruf auf den Lehrstuhl für vergleichendes Recht am *Collège de France*. Er wurde ein begeisterter Student amerikanischer Geschichte und Politik, legte eine Geschichte der USA vor und übersetzte Arbeiten von Channing, Franklin und anderen ins Französische. Nach dem Untergang des Zweiten Kaiserreichs krönte er eine glänzende rechtswissenschaftliche Karriere, indem er in die Politik ging. In der Nationalversammlung von 1871–75 hatte er den Vorsitz der Mitte-Links-Gruppe und wurde später zum Senator auf Lebenszeit der neuen Republik gewählt.[18]

Laboulaye war sich der Debatte um die Frauenfrage, wie sie in der französischen öffentlichen Diskussion während der 1830er Jahre tobte, äußerst bewußt. Die Lehre von der *femme libre*, die Romane der George Sand, das Theater Victor Hugos und der Ancelots, die Forderungen nach einer Reform der Stellung der Frau im Eherecht, nach der Wiedereinführung der Zivilscheidung, sowie die Kontroverse um das weibliche Recht auf Arbeit hatten auf die gebildete Öffentlichkeit tiefen (wenn auch nicht immer positiven) Eindruck gemacht. Zweifellos veranlaßte zuallererst dieses Bewußtsein Mignet und die *Académie* dazu, den Wettbewerb zu veranstalten. Aber nur wenige gingen die Fragen so offen an wie Laboulaye.

Er widmete seinen Wettbewerbsbeitrag seiner Frau, die im vorherigen Jahr gestorben war. Wie der Vicomte de Ségur vor ihm, bestand er auf der Bedeutung von Forschungen zur Stellung der Frauen wie der Männer, doch betonte er auch die Neuartigkeit dieses Ansatzes. Historisch gesehen, so argumentierte er, seien im Familienrecht »die zivilen und politischen Rechte [la capacité civile et politique] der Frauen immer und überall durch ihre häusliche Lage diktiert worden, und wer die Organisation der Familie in einer gegebenen Epoche nicht kennt, wird niemals den Geist der Gesetze verstehen können, die das Erbfolgerecht der Frauen regelten«.[19] Seine Argumentation war sehr breit angelegt. Durch Konzentration auf die Frauen beabsichtigte er, die organisatorische Entwicklung der Familie in bezug auf Privateigentum und auf die Entstehung von Nationalstaaten zu untersuchen.

Laboulaye war kein Neuling auf dem Gebiet des Eigentumsrechts. Sein erstes Buch hatte die Organisation des Grundvermögens in der westlichen Welt behandelt. Er war ein großer Bewunderer der deutschen Rechtshistoriker, deren Werk, wie er nicht müde wurde zu betonen, auf dem Vergleich mit der französischen Historischen Schule des 16. und 17. Jahrhunderts beruhte und dessen durchaus würdig war.[20]

In den *Recherches* konzentrierte sich Laboulaye daher erneut auf die Stellung der Frauen im Erbrecht, in dem – wie er in der Einleitung schrieb – ziviles und politisches Recht zusammenlaufen. Die Neuheit dieses Ansatzes, so argumentierte er, läge auf der Hand.[21] Jenen, die nationalen Partikularismen das Wort redeten, hielt er die Stellung der Frauen im Familien- und Eigentumsrecht entgegen, die in ganz Europa ähnliche und fast zeitgleiche Verbesserungen durchlaufen hätte. Das Studium der Stellung der Frauen werde, wie er glaubte, nichts weniger zeigen als die gemeinsame Entwicklung der europäischen Rechtssysteme – die Verschmelzung von römischem und deutschem Gewohnheitsrecht, die Bedeutung der Wiedereinführung des Codex Justinianus und der Einfluß des kanonischen Rechts, und schließlich die Neugestaltung des Gewohnheitsrechts, die im frühen 16. Jahrhundert begonnen hatte, sowie die noch nicht abgeschlossene Kodifizierung des Rechts. Laboulaye glaubte eindeutig an den Nutzen und Vorhersagewert der Geschichte! Und er kritisierte die Zurückhaltung der deutschen Historischen Schule, ihre Forschungsergebnisse zur Andeutung zukünftiger Entwicklungen zu nutzen.[22]

Geschlecht diente Laboulaye somit nicht nur als analytisches Werkzeug zum Verständnis historischer Veränderungen in der sozio-ökonomischen Familienorganisation, sondern auch um ein für ihn generelleres und zwingenderes Problem in den Blick zu bringen: die Entwicklung einer transnationalen europäischen Zivilisation. Indem er die Stellung der Frauen, wie sie sich in der Familiengesetzgebung und in der Rechtswissenschaft verkörperte, ins Zentrum der Analyse stellte, glaubte er, eine gemeinsame Bewegung in ganz Europa in Richtung auf einheitliche Vorstellungen aufzeigen zu können.

»Wenn es mir wirklich gelingt, den Leser zu überzeugen, daß die Lage der Frauen, die eine von der Gesetzgebung kaum beachtete innere Angelegenheit zu sein scheint und die die Grenzen des häuslichen Herdes nicht überschreitet, dennoch in ganz Europa, und fast zur gleichen Zeit, die gleichen Veränderungen, die gleichen Linderungen, die gleiche Gunst der Gesetzgebung erfahren hat, kann man dann bezweifeln, daß Europa gänzlich unter der Herrschaft gemeinsamer Prinzipien marschiert, die die gleichen Ergebnisse zur Folge haben, trotz der Unterschiede der Sprache, der Regierung und des Klimas?«[23]

Laboulaye beanspruchte, daß eine solche Geschichtsbetrachtung zur Erneuerung sowohl der Rechts- wie der Politikwissenschaften führen könnte[24] – ein hinsichtlich des Nutzens der von ihm bloß als dienliches Werkzeug verstandenen Geschlechteranalyse zweifellos ehrgeiziger Anspruch.

Wie obige Zusammenfassung nahelegt, zeigt sich Laboulaye tatsächlich als ein stark vom Fortschrittsglauben geprägter Vertreter einer Geschichtsschreibung mit sozialem Auftrag. Von protestantischer Abstammung, brachte er eine liberale christliche Perspektive in sein Studium der Situation der Frauen im Erbrecht ein. Er stellte sich den Fortschritt der verschiedenen Völker Europas in Richtung auf ein gemeinsames Schicksal vor, »die immer vollständigere Realisation jener Idee, die Christus mit zur Erde brachte, die Brüderlichkeit aller Nationen, die Gleichheit aller Individuen, denn wir sind als Individuen und als Nationen alle in gleicher Weise Sohn desselben Vaters, welcher Gott ist, und Bruder desselben Bruders, welcher Jesus Christus ist.«[25]

Auf den ersten Blick erschien Laboulayes Interpretation des Fortschritts in den weiblichen Lebensbedingungen überraschend progressiv. Überall dort, wo die Familie eine *politische* Institution war, so seine Argumentation, war die Situation der Frauen durch rigorose Unterordnung und strikte Abhängigkeit gekennzeichnet. Überall dort, wo statt dessen der Staat stark organisiert war und die Familie keine politische Rolle innehatte (und die Familienbeziehungen daher primär auf Zuneigung basierten), hätten Frauen fast den gleichen rechtlichen Status besessen wie Männer, in einigen Fällen sogar einen bevorzugten.[26] Mit anderen Worten: Der Aufstieg des Staates implizierte eine Auflösung der relativen Macht der patriarchalen Familie, eine Entwicklung, die – nach Laboulayes Einschätzung – alle Gesetzgebung seit dem Mittelalter vollzogen hatte. Der größte Fortschritt dieses Prozesses war, wie Laboulaye beanspruchte, im *Code Civil* festgehalten worden, der sowohl das Erstgeborenenrecht als auch die männliche Erbfolge abgeschafft und Frauen erbrechtlich Männern gleichgestellt hatte. Seitdem sei die bürgerliche Gleichheit der Geschlechter garantiert, so beharrte Laboulaye optimistisch im Schlußwort des vierten Buches seiner *Recherches*.[27]

Heutige Forscher und Forscherinnen zur französischen Frauengeschichte sind sich nur allzu bewußt, daß diese Reform des Erbfolgerechts die nahezu einzige Verbesserung für Frauen war, die der *Code Civil* enthielt. Und bereits im 19. Jahrhundert erschienen den meisten Kritikern des *Code Civil* die gesetzlichen Bestimmungen für verheiratete Frauen äußerst vorurteilsbeladen. Der berühmte Artikel 213, nach dem der Mann bestimmen und die Frau gehorchen muß, war nur die berüchtigtste Verordnung. Ebenso anstößig war die Revision des *Code* von 1816 mit der Ächtung der Zivilscheidung und dem Verbot von Vaterschaftsklagen durch Frauen bei unehelicher Schwangerschaft.

Diese Kritikpunkte basieren auf unserer Ablehnung der weiblichen Unterordnung in der Ehe. Laboulaye war, in seinem zeitspezifischen Kontext von 1842/43, ein durchaus progressiv denkender Mann, jedoch keinesfalls daran interessiert, die Unterordnung der Frauen prinzipiell aufzuheben. Nach Laboulaye bestand der soziale Auftrag der Geschichtsschreibung denn auch genau darin, seinen Zeitgenossen die notwendigen *Grenzen* weiblicher Emanzipation aufzeigen. Die Fortschrittslehre mahnte hier zur Vorsicht. Laboulayes Geschichtsdarstellung sprach direkt jene Forderungen an, die dann von französischen Demokraten und englischen Chartisten über die Beziehung zwischen Eigentum und Wahlrecht erhoben wurden; sie griff Argumente auf, die von Männern für männliche Zwecke entwickelt waren, sich aber durchaus zum Vorteil für Frauen mit Eigentum – ganz zu schweigen von Frauen als Individuen – verwenden ließen (und verwendet wurden).[28]

Diese wie andere Überlegungen markieren die Grenzen im Laboulayschen Denken. Wie so viele Männer und Frauen seiner Generation war er zutiefst von der Vorstellung einer spezifisch weiblichen »Natur« geprägt; wie sie sprach er von der »Schwäche des Geschlechts« als auch von dessen »Güte«.[29] Auch wenn er die Frauen des 19. Jahrhunderts für fähig hielt, Grundvermögen zu besitzen und zu verwalten, folgte daraus nicht, daß er die zu ihren Gunsten erhobenen Forderungen nach einer Regierungsbeteiligung unterstützte. Er war kein Radikaldemokrat. Wie sein Kollege Alexis de Tocqueville war er fest davon überzeugt, daß der Platz der Frauen im häuslichen Bereich sei. In einem für seine Argumentation zentralen Kapitel bezog er, auf der Grundlage seiner Geschichtsinterpretation, eindeutig Stellung *gegen* die Teilnahme von Frauen am öffentlichen Leben – an der Welt des Forums:

»Das eheliche Haus ist die friedliche Domäne, in der die Frau uneingeschränkt herrschen soll. Hier liegt das Glück für sie, für ihre Kinder, für ihren Gatten, und nicht in jenen Unruhen des öffentlichen Lebens, in denen selbst der Mann die Gelassenheit seiner Seele verliert und bald nicht mehr Herr seines Herzens ist.«[30]

Im letzten Abschnitt seiner Denkschrift entfaltete er dieses Thema – unter dem Titel »Was soll man von einer Regierung der Frauen halten?« – sogar noch ausführlicher. Laboulaye schloß seine Denkschrift mit einem Redeschwall (nach Art des schottischen Reformators John Knox) gegen die Königinnen des 16. Jahrhunderts:

»... auf eine Elisabeth wie viele Maria Stuarts! ... Ihr [i. e. der Frauen] Königreich ist anderswo; es ist in der häuslichen Empfangshalle, es ist im Heiligtum der Familie, wo sie wirklich Herrscherinnen sind; süße Herrschaft, die die Gelassenheit ihres Herzens nicht trübt, welche kein Ehrgeiz eifersüchtig macht, welche keine Revolte erschüttert und die – seltenes Ding in einem Reich – das Glück und die Freude all jener hervorbringt, die unter diesem wachsamen Schutz leben!«[31]

So schrieb einer der ersten »wissenschaftlichen« Frauenhistoriker über die Geschichte der Frauen. Laboulaye – wie so viele andere französische Liberale des 19. Jahrhunderts – zeigte hier sein wahres Gesicht als ein Verfechter weiblicher Unterordnung in der Ehe und getrennter Handlungs- und Artikulationssphären für Männer und Frauen; seine Geschichtsschreibung legitimierte einen politischen Standpunkt – aber nicht zugunsten grenzenloser Veränderung für Frauen, sondern um eine Regierungsbeteiligung von Frauen zu verhindern. Außerdem nutzte er die Frauengeschichte, um die Überlegenheit des *Code Civil* hinsichtlich weiblicher Eigentumsrechte herauszustellen und ihn anderen europäischen Nationen als Vorbild zu empfehlen. Laboulayes Buch repräsentiert eine Geschichtsschreibung, in der die Frauengeschichte (zumindest in bezug auf Eigentumsrechte bzw. bürgerliche Freiheit) als historisches Fallbeispiel für die Unvermeidbarkeit eines besonderen Konzepts der Geschlechterbeziehungen instrumentalisiert wurde, das die Frauen von politischen Rechten (oder sogar weiteren Bürgerrechten) ausschloß.

Es gab andere wichtige männliche Frauengeschichtsschreiber, die Laboulaye folgten. Ernest Legouvé, Dramatiker, Essayist und Mitglied der *Académie Française*, wäre da als ein weitaus liberalerer Interpret weiblicher Vergangenheit – und Zukunft – zu nennen. Legouvés bedeutende *Histoire morale des femmes*, zuerst 1848/49 publiziert, erfuhr bis 1896 zehn Auflagen. Anders als Laboulaye plädierte er für eine breite Ausdehnung der Rechte von Frauen und für ihre Partizipation am öffentlichen Leben sowie für eine Beendigung des hierarchischen Geschlechterverhältnisses. Mit seinen weitreichenden, der Vorstellung von »Gleichheit in Differenz« verpflichteten zivilrechtlichen und bildungspolitischen

Reformvorschlägen unterbreitete er ein konkretes und einflußreiches Programm radikaler Neustrukturierung der institutionellen Regelungen zur Ehe und der weiblichen Rolle innerhalb der bestehenden bürgerlichen Ordnung von Familienzentriertheit und Privateigentum. Doch selbst Legouvé sträubte sich dagegen, Frauen das Wahlrecht zuzugestehen.[32]

Aber es gab einen Historiker von herausragender Bedeutung für unser Verständnis der Debatte um die Frauenfrage während der 1850er und 1860er Jahre: Jules Michelet, der – nicht zufällig – ebenfalls ein aktives Mitglied der *Académie des sciences morales et politiques* war.

Es ist viel über Michelets außergewöhnlichen Einfluß auf die Perspektivierung der Frauenfrage in der späten Republik geschrieben worden. Zweifellos war es Michelet, der äußerst eloquent das Gespenst des klerikalen Einflusses auf Frauen beschwor, der die neue medizinische Vorstellung von der Behinderung der Frau, die »unaufhörlich an der ewigen Wunde der Liebe leidet«, ins Bewußtsein vieler Männer brachte, der aber auch darauf bestand, daß die Frau eine säkulare Göttin werden müsse, unter männlicher Kontrolle, mit ihrem Auftrag, durch »Liebe als die ihr wesensmäßige Arbeit« das »Herz des Mannes zu erneuern«.[33] Michelets lyrische Romantisierung der Frauen, gepaart mit dem neuesten Wissen in medizinischer Physiologie, machte ihn zur unvergeßlichen – und für viele Frauen unerträglichen – Lektüre. Wie Rousseau (der ebenfalls in sehr jungen Jahren seine Mutter verloren hatte) schien Michelet von dem »Anderen« der Weiblichkeit besessen zu sein. Und wie die Argumentationen von Rousseau, Comte oder Legouvé hatten auch die von Michelet einen nachhaltigen Einfluß in der Debatte um die Frauenfrage.

Michelets Interesse an der Frauenfrage wurde nach dem Scheitern der republikanischen Revolution von 1848 noch deutlicher, ja geradezu obsessiv. 1850 hielt er eine Reihe von Vorträgen über »Le Foyer« am *Collège de France*. Diese skizzierten die Richtung, in die er sich in mehreren breit rezipierten und sehr einflußreichen Werken entwickeln sollte, die seine enorme historische Gelehrsamkeit mit politischer Absicht verbanden: *Les Femmes de la Révolution* (1854), *L'Amour* (1858), *La Femme* (1859) und *La Sorcière* (1862).

Die Veröffentlichung der Tagebücher Michelets in den 1960er Jahren sowie sein 100. Todestag im Jahr 1974 führten zu einer unüberschaubaren Flut an Sekundärliteratur, die sich (zumeist dekonstruktivistisch) mit seinen Ansichten zur Frauenfrage beschäftigte.[34] Der Brennpunkt dieser Literatur richtete sich nicht routinemäßig auf Michelets Sicht der französischen Geschichte, die sein größtes Verdienst bleibt, sondern auf die Psychopathologie seiner Beziehung zu seiner zweiten Frau, Athénaïs Mialaret, wie sie sich in seinen Tagebüchern offenbarte, sowie auf deren Auswirkung in seinen späteren Schriften zur Frauenfrage, *L'Amour* (1858) und *La Femme* (1859). Diese Rezeption unterschätzte den Einfluß, den die politische Partizipation von Frauen in der 1848er Revolution auf seine Interpretation von Weiblichkeit hatte.

Von besonderem Interesse ist in diesem Zusammenhang das 1854 vorgelegte Werk *Les Femmes de la Révolution.*[35] Das Material, das dieser Arbeit zugrunde liegt, war zu einem großen Teil bereits in den ersten beiden Bänden seiner *Histoire de la Révolution française* (1847) veröffentlicht worden.[36] Interessant an der Wiederveröffentlichung zu diesem Zeitpunkt ist Michelets politische Absicht: Wie zuvor Laboulaye beabsichtigte Michelet eindeutig, mit historischen Beweisen die Forderung zu rechtfertigen, daß der Ort der Frauen in der Familie und nicht im politischen Leben sei.[37]

Bereits zehn Jahre nach der Revolution von 1789 hatte sich Louis Du-Broca in einer eher anekdotenhaften Arbeit der Rolle der Frauen in der Französischen Revolution angenommen. Eine weitaus bedeutendere Darstellung war Ernest Lairtulliers 1840 publizierte *Les Femmes célèbres de 1789 à 1795 et leurs influence dans la révolution,* die als »Fortsetzung und Ergänzung aller Geschichten der Französischen Revolution« dienen sollte.[38] In dem Fall bezog er sich auf die mehrbändigen, in den 1820er und 1830er Jahren erschienenen Werke von Adolphe Thiers und Mignet.[39] Lairtulliers Buch mit seinen unzähligen biographischen Portraits (u. a. von Théroigne de Méricourt, Olympe de Gouges, Charlotte Corday) prägte viele spätere Autoren wie Ernest Legouvé und Theodore Stanton und könnte sehr wohl auch Jules Michelet angeregt haben, über das Thema Frauen und Revolution nachzudenken.[40]

Michelets *Les Femmes de la Révolution* (1854) war zweifellos die einflußreichste Darstellung in der zweiten Hälfte des 19. Jahrhunderts: Eine deutsche Übersetzung erschien im Jahr der französischen Originalausgabe, gefolgt von einer englischen Übersetzung im Jahr 1855.[41] Michelets Werk entwickelte eine Art »femme-mémoire«; er widmete seine Studie »Ehefrauen, Müttern und Töchtern« und geriet in der für ihn typischen Weise ins Schwärmen über den »übermenschlichen« mütterlichen Einfluß von Frauen auf die Männer der Generation von 1760. Überraschender für heutige Leser mag Michelets beispiellos hohe Anerkennung sein, die er den Frauen für effektives politisches Handeln zollte; er beharrte auf ihrer wichtigen Rolle in den Oktobertagen des Jahres 1789. Der 6. Oktober sei der weibliche Gegenpart zum 14. Juli: »Les hommes ont pris la Bastille, et les femmes ont pris le roi.«[42] Obwohl Michelet auf die niederländische Frauenrechtlerin Etta Palm d'Aelders nur beiläufig verweist, erwähnt er ausdrücklich Condorcets *Sur l'admission des femmes au droit de cité* von 1790, auch wenn er es nicht weiter diskutiert. Ihn faszinierte mehr die Geschichte der exotischen Théroigne de Méricourt, die bei jedem größeren revolutionären Ereignis in roter Jacke und Reiterhosen aufzutauchen schien; die geniale, aber häuslichere Madame Roland (der er zwei Kapitel widmete); oder die *Société des Citoyennes Républicaines Révolutionnaires*, die 1793 von Pauline Léon und Claire Lacombe (beide verschmolzen sowohl bei Michelet als auch bei Lairtullier zu *Rose* Lacombe) gegründet worden war und u. a. das Recht auf bewaffnete Frauenbrigaden forderte. Doch am Ende der Studie entpuppte sich Michelets Hochachtung vor dem weiblichen Geschlecht als eine machtvolle negative Botschaft an die Frauen. Er beharrte darauf, daß jede politische Gruppierung während der Revolution durch Frauen zerstört worden sei! Michelets revolutionäre »femme-mémoire« war eine gefährliche Kreatur, die die republikanischen Männer männlicher Kontrolle unterwerfen mußten.[43] Es überrascht nicht, daß diese Interpretation den Frauenrechtsaktivistinnen und -aktivisten ein Greuel war!

Aber Michelet ließ es dabei nicht bewenden. In *L'Amour* und *La Femme* entfaltete er eine rationale Erklärung und Methode für die Einführung eines säkularen Patriarchats.[44] Aufbauend auf den wichtigen Beiträgen französischer Wissenschaftler zur Fortpflanzungsphysiologie während der 1840er Jahre, etablierte sich Michelet als einer der ersten Historiker, die die Soziobiologie aufgriffen. Er faßte seine Sicht der Frauen in Begriffen eines unerbittlichen physiologischen Reduktionismus, einer absoluten und unüberbrückbaren physischen Differenz zwischen den Geschlechtern, die eine Unterordnung der Frau unter den Mann *verlangte*. Und dennoch formulierte er diesen Materialismus in der Sprache eines mystischen Idealismus: »Oh! die Frau, das zerbrechliche Gefäß von unvergleichlichem Alabaster, worin das Licht Gottes brennt.«[45] Zu Recht bemerkte der Literaturkritiker Jules Lemaître später, daß gerade diese Anbetung der Frauen Michelet aus dem feministischen Lager ausschloß. Léopold Lacour resümierte einige Jahre später im Kontext seiner Bemerkungen zu Michelets beträchtlicher Leserschaft in der Arbeiterklasse: »Alles in allem hatte der große lyrische Moralist den Frauen mehr Schaden als Gutes zugefügt.«[46]

Vielleicht wurde gerade wegen dieser merkwürdigen Anfänge im 19. Jahrhundert die Frauengeschichte oder geschlechterzentrierte historische Analyse zu einem legitimen Thema akademischer und universitärer Forschung in Frankreichs Dritter Republik. In den über hundert Jahren seit dem 1842 von der *Académie des sciences morales et politiques* veranstalteten Wettbewerb wurden – meistens von Männern – Hunderte von Doktorarbeiten zu solchen Themen in den Rechts-, den Wirtschafts- und Geschichtswissenschaften und selbst in der Medizin verfaßt – sowohl in Paris wie in den Provinzen. Viele dieser akademischen Arbeiten beabsichtigten eindeutig, eine säkulare, neotraditionalistische, rationale Erklärung für die Unterwerfung der Frauen in einer säkularisierten patriarchalen Familie zu entwickeln. Es ist ernüchternd, über solche Gründe für die Respektabilität der Frauengeschichte nachzudenken. Doch es gab auch einige Vorteile. Als gegen Ende des 19. Jahrhunderts die ersten Frauen an der Universität von Paris promovieren konnten, wählten einige auch Dissertationsthemen – oder ihnen wurden diese Themen gestellt – zur Geschichte der Frauen in der Medizin oder zur Geschichte der weiblichen Berufstätigkeit.[47] Dieses Muster setzte sich ins 20. Jahrhundert fort, als einige der meistzitierten Werke ihren Ursprung in Doktorarbeiten hatten: Man denke an die bemerkenswerten Studien von Léon Abensour, Marguerite Thibert und anderen, die die Grundlagen für die Geschichte des französischen Feminismus legten.[48]

Dieser Rückblick auf eine frühere Historiographie zur Geschichte der Frauen sollte zeigen, wogegen sich die französischen Frauen des 19. Jahrhunderts wandten und warum sie so dringend Ausbildung und Zugangsmöglichkeiten zu Bibliotheken benötigten, um ihre eigenen Geschichten schreiben zu können. Muß es uns demnach überraschen festzustellen, daß die Frauengeschichte einer der Hauptpunkte auf der Tagesordnung des 1878 in Paris abgehaltenen Ersten Internationalen Frauenrechts-Kongresses und das Eröffnungsthema des Nachfolgekongresses von 1889 war?

[Aus dem Englischen von Uta C. Schmidt]

Anmerkungen

1 Teile des vorliegenden Textes sind erschienen in: Karen Offen, »The Beginnings of ›Scientific‹ Women's History in France, 1830–1848«, in: John Sweets (Hg.), *Proceedings of the Western Society for French History, 1983*, Bd. 11, Lawrence, Kansas 1984, S. 255–264, sowie Karen Offen, »Women's Memory, Women's History, Women's Political Action: The French Revolution in Retrospect, 1789–1889–1989«, in: *Journal of Women's History*, Vol. 1, No. 3 (Winter 1990), S. 211–230.

2 Alexandre-Joseph-Pierre Vicomte de Ségur, *Les Femmes; leur condition et leur influence dans l'ordre social chez différents peuples anciens et modernes*, 3 Bde., Paris An XI (1803), Bd. 1, S. 1 u. 2.

3 Zur Tradition der »Berühmten Frauenleben« in der europäischen Historiographie siehe Nathalie Zemon Davis, »Women's History in Transition: The European Case«, in: *Feminist Studies*, Vol. 3, No. 3/4 (Frühling/Sommer 1976), S. 83–103, und Bonnie G. Smith, »Comment on Session: The History of Women's History in Nineteenth-Century France«, in: Sweets, *Proceedings* (wie Anm. 1), S. 265 ff., bes. S. 267–271. Die Historiographie der Frauengeschichte verdient weit mehr Aufmerksamkeit, als ihr bislang entgegengebracht wurde. Brita Rang, »›Jus fasque esse in rempublicam litterariam foeminas adscribi‹: Gelehrt(inn)en-Enzyklopädien des 17. und 18. Jahrhunderts«, in: *Paedagogica Historica* 28:3 (1992), S. 511–549.

4 Zu Madame Dupins nie vollendetem Frauengeschichts-Projekt siehe René-Gaston Vallet, Comte de Villeneuve-Guibert, *Le Portefeuille de Madame Dupin, dame de Chenonceaux*, Paris 1884, S. 15–17. Rousseau ist in seinen Confessions hinsichtlich dieser Arbeit außergewöhnlich zurückhaltend.

5 Marguerite-Ursule-Fortunée Bernier, Dame Briquet, *Dictionnaire biographique des Françaises et des Etrangères naturalisées en France, connues par leurs écrits*, Paris 1804. Zur Widmung siehe Smith, »Comment« (wie Anm. 3), S. 268.

6 Fanny Burnier de Mongellaz, *De l'influence des femmes sur les moeurs et les destinées des nations, sur leurs familles et la société*, 2 Bde., Paris 1828 (2. erweit. Aufl. 1831). Zu den Arbeiten in der Tradition »Bedeutender Frauenleben«, die in Paris zwischen 1830 und 1848 erschienen, sind zu rechnen: Adolphe de Chesnel (de la Charbouclais) [Pseudonym: Alfred de Montferrand], *Biographie des Femmes auteurs contemporaines françaises*, Paris 1836; Ernest Lairtullier, *Les Femmes célèbres de 1789 à 1795 et leur influence dans la révolution*, 1840; Charles-Augustin Sainte-Beuve, *Portraits de femme*, 1844; Antoine-Jean-Victor Leroux de Lincy, *Les Femmes célèbres de l'ancienne France*, 1848. Das erste Buch, das in den USA zur Frauengeschichte (ebenfalls in der Tradition der »Bedeutenden Frauenleben«) erschien, war Elisabeth Fries Lummis Ellets zweibändiges Werk *The Women of the American Revolution*, 1848. Zu diesem Werk siehe Carol Ruth Berkin/Mary Beth Norton, *Women of America: A History*, Boston 1979, S. 4 f.

7 Marie de G***, »De la condition sociale des femmes au dix-neuvième siècle. Lettre aux directeurs de la Revue encyclopédique«, in: *La Revue encyclopédique*, Bd. 56, Nr. 168 (Dez. 1832), S. 598–622. Janet L. Polasky identifiziert »Marie de G***« als

die frankophone belgische Frauenrechtsaktivistin Zoé Gatti de Gamond; siehe Janet L. Polasky, »Utopia and Domesticity: Zoé Gatti de Gamond«, in: Sweets, *Proceedings* (wie Anm. 1), S. 273–281.

8 Marie de G***, »De la condition sociale« (wie Anm. 7), S. 599.

9 Vgl. Louis de Bonald, *Théorie du pouvoir* (1796), in: *Œuvres complètes de M. de Bonald*, hg. v. Abbé Migne, 3 Bde., Paris 1859, Bd. 1, S. 244, und Charles Fourier, *Théorie des quatre mouvements et des destinées générales* (1808), in: *Œuvres complètes de Ch. Fourier*, 6 Bde., 2. Aufl. Paris 1841–45, Bd. 1, S. 195.

10 Pauline Roland, »Etudes sur l'Histoire des femmes en France«, in: *La Revue indépendante*, N. S. 4 (25. 7. 1846), S. 210–231, und N. S. 7 (25. 1. 1847), S. 185–206.

11 Siehe Edith Thomas, *Pauline Roland: socialisme et féminisme au XIXe siècle*, Paris 1956, Kap. 11–14.

12 Zu der Forderung der Frauen im Jahr 1848, in der Bibliothèque Nationale einen Lesesaal für Frauen einzurichten, siehe »Education des femmes«, in: *La Voix des femmes*, Nr. 1 (20. 3. 1848). Im Laufe der nächsten Monate bauten die Frauen eine eigene Bibliothek auf und meldeten in ihrer Zeitung gelegentliche Buchspenden.

13 Henriette Artiste, »Les sages femmes d'Athènes«, in: *La Voix des Femmes*, Nr. 28 (20. 4. 1848); wieder abgedruckt in: Maïté Albistur / Daniel Armogathe (Hg.), *Le Grief des femmes*, 2 Bde., Paris 1978, Bd. 1, S. 286–289.

14 Von besonderer Bedeutung war in diesem Zusammenhang die kurz zuvor gegründete *Académie des sciences morales et politiques*. Die Akademiemitglieder allerdings dürften ihre Aufgabe kaum in dieser Art beschrieben haben – wie es auch ihr Historiograph nicht tat; siehe Ernest Seillière, *Une Académie à l'époque romantique*, Paris 1926.

15 Vgl. Edouard Laboulaye im Vorwort seiner *Recherches sur la condition civile et politique des femmes, depuis les Romains jusqu'à nos jours*, Paris 1843, S. VII. Etwas später wurde Laboulaye zu »de Laboulaye«.

16 Zu Mignet siehe George P. Gooch, *History and Historians in the Nineteenth Century*, Neuaufl. Boston 1959 (zuerst: 1913), S. 184–189, sowie Yvonne Knibiehler, *Naissance des sciences humaines: Mignet et l'histoire philosophique au XIXe siècle*, Paris 1973.

17 Ratherys 94seitiges Fragment »Histoire du droit de succession des femmes« erschien in der *Revue de législation et de jurisprudence*, Neue Serie, Bd. 2 (1843), S. 61–91, S. 385–411, S. 641–672. Koenigswarters Arbeit wurde in Fortsetzungen in den Bänden 14, 16 und 17 dieser Zeitschrift veröffentlicht.

18 Zu Laboulayes Karriere siehe besonders Jean de Soto, »Edouard de Laboulaye«, in: *Revue internationale d'histoire politique et constitutionelle*, Bd. 5 (1955), S. 114–150. Laboulaye wurde von Léon Richer, der zusammen mit Maria Deraismes die organisierte Frauenrechtsbewegung der frühen Dritten Republik anführte, sehr geschätzt. Siehe Laboulayes Austausch mit Richer in: *L'Avenir des femmes*, Nr. 76 (12. 11. 1871) und Nr. 77 (19. 11. 1871), sowie die Laboulaye-Zitate in: Léon Richer, *Le Livre des femmes*, Paris 1872, S. 60 f. Siehe jetzt auch Walter D. Gray, *Interpreting American Democracy in France: The Career of Edouard Laboulaye, 1811–1883*, Newark, Delaware 1994.

19 Laboulaye, *Recherches* (wie Anm. 15), S. 11.

20 Ebd., S. 2 f.

21 Ebd., S. 4.
22 Ebd., S. 2.
23 Ebd., S. XI–XII.
24 Ebd., S. XII.
25 Ebd., S. XI.
26 Ebd., S. 11f.; siehe auch Buch II, S. 173f.
27 Ebd., Buch IV, S. 437–439.
28 Einen Überblick verschaffen Susan Groag Bell/Karen Offen, *Women, the Family, and Freedom: The Debate in Documents, 1750–1950,* 2 Bde., Stanford, Calif. 1983, Bd. 1, S. 227–238; Karen Offen, »Liberty, Equality, and Justice for Women: The Theory and Practice of Feminism in Nineteenth-Century Europe«, in: Renate Bridenthal/Claudia Koonz/Susan Mosher Stuard (Hg.), *Becoming Visible: Women in European History,* 2. Aufl. Boston 1987, S. 335–373. Zu Einzelheiten siehe Claire G. Moses, *French Feminism in the Nineteenth Century,* Albany, N. Y. 1984; Barbara Taylor, *Eve and the New Jerusalem: Socialism and Feminism in the Nineteenth Century,* London/New York 1983; Jane Rendall, *The Origins of Modern Feminism: Women in Britain, France, and the United States, 1780–1860,* New York 1984.
29 Laboulaye, *Recherches* (wie Anm. 15), S. 13.
30 Ebd., Buch V, S. 447.
31 Ebd., S. 528.
32 Karen Offen, »Ernest Legouvé and the Doctrine of ›Equality in Difference‹ for Women: A Case Study of Male Feminism in Nineteenth-Century French Thought«, in: *Journal of Modern History,* 58, No. 2 (Juni 1986), S. 452–484.
33 Jules Michelet, *L'Amour* (1858), in: *Œuvres complètes de Michelet,* Bd. 18, hg. v. Paul Viallaneix, Paris 1985, S. 64 u. 67; siehe auch ders., *Le Prêtre, la femme et la famille,* Paris 1845, und *La Femme,* Paris 1859.
34 Siehe dazu Jules Michelet, *Journal,* texte intégral, établi sur les manuscrits autographes et publié pour la première fois, avec une introduction, des notes et de nombreux documents inédits par Paul Viallaneix, 3 Bde., Paris 1959ff. Zur literaturwissenschaftlichen Analyse des Frauenbildes bei Michelet: Jeanne Calo, *La Création de la femme chez Michelet,* Paris 1975; Linda Orr, *Jules Michelet: Nature, History, and Language,* Ithaca, N. Y. 1976; Edward K. Kaplan, *Michelet's Poetic Vision. A Romantic Theory of Nature, Men, and Women,* Amherst, Mass. 1977; Jose Cabanis, *Michelet, le prêtre et la femme,* Paris 1978; Thérèse Moreau, *Le Sang de l'histoire: Michelet, l'histoire et l'idee de la femme au XIXe siècle,* Paris 1982. Siehe auch die Biographie von Stephen A. Kippur, *Jules Michelet: A Study of Mind and Sensibility,* Albany, N. Y. 1981.
35 Jules Michelet, *Les Femmes de la Révolution,* Paris/Brüssel/Leipzig 1854. Zwischen 1854 und 1877 erfolgten fünf Auflagen; zur Zweihundertjahrfeier der Französischen Revolution erschien 1988 ein Nachdruck bei Carrère in Paris. Die erste englische Übersetzung wurde 1855 von Meta Roberts Pennington in Philadelphia veröffentlicht. Ebenso aufschlußreich für Fragen nach männlicher Autorenschaft einer Geschichte von Frauen sind Michelets Arbeiten zu Jeanne d'Arc oder sein 1862 erschienenes Buch *La Sorcière.*
36 Jules Michelet, *Histoire de la Révolution française,* 7 Bde., Paris 1847–53. Siehe

Anthony P. Pisano, *La Nouvelle Beatrice: The Role of Women in the Life and Writings of Jules Michelet, 1848–1860*, Ph.D. Dissertation, University of Notre Dame, 1974. Pisano bezieht sich auf das unpublizierte Manuskript von Michelets Vorlesung am *Collège de France*, das in den Archiven der *Bibliothèque de la Ville de Paris* erhalten ist.

37 Vgl. Pisano, *La Nouvelle Beatrice* (wie Anm. 36), S. 55.

38 Louis DuBroca, *Les Femmes célèbres de la Révolution*, Paris 1802; ins Englische übersetzt als *Interesting Anecdotes of the Heroic Conduct of Women, Previous to and During the French Revolution. Tr. from the French of M. DuBroca, and other writers of authenticity*, 1. amerikan. Aufl. Baltimore 1804, später als *Heroic Women of France*, Cincinnati 1846. Ernest Lairtullier, *Les Femmes célèbres de 1789 à 1795, et leur influence dans la révolution, pour servir de suite et de complément à toutes les histoires de la Révolution française*, Paris 1840.

39 Vgl. Adolphe Thiers, *Histoire de la Révolution française*, 10 Bde., 1. Aufl. Paris 1823–27; François A. Mignet, *Histoire de la Révolution française depuis 1789 jusqu'en 1814*, 1. Aufl. Paris 1824. Zu dieser frühen Historiographie siehe Paul Farmer, *France Reviews its Revolutionary Origins*, New York 1948.

40 Vgl. Ernest Legouvé, *Histoire morale des femmes*, 1. Aufl. Paris 1849; Theodore Stanton, »France«, in: ders., *The Woman Question in Europe*, New York 1884, S. 234–238.

41 Siehe oben Anm. 35 u. 36.

42 Jules Michelet, *Les Femmes de la Révolution* (1854), Paris 1988, S. 92.

43 Zu Michelets Obsession, die Frauen unter Kontrolle zu halten, siehe die Analyse von Thérèse Moreau, *Le Sang de l'histoire* (wie Anm. 34); vgl. ebenso Helga Grubitzsch, »A Paradigm of Androcentric Historiography: Michelet's *Les Femmes de la Révolution*«, in: Arina Angermann u. a. (Hg.), *Current Issues in Women's History*, London 1989, S. 271–288.

44 Michelets Anordnungen sollten mit den von den englischen Puritanern mehr als eineinhalb Jahrhunderte zuvor vertretenen Elementen patriarchaler Kontrolle innerhalb des Haushalts sowie mit den Praktiken deutscher Protestanten verglichen werden. Vgl. dazu Sheila Rowbotham, *Hidden from History: Rediscovering Women in History from the 17th Century to the Present*, New York 1976 (zuerst: London 1973), S. 9. Material für weitere Vergleiche findet sich bei Lawrence Stone, *The Family, Sex, and Marriage in England, 1500–1800*, gekürzte Ausg. New York 1977, und bei Steven Ozment, *When Fathers Ruled: Family Life in Reformation Europe*, Cambridge, Mass. 1983.

45 Jules Michelet, *La Femme* (1859), in: *Œuvres complètes*, Bd. 18 (wie Anm. 33), S. 535. Zu den Vorstellungen Michelets in *L'Amour* und *La Femme* siehe auch Erna Olafson Hellerstein, *Women, Social Order, and the City: Rules for French Ladies*, unveröffentl. Doktorarbeit, University of California, Berkeley 1980, sowie Moses, *French Feminism* (wie Anm. 28), S. 158–161.

46 Jules Lemaître, »›L'Amour‹ selon Michelet« (1896), in: ders., *Les Contemporains. Études et portraits littéraires. Septième série*, 3. Aufl. Paris 1899, S. 47–66, hier S. 52; Léopold Lacour, *Humanisme intégral; le Duel des sexes; la Cité future*, Paris 1897, S. 180.

47 Unter den ersten waren: Caroline Schultze, *La Femme-médécin au XIX*[e] *siècle*,

Paris, Thèse de doctorat, Faculté de médécine, 1888; Sarmisa D. Bilcesco, *De la Condition légale de la mére en droit romain et en droit français*, Paris, Thèse de doctorat, Faculté de Droit, 1890; Jeanne-Marie-Marguerite Chauvin, *Des Professions accessibles aux femmes en droit romain et en droit français, et l'évolution historique de la position économique de la femme dans la société*, Paris, Thèse de doctorat, Faculté de Droit, 1892.

48 Vgl. Léon Abensour, *La Femme et le féminisme avant la Révolution*, Paris, Thèse de doctorat, Faculté des Lettres, 1923, Neudruck 1977; Marguerite Thibert, *Le Féminisme dans le socialisme français de 1830 à 1850*, Paris, Thèse de doctorat, Faculté des Lettres, 1926.

III.
Historisierung von Literatur und Kunst

HARRO MÜLLER

Thesen zur Geschichte des Historischen Dramas und des Historischen Romans (1773–1888)

Erstens werde ich Anmerkungen zur Definition des Historischen Dramas/Historischen Romans bieten und modernitätstheoretische Voraussetzungen formulieren. Zweitens werde ich einige Formtypen des Historischen Dramas vorstellen, mich dabei auf die Zeit zwischen 1773 und 1835 konzentrieren, und drittens werde ich erläuternde Hinweise zum Historischen Roman in der zweiten Hälfte des 19. Jahrhunderts geben (1848–1888). Die interne Zäsurierung des Artikels ergibt sich u. a. daraus, daß zumindest im deutschsprachigen Zusammenhang bis zur Mitte des 19. Jahrhunderts innerhalb der vom Publikum angenommenen Gattungshierarchie das Drama an der Spitze stand und dann nach 1848 vom Roman abgelöst wurde. Daß der Text sehr skizzenhaft und fragmentarisch ausfällt, liegt nicht nur am Umfangsproblem, sondern auch an der Datenmasse. So sind für die zweite Hälfte des 19. Jahrhunderts über 750 Historische Romane belegt[1]; ich vermute, daß mindestens die gleiche Anzahl von Historischen Dramen seit dem Sturm und Drang bis zur Mitte des 19. Jahrhunderts publiziert worden ist.

I.

Auf den ersten Blick und mit großzügigem Reduktionsverfahren fällt es nicht schwer, eine Minimaldefinition des Historischen Dramas, des Historischen Romans zu liefern. Historische Dramen/Historische Romane sind ästhetische Texte, die ohne personale, zeitliche und räumliche Referenz nicht auskommen können. Zwischen der Schreibsituation und dem retrospektiv ausgewählten Zeitabschnitt ist eine temporale Differenz anzunehmen, die – auch nicht unumstritten – von einer Generation (also circa 30 Jahre) über die häufig benutzten mittleren Vergangenheiten bis zur Urgeschichte reicht. Diese Grobdefinition könnte man gattungstheoretisch spezifizieren, indem man Unterschiede zwischen Historischem Roman und Historischem Drama benennt; das will ich nicht tun, sondern einige Gesichtspunkte anführen, die erklären helfen, warum das Historische Drama/der Historische Roman im gewählten Zeitabschnitt so hoch prämierte Gattungen gewesen sind.

Seit der zweiten Hälfte des 18. Jahrhunderts, mit dem Umbau von der stratifikatorischen zur funktional differenzierten Gesellschaft, bildet sich verstärkt ein eigenständiges Kunstsystem aus, das über einen eigenständigen Code und über spezifische Programme verfügt.[2] Kunst ist in der Selbstbeschreibung des Kunstsystems autonome Kunst und löst sich vom ethischen und vom kognitiven Diskurs. Zugleich ist Kunst in ein irreduzibles Spannungsfeld zwischen Selbstreferenz und Fremdreferenz eingespannt. Positionen, die sich dem Ästhetizismus nähern, akzentuieren Selbstreferenz (z. B. die frühromantische Ironie); Positionen, die Fremdreferenz betonen, heben die Abbildungsqualität von Kunst hervor. Historische Romane, Historische Dramen setzen in unterschiedlicher Dosierung auf Fremdreferenz und produzieren so Realitätseffekte; sie kommen allerdings nie ohne Selbstreferenz aus. Kein Historischer Roman, kein Historisches Drama präsentiert, wie es eigentlich gewesen ist, es sind vielmehr Konstruktionen, die von einem Autor zu einem bestimmten historischen Zeitpunkt für ein Publikum geschrieben worden sind, das über ein gewisses enzyklopädisches Vergangenheitsbewußtsein verfügt. Der Relation zwischen Selbstreferenz und Fremdreferenz entspricht z. B. im Selbstbeschreibungssystem der Literatur folgende Rollenverteilung. Der Autor kann sich zum Herrn der Geschichte stilisieren (Lessing), er kann sich in die Rolle des Geschichtsschreibers begeben (Büchner, Grabbe) oder in die des Geschichtstreibers (Börne).

Semantikgeschichtlich ist mit der Umstellung auf die moderne Gesellschaft die Ausbildung von Kollektivsingularen verknüpft, die häufig als transzendentale Signifikate funktionieren. So auch der Kollektivsingular Geschichte[3], der die vielen Geschichten homogenisiert, temporalisiert, massiv mit Sinnvorgaben ausstattet und zugleich die Zeitmodalitäten Vergangenheit, Gegenwart und Zukunft miteinander verknüpfen kann. Andererseits ist die Moderne durch strenge Asymmetrisierung der Zeitmodalitäten gekennzeichnet. Nicht nur wird in der Moderne auf Beschleunigung umgestellt, die Gegenwart selbst wird historisiert, und die Unterschiede zwischen gegenwärtiger Vergangenheit und vergangener Gegenwart, zwischen gegenwärtiger Zukunft und zukünftiger Gegenwart werden stark akzentuiert. Die Schere zwischen Erfahrung und

Erwartung (Koselleck) erzeugt Orientierungsbedarf. Dieser Orientierungsbedarf kann partiell durch das sich ausbildende Wissenschaftssystem gedeckt, partiell auch durchs Kunstsystem bearbeitet werden. Nun gibt es je systemspezifische Bearbeitungsweisen. Für das Kunstsystem scheint es mir so zu sein, daß – zumindest in avancierten Historischen Dramen, in avancierten Historischen Romanen – das transzendentale Signifikat Geschichte mit seiner universalgeschichtlichen Progressionsannahme und seiner Stilisierung der Geschichte zum »grand récit« relativ frühzeitig in Frage gestellt, ausgehöhlt und fragmentiert wird. Im Kunstsystem ist in der Moderne die Möglichkeit für »preadaptive advances« besonders groß, gerade weil die Programme (Ästhetiken, Stilkonzeptionen) nicht so rigide sind wie die im Wissenschaftssystem benutzten, funktional äquivalenten Theorien/Methodologien. Diesen Tatbestand kann man sich an einem anderen Sachverhalt verdeutlichen: Für Historische Romane, Historische Dramen gilt das Vetorecht der Quelle (Koselleck) nicht. Auch ist das Empirisierungsgebot außer Kraft gesetzt, man muß nicht den wissenschaftlichen Regeln argumentativen Vorgehens gehorchen, zudem besitzt man bei den Narrationsverfahren einen wesentlich größeren Spielraum, als ihn die Historiographie hat, so kann man z. B. bei Nebenfiguren ohne Schwierigkeiten fiktive Figuren einführen. Würde man das in der Historiographie tun, würde man schnell des Feldes verwiesen.

Wie kann man nun diese notwendig fragmentarischen Anmerkungen im Hinblick auf das Historische Drama spezifizieren? Ich biete keine Geschichte des Historischen Dramas im ausgewählten Zeitabschnitt, sondern möchte nur auf besonders interessante und fortführende Problembearbeitungen verweisen. Dabei greife ich hauptsächlich auf Klassiker des Historischen Dramas zurück und beschränke mich auf deutsche Literatur.[4]

II.

1. Johann Wolfgang von Goethes *Götz von Berlichingen* (1773) kann man als Diskursbegründer innerhalb der Gattung Historisches Drama in der Moderne begreifen, weil in diesem Drama eine emphatisierte Individualitätskonzeption ausformuliert wird, die weitreichende Folgen hat. Weil das besondere Individuum nicht mehr der besondere Fall einer

allgemeinen Regel ist, kann ihm irreduzible Eigentümlichkeit zugeschrieben werden: Götz ist immer Götz. Diese Ineffabilitätskonzeption ermöglicht es, das emphatisierte Individuum als Ort zu markieren, der im Rückgriff auf die Vergangenheit immer wieder neue Identitätskonzepte produzieren kann. Insofern kann man diese Individualitätskonzeption modernitätstheoretisch nicht nur gut mit der Beschleunigungsannahme korrelieren, sondern auch mit dem Innovationsbedarf, der in allen Teilsystemen besteht.

2. Setzt Goethe auf den Satz »Individuum est ineffabile« und präsentiert eine weiträumig angelegte, vielpersonige Geschichte aus der Umbruchszeit vom Mittelalter zur Neuzeit, die Geschichte episiert und in relativ selbständigen anschaulichen Bildern mit schwacher kausaler Verknüpfung darstellt, so dramatisiert Schiller die Geschichte zu der *einen* Universalgeschichte und konstruiert als Überbrückungsunternehmen zur Asymmetrieannahme eine triadisch angelegte Versöhnungsphilosophie. Ich verweise nur auf die Ästhetischen Briefe, in denen Schiller in einer eindrucksvollen Rhetorik seine Jetztzeit als entzweite Zeit vorstellt. Die Schillerschen Dramenfiguren sind nicht mehr Individuen im Goetheschen Sinne, sondern Symbolfiguren, die als Repräsentanten der Menschheit fungieren. Besonders gut kann man sich dieses geschichtsphilosophische Programm an dem Historischen Drama *Maria Stuart* (1800) klarmachen. Ihr erhabener Tod zeugt von Versöhnung zwischen Pflicht und Neigung, zwischen Formtrieb und Stofftrieb; ihr Opfer verweist zugleich auf das mögliche Ende aller Entzweiung, auf die Hochzeit zwischen realer und idealer Kommunikationsgemeinschaft.[5]

3. Diese menschheitsgeschichtliche Konzeption kann nun nationalgeschichtlich reformuliert werden. Transzendentales Signifikat ist dann nicht mehr die Menschheit oder die Geschichte, sondern die Nation. Auf diesem Feld hat sich besonders der vaterländische Dichter Heinrich von Kleist hervorgetan. Im *Prinz Friedrich von Homburg* (veröff. 1821) wird die Individualitätskonzeption weiter verrätselt und das Problem Gesetz/Ausnahme intensiv veranschaulicht. Nicht umsonst endet das Drama mit dem schneidigen, im Chor gesprochenen Ausruf: »In den Staub mit allen Feinden Brandenburgs!« In der *Hermannsschlacht* (veröff. 1821; Teildr. 1818) wird im Rückgriff auf germanische Geschichte das transzendentale Signifikat Nation in Aktion gezeigt. Die Entmoralisierung des politischen Diskurses wird in einer bis zu diesem Zeitpunkt kaum glaublichen Radikalität und Brutalität präsentiert. Sie verweist unter an-

derem darauf, daß das politische System in der Moderne kein System ist, das gemäß einer Moralkonzeption funktioniert.

4. Strenge Entmoralisierung der Geschichte auch bei Christian Dietrich Grabbes *Napoleon oder die hundert Tage* (1831; aufgef. 1869).[6] Nicht mehr der moralisch-juridische Diskurs Schillerscher Provenienz ist bestimmend für die präsentierte Diskursformation, sondern der historisch-politische (Foucault). Geschichte ist nicht mehr Fortschrittsgeschichte oder Emanzipationsgeschichte dialektischer oder nichtdialektischer Provenienz, sondern Machtgeschichte, in der große Einzelne die Chance haben, in heroischen Ausnahmesituationen erhabene Augenblicke zu produzieren. Zugleich wird Geschichte paradoxiert: Geschichte ist machbar und nicht machbar, ist qualitative Kulturgeschichte mit Interventionsmöglichkeiten und qualitätslose Naturgeschichte zugleich, die stets ihre Opfer einfordert. Diese nichtdialektische, paradoxe Geschichtskonzeption ist auch für Georg Büchners Historisches Drama *Danton's Tod* (1835; aufgef. 1902) kennzeichnend.[7] Aus der Perspektive von Robbespierre und Saint Just stellt sich Geschichte als erhabene Tragödie dar, d. h. Robbespierre und Saint Just wollen mit Hilfe von Jammer und Schrecken die Vollendung des Menschengeschlechtes bewirken. Aus der Perspektive von Danton erscheint Geschichte als nicht beeinflußbares Marionettenspiel. Der Widerspruch zwischen erhabenem Akteur und determinierter Marionette wird nicht geglättet, deshalb favorisiert Büchner eine paradoxe Konzeption, die nicht in ein positives transzendentales Signifikat überführt werden kann. Insofern treiben sowohl Grabbe als auch Büchner das transzendentale Signifikat Geschichte in eine Krise und überführen es in eine aporetische Situation. Ihr Personal besteht nicht aus Individuen, auch nicht aus Symbolträgern, sondern aus Rollendarstellern, die wissen: »Wir stehen immer auf dem Theater, wenn wir auch zuletzt im Ernst erstochen werden.«[8]

Kleist, Büchner und Grabbe weisen schon auf die literarische Moderne hinaus und vertreten Konzeptionen, die mit dem Historismus schlecht kompatibel gemacht werden können. Deshalb beginnt ihre Wirkungsgeschichte im wesentlichen erst nach 1880. Der Historismus in seinen vielfältigen Ausformungen ist aber während der Zeit des poetischen, des bürgerlichen Realismus der Leitdiskurs. Aus diesem Grunde besteht zwischen Historischem Roman und Historismus in der zweiten Hälfte des 19. Jahrhunderts eine enge Kooperation, und Historismuskonzeptionen werden erst gegen Ende dieses Zeitabschnitts im Historischen Roman radikal in Frage gestellt. Zugespitzt könnte man folgende These vertreten: In gewisser Weise ist erst mit Raabe eine Position innerhalb der Gattung Historischer Roman erreicht, die Büchner und Grabbe in der Gattung Historisches Drama in den dreißiger Jahren markiert haben. Diesen Sachverhalt möchte ich im dritten Abschnitt dieses Textes verdeutlichen.[9]

III.

In der zweiten Hälfte des 19. Jahrhunderts hatte der Historische Roman eine erstaunliche Konjunktur. Nach der z. T. traumatischen Erfahrung des Scheiterns der 1848er Revolution läßt sich ein verstärkt rückwärtsgewandtes Orientierungsinteresse beim bürgerlichen Publikum beobachten. Hier kann der Historische Roman vorzüglich anschließen, zumal sich auf kulturellem Feld breitflächig und äußerst erfolgreich der Historismus als dominierender Diskurs durchsetzt. Der Historismus mit seinen Leitbegriffen Geschichtlichkeit, Individualität, Entwicklung, Nation, Universalgeschichte besetzt zugleich den Bildungsbegriff: Der Bürger ist nur als historisch gebildeter Bürger wirklich gebildet. Historismuspositionen bestimmen zudem das Feld der sich stark verwissenschaftlichenden und sich professionalisierenden Historiographie (Ranke, Droysen, Sybel, Mommsen, Treitschke, Burckhardt), die mit großen, vorwiegend narrativ organisierten Geschichtsdarstellungen als Konkurrentin zum Historischen Roman auftritt, zumeist einen historischen Idealismus favorisiert und – Konkurrenz hebt das Geschäft – die große Konjunktur des Historischen Romans in der zweiten Hälfte des 19. Jahrhunderts wiederum mitbegünstigt.

Innerhalb des Untersuchungzeitraums 1848–1888 bildet auf der Folie politischer Ereignisgeschichte die Bismarcksche Reichsgründung einen wichtigen Einschnitt. Das Ende der Epoche ist zugleich das Ende des Historismus als interdiskursives Verklammerungssystem. Mit dem Naturalismus setzt nicht nur die Karriere des literarischen Modernebegriffs ein, der stets Positionen des Historismus als Negativfolie zur Abgrenzung benutzt, sondern das interdiskursive Verklammerungssystem wird jetzt vorwiegend von der Naturwissenschaft bestimmt, welche die Leitfunktion der Historiographie übernimmt. Auf eigentümliche Weise können bei dieser Verschiebung Positionen Zugewinn erzielen, die nicht mehr auf den Kollektivsingular *Geschichte*, sondern auf das *Leben* als nicht weiter zurückführbares transzendentales Signifikat setzen. Diese epochale Verschiebung des interdiskursiven Systems erklärt zugleich folgenden Befund: Historische Romane, wofern sie eng mit Historismuspositionen verknüpft sind, nehmen innerhalb der literarischen Moderne seit dem Naturalismus eher eine Randposition ein, stehen im 20. Jahrhundert unter Legitimationsdruck und müssen jenseits des Historismus mit seiner Wahrscheinlichkeitspoetik neue Schreibverfahren ausbilden, wenn sie in der literarischen Moderne erfolgreich sein wollen.[10]

In der zweiten Hälfte des 19. Jahrhunderts nahm die Produktion Historischer Romane kulturindustrielle Züge an. Welche Marktstrategien mußte man benutzen, um sich am Markt durchzusetzen, zu behaupten oder gar die Auflage zu steigern? Da gab es – wie auch heute – keine erfolgssicheren Patentrezepte, allerdings sind stets gewisse Leitlinien zu beachten. Die Historischen Romane durften im Hinblick auf Erzählverfahren und Sprachorchestrierung nicht zu kompliziert oder gar streng innovativ angelegt werden. Sie mußten breite, süffig geratene Schilderungen mit Überschaubarkeitseffekten und kalkulierten Spannungsbögen enthalten, herkömmliche Illusionstechniken benutzen und die Unterhaltungsqualitäten akzentuieren. Beim immer wieder zu spielenden Spiel zwischen Bekannt und Fremd, zwischen Nah und Fern, zwischen Vertraut und Unvertraut galt es stets, eine Dosierung zu finden, welche die Schere zwischen Wiederholung und Innovation nicht zu groß werden ließ, um die für den Erfolg stets notwendigen Wiedererkennungseffekte einbauen zu können. Insgesamt war es unabdingbar, sich im Rahmen einer ›realistischen‹ Wahrscheinlichkeitspoetik mit ihren herkömmlichen Erzähltechniken und ihren traditionellen Illusionierungsverfahren zu bewegen, die allerdings Raum ließ für erfundene und auch phantasievoll ausgemalte Textabschnitte, die häufig genug die Geschichte(n) zu stimmigen National-Geschichten runden halfen.

Erfolg konnte sich mit Hilfe eines durchschlagenden Einzelwerks einstellen. Nach Anfangsschwierigkeiten setze sich Joseph Victor von Scheffels *Ekkehard* (1. Aufl. 1855; 3. Aufl. 1871; 104. Aufl. 1888) erfolgreich durch, und Scheffel war im zweiten Kaiserreich einer der meistgelesenen, wenn nicht der meistgelesene Autor. Das probate Mittel, am Markt längerfristig zu plazieren, war allerdings Massenproduktion. In möglichst nicht zu langen Abständen immer wieder einen möglichst umfangreichen, mehrbändigen Historischen Roman zu produzieren und zugleich die Veröffentlichungsmöglichkeiten des Marktes (Zeitschriftenvorabdrucke) zu nutzen war der erfolgversprechende Weg. So hat Konrad Bolander zwischen 1857 und 1897 immerhin sechzehn dickleibige historische Schinken produziert; Emil Bratvogel, der Verfasser der Friedemann-Bach-Biographie, produzierte in der Zeit 1857 bis 1880 zwölf umfangreiche Texte; Felix Dahn von 1874 bis 1900 sechzehn Historische Romane; übertroffen wurden sie alle durch Louise Mühlbach, der es gelang, in der Zeit zwischen 1851 und 1874 neunundzwanzig stets mehrbändige Historische Romane zu veröffentlichen. Das war also mehr oder weniger industrielle Züge tragende Fließbandproduktion, Unterhaltungsware auf unterschiedlichem Niveau für ein bildungsbedürftiges, lesefreudiges bürgerliches Publikum, das sich vorwiegend amüsieren und in Maßen belehrt werden wollte und das – in fernsehloser Zeit – Lesestoff für gemäßigt imaginative Abenteuer suchte, um dem häufig langweiligen Alltag mit seinen jeweiligen Routinen zu entkommen.

Aus der Fülle des kaum überschaubaren Materials Anmerkungen zu einem erfolgreichen Renner der Gattung Historischer Roman in der zweiten Hälfte des 19. Jahrhunderts:

Joseph Victor von Scheffel publizierte 1855 den Historischen Roman *Ekkehard. Eine Geschichte aus dem zehnten Jahrhundert.*[11] Das Vorwort verweist auf die enge Kooperation zwischen Historiographie und Historischem Roman: »Dies Buch ward verfaßt in dem guten Glauben, daß es weder der Geschichtsschreibung noch der Poesie etwas schaden kann, wenn sie innige Freundschaft miteinander schließen und sich zu gemeinsamer Arbeit vereinen.«

»Die geschichtliche Wiederbelebung der Vergangenheit« ermöglicht zugleich den Entwurf eines Gegenbilds zur Gegenwart, welche durch »Herrschaft der Abstraktion und Prosa«, durch müßige Selbstbeschauung des Geistes und nicht zuletzt durch Formen und Schablonen gekennzeichnet sei und die Kritik vor schöpferischer Produktion favorisiere. In gemütlich-gemüthaftem Ton mit Anflügen von Humor und Ironie wird die unmögliche Liebesgeschichte zwischen dem Mönch Ekkehard und der Herzogin Hadwig von Schwaben erzählt. Verwicklungen bleiben nicht aus; es kommt zu keinem Happy-End; von den Wirren der Liebe führt das Leben Ekkehard in die gewaltige Natur; und unter einfachen Menschen findet er sich selbst, wird poetisch produktiv und dichtet das Waltharius-Lied, das in Hadwigs Hände gelangt. Anschließend zieht er hinaus »in die weite Welt«.

Organisch aufgebaute soziale und politische Lebensformen, die sich vorteilhaft von der als mechanisch interpretierten Jetztzeit abheben, Naturapologie, Liebesgeschichte(n), Volksmythologie und nicht zuletzt gängige Kunstmetaphysik – der Dichter als Schöpfer – werden in diesem Historischen Roman ineinandergewoben. Zahlreiche Fußnoten verweisen darauf, daß der Autor für das von ihm produzierte »anschauliche Bild« den Anspruch auf historische Exaktheit erhebt und auf diese Weise Realismuseffekte erzielen will. Scheffel mischt Formen bürgerlich-konservativer Kulturkritik, die stets das Organische gegenüber dem Mechanischen, das Anschaulich-Konkrete gegenüber dem Begrifflich-Abstrakten vorzieht, mit einer allgemein-menschlich gehaltenen, herben Liebesgeschichte, benutzt herkömmliche Erzählverfahren und legt zugleich Wert auf historische Belegbarkeit. Deutlich zeigen sich in dieser Scheffelschen Anordnungsstrategie die interdiskursiven Verknüpfungsmöglichkeiten mit dem Historismus, der ja auch glaubt, Geschichte in anschaulich präsentierten, organisch verlaufenden Geschichten einfangen zu können, und der zudem stets strenge Belegbarkeit sämtlicher »Fakten« bis heute einfordert. Da Scheffels ›regressive‹ Geschichtsidylle sich zudem gängiger Kunstideologie bedient – »echte Dichtung macht den Menschen frisch und gesund« –, ist es zumindest nicht ganz unverständlich, daß dieser im Mittelalter spielende Historische Roman nach 1870 zum Lieblingsbuch der deutschen Bildungsbürger im zweiten Kaiserreich wurde.

Neben diesen vielfältigen Formen der Unterhaltungsware gibt es auch Historische Romane, die höheren Qualitätsanforderungen gerecht werden. Deren Schreibfeld ist weit gesteckt. Das reicht von der Präsentation ambivalent gesehener heroischer Individuen (C. F. Meyer) über das Aufzeigen kritischer Perspektiven (H. Kurz) und das Formulieren utopischer Gegenbilder (A. Stifter) bis zur polyperspektivischen Brechung von Geschichte (W. Alexis) mit dem Betonen der metahistorischen Dimension (Th. Fontane) und zu Schreibversuchen, die das transzendentale Signifikat »Geschichte« radikal in Frage stellen und keine Entzifferungsregeln für das Buch der Geschichte angeben können (W. Raabe).

Das möchte ich mit Hinweisen zu Historischen Romanen von Theodor Fontane und Wilhelm Raabe verdeutlichen. Entheroisierung durch Perspektivismus kennzeichnet Theodor Fontanes Historischen Roman *Vor dem Sturm* (1878), der zur Zeit des antinapoleonischen Kampfes spielt. Dieser Roman bietet ein weitgefächertes gesellschaftliches Spektrum, in dem sich Entwicklungen, Meinungen und Äußerungen wechselseitig in ihrem Geltungsanspruch einschränken. Dieses Relativierungsspiel wird nicht nur durch die Fontanesche Dialogtechnik gesteigert, sondern auch dadurch, daß Fontane in seinen historischen Vielheitsroman *Vor dem Sturm* eine metahistorische Dimension einzieht, welche Schwierigkeiten und Probleme der Geschichtsdarstellung selbst erörtert. Ohne Zweifel stellt Fontanes erster veröffentlichter Roman in seiner metahistorischen Dimensionierung im deutschsprachigen Raum eine ganz besondere Leistung dar.

Die von Fontane akzentuierte metahistorische Dimension spielt auch in Wilhelm Raabes Historischem Roman *Das Odfeld* (1888) eine zentrale Rolle.[12] Dieser von einem poeta doctus verfaßte, komplex angelegte Roman behandelt Kriegswirren während des Siebenjährigen Krieges in Niedersachsen. Dabei wird keinerlei Geschichte von »oben« Raum gewährt und nicht preußische Heroengeschichte – Friedrich II. als erhabener Held des siebenjährigen Krieges – fortgeschrieben. Geschichte wird vielmehr von »unten« und aus dem Abseits polyperspektivisch dargeboten. Keiner Figur – auch nicht dem Erzähler – kommt eine Zentralperspektive zu. Geschichte scheint überhaupt nicht mehr durch ein personales Interaktionsmodell einfangbar zu sein. »Held« des Romans ist das Odfeld, das als Campus Odini zugleich Ort von Geschichte als Katastrophengeschichte ist; Geschichte als Katastrophengeschichte dementiert Geschichte als sinnvolle, gar heroisch angelegte Fortschrittsgeschichte. Damit betont dieser außergewöhnliche Historische Roman die Textualität von Geschichte, die Wahrscheinlichkeitspoetiken mit ihren Unmittelbarkeitseffekten stets zu verbergen suchen. Dieser zwischen humanistisch-gemütlichem und apokalyptischem Sprechen changierende Roman treibt den Desillusionierungsprozeß so voran, daß die Geschichte als Text keine Entzifferungsregeln mehr bereitstellt. Die Buchstaben der Geschichte, das Buch der Geschichte geben keinen ›sicheren‹ Sinn mehr her. Damit wird nicht nur das transzendentale Signifikat Geschichte ausgehöhlt und fragmentiert, sondern zugleich die poetische Abbildbarkeit der Welt radikal in Frage gestellt. Raabes gelehrter, enzyklopädisches Wissen voraussetzender Historischer Roman dementiert so herkömmliche Illusionierungstechniken und scheidet deshalb aus dem interdiskursiven Verklammerungssystem des Historismus aus: Er favorisiert keine wie auch immer ausfallende historische Ideenlehre mit ihren universalgeschichtlichen oder nationalgeschichtlichen Versatzstücken. Insofern stellt *Das Odfeld* mit seinen subjektdezentrierenden Verfahren einen Übergang zur literarischen Moderne dar, in der allerdings »die Angst der Welt« mit ungleich größerer Radikalität poetisch bearbeitet worden ist.

Anmerkungen

1 Vgl. die grundlegende Arbeit von Hartmut Eggert, *Studien zur Wirkungsgeschichte des deutschen historischen Romans 1850–1875*, Frankfurt/M. 1971; ebenfalls den nützlichen ›Realienband‹ von Hugo Aust, *Der historische Roman*, Stuttgart 1994, der viel Sekundärliteratur und lange Listen historischer Romane bietet.

2 Vgl. zu den modernitätstheoretischen Annahmen Harro Müller, »Luhmanns Systemtheorie als Theorie der Moderne«, in: ders., *Giftpfeile. Zu Theorie und Literatur der Moderne*, Bielefeld 1994, S. 91–107.

3 Vgl. Reinhart Koselleck, Art. »Geschichte, Historie«, in: *Geschichtliche Grundbegriffe. Historisches Lexikon zur politisch-sozialen Sprache in Deutschland*, hg. v. Otto Brunner, Werner Conze u. Reinhart Koselleck, Bd. 2, Stuttgart 1975, S. 593–717, hier Abschnitt Vff. (S. 647 ff.).

4 Vgl. Erika Fischer-Lichte, *Geschichte des Dramas*, 2 Bde., Tübingen 1990.

5 Ebd., Bd. 1, S. 334 ff.

6 Vgl. Harro Müller, »Subjekt und Geschichte. Reflexionen zu Grabbes Napoleon-Drama«, in: ders., *Giftpfeile* (wie Anm. 2), S. 143–158.

7 Harro Müller, »Theater als Geschichte – Geschichte als Theater. Büchners *Danton's Tod*«, in: ders., *Giftpfeile* (wie Anm. 2), S. 169–183.

8 Georg Büchner, *Danton's Tod*, in: Henri Poschmann (Hg.), *Georg Büchner. Dichtungen*, Frankfurt/M. 1992, S. 40.

9 Vgl. zu diesem Abschnitt die ausführlichere Fassung dieses Textes: Harro Müller, »Historische Romane«, in: Edward McInnes/Gerhard Plumpe (Hg.), *Bürgerlicher Realismus und Gründerzeit 1848–1890* (= *Hansers Sozialgeschichte der deutschen Literatur*, Bd. 6), München 1996, S. 690–707 u. 800 f. (Anm.).

10 Vgl. Harro Müller, *Geschichte zwischen Kairos und Katastrophe. Historische Romane im 20. Jahrhundert*, Frankfurt/M. 1988, S. 9 ff.

11 Joseph Victor von Scheffel, *Ekkehard. Eine Geschichte aus dem zehnten Jahrhundert*, Frankfurt/M. 1855.

12 Vgl. Albrecht Koschorke, »Der Rabe, das Buch und die Arche der Zeichen. Zu Wilhelm Raabes apokalyptischer Kriegsgeschichte *Das Odfeld*«, in: *Deutsche Vierteljahrsschrift für Literaturwissenschaft und Geistesgeschichte* 64 (1990), H. 3, S. 529–548.

ROBERT-JAN VAN PELT

Geschichte als Feigenblatt. Einige Überlegungen zum Verhältnis von Historismus und Architektur

Meine Lehrer für Architekturgeschichte fühlten sich im 19. Jahrhundert nie besonders wohl. Sie erklärten uns, daß die Architekten im letzten Jahrhundert den Mut verloren hätten, weil die Ingenieure dem Zeitgeist der Industriellen Revolution so erfolgreich Ausdruck verliehen hatten. Unser Lehrbuch zur Architekturgeschichte, Nikolaus Pevsners *An Outline of European Architecture*, bestätigte ihren Standpunkt. Pevsner beschrieb ›das Jahrhundert des Historismus‹ als ein krankes Zeitalter, in dem die Architekten sich lieber damit beschäftigten, Geschichten zu erzählen, als Künstler zu sein. Dabei hatte alles so vielversprechend begonnen. Der Engländer John Soane (1753–1837) und der Preuße Friedrich Gilly (1772–1800) waren mit ihren innovativen Entwürfen dem Ziel, einen ›neuen Stil‹ für das ›neue Jahrhundert‹ zu prägen, schon sehr nahe gekommen. Dann war allerdings irgend etwas schiefgegangen. Während des ganzen nächsten Jahrhunderts gaben sich die Architekten damit zufrieden, ältere Stilrichtungen zu imitieren. Sie widmeten sich dem neugriechischen und neugotischen Baustil sowie der Neo-Renaissance und dem Neo-Barock. Deshalb fragte Pevsner sich auch: »Warum mußten erst hundert Jahre vergehen, bevor ein wirklich ›moderner‹ Stil sich durchsetzen konnte? Warum hat das 19. Jahrhundert Soane und Gilly einfach vergessen und begnügte sich mit der Nachahmung der Vergangenheit? In einem Zeitalter, das von großen Erfolgen in Handel, Industrie und Technik geprägt war, hätte man einen solchen Mangel an Selbstbewußtsein wirklich nicht erwartet.«[1]

Pevsner gab natürlich auch die Antworten auf diese Fragen. Seiner Ansicht nach waren die neuen Auftraggeber der Architekten für diese Entwicklung verantwortlich. Die Industriellen, die sich meistens selbst emporgearbeitet und keine nennenswerte Erziehung genossen hatten, fühlten sich nicht an die kurzlebigen Wertvorstellungen gebunden, die den Kunstgeschmack der adligen und gebildeten Schichten im 18. Jahrhundert bestimmt hatten. »Die neue Führungsschicht konnte sich nur assoziative Kriterien für die Beurteilung von Architektur erschließen.«

Da ihnen jegliches Feingefühl abging, verlangten die neureichen Philister, daß nach »Regeln gearbeitet wurde, die sie selbst verstehen und überprüfen konnten, eben den Regeln der genauen Nachahmung.« Pevsner meinte, daß die Architekten ihrerseits nur zu glücklich waren, diesem Anliegen zu entsprechen. Die Umorientierung der Zunft an den Maßstäben archäologischer Genauigkeit führte zur Veröffentlichung der ersten Architekturgeschichten, die detailliert die historische Entwicklung von Baustilen beschrieben und auf diese Weise die neue Baupraxis ermöglichten. »In ihren Forschungen beschäftigten sich die Architekten nicht mehr mit ästhetischer Theorie, sondern konzentrierten sich auf historische Studien. Aufgrund des Prinzips der Arbeitsteilung, das die Architektur wie andere Künste vom industriellen Fertigungsprozeß übernommen hatte, konnten die Baumeister immer auf einen gut sortierten Vorrat geschichtlicher Stilelemente zurückgreifen.« »Deshalb«, fährt Pevsner trocken fort, »ist es nicht erstaunlich, daß im neunzehnten Jahrhundert weder der Wunsch noch die Zeit für die Entwicklung eines eigenständigen, originellen Baustils vorhanden waren.«[2]

Der Kunsthistoriker David Watkin hat mit Pevsners Vorstellung gründlich aufgeräumt, daß »die ordinären, neureichen Auftraggeber aus der Mittelschicht, die industrielle Führungsriege mit ihrer geschmacklosen Kleidung, ihrem schlechten Benehmen und ihrer derben Ausdrucksweise« für den Eklektizismus des 19. Jahrhunderts verantwortlich waren.[3] Trotzdem besteht kein Zweifel, daß die Architekten des 19. Jahrhunderts selbst das Gefühl hatten, von einer agierenden in eine reagierende Rolle gedrängt worden zu sein. In seiner Schrift *Entretiens sur l'architecture* (1863/72) hat der berühmte französische Architekt Eugène Emmanuel Viollet-le-Duc (1814–1879) die Nöte seines Berufsstandes sehr anschaulich zusammengefaßt:

»Die Architektur, die von Amateuren und Akademikern, von Professoren, die keine Loyalität kennen, von Archäologen und Liebhabern des klassischen Altertums und des Mittelalters, von Wissenschaftlern, Ökonomen und interessierten Laien mal hierhin, mal dorthin getrieben wird, muß Zugeständnisse machen und Streitigkeiten vermeiden, um zu überleben. So tastet sie sich in ständiger Angst vor Verfolgung und in dem ständigen Bemühen, alle Ratschläge zu befolgen, voran, obwohl ihr trotzdem von allen Seiten mit Neid und offener Feindschaft begegnet wird. Das führt natürlich dazu, daß die fertiggestellten Bauwerke niemanden zufriedenstellen. Die ganze Stadt beschwert sich dann: ›Warum sind unsere Architekten nicht in der Lage, einen Baustil zu entwickeln, der für unser

Zeitalter charakteristisch ist?‹ ... Alle Welt moniert, daß die Architekten keine kreativen Ideen mehr entwickeln, und deshalb wollen alle den Architekten ihre Vorstellungen aufzwingen. Wenn zum Beispiel ein Wissenschaftler befragt wird, nimmt er bereitwillig zu Kunstfragen Stellung, und auch ein Bergbauingenieur ist sich nicht zu schade, den Entwurf eines Kapitells zu erörtern. Sogar ein einfacher Verwalter, mit dem man organisatorische Probleme lösen will, erklärt ungefragt, daß er Pilaster nicht mag und auf keinen Fall Pfeiler akzeptieren könne, da er schlichte Wände (die mehr Kosten verursachen) vorziehe. Wenn das Gebäude fertig ist, wird derselbe Verwalter allerdings kundtun, daß der Architekt völlig inkompetent ist, weil diese glatten Wände das Gebäude wie eine Baracke erscheinen lassen, und daß sie unbedingt mit Halbsäulen (also Pfeilern) hätten geschmückt werden sollen.«[4]

Für Viollet-le-Duc waren nicht so sehr die fehlende Bildung und der daraus resultierende schlechte Geschmack der einzelnen Auftraggeber als vielmehr das überflüssige historische Wissen der Mitglieder der kommunalen Bauausschüsse, die sich mit den öffentlichen Bauten befaßten, für die Misere verantwortlich. In deren Zuständigkeit fielen Bahnhöfe, Theater, Opern, Museen, Schulen, Universitäten, Hotels, Krankenhäuser und all die anderen Gebäude, die die sich entwickelnde städtische Kultur in den Metropolen repräsentierten.

Aber unabhängig davon, wie das Verhältnis zwischen Auftraggebern und Architekten tatsächlich beschaffen war, selbst wenn die Beziehung zwischen beiden Parteien völlig harmonisch gewesen wäre und sie die gleichen ästhetischen Prinzipien geteilt hätten, so hätten die Architekten des 19. Jahrhunderts trotzdem das berechtigte Gefühl gehabt, daß sich ihr Berufsstand in einer Krise befand; sie hätten sich trotzdem der Architekturgeschichte zugewandt, um sich neu zu orientieren und sich ihrer Identität zu vergewissern, denn zwischen 1780 und 1830 hatten die Architekten den größten Teil ihres vormaligen Schneids eingebüßt. Vor dieser Übergangszeit hatten die Architekten die Welt der von Menschen geschaffenen Objekte beherrscht, eine Welt, die von großen Projekten (Straßen, Kanäle, Brücken, Aquädukte, Befestigungsanlagen und Häfen) bis zu kleinen Gegenständen (Möbel, Kleidung, Schmuck) reichte. In diesem Universum der Dinge nahmen Gebäude eine mittlere Position ein. Sie waren kleiner als die großen öffentlichen Bauprojekte und größer als die Handwerkserzeugnisse und repräsentierten damit den Mittelpunkt der von Menschen geschaffenen Welt.

Die herausragende Bedeutung der Architektur hatte soziale Gründe.

In einer hierarchisch strukturierten Gesellschaft, in der Status und Rang nach dem Prinzip der Erbfolge vergeben wurden, kam Gebäuden die wichtige Funktion zu, das soziale Gefüge abzusichern. Baupläne und Baupraxis waren wichtige Mittel zur Aufrechterhaltung und effektiven Gestaltung sozialer Ungleichheit, seit soziale Privilegien nicht mehr durch direkte Machtausübung abgesichert wurden. Dschingis Khan konnte es sich noch leisten, im Zelt zu leben und sich wie ein Mann des Volkes zu kleiden. Den adeligen Repräsentanten des Absolutismus war das nicht mehr möglich. Seit der Mitte des 17. Jahrhunderts bildete die Architektur das Gerüst, das aristokratische Ansprüche und eine aristokratische Lebenshaltung ausdrückte, die nicht mehr mit realer politischer Macht zusammenfielen. Die Architektur wurde der Dreh- und Angelpunkt einer Welt des eleganten und geschmackvollen Scheins, der der Selbstverherrlichung diente und die Unsicherheit der Aristokraten überspielte.

Das 18. Jahrhundert war für die Architekten ein goldenes Zeitalter. Ihre Bauwerke wurden noch nicht als Teil der städtischen Infrastruktur wahrgenommen. Sie wurden noch nicht mit Straßen, Kanalisation, Wasser- und Stromleitungen und städtischen Gewerbegebieten auf eine Stufe gestellt, die von Bürokraten eingeteilt, von Stadtplanern entworfen und von Ingenieuren gebaut wurden. Außerdem wurden die Innenräume der Gebäude noch nicht von einer Vielzahl von massenproduzierten Haushaltsgütern beherrscht. Als autonome Einheiten innerhalb eines großen Universums, die erstaunlicherweise nur wenige kleinere Objekte beherbergten, fiel den Gebäuden die Aufgabe zu, die Gesellschaft symbolisch zu definieren und den Status quo zu erhalten und zu rechtfertigen.

Die Architekten des 18. Jahrhunderts waren sich ihrer Bedeutung bewußt, und ihre Kunden respektierten ihr Fachwissen. Experten und Klienten stimmten darin überein, daß die sozialen Gesetzmäßigkeiten die gleiche ewige Gültigkeit besaßen wie die Prinzipien der Baukunst. Letztere waren nicht vom Menschen geschaffen, sondern der Natur entlehnt. Der Renaissancearchitekt Leon Battista Alberti (1404–1472) hat dieses Axiom der Gedankenwelt der Architekten des 18. Jahrhunderts prägnant zum Ausdruck gebracht:

»Schönheit ist ein Resultat der Harmonie und des Zusammenspiels der Teile innerhalb des Ganzen nach den Grundsätzen der Kongruenzlehre [»concinnitas«], die das Verhältnis von Zahlen, Formen und Positionen zueinander bestimmt und absolute und grundsätzliche Naturgesetzmäßigkeiten reflektiert. Diese Lehre ist das Ziel der Baukunst und die Quelle ihrer Würde, ihres Reizes, ihrer Autorität und ihrer Bedeutung. Alle diese Grundsätze haben unsere Vorfahren durch das Studium der Natur selbst gewonnen. Deshalb wußten sie auch, daß sie nicht mehr schaffen könnten, was ihnen zu Lob und Ehre gereichte, falls sie diese Regeln mißachten sollten. Aus gutem Grund haben sie also die Natur, die perfekte Formen hervorbringt, zu ihrem Vorbild gewählt und sich mit Eifer darum bemüht, die Regeln, nach denen die Natur Dinge gestaltet, zu verstehen und auf menschliche Baumethoden zu übertragen.«[5]

Die Gesellschaft insgesamt wurde natürlich auch auf Naturgesetzmäßigkeiten zurückgeführt. Da Architektur und Gesellschaft also einen gemeinsamen Ursprung aufwiesen, konnten sie auch aufeinander bezogen werden, und die Ausführungen zum Konzept der proportionalen Harmonie hatten große soziale und politische Bedeutung. Ästhetische Kongruenz wurde auch als ein Garant für soziale Harmonie betrachtet.

Die Architekturtheorie des Absolutismus hatte keine Vorstellung von geschichtlichem Wandel entwickelt, die historistischen Kategorien entsprechen würde. Die zeitgenössischen Architekten nahmen die gotische Architektur zum Beispiel in erster Linie als eine Abweichung von den ewig gültigen, metahistorischen Normen guter Architektur wahr, die die Baumeister der Antike ›in der Natur‹ gefunden hatten. Ebenso war die Entwicklung der Architektur der Renaissance nur deshalb für sie so bedeutsam, weil sie die ›Wiederentdeckung‹ dieser ewigen Prinzipien manifestierte. Die Architektur der Renaissance wurde nicht als ein Wiederaufleben römischer Architektur, sondern als Rückkehr zum guten Baustil schlechthin interpretiert.

Dieses goldene Zeitalter, in dem die Architektur eine besondere Aufwertung erfuhr, sollte nicht lange dauern. Schon vor dem Zusammenbruch des Absolutismus deutete sich eine Krise an. Unter dem Einfluß der Philosophen der Aufklärung, wie zum Beispiel des Abbé Étienne Bonnot de Condillac (1714–1780), begannen die Architekten, ihre Meinung über die Funktion von Gebäuden zu verändern. Bauwerke wurden nicht mehr in erster Linie als Orte für Sozialkontakte gesehen, sondern als konkrete Manifestationen abstrakter Zeichensysteme. Für die Architekten ging es deshalb nicht mehr darum, wohlproportionierte Gebäude zu entwerfen, die ihrem sozialen Zweck angepaßt waren, sondern sie sahen ihre Aufgabe, in den Worten des Architekturtheoretikers Étienne-

Louis Boullée (1728–1799), eher in der »Kunst ..., bildliche Eindrücke durch die Art der Anordnung von Körpern zu schaffen«.[6]

Dabei ergaben sich keine Probleme, wie Boullée ausführte, solange die darzustellenden Bilder als naturbestimmte Phänomene akzeptiert wurden. Als allerdings politische Philosophen wie Rousseau die Gesellschaft als eine auf sozialen Konventionen basierende Täuschung entlarvten und Revolutionäre wie Danton diesen theoretischen Ansatz in die Praxis umsetzten und damit seine Richtigkeit bewiesen, stürzte die Architektur in eine tiefe Krise. Als die Guillotine die ehedem selbstverständliche Verbindung zwischen ›Natur‹ und ›Gesellschaft‹ zerstörte, verloren auch die Architekten die Möglichkeit, ansprechende, für die Gesellschaft aussagekräftige Gebäude zu schaffen, die eine vermeintlich natürliche Harmonie widerspiegelten. Um ihre soziale Funktion zu behalten, mußte die Architektur jetzt explizit auf die Gesellschaft Bezug nehmen und konnte nicht wie zuvor indirekt auf dem Umweg über ewig gültige Naturgesetze auf die Gesellschaft einwirken. Die Architekten sollten jetzt den Charakter der Nation oder der Gesellschaft direkt in ihren Bauwerken zum Ausdruck bringen. Aber niemand wußte damals, auf welche Weise das geschehen sollte, und zweihundert Jahre später suchen wir immer noch nach Antworten auf diese Frage.

Eines stand allerdings fest. Die Revolution hatte gezeigt, was Rousseau bereits angedeutet hatte, daß die menschliche Gesellschaft evolutionärem und historischem Wandel unterliegt. Da die Gesellschaft sich veränderte und die Architektur die Gesellschaft widerspiegelte, war folglich auch die Architektur diesem Wandel unterworfen. Die Entwicklung der Architektur über die Jahrhunderte wurde nicht mehr als eine Abweichung von den oder als Angleichung an die ewig gültigen Maßstäbe guter Architektur verstanden, sondern als Ausdruck gesellschaftlichen Wandels. Und da die Geschichte der Gesellschaft als ein Produkt der Geistesgeschichte interpretiert wurde, wurde auch die Architekturgeschichte auf bestimmte, ihr zugrundeliegende geistige Qualitäten zurückgeführt.

Die Architekturtheoretiker des 19. Jahrhunderts haben sich ausgiebig mit der ethischen Dimension verschiedener Baustile beschäftigt. Augustus Welby Northmore Pugin (1812–1852) hat sich diesem Thema in einer Polemik über die zeitgenössische Baupraxis gewidmet, die den Titel trägt *Contrasts: or, A Parallel between the Noble Edifices of the Middle Ages and Corresponding Buildings of the Present Day; shewing the Present Decay of Taste* (1836). Seiner Ansicht nach verkörperte die gotische

Architektur die christliche Glaubenslehre und die christlichen Glaubensrituale. Besondere Bedeutung hatte in diesem Zusammenhang der Glaube an die Auferstehung von den Toten, der »besonders treffend durch die großen Höhen und vertikalen Linien symbolisiert wird... In Anerkennung dieses großen Geheimnisses beteten die Gläubigen sonntags und während der Osterzeit im Stehen. Da die Vertikale bekanntlich das Symbol der Auferstehung ist, läßt sich die Übernahme des Spitzbogens in die christliche Architektur mit der Absicht erklären, bei vorgegebener Breite eine größere Höhe zu erreichen.«[7] Das Wiederaufleben klassischer Architekturelemente in der Renaissance kündigte dementsprechend die Wiederkehr »von verderbten Ideen heidnischer Sinnlichkeit« und einer zutiefst heidnischen Glorifizierung des Individuums an. Pugin folgerte daraus, daß »fast alle berühmten Künstler der letzten drei Jahrhunderte die Absicht verfolgten, ihre Kunst auszustellen und ihren Ruhm zu vermehren, anstatt sich darauf zu konzentrieren, Werke zu schaffen, die von dem Gefühl christlicher Hingabe und dem Wunsch getragen wurden, die Gläubigen zu unterrichten«.[8] Pugin benutzte zwei Reihen von jeweils elf Zeichnungen, um den Gegensatz zwischen der mittelalterlichen und der zeitgenössischen Welt zu illustrieren. In einem Paar mit dem Titel ›Kontrastierender Vergleich der Häuser für die Armen‹ verglich Pugin beispielsweise ein ›Altes Armenhaus‹, das als Teil eines schönen gotischen Gebäudekomplexes mit Kirche, Kreuzgang und Garten dargestellt war, mit einem ›Modernen Armenhaus‹, das als schmucklose, fensterlose, gut kontrollierbare Anlage ohne Bepflanzung und von einer hohen Mauer umgeben, abgebildet war. Während das mittelalterliche Armenhaus von einem netten Mönch verwaltet wurde, der Almosen verteilte, wurde das ›moderne‹ Pendant von einem brutalen Gefängniswärter bewacht.

In seiner Sorge um eine mögliche Entfremdung der Arbeiter in einem auf Arbeitsteilung basierenden Massenproduktionsverfahren interpretierte der englische Sozialphilosoph und Architekturkritiker John Ruskin (1819–1900) die geschichtliche Entwicklung architektonischer Formen als Ausdruck einer stufenweisen Befreiung der Arbeiter. Demnach verkörperte die Architektur der Griechen, Assyrer und Ägypter die Werte einer Gesellschaft von Sklavenhaltern. »Der griechische [Architekt] gab seinen Arbeitern keine Aufgabe, die diese nicht perfekt ausführen konnten. Der assyrische Architekt vergab Aufgaben, die die Arbeiter nur unvollständig ausführen konnten, aber er formulierte gleichzeitig rechtliche Kategorien, um diesen Mangel zu erfassen. In beiden Systemen waren die Arbeiter Sklaven.«[9] Im Gegensatz dazu fertigte der Architekt im Mittelalter Entwürfe, die den ausführenden Arbeitern Freiräume zugestanden, innerhalb derer sie selbst kreativ tätig werden konnten, die ihnen andrerseits aber auch die Möglichkeit gaben, Schwachpunkten in ihren eigenen Fähigkeiten auszuweichen. Während der Architekt des Altertums seine Arbeiter als Werkzeuge gebrauchte, war sein Nachfolger im Mittelalter darum bemüht, die Arbeiter in Menschen zu verwandeln.

»In der mittelalterlichen oder besser der christlichen Ornamentkunst ist diese Sklaverei vollständig abgeschafft, da der christliche Glaube im großen wie im kleinen den Wert jeder einzelnen Seele anerkennt. Darüber hinaus hatte die christliche Religion nicht nur den Wert der einzelnen Seele erkannt, sondern auch ihre Unvollkommenheit zugestanden. In diesem Sinne wurden christliche Ehren nur denen zuteil, die ihre eigene Unwürdigkeit eingestanden. Das Eingeständnis der menschlichen Unvollkommenheit und des Abfalls von der perfekten Natur, das die Griechen und die Assyrer als so schmerzlich empfanden und wenn möglich abwehrten, wurde für den Christen ein Teil seines täglichen und stündlichen Glaubensbekenntnisses, das er furchtlos vollzog, weil das Eingeständnis der eigenen Unvollkommenheit letztendlich auch Gottes Ruhm vermehrte. Deshalb richtet sich das Christentum an alle Seelen, die es zum Dienst an der Kirche bewegen will, mit dem Aufruf: Tue, was Du kannst, aber scheue Dich nicht, offen zuzugeben, was Du nicht vermagst. Laß Dich von Deinen Bemühungen nicht durch die Angst zu versagen abhalten, unterdrücke aber auch nicht das Eingeständnis eigener Unfähigkeit aus falsch verstandener Scham. Es ist vielleicht die bewundernswerteste Eigenschaft der gotischen Architekturtradition, daß sie sich der Arbeitskraft vieler beschränkter Geister versicherte und auf diese Weise aus vielen mangelhaften Fragmenten, die ihre Unvollkommenheit in jedem Detail preisgeben, ein prächtiges, über jede Kritik erhabenes Gesamtbauwerk entstand.«[10]

Für Ruskin bedeutete der Niedergang der flexiblen, kontextspezifischen Baupraxis des Mittelalters einen Rückschritt in die Sklaverei, der sogar noch die Bedingungen in der Antike in den Schatten stellte. Während die Gotik Freiräume bot, in denen auch merkwürdige ästhetische Phänomene, wie zum Beispiel die häßlichen Kobolde und unförmigen Ungetüme, die die gotischen Fassaden bevölkern, entstehen konnten, sollte und konnte der Architekt der Renaissance alle Details seines Entwurfes bis ins einzelne festlegen. Die gotische Bauweise hatte solchen Determinismus verhindert, weil sie in der Praxis fast automatisch eine gewisse Formen- und Interpretationsvielfalt produzierte. »Der Spitzbogen war nicht nur eine kühne Variation des Rundbogens, sondern er ermöglichte zudem Tausende von Interpretationen des Grundkonzeptes, weil die Proportionen eines Spitzbogens sich unendlich variieren lassen, während der Rundbogen immer gleich bleibt.«[11] Das gilt natürlich auch für die gebündelten gotischen Pfeiler und das gotische Maßwerk.

Französische Schriftsteller und Architekturkritiker haben auch eine Verbindung zwischen Geschichte und Architektur gesehen. Aber im Unterschied zu ihren englischen Kollegen verfügten sie in den großen Kathedralen der Ile-de-France über beeindruckende Symbole, nach denen sie ihre Gedanken ausrichten konnten. Die berühmten Kathedralen von Laon, Paris, Bourges, Chartres, Reims, Amiens, Beauvais und die vielen hundert weniger bekannten wie zum Beispiel die in Sens, Soissons, Troyes, Le Mans usw. repräsentierten solche anschaulichen Bezugspunkte. Schriftsteller wie Kritiker glaubten, daß diese Kathedralen, die die mittelalterliche Gesellschaft hervorgebracht hatte, den Höhepunkt der Architektur verkörperten. Die gotische Kathedrale stand deshalb im Zentrum der französischen Architekturgeschichte. Ihre epischen Qualitäten entsprachen dem historistischen Verständnis der Geschichte als Erzählung.

In *Notre Dame de Paris* (1831) hat Victor Hugo die Kathedrale als Symbol für die französische Gesellschaft in allen Einzelheiten untersucht. Die Kathedrale von Notre-Dame, an der über Jahrhunderte gebaut wurde und die auf den ersten Blick als ein undurchdringliches, kompliziertes Gewirr unterschiedlicher ästhetischer Prinzipien, als ein Buch mit sieben Siegeln erscheint, gibt nach näherer hermeneutischer Analyse genau Auskunft über die Nation, die sie gebaut hat.

»Notre-Dame von Paris ist nicht das, was man als ein abgeschlossenes, eindeutig klassifizierbares Bauwerk bezeichnen kann. Dieser Dom ist keine romanische Kirche mehr und ist noch keine gotische. Er ist kein Typus. Notre-Dame von Paris besitzt nicht, wie die Abtei von Tournus, die gewichtige und wuchtige Breite, das runde und weite Gewölbe, die eisige Kargheit und die majestätische Schlichtheit der Bauwerke, die für den Rundbogen charakteristisch sind. Dieser Dom ist nicht, wie der Dom von Bourges, das großartige, leichte, vielfältige, buschige, aufstrebende und aufblühende Werk des Spitzbogens. Er gehört nicht der alten Familie düsterer, geheimnisvoller Kirchen an, auf denen die niedrigen, runden Gewölbe schwer zu lasten scheinen, mit niedrigen Decken, fast schon ägyptisch, alle hieroglyphisch, alle priesterlich, alle symbolbeladen, mit mehr Tromben- und Zickzackornamenten als Blumen, aber mehr Blumen als Tieren und mehr Tieren als Menschen; wo der Architekt hinter dem Bischof verschwindet... Der Dom hat ebenfalls keinen Platz in jener anderen Familie hoher, luftiger, buntfenstriger Kirchen, die mit ihren reichen Skulpturen, ihren spitzen Formen kühn himmelan streben... Notre-Dame ist ein Bauwerk der Übergangszeit. Der sächsische Baumeister hatte gerade die ersten Pfeiler des Schiffes aufgerichtet, als von den Kreuzzügen her der Spitzbogen kam und sich siegreich auf die schweren Kapitelle setzte, die bestimmt waren, nur den einfachen Rundbogen zu tragen. Der Spitzbogen, der fortan alles beherrschte, hat der übrigen Kirche das Gepräge gegeben. Aber, noch schüchtern und unerfahren in seinen Anfängen, dehnte und weitete er sich aus, hielt sich dann zurück und wagte es noch nicht, in Kreuzblumen und Fialen aufwärts zu streben, wie er es später bei so vielen herrlichen Domen getan hat... Jede Fläche, jeder Stein dieses ehrwürdigen Bauwerkes redet nicht nur von der Geschichte des Landes, sondern auch von der Geschichte der Kunst und der Wissenschaft. Um hier nur die wesentlichsten Einzelheiten zu erwähnen, so erreicht die kleine Rote Pforte fast die Grenze gotischer Zartheit, wie sie das fünfzehnte Jahrhundert hervorbrachte, während die schweren, ernsten Pfeiler des Schiffes an die karolingische Abtei von Saint-Germain des Prés erinnern. Man möchte meinen, daß sechs Jahrhunderte zwischen Pfeilern und Pforte liegen... Sei es noch einmal wiederholt: Diese Zwitterbauten sind für den Künstler, den Altertumsforscher und den Historiker ganz besonders anziehend. Gleich den zyklopischen Mauern, den ägyptischen Pyramiden und den riesigen indischen Tempeln zeigen sie, wie ursprünglich die Baukunst ist; sie beweisen, daß ihre großen Werke weniger individuelle als soziale Schöpfungen sind, von arbeitenden Völkern geboren, nicht von den genialen Männern erschaffen, ein Niederschlag einer Nation, eine von Jahrhunderten angehäufte Masse, der Rückstand einer langen Reihe verdunsteter Geschlechter, kurz eine Art Naturschöpfung. Jede Zeitwelle spült neues an; jede Generation häuft eine neue Schicht auf das Denkmal, jeder einzelne Mensch trägt seinen Stein herbei. So machen es die Biber; so machen es die Bienen; so machen es auch die Menschen. Babel, das große Sinnbild der Baukunst, ist ein Bienenstock.

Die großen Gebäude sind gleich den großen Gebirgen ein Werk der Jahrhunderte. Oft wandelt sich die Kunst, während sie noch im Erstehen sind, pendent opera interupta; die Arbeit wird im Sinn der neuen Zeit friedlich weitergeführt. Die verwandelte Kunst übernimmt das Werk, wie sie es findet, besetzt es, bemächtigt sich seiner, führt es nach ihrer Phantasie weiter und bemüht sich, es zu vollenden. Das vollzieht sich ohne Störung, ohne Anstrengung, ohne Rückfall, nach stillen, natürlichen Gesetzen. Es ist eine Veredelung, die hinzukommt, eine Kraft, die fließt, eine Vegetation, die wieder auflebt. Und in diesem fortwährenden Zusammenschweißen mehrerer Kunstperioden an einem Bauwerk in verschiedenen Höhen zeigt sich oft die universelle Geschichte der Menschheit; sicher ein Stoff für manch dickes Buch. Der einzelne Mensch, der Künstler, das Individuum verschwinden vor diesen Riesenwerken, die keines Schöpfers Namen tragen; der menschliche Geist in seiner Gesamtheit prägt sich in ihnen aus. Die Zeit ist der Baumeister, das Volk ist der Maurer.«[12]

Für Victor Hugo bezeichnet die Kathedrale einen zentralen Abschnitt in der Geschichte der Architektur, weil sie noch vor der Erfindung des Buchdruckes entstand. Vor 1500 war die Architektur »das große Buch der Menschheit, das Hauptausdrucksmittel sowohl ihrer Kraft als auch ihres Geistes in den verschiedensten Entwicklungsstadien«. Deshalb, »[w]er damals zum Dichter geboren wurde, der flüchtete sich in die Architektur«. Hugo argumentiert weiter, daß Gutenbergs Entdeckung die Architektur von ihrer privilegierten Position als wichtigstes Ausdrucksmittel menschlicher Geschichte verdrängte. »Das gedruckte Buch wird zum zerstörenden Wurm, der sie aussaugt und verzehrt... [Die Architektur] wird zunehmend magerer, kleinlicher, dürftiger und nichtiger, wird inhaltlos.« Nachdem die Architektur Dynamik, Geist und Leben verloren hatte, kroch sie als »beklagenswerte Atelierbettlerin von Kopie zu Kopie«. Im 18. Jahrhundert entstand so das Rokoko »mit seinem Zuckerbäcker- und Chicoréesalatstil, mit all den Warzen und Aufschwemmungen, die diese alte, gebrechliche, zahnlose und gefallsüchtige Baukunst entstellen«. Im 19. Jahrhundert war die Architektur schließlich tot, »tot auf ewig. Das gedruckte Buch hatte sie getötet, weil sie weniger dauerhaft und viel kostspieliger ist.« Hugo glaubte, daß eines Tages wieder ein architektonisches Genie auftauchen werde, »[a]ber die Architektur wird niemals mehr die Kunst des ganzen Volkes, die herrschende Kunst, die kollektive Kunst sein. Das große Epos, der große Bau, das große Werk der Menschheit wird nicht mehr in Steinen, sondern in Worten geschrieben werden.«[13]

Auch Viollet-le-Duc vertrat die Meinung, daß die Entwicklung der Gesellschaft und die Evolution der Architektur direkt miteinander in Verbindung stehen. Bezeichnenderweise trägt seine Geschichte Frankreichs, die in der fiktiven Stadt Clusy spielt, den Titel *Histoire d'un hôtel de ville et d'une cathédrale* (1878). In dem Buch verfolgt Viollet-le-Duc die Baugeschichte des Rathauses und des Domes der Stadt von der gallisch-römischen Zeit bis zur Französischen Revolution. Dieser Ausschnitt der Architekturgeschichte symbolisiert für ihn die politische und gesellschaftliche Entwicklung Frankreichs. Konsequenterweise fällt dann auch der Höhepunkt der städtischen Baugeschichte in die Zeit um 1200, als die Stadt am meisten politischen Einfluß, Reichtum und Ruhm besaß.[14]

Viollet-le-Duc glaubte, daß architektonische Formen die Geschichte widerspiegeln, und in seinen *Entretiens* legte er mit überzeugenden Argumenten dar, daß die strukturelle Integrität der gotischen Kathedrale einer rationalen, demokratischen Gesellschaftsform entsprach. Die gotischen Bauwerke wurden von freien Handwerkern erbaut und standen damit im Gegensatz zum römischen Baustil, der auf Sklavenarbeit beruhte und deshalb einem verschwenderischen Umgang mit Baumaterialien Vorschub leistete, zum Beispiel bei der massiven Unterstützung von Gewölben. Gemäß den wirtschaftstheoretischen Prinzipien der freien Marktwirtschaft garantierte die Beschäftigung freier Handwerker eine höhere Effizienz. In diesem Sinne war die Geschichte der mittelalterlichen Architektur, die sich durch das Bestreben auszeichnete, die Baumasse auf das notwendige Minimum zu begrenzen, eng mit der fortschreitenden Emanzipation der Arbeiter des Mittelalters verbunden. Die Architekten des Mittelalters lernten Druck und Gegendruck auszugleichen und entwickelten Konstruktionssysteme, die die Aneinanderreihung von Jochen, d. h. die schrittweise Fertigung von Bauprojekten ermöglichten und so eine schnelle Anpassung an sich verändernde Produktionsbedingungen, insbesondere an die jeweils verfügbaren Finanzmittel und Arbeitskräfte sicherstellten. Im Gegensatz zur römischen Baupraxis waren im Mittelalter nicht langwierige Baukampagnen und aufwendige Kontrollen umfangreicher Arbeits- und Kapitalströme notwendig. Die Baustrategien waren den Wechselfällen und Unterbrechungen angepaßt worden, die demokratisch gestaltete Verwaltungsstrukturen auslösten. Die gotische Kathedrale war ein Monument des republikanischen Geistes.[15]

Zweifellos projizierte Viollet-le-Duc das politische Programm der Bourgeoisie des 19. Jahrhunderts auf die mittelalterliche Kathedrale und ihren Konstruktionsprozeß. »Die Architektur des frühen dreizehnten Jahrhunderts ist eine genaue Widerspiegelung der politischen Ideen dieser Epoche. Der Wunsch nach politischer Konsolidierung und politischer Organisation, das Verlangen, Dingen auf den Grund zu gehen, neues Wissen zu erwerben und sofort eine praktische Umsetzung dieses neuen Wissens anzustreben, vereint mit einem kritischen Impuls gegenüber christlichen Körperschaften – alle diese Elemente finden in der [gotischen] Architektur ihren Niederschlag. Menschen setzten sich mit allen

Fragen und Problemen, die ihnen begegneten, kritisch auseinander. Sie untersuchten alles, glaubten fest an den wissenschaftlichen Fortschritt und verfolgten ihre Pläne mit großer Entschlossenheit, ohne auch nur einen Tag in ihren Bemühungen nachzulassen.«[16] Deshalb verkörperte die Architektur der Gotik eine »emanzipierte Form der Lohnarbeit«. Sie repräsentierte »einen Triumph des Intellekts, der durch aktives Handeln seine Macht erkennt und seine Unabhängigkeit behauptet, während er gleichzeitig – ironischerweise – diese Erfahrungen gegenüber seinem unverständigen und blinden Auftraggeber verheimlichen muß. Trotzdem bildet sich hier das Bewußtsein, daß sich die Machtverhältnisse eines Tages ändern werden.«[17]

Sowohl Ruskin wie Viollet-le-Duc waren der Ansicht, daß die verschiedenen möglichen Antworten auf die Frage, wie man Bauwerke errichten soll, sehr große soziale Implikationen haben. Die gotische Kathedrale, konzipiert als funktionaler und integrierter Organismus, prägte ihre Erbauer. Die Arbeiter verstanden ihre Arbeit besser als zuvor, weil der Arbeitsprozeß sinnvoller organisiert war. Viollet-le-Duc schreibt, daß der Arbeiter »hoch motiviert ist und ein Gefühl der Befriedigung erlebt«. Außerdem färbt dieses Phänomen auch auf den Betrachter ab, der das fertige Produkt in Augenschein nimmt und »der es als Resultat einer umfassenden Idee erkennt, die eine bestimmte Wirkung erzielen will. Die Einheit des Ganzen basiert auf der präzisen und zwingenden Beziehung zwischen den einzelnen Teilen.« Da diese Prinzipien der mittelalterlichen Architektur universelle Gültigkeit beanspruchen konnten und im 19. Jahrhundert genauso bindend waren wie im 13., riet Viollet-le-Duc seinen Zeitgenossen, »so wie bisher fortzufahren und von dem Erreichten zu profitieren«.[18]

Viollet-le-Duc war der Ansicht, daß sein Ansatz, Gebäude und Bauprozesse als organische Strukturen aufzufassen, große Vorteile bot. Diese Herangehensweise an das Studium der Architektur »gibt uns einen beweglichen Geist, der in der Lage sein sollte, nicht die Formen, die wir sehen, zu kopieren, sondern die Prinzipien, die diesen Formen zugrunde liegen, anzuwenden«.[19] Die Geschichte der Architektur lieferte eine Fülle von Beispielen, anhand derer die organischen Beziehungen zwischen den einzelnen Teilen eines Gebäudes aufgezeigt werden konnten. In der gleichen Weise, in der die Autopsie von Leichen die Grundlage der medizinischen Erziehung bildete, sollte die Zergliederung von Gebäuden die Basis der architektonischen Ausbildung sein.

»Wenn wir alte Bauwerke betrachten, begegnen wir dem vollständigen, abgeschlossenen, gegliederten Endprodukt. Um es in allen seinen Aspekten zu verstehen, sind wir gezwungen, in der umgekehrten Reihenfolge zu verfahren, in der das Gebäude ursprünglich entstanden ist. Ihr Erbauer erlebte alle Phasen von der ersten, noch ungenauen Konzeption bis zur Ausführung des Bauprojektes selbst, vom ursprünglichen Programm und der Inventarisierung der zur Verfügung stehenden Mittel bis zum Endprodukt. Wir dagegen müssen vom Endresultat ausgehen und uns nacheinander den Entwurf, das Bauprogramm und seine praktische Umsetzung erschließen. Wir müssen das Gebäude sozusagen zergliedern und versuchen, die verschiedenen Beziehungen vollständig zu erfassen, die zwischen dem Endresultat, das unsere Neugierde geweckt hat, und den verborgenen Methoden und Beweggründen existieren, die die Form dieses Endresultates bestimmt haben. Dieser... lange, umständliche und beschwerliche Teil unserer Studien ist die beste Ausbildung, die man betreiben kann, um zu lernen, selbst Entwürfe zu fertigen und kreativ tätig zu sein. Um zur Synthese zu gelangen, muß man notwendigerweise die Phase der Analyse durchschreiten. Und je komplizierter eine Zivilisation ist, desto mehr sind die Ursprünge, die die Konzeption und Ausführung eines Gebäudes und damit seine Beständigkeit bestimmt haben, dem Blick des nachträglichen Betrachters entzogen... Obwohl es sich empfiehlt, unsere Studien mit einer Analyse einfacher Werke des klassischen Altertums zu beginnen, so dürfen wir auf keinen Fall auf dieser Stufe verharren. Wir müssen fortfahren, indem wir komplexere Projekte analysieren und dadurch lernen, wie Architekten in früheren Zeiten immer kompliziertere Aufgaben gelöst haben, die immer mehr Details beinhalteten und immer größere Probleme schafften. Auf diese Weise lernen wir auch, wie die Architekten in der Lage versetzt wurden, Bauwerke zu errichten, die sich als immer feingliedrigere und kompliziertere Organismen darstellen.«[20]

Viollet-le-Ducs didaktisches Programm zielte nicht nur darauf ab, das Wissen, die praktischen Fertigkeiten und die Kritikfähigkeit der Architekten zu verbessern. Er versuchte zugleich, die Architektur als eine eigenständige Disziplin darzustellen und den professionellen Status der Architekten zu verteidigen. Wie wir oben gesehen haben, fühlten sich die Architekten etwas verloren, weil sie nicht wußten, wie sie ihre Position in der sich rasch verändernden Gesellschaft definieren sollten. Viollet-le-Duc versuchte, die Architektur vom Abfallhaufen der Geschichte zu retten, indem er die individuellen Aspekte jedes Gebäudes, seine strukturelle und damit auch seine moralische Integrität in den Vordergrund rückte. Er empfahl, daß die Architekten ihr professionelles Wissen betonten, das sie mit niemandem teilen mußten, nicht mit »Amateuren oder Akademikern, mit Professoren, die keine Loyalität kennen, mit Archäologen oder Liebhabern des klassischen Altertums und des Mittelalters, mit Wissenschaftlern, Ökonomen oder interessierten Laien«. Nur die Architekten verstanden Bauwerke als organische Organismen, als in sich ruhende Objekte, die an örtliche Bedingungen angepaßt und auf ihre Funktionen zugeschnitten sind und die durch ihre Baustruktur Druck und Gegendruck ausgleichen können; nur die Architekten konnten das Zusammenspiel dieser verschiedenen, widerstrebenden Elemente verstehen. Ein Verständnis, das nicht durch das Studium der Natur gewonnen werden konnte, sondern nur durch das Studium von Vorbildern auf der Grundlage gesicherten Wissens der Architekturgeschichte.

Viollet-le-Duc konnte seine Absichten, die Architektur mit neuem Selbstbewußtsein und neuer Würde auszustatten, nicht verwirklichen. Er mußte machtlos zusehen, wie die Ingenieure die Vorherrschaft übernahmen. Das Entwerfen und Bauen von Brücken, Kanälen, Tunneln, Wasserleitungen und Abwassersystemen und nicht die Konstruktion von Gebäuden wurde zum Gradmesser des Fortschritts. Im Laufe des 19. Jahrhunderts verloren die Architekten die Kontrolle über die Gestaltung der Objekte, die die menschliche Umwelt bestimmten. Der Auf- und Ausbau des Eisenbahnsystems basierte zum Beispiel von Anfang an auf einer völlig neuen Technologie, was zur Folge hatte, daß die Architekten von diesem Unternehmen ausgeschlossen waren. Durch neues Wissen über Epidemien und ein neues Verständnis der öffentlichen Wohlfahrt verloren die Architekten zudem ihre angestammte Zuständigkeit für die Aufgabe, die Stadtbevölkerung mit einem gesunden Umfeld auszustatten. Die Städte erließen Hygienevorschriften und Armengesetze und beschränkten den Spielraum der Architekten durch immer neue Bauvorschriften. Während die mittelalterlichen Städte von ihren Bauwerken beherrscht worden waren, wurden die neuen Metropolen von einer komplizierten Infrastruktur geprägt, die ohne die Mitwirkung von Architekten entstanden war.

Aber nicht nur die äußere Umgebung der Gebäude wurde in zunehmendem Maße nach Bedürfnissen und Zielsetzungen ausgerichtet, die architektonischen Wertvorstellungen nicht mehr entsprachen. Die externen Vorgaben beeinflußten auch immer stärker die Struktur und die Aufteilung der Gebäude selber. Durch die Einführung von fließendem Wasser, Gaslaternen und Wasserspülungen, die an die kommunalen Abwassersysteme angeschlossen waren, wurden die Architekten gezwungen, Strukturprinzipien zu übernehmen, die nicht mit ihrem traditionellen Verständnis von ansprechender Architektur in Einklang gebracht werden konnten.

Zuletzt verloren die Architekten auch noch ihre Autorität innerhalb der Gebäude, d. h. auf dem Gebiet der Innenausstattung. Die industrielle Revolution ermöglichte es der bürgerlichen Mittelschicht, ihre Häuser so einzurichten, wie es ihren Wünschen entsprach. In der sich entwickelnden Konsumgesellschaft waren alle Luxusgüter, die bisher dem Adel vorbehalten gewesen waren, für alle verfügbar, die den entsprechenden Preis zahlen konnten. In einer Gesellschaft aus fast Gleichen, ohne angeborene Standesunterschiede und mit hoher sozialer Mobilität, wurden Konsumgüter ein wichtiges Ausdrucksmittel für sozialen Status. Es entstand ein neues Bewußtsein für die identitätsstiftende Kraft, die von dem Besitz bestimmter Objekte ausging. Unter dem Motto ›Du bist, was du konsumierst‹ zeigten die Dandys der neuen Aristokratie den besitzenden Schichten, daß ein entsprechend aufwendiger Lebensstil den Makel gewöhnlicher Abstammung ausgleichen konnte. Der Besitz von Konsumgütern entschied jetzt darüber, wer dazugehörte und wer außen vor blieb. Gebäude konnten bestenfalls Vitrinen für diese Objekte abgeben. Sie waren zu groß, zu unhandlich und zu teuer, um als Güter im dynamischen Warenverkehr der Konsumgesellschaft gehandelt zu werden. Auf diese Weise ging der strukturelle Mittelpunkt verloren, der über Jahrtausende die menschliche Umwelt geprägt hatte und der von Architekten entworfen und gebaut worden war. Diese Tradition wurde von einer auf Bequemlichkeit ausgerichteten Infrastruktur und von identitätsstiftenden Konsumgütern verdrängt. Die Mitte war verschwunden.

Der 1851 Fuß lange Glaspalast, den Joseph Paxton (1801–1865) für die Weltausstellung 1851 errichtete, symbolisiert die überwältigenden, zentrifugalen Kräfte dieser modernen Infrastruktur und der Objekte der Konsumgesellschaft, die sich auf Kosten der Architektur ausgebreitet hatten. Der Glaspalast war als eine prophetische Vision entworfen worden und löste diesen Anspruch in jeder Hinsicht ein. Der Prinzgemahl Albert, der die Ausstellung plante, hat ihren historischen Charakter treffend in Worte gefaßt, als er erklärte, daß die Menschheit am Anfang eines neuen Zeitalters stünde. »Wir leben in einer besonderen Übergangszeit, in der wir uns mit allen Kräften dem Ziel nähern, das uns die Geschichte deutlich vor Augen führt, dem Ziel der Vereinigung der menschlichen Spezies... die Ausstellung von 1851 wird in anschaulicher

Weise den Entwicklungsstand unserer Industrie auf dem Wege zu diesem großen Ziel aufzeigen.«[21] Die Ausstellung gab tatsächlich eine beeindruckende Zustandsbeschreibung. Die industrielle Revolution, die auf den Prinzipien des freien Handels und des freien Unternehmertums, des unbeschränkten Zuganges zu allen Weltmärkten und der freien Erfindertätigkeit basierte, versprach einen neuen Gesellschaftstypus, in dem das allgemeine Wohl aus der Summe der konsequent verfolgten Privatinteressen erwuchs.

Die Architektur der Ausstellung symbolisierte die Einheit in der Vielfalt. Die verschiedenen Räume und Galerien, die die einzelnen Länder der Erde repräsentierten, stellten die Ergebnisse und die Erzeugnisse des jeweiligen Landes auf den Gebieten der Wissenschaft, der Industrie und des Handwerks zur Schau. Somit entsprachen die einzelnen Räume in etwa den Pavillons der einzelnen Nationen auf heutigen Weltausstellungen. Alle Ausstellungsräumlichkeiten hatten in der ebenso riesigen wie bemerkenswerten Struktur aus Stahl und Glas Platz gefunden, die alle Traditionen monumentaler Architektur über den Haufen warf. Nicht die eleganten Linien eines Renaissancepalastes, eines gotischen Rathauses oder einer römischen Basilika standen bei dem Entwurf des Gebäudes Pate, sondern ein ordinäres Gewächshaus. Und wie sein Vorbild hatte auch der Glaspalast nur die Funktion, das Wetter fern- und die Objekte zusammenzuhalten. Bei der Wahl Joseph Paxtons, eines Landschaftsarchitekten und Erbauers von Gewächshäusern, hatten die Organisatoren der Ausstellung ganz bewußt mit der Tradition gebrochen. Die Männer, die sich selbst die Aufgabe zugeteilt hatten, die Tür zu einem neuen Zeitalter aufzustoßen, waren auch entschlossen, einer neuen Architektur den Weg zu bereiten. Paxtons Entwurf überzeugte sie, weil er alle jahrhundertealten Weisheiten der akademischen Architektur in den Wind schlug und das Gebäude auf der denkbar einfachsten Grundlage entwarf. Paxton kümmerte sich nicht um Fragen des architektonischen Ausdruckes und Symbolgehaltes, sondern begrenzte seine Aufgabe auf die Suche nach einem praktischen und flexiblen Konzept, das nach seiner Verwirklichung unter wechselnden Bedingungen einer Vielzahl von Funktionen dienen könnte. Er fand sein Konzept in dem Verhältnis von Tisch zu Tischtuch. Das eiserne Gerüst des Gebäudes entsprach dem Tisch und die Glasfläche dem Tischtuch, aber genau wie Tisch und Tischtuch bildeten Gerüst und Fläche getrennte Einheiten. Durch Verwendung vorgefertigter Teile konnte das ganze Gebäude innerhalb von sechs Monaten aufgebaut werden. Nach der Ausstellung wurde der Glaspalast in nur drei Monaten abgebaut und in Sydenham in einer neuen Konstellation wieder errichtet.

Der Glaspalast strukturierte Räume, in denen sich Menschen aufhielten, aber er war deshalb noch keine Architektur, oder wenigstens keine Architektur, die von den Besuchern der Ausstellung als solche erkannt werden konnte. Der Glaspalast ignorierte die traditionell wichtigste Aufgabe der Architektur, die darin bestand, Innenräume als »Innen«-Räume zu definieren. Paxton hatte innerhalb des Gebäudes, entlang seiner Mittelachse, die Bäume stehenlassen, die auf dem Gelände wuchsen. Ein deutscher Besucher mit dem Namen Lothar Bucher empfand dieses Verfahren als einen völlig neuen Zugang zur Architektur, »der einen neuen Stil begründen wird«. Seiner Ansicht nach zeigte der Palast, daß »die Kriterien, nach denen bisher Bauwerke beurteilt wurden, ihre Gültigkeit verloren haben«.

»Man sieht ein kompliziertes Muster aus Linien, das keine Anhaltspunkte gibt, nach denen man die relative Größe des Gebäudes oder seine Entfernung beurteilen könnte. Die Seitenwände liegen zu weit auseinander, als daß man das Gebäude mit einem Blick erfassen kann. Anstatt sich an den Ecken des Bauwerkes orientieren zu können, gleitet der Blick an der endlosen Oberfläche ab, die mit dem Horizont verschmilzt. Es ist unmöglich zu entscheiden, ob sich diese Konstruktion hundert oder tausend Meter über uns erhebt oder ob sie ein Flachdach oder ein stufenförmiges Dach aufweist, weil das Gebäude keine Schatten wirft, die es unseren Sehnerven ermöglichen würden, richtig Maß zu nehmen. Es ist eine Untertreibung, diese Erscheinung als unvergleichlich oder märchenhaft zu bezeichnen. Es gleicht einem Sommernachtstraum, den man am hellichten Tag erlebt.«[22]

Die einzigen richtigen Innenräume des Glaspalastes sind von den Gestaltern der einzelnen Ausstellungsräume, die in den Seitentrakten untergebracht waren, geschaffen worden. Der Glaspalast war ein bemerkenswertes Gebäude, sowohl im Hinblick auf die technische Leistung seines Konstrukteurs als auch im Hinblick auf die kollektive Leistung der Ausstatter. Trotzdem – oder gerade deswegen – fehlte dem Gebäude die ordnende Hand eines Architekten. Die Architektur verlor sich inmitten der leichten, schwebenden Konstruktion, die die Elemente beherrschte, aber das Raumerlebnis selbst im Unendlichen auflöste. Und im Grunde ist die Architektur bis zum heutigen Tag verschollen geblieben.

[Aus dem Englischen von Wulf Kansteiner]

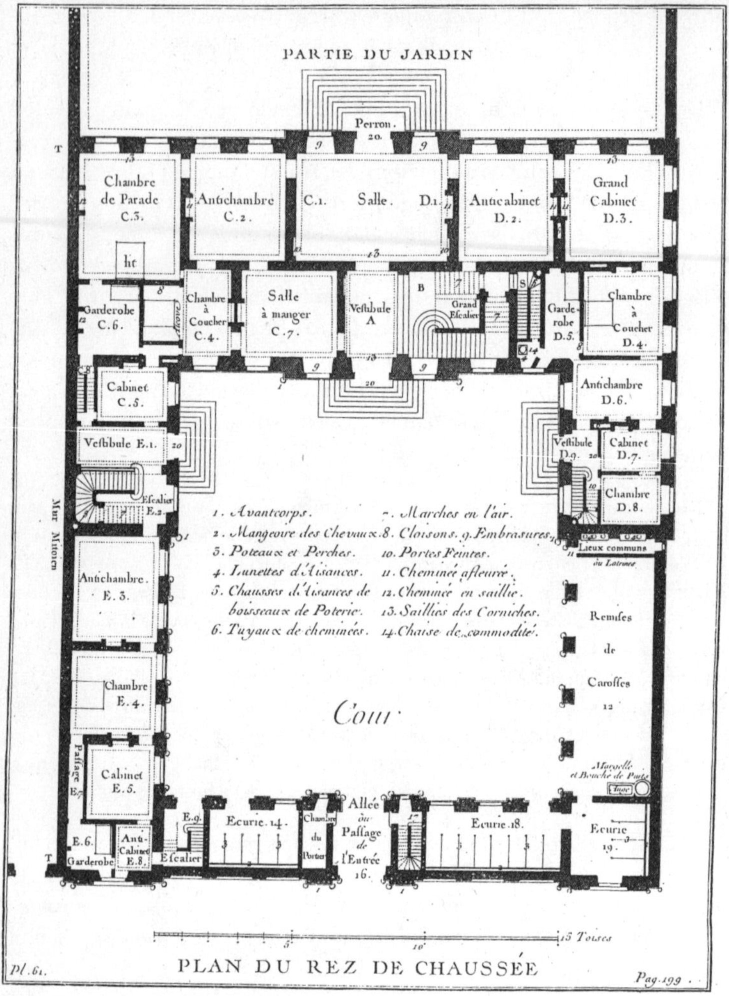

Abb. 1: Typisches Haus eines Adligen (Grundriß), Frankreich (aus: C. A. d'Aviler, *Cours d'Architecture*, Paris 1750).

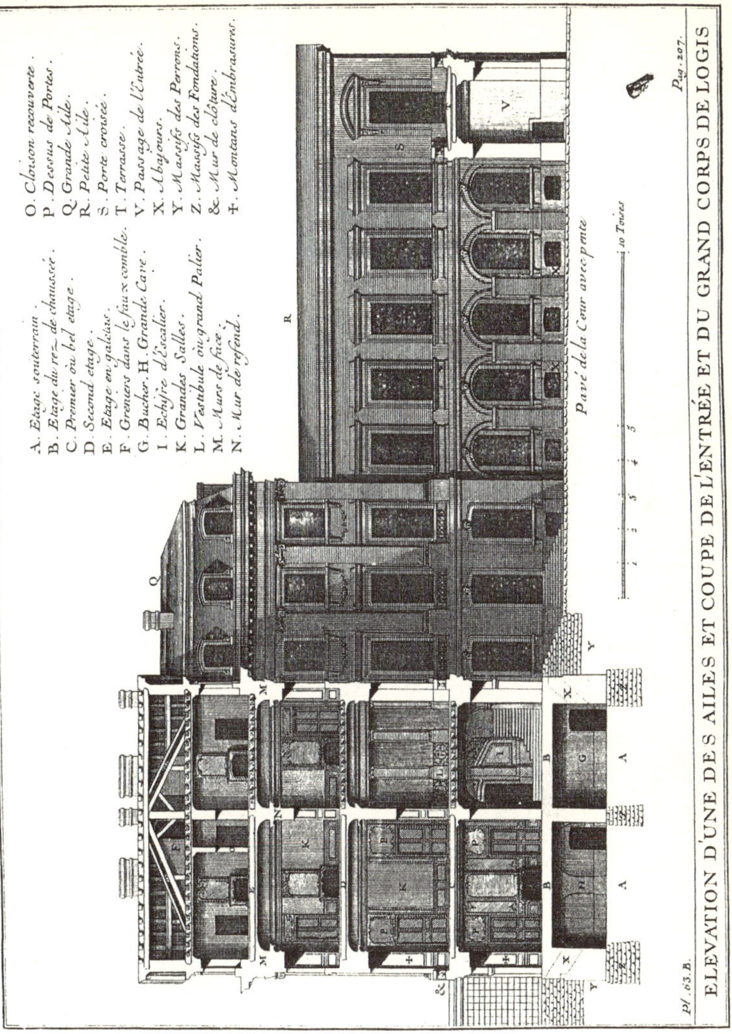

Abb. 2: Typisches Haus eines Adligen (Schnitt), Frankreich (aus: C. A. d'Aviler, *Cours d'Architecture*, Paris 1750).

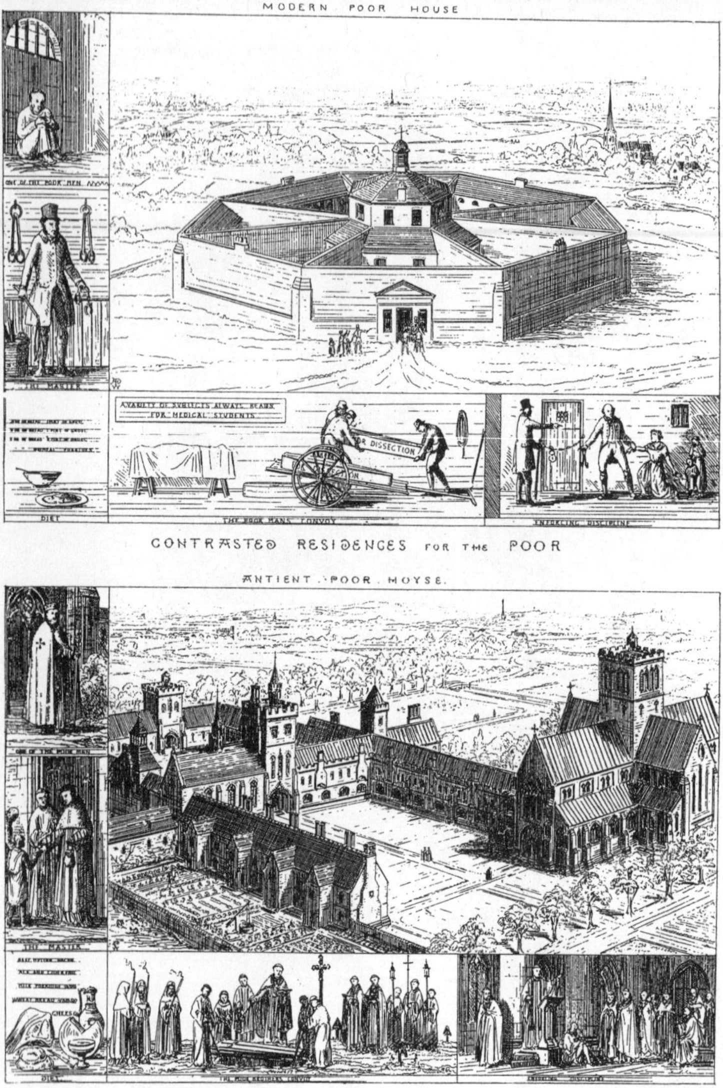

Abb. 3: Kontrastierender Vergleich eines ›modernen‹ mit einem ›alten Armenhaus‹ (aus: A. W. N. Pugin, *Contrasts*, London 1837 [wie Anm. 7]).

Abb. 4: Gotische Kathedrale (aus: E. Viollet-le-Duc, *Dictionnaire raisonné de l'architecture française*, 10 Bde., Paris 1875, Bd. 2).

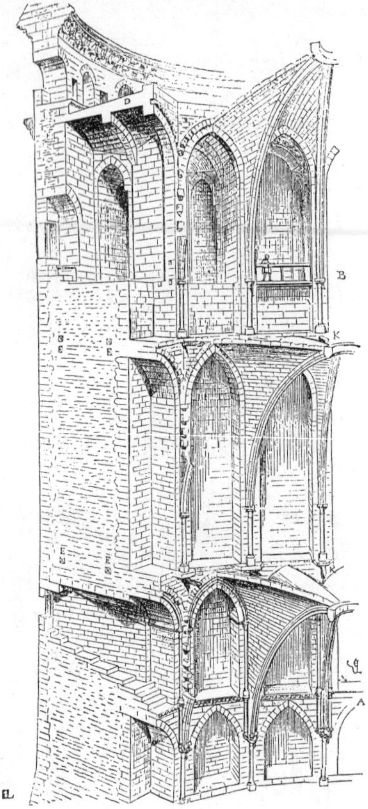

Abb. 5: Ein Gebäude als Organismus: Schnitt durch einen gotischen Turm (aus: E. Viollet-le-Duc, *Dictionnaire raisonné de l'architecture française*, 10 Bde., Paris 1875, Bd. 4).

Anmerkungen

1 Nikolaus Pevsner, *An Outline of European Architecture*, Harmondsworth 1960, S. 614.
2 Ebd., S. 616 f.
3 David Watkin, *Morality and Architecture*, Oxford 1977, S. 106.
4 Eugène Emmanuel Viollet-le-Duc, *Entretiens sur l'architecture*, 2 Bde., Paris 1863–1872, hier nach der Ausg.: *Discourses on Architecture*, 2 Bde., New York 1959, Bd. 1, S. 384 f.
5 Leon Battista Alberti, *On the Art of Building in Ten Books*, transl. by Joseph Rykwert, Neil Leach and Robert Tavernor, Cambridge, Mass. 1988, S. 303.
6 Étienne-Louis Boullée, *Architecture. Essai sur l'art*, hg. v. Jean-Marie Pérouse de Montclos, Paris 1968, S. 73, hier zitiert nach der dt. Ausg.: *Architektur. Abhandlung über die Kunst*, hg. v. Beat Wyss, eingef. u. komment. v. Adolf Max Vogt, übers. v. Hanna Böck, Zürich/München 1987, S. 157 (ähnlich S. 165).
7 August Welby Northmore Pugin, *Contrasts: or, A Parallel between the Noble Edifices of the Middle Ages and Corresponding Buildings of the Present Day*, London 1837, S. 3.
8 Ebd., S. 8.
9 John Ruskin, »The Nature of Gothic«, in: ders., *Unto This Last and other writings*, edited, with an introduction, commentary and notes, by Clive Wilmer, Harmondsworth 1985, S. 77–109, hier S. 82 f.
10 Ebd., S. 83.
11 Ebd., S. 95.
12 Victor Hugo, *Notre-Dame von Paris*, übers. v. Else von Schorn, Leipzig 1990, S. 133–136.
13 Ebd., S. 210, 215, 221, 222, 223 u. 224.
14 Eugène Emmanuel Viollet-le-Duc, *Histoire d'un hôtel de ville et d'une cathédrale*, Paris 1878, S. 88 f.
15 Eugène Emmanuel Viollet-le-Duc, *Dictionnaire raisonné de l'architecture française du XIe au XVIe siècle*, 10 Bde., Paris 1854–1868, Bd. 2, S. 282.
16 Viollet-le-Duc, *Discourses* (wie Anm. 4), Bd. 1, S. 237.
17 Ebd., S. 237 f.
18 Ebd., Bd. 2, S. 33.
19 Ebd., Bd. 1, S. 451.
20 Ebd., S. 460.
21 Zitiert nach Sigfried Giedion, *Space, Time and Architecture*, 3. verbess. Ausg., Cambridge, Mass. 1956, S. 247 f.
22 Ebd., S. 251 f.

IV.
Die historische Konstruktion der Nation

WULF WÜLFING

Mythen und Legenden

Welche Funktionen Mythen und Legenden im Deutschland des 19. Jahrhunderts bei der Konstitution von Nation hatten, wird im folgenden zunächst thesenhaft umrissen und dann an Beispielen illustriert. Da diejenigen Legenden und Mythen, von denen in diesem Zusammenhang die Rede sein muß, strukturell und funktional äquivalent sind, werden Mythen und Legenden im folgenden unter dem gemeinsamen Ausdruck ›Mythen‹ diskutiert.

I.

1. Unter ›Mythen‹ seien – textlich oder ikonisch fixierte – Narrationen verstanden, die um bestimmte Figuren der Geschichte (Aktanten) kreisen; z. B. um Arminius, der als ›Hermann der Cherusker‹ dargestellt wird, um Barbarossa, Napoleon, Luise von Preußen, Bismarck. Die Mythisierung dieser Figuren geschieht durch diskursive Verfahren: Den Aktanten werden bestimmte semantische Merkmale zugesprochen, die Mytheme [im folgenden in Anführungszeichen: ›. . . ‹]; z. B. ›germanisch‹[1], ›ewig‹, ›allgegenwärtig‹, ›göttlich‹, ›deutsch‹[2]. Diese Mytheme – also sprachliche oder ikonische Zeichen, die gleichsam auf Designate ohne Denotate referieren[3] – werden zu Paradigmen gesammelt, die dann das Reservoir darstellen für die jeweils syntagmatisch realisierte Narration.[4]

2. Bei denjenigen mythischen Narrationen, deren Funktion es ist, ›Nation‹ symbolisch zu repräsentieren und auf diese Weise zu deren Konstitution beizutragen, wird in spezieller Weise Gebrauch gemacht von der Fähigkeit des Mythos generell: Er geht nach Lévi-Strauss aus »von der Bewußtmachung bestimmter Gegensätze«, also von Antagonismen, und führt hin »zu ihrer allmählichen Ausgleichung«.[5] Demnach ist der Mythos »die Versöhnung des in der Vernunft und in der Kultur Unversöhnlichen in der Erzählung; eine Befriedigung dessen, was sich synchronisch bekämpft, im Diachronischen«.[6]

3. Derlei ›patriotische‹ Versöhnungsstrategien sind gebunden an bestimmte Trägerschichten; z. B. Maler, Bildhauer, Architekten, Dichter, Geistliche, Schauspieler, Professoren, Lehrer, die jeweils dann besonders erfolgreich sind, wenn ihre Narrationen von Institutionen übernommen werden, z. B. von Militär, Kirche, Theater, Universität, Schulwesen.

4. Solche Institutionen tragen den Mythos in die Öffentlichkeit, wo sie ihn durch auf Wiederholung[7] angelegte Rituale propagieren; z. B. durch das Zeremoniell von Paraden und Denkmalenthüllungen – oft an bestimmten, mit dem ›Namen‹ des Aktanten in Verbindung gebrachten Festtagen –, von Festgottesdiensten, von Matineen und »Nachtfeiern«, Gedenkreden und Schulfeiern.

5. Nationale Mythen sind im 19. Jahrhundert implizit, oft genug aber auch explizit Gegen-Mythen. Sie richten sich zum einen gegen die visuelle Repräsentanz anderer Nationen, um ihnen gegenüber einen ›eigenen‹ Platz symbolisch zu behaupten; so läßt sich z. B. der Luisen-Mythos als Gegen-Mythos zum Napoleon-Mythos interpretieren. Mythenkonkurrenz gibt es zum anderen auch intern, im Lande selbst; Luise z. B. konkurriert nicht nur mit Napoleon, sondern auch z. B. mit ›Hermann‹ und mit Barbarossa.[8]

6. Mythen bieten für ›Bedürfnisse‹ der Gegenwart und Zukunft (z. B. ›Einheit der Nation‹) ›Lösungen‹ an, die in der ›Vergangenheit‹ liegen, durch diese ›geheiligt‹ sind und die darauf ›warten‹, ›wieder‹ zu ›erwachen‹; das gilt z. B. für Barbarossa und Luise. Einer partikularistisch auseinanderdriftenden Gegenwart wird von einem ›ganzheitlichen‹ Konzept erzählt, das ›schon einmal‹ den Status von ›Wirklichkeit‹ besessen habe und dem, weil ›erprobt‹, nun wieder zum ›Leben‹ verholfen werden müsse. Mythen, die in dieser Weise auf ›Wiedergeburt‹ angelegt sind, kommt im 19. Jahrhundert insofern eine besondere Appellfunktion zu, als sie der als verwirrend empfundenen Ausdifferenzierung der Praxisbereiche und der dazugehörigen Diskurse eine ›Ganzheit‹ entgegensetzen, die als doppelt attraktiv erscheint: Strukturell wird der Blick von der als immer irritierender erscheinenden Komplexität der Gegenwart weggelenkt durch Konzentration auf eine einzige Figur, einen »Einheitskörper«[9]; pragmatisch kann sich der einzelne aus seiner Isolation in eine ›Gemeinde‹ ›retten‹, die unter der Fahne des/der jeweiligen ›Heiligen‹ Schutz und Orientierungs-›Wissen‹ anbietet. Der politische Diskurs wird also durch Elemente des religiösen Diskurses semantisch aufgeladen: Durch diese »Sakralisierung der Geschichte«[10] macht sich die auf

endliche Ziele gerichtete ›nationale‹ Produktion eines ›Sinnes‹, der normativ stillgestellt werden soll – denotativ, insbesondere aber konnotativ –, den als ›unausschöpfbar‹ geltenden und als ›ursprünglich‹ imaginierten Thesaurus des ›Unendlichen‹ zunutze.

7. In diesem Zusammenhang kommt im Deutschland des 19. Jahrhunderts den Kreisen, Gruppen und Bünden, überhaupt dem Vereinswesen eine große, kaum zu überschätzende Bedeutung zu.[11] Spätestens seit der Romantik (»Christlich-Deutsche Tischgesellschaft«) wird ein großer Teil der in solchen Zirkeln sozialisierten Literaten zu Produzenten von Narrationen, die ›patriotische‹ Figuren mythisieren und die z. T. sofort in die politisch-religiösen Rituale eingebracht werden; z. B. durch die öffentliche Präsentation von Texten Achim von Arnims u. a. bei den »Nachtfeiern« anläßlich von Luises ›frühem‹ Tod.[12]

Speziell die ›Befreiungskriege‹ werden über das ganze Jahrhundert hinweg – Höhepunkt: 1913 – in einem Groß-Mythos gefeiert[13], der sich aus einer Vielzahl von Einzel-Mythen zusammensetzt: Theodor Fontanes *Feldherrenlieder* z. B., die er zuerst im »Sonntags-Verein zu Berlin« alias »Tunnel über der Spree« vorträgt, werden sofort im *Soldatenfreund. Zeitschrift für faßliche Belehrung des Preußischen Soldaten* abgedruckt[14] und dann im Zuge der anti-revolutionären Stiehlschen Reformen (1854) in die Schulbücher lanciert.[15] 1870/71 versorgen – wie dann 1914/18 – Dichtervereine die Soldaten mit ›patriotischer‹ Lektüre. Selbst ein Teil der ›patriotischen‹ Frauenemanzipation bedient sich des ›nationalen‹ Mythos: Der »Kleeblattbund«, ein »Bismarck-Thurm der deutschen Frauen«, beginnt 1895 seine Öffentlichkeitsarbeit mit dem *Bismarck-Frauen-Kalender*, der u. a. die Aufnahme von Frauen in den Deutschen Flottenverein fordert.[16]

8. Durch die Reichsgründung, durch die das lang erstrebte Ziel der ›Historischen Mythologie der Deutschen‹ – die ›äußere Einheit‹ – erreicht zu sein scheint, ist also der Bedarf an Mythen keineswegs erschöpft, im Gegenteil: Nun gilt es, nach Bismarck, die ›innere Einheit‹ zu verwirklichen. Dieses Ziel soll u. a. durch das Feiern von Gedenktagen erreicht werden; z. B. durch den Sedanstag[17] (vgl. z. B. die Romane Fontanes[18], Walter Benjamins *Berliner Kindheit um Neunzehnhundert* usw.), dem die Sozialdemokratie das – säkularisierte – Fest des »Weltfeiertags der Arbeit« entgegenzusetzen versucht, wobei freilich auch dessen ›Ursprung‹ »in mythischer Vorzeit« angesiedelt wird.[19] Besondere Anstrengungen gelten dem Ziel, den öffentlichen Raum symbolisch zu be-

setzen, z. B. durch Denkmäler.[20] Der Streit um sie zieht sich durch das ganze Jahrhundert hin[21] und gilt sowohl einzelnen Figuren der Geschichte (›Hermann‹, Gutenberg[22], Dürer[23], Luther, Goethe, Schiller, Goethe/Schiller[24], Beethoven, Heine[25] usw.)[26] als auch Großprojekten wie dem Kreuzbergdenkmal[27], der Walhalla[28], der Berliner Siegessäule, dem Kölner Dom[29], Niederwalddenkmal, Völkerschlachtdenkmal usw. usw.; auch ein Teil der Kriegerdenkmäler gehört in diesen Zusammenhang.[30] Die »Denkmal-Pest«, die 1872 Ferdinand Kürnberger für Wien konstatiert[31] und auf »Selbstbedenkmalungs-Arroganz« zurückführt[32], wird im Deutschen Reich nach 1871 geradezu inflationär durch die Kaiser-Wilhelm-Denkmäler (z. B. Porta Westfalica, Kyffhäuser, Deutsches Eck, Hohensyburg)[33] und schließlich durch die Bismarck gewidmeten Standbilder, Gedenksteine, Obelisken, Säulen und Türme[34], von denen bis 1914 über 700 in Planung sind und von denen mindestens 500 realisiert werden.[35]

II.

Die vor allem auch architektonisch präsentierte, textlich – z. B. auf den Denkmalsockeln – abgesicherte Ikonographie ist im 19. Jahrhundert Teil einer multimedialen Inszenierung von ›Nation‹; und zwar einer Inszenierung, die sich weitgehend mythisierender Verfahren bedient. Die Landschaft ist gleichsam zugestellt mit einer ›patriotischen‹ Kulisse, die den Horizont verbauen, d. h. den Blick begrenzen und in der Regel nach oben lenken soll, in die ›Höhe‹, z. B. bei Walhalla und Hermannsdenkmal; oder aber nach unten, in die ›Tiefe‹, z. B. bei der »Fürstengruft« in Weimar. Die damit angestrebte Vertikalisierung des Blicks setzt – anders als die bürgerlich-demokratische »Horizontale als Erzählmodus«[36] – optisch um, was bei vielen als Subjektposition längst internalisiert ist: Von ›unten‹ schaut man nach ›oben‹, von wo man hofft, eines ›Blickes‹ gewürdigt zu werden.[37]

Theodor Fontane z. B., der auf ca. viereinhalbtausend Druckseiten die preußisch-deutschen Kriege narrativ re-inszeniert, u. a. um diesen sein ›patriotisches‹ Lebenswerk anerkennenden ›Blick‹ zu ergattern und dadurch die so lang ersehnte finanzielle Absicherung, verfolgt damit ein freilich im großen und ganzen hinsichtlich seiner eigenen gesellschaftlichen Stellung vergebliches Projekt. Und dennoch läßt derselbe Fontane noch am 3.8.1898, wenige Wochen vor seinem Tode, öffentlich in die *Vossische Zeitung* ein Gedicht einrücken über den Mann, den er privat als »diese Mischung von Uebermensch und Schlauberger, von Staatengründer und Pferdestall-Steuerverweigerer [...] von Heros und Heulhuber«[38] und »größten Prinzipverächter« bezeichnet hatte, »den es je gegeben hat«[39]:

Wo Bismarck liegen soll

Nicht in Dom oder Fürstengruft,
Er ruh in Gottes freier Luft
Draußen auf Berg und Halde,
noch besser tief, tief im Walde;
Widukind lädt ihn zu sich ein:
»Ein Sachse war er, drum ist er *mein*,
Im *Sachsenwald* soll er begraben sein.«

Der Leib zerfällt, der *Stein* zerfällt,
Aber der Sachsenwald, der hält,
Und kommen nach dreitausend Jahren
Fremde hier des Weges gefahren
Und sehen, geborgen vorm Licht der Sonnen,
Den Waldgrund in Epheu tief eingesponnen
Und staunen der Schönheit und jauchzen froh,
So gebietet einer: »Lärmt nicht so; –
Hier unten liegt Bismarck irgendwo.«[40]

Fontane arrangiert erstens die Rückbindung der Gegenwart an eine ›patriotische‹ Vergangenheit, die an einen historischen Aktanten (»Widukind«) gebunden ist, der – unter Berufung auf die ›Natur‹ (»Ein Sachse war er«) – ›Besitzansprüche‹ geltend macht (»drum ist er *mein*«); eine – ›patriotische‹ – ›Kontinuität‹ über ca. tausend Jahre hin wird konstituiert. Diese – mythische – Zeit, die aus der ›Vergangenheit‹ gespeist und narrativ anschließbar ist an den Sagenkreis um Karl den Großen, wird zweitens – hyperbolisierend – in die ›Zukunft‹ verlängert (»nach dreitausend Jahren«); der Ruhm des Verstorbenen und die Ehrfurcht der nachkommenden Geschlechter sind – so die ›Botschaft‹ – ›ewig‹. Es fehlt – drittens – jedes Wort, das auf die Verdienste Bismarcks einginge. Fontane folgt damit genau seinem ästhetischen Programm, dem er lange vorher den mißverständlichen Namen ›Realismus‹ gegeben hatte.

Bereits 1853 hatte Fontane – zu dieser Zeit besonders aktives Mitglied des »Tunnels über der Spree« und des »Nebentunnels« mit dem bezeichnenden Namen »Rütli«[41] – über »Unsere lyrische und epische Poesie seit 1848« nachgedacht und sich darüber ausgesprochen, »was wir überhaupt unter Realismus verstehen«: »Vor allen Dingen verstehen wir *nicht* darunter das nackte Wiedergeben alltäglichen Lebens, am wenigsten seines Elends und seiner Schattenseiten. Traurig genug, daß es nöthig ist, derlei sich von selbst verstehende Dinge noch erst versichern zu müssen. Aber es ist noch nicht allzu lange her, daß man (namentlich in der Malerei) *Misere* mit Realismus verwechselte und bei Darstellung eines sterbenden Proletariers, den hungernde Kinder umstehen, oder gar bei Productionen jener sogenannten Tendenzbilder (schlesische Weber, das Jagdrecht u. dgl. m.) sich einbildete, der Kunst eine glänzende Richtung vorgezeichnet zu haben. Diese Richtung verhält sich zum echten Realismus wie das rohe Erz zum Metall: die Läuterung fehlt.«[42]

Diesem sich u. a. ausdrücklich auf Schiller berufenden ›Realismus‹-Programm folgt Fontane noch 45 Jahre später, wenn er »das rohe Erz« von Bismarcks Biographie einer »Läuterung« unterzieht, bei der vom Bismarck der Geschichte nichts mehr übrig bleibt. »Wir sind hier beim eigentlichen Prinzip des Mythos: er verwandelt Geschichte in Natur«[43]: Aus dem ehemaligen Reichskanzler wird Sachsenwald. Damit wird eine ›Wallfahrtsstätte‹ ›in alle Ewigkeit‹ fortgeschrieben, die sich 1898 bereits über fast ein ganzes Jahrzehnt ›patriotisch‹ bewährt hatte.

Das ästhetische Programm »Läuterung« ist nicht etwa eine Besonderheit des ›märkischen‹ Autors Fontane oder lediglich eine preußische Spezialität. In Bayern z. B. gibt es den sogenannten »Münchner Dichterkreis«, den sich Maximilian II. schafft und zu dessen Umfeld die »Gesellschaft der Krokodile« gehört, ein Literatenverein, bei dem u. a. Felix Dahn Mitglied ist. Der Ästhetiker dieses Kreises, Moriz Carriere, verwendet 1854 dieselbe Veredelungsmetaphorik wie Fontane 1853, wenn er – nach einem Schiller-Zitat – die Aufgabe der Kunst für die Bildung einer Nation folgendermaßen beschreibt: »Die Kunst ist die Verklärung der Natur [...]. Das Reich der Kunst ist der Festsaal der Menschheit, in welchem sie die Bilder ihres Seins und ihrer Entwickelung in schlackenlosem Metallglanz aufstellt; der tiefste Gehalt des Geistes, die religiöse und sittliche Weltanschauung eines Volks wird von Bildnern und Dichtern ausgesprochen [...]; die Kunst [...] zeigt [...], daß die Versöhnung der Gegensätze, daß das Schöne wirklich ist; [...] in diesem einen Punkt erheben wir uns wie erlöst vom finstern Bann in das göttliche Leben [...]. In dieser erlösenden Kraft, in dieser friedeverleihenden Seelenreinigung ist die Kunst religiös.«[44]

»Daß die Versöhnung der Gegensätze [...] wirklich ist«: Das klingt fast, als zitiere Moriz Carriere ›vorweg‹ die Mythos-Definition von Lévi-Strauss, die oben herangezogen wurde. Im übrigen bestellen die Münchner – wie der Fontane der preußischen Balladen – mit besonderem Fleiß dasjenige literarische Feld, das im allgemeinen Bewußtsein und in der Lese- und Rezitationspraxis des 19. Jahrhunderts mindestens ebensowichtig ist wie die in diesem Zusammenhang immer wieder genannten Genres ›Historischer Roman‹ und ›Historisches Drama‹[45]: das der ›Historischen Lyrik‹; die Münchner bestellen es, indem sie besonders gern Karl den Großen, Friedrich den Großen und – ›natürlich‹ – Barbarossa besingen. Das alles geschieht nach einem poetischen Verfahren, das der Münchner Friedrich Bodenstedt noch 1871 wie folgt beschreibt:

> Die Kunst erhebt den Geist auf lichte Bahnen,
> Läßt Ewiges in zeitlicher Bezirkung,
> Vollkomm'nes hinter Unvollkomm'nem ahnen,
> Zeigt Endliches unendlich in der Wirkung,
> Verklärt die Wirklichkeit durch holden Schein [...].[46]

Von den zahlreichen, nahezu obligaten Anleihen am religiösen Diskurs sei lediglich auf den Ausdruck »verklärt« aufmerksam gemacht; weil »Verklärung« auch im Programm des sogenannten ›Realismus‹ – neben dem synonymen »Läuterung« – ein künstlerisches Verfahren bezeichnet, das bei der Mythisierung historischer Figuren im Kontext der Konstitution von Nation im 19. Jahrhundert eine besonders signifikante Rolle spielt: Nach dem Tode der preußischen Königin 1810 z. B. werden zahlreiche Bilder gemalt, die noch 1902 im *Hohenzollern-Jahrbuch* reproduziert werden und allesamt den Titel tragen *Verklärung der Königin Luise.* Auf ihnen sind alle individualisierenden Merkmale Luises getilgt; zu sehen ist eine gen Himmel fahrende weibliche Gestalt im Strahlenkranz: die »preußische Madonna«.[47]

III.

Es gibt also im 19. Jahrhundert eine kollektive Praxis, die Grenzen zwischen nationalem und religiösem Diskurs zu verwischen, oder besser: Der nationale Diskurs wird ohne weiteres und ganz ›selbstverständlich‹ als ein religiöser organisiert, bis hin zur »deutschen Bildungsreligion«[48]; »die Aura des Sakralen geht auf die Nation über«[49]; und umgekehrt wird der religiöse Diskurs als nationaler präsentiert.

In Preußen gibt es z. B. die Personalunion von Kirche und Staat in der Person des Königs. Diese Personalunion braucht – wie das Beispiel Friedrich Wilhelms III. zeigt – keine bloße Formalität zu sein, sondern kann – wie die von diesem König 1817 verordnete, theologisch überaus umstrittene ›Vereinigung‹ der lutherischen und reformierten Kirche zur »Union« beweist – als institutionelle Klammer eingesetzt werden, die zur Befestigung der nationalen Macht genutzt wird.[50] Jedenfalls ist 1810, nach dem Tode Luises, die evangelische Kirche eine zentrale Institution, die es sich zur Aufgabe macht, das ›Gedächtnis‹ der verstorbenen Königin zu ›bewahren‹, das Volk ›in ihrem Namen‹ gegen den ›Teufel‹ Napoleon zu mobilisieren und auf diese Weise zur ›Nation‹ zu ›einen‹. Die Kirche wird dabei unterstützt u. a. von romantischen Dichtern, die immer schon – wie Novalis bereits seit 1798 – Luise mythisiert hatten.[51] Der zum Katholizismus konvertierte Zacharias Werner schreibt sogar auf die Nachricht vom Tode der Königin hin in Rom ein Gedicht, in dem er sie zur »Luis*a*« macht, so daß die im Protestantismus ›verwaiste‹ Stelle der weiblichen ›Fürsprecherin‹ nun besetzt werden kann.[52]

Bei Theodor Körner z. B. wird Luise zu einem weiblichen Barbarossa, der einst als »deutsche Frau« ›erwachen‹ wird.[53] Körners Vater war Schillers Freund. Wie oben an den Beispielen Fontane und »Münchner Dichterkreis« gezeigt, reicht die Schiller-›Nachfolge‹ bis zum Jahrhundertende: In dieser Art von idealistischer Ästhetik, die sich – verwirrenderweise – ›realistisch‹ nennt, sieht das Element der ›Verklärung‹ dem aus dem religiösen Diskurs bekannten Element zum Verwechseln ähnlich. Genauer: Der – spätestens seit der Romantik bekannten – »Sakralisierung der Kunst«[54] entspricht die Ästhetisierung von Politischem[55] (»und staunen der Schönheit und jauchzen froh«). Mit anderen Worten: Sieht man einmal von Ausnahmen – z. B. von Heinrich Heine, insbesondere aber von dem expliziten Schiller-Gegner Georg Büchner – ab, dann gibt es im Deutschland des 19. Jahrhunderts eine breite Schar von Künstlern, die das Konzept ›Nation‹ realisieren wollen durch *Mythisierung*, d.h. a) durch *Personalisierung* historischer Prozesse, b) durch – meist mittels ›Verklärung‹ arrangierte – *Idealisierung* der zu diesem Zweck ausgewählten Personen, was c) der *Ritualisierung* im religiösen oder quasireligiösen Rahmen das ideologische und – auch ganz praktisch – das textliche oder ikonische Material liefert, u.a. mit dem Ziel, »den protestantischen Mittelschichten ein zivilreligiöses nationales Identitätsbewußtsein« zu vermitteln.[56]

Diese drei Elemente – Personalisierung, Idealisierung und Ritualisierung – sind Teile einer *kollektiven* Praxis, also keineswegs auf die streng konservative Seite beschränkt: Als Ludwig Uhland am 13.11.1862 stirbt, benutzt Berthold Auerbach den »Verein Berliner Presse« als Veranstalter einer Gedenkfeier, durch die sich die Redakteure der *Kreuzzeitung*, unter ihnen Fontane, zum Ausscheiden aus dem Verein veranlaßt sehen[57], »Der Schluß *Gott segne unser deutsches Vaterland* fand jubelnden Beifall, und es [das Publikum] erhob sich um Uhland's mit Lorbeer und Eiche umwundene Kolossalbüste [...], umstanden von der trauernden Germania und der klagenden Muse.«[58] »Die Büste verwandelte sich bei diesem Ritual in einen Altar. Nicht zufällig drängte sich einem Teilnehmer die Wendung von einer ›Apotheose Uhlands‹ auf.«[59] Auerbach selbst, der in seiner öffentlichen Rede Uhland als Boten des ›Volksgeistes‹ und ›Seher‹ feiert, hatte vorher in einem privaten Brief geschrieben: »Das sind unsere modernen Religionsfeiern«.[60] »Die Totenfeier für ihn [Uhland] wurde zur Geburtsstunde seines Mythos, der wesentlich die kulturpolitische und literaturkritische Aufnahme vorzeichnete.«[61]

An einem ganz anderen Mythos arbeitet zur selben Zeit z.B. Fontane, der die ca. dreieinhalbtausend Druckseiten seiner *Wanderungen durch die Mark Brandenburg* mit einer »erklärtermaßen politischen Wirkungsabsicht« schreibt, »und zwar gegen den liberalen Zeitgeist, gegen Fortschritt und Freisinn«, und der damit das »Programm einer vaterländischen, genauer, preußisch-konservativen Pädagogik« verfolgt[62]: Fontane entzieht den märkischen Geschlechtern soviel Geschichte, er ›verklärt‹ sie derartig, daß der damit etablierte Mythos ›Mark‹ sich bei genauerem Hinsehen als »falsche Idylle«[63] erweist, als gewaltige, akribisch betriebene Geschichtsfälschung; als Geschichtsfälschung mit bestem Gewissen allerdings: dem des »ästhetischen Historismus« nämlich. Fontanes »besondere Art seines Umgangs mit Geschichte, die eine beträchtlich beruhigende Wirkung auf verunsicherte Seelen auszuüben vermochte und noch vermag«[64], führte dazu, daß »der Leser den Land- und Landesadel von einer sehr sonntäglichen Seite« erlebte und »sich ihm auf eine andachtsvolle, wenn nicht gar fromme Weise« näherte und »sich, leicht an die Hand genommen, mit diesem Adel aufs angenehmste versöhnt« fand.[65]

Das scheint eine mögliche Antwort auf die Ausgangsfrage zu sein: Mythen und Legenden konnten deswegen eine so große Rolle bei der Konstitution von ›Nation‹ im Deutschland des 19. Jahrhunderts spielen, weil die – durch Ästhetiken abgesicherten – Verklärungsstrategien die öffentlichen Diskurse dominierten. Mit ihrer Hilfe wurde auf den verschiedensten Ebenen eine ›Versöhnung‹ inszeniert, deren Kontrast zur sozialen Realität erst gegen Ende des Jahrhunderts unübersehbar wurde und auf breiteren Widerstand stieß, an die aber Wilhelm II. noch glaubte appellieren zu können; sogar noch 1914, ein Jahr nach den ›Jahrhundertfeiern‹ der ›Befreiungskriege‹, bei denen freilich das aufwendig ins Szene gesetzte Projekt ›Volksintegration‹ sich als endgültig mißlungen herausgestellt hatte.[66]

Anmerkungen

1 Vgl. Michael Titzmann, »Die Konzeption der ›Germanen‹ in der deutschen Literatur des 19. Jahrhunderts«, in: Jürgen Link/Wulf Wülfing (Hg.), *Nationale Mythen und Symbole in der zweiten Hälfte des 19. Jahrhunderts. Strukturen und Funktionen von Konzepten nationaler Identität* (*Sprache und Geschichte*, Bd. 16), Stuttgart 1991, S. 120–145.

2 Vgl. Wulf Wülfing, »›Nicht mehr Weltbürger, nicht mehr Europäer, sondern nur ein enger Teutscher‹. Einige Bemerkungen zu Verwendungsweisen des Ausdrucks ›deutsch‹ in der deutschsprachigen Literatur zu Beginn des 19. Jahrhunderts«, in: *Zeitschrift für Literaturwissenschaft und Linguistik (LiLi)*, Jg. 24 (1994), H. 94, S. 113–126.

3 Zur Terminologie vgl. Charles W. Morris, »Grundlagen der Zeichentheorie«, in: ders., *Grundlagen der Zeichentheorie. Ästhetik und Zeichentheorie*, übers. v. Roland Posner, München 1972, S. 15–32, hier S. 22; zur Sache vgl. Aleida Assmann, *Arbeit am nationalen Gedächtnis. Eine kurze Geschichte der deutschen Bildungsidee*, Frankfurt/New York/Paris 1993, S. 55, die den »Wunschcharakter« z. B. von Denkmälern betont: Bei der von ihnen »repräsentierten Wirklichkeit« handle es sich »um eine optativisch beschworene und nicht um eine faktisch konstatierte«.

4 Vgl. Rolf Parr, »*Zwei Seelen wohnen, ach! in meiner Brust.*« *Strukturen und Funktionen der Mythisierung Bismarcks 1860–1918*, München 1992, S. 48f.
5 Claude Lévi-Strauss, *Strukturale Anthropologie*, Frankfurt/M. 1967, S. 247.
6 Lévi-Strauss zitiert nach Parr, »*Zwei Seelen*« (wie Anm. 4), S. 19.
7 Vgl. Assmann, *Nationales Gedächtnis* (wie Anm. 3), S. 52.
8 Vgl. Arno Borst, »Barbarossas Erwachen. Zur Geschichte der deutschen Identität«, in: Odo Marquard/Karlheinz Stierle (Hg.), *Identität* (*Poetik und Hermeneutik*, Bd. VIII), München 1979, S. 17–60.
9 Vgl. den Beitrag von Susanne von Falkenhausen, »Geschichte als Metapher – Geschlecht als Symptom. Die Konstruktion der Nation im Bild«, in diesem Band, S. 173–197.
10 Assmann, *Nationales Gedächtnis* (wie Anm. 3), S. 47.
11 Vgl. Wulf Wülfing/Karin Bruns/Rolf Parr (Hg.), *Handbuch literarisch-kultureller Vereine und Gruppen*, Stuttgart [i. E.].
12 Vgl. Wulf Wülfing/Karin Bruns/Rolf Parr, *Historische Mythologie der Deutschen 1798–1918*, München 1991, S. 76ff.
13 Vgl. Günter Hess, »Siegfrieds Wiederkehr. Zur Geschichte einer deutschen Mythologie in der Weimarer Republik«, in: *Internationales Archiv für Sozialgeschichte der deutschen Literatur* 6 (1981), S. 112–144, bes. S. 115ff.; Peter Sprengel, *Die inszenierte Nation. Deutsche Festspiele 1813–1913. Mit ausgewählten Texten*, Tübingen 1991.
14 Vgl. Wulf Wülfing, »Wider die ›Tendenzbilder‹, hin zur ›ruhigen‹ Mitte: Zu Theodor Fontanes ästhetischer ›Erziehung‹ durch den ›Tunnel über der Spree‹ und den Folgen«, in: Walter Baumgartner (Hg.), *Wahre lyrische Mitte – »Zentrallyrik«? Ein Symposium zum Diskurs über Lyrik in Deutschland und in Skandinavien* (*Texte und Untersuchungen zur Germanistik und Skandinavistik*, Bd. 34), Frankfurt/M. 1993, S. 107–122, hier S. 112.
15 Vgl. Rolf Parr/Wulf Wülfing, »Literarische und schulische Praxis (1854–1890)«, in: Edward McInnes/Gerhard Plumpe (Hg.), *Realismus und Gründerzeit* (= *Hansers Sozialgeschichte der deutschen Literatur*, Bd. 6), München 1996, S. 176–210, hier S. 204ff.
16 Vgl. Wülfing/Bruns/Parr, *Historische Mythologie* (wie Anm. 12), S. 122ff.
17 Vgl. Fritz Schellack, »Sedan- und Kaisergeburtstagsfeste«, in: Dieter Düding/Peter Friedemann/Paul Münch (Hg.), *Öffentliche Festkultur. Politische Feste in Deutschland von der Aufklärung bis zum Ersten Weltkrieg*, Reinbek b. Hamburg 1988, S. 278–297.
18 Vgl. Wülfing/Bruns/Parr, *Historische Mythologie* (wie Anm. 12), S. 216ff.
19 Edith Lerch, »Die Maifeiern der Arbeiter im Kaiserreich«, in: Düding/Friedemann/Münch, *Öffentliche Festkultur* (wie Anm. 17), S. 352–372, hier S. 364.
20 Vgl. Thomas Nipperdey, »Nationalidee und Nationaldenkmal in Deutschland im 19. Jahrhundert«, in: *Historische Zeitschrift*, Bd. 206 (1968), S. 529–585 (auch in: ders., *Gesellschaft, Kultur, Theorie. Gesammelte Aufsätze zur neueren Geschichte* [*Kritische Studien zur Geschichtswissenschaft*, Bd. 18], Göttingen 1976, S. 133–173); *Wallfahrtsstätten der Nation. Vom Völkerschlachtdenkmal zur Bavaria*, Frankfurt/M. 1971; Günter Hess, »Panorama und Denkmal. Erinnerung als Denkform zwischen Vormärz und Gründerzeit«, in: Alberto Martino (Hg.), *Lite-*

ratur in der sozialen Bewegung. Aufsätze und Forschungsberichte zum 19. Jahrhundert, Tübingen 1977, S. 130–206; Helmut Scharf, *Kleine Kunstgeschichte des deutschen Denkmals*, Darmstadt 1984, S. 163 ff.

21 Vgl. Antje Laumann-Kleineberg, *Denkmäler des 19. Jahrhunderts im Widerstreit. Drei Fallstudien zur Diskussion zwischen Auftraggebern, Planern und öffentlichen Kritikern* (*Europäische Hochschulschriften. Reihe XXVIII: Kunstgeschichte*, Bd. 82), Frankfurt/M. 1989.

22 Vgl. Jürgen Steen, »Vormärzliche Gutenbergfeste (1837 und 1840)«, in: Düding/Friedemann/Münch, *Öffentliche Festkultur* (wie Anm. 17), S. 147–165.

23 Vgl. Matthias Mende, »Das Dürer-Denkmal in Nürnberg«, in: Hans-Ernst Mittig/Volker Plagemann (Hg.), *Denkmäler im 19. Jahrhundert. Deutung und Kritik* (*Studien zur Kunst des 19. Jahrhunderts*, Bd. 20), München 1972, S. 163–182.

24 Vgl. Jörg Gamer, »Goethe-Denkmäler – Schiller-Denkmäler«, in: ebd., S. 141–162.

25 Vgl. Jeffrey L. Sammons, *Heinrich Heine*, Stuttgart 1991, S. 156 ff.

26 Vgl. Paul Raabe, »Lorbeerkranz und Denkmal. Wandlungen der Dichterhuldigung in Deutschland«, in: *Festschrift Klaus Ziegler*, Tübingen 1968, S. 411–426; ders., »Dichterverherrlichung im 19. Jahrhundert«, in: Wolfdietrich Rasch (Hg.), *Bildende Kunst und Literatur. Beiträge zum Problem ihrer Wechselbeziehungen im 19. Jahrhundert*, Frankfurt/M. 1970, S. 79–97; Rolf Selbmann, *Dichterdenkmäler in Deutschland. Literaturgeschichte in Erz und Stein*, Stuttgart 1988.

27 Vgl. Ulrich Bischoff, *Denkmäler der Befreiungskriege in Deutschland 1813–1815*, 2 Bde., Diss. FU Berlin 1977, Bd. 1, S. 72 ff.

28 Vgl. Jörg Traeger, *Der Weg nach Walhalla. Denkmallandschaft und Bildungsreise im 19. Jahrhundert*, Regensburg 1987; Assmann, *Nationales Gedächtnis* (wie Anm. 3), S. 47 ff.

29 Vgl. Hugo Borger (Hg.), *Der Kölner Dom im Jahrhundert seiner Vollendung*, Bd. 1: *Katalog*, Bd. 2: *Essays*, Köln 1980.

30 Vgl. Theodor Fontane, *Der deutsche Krieg von 1866*, Bd. 2: *Der Feldzug in West- und Mitteldeutschland*, mit Illustrationen v. Ludwig Burger, Berlin 1871, Reprint hg. v. Helmuth Nürnberger, Frankfurt/Berlin/Wien 1985, *Anhang: Die Denkmäler*; Reinhart Koselleck, »Kriegerdenkmale als Identitätsstiftungen der Überlebenden«, in: Marquard/Stierle, *Identität* (wie Anm. 8), S. 255–276; Meinhold Lurz, *Kriegerdenkmäler in Deutschland*, 5 Bde., Heidelberg 1985 ff.

31 Ferdinand Kürnberger, »Ein Aphorismus zur Denkmal-Pest unserer Zeit«, in: ders., *Gesammelte Werke*, Bd. 2, München/Leipzig o. J., S. 286–293.

32 Ebd., S. 289; vgl. Hans-Ernst Mittig, »Über Denkmalkritik«, in: Mittig/Plagemann, *Denkmäler* (wie Anm. 23), S. 283–301, bes. S. 284.

33 Vgl. Christiane Neuhann: »National-Provinzialdenkmäler«, in: Veit Veltzke (Hg.), *Spuren Preußens in Nordrhein-Westfalen*, Minden/Wesel 1992, S. 161–166.

34 Vgl. Volker Plagemann, »Bismarck-Denkmäler«, in: Mittig/Plagemann, *Denkmäler* (wie Anm. 23), S. 217–252.

35 Vgl. Deutsches Historisches Museum (Hg.), *Bismarck – Preußen, Deutschland und Europa*, Berlin 1990, S. 472 ff.; Konrad Breitenborn, *Bismarck. Kult und Kitsch um den Reichsgründer. Aus den Beständen des früheren Bismarck-*

Museums in Schönhausen (Elbe) und dem Archiv der ehemaligen Stendaler Bismarck-Gesellschaft, Leipzig 1990, S. 151 ff.; Christiane Neuhann, »Bismarck- und sonstige Denkmäler«, in: Veltzke, *Spuren* (wie Anm. 33), S. 156–160; Reinhard Schiffer, »Das Bismarck-Denkmal in Bremen – ein Sonderfall?«, in: Lothar Machtan (Hg.), *Bismarck und der deutsche National-Mythos*, Bremen 1994, S. 95–129.

36 Vgl. Falkenhausen, »Geschichte als Metapher« (wie Anm. 9).

37 Bei Heinrich Mann wird dieser ›Blick‹ Kaiser Wilhelms II. satirisch zum »Blitzen«, das – Pointe dieses ›Bildungsromans‹ – der »Untertan«, Diederich Heßling, zum Schluß perfekt beherrscht: ›imitatio Dei‹.

38 Theodor Fontane, *Briefe. Vierter Band 1890–1898*, hg. v. Otto Drude u. Helmuth Nürnberger unter Mitw. v. Christian Andree, Frankfurt/Berlin 1987, S. 440 (Fontane am 1. 4. 1895 aus Berlin an Martha Fontane).

39 Ebd., S. 326 (Fontane am 29. 1. 1894 aus Berlin an Martha Fontane).

40 Theodor Fontane, *Gedichte*, hg. v. Joachim Krueger u. Anita Golz, Bd. 2, Berlin/Weimar 1989, S. 104.

41 Vgl. Falkenhausen, »Geschichte als Metapher« (wie Anm. 9).

42 [Anonym,] »Unsere lyrische und epische Poesie seit 1848«, in: *Deutsche Annalen zur Kenntniß der Gegenwart und Erinnerung an die Vergangenheit*, hg. v. Karl Biedermann, Leipzig 1853, S. 353–377, hier S. 357 f.; normalisierte Fassung in: Theodor Fontane, *Werke, Schriften und Briefe*, hg. v. Walter Keitel u. Helmuth Nürnberger, Abt. III: *Aufsätze, Kritiken, Erinnerungen*, Bd. 1: *Aufsätze und Aufzeichnungen*, hg. v. Jürgen Kolbe, München 1969, S. 236–260, hier S. 240 f.

43 Roland Barthes, *Mythen des Alltags*, Frankfurt/M. 1964, S. 113.

44 Moriz Carriere, *Das Wesen und die Formen der Poesie. Ein Beitrag zur Philosophie des Schönen und der Kunst. Mit literarhistorischen Erläuterungen*, Leipzig 1854, S. 13 f.; vgl. Renate Werner, »›Wir von Gottes Gnaden, gegen die durch Pöbels Gunst‹. Ästhetik und Literaturpolitik im ›Münchner Dichterkreis‹«, in: Link/Wülfing, *Nationale Mythen* (wie Anm. 1), S. 172–198, hier S. 188 f.

45 Vgl. den Beitrag von Harro Müller, »Thesen zur Geschichte des Historischen Dramas und des Historischen Romans (1773–1888)«, in diesem Band, S. 121–131.

46 Friedrich Bodenstedt, »Kunst und Leben«, zitiert nach Werner, »Wir von Gottes Gnaden« (wie Anm. 44), S. 189.

47 Vgl. Wülfing/Bruns/Parr, *Historische Mythologie* (wie Anm. 12), S. 79 ff.; Schadow, Apotheose der Königin Luise von Preußen, 1811/12, Paretz bei Potsdam, in: Bernhard Maaz (Hg.), *Johann Gottfried Schadow und die Kunst seiner Zeit*, Köln 1994, S. 185, 198 u. 281 f.

48 Assmann, *Nationales Gedächtnis* (wie Anm. 3), S. 40.

49 Ebd., S. 45.

50 Friedrich Wilhelm IV. versucht dann nach 1840 durch seinen Beitrag zur ›Vollendung‹ des Kölner Doms den Katholizismus in dieses national-religiöse Projekt ›einzubeziehen‹ (vgl. Anm. 29).

51 Vgl. Wülfing/Bruns/Parr, *Historische Mythologie* (wie Anm. 12), S. 59 ff.

52 Vgl. ebd., S. 85 f.

53 Vgl. ebd., S. 90 ff.

54 Vgl. Assmann, *Nationales Gedächtnis* (wie Anm. 3), S. 57 ff.

55 Vgl. ebd., S. 45.

56 Vgl. den Beitrag von Gangolf Hübinger, »Wissenschaftliche Politik und Historismus«, in diesem Band, S. 340–352.

57 Vgl. Roland Berbig, »Der Verein Berliner Presse 1862/63. Preußischer Verfassungskonflikt, frühe Vereinsgeschichte und eine Gedächtnisfeier für Ludwig Uhland«, in: *Zeitschrift für Germanistik*, Jg. 4 (NF), H. 3 (1994), S. 541–556, hier S. 547 ff.

58 *Berlinische Nachrichten von Staats- und gelehrten Sachen (Spenersche Zeitung)* v. 1. 2. 1863, 2. Beil., S. 2; zitiert nach Berbig, »Verein Berliner Presse« (wie Anm. 57), S. 550.

59 Ebd.

60 Zitat ebd., S. 549; vgl. Wilhelm Raabe, *Der Dräumling. Mit Dokumenten zur Schillerfeier 1859*, hg. v. Anneliese Klingenberg, Berlin/Weimar 1984; Rainer Noltenius, *Dichterfeiern in Deutschland. Rezeptionsgeschichte als Sozialgeschichte am Beispiel der Schiller- und Freiligrath-Feiern*, München 1984.

61 Berbig, »Verein Berliner Presse« (wie Anm. 57), S. 551.

62 Hubertus Fischer, *Gegen-Wanderungen. Streifzüge durch die Landschaft Fontanes*, Frankfurt/Berlin 1986, S. 18.

63 Ebd., S. 74.

64 Ebd., S. 17.

65 Ebd.

66 Vgl. Wülfing/Bruns/Parr, *Historische Mythologie* (wie Anm. 12), S. 187 ff.

SUSANNE VON FALKENHAUSEN

Geschichte als Metapher – Geschlecht als Symptom. Die Konstruktion der Nation im Bild[1]

Für mich hat sich die Forschung in der feministischen Kunstgeschichte in letzter Zeit zu einer Art der Geschlechterforschung gewandelt, die angemessener wohl feministische Androzentrismusforschung heißen sollte. Die feministische Forschung hat in einigen, v.a. geistes- und sozialwissenschaftlichen Disziplinen den Begriff der sozial und kulturell konstruierten Zweigeschlechtlichkeit als grundlegendes wissenschaftstheoretisches Paradigma eingeführt. Das hat nicht verhindern können, daß doch weitgehend »Frauenforschung« betrieben wurde, die von liberalen männlichen Kollegen durchaus begrüßt, wenn auch nicht in ihrer Tragweite verstanden wurde. Diese »Toleranz« der wissenschaftlichen Gemeinde ist darauf zurückzuführen, daß »Frauenforschung« als Problem der Frauen angesehen wurde. Daran hat die zunehmende Verdrängung dieser Benennung durch den Begriff der Geschlechterforschung (*gender-studies*) nichts geändert.[2] Gerade in dieser Liberalität gegenüber »Frauen«- und »Geschlechter«-Forschung zeigte sich die Asymmetrie des androzentrisch orientierten Geschlechterverhältnisses bestätigt, denn sie verdeutlichte erneut, daß dem sozialen Geschlecht »Frau«, bzw. dem »Weiblichen«, der Status des Sonderfalls, der Abweichung von der unausgesprochen androzentrischen Norm erhalten blieb, während das soziale Geschlecht »Mann«, bzw. das »Männliche«, den Status des Allgemeinen, Normativen allein dadurch konservieren konnte, daß es als Besonderes, dessen Status im kulturellen System im Verhältnis zu dem des Weiblichen zu erforschen wäre, nach wie vor nicht ins Blickfeld rückte. Eine Erforschung des »Weiblichen« im kulturellen System, gleich wie kritisch die Intention auch sei, muß also so lange wirkungslos bleiben, wie sie erstens den Bezug zur Setzung des »Männlichen« nicht herstellt und wie zweitens auf der Seite der männlichen Wissenschaftler nicht mit der Erkenntnis geantwortet wird, daß das »Männliche« ebenso wie das »Weibliche« als Ausdruck kultureller und sozialer Zweigeschlechtlichkeit und darüber hinaus als Beziehungsgeflecht im Rahmen von unterschiedlichsten Machtformationen aufgefaßt und entsprechend erforscht werden muß. Androzentrismusforschung bedeutet also, den Ansatz der Asymmetrie der kulturellen Geschlechterkonstruktionen als *Machtverhältnis* anzuerkennen. Das heißt auch, daß sie den verborgenen Androzentrismus mit all seinen Folgen aufspüren muß, wie er sich im bewußten wie unbewußten Axiom vom Männlichen als dem Absoluten, jenseits geschlechtlicher Dualität gesetzten Allgemeinen manifestiert.[3] Gerade hier wird im übrigen mehr als deutlich, wie eng kulturell-symbolische und soziale Ebenen miteinander verquickt sind.

Ein Phänomen, das die Notwendigkeit zu einem solchen Ansatz zu zeigen vermag, ist die Geschichte der Bildersprache, mit der politische Kollektividentitäten begründet, versinnbildlicht und legitimiert werden.

Seit einigen Jahren kreuzt sich ein altes Interesse von mir, die Frage nach der Beziehung von Kunst und Macht/Staat/Nation, mit Recherchen zu Bildern und Metaphern von Geschlecht in der Kunst der Moderne seit der Französischen Revolution. Es entfalteten sich Fragen nach dem Warum von Geschlechterbildern in der visuellen Repräsentation von Macht. Dabei wurde deutlich, daß es sich in der Regel um Strategien der Selbstrepräsentanz eines politischen Kollektiv-Ichs handelte, das sich implizit als Gemeinschaft männlicher »Menschen« verstand. Damit stellte sich nun die oben skizzierte Frage nach dem Status des »Männlichen« im kulturellen System.

Inzwischen habe ich die Phänomene solch bildlicher Identitätssuche über eine Epoche von fast 200 Jahren verfolgt.[4] Dabei wurde der enge Zusammenhang zwischen den Arten politischer Systembildung – Volkssouveränität, absolute Monarchie, konstitutionelle Monarchie, diverse Mischformen bürgerlicher und monarchischer Staatssysteme, Faschismus, Stalinismus – und den Geschlechterbildern in den jeweiligen Repräsentationsstrategien deutlich.

Im folgenden werde ich die entscheidenden Etappen von der Französischen Revolution bis zum Ende des 19. Jahrhunderts an symptomatischen Beispielen nachzeichnen und mit einigen grundsätzlichen Erwägungen zu Struktur und Funktion von Geschlechterbildern im Zusammenspiel mit Konstruktionen von Geschichte bei der Visualisierung von Macht und den dazugehörigen Bildstrategien ergänzen.

Die Bilder der Legitimation einer politischen Entität (sei es der Herrscher, sei es das politische, männliche Kollektiv, das sich als Nation begreift) haben grob aufgeteilt drei Funktionsweisen:

1. die Herleitung von Ursprüngen aus der Geschichte,

2. die Identifikation des Bürger-Betrachters mit dem historischen Helden,

3. die Transzendierung des Einzelnen im Allgemein-Universalen als kollektiv verpflichtenden Wert.

Diesen drei Funktionsweisen können wir nach meiner bisherigen Erfahrung im Umgang mit dem Material unterschiedliche Medien von Kunst zuordnen:

1. Das Historienbild mit dem Helden im Zentrum. Es dient der Identifikation des Bürger-Betrachters mit dem historischen Helden und bedient die kollektiven Bildwelten, aus denen entsprechende Identitätskonstruktionen gespeist werden.

2. Der Einheitskörper des Herrschers. Er dient zur Ableitung einer Dynastie und damit zur Legitimation einer Monarchie.

3. Der weibliche allegorische Einheitskörper. Er ist die Verkörperung des männlichen Allgemeinen, also jener Werte, die das männliche Individuum transzendieren und denen es sich unterstellt (Nation, Freiheit usw.).

Die Kernunterscheidungen in bezug auf die psychosozialen Funktionsweisen von Geschlechterbildern und Geschichte in den Bildstrategien zur Legitimation von Macht sind also erstens die Identifikation des Bürgers mit einem historischen Helden und zweitens die Transzendierung des einzelnen Bürgers im Allgemein-Universalen als kollektiv verpflichtendem Wert. Wenn wir über die Geschlechterbilder im Rahmen der Visualisierung von politischen Kollektiven nachdenken, ist folgender Gedankengang wichtig als Voraussetzung, zumindest bis zum Zeitpunkt einer Einführung des Wahlrechts von Frauen. Wir untersuchen die Legitimationsstrukturen *innerhalb* des bürgerlichen Patriarchats. In den Bildern vom Volk zum Beispiel wird nicht das Patriarchat legitimiert. Es wird vielmehr ungesagt bereits als legitim vorausgesetzt. *Zwischen* den Geschlechtern wird also die Frage nach der Legitimität von Machtausübung erst gar nicht verhandelt, obwohl bereits seit der Aufklärung immer wieder die Frage nach den politischen Rechten der Frau aufgeworfen wurde. Nur Männer waren also über lange Zeit Bestandteile jener Gruppen, die eine Legitimität zur Ausübung politischer Souveränität untereinander verhandelten. Damit ist die politische Gemeinschaft, die da ihre Visualisierungsstrategien entwickelt, eine Gemeinschaft von Gleichen, nicht nur im politischen Sinne, sondern auch im Sinne des *gender*.

Mit der Französischen Revolution stellte sich die Frage nach der Begründung und Legitimation der Volkssouveränität. Die Frage war, ob die Legitimität einer solchen Staatsgewalt unabhängig von der Setzung einer höheren irdischen Autorität überhaupt möglich war. Eine solche selbstreferentielle Autorität des Volkes schien nach der bisherigen Tradition eines von Gott gegebenen Königtums buchstäblich schier undenkbar. Konnte ein Volk aus sich heraus jene Autorität hervorbringen, die dann die über es selbst herrschende Institution legitimiert? Dieses Problem drückte sich auch in der Suche nach bildlicher Visualisierung des neuen politischen Systems aus.

Als ersten Versuch könnten wir das Bild einer historischen Schwurhandlung ansehen: Johann Heinrich Füßli, *Der Rütli-Schwur* (Abb. 1), eine Zeichnung von 1779 für ein geplantes monumentales Auftragswerk zur Ausstattung des Rathauses von Zürich.[5] Das Bild entstand bereits vor der Französischen Revolution, gehört aber in den Kontext bürgerlicher Selbstregierung. Es ist als Historienbild zu klassifizieren, also als der damals höchsten Bildgattung zugehörig, mit entsprechendem sinnstiftenden Anspruch. Füßli schildert eine staats- bzw. nationsgründende Handlung, die darin besteht, daß ein männlicher Waffenbund beschworen wird. Welches sind die Bestandteile, mit denen Füßli die Ursprungshandlung für die Schweizer Nation konstruiert? Wir sehen drei antikisch weitgehend nackte Männerkörper mit emphatisch erhobener Schwurhand und in der Mittelachse zusammengeführtem Handschlag der Brüderlichkeit. Daß auf etwas geschworen wird, läßt sich an der Geste und dem ekstatisch in den Himmel erhobenen Blick ersehen. Das, worauf geschworen wird, ist zumindest in dieser Skizze nicht ablesbar. Auch der historische Rahmen bleibt unspezifisch. Deutlich ist nur, daß die Brüder im Bunde von Feld und Baum umgeben sind, in Klassizismus und beginnender Romantik beliebte Chiffren wilder Natur für das unmittelbare, dramatische Gefühl, das nicht zivilisatorisch verstellt ist. Das Repertoire von Körper und Gestik ist klassisch geprägt, das heißt unabhängig vom gedachten historischen Kontext in eine Art transhistorische Idealsituation und -zeit transportiert, visuell aufgeladen mit den ikonographisch und stilistisch klassischen Signalen der Erhabenheit. Ursprung, Grund, Quelle der Nation wird also in einer Art transhistorischen Idealität loziert, im Gegensatz zu späteren historistischen Rütli-Schwur-Darstellungen mit Kriegern in adretten gotisch inspirierten Wämsern.

Warum beginne ich mit einem Bild des Schwurs?

1. Weil es der erste Versuch ist, den symbolischen Einheitskörper des

Abb. 1: Johann Heinrich Füßli. *Der Rütli-Schwur* (1779), Entwurf für das Ölgemälde gleichen Titels im Rathaus Zürich, Feder laviert, 52,3 × 40,3 cm. Zürich. Kunsthaus.

Königs als *corpus politicum* und *mysticum* abzulösen durch ein Symbol des neuen politischen Kollektivs, das sich dem Prinzip der Volkssouveränität verschworen hat.

2. Weil bereits dieser Versuch auf Probleme verweist, die hier interessieren.

Da ist einmal die Geschichte als Konstituens für eine kollektive, bildhafte Vorstellung von Nation, hier als Gründungsmythos, verankert in einer Handlung männlicher politischer Subjekte. Zum anderen haben wir die Konstruktion einer nationalen Gemeinschaft der Subjekte unter Ausschluß der Frauen. Dies ist jedoch nicht der Punkt, um den es mir geht. Ich möchte keineswegs a posteriori die Anerkennung politischer Rechte von Frauen oder ihren Subjektstatus einklagen. Mich interessieren die strukturellen Zusammenhänge zwischen den Bildkonstruktionen, dem Geschlecht und den Bezugnahmen der Betrachter auf diese Bilder, und zwar im Zusammenhang mit dem Kernpunkt nationaler Bewußtseinsagglomeration: der Identitätsbildung. Zu fragen wäre also, welche Bilder konstruieren und legitimieren wie welche Identitäten? Das *Rütli-Schwur*-Bild steht an einer Art Schwelle. Es ist einerseits ein Historienbild, andererseits aber auch der Versuch, darüber hinaus das politische System als universales zu inszenieren. Als Historienbild bietet es die Identifikation der Schweizer mit ihren Urvätern in der historischen Gründungshandlung ihrer Nation. Die nächste Frage wäre, ob es das Universale, den transzendierenden Anspruch des politischen Systems, also das, was die kollektive Identität konstituieren und naturalisieren soll, auch zum Ausdruck bringen kann. Dies würde bedeuten, daß es dem Bild des Schwurs gelingt, als Einheitssymbol der Volkssouveränität an die Stelle der Darstellung des Königskörpers als Einheitssymbol zu treten.

Jacques-Louis Davids Bild vom *Ballhausschwur* von 1791 (Abb. 2) sollte monumentale Ausmaße haben (11 m lang) und in einem noch zu bauenden Parlamentssaal an der Stirnseite hängen. Nur ein Karton wurde ausgeführt.[6] Es ging über Füßlis *Rütli-Schwur* noch hinaus, denn hier schworen nicht nur drei, sondern eine Vielheit von Männern. David mußte, um das bildlich zu bewältigen, mit der herkömmlichen Dramaturgie des Historienbildes brechen, obwohl dies Bild als Historienbild geplant war, und zwar von Geschichte, die in der Gegenwart gemacht wurde, morgen Geschichte sein würde und einem zukünftigen Publikum als *history in the making* ins Bildgedächtnis übergehen sollte. Die Kompositionsgesetze des Historienbildes waren mit der Etablierung der Pariser Akademie seit dem 17. Jahrhundert kanonisiert worden.[7] Es bestand in der Regel aus relativ wenigen Figuren, gruppiert um die Mittelachse eines bühnenartig konzipierten Bildraumes. Der pyramidale Bildaufbau erlaubte es, die wichtigste Person, den Helden, an der Spitze der Raumpyramide herauszustellen. Meist führten außerdem Repoussoir-Figuren an den Seiten und ein leerer Raum vor der Figur des Helden den Betrachterblick zu ihm hin.

Der Ballhausschwur präsentierte eine Situation, die es erzwang, von diesen Regeln abzugehen. Das Geschehen wurde agiert von über 600 Menschen auf engstem Raum. Held war tatsächlich die Vielzahl der Personen und keine Einzelfigur. David versuchte dies zu lösen, indem er die Personen im vorderen Bildraum horizontal friesartig anordnete, so daß sie dem Betrachter als Einzelindividuen mit ihren Reaktionen erkennbar waren. Auf diese Weise wurde die aufgeladene Emotionalität des Schwurgeschehens im Bild erzählbar. Hinter dieser vorderen Bildhorizontale hingegen staute sich eine nicht mehr einzeln erkennbare Menge von Köpfen. Zumindest auf der vordersten Ebene konnte der Betrachter also das Geschehen nachvollziehen. Die Horizontalität dieser Anordnung erlaubte allerdings weder eine Hierarchisierung noch die Heraushebung einer handelnden Einzelperson als Krönung des Geschehens. David fand jedoch einen Kompromiß zwischen der geforderten Egalität der Handelnden und den narrativen Gesetzen des Historienbildes in der Figur des Sitzungsleiters Bailly, der auf einem Tisch stehend die Schwurformel sprach. Allerdings reduzierte er diese Akzentuierung Baillys gegenüber der Bedeutung der Vielzahl von schwörenden Einzelpersonen auf ein Minimum.

Dennoch ist Davids Entwurf zum großangelegten Ereignisbild des *Ballhausschwurs* gleichsam die gescheiterte Premiere für die Inszenierung einer Einheitssymbolik für eine Vielzahl männlicher politischer Subjekte. Sie scheitert meines Erachtens gerade, weil sie im Abbildhaften verbleibt. Bei dem Problem der kollektiven Vorstellung der Volkssouveränität ging es nicht um das Volk als Abbild, sondern um die »Selbstbeschreibungsformel des Gesellschaftssystems in einer Vertextung der Einheitssemantik«[8], hier einer Verbildlichung, und zwar in der Funktion einer Legitimation zur Regierungsmacht – eben um die bildliche Vertextung der sogenannten Volkssouveränität. Es ging also um ein Abstraktum, und ein Abstraktum ist schlechterdings im Abbild (wovon?) nicht

Abb. 2: Jacques-Louis David, *Der Ballhausschwur* (1791), Feder laviert, 101 × 66 cm. Versailles, Musée nationale de Château.

zu visualisieren. Auch eine Einheitssemantik ließ sich offenbar schwer herstellen in dem Abbild einer Vielheit von schwörenden Einzelsubjekten. Die Hoffnung, daß das Bild der gemeinsamen Schwurhandlung das Bild vom Einheitskörper des Herrschers würde ersetzen können, trog. Der Versuch, das, was damals als Volk galt, das heißt den dritten Stand mit seinen Verbündeten, als Vielheit der Subjekte abzubilden und damit die Repräsentation einer Einheit zu erreichen, scheiterte nicht nur an den Erzählkonventionen des Historienbildes. Ablesen läßt sich dies im übrigen auch daran, daß Davids Entwurf nie zur Ausführung kam, u. a. weil einige der hier so treulich abgebildeten Personen recht schnell aus ebendem Prozeß ausgeschieden waren, der als Geschichte verewigt werden sollte.

Das souveräne Kollektiv männlicher *citoyens* hatte also nach wie vor keine visuelle Legimitationsform gefunden. Ein nächster Versuch war Davids *Der Triumph des Volkes* von 1794 (Abb. 3), ein Entwurf für den Vorhang der Opéra.[9] Die Figur des *peuple* ist eine Kreuzung zwischen Herkules, Apoll und Augustus. In der Manier antiker Triumphzüge wird »das Volk« auf einem Wagen thronend begleitet von reicher Figurenstaffage gezeigt: Die weiblichen Allegorien Liberté und Égalité zwischen seinen Schenkeln, eine Garde weiblicher Personifikationen vorne auf seinem Wagen (Wissenschaft, Kunst, Handel, Überfluß), historische Vorkämpfer, Tugendbeispiele und Märtyrer der Revolution hinter dem Wagen: Cornelia, die Mutter der Gracchen, Wilhelm Tell mit Sohn, Marat und Le Pelletier. Dieser Paradigmenwechsel in der Repräsentationsstrategie weg von der Vielzahl der Teilhabenden – wie im *Ballhausschwur* – hin zur Personifikation des Volkes erlaubte nun, wieder zur vertrauten, hierarchischen Bildformel zurückzukehren, mit *Le peuple* an der Spitze.

Ein solcher Bildaufbau, beruhend auf antiken Repräsentationen von Herrschaft, würde es erlauben, die Figur dieses *peuple* ohne größeres Aufsehen gegen die Gestalt z. B. eines Napoleon auszutauschen. Darin erweist sich die Ambivalenz dieser Bildstrategie zwischen Einheit und Vielheit, Demokratie und Autokratie. Das Dilemma, in dem sich die identitätsstiftende Bildsymbolik für die Volkssouveränität befindet, wird nun deutlicher: Eine Einheitssemantik mit einer Vielheit, auch wenn sie in einem gemeinsamen Akt gezeigt wird, erscheint als ein Paradox bzw. zumindest nicht symbolkräftig, weil nicht eindeutig genug. Merkwürdig ist, wie dieses Dilemma parallel erscheint zur historischen Entwicklung: Erst Napoleon bietet einen symbolischen wie politischen Ausweg – die

Rückkehr zum männlichen Einheitskörper des Herrschers, aber nun, nach der Revolution, als aus der Vielheit, dem Volk, geboren.

Diese Lösung bildet sich seit dem erfolgreichen Ende des zweiten Italienfeldzuges bildstrategisch wie politisch heraus. Appianis Darstellung der *Schlacht von Arcole*[10] (Abb. 4) zeigt, daß für Napoleon Bild- und Erzählstrategien entwickelt werden, die darauf hinführen, aus diesem neuen Einheitskörper nicht mehr des gottgegebenen Herrschers, sondern des imperialen Despoten, der aus dem Volke hervorgegangen ist, eine Art Allegorie zu machen im Sinne einer *Verkörperung* des Volkes. Inmitten von Pulverdampf, der aussieht wie jene Wolkengebilde, auf denen die Maler mit Vorliebe Allegorien plazieren, erscheint Napoleon, die Standarte schwingend, im Laufschritt eines Merkur inmitten seiner entmutigten Soldaten – der Einheitskörper des Führers, der aus dem Volkskörper des revolutionären Volksheeres hervorgeht, Führer, weil Held und Macher von Geschichte. Dieser Einheitskörper wird konstruiert mit Mitteln, die traditionelle Allegorieformen suggerieren. Dennoch, aus Gründen, die ich noch erläutern werde, entsteht so zwar eine neuartige Führerfigur, aber keine Nationalallegorie. Peu à peu rekonstituiert sich nun, nach dem Scheitern einer kollektiven Einheitsverkörperung für die national-revolutionäre Einheitssemantik, mit Napoleon der männliche Einheitskörper als Herrscherkörper, aber nun mit neuen Legitimationsproblemen, die das Gottesgnadentum nicht gekannt hatte: Wo ist die von der dynastischen Abfolge garantierte Kontinuität zwischen Geschichte und Zukunft, wo die historische Ableitung? Welche Autorität hat sie eingesetzt, gleichsam gesalbt? Napoleon erkennt das Problem sehr genau und etabliert mit unglaublicher Klarsichtigkeit visuelle und rituelle Legitimationsstrukturen, die nach ihm erst wieder von den »Führern« des 20. Jahrhunderts voll genutzt werden. Der Bruch, den die Revolution im Gefühl eines Zeitkontinuums bewirkt hat, wird von Napoleon demagogisch umgemünzt: In seiner Gegenwart liegt die Wurzel der Zukunft, sein Heldenmythos begründet eine neue Kontinuität, mit ihm beginnt Geschichte im Namen des Volkes. Da das jüngst Vergangene, die Monarchie von Gottes Gnaden, abgelehnt werden muß, etabliert sich Napoleon im kollektiven Bildgedächtnis in Analogie zu den antiken Caesaren als Gottkaiser, also durch den Rückgriff auf ein Urvergangenes. Eine ihm übergeordnete göttliche Autorität, die ihn einsetzt, entfällt. Entsprechend löst er das rituelle Problem, wer ihn krönt: Er krönt sich selbst. David, nun sein Hofmaler, hat dies für die Nachwelt festgehalten in sei-

Abb. 3: Jacques-Louis David, *Der Triumph des Volkes* (ca. 1793/94), Bleistift laviert, 44 × 21 cm. Paris, Musée du Louvre.

Abb. 4: Andrea Appiani, *Die Schlacht von Arcole 15.–17. November 1796*, Blatt IX der Stichserie nach dem Fries *I Fasti di Napoleone* (1803–1807, zerstört) im Palazzo Reale, Mailand.

nem Krönungsbild, das Napoleon zeigt, wie er die Krone erhebt, neben sich sitzend den arbeitslosen Papst, dessen Aufgabe zu Zeiten vorrevolutionären Gottesgnadentums es gewesen wäre, ihn zu krönen.[11] Auch für das Schwurbild findet er ein neues Muster. Die Soldaten in Davids *Distribution des aigles sur le champ de mars*[12] schwören auf etwas sehr Irdisches, auf ihn. Diese Inszenierung weist übrigens voraus auf Speers Zeppelinfeld in Nürnberg[13] und Khmelkos Bild *Triumph unseres Vaterlandes*[14], das die Zeremonie der Niederlegung der NS-Standarten vor dem Lenin-Mausoleum nach dem Sieg über NS-Deutschland schildert.

Die historische Ableitung seiner Herrschaft vollzieht sich für den postrevolutionären Usurpator in der Verspannung seiner heldischen Gegenwart mit der Antike als weit zurückliegende, gleichsam mythische Präfiguration seiner selbst. Damit bringt er gegenüber seinen Vorläufern von Gottes Gnaden ein neues Moment ein: das der Identifikation des männlichen politischen Subjekts mit ihm, und zwar über seine heldische Gegenwärtigkeit. Er ist Held des zeithistorischen Ereignisbildes, das unter ihm systematisch gepflegt wurde, und gleichzeitig Einheitskörper mit stark allegorischen Zügen, wie die Verwandtschaft mit der revolutionären Figur des *peuple* und Appianis Darstellung der Schlacht von Arcole zeigen. Napoleon als jugendlich-romantischer Held wird zur Projektionsfläche einer ganzen Generation ehrgeiziger junger Männer ohne ständische Privilegien, zu einem Spiegelbild, dem gegenüber es dann galt, durch eigenes Heldentum im Felde eine Wahrnehmungsidentität herzustellen. Damit erwuchs Napoleon allerdings auch potentielle Konkurrenz, und das macht deutlich, warum der männliche Einheitskörper für die symbolisch-visuelle Repräsentation der *Volkssouveränität* keine Lösung sein konnte.

Der männliche Bildkörper suggeriert offenbar zwangsläufig einen Subjektstatus der Figur, das heißt, er ist, hat, macht Geschichte, hat einen Namen, ist individuell-partikular – zu partikular, um die politische Teilhabe einer Vielheit von Männern als etwas Universales symbolisieren zu können.[15] Der männliche Bildkörper kann Einheitssymbol sein nur in der Form des Herrscherkörpers, nicht aber als Allegorie kollektiver Identität. Er konnotiert den historischen oder mythischen Helden, sei es Caesar, Herkules oder Napoleon; er ist Mittelpunkt der Erzählung, mit der im Historienbild nationale Geschichte konstruiert wird.

Identität, sowohl individuelle als auch kollektiv-nationale in enger Verquickung, wird hier via Identifikation des Betrachters mit dem Helden herbeigeführt. Das schließt jedoch die Möglichkeit aus, diesen Bildkörper als das Logo, Signet, einzusetzen, das eine Nation in *einem Bildsymbolkörper* faßt. Dazu braucht es nun einen unbeschriebenen Körper, der beliebig mit Sinn besetzt werden kann und der vor allem verschieden vom Männlichen ist, denn eine männliche partikulare Figur birgt die Gefahr, durch ihre Subjekthaftigkeit in Konkurrenz zu den Mitgliedern des Kollektivs zu treten und zur Einzelautorität aufzurücken – genau jene Bildkarriere, die Napoleon für sich realisiert hatte. Dann aber ist es mit der Fähigkeit dieser Figur, Signifikant des Allgemeinen, das Kollektiv Transzendierenden (Nation, Freiheit) sein zu können, vorbei. So kommt es zu der Scheinparadoxie, daß ausgerechnet der weibliche Allegorie-Körper Signifikant für das Männlich-Allgemeine wird – extremes Beispiel: die *Fraternité*. Weiblichkeit bezeichnet so männliche Autorität, ohne sie zu sein, das heißt, ohne die Autorität der männlichen Vielheit zu gefährden. Kein Wunder, daß Frauen während der Französischen Revolution dem Trugschluß erlagen, die virtuelle Medienpräsenz des Weiblichen in der politischen Bildersprache müßte eigentlich von einer entsprechenden Präsenz im politischen Leben begleitet werden – das heißt, sie begingen ihrerseits den Fehler, sich mit diesem weiblichen Bildkörper zu identifizieren, mit gelegentlich tödlichen Folgen. Die Männer sahen in dieser Situation kein Paradox, sie sahen diese weiblichen Körper, im Grunde korrekterweise, nicht als different, denn sie waren ja phantasmatische Entäußerungen ihrer selbst, anders vom Männlichen insofern, als diese Entäußerung in Form einer Abspaltung des Weiblichen vor sich ging.[16] In unsere Gegenwart mit ihrer Krise der öffentlich verbindlichen Symbole könnte das Strukturmodell, das ich hier entwickelt habe, mit folgenden Schlußfolgerungen überführt werden: Nun, da auch die Frau zumindest politisch-juristisch weitgehend Subjektstatus erreicht hat, ist die visuelle Präsenz weiblicher Allegoriekörper als Staatssymbolik sehr zurückgegangen. Ob das wohl etwas miteinander zu tun hat? Das hieße folgerichtig, daß es nun keinen menschlichen Bildkörper als einen anderen von dem, was er bedeuten soll, mehr gäbe. Das nicht-figurative Zeichen des Logo träte an seine Stelle.

Napoleons Modell der Verschmelzung von symbolischem Einheitskörper und identifikatorischer Heldenfigur bleibt im 19. Jahrhundert ohne Nachfolge. Bildlich gesprochen geht es im 19. Jahrhundert bei der Legitimation politischer Identität und Macht um die symbolische Konkurrenz zwischen dem vorrevolutionären Königskörper und der aus der

Volkssouveränität hervorgegangenen Nationalallegorie, die das politische Kollektiv mit einer visuell greifbaren Identität versorgt. Es ist nun eine Spaltung eingetreten zwischen Monarchie und Nation, zwischen Königtum und Staatsbürger-Volk. Die Restauration kann das alte Bezugssystem zwischen König und Untertan, der an der königlichen Repräsentation von Macht »durch Identifikation narzißtisch teilnehmen konnte«[17], nicht wieder aufleben lassen. Die Gemeinschaft der Bürger figuriert ihre Identität nun neben, über oder im Widerspruch zum Königshaus, aber kaum noch in völliger Übereinstimmung von Interessen und Ideologie. Hinzu kommt ein weiteres Problem, das eine kompakte, eindeutige Einheitssymbolik der Nationen im 19. Jahrhundert unmöglich macht: Auch nach der Reinthronisierung des Gottesgnadentums in der Restauration hatte die Monarchie ihren Status als symbolische Universalie nicht wiedererlangt. Mit dem Prozeß der bürgerlichen Emanzipation und dem aktiven Eintritt des Bürgertums in die Politik bekommt diese Universalie Konkurrenz, es kommt zum Widerstreit von Partial-Werten, die als Universalien von den entsprechenden Gruppen gesetzt werden. Die Bedeutungsfelder von Nation, Volk und Volkssouveränität sind nicht deckungsgleich, sondern treten zu den alten Systemen der Monarchie und der Dynastie in zum Teil äußerst widersprüchliche Beziehungen, zusätzlich gekreuzt von denen der Klasse, der Konfessionen und der regionalen Identitäten. Warum ist der Punkt Geschlecht in dieser Aufzählung nicht genannt? Das geht aus dem eingangs Gesagten hervor: Es gibt kein weibliches Subjekt als Produzent oder Bezugsort für die Bilder von Herrschaft im 19. Jahrhundert. Dennoch, und das ist ein hübsches Paradoxon, ist das entschieden erfolgreichste Herrscherbildnis des 19. Jahrhunderts das der Queen Victoria – die Version von Winterhalter von 1859 (Abb. 5) ist dafür nur ein Beispiel unter vielen.[18] Eigentlich hätte dem die Konfliktlage zwischen dem biedermeierlichen Weiblichkeitsbild mit scheu gesenktem Blick und geneigtem Haupt und dem Bild von Herrschertum mit herrischem Blick und statischer Frontalität entgegenstehen müssen. In der Tat jedoch treffen hier drei Faktoren günstig aufeinander: Das Weiblichkeitsbild der reifen Matrone trifft sich mit dem matronenhaften Typus der Nationalallegorie, wie ihn um die Mitte des Jahrhunderts die männlichen Bildideologen mit Vorliebe imaginiert haben. Dieses korreliert dann vorteilhaft mit dem Geschlecht der Herrscherin, deren Bild so die bürgerliche Universalie der Nation mit dem Herrscherkörper in einer außerordentlichen Koinzidenz zusammen-

Abb. 5: Franz Xaver Winterhalter, *Königin Victoria von England* (1859), Öl auf Leinwand. London, Buckingham Palace.

führt. Anders gesagt, in der Figur der Queen Victoria kreuzt sich die Bildstrategie der Nationalallegorie, die in der Regel weiblich ist, mit der des Königskörpers. Die weibliche Nationalallegorie als eine Repräsentation des männlich Universalen funktioniert über das Anderssein vom männlich partikularen Körper. Das Resultat: Die englische Monarchie selbst wurde nur mehr, aber das um so intensiver, als Bild erlebt, das um so langlebiger war, als es sich die symbolische Konkurrenz bürgerlich-nationaler Universalien durch die Allegorisierung im weiblichen Bildkörper der Königin gleichsam einverleibt hatte. Wir könnten natürlich auch fragen, ob es nicht umgekehrt war: Die bürgerlichen Bildwelten von Nation usw. haben im weiblichen allegorischen Körper eine derartige Bildmacht bekommen, daß nun umgekehrt diese bürgerlichen Bildwelten sich die symbolische Konkurrenz des monarchischen Königskörpers einverleibt haben. Eine weitergehende Koinzidenz von Monarchie und Bürgertum im kollektiven Imaginären wird man im 19. Jahrhundert kaum noch irgendwo finden.

Wenn wir den Napoleon-Mythos mit dem Victoria-Mythos vergleichen, dann finden wir im Napoleon-Mythos einen Heldenmythos, der seinen partikularen Charakter, oder auch anders gesagt, seinen historischen Charakter nur in Momenten dort vergessen machen kann, wo er sich figuriert als aus dem männlichen Volkskörper hervorgegangen. Aber auch dort ist Napoleon Identifikationsfigur dieser jugendlichen Self-made-Elite der napoleonischen Epoche und damit zeitgebundene pars-pro-toto-Figur – und weniger Repräsentationskörper im Sinne einer Transzendenz des Nationalen. Victoria hingegen ist als Bildkörper sehr langlebig, gerade weil sie nicht über eine Identifikation der männlichen Subjekte mit diesem Bild wirkt. Sie ist also, obwohl sie auch realer historischer Körper ist, Allegoriekörper. Das hieße, daß für die Struktur der Repräsentation ihr historischer Körper, anders als in vorrevolutionären Herrscherbildern, die neben dem *corpus mysticum* auch den *corpus politicum* des Königs[19] repräsentierten, kaum von Bedeutung ist, sondern im weiblichen allegorischen Körper als dem Anderen vom männlichen Subjekt völlig aufgeht. In ihrer Figur löst die Nationalallegorie die Herrscherrepräsentation auf. Sie könnte deshalb im Jahrhundert bürgerlicher Nationalstaatsbildung paradigmatisch für die Karriere der Monarchie als politische Institution wie als Faktor kollektiver Imagination stehen.

Zurück zum Historienbild im Verhältnis zur individuellen Identifikation mit dem historischen Helden und der darüber konstruierten männlichen Kollektiv-Identität. Seit Napoleon hatte diese Bildgattung eine grundlegende Modernisierung im Sinne bürgerlich-emanzipatorischer und nationaler Bestrebungen erfahren. In den europäischen Ländern wurden jeweils spezifische Repertoires von Heldengeschichten entwickelt, mit denen die Hegemonieansprüche des Bürgertums visualisiert werden konnten, ohne zwangsläufig die Monarchie in das nationale Geschichtsbild einbeziehen zu müssen.[20]

Stellen wir den bereits gezeigten *Ballhausschwur* als Gründungsgeschehen zukünftiger Demokratie-Geschichte neben ein Zeugnis aus der italienischen Gründerzeit: das Wandbild *Attilius Regulus bricht auf, um nach Karthago als Gefangener zurückzukehren* (Abb. 6) aus einem Freskenzyklus von Cesare Maccari mit Episoden aus der römischen Geschichte im italienischen Senat in Rom von 1888.[21]

Die Episode: Attilius Regulus war von den Karthagern gefangengenommen und nach Rom geschickt worden, um dort einen Frieden zu verhandeln. Im Falle eines Fehlschlages hatte er sein Ehrenwort gegeben, nach Karthago zurückzukommen. Attilius hatte den Römern von einem Friedensschluß abgeraten und wird hier gezeigt, wie er, nachdem er den Interessen Roms treu geblieben war, auch sein Ehrenwort gegenüber den Karthagern einhält und aufbricht. Das Bild ist lebensgroß in Betrachterhöhe an der Wand eines Saales im Senat plaziert. Der Betrachter sieht sich Aug' in Aug' mit dem Geschehen, der Eindruck entsteht, er bräuchte nur über die Balustrade steigen, um mitten in der Geschichte zu stehen – gute Voraussetzungen für eine Identifikation. Die bildlichen Identifikationsangebote, von denen dieses ein extremes Beispiel ist, waren nach der erfolgreichen Installierung des bürgerlichen Nationalstaates an den bürgerlichen Mann als Staatsbürger und damit Teilhaber der Macht gerichtet. Dazu taugte allerdings weder ein weibliches Subjekt als Heldin noch ein Subjekt aus dem Volk, d. h. dem Vierten Stand. Der Vergleich mit dem *Ballhausschwur* zeigt die historischen Veränderungen im Verständnis von Volkssouveränität seit 1790 sehr deutlich, und zwar vor allem in der Bildstrategie. Zuerst die bildstrategischen Gemeinsamkeiten: Am auffallendsten ist die ausgeprägte Horizontalität in der Anordnung der Figuren – bei David als demokratische Bildformel eingesetzt, um die Teilhabe einer Vielheit politischer Subjekte am historischen Gründungsgeschehen als das zentrale Sinnelement herauszustellen. Damit fehlte jedoch ein eindeutiges symbolisches Zentrum. Nachfolger hatte dieser von

Abb. 6: Cesare Maccari, *Attilius Regulus bricht auf, um nach Karthago als Gefangener zurückzukehren* (1881–1888), Fresko im Gelben Saal des Palazzo Madama, Rom.

Abb. 7: Lodovico Pogliaghi, Allegorie der *Historia* (1887), Mosaik am Mittelportal des Cimitero Monumentale, Mailand.

David entwickelte Bildtypus im 19. Jahrhundert im Umfeld bürgerlich-politischer Bildstrategien nicht. Hier nun, im italienischen Senat, gegen Ende des Jahrhunderts, taucht zumindest die Horizontale als Erzählmodus wieder auf. Aber können wir ihr die gleichen Intentionen zugrunde legen? Wir sehen Attilius auf dem Schiff, er schaut isoliert stehend auf zurückbleibende Menschenmassen, die Gruppe der Senatoren in weißen Togen, davor dunkel abgesetzt die trauernde Familie – hier finden sich die einzigen Frauen –, hinter den Senatoren eine Volksmenge – also auch hier viele, nicht mehr individualisierbare Köpfe, aber im Unterschied zum *Ballhausschwur* ist dies eine Masse, die passiv bleibt. Sie ist nicht charakterisiert als ein Kollektiv politisch Handelnder. Worum es also nicht mehr geht, ist die Volkssouveränität. Der Bildansatz der Horizontalen, den Maccari wieder aktualisiert, ist also nach wie vor bürgerlich-politisches Selbstzeugnis, aber unter drastisch modifizierten Vorzeichen: Das Volk ist passiv, der Führer handelt. Die Sinnstiftung entsteht in der Bildstrategie durch den gerade in der Horizontalität besonders aufgeladenen Kontrast zwischen Einzelheld und passiver Masse, nicht mehr durch eine gemeinsame Handlung. Aus einer Bildidee, die bei David noch die politische Partizipation des auf die Männer beschränkten Volkes zum Ausdruck bringen sollte, ist eine Pathosformel von Herrschaft geworden, diesmal einer genuin bürgerlichen. Zu fragen wäre: Wurden etwa schon zu Zeiten des Ballhausschwurs künftige Herrschaftsstrukturen angelegt, deren Preis von jenen gezahlt wurde, die dieses Ergebnis bürgerlicher Emanzipation durch ihren Ausschluß davon als Herrschaftsdiskurs garantierten und fixierten: den Frauen und dem Vierten Stand?

Maccari scheint hier Nietzsches Auffassung monumentaler Geschichte in einem Bild inszeniert zu haben, das antike Geschichte als Legitimation und Nobilitierung der bürgerlich-korrupten Gegenwart mythisch überhöhte. Eine solche Mythisierung konnte dann über den Identifikationsprozeß, den Maccari durch die Aug'-in-Aug'-Konfrontation mit dem Betrachter besonders zu stimulieren suchte, in die Selbstwahrnehmung des Betrachters eingehen. Allerdings mußte der über die Identifikation mit dem Helden gigantisierte Bürgersenator nun Maßnahmen ergreifen, um ein Minimum an Wahrnehmungsidentität[22] mit dieser Phantasie herzustellen – und das wiederum läßt sich an den Diskursen zur nationalen und kolonialen Identität seit den 1880er Jahren ablesen, die von einer Überlegenheit des weißen italienischen, deutschen, britischen, französischen Mannes ausgingen.

Zurück zur Transzendierung in ein Allgemein-Universales und der dazugehörigen Visualisierungsmethode, der Allegorie, gezeigt am Beispiel einer genuin bürgerlichen Universalie. Die Allegorie der *Historia* (Abb. 7) befindet sich im Tympanon des Mittelportals an der Ruhmeshalle des Mailänder Monumentalfriedhofs (1889 eingeweiht).[23] Mir ist kein anderes Beispiel bekannt, wo die Repräsentation der Geschichte selbst, nicht nur ihre Geschichten, an derart zentraler Stelle in einem säkularen Kultbau des 19. Jahrhunderts zu finden wäre. Die Ruhmeshalle dient in der Tat nicht dem christlichen Toten- und Gedenkkult, sondern dem »zivilen«, wie er zur Zeit der Planung des Friedhofs der katholischen Kirche regelrecht abgetrotzt wurde. Entsprechend intensiv sind die Sakralisierungsstrategien: Eine weibliche Gestalt in Haltung und Gewand des Pantokrators, wie er in der Apsiskalotte byzantinischer Kirchen den Kirchenraum zu beherrschen pflegte, hier plaziert, wo im Mittelalter in der Regel Christus der Weltenrichter thronte; im Tympanon des Mittelportals die Heilige Schrift ersetzt durch eine neue »heilige« Schrift: das Buch der Geschichte. Weiter konnte man sicher nicht gehen in der Übertragung sakraler Autorität an eine neue, abstrakte Universalie, die Geschichte. Der weibliche Allegoriekörper wird so gleichsam zum *corpus mysticum* eines Kultes, der eine Glaubensgemeinschaft der Bürger vereint. Die Analogie ist jedoch nicht perfekt, denn der Kult der Gläubigen ist selbstreferentiell: Die angebetete Geschichte wird von den Gläubigen selbst »gemacht«, wie die berühmten Männer, die in der Ruhmeshalle geehrt werden, zeigen. Das Verhältnis zwischen der Geschichte und den Bürgern ist ein anderes als das christlicher Gläubiger zu ihrer Autorität, Gott. Die Bürger beten sich selbst an bzw. jene Identität, die sie in der hier errichteten historischen Genealogie einer bürgerlichen Meritokratie der »Kulturhelden« konstituiert sehen. Hier wird noch einmal deutlich, daß die weibliche Allegorie die Extrapolation des »nichtpartikularen Männlichen« ist, und auch, warum dieses nicht in männlicher Gestalt erscheinen kann. Das Weibliche, wie es hier erscheint, bewirkt jedoch noch etwas anderes: Der Charakter des Herrschers, der dem Pantokrator innewohnte, ist aufgehoben. Keine strenge Vaterfigur blickt auf die Gläubigen, sondern eine Inkarnation des Weiblichen, die das kollektive Unbewußte der männlichen Beschauer anspricht. Damit wird eine Begehrensstruktur ins Werk gesetzt, die die männlichen Betrachter mit dem Bild des Weiblichen und damit dem Männlich-Allgemeinen, das mit diesem Weiblichen bedeutet werden soll, verspannt. Nur im Bild des von ihm selbst Verschiedenen, des Weiblichen, kann der Bürger eine in seinem Kollektiv selbst geortete Autorität entäußern, der er sich unterstellen soll – daher die Begehrensstruktur. Der Körper des Königs wird nicht einfach ersetzt durch die weibliche Allegorie, denn diese nimmt andere Funktionen wahr als das Bild des Königskörpers. Diese Funktionen haben mit den neuen Mustern der Legitimierung einer Herrschaft zu tun, die nicht mehr in der Monarchie verankerbar ist. Das Weibliche in der allegorischen Personifikation eines Allgemeinen scheint die männliche Identität rückzuversichern, ihr Stabilität zu garantieren: Das Weibliche ist hier neben dem allegorischen Signifikat insofern mitgemeint, als es dem männlichen (Un-)Bewußten Metapher für einen Ursprung, eine Quelle, eine Keimzelle, eine Naturwüchsigkeit sein kann. Gerade die bürgerliche Universalie »Geschichte« wird hier paradoxerweise allegorisch und kultisch als transhistorische installiert. Diese Paradoxie kann nur im weiblichen Allegoriekörper verborgen werden, denn das Weibliche als Quellenmetapher hat eine lange Tradition. Gleichzeitig kann im Weiblichen auch die »Naturwüchsigkeit« dieser legitimatorischen Ursprungsableitungen signalisiert werden, denn im androzentrischen Symbolfeld ist Weiblichkeit »Natur«. Gerade darin kann sich nun die moderne Fassung einer Aura säkularer Sakralität abbilden; und dort, im Weiblichen der politischen Bildsprache, ist der moderne Rest einer Vorstellung metahistorischer und transzendenter Autorität eingelagert.

Diese Form der Projektion männlicher Autorität im Rahmen kollektiver Identitätsbildung auf das Bild des anderen, weiblichen Körpers endet nicht mit dem Ende des 19. Jahrhunderts. Wirkungsweise und Funktion lassen sich weiterverfolgen bis in den deutschen und italienischen Faschismus.[24] Daran ändert auch die Einführung des Wahlrechts für Frauen nichts. Der weibliche Körper bleibt markiert als der vom politischen Kollektiv unterschiedene; sein Bild-Sein ist Symptom für das Fortdauern alter androzentrischer Machtformationen. Solange dieses Verfahren kollektiver Symbolbildung virulent bleibt, zeigt es auch die Unmöglichkeit an, das politische Kollektiv als in sich verschieden zu denken. So schwierig, wie sich dies bereits in bezug auf ethnische Differenz erweist, scheint es, bezogen auf die Geschlechter, gar den Status des politischen Subjekts per se zu gefährden.

Anmerkungen

1 In diesem Text finden sich einige Passagen, die z. T. bereits andernorts zu lesen sind. Sie sind für diesen Beitrag überarbeitet, zusammengeführt, wesentlich erweitert und neu kontextualisiert worden. Daß der Text in die Publikation aufgenommen wurde, ist etwas, wofür ich die Verantwortung dank ihres freundlichen Insistierens an die Herausgeber weitergeben möchte.

2 Joan W. Scott diskutiert die feministische Kritik am synonymen Gebrauch von »Geschlecht« anstelle von »Frau« in: »Gender: Eine nützliche Kategorie der historischen Analyse«, in: Nancy Kaiser (Hg.), *Selbst Bewußt. Frauen in den USA*, Leipzig 1994, S. 27–75.

3 Dazu bereits 1911 Georg Simmel, »Das Relative und das Absolute im Geschlechter-Problem«, in: ders., *Schriften zur Philosophie und Soziologie der Geschlechter*, Frankfurt/M. 1985, S. 200–223.

4 Siehe u. a. Susanne von Falkenhausen, »Eine Idylle des Nationalen Italien – ›Luisa Sanfelice in carcere‹ von Gioacchino Toma«, in: *kritische berichte* 9 (1981), H. 4/5, S. 38–62; dies., »Mussolini architettonico – Notiz zur ästhetischen Inszenierung des Führers im italienischen Faschismus«, in: *Inszenierung der Macht. Ästhetische Faszination im Faschismus*, Kat. Berlin 1987, S. 243–252; dies., »Vom ›Ballhausschwur‹ zum ›Duce‹. Visuelle Repräsentation von Volkssouveränität zwischen Demokratie und Autokratie«, in: *Die Neue Gesellschaft. Frankfurter Hefte* 11 (November 1993), S. 1017–1025 [veränd. Fass. in: Annette Graczyk (Hg.), *Das Volk. Abbild, Konstruktion, Phantasma*, Berlin 1996, S. 3–17]; dies., »Stil als allegorisches Verfahren: Totalität und Geschlecht in Mario Sironis Entwurf einer faschistischen Universalkunst«, in: Sigrid Schade/Monika Wagner/Sigrid Weigel (Hg.), *Allegorien und Geschlechterdifferenz*, Köln/Weimar/Wien 1995, S. 187–203; dies., *Italienische Monumentalmalerei im Risorgimento 1830–1890. Strategien nationaler Bildersprache*, Berlin 1993.

5 An dieser Stelle möchte ich mich darauf beschränken, auf Jean Starobinskis Behandlung des Schwurs, darunter auch die Beispiele von Füßli und David, in: *1789 – Die Embleme der Vernunft*, München 1981 (Paris 1973), zu verweisen: »Die Eidesgeste vollzieht sich als von einem Körper, der die Zukunft durch die Erhöhung eines Augenblicks begründet« (S. 60). Ansonsten herrscht auch bei ihm das Simmelsche Gesetz des »Menschlich«-Absoluten als dem ungenannt Männlichen vor.

6 Siehe den Ausstellungskatalog *David*, Paris 1989, Nr. 100–114.

7 Zur Gattungsgeschichte des Historienbildes siehe den Ausstellungskatalog *Triumph und Tod des Helden. Europäische Historienmalerei von Rubens bis Manet*, Köln 1987.

8 Gabor Kiss, »Nation als Formel gesellschaftlicher Einheitssymbolisierung«, in: Jörg-Dieter Gauger/Justin Stagl (Hg.), *Staatsrepräsentation*, Berlin 1992, S. 105–130, hier S. 105.

9 *David* (wie Anm. 6), Nr. 123.

10 Andrea Appiani, *Battaglia di Arcole*, Blatt IX-X aus dem Zyklus *I Fasti di Napoleone*, Kupferstiche nach dem 1943 zerstörten Fries im Kariatydensaal des Palazzo

Reale in Mailand, 1803–1807; siehe den Ausstellungskatalog *Mito e Storia nei ›Fasti di Napoleone‹ di Andrea Appiani*, Rom 1986, S. 36–37.

11 Siehe *David* (wie Anm. 6), S. 399 ff. Dort auch eine Schilderung der Verhandlungen mit dem Papst, die die neuartige Legitimationsproblematik an der Form des Krönungs- und Salbungsrituals vor Augen führen.

12 Ebd., S. 443 ff.

13 Dazu u. a. Albert Speer, *Erinnerungen*, Frankfurt/M. u. a. 1969, S. 68, und Dieter Bartetzko, *Zwischen Zucht und Ekstase. Zur Theatralik von NS-Architektur*, Berlin 1985, S. 92.

14 Abbildung in: Igor Golomstock, *Totalitarian Art in the Soviet Union, the Third Reich and the People's Republic of China*, New York 1990, S. 335.

15 Silke Wenk hat diesen Gedanken erstmals, Hegel zur Allegorie aufnehmend, im Bezugsrahmen feministischer Kunstgeschichte ausgearbeitet, siehe dies., »Warum ist die (Kriegs-)kunst weiblich? Frauenbilder in der Plastik auf öffentlichen Plätzen in Berlin«, in: *Kunst und Unterricht* 101 (1986), S. 7–14.

16 Sehr klar, auch für NichtpsychoanalytikerInnen, hat diesen die Bilder von Weiblichkeit konstituierenden Mechanismus Christa Rohde-Dachser in: *Expedition in den dunklen Kontinent. Weiblichkeit im Diskurs der Psychoanalyse*, Berlin u. a. 1991, entwickelt.

17 Thomas Kleinspehn, *Der flüchtige Blick. Sehen und Identität in der Kultur der Neuzeit*, Reinbek 1989, S. 246.

18 Rainer Schoch, *Das Herrscherbild in der Malerei des 19. Jahrhunderts*, München 1975, Abb. 154. Schoch hat allein vierzehn Porträts der Queen Victoria aufgenommen (Abb. 144–146, 151–154, 171–176), die von 1837 bis 1899 reichen.

19 Ich beziehe mich hier auf Ernst H. Kantorowicz' bekannte Untersuchung *Die zwei Körper des Königs. Eine Studie zur politischen Theologie des Mittelalters*, München 1990 (*The King's Two Bodies*, Princeton 1957).

20 Dazu siehe *Triumph und Tod des Helden* (wie Anm. 7), und für Italien: Falkenhausen, *Italienische Monumentalmalerei* (wie Anm. 4), mit weiterführender Literatur.

21 Dieser Zyklus wird in seiner Gesamtheit in Falkenhausen, *Italienische Monumentalmalerei* (wie Anm. 4), behandelt.

22 Rohde-Dachser, *Expedition* (wie Anm. 16), S. 49: »Der kürzeste Weg zur Wahrnehmungsidentität ist die halluzinatorische Wunscherfüllung.«

23 Zum Cimitero Monumentale, insbes. dem Famedio, siehe Falkenhausen, *Italienische Monumentalmalerei* (wie Anm. 4).

24 Dazu sei für den Faschismus verwiesen auf meine Arbeit zu Mario Sironis Versuch einer universalisierenden faschistischen Bildersprache (siehe Anm. 4). Für den deutschen Faschismus verweise ich auf: Silke Wenk, »Aufgerichtete weibliche Körper. Zur allegorischen Skulptur im deutschen Faschismus«, in: *Inszenierung der Macht* (wie Anm. 4), S. 103–118; Anne Meckel, *Animation – Agitation. Frauendarstellungen auf der ›Großen Deutschen Kunstausstellung‹ in München 1937–1944*, Weinheim 1993; Kathrin Hoffmann-Curtius, »Die Frau in ihrem Element. Adolf Zieglers Triptychon der ›Naturgesetzlichkeit‹«, in: *kritische berichte* 17 (1989), H. 2, S. 5–30.

ERNST SCHULIN

Nationalismus und jüdische Geschichtsschreibung in Deutschland

Historisierung von Nationen war ein Hauptgeschäft des Historismus im 19. Jahrhundert. Diejenige der Juden erwies sich dabei als besonders schwierig, also nur unter Hemmungen und partiell durchführbar, obwohl sie doch als Urbild eines Volkes gelten konnten, dessen Geschichte durch die biblische Erzählung als Muster einer langzeitig zusammenhängenden Nationalgeschichte altbekannt war, deutlicher und lebendiger als die griechische oder römische. Die Problematik lag weit weniger in der Fragwürdigkeit dieser Überlieferung als in der schwer erfaßbaren Fortsetzung der jüdischen Geschichte bis in die Gegenwart. Zwänge und Grenzen der historistischen Konstruktion werden in diesem Sonderfall augenfällig, und darum erscheint mir seine Betrachtung von allgemeinerem Interesse.

Es handelt sich um einen Historisierungsversuch, der innerhalb der intellektuellen Elite der sich emanzipierenden und assimilierenden Juden in Deutschland unternommen und von ihr getragen wurde, im Sinne des neuen geschichtsphilosophischen Denkens und geschichtswissenschaftlichen Forschens und im Bewußtsein, damit die jüdische Vergangenheit mit der modernen deutschen und europäischen Kultur zu verbinden. Man nannte diesen Spezialbereich etwas ungewöhnlich »Wissenschaft des Judentums«, meinte aber eben damit wissenschaftliche Erkenntnis, d. h. die angemessene moderne Einstellung zur Tradition.

In unserem Jahrhundert ist diese »Wissenschaft« von jüdischer Seite stark kritisiert worden, vor allem nach dem Holocaust und nach der Gründung Israels. Gershom Scholem machte 1959 auf die zwielichtige Wirkung dieser antiquarischen Tätigkeit ohne nationale Zukunftsperspektive aufmerksam: Im Sinne der Integration in denjenigen Nationalstaat, in dem sie lebten, hätten diese Gelehrten entweder zur »Entjudung« oder zur »Verklärung« tendiert, d. h. die jüdischen Nationaleigenschaften seien entweder abgeschwächt oder vergeistigt worden.[1] Yosef Yerushalmi hat 1982 ähnlich geklagt: »In Deutschland oder Frankreich fiel dem Historiker beim Prozeß des nationalen Erwachens eine hervorragende Ehrenrolle zu. Gleichzeitig aber verlangte man in Europa von den Juden, und nur von den Juden, sie sollten sich, sofern sie die Emanzipation wollten, nicht mehr als Volk betrachten, sondern sich nur noch qua Religion definieren. Von wenigen Ausnahmen wie Graetz abgesehen, waren die Träger der ›Wissenschaft des Judentums‹ dazu bereit.«[2]

Damit werden Mängel und Schäden dieses Historisierungsversuches markiert, nicht aber die Chancen, die er speziell im Deutschland des 19. Jahrhunderts gehabt und wahrgenommen hat. Hier fand die stärkste und differenzierteste Beschäftigung mit jüdischer Geschichte statt, übrigens auch (wenn auch mit ganz anderen Schwerpunkten) von nichtjüdischer Seite. Man darf also die spezifisch deutschen lebensweltlichen und wissenschaftlichen Verhältnisse für diese Historisierung verantwortlich machen.

Als solche spezifischen Verhältnisse sind zu nennen:

1. der politische Zustand der werdenden, der gewünschten Nationalbildung und nationalstaatlichen Vereinheitlichung, der die geschichtswissenschaftliche Rekonstruktion (die »Erfindung des deutschen Volkes«) bestimmte;

2. die relativ frei historisch forschende protestantische Theologie mit ihrer alttestamentlichen Richtung und ihrem Interesse für die Entstehung des Christentums;

3. der starke Neuhumanismus, der sich auf die griechisch-römische Antike konzentrierte, von der Wissenschaft der Klassischen Philologie bis zum Erziehungsideal des Bildungsbürgertums;

4. und nicht zuletzt die im Vergleich zu Westeuropa besonders starke und im Vergleich zu Osteuropa besonders aufstiegsfähige und bildungsinteressierte jüdische Minderheit in Deutschland, die sich assimilieren und doch – im Sinne des neuen geschichtlichen Denkens – ihrer historischen Besonderheit bewußt werden wollte.

Wir können zwar im folgenden die Beschäftigung nichtjüdischer deutscher Gelehrter mit jüdischer Geschichte nicht näher einbeziehen, müssen aber kurz darauf hinweisen, wie sie Anfang des 19. Jahrhunderts über ihre eigene nationale und kulturelle Tradition und die darin einzuordnende Rolle der Juden dachten.[3]

Der Begriff der »Nation« wurde aufgewertet. Man verband den alten Begriff aus der Formel »Heiliges Römisches Reich deutscher Nation« mit dem modernen französischen politischen Nationsbegriff.[4] Und das

»deutsche Volk« als kollektive Individualität, als handelndes Subjekt wurde geradezu »erfunden« und in die Vergangenheit zurückprojiziert. Ende des 18. Jahrhunderts hatte Michael Ignaz Schmidt seine elfbändige deutsche Geschichte als »Geschichte der Deutschen« bezeichnet (so wie man im 19. Jahrhundert von der »Geschichte der Juden« sprechen wird). Nun konzipierte und schrieb Heinrich Luden eine zwölfbändige *Geschichte des teutschen Volkes* (1825–37).

Was die Kulturtradition betraf, so hatte man zwar von Herder gelernt, daß jedes Volk in seiner Individualität zu würdigen und zu begreifen sei, aber Winckelmann und seine Nachfolger bevorzugten das griechische Volk und begründeten das damit, daß nur dieses Volk und ihm sich anpassend die Römer »höhere, eigentliche Geistesbildung« entwickelt hätten: Kunst, Literatur und »gelehrte Cultur«.[5] Darum stellte sie Friedrich August Wolf ins Zentrum der Altertumswissenschaft.

Bei den Juden war man an einer entsprechenden Erfassung kaum interessiert: nicht an dem spezifischen Volkscharakter (seit der Aufklärung verlangte man vielmehr, daß sie moderne europäische Menschen wurden), nicht an der spezifischen Religion (sondern an ihrem allgemeinen, deistischen Gehalt) und kaum an ihrer Literatur. Man war daran jedenfalls nicht aus positiven Gründen interessiert, und das lag daran, daß es Juden in der deutschen Gegenwart gab. Wenn man sich nämlich mit der jüdischen Individualität beschäftigte, mit der Herausarbeitung ihrer Nationalität, so fast nur aus Abwehrgründen, zur Distanzierung. Der nationale Historismus wirkte sich ambivalent auf das Judentum aus. Friedrich Rühs, Historiker an der neuen Universität Berlin, provozierte 1815 eine Kontroverse und sogar antijüdische Ausschreitungen, indem er erklärte, das Judentum sei nicht einfach ein Glaube oder eine Konfession, sondern eine Nation und ein Staat. Die religiösen Gesetze der Juden seien die eines Staates, die Rabbiner das gesetzgebende Organ. Die Juden könnten also nicht zugleich Bürger eines christlichen Staates werden. Wie die Deutschen hätten sie ihre »Volkseigentümlichkeit«, sie sollten darauf stolz sein (und sogar, um sich kenntlich zu machen, eine »Volksschleife« als Ehrenzeichen tragen).[6]

Hegel, der maßgebende Geschichtsphilosoph zwischen Aufklärung und Historismus, fand einen Kompromiß. Er stand positiv zur Emanzipationsfrage und auch zur Rolle der Juden in der Weltgeschichte, aber er historisierte das Judentum um so entschiedener. Er gab ihm als einem weltgeschichtlich bedeutenden Volk eine genaue Stellung in der universalhistorischen Entwicklung, und die war innerhalb der Alten Geschichte. Die hohe Leistung des jüdischen Volkes (oder Volksgeistes) ist seine Religion, sein neuer Gottesbegriff, in dem das orientalische in das abendländische Prinzip umschlägt. So behält das Judentum seine bleibende Bedeutung und wird gleichzeitig von Hegel historisch relativiert: Seine Fortentwicklung ist das Christentum, das es entnationalisiert.[7] Insgesamt historisierte und bewertete Hegel das alte Judentum in einer Weise, die für das nichtjüdische deutsche Bildungsbürgertum und sein Geschichtsbild zustimmungsfähig und für die deutschen Juden jedenfalls ernsthaft diskutabel war.

Wenden wir uns nun zur intellektuellen Elite der deutschen Juden. Yosef Yerushalmi hat darauf hingewiesen, daß die Juden zwar immer eine starke kollektive Erinnerung lebendig gehalten haben, aber aus Interesse an Tradition, nicht an Geschichte; Geschichtsschreibung über die Zeit nach der Zerstörung Jerusalems haben sie nicht gepflegt.[8] Tatsächlich ist das bemerkenswerte historische Interesse deutscher Juden seit oder eigentlich erst nach der Aufklärung ein neues Phänomen. Es ist abhängig von der neuen Geschichtswissenschaft und von der neuen problematischen Situation zwischen alter jüdischer Tradition und moderner deutscher Kultur, zwischen jüdischer und deutscher Nationalität.

Die deutschen Juden fühlten sich seit Moses Mendelssohn als Angehörige, als Mitwirkende der deutschen Kulturnation. (Mendelssohn hatte sich bekanntlich »nationaler« benommen als Friedrich der Große, dem er seine Vorliebe für die französische Kultur vorwarf.) Aber im Zuge der volksmäßigen und politischen Nationalisierung Deutschlands bekamen sie ihre Schwierigkeiten mit der eigenen Volksvorstellung. Durch die genannten Begriffsveränderungen verloren sie gewissermaßen ihren bisherigen Nations- und Volksbegriff; er wurde dadurch zumindest problematisch. Mit »Nation« konnte man noch im 18. Jahrhundert jede »Nationalität«, jede nationale Minderheit, sprachliche und kulturelle Gemeinschaft meinen, und so wurde auch die »jüdische Nation« aufgefaßt. Die neue gesteigerte Bedeutung von »Nation« und »Volk« erlaubte diese unbefangene Verwendung nicht mehr. Man spricht also lieber von Judenschaft, Judenheit, besonders von Judentum, auch einfach von »den Juden«. Zunehmend wird im 19. Jahrhundert der Begriff »Stamm« (jüdischer Stamm) ersatzweise für Volk oder Nation benutzt, wohl auch vorsichtshalber oder gar tarnenderweise, obwohl er von der biblischen Sprache her (wo das jüdische Volk ja in Stämme unterteilt ist) unhistorisch war. Vergleichbar und auch daran angelehnt war das der neuen geschichtswissenschaftlichen Rede von den germanischen (oder deutschen) Stämmen (der Bayern, Sachsen usw.) statt Völkern oder Nationen.[9]

Wie, mit welcher Art Historisierung des Judentums reagierten nun die deutschen Juden, genauer: der kleine aufgeklärte Teil der gebildeten (und vermögenden) Juden, der bewußt in der modernen Zeit und in Deutschland leben und wirken wollte, der also an der nationalen Kultur und Wissenschaft und ihren humanistischen Mustern Anteil nahm?

Eine bestimmte Gruppe wollte an der historisierenden Rekonstruktion und damit Bewahrung der jüdischen (geschichtlichen) Individualität wissenschaftlich arbeiten, so wie das in dieser romantischen Zeit die Germanisten für den sogenannten deutschen Volksgeist taten (oder Wolf und Boeckh für die Griechen). Das ist die »Wissenschaft des Judentums«, die als organisierter Verein (unter dem 1821 gefundenen Namen »Verein für Cultur und Wissenschaft der Juden«) zunächst nur kurz Bestand hatte, von 1819 bis 1824, sich aber später als besonderer Wissenschaftszweig auf Dauer weiterentwickelte. Der Verein war ein kleiner Kreis von jungen, ziemlich unterschiedlich ausgerichteten Juden. Man kann an ihnen gut die verschiedenen Historisierungsmöglichkeiten aufzeigen. Gemeinsam ist ihnen die zunächst politisch-reformerisch ausgerichtete Reaktion auf die judenfeindlichen Äußerungen von Rühs und seinesgleichen. Während eine andere Gruppe, die der jungen Aufklärer (Maskilim), gegen Rühs erklärte, das Judentum sei durch Religion, nicht durch Nationalität konstituiert, die Juden seien »durchaus kein Volk«, sondern »nur als eine Confession zu betrachten«, reagierte der Verein, wie Michael A. Meyer sagt, »auf die immer wieder von den Romantikern vorgetragene Behauptung, die Juden seien ein Volk, mit der Feststellung, daß sie in der Tat eines seien. Ihr Problem lag darin herauszufinden, was das bedeutete. Gewiß implizierte das keinen Nationalismus im modernen Sinne des Wortes: sie hielten sich nicht weniger für deutsche Patrioten, als die Maskilim es getan hatten. Nur hatten sie das Bewußtsein einer gewissen ›Volkstümlichkeit‹, die sie auch gar nicht verbergen wollten.«[10] Sie hofften, im modernen bürgerlichen Staat als einem gegliederten Gemeinwesen die geschichtliche Individualität des Judentums integrieren und wahren zu können.

Joel Abraham List sprach von Nationalität im Herderschen Sinn, die »keine bloße Frucht der Zeit, keine vorübergehende Erscheinung« sei. »Uns aber muß nichts so sehr am Herzen liegen, als die Integrität der

Nation.« Er meinte eine »reine Nationalität«, nicht eine von der Religion oder gar von dem »die Nation entstellenden und entartenden Rabbinismus« abhängige.[11] Den Rabbiner wollten diese Wissenschaftler überhaupt als Experten des Judentums verdrängen.[12]

Drei Mitglieder waren von Hegel beeinflußt. Moses Moser (der Freund Heines) sprach von jüdischer Kultur, die der allgemeineuropäischen, »oder wenn Sie lieber wollen, der christlichen«, gegenüberstehe. Sie müsse im weltlichen Bereich, »mit dem Staate, soweit dieser nämlich durch bürgerliche Kultur bedingt ist«, ausgesöhnt erscheinen, nicht aber gegenüber der herrschenden Kirche, denn sonst würde die Nation aufhören. Moser plädierte außerdem für eine Historisierung der gesamten jüdischen Vergangenheit einschließlich der Religion: »Ein heilig zu haltendes Eigentum der Nation und daher Gegenstand der Aufmerksamkeit und Bearbeitung des Vereins ist ferner die Geschichte derselben in den traurigen Zeiten ihrer Zerstreuung. Ebenso sehr wie dieser Gegenstand bisher auf eine unverantwortliche Weise vernachlässigt worden...«.[13]

Immanuel Wolf (später: Wohlwill) konzentrierte sich auf das jüdische geistige Prinzip. Die jüdische Geschichte sei die Entfaltung ihrer religiösen Uridee (der Idee der göttlichen Einheit, der Theokratie), sei ihr Kampf mit anderen Prinzipien (dem ägyptischen, später dem griechischen und römischen Prinzip), ihr Staat sei zusammengebrochen, aber die Idee werde durch das Judentum weiter bewahrt – isoliert, aber lebenskräftig –, und heutzutage müsse sie durch ihre wissenschaftliche Erkenntnis zur spezifisch modernen Wirkungsform gebracht werden.[14]

Eduard Gans sprach ähnlich vom jüdischen »Geist«, beschrieb ihn aber in seiner geschichtlichen Entwicklung passiver, in seiner Aufnahmebereitschaft für fremde Elemente. Er betonte als Aufgabe des Vereins noch stärker als Moser die notwendige Wiedereingliederung der Juden in den weltgeschichtlichen Prozeß, nach allzu langer »eigener Geschichte, parallel neben der Weltgeschichte her«. Ein »Einverleiben« in die europäische Kultur wünschte er, ein »Aufgehen« darin, das kein Untergehen sei. Er zitierte Hegels »tröstende Lehre«, »daß alles vorübergeht, ohne zu vergehen, und daß alles bleibt, wenn es längst vergangen heißt«: »Darum können weder die Juden untergehen, noch kann das Judentum sich auflösen, aber in die große Bewegung des Ganzen soll es untergegangen scheinen und dennoch fortleben, wie der Strom fortlebt in dem Ocean.«[15] Sehr vage und vieldeutig ist das ausgedrückt, und man kann schon beinah vorausahnen, daß Gans sich später, um beruflich zu reüssieren, taufen lassen wird.

Heinrich Heine, auch zeitweise Mitglied, der einzige »wirkliche Romantiker« im Verein (Meyer), stritt für Emanzipation und Verbesserung der Menschheit und verliebte sich in Poesie, Schmerzlichkeit und Größe der jüdischen Vergangenheit, wenn er auch das staats- und heimatlose jüdische Volk für ein »Volks-Gespenst« hielt. Er wußte auch: »Die jüdische Geschichte ist schön; aber die jungen Juden schaden den alten, die man weit über die Griechen und Römer setzen würde. Ich glaube: gäbe es keine Juden mehr und man wüsste, es befände sich irgendwo ein Exemplar von diesem Volk, man würde hundert Stunden reisen, um es zu sehen und ihm die Hände zu drücken – und jetzt weicht man uns aus!«[16] Er selber wich aber auch immer wieder aus, denn, wie schon Heinrich Graetz sagt, »bis zu seinem letzten Hauche kämpften in Heine die zwei weltgeschichtlichen Bildungsprinzipien, die keusche Sittlichkeit des Judentums und die Formenschönheit des Griechentums, die er beide bewunderte, aber nicht zu versöhnen vermochte«.[17] Es sind historische und zugleich überhistorische Prinzipien, die er in der Geschichte immer wieder miteinander ringen sah: Hellenentum und Nazarenertum, Sensualismus und Spiritualismus, natürliches Leben und Geist. So konnte er spielerisch spekulieren: »Die Germanen ergriffen das Christentum aus Wahlverwandtschaft mit dem jüdischen Moralprinzip, überhaupt dem Judaismus. Die Juden waren die Deutschen des Orients, und jetzt sind die Protestanten in den germanischen Ländern (in Schottland, Amerika, Deutschland, Holland) nichts Anderes als altorientalische Juden.«[18]

Der eigentliche produktive Gelehrte im Verein war Leopold Zunz, Schüler von Wolf, Boeckh und dem Bibelkritiker de Wette, am deutlichsten den altgermanistischen Literaturwissenschaftlern wie Jacob Grimm vergleichbar, Philologe, nicht primär Historiker oder gar Geschichtsphilosoph, obwohl er in dieser Richtung viel konzipierte und periodisierte. Sprache und Literatur standen im Vordergrund. Auf die im Schrifttum bewahrte jüdische »Ideenwelt« kam es ihm an, auf ihre Individualität und ihre unterschiedlichen Begegnungen mit der griechischen, arabischen und christlichen Kultur, damit ihrem ständigen Bezug zur fortschreitenden Weltgeschichte.[19] Die Psalmen interpretierte er als »Nationalschriften«, sie stellten einen »einheitlichen Gedanken des Volksgeistes« dar, sie seien ein »Manifest des unterdrückten jüdischen Volkes«.[20] Noch stärker interessierte ihn aber die »rabbinische Literatur« des Mittelalters, die er nach dem »Verschwinden« der »sogenannten jüdischen Geschichte« als das »unerkannte Kunstgebäude« eines unsichtbaren geschichtlichen Zusammenhanges ansieht und lieber »neuhebräische« oder »jüdische« Literatur nennen möchte, da sie nicht nur rabbinisch sei, sondern alle Zweige menschlichen Wirkens und Denkens umfasse und damit die Juden auch dieser Zeit als Kulturvolk erweise.[21] Hier zeigt sich in Fortführung der Bestrebungen der Aufklärung die Zurückdrängung der beiden gewichtigen, aber nun als kultur- und emanzipationsfeindlich, als belastend beurteilten Phänomene Talmud und Kabbala. Ihnen gegenüber wird jüdische Philosophie und Poesie betont. In der Sammlung, Ordnung und Kommentierung dieses nachbiblischen jüdischen Schrifttums bestand dann die Haupttätigkeit der »Wissenschaft des Judentums«.

Zunz glaubte schon 1824 nicht mehr an eine »Juden-Reformation«, und das war damals ein Grund für die Auflösung des Vereins: »Die Juden und das Judenthum, das wir rekonstruieren wollten, ist zerrissen..., überfließend in die christliche Nothreligion, ohne Halt und Princip.«[22] Gerade darum müsse die Wissenschaft sich der jüdischen Vergangenheit und ihrer Dokumente annehmen, nicht oder kaum in der Hoffnung (wie die germanistische), dadurch der Gegenwart und Zukunft und ihrer historischen Fundierung zu dienen, sondern um etwas Gewesenes und Abgeschlossenes zu bewahren. »Gerade, weil wir zu unserer Zeit die Juden ... mit größerem Ernst zu der deutschen Sprache und der deutschen Bildung greifen und so – vielleicht oft ohne es zu wollen oder zu ahnen – die neuhebräische Literatur zu Grabe tragen sehen, tritt die Wissenschaft auf und verlangt Rechenschaft von der abgeschlossenen.«[23] Diesem Wissenschaftsideal weihte er sein ganzes Leben; er gründete keine Schule und konnte nicht an der Universität lehren, aber er war der einzige des Vereins, der zur anerkannten gelehrten Autorität für die jüngeren jüdischen Wissenschaftler wurde.[24]

Eine Gesamtdarstellung der jüdischen Geschichte vom Anfang bis zur Gegenwart hielt der gewissenhafte Zunz angesichts des Standes der Forschung noch nicht für durchführbar. Ein anderer, ihm anfangs Befreundeter schrieb sie: Isaak Markus Jost. Er trat schon früh (1821) aus dem Verein wieder aus, weil ihm weder dessen geschichtsphilosophisch spekulierende und konstruierende Richtung gefiel noch die philologische Bibelforschung, die er für zu spezialistisch und unerzieherisch hielt. Er bezeichnete dann den Verein als »Ausfluß der ausgelassensten Eingebildetheit, des dümmsten Dünkels einiger jungen Leute, welche sich erhaben genug wähnen, eine ganze ihnen unbekannte Nation zu ändern.«[25]

Jost veröffentlichte vier mehrbändige Gesamtdarstellungen: *Geschichte der Israeliten seit der Zeit der Maccabäer bis auf unsre Tage* (1820–28), in neun Bänden; *Allgemeine Geschichte des Israelitischen Volkes, sowohl seines zweimaligen Staatslebens als auch der zerstreuten Gemeinden und Secten bis in die neueste Zeit* (1832), in zwei Bänden; *Neuere Geschichte der Israeliten in der ersten Hälfte des XIX. Jahrhunderts* (1846/47), in drei Bänden; *Geschichte des Judenthums und seiner Secten* (1857–59), in drei Bänden.

Es kam Jost weniger auf die Eigentümlichkeit der Juden an als auf ihre Entwicklung und Behauptung unter fremden politischen Einwirkungen, wobei sie sich in der jeweiligen historisch bedingten Anpassung sehr verändern konnten. »Jene Gleichheit der Juden aller Orte und Zeiten aber ist es, die uns irre leitet, sie ist nur ein Schein, keine Wirklichkeit«, betonte er 1821.[26] Ein »Volk« im umfassenden (modernen) Sinne waren sie für ihn längst nicht mehr; ein normaler Volksstaat waren sie eigentlich nur zur Zeit des ersten Tempels gewesen, bis zur Babylonischen Gefangenschaft, denn danach kehrte nur ein Teil der Juden zurück, und es begann das seither bezeichnende Verhältnis der »Auswärtigen« zu den »Jerusalemitern«. Aus der Volksgeschichte wurde eine Geschichte der jüdischen Gemeinden. »Wenn die Juden ein Volk ausmachten«, schrieb er 1822, »Grund und Boden besäßen, in die Waagschale der Nationen ein Gewicht legten, also Gemeinschaft hätten, durch Vaterlandsliebe, Verfassung und Eigentum, wie zum Beispiel die heutigen Griechen« (wir befinden uns in der Zeit der Befreiung Griechenlands von den Türken, der Zeit des Philhellenismus), »so wäre es etwas anders. Aber so wie die Umstände sind, bleiben unsre Bemühungen um Erhaltung der Eigentümlichkeit fruchtlos, und vielleicht sind sie schädlich. Nur das dürfen wir wünschen, die durch leidenvolle Jahrhunderte entarteten [!] Menschen wieder zur Menschheit zu führen, ihnen einen besseren Lebenswandel zu verschaffen, und ihrem Geiste eine andere Richtung ohne Rücksicht auf den Erfolg zu geben.«[27]

In diesem erzieherischen Sinne wollte er die Juden über ihre lange zeitliche Gesamtentwicklung informieren, wissenschaftlich, quellenkritisch möglichst exakt, um ihr historisches Gesamtbewußtsein zu verändern, vom Schwerpunkt der alttestamentlichen Zeit abzuziehen. Er begann die Geschichte der »Israeliten« (wie er sie wissenschaftlich »richtiger« und unbelasteter nennen wollte, ohne das in der Darstellung starr durchzuhalten) mit dem letzten unabhängigen Staat, dem der Makkabäer (oder Hasmonäer) 160 bis 63 *v. Chr.* (Jost benutzt diese Zeitrechnung). Er nennt sie die Geschichte eines merkwürdigen »Völkerstamms«, der seine Zweige innerhalb aller Nationen ausgebreitet habe und doch allein blieb, zusammengehalten nur durch gemeinsamen Glauben, und so seine Existenz bewahrte. Weder jüdische noch nichtjüdische Gelehrte hätten »Ursprung, Fortgang und ausgebreitetere Entwicklung« zusammenhängend erfaßt, die jüdischen waren nicht imstande, »über ihre eigne Bildungsgeschichte nachzudenken, da sie, der Weltgeschichte fremd, von keiner ächten Entwicklung einen Begriff hatten«. Sie glaubten, »alles, was über einen Gegenstand in älterer Zeit von Juden geschrieben und gedacht worden, gehöre allen Zeiten an«, und vergaßen, »daß Ausdruck und Ansicht einem beständigen Wechsel unterworfen sind«.[28] Jost versucht also, jüdische Bildungsgeschichte (Geschichte der rabbinischen Schulen, der Philosophie und Literatur) und Geschichte der politischen Existenzbedingungen der Juden in den verschiedenen christlichen und islamischen Staaten räumlich und zeitlich geordnet darzustellen. Er endet mit dem Zeitalter der Geistesbefreiung, dem Schwinden des »Rabbinismus«, der Besserung des bürgerlichen Zustandes, der Verbreitung der »Wissenschaft«. Alles berichtet er nüchtern, etwas trocken sogar, ohne besondere anklägerische Haltung gegenüber den früheren Unterdrückungen durch die christlichen Staaten.

Josts zweite Gesamtdarstellung (von 1832) ist viel kürzer, sie fügt aber (als 1. Band, als Hälfte des Gesamtwerkes) die alttestamentliche Zeit hinzu, und sie nennt sich im Titel *Allgemeine Geschichte des Israelitischen Volkes*. Sie ist also volksgeschichtlicher aufgezogen, mutiger in der Benutzung des modernen Volksgeist-Begriffes. »Mitten unter den Völkern«, heißt es in der Einleitung, »steht unerschütterlich ein altes Volk, aufgelöset und zerstreuet und doch eine Einheit bildend, ein unzerstörbares Gebäude des grauen Alterthumes, beschrieben mit den rätselhaften Zügen einer fernen Urgeschichte, und im Innern durch eine wundersame Kraft fortdauernd.«[29] Nach der Zerstörung des Staates und in der Zerstreuung über die Welt verbleibt der Nation ihr Gott, ihre Religion als »ihr eigentliches Vaterland« (Heine nannte es das »portative Vaterland«), und sie teilt den anderen Völkern davon mit und erweckt »alle Welt zu lebhaften Kämpfen um Wahrheit und Bestimmung des Menschen«.[30] In diesem Sinne werden also nun die heiligen biblischen Schriften der Theologie entzogen und – so wie andere Quellen – der geschichtlichen Forschung und Betrachtungsweise zugeführt. Dabei möchte nun Jost weniger die Entwicklung als die »innere Einheit« herausarbeiten: »In jedem Buche, in jedem Abschnitte, man möchte sagen in jedem Ausdrucke erblickt man den ganzen Volksgeist mit seinen Traditionen und seinen Verhältnissen, eine ganze eigene Welt, die sich in jeder besonderen Form kundgibt, und deren Einzelnes nur durch den Blick auf die Gesamtheit verstanden werden kann.«[31]

Die *Neuere Geschichte der Israeliten* von 1846/47 ist ein ausführlicher zeitgeschichtlicher Zusatz über die Rechtsverhältnisse der Israeliten nach 1815 in den verschiedenen europäischen Staaten, ausdrücklich noch nicht als kunstvolle Geschichtsschreibung dargeboten, wie es der inzwischen in Deutschland entwickelten Kunst und Philosophie der wissenschaftlichen Historiographie entsprochen hätte. Jost stellt sogar in bemerkenswerter Weise in Zweifel, ob eine solche Darstellung – mit der üblichen genauen, rechtfertigenden Einordnung von Rechtsverhältnissen als für ihre Zeit verstehbar – bei diesem Thema überhaupt angemessen wäre, womit er in gewisser Weise die historistische Betrachtungsform in Frage stellt. Es sei schwierig, sagt er, äußere Einwirkungen und innere Triebe und Kräfte richtig zu würdigen, so daß »die eigentliche Tätigkeit der israelitischen Geschichte in ihrem Verhältnisse zur Geschichte der Staaten und der Menschheit überall erkannt werde. Viel Tatsächliches, namentlich in den Rechts-Verhältnissen, entbehrt, unsrer Ansicht nach, aller Begründung, und ist nur Sache persönlicher Willkür oder Ansicht, so daß jeder Zufall mit dem Wechsel der Personen auch jene Tatsachen ändert oder ändern kann. Weder der Charakter des Judentums und der Juden, noch die Stufe der Gesetzgebung der Staaten können als Rechtfertigung gelten. Nur die Schwäche«, fügt er hinzu, »ist der wahre Grund, weshalb die Juden so oft außer dem Recht stehen.«[32]

Das letzte zusammenfassende Werk von Jost, *Geschichte des Judenthums und seiner Secten* (1857–59), ist Religions- und Geistesgeschichte. Es geht nicht mehr um die Geschichte des Volkes und der äußeren, weltgeschichtlichen Bedingtheiten seiner Weiterexistenz, sondern konzentriert um das Judentum. »Aus den Trümmern Jerusalems entstieg ein Geist, welcher frei von den Hüllen des Staates seinen Anhängern ein neues Leben einhauchte. Wir nennen ihn Judenthum oder die jüdische Religion ... Diese Auferstehung des Geistes ... nach dem Absterben des Leibes ist sonst in der Geschichte beispiellos ... Das Wort Judenthum ist der angemessenste Ausdruck für die Gesamtschöpfung dieses Geistes.«[33]

Es scheint mir kennzeichnend für die Historisierung des Judentums, daß die Konzepte der neuen Geschichtswissenschaft (oder, wie die jüdischen Gelehrten immer einheitlich sagen, der »Wissenschaft«) immer nur selektiv, unterschiedlich partiell angewandt werden: weltgeschichtliche Einordnung, Entwicklung, Individualität, einheitliche Idee, Volksgeist, Staatsbezug. Das war zu sehen bei den unterschiedlichen Entwürfen der Mitglieder des Vereins und auch bei den verschiedenen Werken von Jost. Er wird gern als spätaufklärerisch charakterisiert, und sicherlich ist dieser Vernunfts- und Erziehungsimpuls bei ihm prägend, aber er nimmt doch auch die moderneren Konzepte der historisch-romantischen Schule auf.

Wenn Jost die Historisierung des Judentums schließlich auf das Geistige, ja das Religiöse als das Wesentliche konzentriert, so entsprach das sicherlich der Hauptrichtung der deutsch-jüdischen Literatur- und Geschichtswissenschaftler in der Mitte des 19. Jahrhunderts. Sie hatten die Rabbiner als die traditionellen Sinnverwalter des Judentums verdrängen wollen, aber sie waren meistens – außer Leopold Zunz und später Moritz Steinschneider – selbst Rabbiner, freilich der reformierten Richtung, und verbreiteten ihre Wissenschaft als Lehrer an jüdischen Erziehungsanstalten oder jüdisch-theologischen Seminaren.

Führend war in dieser Hauptrichtung Abraham Geiger, Rabbiner in Frankfurt am Main, der dann Vorlesungen in Breslau und ab 1872 an der neugegründeten Hochschule für die Wissenschaft des Judentums in Berlin hielt. Er gab jüdische Zeitschriften für Theologie und für »Wissenschaft und Leben« heraus und war bibelwissenschaftlich tätig, also auf einem Gebiet, das im 19. Jahrhundert eigentlich von protestantischen Theologen beherrscht wurde. Seine religions- und sozialgeschichtliche Neudeutung des Gegensatzes von Sadduzäern und Pharisäern wurde von ihnen diskutiert und weiterentwickelt.[34]

In seinen Vorlesungen in der Hauptstadt des eben gegründeten Deutschen Reiches sprach er von jüdischer Volksgeschichte nur in ferner Vergangenheit, als einer wichtigen Voraussetzung für die Kraft des Judentums in Geschichte und Gegenwart. Er unterschied bei der Wissenschaft des Judentums den sprachwissenschaftlichen, den historischen, »namentlich den literar- und culturhistorischen«, und den philosophisch-religiösen Teil, aber als Ziel aller Teile bezeichnete er »die volle Erkenntnis des religiösen Gedankengehalts, welcher das Judenthum erfüllt, ihm als seine eigenthümliche Lebenskraft innewohnt«. Geschichte konnte

»selbstverständlich nur eine Geschichte der Geistesthaten sein, und die äussere Geschichte hat bloss den Werth des Substrats, der Bedingungen, unter und gemäss welchen die That zur Erscheinung gelangen konnte, als hindernd oder fördernd«. Diese Geistestaten schätzte er weltgeschichtlich nicht gering ein, wenn er darauf hinwies, daß das Judentum »am Ende des Alterthums das Christenthum aus sich herausgeboren, im Mittelalter den Islam hervorgerufen, und mit dem wesentlichen Inhalte genährt, in der Neuzeit den Anstoss zur Umgestaltung der philosophischen Anschauung gegeben, indem es Spinoza ausgerüstet hat«.[35] Wenn man bedenkt, daß in Geigers Sicht das Judentum sowohl das Christentum veranlaßt als auch zur Überwindung des finsteren, christlich orientierten Mittelalters beigetragen hat, so läßt sich sagen, daß bei ihm religiöse, zivilisierende und aufklärende Leistungen des Judentums für die Welt verbunden werden und das historische Selbstbewußtsein des modernen, reformbereiten Juden festigen sollten.

Ganz anders sah die historische Botschaft von Heinrich Graetz aus. Es kam ihm nicht nur auf die Weltwirkung des jüdischen Geistes an. Mit dem anschaulichen, emotionellen Stil seiner Geschichtsschreibung hat er schnell die Darstellungen von Jost verdrängt und wurde maßgebend zwar nicht für die Intentionen der Wissenschaft des Judentums, aber für das Geschichtsinteresse des deutsch-jüdischen Bildungsbürgertums. Man hat ihn als den »erste(n) nationalgesinnte(n) Historiker des jüdischen Volkes« bezeichnet oder gar als den »jüdischen Treitschke«.[36]

Graetz war beeinflußt durch die zwischen aufklärerischer Reform und Traditionalismus stehende sogenannte neuorthodoxe jüdische Richtung. Sein Lehrer Samson Raphael Hirsch war (wie dessen Lehrer Isaak Bernays) von der Mission, dem »Apostelamt« der Juden für die Völker der Welt überzeugt, kämpfte aber dafür um den Zusammenhalt des jüdischen Volkes, das er freilich nicht »Volk« nennen wollte, da mit diesem Wort im deutschen Sprachgebrauch stets Staat und Boden verbunden werde: Man solle wegen der Besonderheit des israelitischen Volkscharakters eher bei dem hebräischen Namen »Am Jissroel« bleiben.[37]

Graetz, vor allem religions- und literaturgeschichtlich ausgebildet, interessierte sich für die Verbindungen des Judentums mit Hellenismus, Rom, christlichem Mittelalter und moderner Aufklärung vor allem unter dem Gesichtspunkt, wieweit es dabei seiner ursprünglichen Idee, seinem Volksgeist treu geblieben sei. Das zeigte er schon in seinem Erstlingswerk von 1846, *Gnosticismus und Judenthum*: Selbsterhaltung des jüdischen Monotheismus, also des zeitlosen Gehaltes des Judentums, gegen eine einflußreiche Zeitströmung, womit er durchaus auch parallele Gegenwartserscheinungen meinte. Im selben Jahr 1846 veröffentlichte er seine Abhandlung *Die Konstruktion der jüdischen Geschichte*, wobei er mit Hegels Methode gegen Hegels Ergebnis die jüdische Religion als Geistesreligion gegen die Naturreligionen des Alten Orients und später Griechenlands stellte (ähnlich wie Heine) und den Geschichtsverlauf des Judentums in drei »Momente« unterschied: »a) das politisch-soziale in der ersten vorexilischen Periode (bis zur babylonischen Gefangenschaft 597–537), b) das religiöse in der nachexilischen und c) das theoretisch-philosophische in der letzten diasporischen Periode«.[38] Diese letzte, längste Periode untergliederte er dann noch in drei Phasen. Wie man sieht, wird es in dieser Aufteilung sozusagen immer »geistiger«.

Seine große *Geschichte der Juden von den ältesten Zeiten bis auf die Gegenwart* (elf in zwölf Bänden, 1853–1876) begann er dann, ähnlich wie Jost, zunächst nicht ganz am Anfang, sondern mit dem vierten Band, mit »c)«, mit der Zeit der Diaspora, der Mischna und des Talmud, legte dann den dritten Band vor (Makkabäerzeit und römische Herrschaft), in dem er sich entschloß, die Entstehung des Christentums ausführlich mitzubehandeln, als ein Kapitel der jüdischen Geschichte, schrieb weiter über die Diaspora (Bde. 5–11) und fügte dann (nach einer Palästinareise) 1874 die beiden ersten Bände über die alttestamentliche Zeit hinzu.

Vorherrschend, jedenfalls auf den ersten Blick und von den Voraussetzungen und Vorkenntnissen her, ist also auch die Geschichtsschreibung von Graetz »Geistesgeschichte«, insbesondere in dem längsten, dritten »Zeitraum« ab 70 »nach der üblichen Zeitrechnung« (wie sich Graetz immer ausdrückt). Er nennt es selber »eine umfassende Geistesgeschichte« (der Ausdruck ist damals, 1853, noch gar nicht sehr verbreitet), »die, von der Gotteskenntnis auslaufend, alle Kanäle aus dem Stromgebiet der Wissenschaften aufnimmt, mit sich vermischt und vereinigt, wie sie wiederum nur Eigentum dieses einzigen Volkes ist«.[39] Deutlich ist Zunz mit seiner literaturgeschichtlichen Konzeption sein Vorbild. Graetz stellt diese Geschichte eigentlich nicht als Entwicklung dar, jedenfalls nicht als eine deutlich fortschrittliche. Es gibt viel Abbruch, Abfall und Niedergang, besonders deutlich in der Neuzeit vor der Aufklärung, etwa in den von Graetz wenig geschätzten mystischen Strömungen. Hier wie schon in der Einschätzung des Talmud denkt er nicht anders als Zunz, Jost und Geiger. Er vergleicht das damalige Judentum mit »einem edlen

Kerne, der von übereinandergeschichteten Krusten, Versteinerungen, fremdartigen Ansätzen und Überzügen so verhüllt und verdeckt war, daß ihn nur wenige, sehr wenige herauserkannten«.[40] Er sprach vom »Schimmelüberzug« der Kabbala, »die sich nach und nach in Lücken und Ritzen einnistete, wucherte und sich verästelte«. Demgegenüber war dann Moses Mendelssohn eine »Verjüngung des jüdischen Stammes«, eine »Wiedergeburt«, deren Weiterentwicklung bei den allzu assimilationsbereiten Berliner Juden wie David Friedländer und wie in den Salons der berühmten jüdischen Frauen er allerdings zum Befremden vieler Leser scharf kritisierte.[41]

Aber Graetz bringt keineswegs nur Geistesgeschichte. Dies ist für ihn nur die innere Geschichte, die der Seele, die unvergängliche Lehre des Judentums. Der andere wesentliche Faktor ist das, was er die leibliche Seite nennt, das »einheitliche Volkswesen«, die »Geschichte eines Volksstammes«. »Die Geschichte des nachtalmudischen Zeitraumes hat also noch immer einen nationalen Charakter, sie ist keineswegs eine bloße Religions- oder Kirchengeschichte, weil sie nicht bloß den Entwicklungsverlauf eines Lehrinhalts, sondern auch einen eigenen Volksstamm zum Gegenstande hat, der zwar ohne Boden, Vaterland, geographische Umgrenzung und ohne staatlichen Organismus lebte, diese realen Bedingungen aber durch geistige Potenzen ersetzte.«[42]

Diese zweite Seite kann nun Graetz nicht, wie es bei sonstigen Völkern geschieht, als Geschichte von Schlachten und Eroberungen präsentieren, er schreibt sie nicht als politische Geschichte oder Verfassungsgeschichte, auch nicht (was möglich gewesen wäre) als Wirtschafts- und Sozialgeschichte (das jüdische Handelsleben etwa spielt praktisch keine Rolle) – er stellt sie als Leidensgeschichte dar, als Martyrium. Das ist das »Doppelbild«, das er ausführt: »Die äußere Geschichte dieses Zeitraumes (nach 70) eine Leidensgeschichte, wie sie kein Volk in diesem gesteigerten Grade, in dieser unübersehbaren Ausdehnung erlitten, die innere eine umfassende Geistesgeschichte... Forschen und wandern, denken und dulden, lernen und leiden füllen die lange Reihe dieses Zeitraums aus.«[43]

Diese Seite, die übrigens auch schon bei Zunz angedeutet wird, ist beherrschend für die ganze Stimmung dieser Geschichtsschreibung, für den einmaligen, unverwechselbaren Charakter dieser Nationalgeschichte im Vergleich zu »normalen« Nationalgeschichten, für die große populäre Wirkung. 1888 machte Graetz daraus die dreibändige Kurzfassung der *Volkstümlichen Geschichte der Juden*, die immer wieder neu aufgelegt wurde, ein beliebtes Bar-Mizwa-Geschenk war und »noch in den 20er Jahren unseres Jahrhunderts wohl nur in wenigen jüdischen Häusern in Deutschland fehlte«.[44] Hier war das »Volk« wirklich das eigentliche Subjekt der Geschichte, das heldenhafte Volk der biblischen Zeit und der leidende, aber eben auch tapfere »Stamm« danach.

Während Graetz seine nationalgesinnte jüdische Geschichte veröffentlichte, wurde der deutsche Nationalstaat realisiert – eine neue stolze Großmacht, die aber hinsichtlich der inneren Einigung unsicher blieb und ihren Minderheiten entsprechend mißtraute. Das deutsche Judentum war im Laufe des 19. Jahrhunderts sozial und wirtschaftlich aufgestiegen, war in seinen vermögenden und intellektuellen Schichten assimiliert und rechtlich allmählich gleichgestellt. Es ist die Zeit zunehmender Industrialisierung und, mit all dem zusammenhängend, der Beginn des modernen Antisemitismus. Der führende nationale Historiker Heinrich von Treitschke gab ihm seine wirkungsvolle Unterstützung. Er sprach von einem »fremden Volkstum«, das dem »tragischen Schicksal einer Nation ohne Staat« erlegen sei, nun aber auf deutschem Boden keine Doppel-Nationalität beanspruchen dürfe, sondern sich der deutschen Nation einzufügen habe. »Wir wollen nicht, daß auf die Jahrtausende germanischer Gesittung ein Zeitalter deutsch-jüdischer Mischcultur folge.«[45] Er griff Graetz an, der Deutschland nicht als sein Vaterland betrachte und das Christentum verhöhne; und Graetz mußte sich verteidigen und ausdrücklich erklären, daß er mit Judentum Konfession, nicht Nation meine[46] – womit er die Konzeption seiner Geschichtsschreibung nicht exakt wiedergab, sondern eher verdeckte.

Der Streit zeigt eine Kluft, die sich bekanntlich nicht mehr schließen sollte. Darauf ist hier nicht mehr einzugehen. Rückblickend läßt sich aber feststellen, wie günstig die Zeit der deutschen Kulturnation und ihrer nur gewünschten, historisch erarbeiteten, im Werden begriffenen nationalstaatlichen Vereinheitlichung für die jüdische Minderheit war. Sie rekonstruierte ihre eigene lange Nationalgeschichte, während sie zu einer anderen Nation gehörte und gehören wollte. Diese andere Nation hatte auch bestimmte, z. T. traditionelle Bezüge zu der Geschichte der Minderheit. Trotzdem gelang es der Minderheit nicht, die Mehrheit für die Besonderheit ihrer langen Geschichte zu interessieren und damit sie selbst voll anzuerkennen. Je mehr sich die beiden Geschichten, die der Mehrheit und die der Minderheit, nationalisierten, desto fremder wurden sie sich.

In unserem Jahrhundert hat die Gründung des Staates Israel einen neuen Bezugspunkt für die jüdische Geschichte gegeben, eine für viele nach existentiellen Zweifeln und nach unbeschreiblicher Leidenszeit erlösend wirkende Sinngebung oder Sinnwiederfindung – diese Heimkehr ins Land Israel. Die jüdische Nationalgeschichte konnte ebenso positiv umgeschrieben werden wie die deutsche nach 1871 – und steht in ähnlicher Gefahr der nationalistischen Übertreibung und Vereinfachung, so als sei alle frühere Geschichte die Vorgeschichte des heutigen Israel. Die Wissenschaft des Judentums, die in Deutschland begonnen hatte und dann emigrieren mußte, litt nun unter Kritik und Verachtung ihrer früheren Zielsetzungen angesichts der neuen Sinnfindung. Aber ihre wissenschaftlichen Leistungen gelten weiter, auf ihnen wird aufgebaut, und zwar nun in Zusammenarbeit von jüdischen und nichtjüdischen Historikern aus Israel, Deutschland, Amerika und anderen Ländern. Für die geschichtliche Erkenntnis ist das ebenso gut und notwendig wie für die gemeinsame Erinnerung.

Anmerkungen

1 Gershom Scholem, »Wissenschaft vom Judentum einst und jetzt«, in: ders., *Judaica I*, Frankfurt/M. 1968, S. 152.

2 Yosef Hayim Yerushalmi, *Zachor: Erinnere Dich! Jüdische Geschichte und jüdisches Gedächtnis*, Berlin 1988, S. 94f.

3 Ich bereite einen größeren Aufsatz u.d.T. »›Das geschichtlichste aller Völker‹. Die Historisierung des Judentums in der Geschichtswissenschaft des 19. Jahrhunderts« vor, in dem ich das Thema ausführlicher, mit Literaturnachweisen und unter Einbeziehung der nichtjüdischen deutschen Wissenschaftler behandeln werde.

4 Vgl. den Art. »Volk, Nation, Nationalismus, Masse«, in: *Geschichtliche Grundbegriffe. Historisches Lexikon zur politisch-sozialen Sprache in Deutschland*, hg. v. Otto Brunner, Werner Conze u. Reinhart Koselleck, Bd. 7, Stuttgart 1992, S. 141–431, hier S. 325ff.

5 Friedrich August Wolf, *Darstellung der Alterthums-Wissenschaft* (1807), zitiert bei: Christhard Hoffmann, *Juden und Judentum im Werk deutscher Althistoriker des 19. und 20. Jahrhunderts*, Leiden 1988, S. 38.

6 Friedrich Rühs, *Über die Ansprüche der Juden an das deutsche Bürgerrecht* (als Artikel 1815, selbständ. Veröffentl. Berlin 1816); zitiert nach: Michael A. Meyer, *Von Moses Mendelssohn zu Leopold Zunz. Jüdische Identität in Deutschland 1749–1824*, München 1994, S. 162.

7 Georg Wilhelm Friedrich Hegel, *Vorlesungen über die Philosophie der Religion*,

hg. v. Walter Jaeschke (Hegel, *Vorlesungen. Ausgewählte Nachschriften und Manuskripte*, Bd. 3–5), Hamburg 1983–85, speziell Bd. 4a.

8 Yerushalmi, *Zachor* (wie Anm. 2).

9 Dazu der Art. »Volk, Nation« (wie Anm. 4), S. 174ff.

10 Meyer, *Jüdische Identität* (wie Anm. 6), S. 163 u. 189; zum Verein auch: Sebastian Ucko, »Geistesgeschichtliche Grundlagen der Wissenschaft des Judentums (Motive des Kulturvereins vom Jahre 1819)«, in: *Zeitschrift für die Geschichte der Juden in Deutschland* V (1934), S. 1–34, wiederabgedr. in: Kurt Wilhelm (Hg.), *Wissenschaft des Judentums im deutschen Sprachbereich*, Tübingen 1967, Bd. 1, S. 315–352; Ismar Schorsch, »Breakthrough into the Past: The Verein für Cultur und Wissenschaft der Juden«, in: *Leo Baeck Institute. Year Book XXXIII* (1988), S. 3–28. Der Verein hieß zunächst (Nov. 1819) »Verein zur Verbesserung des Zustandes der Juden im Deutschen Bundesstaate«, ab März 1821 »Verein für Cultur und Wissenschaft der Juden«. Die von Leopold Zunz im Zusammenhang mit dem Verein herausgegebene Zeitschrift hieß *Zeitschrift für die Wissenschaft des Judenthums*. Sie erschien nur in einem ersten Band (3 Hefte) 1822/23 (ND Hildesheim/New York 1976). Ihr Name ist dann eigentlich erst durch die 1872 in Berlin gegründete Hochschule für die Wissenschaft des Judentums verbreitet worden.

11 Zitiert bei Ucko, »Grundlagen« (wie Anm. 10), S. 324–326, aus einem Schreiben von List, der wegen eines Konflikts mit Gans im November 1821 schon wieder austrat (S. 319).

12 Schorsch, »Breakthrough« (wie Anm. 10), S. 18.

13 Moser am 7. November 1821, zitiert nach Ucko, »Grundlagen« (wie Anm. 10), S. 328 u. 331.

14 Immanuel Wolf, »Über den Begriff einer Wissenschaft des Judentums«, in: *Zeitschrift für die Wissenschaft des Judenthums* I, 1, Berlin 1822, S. 1–24; vgl. Meyer, *Jüdische Identität* (wie Anm. 6), S. 189f. u. 199.

15 Rede vom April 1822, abgedruckt bei Salman Rubaschoff, »Erstlinge der Entjudung«, in: *Der Jüdische Wille. Zeitschrift des Kartells jüdischer Verbindungen* 1 (1918/19), S. 108–121, hier S. 111 u. 113.

16 Heinrich Heine, »Gedanken und Einfälle«, in: *Heinrich Heine's sämmtliche Werke*, Bd. 13/14, Hamburg 1876, Bd. 13: *Vermischte Schriften. Erster Theil*, S. 305–387, hier S. 315.

17 Heinrich Graetz, *Volkstümliche Geschichte der Juden*, Bd. 6, München 1985, S. 263.

18 Heine, »Gedanken« (wie Anm. 16), S. 315.

19 Meyer, *Jüdische Identität* (wie Anm. 6), S. 168–186.

20 Leopold Zunz, »Die synagogale Poesie des Mittelalters. Psalmen«, abgedr. in: Kurt Wilhelm (Hg.), *Jüdischer Glaube. Eine Auswahl aus zwei Jahrtausenden*, Bremen 1961, S. 350–358, hier S. 351 u. 352.

21 Vgl. Nahum N. Glatzer (Hg.), *Leopold Zunz. Jude – Deutscher – Europäer. Ein jüdisches Gelehrtenschicksal des 19. Jahrhunderts in Briefen an Freunde*, Tübingen 1964, Einleitung, S. 29f.

22 Brief von Zunz an Immanuel Wolf (Wohlwill) vom 20. Juli 1824, zitiert nach Meyer, *Jüdische Identität* (wie Anm. 6), S. 209; H. G. Reissner, »Begegnung zwischen Deutschen und Juden im Zeichen der Romantik«, in: Hans Liebeschütz/

Arnold Paucker (Hg.), *Das Judentum in der Deutschen Umwelt 1800–1850. Studien zur Frühgeschichte der Emanzipation*, Tübingen 1977, S. 325–357, hier S. 337 f., liest »Staatsreligion« (nach dem Originalbrief).

23 Leopold Zunz, *Gesammelte Schriften*, 3 Bde., Berlin 1875/76, Bd. 1, S. 4.

24 Über den Versuch von Zunz, 1848 ein Ordinariat für die jüdische Geschichte und Literatur an der Berliner Universität zu bekommen: Max Lenz, *Geschichte der Kgl. Friedrich Wilhelms Universität zu Berlin*, Halle 1910 ff., Bd. II/2, S. 302 ff. Die Philosophische Fakultät (Trendelenburg, Boeckh, Ranke und Petermann waren Gutachter) wies darauf hin, daß das Judentum ja nun die Gleichstellung erreicht habe und ein besonderes politisches Gemeinwesen, ein Volk im Volke weder bilden würde noch, wie von jüdischer Seite so oft versichert worden sei, bilden wolle. Außerdem argumentierte man, daß es auch kein Ordinariat für preußische oder deutsche Geschichte, für Kulturgeschichte oder für arabische, scholastische oder griechische Philosophie gebe.

25 Brief von Jost an S. M. Ehrenberg vom 16. August 1822, veröffentlicht in: Nahum N. Glatzer (Hg.), *Leopold and Adelheid Zunz. An Account in Letters 1815–1885*, London 1958, S. 34.

26 Isaak Markus Jost, *Geschichte der Israeliten seit der Zeit der Maccabäer bis auf unsre Tage, nach den Quellen bearbeitet*, 9 Bde., Berlin 1820–28, 2. Teil (1821), S. 335.

27 Brief vom 16. 8. 1822 (wie Anm. 25), S. 35.

28 Jost, *Geschichte der Israeliten* (wie Anm. 26), Bd. 3 (1822), S. III f. u. VI.

29 Isaak Markus Jost, *Allgemeine Geschichte des Israelitischen Volkes, sowohl seines zweimaligen Staatslebens als auch der zerstreuten Gemeinden und Secten bis in die neueste Zeit, in gedrängter Übersicht, zunächst für Staatsmänner, Rechtsgelehrte, Geistliche, und wissenschaftlich gebildete Leser, aus den Quellen bearbeitet*, 2 Bde., Berlin 1832, Bd. 1, S. 1 f.

30 Ebd., S. 9 u. 8.

31 Ebd., S. 13.

32 Isaak Markus Jost, *Neuere Geschichte der Israeliten in der ersten Hälfte des XIX. Jahrhunderts*, 3 Bde., Breslau 1846/47, Bd. 3, S. V f.

33 Isaak Markus Jost, *Geschichte des Judenthums und seiner Secten*, 3 Bde., Leipzig 1857–59, Bd. 1, S. 1 ff.

34 Abraham Geiger, *Urschrift und Übersetzungen der Bibel in ihrer Abhängigkeit von der inneren Entwicklung des Judentums* (1857), Berlin 1926; ders., »Sadducäer und Pharisäer«, in: *Jüdische Zeitschrift für Wissenschaft und Leben* 2, Breslau 1863, S. 11–54. Die Weiterführung ist vor allem bei Julius Wellhausen zu sehen: *Pharisäer und Sadducäer. Eine Untersuchung zur inneren jüdischen Geschichte*, Greifswald 1874.

35 Abraham Geiger, »Allgemeine Einleitung in die Wissenschaft des Judenthums«, in: *Abraham Geiger's Nachgelassene Schriften*, hg. v. Ludwig Geiger, Bd. 2, Berlin 1875, S. 33–245, hier S. 35, 61 u. 40.

36 Josef Meisl, »Wissenschaft des Judentums«, in: Siegmund Kaznelson (Hg.), *Juden im deutschen Kulturbereich*, 3. Ausg. Berlin 1962, S. 937–955, hier S. 941.

37 Heinz Mosche Graupe, *Die Entstehung des modernen Judentums. Geistesgeschichte der deutschen Juden 1650–1942*, Hamburg 1977, S. 207 ff. u. 212.

38 Heinrich Graetz, *Die Konstruktion der jüdischen Geschichte* (1846), Berlin 1936, S. 96.

39 Heinrich Graetz, *Geschichte der Juden von den ältesten Zeiten bis auf die Gegenwart, aus den Quellen neu bearbeitet*, 11 in 12 Bdn., Leipzig 1853–1876, Bd. 4 (1866), S. 1f.

40 Graetz, *Volkstümliche Geschichte* (wie Anm. 17), Bd. 6, S. 24.

41 Ebd., S. 141. Diese Kritik im 1870 erschienenen Band 11, der die Zeit von 1760 bis 1848 behandelte, war mit schweren Angriffen gegen die deutsche Nationalbewegung und ihre Judenfeindschaft verbunden, verschaffte Graetz also in der Zeit der Reichseinigung überall Feinde.

42 Graetz, *Geschichte der Juden* (wie Anm. 39), Bd. 5, S. XIV u. XV.

43 Ebd., Bd. 4, S. 1.

44 Graupe, *Entstehung* (wie Anm. 37), S. 191.

45 Heinrich von Treitschke, »Unsere Aussichten« (Nov. 1879); »Herr Graetz und sein Judenthum« (Dez. 1879), abgedr. in: Walter Boehlich (Hg.), *Der Berliner Antisemitismusstreit*, Frankfurt/M. 1965, S. 7–14 und S. 33–47, hier S. 7, 37 u. 8.

46 Heinrich Graetz, »Mein letztes Wort an Professor von Treitschke« (Dez. 1879), abgedr. in: ebd., S. 47–54, hier S. 51. Treitschke konnte sich vor allem auf den 11. Band von Graetz beziehen, der in einer für deutsche Juden eigentlich untypischen Weise tatsächlich nicht sehr deutschfreundlich geschrieben ist.

HANS-JÜRGEN LÜSEBRINK

Französische Geschichtsschreibung im 19. Jahrhundert – das Beispiel Michelet

1. Rezeptionshorizonte

Das geschichtswissenschaftliche Werk Jules Michelets hat seit knapp dreißig Jahren eine unvermutete Aktualität erfahren, die auf zwei eng miteinander verbundenen Rezeptionshorizonten beruht:

Zum einen ist der Rezeptionshorizont der französischen *Annales*-Schule der ersten und zweiten Generation zu erwähnen, unter denen sich insbesondere Lucien Febvre, Robert Mandrou und Emmanuel Le Roy Ladurie Michelets Werk widmeten. Febvres aus Vorlesungsnotizen hervorgegangenes Buch *Michelet et la Renaissance* (1942/1992) sowie verschiedene Aufsätze lassen erkennen, daß sein Interesse für Michelet insbesondere Fragen der sprachlich-fiktionalen Konstruktion von Epochenbegriffen und Epochenstrukturen, wie der ›Renaissance‹ und der ›Französischen Revolution‹, betraf. Robert Mandrou, ebenso wie Lucien Febvre schwerpunktmäßig an kultur- und mentalitätshistorischen Fragestellungen arbeitend, betonte in seinen Aufsätzen zu Michelet vor allem dessen Interesse an verdrängten und vernachlässigten Gegenstandsbereichen, die dieser aufgrund eines umfassenden kulturanthropologischen Erkenntnisinteresses in den Blick gerückt hätte: die Formen der Volkskultur und insbesondere der materiellen Kultur (u. a. Nahrungsmittel, Kleidung, Wohn- und Arbeitsformen); sodann die Beziehungen zwischen Volks- und Elitenkultur, die Michelet als eine grundlegende sozio-kulturelle Kluft neuzeitlicher Gesellschaften begriff; und schließlich die Geschichte des Verdrängten und Tabuisierten, die Michelet vor allem am Beispiel des Hexenwesens knapp hundert Jahre vor den auf diesem Gebiet in empirischer Hinsicht wegweisenden Arbeiten von Michel de Certeau und Mandrou als eine Geschichte der symbolischen Widerstandsformen beschrieb, in erster Linie in seinem Buch *La Sorcière*. Mandrou wies zugleich in seinem Aufsatz »Pourquoi relire ›Le Peuple‹« auf die für Michelets Diskurs charakteristische methodische Verknüpfung von historischen Langzeitstrukturen (im Bereich von Mentalitäten und kulturellen

Praktiken) und alltäglicher Ereignishaftigkeit hin. Dieses Vorgehen bezeichnete Mandrou als ein »agiles, sich immer in Bewegung befindliches Denken«, dessen Impetus es wiederzufinden gelte.[1]

Die Michelet-Lektüre Roland Barthes', eines der herausragenden Vertreter des literatur- und kulturwissenschaftlichen Strukturalismus im Frankreich der 1960er und 70er Jahre, setzte an den Metaphernnetzen seines Werkes an, die Barthes – im Sinne seiner semiotischen Zeichentheorie – als ›mythologische Strukturen‹ beschrieb. Barthes verdeutlichte insbesondere, daß in Michelets Werk Kohärenz im wesentlichen nicht durch kausale Verknüpfungen, sondern durch Metaphern und Metaphernnetze gestiftet werde: beispielsweise durch die Personalisierung kollektiver Identität in der Figur Frankreichs, die mythologisch überhöht und der eine Wesenhaftigkeit zugeschrieben werde; oder im Metaphernnetz des Blutes, das im Werk Michelets in ganz unterschiedlichen Formen, etwa in Gestalt der Dichotomien von Erstarrung und Wiedergeburt, von Geburt und Tod, erscheint. So beschreibt Michelet beispielsweise das Deutschland des 17. Jahrhunderts als einen »blutarmen, fahlen, unentschiedenen Körper, eine Welt im Geburtsstadium«, das Deutschland der Befreiungskriege und des Aufstiegs Preußens hingegen als »ein neues Deutschland voller Blutskraft, groß und fruchtbar, Gebärmutter und Gehirn Europas zugleich«.[2] Michelet sehe Geschichte, so Barthes' These, nicht als *Rekonstruktion* – eine Vorstellung, zu der etwa die Metapher des sich zusammensetzenden Puzzles passen würde –, sondern als einen *Körper*, den es zu erkunden und zu umarmen gelte. Historische Erkenntnis sei für ihn eng verknüpft mit sinnlicher Annäherung an den historischen Gegenstand, bei der mit der rationalen Erkenntnis die Emotion, das Pathos, die bildlich-sinnliche Vermittlung einhergehen.

2. Zur Literarizität des historischen Diskurses

Ausgehend von der These, daß eine »enge Parallelität« zwischen dem Gegenstand des historischen Romans und dem Geschichtswerk bestehe, hat Georg Iggers in seinem Beitrag im vorliegenden Band die historiographische Erzählweise u. a. Michelets mit dem Erzählmodus der großen realistischen Romane des 19. und beginnenden 20. Jahrhunderts verglichen. In ihnen werde die »narrative Darstellung eines chronologischen

Zusammenhanges, der durch individuelle menschliche Handlungen bestimmt [sei], in den Rahmen übergreifender historischer Kräfte« gestellt.

Michelets Darstellung der Ereignisse zu Beginn der Französischen Revolution mag dazu dienen, die spezifische Ausformung historischen Erzählens in seinem Werk in einem ersten Zugang zu erfassen. Seine Ereignisdarstellung ist erstens von drei dominierenden Metaphernnetzen durchzogen, mit denen die historische Entwicklung zwischen April und August 1789 erfaßt wird: den Metaphernnetzen des Sturms, der Flut, die unkontrollierbar über die Protagonisten hereinbricht, und des Gegensatzes von Schweigen und Wortergreifung. So heißt es beispielsweise im Vorspann des Bastille-Kapitels, in dem der Ereignisstrang der sozialen Revolution verknüpft wird mit den Ereignissen der Parlamentsrevolution und seiner parallel hierzu ablaufenden Dynamik: »Dies ist ein Ozean, der ansteigt; unendliche, tiefe Gründe, die aus dem Dunkel der Vergangenheit heraus wirksam werden, heben seine grollende Masse«[3] – eine Aussage, in der mit den Bildern des steigenden Ozeans und des untergründigen, an Lautstärke gewinnenden Grollens der revoltierenden Masse alle drei Metaphernnetze verknüpft werden. Doch statt die Existenz naturhafter, irrationaler Kräfte im historischen Prozeß postulieren zu wollen, zielen die drei Metaphernnetze bei näherem Hinsehen in erster Linie darauf ab, zentrale geschichtsphilosophische Aussagen Michelets zu veranschaulichen: zum einen das Postulat der Diskontinuität des Geschichtsverlaufs, mit dem für spezifische historische Konstellationen die Möglichkeit von Brüchen und Transformationen, die sich in ungeheurer Zeitbeschleunigung vollziehen, gedacht wird; sodann die Annahme untergründiger, längerfristig wirksamer Kontinuitätsphänomene (wie die Hungerrevolten und die symbolische Bedeutung des Brotpreises), die eruptiv in symptomatischen Ereignissen hervorbrächen; und schließlich die Aufmerksamkeit für die Strukturen von Öffentlichkeit, die Michelet als einen Prozeß des Kampfes um Machtpositionen und symbolische Gewalt im öffentlichen Raum beschreibt, bei der Phänomene wie der Wille zur öffentlichen Wortergreifung und Prozesse des Ausschlusses sozialer Gruppen eine herausragende Rolle spielen. Immer wieder kommt Michelet hierbei auf die grundlegenden soziokulturellen Trennlinien zwischen Schriftkundigen und Illiteraten zurück und sucht – vor allem mit Blick auf die illiterate Bevölkerungsmehrheit des revolutionären Frankreich – die kulturellen Ursprünge der Französischen Revolution nicht in der Verbreitung und Rezeption schriftlicher und gedruckter Werke der Aufklärungsbewegung, sondern in der mobilisierenden Wirkung kollektiv erlebter Soziabilitätsformen (Wahlversammlungen, Massenaufläufe, Parlamentsdebatten) und Symbolhandlungen (u. a. Hinrichtungsszenen).

Ein zweites Charakteristikum der historischen Erzählweise Michelets besteht in der Inszenierung eines nicht nur allwissend eingreifenden, sondern zugleich auch emotiv bewegten historiographischen Erzählsubjekts. Michelet setzte u. a. in seinem Werk *Le Peuple* die eigene historiographische Schreibweise einer »histoire vivante«, einer von der Emotivität des Erzählsubjekts getragenen Geschichtsschreibung, bewußt ab von der positivistischen Geschichtsschreibung (die er »Wissenschaft von den toten Tatsachen« nannte[4]) vor allem Volneys, des ersten Geschichtsprofessors an der Elitehochschule École Normale Supérieure, und der lediglich zeichentheoretisch (und nicht psychologisch und moralisch) ausgerichteten Geschichtsphilosophie Garats, des ersten Philosophieprofessors an der genannten, für Frankreichs Hochschul- und Universitätsentwicklung wegweisenden Institution. Kennzeichen der emotiv-subjektiven Erzählerfigur Michelets sind die gehäufte Verwendung von Interjektionen, elliptischen Satzkonstruktionen sowie von eingeschobenen Kommentaren, wie z. B. dem Satz: »Der Angriff auf die Bastille war keineswegs vernunftbestimmt. Dies war ein Glaubensakt.«[5]

Ein drittes Charakteristikum schließlich nähert Michelets Schreibweise an die Stilregister der spätaufklärerischen Historiographie (beispielsweise Raynals und Mablys)[6] an und betrifft das Phänomen der fingierten Mündlichkeit (bzw. des semioralen Stils), die bewußt und gezielt adressatenbezogen ist. Ausdrücke wie »je le répète« (»ich wiederhole es«), »on le devine assez par ce qui suivit« (»man erahnt es schon aus dem Folgenden«), an den als Zuhörer imaginierten Leser gerichtete Imperative wie »Mais courons à la Bastille« (»So laßt uns jetzt zur Bastille laufen«) sowie explizite Leseranreden (wie »vous auriez vu alors les visages bruns« – »Ihr / Sie hätten dann die braungebrannten Gesichter gesehen«) stellen Register der Leser- / Höreranrede dar, die häufig auf die Rhetorik pathetischer Rede zurückgreifen und darauf abzielen, dramatische Spannung zu erzeugen und den Leser aufzurühren.

3. Identitätsdiskurs und Historiographie – das Beispiel von *Le Peuple*

Michelets 1846 erschienenes Buch *Le Peuple*, das er dem Politiker und Philosophen Edgar Quinet widmete, ist im Gegensatz zu seinen diachronisch strukturierten Darstellungen der Geschichte Frankreichs oder der Geschichte der Französischen Revolution durch einen synchronischen Blick und einen grundlegend anthropologischen Ansatz gekennzeichnet. Im Zentrum der drei Teile des Buches, die sich nacheinander mit dem Zusammenhang von Landbesitz, Leibeigenschaft und Mentalitäten (I), der Verbindung von sozialer Schichtung und Nationalität (II) und schließlich den Konsequenzen sozialer Mobilität (III) beschäftigen, steht ein Begriff von kollektiver Identität, der von einem romantischen Volksbegriff geprägt ist: d. h. der Vorstellung, das eigentliche Wesen, die ›Identität‹ Frankreichs werde durch das einfache Volk – und vor allem das Bauerntum – verkörpert. Dem einfachen Volk werden mit der Emotivität (»puissances instinctives«) und dem Willen zur Tat jene Eigenschaften zugesprochen, die in den Augen Michelets die eigentlichen psycho-sozialen Wirkkräfte des historischen Prozesses darstellen. »Das Volk«, so die Schlußfolgerung des ersten Teils seines Buches, »denkt zweifelsohne nach, und häufig mehr als wir. Aber was es auszeichnet, dies sind nichtsdestotrotz die instinktiven Kräfte, die in gleicher Weise das Denken und das Handeln berühren. Der Mensch des Volkes ist vor allem ein Mensch des Instinktes und der Aktion.«[7]

Michelet betrachtet die beiden tiefgreifenden Wandlungsprozesse des 18. und 19. Jahrhunderts – die Französische Revolution und die Industrielle Revolution – konsequenterweise aus dem Blickwinkel einer Konzeption kollektiver Identität, in dessen Zentrum der skizzierte Volksbegriff steht. In diesem verbindet sich der demokratische Volksbegriff der frühen Phase der Französischen Revolution (etwa bei Sieyès) mit dem romantischen Volksbegriff eines Lamartine oder Victor Hugo, in dem mit »Peuple« auch die eigentliche Wesenhaftigkeit der Nation identifiziert wurde. Die Französische Revolution als die zweite große kulturelle, politische und soziale Umbruchperiode der Neuzeit sei, so Michelet, im wesentlichen eine Revolution des Volkes, der Bauern und städtischen Unterschichten, gewesen, in denen sich der gemeinsame Wille zum kollektiven Handeln manifestiert habe. Erst aus Michelets Blickwinkel einer Wiedergeburt Frankreichs im revolutionären Prozeß heraus erklärt sich seine zunächst paradox anmutende Betonung der Notwendigkeit nationaler Bildungsinstitutionen. Erst durch nationale Bildungsinstitutionen wie den 1793/94 eingeführten, aber erst während der Dritten Republik, um 1880, flächendeckend umgesetzten Primarschulen, den 1794/95 eingerichteten Écoles Centrales und der 1794 geschaffenen Elitehochschule École Polytechnique sei für alle französischen Staatsbürger die rationale Umsetzung jenes Elans emotionaler Zugehörigkeit zur Nation erfolgt, der in der Französischen Revolution eruptiv zum Ausbruch gelangt sei. Der nationale Geist, so Michelets These, sei am tiefsten verankert in jenen Volksschichten, die von der Industriellen Revolution und ihren Auswirkungen (soziale und geographische Mobilität, Durchsetzung von Handelskapitalismus und Lohnabhängigkeit) am wenigsten betroffen gewesen seien. Michelet drückt diese Zusammenhänge im achten Kapitel des ersten Teils von *Le Peuple* mit einem in seiner Dichte faszinierenden Netz von Licht-, Wärme- und Kältemetaphern aus. Frankreich vergleicht er hier mit einem der Erde verhafteten Wärmeherd, dessen Wirkungen in den unteren Erdschichtungen am intensivsten und in den Höhenschichten am geringsten seien. Hinsichtlich des Gefühls nationaler Zugehörigkeit sei es, so Michelet, ähnlich wie im Bereich der geologischen Formationen, wo sich die Wärme unten befände. In den unteren (geologischen ebenso wie sozialen) Schichten sei sie glühend heiß. Jene Sozialschichten hingegen, die durch die Industrielle Revolution einen steilen Aufstieg erlebt hätten – die Kaufleute und Industriellen – seien, so Michelet, dem »reinen Egoismus einer vaterlandslosen Rechenmaschine« verfallen und in ihrer Kälte und Gefühllosigkeit den Höhenregionen der Alpen vergleichbar.[8]

In Passagen wie der zitierten verwandelt sich die im allgemeinen eher zurückhaltende, allenfalls kommentierende Stimme des erzählenden Historikers unversehens in eine sinnlich-empfindende, körpervolle Subjektivität: in einen Wanderer, der die Sozialschichten im Frankreich der ersten Hälfte des 19. Jahrhunderts wie ein Gebirge durchwandert und ihr Zugehörigkeitsgefühl zur Nation als mehr oder minder intensiv strahlende Erdwärme geradezu körperlich zu fühlen vorgibt; oder – in einer anderen frappierenden Metapher – in einen Ruderer, der die Exploration des französischen 15., 16. und 17. Jahrhunderts mit einer Reise durch ungewisse Meeresgewässer vergleicht und hier unversehens auf die Metaphorik des Schwimmens und Ruderns zurückgreift.[9] Die nahezu surrealistisch anmutenden Metaphern des Ruderns und Schwimmens im Geschichtsfluß verweisen jedoch zugleich aus Michelets Sicht auf ein grundlegendes Quellenproblem: nämlich die Schwierigkeit, jene tiefgreifenden sozialen und anthropologischen Dimensionen des Geschichtsprozesses, die für seine Geschichtskonzeption zentral sind, für die zwei Jahrhunderte *vor* dem Ausbruch der Fronde – mit ihrer eruptiv hervorbrechenden Flut von Dokumenten und Pamphleten – quellenmäßig zu belegen.

Michelets Platz in der französischen Historiographie erscheint angesichts der skizzierten Konturen seines Werkes paradoxal und widersprüchlich. Sowohl Fernand Braudel als auch Georges Duby bezeichneten ihn in ihren Antrittsvorlesungen am Collège de France als einen Vorläufer der *Annales*-Schule, als den »Vater« und »Propheten der neuen Geschichtsschreibung«.[10] Pierre Nora, einer der herausragenden heutigen Vertreter der *Annales*-Schule, betonte seinerseits in einem Artikel über Michelet den Kontrast zwischen dem rationalistischen Wissenschaftsparadigma der *Annales* mit ihrem häufigen Rückgriff auf quantitative Methoden und dem »epischen Atem« (»souffle épique«) sowie der sehr literarischen und überzogenen Bildwelt (»fantasmagorie«) Michelets. Der These Noras, Michelet verdanke seinen Platz im Pantheon der *Annales*-Schule letztlich der Tatsache, daß die republikanische Rechte der Dritten Republik sein Werk als zu »revolutionär und soziologisch« (Maurras) *angegriffen* habe, steht das in gleicher Dezidiertheit formulierte Plädoyer Jacques Le Goffs für eine Anerkennung der genuinen *Modernität* Michelets entgegen.[11] Diese liege weniger im Erkenntnisertrag seiner Werke als in deren Schreibweise, weniger in ihrer Nähe zum historischen Handeln als in ihrer systematischen Offenheit für eine *andere* Geschichtsschreibung mit neuen Gegenstandsbereichen, polyphonen Stilregistern und Subjektivitätsformen. Vielleicht liege der spezifische Platz des Micheletschen Werks, so Le Goff, gerade in jener Gratwanderung zwischen romantischer Literatur und utopischem Diskurs, jenen zwei zugleich nahen und radikal unterschiedlichen Diskursformen, die Michelet selbst im Vorwort zu seiner Geschichte Frankreichs evozierte. Michelet beschreibt im Vorwort zu seiner *Histoire de France* beide als Sturzbäche, als »torrents«, die »anziehend« seien und seinen eigenen Weg als Historiker (»ma route«) gefährlich umschlössen. Eine andere Stelle des Vorwortes zeigt auf, wie sehr beide Diskursformen – auch aus der Sicht Michelets – seine eigene Schreibweise als Historiker geprägt haben. Dort heißt es nämlich: »Meine Fortschritte waren zwischen dem ersten und dritten Band enorm. Ich war vor allem Schriftsteller und Künstler gewesen. Nun wurde ich wirklich zum Historiker.«[12]

Michelets Bewußtsein, bei der Abfassung seiner Geschichte Frankreichs vom Schriftsteller und Künstler zum Historiker *geworden* zu sein, ist für seine zugleich singuläre und widersprüchliche Position symptomatisch: Diese gründete auf der Entwicklung eines nationalistischen Volksbegriffes, den Michelet auch in dem zitierten Vorwort explizit u. a. auf Grimm zurückführte und der die Utopie einer nationalen Schicksalsgemeinschaft einschloß. Zugleich ging die Loslösung von der Schriftsteller- und Künstlerrolle einher mit einer zunehmenden ›Literarisierung‹, einer Poetisierung und rhetorischen Aufladung seiner Schreibweise, die sich in der extensiven Verwendung von Methaphernnetzen, elliptischen Satzkonstruktionen und der Äußerung einer sich emotiv gebenden Subjektivität äußerte. Beides ermöglichte letztlich die Exploration neuer Formen von Geschichtsschreibung sowie eine erste systematische Annäherung an jenen Bereich der Historischen Anthropologie, für den Jacques Le Goff und Robert Mandrou den Begriff »Mentalitätsgeschichte« geprägt haben und als deren eigentlichen Begründer sie Michelet betrachten.

Anmerkungen

1 Robert Mandrou, »Pourquoi relire ›Le Peuple‹«, in: *L'Arc* 52 (1973), Themenheft »Michelet«, S. 50–53, hier S. 53.

2 Zitiert nach Roland Barthes, *Michelet* (1954), Neuausg. Paris 1975, S. 105.

3 Jules Michelet, *Histoire de la Révolution Française* (1847), Krit. Neuausg. Paris 1952, Bd. I, S. 87.

4 Jules Michelet, *Le Peuple* (1846), Neuausg. Paris 1974, S. 234: »science des faits morts«.

5 Michelet, *Révolution Française* (wie Anm. 3), Bd. I, S. 145.

6 Vgl. hierzu Hans-Jürgen Lüsebrink, »Subjektivität in der Geschichtsschreibung. Zur Modernisierung historiographischer Erzählweisen in der französischen Aufklärung«, in: Wolfgang Küttler/Jörn Rüsen/Ernst Schulin (Hg.), *Geschichtsdiskurs,* Bd. 2: *Anfänge modernen historischen Denkens,* Frankfurt/M. 1994, S. 249–266.

7 Michelet, *Le Peuple* (wie Anm. 4), S. 140.

8 Ebd., S. 141 f.

9 »Je rame en Louis XI. Je rame en Louis XIV. Je nage péniblement. Je rame vigoureusement dans Richelieu et la Fronde.« Zitiert nach Barthes, *Michelet* (wie Anm. 2), S. 20.

10 Zitiert nach Pierre Nora, »Le troisième homme«, in: *L'Arc* 52 (1973), Themenheft »Michelet«, S. 54–58, hier S. 54.

11 Jacques Le Goff, »L'histoire au-delà d'elle même«, in: *L'Arc* 52 (1973), Themenheft »Michelet«, S. 1–2 (Vorwort).

12 Hier zitiert nach dem Neuabdruck des Vorwortes durch Paul Villaneix: Jules Michelet, »L'héroïsme de l'esprit«, in: *L'Arc* 52 (1973), Themenheft »Michelet«, S. 3–17, hier S. 10.

V.
Geschichte und Bildung

FRITZ RINGER

Bildungs- und Geschichtstheorien in Frankreich und Deutschland im 19. Jahrhundert

Ich beginne meinen Beitrag mit einer zugestandenermaßen vereinfachten These über das, was man die *Bildungsrevolution*[1] nennen könnte. Damit meine ich vor allem die radikale Umwälzung der Gymnasial- und Universitätsausbildung in den deutschen Territorialstaaten während der Jahrzehnte um 1800. Fast wie die industrielle Revolution in England wurde diese Bildungsrevolution ein Muster, das in verschiedenen Varianten anschließend in anderen europäischen Ländern, einschließlich Frankreich ab den 70er Jahren des 19. Jahrhunderts, wiederkehrte. Ein wichtiges Element dieser Bildungsrevolution bestand in der Entstehung des sogenannten Forschungsimperativs. Die andere entscheidende Komponente war die Einführung auf Forschung basierender beruflicher Qualifikationen für Staatsdiener, zukünftige Oberschullehrer und endlich auch für die meisten anderen gelehrten Berufe.

Die Bedeutung dieser Bildungsreform für die europäische Sozial- und Geistesgeschichte ist nicht zu unterschätzen. In mehreren europäischen Ländern und besonders in Deutschland wurde die höhere Bildung fast ebenso wichtig wie Reichtum und wirtschaftliche Macht als Quelle des gesellschaftlichen Ranges – und insbesondere auch als Quelle des Selbstverständnisses und der Ideologie – der Mittelklasse. Zur Illustration wende ich mich den Theorien der Sekundar- und höheren Bildung zu, die in den europäischen Ländern und besonders in Deutschland und Frankreich im 19. Jahrhundert entstanden. Wie zu erwarten, ähneln sich diese Theorien in einem gewissen Grad, ebenso wie die pädagogische Praxis, die sie reflektierten. Aber die frühesten und philosophisch umfassendsten dieser Theorien wurden in Deutschland entwickelt, wo sich die Bildungsrevolution zuerst in den Jahrzehnten um 1800 ereignete, wo die gebildete Mittelschicht am schnellsten an sozialer Geltung gewann, eine kulturelle Führungsposition einnahm und diese am längsten bewahrte.

Die deutsche Theorie von *Bildung* oder »Kultivierung« im 19. Jahrhundert war weder einheitlich noch unveränderlich. Aber ich muß nochmals vereinfachen, indem ich mich hauptsächlich auf Wörterbuchdefinitionen und den Gebrauch dieser Begriffe um 1900 stütze, u. a. in einigen brillanten Aufsätzen von Georg Simmel.[2] *Bildung* verweist entsprechend diesen Quellen auf Kultivierung oder Selbstverwirklichung eines *einzigartigen Individuums*. Der Prozeß der Bildung findet ferner durch eine *geistige Beziehung* zwischen einem Lernenden und einem Kanon überlieferter Texte, typischerweise jene der klassischen Antike, statt, die als Verkörperung moralischer und kultureller *Werte* betrachtet wurden. In der einfachsten und ideologisch aufgeladensten Bedeutung von Bildung wurde die Beziehung des Schülers zum verehrten Text als eine totale *Identifikation* begriffen. Der Leser wurde eins mit dem Autor des Textes und damit in die Lage versetzt, die im Text verkörperten Werte zu *reproduzieren* und zu internalisieren.

In einer anspruchsvolleren Version der Theorie wurde die geistige Beziehung als eine *Interaktion* und nicht als eine subjektive Identifikation gefaßt. Der Schüler wurde als ein Akteur in diesem geistigen Prozeß verstanden; vielleicht begann er durch das Aufwerfen von *möglichen Lesearten*, die er dann empirisch testete, um zu erkennen, ob sie zum Verständnis des Textes beitrugen. In dieser komplexeren und interessanteren Version der Theorie war das Lernen nicht einfach die Übertragung geistig-moralischer Qualitäten vom Text an den Lernenden, sondern die *Erweckung* solcher Qualitäten *in ihm*, der so sein eigenes Bildungspotential realisierte. Aber wie immer man es sich auch im Detail vorstellte, Lernen bedeutete notwendigerweise Interpretation, und die Auffassung von einem irgendwie gearteten Einfühlen in den Text war so typisch, daß ich dieses Element in der Erziehungstheorie das *Prinzip des Einfühlens* genannt habe.

Der andere wesentliche Bestandteil der Theorie könnte das *Prinzip der Individualität* genannt werden, denn der sich selbst kultivierende Lernende wurde als absolut *einzigartig* angesehen, erfüllt von einem äußerst distinktiven, rein individuellen Potential für Bildung. Die deutsche Theorie von der Universitätsausbildung unterschied sich so radikal von einem in Frankreich häufig wiederkehrenden Verständnis von Bildung als »Sozialisierung« der jungen Generation im Lichte bereits etablierter soziokultureller Normen. Auch war Bildung nicht bloß die Entwicklung einer universellen Veranlagung zur Rationalität. Sie bedeutete die Kultivierung einer Gesamtpersönlichkeit, einer theoretisch unvergleichlichen Individualität. Diese Version hatte offensichtlich sowohl bestimmte Stärken als auch erhebliche Probleme, die hier leider nicht diskutiert werden können.

Ein traditioneller Historiker der Ideengeschichte würde die intellektuellen Quellen des Bildungsbegriffs untersuchen wollen und beispielsweise die Frage nach dem »Einfluß« des Neuhumanismus, der Romantik und/oder des nachkantianischen philosophischen Idealismus stellen. Aber vielleicht sollten diese Fragen umgedreht werden; vielleicht formte die deutsche Bildungstheorie, wie sie in jenen entscheidenden Dekaden um 1800 entstand, die deutsche Romantik und idealistische Philosophie? Oder etwas vorsichtiger formuliert: Wurden die Haltungen und Bestrebungen, die in der Theorie der Bildung zum Ausdruck kamen, *gleichzeitig* oder *versetzt* von Autoren ausgearbeitet, die wir Romantiker oder Idealisten nennen müssen, typischerweise ohne in der Lage zu sein, genau anzugeben, wo die Romantik endet und der Idealismus beginnt?

In jedem Fall erlaubt uns selbst eine flüchtige Skizze der Bildungstheorie, zentrale Aspekte der deutschen akademischen Kultur des 19. Jahrhunderts zu verstehen, einschließlich der grundlegenden metaphysischen Bindung an Bildung. In der Sprache des postkantianischen Idealismus existiert die Welt, so daß der menschliche Geist in ihrer Erkenntnis sein Potential realisieren kann. Auch solche wesentlichen menschlichen Institutionen wie der Staat bestehen nicht hauptsächlich, um den Interessen seiner Bürger nachzugehen, sondern um das Bestreben nach individueller Bildung und nationaler Kultur zu fördern. Darin lag die Theorie des *Kulturstaates*.

Gleichermaßen bedeutend war der Grad, in dem das *Prinzip der Individualität* die Denkgewohnheiten auch in Gegenstandsbereichen *außerhalb* seines Entstehungskontextes in der Bildungstheorie mitbeeinflußte. Die Bindung an Einzigartigkeit und Individualität begünstigte eher »romantische« Vorstellungen vom Wandel als teleologische Entfaltung präexistierender Möglichkeiten als die Konzeption der Umgruppierung wesensgleicher Elemente in der physikalischen Mechanik. In einem Essay aus dem Jahre 1923 charakterisierte Ernst Troeltsch das »Konzept der Individualität« als den Kern der deutschen romantischen Kritik am »ganzen westeuropäischen mathematisch-mechanischen Wissenschaftsgeist«:

»Nicht materielle und sozial gleichartige Atome und universale Naturgesetze, sondern jeweils verschieden-eigenartige Persönlichkeiten und individualisierende plastische Kräfte liegen der Wirklichkeit zugrunde ... nicht Vertrag oder zweckrationale Konstruktion schaffen von den Individuen her den Staat und die

Gesellschaft, sondern die von grundlegenden Individuen ausstrahlenden überpersönlichen geistigen Kräfte, der Volksgeist oder die religiös ästhetische Idee.«[3]

Liest man Troeltsch, so beginnt man zu verstehen, warum das dominante Paradigma der originalen Forschung oder *Wissenschaft* an den deutschen Universitäten vom späten 18. Jahrhundert an nicht durch die Naturwissenschaften geformt wurde, sondern – im weitesten Sinne gesprochen – durch die interpretativen Disziplinen. Hermeneutische, von der Theologie überkommene Modelle wurden auf die Philologie und letztlich auf die Geschichte übertragen. Die *Altertumswissenschaft* von Friedrich August Wolf war, wie Anthony LaVopa festgehalten hat, eine fast gegensätzliche Kombination exakter philologischer Gelehrsamkeit mit einer ideologischen Bindung an die griechische Kultur als Präventivmittel gegen ein enges Berufsmenschentum und Spezialisierung.[4] Wolfs Neuhumanismus zielte auf ein interpretatives Verständnis sowohl der griechischen Texte *als auch ihres kulturellen Kontextes,* nicht nur auf das Studium Roms oder der lateinischen Sprache.

Natürlich war es ein langer Weg von den neuhumanistischen Idealen Wolfs und anderer um 1800 bis zur endgültigen Durchsetzung eines überwiegend in Latein gehaltenen Unterrichts an den klassischen Gymnasien Ende des 19. Jahrhunderts. Tatsächlich vollzog sich, um mit Mannheim zu sprechen, ein langsamer Übergang von der Utopie zur Ideologie. Im Prinzip, wenn auch nicht tatsächlich, war Bildung um 1800 universell zugänglich; sie konnte somit als eine utopische Alternative zu sozialen Unterschieden gelten, die auf der Geburt beruhten. Aber ein Jahrhundert später war die Universitätsbildung selbst ein sozial differenzierendes Privileg geworden, und die kulturelle Elite bildete einen abgegrenzten Stand gegenüber weniger bevorzugten Gruppen, die nach sozialer Mobilität durch Bildung strebten.

Etwa von 1890 an bekundete eine große Mehrheit der deutschen Akademiker ein Krisenbewußtsein und eine pessimistische Prognose über die Zukunft der Bildungs- und kulturellen Traditionen, die sie repräsentierten.[5] Innerhalb des Bildungssystems konnte der Druck der wachsenden Zugangsraten per Altersgruppe als eine ernste Gefahr angesehen werden, ebenso wie der Beginn nichtklassischer Unterrichtsformen an den höheren Schulen. Während sich eine Mehrheit der deutschen akademischen Geistes- und Sozialwissenschaftler dem Öffnen der Universitäten für Absolventen der nichtklassischen Sekundarschulen um 1900 widersetzte, nahm eine dominante Gruppe zeitgenössischer französischer Kollegen interessanterweise eine entgegengesetzte Haltung ein.

Noch bemerkenswerter im Kontext dieser Überlegungen sind die Befürchtungen, die in deutschen akademischen Zirkeln nach 1890 über die Aussichten der Bildung selbst weithin ausgedrückt wurden. Viele waren sehr beunruhigt durch den Übergriff der Spezialisierung und des sogenannten »Positivismus« auf die umfassenderen Ziele, die anfänglich mit dem Begriff der Bildung verbunden waren. Diese Sorge wurde manchmal in der Behauptung ausgedrückt, daß *Wissenschaft* nicht mehr zu einer *Weltanschauung* führte.[6]

Wie ich an anderer Stelle ausgeführt habe, lehnte die orthodoxe Mehrheit der deutschen Akademiker rigoros jedes Zugeständnis an die störenden Kräfte ihrer Zeit ab. Statt dessen flüchteten sie vor dem »Materialismus« ihres Zeitalters, besonders dem der »Massen«, zu einem neuen, unklar definierten »Idealismus«. Einige von ihnen ermutigten letztlich irrationalistische Reaktionen gegen die scheinbar verarmten Normen der Wissenschaft und der Vernunft.

Dagegen unternahm eine kreative Minderheit, die ich frei »Modernisten« genannt habe, eine bewußt kritische Überprüfung ihrer Traditionen, einschließlich jener der Bildung, mit der Hoffnung eines ausgewählten »Übersetzens« ihrer wesentlichsten Teile in ein Idiom, das den veränderten Zeiten gerecht wurde. Ihre Arbeit des »Übersetzens« erwies sich natürlich als sehr fruchtbar. Ihre Resultate in den Werken von Gelehrten wie Georg Simmel, Ernst Troeltsch und Max Weber haben ihre vorbildliche Kraft bis heute bewahrt. Ich brauche nur die neoidealistische Erneuerung der Geisteswissenschaften zu erwähnen, die mit den Arbeiten Wilhelm Diltheys in den 80er Jahren des vorigen Jahrhunderts begann und die letztlich auch zu einer Überprüfung und Aufhellung der deutschen historischen Tradition führte.

Ohne zu versuchen, einen systematischen Überblick über die deutschen Geschichtstheorien in wenigen Absätzen herauszuarbeiten, möchte ich kurz zeigen, wie diese die Schlüsselelemente in der deutschen Vision von Bildung widerspiegelten. Natürlich muß ich damit bei Leopold von Ranke beginnen. Was Ranke hauptsächlich in seinen Aufsätzen über die Geschichte empfahl, abgesehen von einer rigorosen quellenkritischen Methodik, war eine Art von Vertiefung in die Vergangenheit, eine gemäßigte Variation des Prinzips des Einfühlens. Er befürwortete, »sich in jene Zeit, in den Sinn eines Mitlebenden« zurückzuversetzen.[7] Diese

Haltung könnte historistisch genannt werden, und sie klingt rundum vernünftig, solange man sie nicht so wörtlich nimmt, daß sie eine Identifikation zwischen dem Historiker und seinem Objekt impliziert.

Ganz im Sinne des Kulturstaates betrachtete Ranke Staaten als äußerliche Verkörperungen »geistiger Kräfte«, als »moralische Energien«, die nur durch das Mittel des »Einfühlens« zu verstehen waren.[8] Deswegen zog seine Geschichte der zwischenstaatlichen Beziehungen ihre Bedeutung aus den kulturellen Konflikten, die in dieser Weise zum Ausdruck kamen. Somit war Friedrich Meinecke eigentlich ein legitimer Erbe der Rankeschen Tradition. Nur die Geschichte der Gesellschaft und der »Zivilisation« im Sinne Voltaires interessierte Ranke nicht.

Gleichzeitig verteidigte Ranke beharrlich das Prinzip der Individualität. Er glaubte nicht nur, daß die großen Staatsmänner und hervorragenden Denker wahrhaftig *für* ihre Nation *standen*; er betrachtete die Staaten selbst als »Individualitäten« mit eigenen besonderen »Tendenzen«.[9] In der Tat bestand er wiederholt auf der Diskontinuität zwischen »dem Allgemeinen« und »dem Besonderen«.[10] Der Ausgangspunkt des Historikers, so stellte Ranke fest, ist »das eigentümlich geistige Dasein des individuellen Staates, sein Prinzip«.[11]

Ähnliche Anschauungen können in Johann Gustav Droysens Reflexionen über die Geschichte gefunden werden, deren Endfassung 1882 erschienen ist.[12] In ihnen wird zuerst explizit der Kontrast zwischen Erklärung und Verstehen herausgearbeitet. Droysen assoziierte das Verstehen mit intuitivem Einfühlen, aber auch mit der Rekonstruktion vergangener menschlicher Handlungen und Ideen aus den »Spuren«, die sie bis in die Zeit des Historikers hinterlassen haben. Wie Dilthey nach ihm, unterschied Droysen zwischen »inneren« menschlichen Prozessen und ihrem äußeren »Ausdruck«. Der Ausgangspunkt historischer Forschung, wie er sie verstand, ist unser Bedürfnis, sich in der menschlichen, »moralischen Welt« zu orientieren und eine sinnvolle Verbindung zwischen Vergangenheit und Zukunft zu finden. Droysen identifizierte auch den Staat mit transzendenten Zwecken, nicht mit dem Willen der individuellen Staatsbürger. Ganz im Sinne der neoidealistischen Bildungstheorie beschrieb er Geschichte als »das Bewußtwerden und Bewußtsein der Menschheit über sich selbst«.[13]

Einige seiner Ansichten entwickelte Droysen im Gegensatz zu der zweibändigen *History of Civilization in England* (1858/61) von Henry Thomas Buckle, der versuchte, die Geschichte nach dem Vorbild der Naturwissenschaften umzuwandeln.[14] Droysen kritisierte dieses Vorhaben scharf:

»Die naturwissenschaftliche Betrachtungsweise ... sieht in den Veränderungen, die sie beobachtet ... nur das im Wechsel Gleiche und Bleibende ... in dem individuellen Sein sieht und sucht sie nur entweder den Gattungsbegriff oder den Vermittler des Stoffwechsels ... so hat sie weder eine Stelle noch einen Ausdruck für den Zweckbegriff.«[15]

Diese Formulierungen erinnern an Troeltsch. Sie deuten auch an, wie sich das Problem des »Positivismus« für die deutschen Historiker Ende des 19. Jahrhunderts stellte.

Tatsächlich deutet wenig darauf hin, daß streng positivistische Theorien eine große Rolle im deutschen akademischen Denken im 19. Jahrhundert gespielt haben. Schüler Auguste Comtes und sich *bekennende* Positivisten gab es in der Tat kaum. Zwischen 1840 und 1880 könnten der Niedergang des philosophischen Idealismus und die zunehmend spezialisierte Forschung einen *unreflektierten* Szientismus gefördert haben. Vielleicht regten auch die Erfolge der experimentellen Psychologie reduktionistische Strategien eines bestimmten Typs an, die scheinbar auch die physische Anthropologie beeinflußten.[16] Aber für die breite Mehrheit der deutschen akademischen Geisteswissenschaftler und ganz sicher der Historiker bedeutete der »Positivismus« eine vage definierte Häresie, nicht eine methodologische Option, die man ernsthaft in Erwägung zu ziehen hatte.

Vor diesem Hintergrund können wir die erbitterte Debatte verstehen, die über Karl Lamprechts »Kulturgeschichte« in den 90er Jahren des letzten Jahrhunderts geführt worden ist.[17] Diese Kontroverse hat die Aufmerksamkeit heutiger Historiker wie Georg G. Iggers und Christian Simon geweckt, die sich fragen, ob sich die deutschen Historiker des späten 19. Jahrhunderts deutlich mehr als ihre französischen Kollegen der Bewegung von einer Politik- und Geistesgeschichte hin zu einer Sozial- und Kulturgeschichte widersetzt haben.[18] Bestürzend nachlässig im Umgang mit den Quellen, übernahm Lamprecht auch ein simplifizierendes Schema von sozio-psychologischen »Gesetzen« und Stadien der Entwicklung. So wurde er nicht nur als Dilettant, sondern auch als »Positivist« angegriffen. Er vernachlässigte die Interpretationsmodelle, die die deutsche historische Tradition weitgehend bestimmt hatten, insbesondere das Prinzip der Individualität. 1894 und 1902 wurde dieses Prinzip von Wilhelm Windelband und Heinrich Rickert erneut energisch formuliert und mit der Antithese der »nomothetischen« Verallgemeinerungen in den Naturwissenschaften und der »idiographischen« Repräsentation des Besonderen in den historischen und kulturellen Studien weiterentwickelt.[19]

In Frankreich fand die von mir beschriebene Erziehungsrevolution erst am Ende des 19. Jahrhunderts statt. Die wichtigsten Veränderungen vollzogen sich zwischen den späten 70er und den mittleren 80er Jahren. Die geisteswissenschaftlichen Fächer wurden am meisten von der Einführung regulärer Forschungsforderungen beeinflußt, einschließlich in der später so genannten Neuen Sorbonne. Zusammen mit der Umwälzung der Hochschulbildung erfolgte in der neu errichteten Republik eine substantielle Reorganisation der öffentlichen höheren Schulen. Letztlich führte diese zu einer Zulassung der Absolventen nichtklassischer Oberschulen zu den Universitäten. Diese Reformen des Sekundarschulwesens und der Universitäten wurden weitgehend als verwandte Elemente in einem sozial fortschrittlichen Unterfangen angesehen, das eine Allianz zwischen »Wissenschaft«, »Demokratie« und einer betont religionsfreien Republik festigte.[20]

Während der öffentlichen Debatten, die zur Reform des Sekundarlehrplanes führten, bat eine Parlamentskommission französische Akademiker und Experten darum, sich öffentlich zum französischen Bildungssystem zu äußern. Während eine Gruppe von Traditionalisten als Antwort darauf vorschlug, den Zugang zu den Universitäten auf Absolventen der klassischen Sekundarschulung zu beschränken, nahm eine Gruppe von Reformern eine entgegengesetzte Haltung ein. Diese Reformer kamen vor allem aus den naturwissenschaftlichen Fakultäten und den *facultés des lettres*, einschließlich der Sorbonne. Sie bevorzugten durchweg eine Institutionalisierung der Forschung in den Hochschulen und eine Reform des Lehrplanes für die höheren Schulen.[21]

Die Traditionalisten bezogen sich vor der Parlamentskommission zu einem Großteil auf das Ideal der *culture générale*, dem Gegenteil von spezialisierter Ausbildung, das unter den französischen Konzepten der deutschen *Bildung* am nächsten kam. Sie behaupteten, daß nur die klassischen Sprachen, vor allem Latein, eine wahrhaft allgemeine Bildung bieten konnten. Dabei lobten sie besonders die *formale* Vollkommenheit der klassischen Texte, ihre beispielhafte Klarheit, literarische Schönheit und rhetorische Kraft. Wenn sie sich auf die *Inhalte* der alten römischen

Literatur bezogen, betonten sie deren pädagogischen Nutzen. Solche wesentlich menschlichen Tugenden wie die Liebe zur Familie und zum Vaterland würden, so ihre Argumentation, durch die römischen Autoren auf eine Weise vermittelt, die sowohl *zeitlos* als auch besonders zugänglich für junge Franzosen wäre. Insgesamt verkörperte Rom die Mutter der für Frankreich charakteristischen lateinischen Zivilisation.[22]

Die Unterschiede zwischen dieser französischen Version der klassischen Pädagogik am Ende des 19. Jahrhunderts und dem Denken Friedrich August Wolfs sind kaum zu überschätzen. Zunächst identifizierten sich die deutschen Neuhumanisten des frühen 19. Jahrhunderts fast polemisch mit Griechenland und nicht mit Rom. Darüber hinaus idealisierten sie die gesamte Kultur, nicht nur die Sprache, weshalb sie auch *Altertumswissenschaft* betrieben, nicht griechische klassische Philologie allein und schon gar nicht eine Art literarischer oder rhetorischer Nachahmung. Vor allem suchten sie ein Verständnis der klassischen Quellen, das notwendigerweise ein Bewußtsein der *Distanz* zwischen den antiken Autoren und den zeitgenössischen Lesern mit sich brachte. Selbst das Identifikationsmodell von Interpretation in seiner mysteriösesten und problematischsten Form unterdrückte nicht so radikal diese Distanz wie der gleichzeitige Rekurs der französischen Traditionalisten auf den Mythos der Zeitlosigkeit einerseits und die Ideologie der »Latinität« andererseits.

Nicht überraschen kann daher die Gnadenlosigkeit der Attacken der französischen Reformer in den Jahren um 1900 auf den »Formalismus« der traditionellen Sekundarbildung, ihren »rein literarischen« oder »rhetorischen« Charakter. Immer wieder forderten sie eine Betonung des »positiven Wissens«. Der Einfluß Comtes war aber selbst in Frankreich weder so groß noch so klar in seinen Implikationen, wie einige Historiker zu glauben scheinen. Für die französischen Bildungsreformer definierte sich »positives Wissen« jedenfalls zunächst als Gegenbegriff zu einem »formalen« oder A-priori-Verstehen einerseits, zu rein »literarischen« oder »rhetorischen« Denkgewohnheiten andererseits.[23]

Die entschiedensten französischen Reformer assoziierten gern die traditionelle literarische Bildung mit der höfisch vornehmen Tradition des *honnête homme*, mit dem Ancien Régime und natürlich mit den Jesuiten. Die ganze Vorstellung von einem kultivierten Individuum als einem Kunstwerk war für einen Moralisten wie Emile Durkheim jedenfalls geradezu schockierend. In den Augen der Reformer war die neue Gesellschaft nicht nur demokratisch, sie hing auch von einer komplexen Arbeitsteilung ab. Wie der wissenschaftliche Fortschritt erforderte sie Spezialisierung, Kooperation und einen Sinn für Verpflichtungen gegenüber der Gruppe. So wurde die spezialisierte Forschung an der Neuen Sorbonne genau zu dem Zeitpunkt sehr gepriesen, als sie tiefe Befürchtungen in der deutschen akademischen Welt erweckte.[24]

Zu den bestimmtesten Kritikern der tradierten literarischen Ausbildung und den standhaftesten Verteidigern des neuen Forschungsethos gehörte eine Gruppe von Historikern: Alphonse Aulard, Ernest Lavisse und Charles Seignobos, die starke Unterstützung von dem berühmten Literaturhistoriker Gustave Lanson und dem jungen Germanisten Charles Andler erhielten. Zusammen verkörperte diese Gruppe genau das, was später der »Geist der Neuen Sorbonne« genannt wurde. Einer ihrer Beiträge zur Argumentation der Reformer bestand in der historistischen Taktik, die traditionelle Ausbildung mit überholten sozialen und politischen Zuständen zu assoziieren. Vielleicht wußten sie auch, daß, wenn die Klassizisten ihren Einfluß auf die Lehrpläne der höheren Schulen verlieren, sie unter den Erben eine prominente Stellung einnehmen würden. Aber sie waren auch ausnehmend gut ausgestattet, um die Schwächen der traditionalistischen Argumentation bloßzustellen.

Hier sei beispielsweise eine besonders wirkungsvolle Passage von Ernest Lavisse angeführt:

»Warum wurde mir (während meiner Sekundarschulzeit) niemals erklärt, daß der Geist eines Volkes sich in (seiner Sprache) ausdrückt... und daß seine Denkgewohnheiten die Art seines Handelns bestimmen... Ein Mißbrauch wurde zu unserem Nachteil betrieben mit der oberflächlichen und unvollständigen Wahrheit, daß der Mensch zu allen Zeiten und überall gleich ist. Uns wurde nicht dabei geholfen... uns Personen und Dinge früherer Zeiten vorzustellen ... Noch weniger ... wurden uns die Zivilisationen erklärt, von denen die Werke der Kunst repräsentative Denkmäler sind.«

In den Geschichtsstunden, so beschwerte sich Lavisse, wurden »verschiedene Fakten« präsentiert; aber sie vermittelten keinen Eindruck von »den Transformationen der Lebensformen noch von den Etappen auf dem Marsch der Menschheit auf uns zu«.[25] Es gab hier keine Spur von dem Problem des *Historismus*, das die deutschen Historiker Anfang des 20. Jahrhunderts so sehr beschäftigte, vielleicht weil sie zu buchstäblich an das Prinzip des Einfühlens glaubten. Die zuversichtliche Bemerkung von Lavisse über den »Marsch der Menschheit auf uns zu« mag naiv klingen; aber vielleicht signalisiert sie nur die unausweichliche Notwendigkeit, eine historische Interpretation vom Standpunkt der Gegenwart aus zu *beginnen*.

Aber noch interessanter ist Lavisse' feste Überzeugung von der *Distanz*, die uns von den klassischen Quellen trennt; dies war der hervorstechende Punkt seiner Attacke auf den Rekurs der Traditionalisten zu »zeitlosen« moralischen Ansichten und zur genetischen Identität der »Lateinischen Zivilisation«. Lavisse bestand einfach auf der *Differenz* zwischen der antiken Welt und der des modernen Frankreich. Aber er konstruierte diese Differenz nicht als eine hermeneutische oder rein philologische, denn seine Betonung lag weder auf der Distanz zwischen dem klassischen Autor und dem modernen Leser *als Individuen* noch auf der Ungleichheit zwischen ihren Sprachen allein. Statt dessen wandte er sich sofort den zwei unterschiedlichen Wegen des Denkens *und des Handelns* sowie den historischen Transformationen zu, die ganze »Zivilisationen« verändert haben. Er erklärte nicht nur, daß Texte von der falschen Unmittelbarkeit des »Ewigen« befreit werden mußten, sondern auch, daß sie nur als »repräsentative Monumente« einer »Lebensform« wahrhaft interessant wurden. Er wollte, daß sich Studenten die »Wörter *und Dinge*« der Vergangenheit vorstellen; sein Nachdruck ruhte mehr auf Typen der Praxis und auf so etwas wie Mentalitäten als auf dem psychologischen Individuum. Ähnlich betonte Lanson »Existenzbedingungen« und »Geistesverfassungen« als Elemente vergangener »Zivilisationen«.[26] Mehr wäre darüber zu sagen, auf welchem Weg das Konzept der »Zivilisation« in Frankreich seit dem 18. Jahrhundert so dominant wurde wie der Begriff »Kultur« in Deutschland. Jedenfalls umfaßte »Zivilisation« in Frankreich immer Institutionen und Praktiken ebenso wie Werte und Ideen.

Am Schluß möchte ich mich einem berühmten französischen Handbuch der historischen Methode, der 1898 von Langlois und Seignobos veröffentlichten *Introduction aux études historiques*, zuwenden, in dem Seignobos die innere Quellenkritik und die Konstruktion historischer Darstellungen behandelte.[27] Seignobos ist oft ein »Positivist« genannt worden; aber diese Bezeichnung kann durchaus in Frage gestellt werden. Während er versuchte, die Geschichte von der Durkheimschen Soziologie abzugrenzen, bestand Seignobos beispielsweise darauf, daß historischer Wandel nicht durch »abstrakte Gesetze« hervorgerufen wird, sondern durch Ursachen, die *notwendige* (nicht hinreichende) Voraussetzungen sind, und die unerwartete Konjunkturen, »Zufälle« sein können oder selbst »kleine Fakten« wie etwa die Form von Kleopatras Nase. Diese kühnen Vorschläge provozierten eine hitzige ablehnende Antwort von François Simiand, einem Durkheimschen Leser von John Stuart Mill und einem wirklich systematischen Positivisten.[28]

In einem anderen Kontext bestätigte Seignobos deutlich, daß die Historiker nur an jenen »Fakten« interessiert sind, die bedeutende Auswirkungen gehabt haben; dies zeigt hauptsächlich eine bestimmte *Gleichgültigkeit gegenüber den Problemen der Interpretation,* eine Gleichgültigkeit, die er mit Durkheim teilte und die seine Bezeichnung als »Positivist« rechtfertigen könnte. Die Aufgabe des Historikers, so Seignobos, besteht in der Rekonstruktion historischer »Fakten« aus den überlieferten Berichten über frühere Handlungen und Ereignisse. Aber er betrachtete die Überlieferung von Überzeugungen augenscheinlich als unmittelbarer – und damit unproblematischer – zugänglich als Berichte über andere Arten von »Fakten«. Hier trennte die Abwesenheit einer historistischen Tradition in Frankreich Seignobos von Droysen.

Als Ausgleich profitierte Seignobos erheblich von der Bindung der französischen Bildungsreformer an das vollständige Studium der »Zivilisationen«. Einige der Gründer und Schüler der sogenannten *Annales*-Schule haben Seignobos als einen altmodischen narrativen Historiker der »Könige und Schlachten« dargestellt. Vielleicht rechtfertigt seine historiographische *Praxis* teilweise oder vollständig diese Charakteristik. Aber wenn man tatsächlich sein Handbuch von 1901 liest, findet man Dinge, die von Sozialhistorikern des 20. Jahrhunderts, vielleicht sogar von *Annales*-Historikern geschrieben sein könnten. Um den Historikern behilflich zu sein, ihre Erkenntnisse in ein allgemeines Gesellschaftsmodell einzufügen, entwickelte er ein Schema, das ich hier nur teilweise reproduzieren kann:

I. *Materielle Bedingungen*

1. Bevölkerung: (physische) Anthropologie, Demographie;
2. Allgemeine materielle Umwelt: natürliche Umwelt (Geographie), künstliche Umwelt...

II. *Geistige Bedingungen ...*

III. *Willkürliche materielle Sitten*

1. Praxis des materiellen Lebens (Nahrung, Kleidung, Schmuck, Hygiene);

2. Praxis des privaten Lebens (Tagesablauf, Zeremonien, Unterhaltung, Reisen);
3. Wirtschaftspraxis, Produktion (Landwirtschaft, Bergbau, Industrie), Transportwesen, Austausch, Aneignung, Transfers und Verträge.

IV. *Soziale Institutionen*

1. Eigentumsordnung und Erbschaftsregeln;
2. Familie;
3. Bildung;
4. Soziale Klassen.

V. *Öffentliche Institutionen*

1. Rekrutierung und Organisation des Regierungspersonals
...offizielle Regierungsvorschriften, tatsächliche Arbeitsweise der Regierungsorgane...[29]

Der Begriff Geographie, so sollte ich hinzufügen, schloß bei Seignobos das Klima und die Bodenbedingungen mit ein, und er war auch von der »Humangeographie« von Vidal de la Blanche beeinflußt. Daneben kam er immer wieder auf die »typischen« oder sich wiederholenden Muster des Verhaltens, der Sitten, des alltäglichen Handelns und der »Gewohnheiten«, einschließlich der »geistigen Gewohnheiten«, zurück. Daher kann er – wie auch einige seiner Kollegen unter den französischen reformistischen Historikern der »Zivilisation« – wirklich als ein Vorläufer der französischen Konzeption von Geschichte betrachtet werden, die bis heute nachwirkt.

[Aus dem Englischen von Eckhardt Fuchs]

Anmerkungen

1 Dieser Aufsatz faßt Schlüsselargumente zusammen, die ausführlich entwickelt wurden in: Fritz Ringer, *Fields of Knowledge. French Academic Culture in Comparative Perspective, 1890–1920*, Cambridge, Mass. 1992. Teile, die Deutschland betreffen, stammen aus: ders., *The Decline of the German Mandarins*, Cambridge, Mass. 1969 (Neuaufl. 1990). Für den deutschen Nachweis der Zitate siehe die dt. Ausg.: *Die Gelehrten. Der Niedergang der deutschen Mandarine 1890–1933*, Stuttgart 1983.

2 Ebd., S. 95–97. Bei dem Wörterbuch handelt es sich um *Der große Brockhaus* (1928–35). Vgl. auch Georg Simmel, »Der Begriff und die Tragödie der Kultur«,

in: ders., *Philosophische Kultur. Gesammelte Essays*, Leipzig 1911, S. 245–277, bes. S. 248.

3 Ernst Troeltsch, »Naturrecht und Humanität in der Weltpolitik« (1923), zitiert nach: Ringer, *Die Gelehrten* (wie Anm. 1), S. 95.

4 Anthony J. LaVopa, »Specialists against Specialization: Hellenism as Professional Ideology in German Classical Studies«, in: Geoffrey Cocks/Konrad H. Jarausch (Hg.), *German Professions. 1800–1950*, New York 1990, S. 27–45.

5 Ringer, *Fields of Knowledge* (wie Anm. 1), S. 102–108, basiert teilweise auf ders., *The Decline* (wie Anm. 1), bes. S. 23–32, 48–51, 67–79, 109–117, 126–127 u. 274–293 für hier und nachfolgend.

6 Ringer, *Fields of Knowledge* (wie Anm. 1), S. 196–206, beruht zum Teil auf ders., *The Decline* (wie Anm. 1), S. 128–134, 144–149, 203–227, 234–282 u. 295–309.

7 Leopold von Ranke, *Die großen Mächte*, hg. v. Friedrich Meinecke, Leipzig o. J. [1916], S. 22.

8 Ebd., S. 60.

9 Leopold von Ranke, *Das politische Gespräch und andere Schriftchen zur Wissenschaftslehre*, hg. v. Erich Rothacker, Halle/Saale 1925, S. 25.

10 Ebd., S. 22.

11 Ebd., S. 19.

12 Johann Gustav Droysen, *Historik. Historisch-kritische Ausgabe*, hg. v. Peter Leyh, Bd. 1, Stuttgart 1977, S. 415–488, bes. S. 422–424 u. 464 für das Folgende.

13 Ebd., S. 335 f. u. 441–444.

14 Ebd., S. 451–469, bes. S. 461–466 u. 468.

15 Ebd., S. 467.

16 Woodruff D. Smith, *Politics and the Sciences of Culture in Germany, 1840–1920*, Oxford 1991, ist für diesen besonderen Gegenstand von Nutzen. Leider hält Smith einen kleinen Teil von Gelehrten für die Gesamtheit der deutschen intellektuellen Welt.

17 Neu und detailliert über Lamprecht und die Kontroverse siehe Roger Chickering, *Karl Lamprecht. A German Academic Life (1856–1915)*, Atlantic Highlands, N. J. 1993; vgl. auch Ringer, *The Decline* (wie Anm. 1), S. 142–151, 302–304 u. 316–334.

18 Georg G. Iggers, »Geschichtswissenschaft in Deutschland und Frankreich 1880 bis 1918 und die Rolle der Sozialgeschichte«, in: Jürgen Kocka/Ute Frevert (Hg.), *Bürgertum im 19. Jahrhundert: Deutschland im europäischen Vergleich*, Bd. 3, München 1988, S. 175–199; Christian Simon, *Staat und Geschichtswissenschaft in Deutschland und Frankreich 1871–1914*, Bern 1988, und meine Rezension dieses Buches in: *History and Theory* XX (1990), S. 95–106; vgl. auch Ringer, *Fields of Knowledge* (wie Anm. 1), S. 258–264.

19 Wilhelm Windelband, »Geschichte und Naturwissenschaft«, in: ders., *Präludien*, Bd. 2, Tübingen 1924, S. 136–160; Heinrich Rickert, *Die Grenzen der naturwissenschaftlichen Begriffsbildung*, Tübingen 1902.

20 Ringer, *Fields of Knowledge* (wie Anm. 1), S. 114–127.

21 France, Chambre des Députés, Session de 1899, Commission de l'Enseignement (pres. Ribot), *Enquête sur l'enseignement secondaire: Procès verbaux des dé-*

poitions, Bde. I-II, Paris 1899; Ringer, *Fields of Knowledge* (wie Anm. 1), S. 141 u. 160.

22 Ebd., S. 141–160.

23 Ebd., S. 160–176 u. 225–237 dazu und für das Folgende.

24 Zu Durkheims Auffassungen von Bildung vgl. ebd., S. 282–299; zu Gustave Lanson über Wissenschaft, Demokratie und Solidarität siehe S. 183–186.

25 Ebd., S. 177–189, bes. S. 177 f. u. 187 f. für die Argumentation des Historikers. Die Passage von Lavisse, die auf S. 177 f. zitiert wird, ist aus: Ernest Lavisse, »Souvenirs d'une éducation manquée«, in: ders. u.a., *L'Éducation de la démocratie,* Paris 1903, S. 3 f., 10, bes. 5–8.

26 Ringer, *Fields of Knowledge* (wie Anm. 1), S. 188, zitiert Gustave Lanson, *L'Université et la société moderne,* Paris 1902, S. 118–120.

27 Charles-Victor Langlois/Charles Seignobos, *Introduction aux études historiques,* Paris 1898; Charles Seignobos, *La méthode historique appliquée aux sciences sociales,* Paris 1901; Ringer, *Fields of Knowledge* (wie Anm. 1), S. 265–276 für hier und das Folgende.

28 Ebd., S. 278–282, einschließlich François Simiand, »Méthode historique et science sociale«, in: *Revue de synthèse historique* 6 (1903), S. 1–22 u. 129–157.

29 Seignobos, *La méthode historique* (wie Anm. 27), S. 138–140.

WILFRIED NIPPEL

Philologenstreit und Schulpolitik. Zur Kontroverse zwischen Gottfried Hermann und August Böckh

Der mit den Namen Gottfried Hermann (1772–1848) und August Böckh (1785–1867) verbundene Streit zwischen »Wort«- und »Sachphilologie« ist ein bekannter Vorgang aus der Geschichte der Altertumswissenschaft in der ersten Hälfte des 19. Jahrhunderts.[1] Die folgenden Bemerkungen gründen nicht auf neuem Material; sie können auch nicht mit umstürzenden Einsichten aufwarten; es geht nur darum hervorzuheben, wie sehr der innerwissenschaftliche Richtungsstreit und namentlich seine Beilegung mit bildungs- und kulturpolitischen Erwägungen verbunden war.[2]

Am Ende seiner Rede zur Eröffnung der »11. Versammlung deutscher Philologen, Schulmänner und Orientalisten« in Berlin am 30. September 1850 gedachte August Böckh des am 31. 12. 1848 verstorbenen »edlen Gottfried Hermanns« als eines »großen Haupts der Wissenschaft«[3]; auf der vorausgegangenen Versammlung in Jena 1846 hatte man Böckh und Hermann »freundlich miteinander verkehren sehen«[4]; dies war von den Teilnehmern aufmerksam beobachtet worden, denn beide hatten sich, wie Böckh es 1825 ausdrückte, lange Zeit in »dem sonderbaren Verhältniß einer durch wechselseitige Befehdungen unterhaltenen Freundschaft« befunden.[5]

Diese Befehdungen hatten Mitte der 1820er Jahre ihren Höhepunkt erreicht anläßlich Hermanns vernichtender Kritik am ersten Faszikel des von Böckh (im Alleingang) besorgten *Corpus Inscriptionum Graecarum* (1825; der 1. Band lag 1828 abgeschlossen vor). Kritik, Antikritik, Anti-Antikritik hatten zu spiralförmigen Polemiken geführt; die großen Matadore wurden unterstützt von den Schützen aus dem zweiten Glied; die Kontroversen wurden auf weitere Gegenstände erstreckt; man schlug wechselseitig auf alles ein, was jeweils dem gegnerischen Lager zugehörig schien[6], und versuchte in Zeitschriften und Rezensionsorganen Positionen zu besetzen.[7] Die Sprachphilologen der Hermannschen Schule bekämpften nicht nur Böckh, sondern auch dessen Protegé Karl Otfried Müller[8]; Hermann hatte früher schon heftige Kontroversen mit Creuzer und Welcker ausgetragen[9]; aus seinem »Lager« waren auch Niebuhr[10] und Droysen (nach dem Erscheinen des Alexanderbuches 1833)[11] angegriffen worden.

Den offenen wechselseitigen Angriffen der 1820er und 1830er Jahre waren zuvor eine Reihe von verdeckten Angriffen vorausgegangen; so hatte Böckh schon im Vorwort zu seiner *Staatshaushaltung der Athener* 1817 ohne Nennung von Namen polemisiert gegen die »Masse der Alterthumsgelehrten, [die sich]... in einer an sich keinesweges verächtlichen, aber meist auf das Geringfügigste gerichteten Sprachforschung und kaum mehr Wort- sondern Silben- und Buchstabenkritik selbstgenügsam gefällt, bei welcher die ächten Philologen früherer Jahrhunderte ihre Beruhigung nicht gefunden hatten und wodurch diejenigen, die ihrem Namen zufolge des Eratosthenes Nachfolger, im Besitz der ausgebreitetsten Kunde sein sollten, in der Form untergehend zu vornehmen Grammatisten einschrumpfen, und unsere Wissenschaft dem Leben und dem jetzigen Standpunkte der Gelehrsamkeit immer mehr entfremden.«[12]

Auch wenn man angesichts eines heutzutage meist lauen Rezensionsbetriebs die deutliche Aussprache erfrischend finden mag, so fällt es doch schwer, Umfang und Schärfe der Polemiken heute nachzuvollziehen; dies um so mehr, als seiten- bzw. broschürenlanger Streit um Punkte ging, die bei aller Liebe zum philologischen und historischen Detail doch aus der Distanz als Petitessen erscheinen müssen. Daß aus der Detailkritik dann jedoch unverblümt abgeleitet wurde, die einen (Böckh und Konsorten) hätten nur mangelhafte Griechisch-Kenntnisse[13], die anderen (Hermann & Co.) keine Ahnung von den Realien der antiken Welt[14], zeigt, daß dahinter ein wissenschaftlicher Grundsatzstreit stand.

Böckh und sein Mitstreiter Karl Otfried Müller standen für ein Konzept von Philologie, bei dem »in Bezug auf ein bestimmtes Volk in einem verhältnismäßig abgeschlossenen Zeitalter die geschichtlich wissenschaftliche Erkenntnis der gesamten Tätigkeit, des ganzen Lebens und Wirkens des Volkes« erfaßt werden sollte[15]; Böckh hatte seine *Staatshaushaltung*, Müller seine Darstellung griechischer Stämme jeweils als Vorstudien zu einer »Gesamtgeschichte des Hellenischen Volkes« verstanden, in der (so Müller) »Mythologie, Kunstgeschichte, Antiquitäten und alte Geschichte« in einer neuen Einheit zusammenzufassen seien.[16] Beide schlossen an Wolfs Konzept einer Altertumswissenschaft an, nur daß sich die immer wieder betonte Wissenschaftlichkeit in ihren Augen darin auswies, daß man nicht wie Wolf bei einer Addition von zwei Dutzend Einzeldisziplinen stehenbleiben dürfe.[17] Bei Böckh war die Distanzierung bzw. Weiterentwicklung von Wolf mit einer grundsätzlichen hermeneutischen Theorie der »begriffsmäßigen Erkenntnis« verbunden; man muß aber sagen, daß dies Zeit- und Zunftgenossen nicht unbedingt klargewesen sein muß, da seine regelmäßig gehaltenen Vorlesungen zur »Encyclopädie der Philologie« erst postum 1877 publiziert worden sind.[18]

Hinsichtlich der Gegenstände der Forschung wie des Genres der Darstellung stehen Böckh wie Müller für die das 19. Jahrhundert durchziehende Forderung nach der Verwissenschaftlichung der »Antiquitäten« im Sinne einer Überwindung geistloser Kompilationen zugunsten einer Systematisierung der Realien unter expliziten Gesichtspunkten.[19] Böckhs Hörer Jacob Burckhardt hat dies später auf seine Weise in der *Griechischen Kulturgeschichte* umgesetzt.

Diese Forderung nach Verwissenschaftlichung war verbunden mit einer deutlichen Absage an eine Idealisierung des Griechentums; Böckh[20] wie später Burckhardt, schließlich sogar Max Weber variierten das Thema von der fehlenden individuellen Freiheit bei den Alten und schlossen damit an eine unmittelbar nach der Französischen Revolution einsetzende, von Benjamin Constant und Fustel de Coulanges fortgesetzte Kritik an, die die politischen Strukturen der Antike in Parallele zum revolutionären Terror gesetzt hatte.[21]

Von daher mußte man sich der Frage stellen, wie man denn den Vorrang der klassischen Studien noch begründen könne. Böckh hat verschiedentlich – so auch in der Rede von 1850 – festgestellt, daß sich eine Exklusivität im Verhältnis zu den in der Zwischenzeit herausgebildeten eigenständigen (sowohl orientalischen wie neusprachlichen) Philologien grundsätzlich nicht begründen lasse; der relative Vorzug der »klassischen Philologie« – der Begriff begegnet bei verschiedenen Autoren seit den 1830er Jahren – folgt für ihn aus der Bedeutung der griechisch-römischen Antike für die Entwicklung der europäischen Kultur, namentlich aus der theoretischen und begrifflichen Grundlegung jeder Wissenschaft.[22]

Gottfried Hermann stand demgegenüber für eine Philologie, deren Hauptgegenstände Textkritik, Grammatik, Metrik sein müßten, da die Zeugnisse aus der Antike eben in sprachlicher Form überliefert seien. Er verstand sich als Fortsetzer einer Philologie à la Richard Bentley (1662–1742), den er (wie schon sein Lehrer Reiz) als das große Vorbild ansah.[23] In der Tat steht er aus heutiger Sicht für ein älteres Modell von

Textkritik, denn seine Konjekturen – von denen allerdings bemerkenswert viele überlebt haben – gründeten wesentlich in seinem Sprachgefühl und noch nicht in der Analyse der Manuskript-Überlieferung, wie sie Lachmann einführen sollte.[24] Auch für Hermann stand fest, daß die Zeit einer Antike-Imitation unwiderruflich dahin war. Gerade daraus folgte für ihn aber der Vorrang seines Konzepts einer auf die formale, sprachliche Seite konzentrierten Philologie. An die Adresse der Sachphilologen heißt das: »Was ist denn der Nutzen derjenigen Sachen, deren Kenntniß den Philologen machen soll? Es kann kaum ein anderer als ein materieller gedacht werden. Aber sollte denn jemand die Staatseinrichtungen, die Religionen, das Privattreiben des Alterthums bey uns einführen wollen?«[25] Für Hermann ging es um die formale Bildung, die die Beschäftigung mit den alten Sprachen als »Muster der Bildung und des Geschmacks« vermittelte[26]; entsprechend stand in seinem Leipziger Seminar die Übung in der lateinischen Disputation im Vordergrund; ihm gegenüber als Professor der Eloquenz mußten sich im übrigen die Angehörigen aller Fakultäten in einer lateinischen Disputation behaupten, wenn sie die venia legendi erlangen wollten.[27]

Auch wenn beide Seiten konzedierten, daß sich Sach- und Sprachkenntnis letztlich ergänzen müßten, so lagen doch, wie Böckh 1827 feststellte, die »Ansichten von Alterthum und Philologie zu weit auseinander..., als daß Verständigung unter uns möglich schiene«.[28] Um so deutlicher kontrastiert damit, wie sich die deutsche Philologie im 19. Jahrhundert ein Bild ihrer Entwicklung zurechtlegte, in der der einst mit größter Heftigkeit ausgetragene Konflikt möglichst minimiert werden sollte. Biographische Darstellungen von Hermann durch Otto Jahn (1849)[29], Karl Friedrich Ameis (1850)[30], Hermann Koechly (1874)[31] nahmen Hermann gegen den Vorwurf der Einseitigkeit in Schutz und neigten dazu, den Konflikt mit Böckh höchstens in Andeutungen zu erwähnen. In wissenschaftsgeschichtlichen Rückblicken zeigte sich zunehmend die Tendenz, die Böckhsche wie die Hermannsche Position als gleichermaßen legitime Abkömmlinge der Wolfschen Altertumswissenschaft erscheinen zu lassen[32]; dazu gehörte dann auch, Hermann die Vorläuferrolle für die Lachmannsche Methode der Textkritik zuzuschreiben.[33]

Die Böckh-Biographie von Max Hoffmann (1901) läßt in ihrem knappen Abschnitt über den Streit zwar keinen Zweifel daran, daß sich Böckhs Position durchgesetzt habe, schließt aber mit den von mir eingangs erwähnten Zeugnissen für die Versöhnung der beiden Kontrahenten.[34] Dahinter stand zweifellos mehr als die Bereitschaft der Kontrahenten, über ihren Schatten zu springen, bzw. die Pietät der Späteren gegenüber den verewigten Meistern.

Hoffmann spricht auch davon, daß seit den späten 1830er Jahren in der Philologenwelt »das Friedensbedürfnis« überwogen habe.[35] Dies zeigte sich vor allem in den Initiativen zur Gründung von Philologenversammlungen; nach der Gründung des »Vereins Deutscher Philologen und Schulmänner« 1837 fanden im Abstand von ein oder zwei Jahren Tagungen statt.[36] Ein wesentliches Ziel der Verbandsgründung war gewesen, die verschiedenen philologischen Schulen miteinander zu versöhnen. Treibende Kraft war der bayrische Kultuspolitiker Friedrich Thiersch, ein Schüler Hermanns[37], der zugleich in freundschaftlichen Kontakten zu Böckh stand. Thiersch hatte in seinen Briefen keine Bedenken, sowohl Hermann wie Böckh zu attestieren, jeweils die einzig richtige Auffassung von Philologie zu vertreten. Dem gemeinsamen Auftritt Böckhs und Hermanns 1846 gingen getrennte, augenscheinlich von Thiersch arrangierte, Einzelauftritte Hermanns (1840 und 1844) und Böckhs (1845) voraus, wobei die Koryphäen jeweils durch überschwengliche Grußadressen geehrt wurden.[38] In Vorbereitung der Verbandsgründung hatte Thiersch an Hermann geschrieben: »Die vorzüglichste Absicht ist, die Philologen der verschiedenen Sparten und Schulen in möglichster Zahl zu einander zu bringen ... Denn am Ende streben wir doch nach demselben Ziele, und Verständigung über die rechten Wege ist, wie mir scheint, so leicht, wie Einigung unserer Wissenschaft und der in ihr Arbeitenden gegenüber den uns allen gleich gefährlichen Feinden des stets wachsenden Industrialismus und Materialismus nöthiger thut denn je«.[39]

Es ging um den Schulterschluß von Universitäts- wie Gymnasialphilologen aller philologischen Couleurs gegen eine Zurückdrängung der »klassischen« zugunsten einer »realistischen« Bildung. Von daher formulierte man als Vereinszweck, »das Studium der Philologie in der Art zu befördern, daß es die Sprachen (Grammatik, Kritik, Metrik) und die Sachen (den in den schriftlichen und artistischen Denkmälern niedergelegten Inhalt) mit gleicher Genauigkeit und Gründlichkeit umfaßt«; in der Neuformulierung von 1850 wurden die erläuternden Zusätze zu Sprachen und Sachen, die zu sehr an den ursprünglichen Konflikt erinnern mochten, schließlich weggelassen.[40] Wenn es gar nicht mehr in erster Linie um Gegenstände und Methoden der Forschung, sondern um die Stellung der klassischen Sprachen im Schulunterricht ging, waren die alten Konflikte obsolet geworden.[41]

In seiner Rede von 1850 wendete sich Böckh explizit gegen die der Philologie feindselige »Barbarei«: »Als die gefährlichen Träger dieser feindseligen Elemente dürfen wir nicht sowohl den großen Haufen der völlig ungebildeten und unwissenschaftlichen ansehen ... als vielmehr die keineswegs talentlosen und sogar sehr beredten Halbwisser und Halbgelehrten, welche ... es sich zum Geschäfte machen, die Beziehungen der Wissenschaft auf den Staat, das Volksleben, den sogenannten Geist der Zeit und seine Erfordernisse und Bedürfnisse je nach ihrer eigenthümlichen Richtung festzustellen, um danach den Werth oder Unwerth der Wissenschaften zu messen; zwitterhafte Wesen zwischen Gelehrten und Politikern, erfüllt von dem Drange das ganze Leben der Menschheit umzugestalten und eine neue Bildung auf neuen Grundlagen aufzubauen.«

Böckh fährt fort, daß es weitere Angriffe von einer ganz anderen Seite gebe, die nämlich behaupte, »daß das Studium des klassischen Alterthums dem Christenthume Eintrag thue«.[42] Das bezog sich offensichtlich auf in den 1840er Jahren von reaktionären Kreisen in Preußen lancierte publizistische Angriffe, die Universitäten wie Gymnasien Zersetzung von Staat und Kirche vorwarfen[43]; dahinter konnte man auch Bestrebungen vermuten, die Zuständigkeit der Philosophischen Fakultät für die Lehrerausbildung wieder zugunsten der Theologischen Fakultät zurückzunehmen[44]; während übrigens etwa gleichzeitig im württembergischen Tübingen die Herauslösung aus der Theologischen Fakultät gerade durchgesetzt wurde.[45] Zu den Reaktionen, die das Aufwerfen eines Gegensatzes zwischen christlicher Erziehung und klassischer Bildung auch außerhalb Preußens hervorrief, gehörten unter anderem auch zurückweisende Stellungnahmen von Thiersch[46] und Gottfried Hermann[47].

Die Beilegung des Streits der Philologenschulen paßt zum Gesamtbild des Verhältnisses von Methodenstreit und Bildungspolitik. In der reichen programmatischen Literatur von deutschen klassischen Philologen des 19. und 20. Jahrhunderts lassen sich selten Ausführungen finden, die nicht auf die eine oder andere Weise durch die bildungspolitischen Entwicklungen bestimmt worden sind. Es ging immer wieder darum, das durch die Gymnasial- und Universitätsreform des 19. Jahrhunderts gewonnene Terrain zu verteidigen bzw. nach einer Serie von

Frontbegradigungen und geordneten Rückzügen wenigstens die Sicherung einiger das Überleben garantierender Nischen zu erreichen.[48]

Anmerkungen

1 Vgl. nur Ernst Vogt, »Der Methodenstreit zwischen Hermann und Böckh und seine Bedeutung für die Geschichte der Philologie«, in: Hellmut Flashar/Karlfried Gründer/Axel Horstmann (Hg.), *Philologie und Hermeneutik im 19. Jahrhundert*, Göttingen 1979, S. 103–121 (mit den Nachweisen der Kontroversliteratur).

2 Besonders anregend in diesem Sinne ist Cornelia Lehmann, *Die Auseinandersetzung zwischen Wort- und Sachphilologie in der deutschen klassischen Altertumswissenschaft des 19. Jahrhunderts*, Diss. (masch.) Humboldt-Universität Berlin 1964.

3 August Böckh, »Rede zur Eröffnung der elften Versammlung Deutscher Philologen, Schulmänner und Orientalisten, gehalten zu Berlin am 30. September 1850«, in: *August Boeckh's Gesammelte Kleine Schriften*, Bd. 2: *Reden*, hg. v. Ferdinand Ascherson, Leipzig 1859, S. 183–199; wieder abgedruckt in: Wilfried Nippel (Hg.), *Über das Studium der Alten Geschichte*, München 1993, S. 148–160, hier S. 160.

4 Max Hoffmann, *August Böckh. Lebensbeschreibung und Auswahl aus seinem wissenschaftlichen Briefwechsel*, Leipzig 1901, S. 61.

5 »Antikritik« (1825), in: *August Boeckh's Gesammelte Kleine Schriften*, Bd. 7: *Kritiken*, hg. v. Ferdinand Ascherson u. Paul Eichholtz, Leipzig 1872, S. 255–261, hier S. 255.

6 Gottfried Hermann, *Über Herrn Professor Böckhs Behandlung der griechischen Inschriften*, Leipzig 1826, enthält: ein Vorwort Hermanns, seine Rezension von CIG Fasc. 1, Böckhs Antikritik, Erklärung Hermanns dazu, M. H. E. Meyers (Böckh-Schüler) Analyse der Hermannschen Rezension, die Hermann wiederum in Anmerkungen kommentiert. Zum weiteren Fortgang siehe die Nachweise bei Hoffmann, *Böckh* (wie Anm. 4), S. 57–60.

7 Böckh hatte ursprünglich neben Niebuhr zu den Herausgebern des *Rheinischen Museums* (1826 gegründet) zählen sollen, das den »vor Hoffahrt toll gewordenen Leipzigern die Spize bieten« sollte (Niebuhr an Böckh; abgedruckt bei Hoffmann, *Böckh* [wie Anm. 4], S. 218); im 1. Bd. (1827) wurde auch Böckhs Abhandlung »Über die Logisten und Euthynen der Athener, mit einem Vorwort und einem Anhang« publiziert (wieder in: *Boeckh's Kleine Schriften*, Bd. 7 [wie Anm. 5], S. 262–328). Böckh wurde jedoch von Niebuhr (wegen vermeintlichen Überlaufens zu den Hegelianern) wieder ausgebootet, als er, um eine weitere Gegenposition gegen Hermann besetzen zu können, eine Mitarbeit an den *Berliner Jahrbüchern* aufnahm; vgl. Hoffmann, *Böckh* (wie Anm. 4), S. 79, und den ebd., S. 218–228, abgedruckten Briefwechsel mit Niebuhr.

8 Müller antwortete auf die Kritik an seinen *Doriern* (wie unten Anm. 16) mit den *Prolegomena zu einer wissenschaftlichen Mythologie. Mit einer antikritischen Zugabe*, Göttingen 1825. – In der Korrespondenz Böckh-Müller wird besonders in den Jahren 1825–27 immer wieder die gemeinsame Reaktion auf Hermann erörtert; *Briefwechsel zwischen August Boeckh und Karl Otfried Müller*, Leipzig 1883.

9 Siehe die Nachweise bei Ernst Günther Schmidt, »Gottfried Hermann«, in: William M. Calder III/Ward W. Briggs (Hg.), *Classical Scholarship. A Biographical Encyclopedia*, New York 1990, S. 160–175, hier S. 167f.

10 Gerrit Walther, *Niebuhrs Forschung* (*Frankfurter historische Abhandlungen*, Bd. 35), Stuttgart 1993, S. 528–531.

11 Christine Wagner, *Die Entwicklung Johann Gustav Droysens als Althistoriker*, Bonn 1991, S. 126.

12 August Böckh, *Die Staatshaushaltung der Athener*, 3. Aufl., hg. v. Max Fränkel, Berlin 1886, S. XIX; auch abgedruckt in: Nippel, *Studium* (wie Anm. 3), S. 106.

13 Hermann, *Böckhs Behandlung* (wie Anm. 6), S. 5 u. 18f.; ders., »Recension einer Antikritik und zweyer Recensionen des Herrn K. O. Müller«, in: *Opuscula*, Bd. 7, Leipzig 1839, S. 26.

14 Böckh, »Antikritik« (wie Anm. 5), S. 256f.; ders., »Logisten« (wie Anm. 7), S. 268.

15 Böckh, »Logisten« (wie Anm. 7), S. 264.

16 Siehe schon den Brief an C. A. Böttiger vom 23.12.1819, in: Karl Otfried Müller, *Briefe aus einem Gelehrtenleben 1797–1840*, hg. v. Siegfried Reiter, Berlin 1950, S. 19; ferner die Vorrede zu ders., *Die Dorier. Vier Bücher. Erste Abteilung*, Breslau 1824 (auch in: Nippel, *Studium* [wie Anm. 3], S. 109–114); ders., »Rez. Acta Societatis Graecae« (1836), wieder in: *Karl Otfried Müller's kleine deutsche Schriften über Religion, Kunst, Sprache und Literatur, Leben und Geschichte des Alterthums*, hg. v. Eduard Müller, Bd. 1, Breslau 1847, S. 7–19.

17 Siehe den Katalog bei Friedrich August Wolf, *Darstellung der Altertumswissenschaft nach Begriff, Umfang, Zweck und Wert* (1807), ND Berlin/Weinheim 1986, S. 143–145 (auch in: Nippel, *Studium* [wie Anm. 3], S. 102f.); für Böckhs Kritik: *Encyklopädie und Methodologie der philologischen Wissenschaften*, hg. v. Ernst Bratuschek, 2. Aufl. besorgt v. Rudolf Klussmann, Leipzig 1886, S. 39–44.

18 Zu Böckhs Hermeneutik vgl. jetzt vor allem Axel Horstmann, *Antike Theoria und moderne Wissenschaft. August Boeckhs Konzeption der Philologie*, Frankfurt/M. 1992.

19 Vgl. Wilfried Nippel, »›Geschichte‹ und ›Altertümer‹. Zur Periodisierung in der Althistorie«, in: Wolfgang Küttler/Jörn Rüsen/Ernst Schulin (Hg.), *Geschichtsdiskurs*, Bd. 1: *Grundlagen und Methoden der Historiographiegeschichte*, Frankfurt/M. 1993, S. 307–316.

20 Siehe das »Schlußurtheil« in: Böckh, *Staatshaushaltung* (wie Anm. 12), S. 708–711.

21 Vgl. Wilfried Nippel, »Republik, Kleinstaat, Bürgergemeinde. Der antike Stadtstaat in der neuzeitlichen Theorie«, in: Peter Blickle (Hg.), *Theorien kommunaler Ordnung in Europa*, München 1996, S. 225–247.

22 Böckh hatte bei früherer Gelegenheit – in einer Akademierede von 1841 – den Vorrang der klassischen gegenüber den orientalischen Studien damit begründet,

daß die orientalischen Völker zwar einen nicht »unbedeutenden Grad bürgerlicher oder sogar wissenschaftlicher Entwicklung erreicht«, sich jedoch allein auf sich selbst bezogen, nur ihre eigene Bildung anerkannt, sich damit »sozusagen aus der Gemeinschaft des menschlichen Geschlechts« ausgeschlossen hätten, damit nicht zu einer »reinen Erkenntnis der Geschichte des Menschengeschlechtes, oder, um mich dieses Wortes in einem höhern als dem gemeinhin gangbaren Sinne zu bedienen, zu keiner Philologie« gelangt seien; *Böckh's Kleine Schriften*, Bd. 2 (wie Anm. 3), S. 275.

23 Gottfried Hermann, »Über Friedrich Wolfgang Reiz« (1844), in: ders., *Opuscula*, Bd. 8, hg. v. Theodor Fritzsche, Leipzig 1877, S. 453–463; Conrad Bursian, »Hermann, Gottfried«, in: *Allgemeine Deutsche Biographie*, Bd. 12 (1880), S. 174–180.

24 Bursian, ebd., S. 177; Schmidt, »Hermann« (wie Anm. 9), S. 160 u. 165f.

25 Hermann, *Böckhs Behandlung* (wie Anm. 6), S. 7.

26 Ebd., S. 8.

27 Hermann Koechly, *Gottfried Hermann. Zu seinem hundertjährigen Geburtstage*, Heidelberg 1874, S. 51.

28 Böckh, »Logisten« (wie Anm. 7), S. 327.

29 Otto Jahn, »Gottfried Hermann. Gedächtnisrede« (1849), in: ders., *Biographische Aufsätze*, Leipzig 1866, S. 89–132.

30 Karl Friedrich Ameis, *Gottfried Hermann's pädagogischer Einfluß. Ein Beitrag zur Characteristik des altclassischen Humanisten*, Jena 1850.

31 Wie Anm. 27.

32 Lehmann, *Wort- und Sachphilologie* (wie Anm. 2), S. 125–192.

33 So bei Friedrich Leo, »Rede zur Säcularfeier Karl Lachmanns« (1913), in: ders., *Kleine Schriften*, hg. v. Eduard Fraenkel, Rom 1960, Bd. 2, S. 415–431.

34 Hoffmann, *Böckh* (wie Anm. 4), S. 48–62.

35 Ebd., S. 60. – Dazu paßt auch, daß Karl Wilhelm Göttling, *Geschichte der Römischen Staatsverfassung von Erbauung der Stadt bis zu C. Cäsar's Tod*, Halle 1840, sein Werk Hermann und Böckh gemeinsam widmete.

36 Lehmann, *Wort- und Sachphilologie* (wie Anm. 2), S. 98ff.

37 Thiersch hat sich für seine Reform der bayrischen Gelehrtenschulen stark an Hermanns Betonung der formalen Sprachausbildung orientiert; Friedrich Paulsen, *Geschichte des gelehrten Unterrichts auf den deutschen Schulen und Universitäten vom Ausgang des Mittelalters bis zur Gegenwart*, Bd. 2, 3. Aufl. Berlin/Leipzig 1921, S. 410.

38 Hoffmann, *Böckh* (wie Anm. 4), S. 60f. u. S. 229–265 (Briefwechsel Böckh-Thiersch).

39 Ebd., S. 61, Anm. 3.

40 Lehmann, *Wort- und Sachphilologie* (wie Anm. 2), S. 104f. u. 114f.

41 Das zeigt auch die Darstellung bei Wilhelm Herbst, *Das classische Altertum in der Gegenwart, eine geschichtliche Betrachtung*, Leipzig 1852, S. 95ff.

42 Böckh, »Rede zur Eröffnung« (wie Anm. 3), S. 193f.; auch in: Nippel, *Studium* (wie Anm. 3), S. 155f.

43 Paulsen, *Geschichte des gelehrten Unterrichts* (wie Anm. 37), S. 462ff.; Manfred Landfester, *Humanismus und Gesellschaft im 19. Jahrhundert*, Darmstadt 1988, S. 64–67.

44 Der Verfasser (zur Identität siehe Paulsen, *Geschichte des gelehrten Unterrichts* [wie Anm. 37], S. 465) des Artikels »Über das religiös-sittliche Bewußtsein der Philologen«, in: *Literarische Zeitung* 8 (1843), Nr. 5, S. 66–71, polemisierte u. a. gegen F. A. Wolf als Urheber einer von der Theologie emanzipierten Philologenausbildung. Daß damit eine Wiederherstellung der Theologen-Vorherrschaft an den Gymnasien gefordert sein könnte, argwöhnten der Autor von *Die Philologie und die Gymnasien. Antwort auf den in No. 5 der Literarischen Zeitung enthaltenen Aufsatz: Über das religiös-sittliche Bewußtsein der Philologen*, Berlin 1843, S. 9f., sowie Friedrich Ellendt, *Über das religiös-sittliche Bewußtsein der Philologen und Schulmänner, besonders Preußens*, Eisleben 1843, S. 24–31.

45 Hubert Cancik, »›... die Befreiung der philologischen Studien in Württemberg‹. Zur Gründungsgeschichte des Philologischen Seminars in Tübingen 1838«, in: Richard Kannicht (Hg.), *1838–1988. 150 Jahre Philologisches Seminar der Universität Tübingen*, Tübingen 1990, S. 3–25.

46 Paulsen, *Geschichte des gelehrten Unterrichts* (wie Anm. 37), S. 465 f.

47 Gottfried Hermann, »Andeutungen über das Antike und das Moderne« (1847), in: ders., *Opuscula*, Bd. 8 (wie Anm. 23), S. 463–470.

48 Vgl. Wilfried Nippel, »Einleitung«, in: ders., *Studium* (wie Anm. 3), S. 11–31.

VI.
Interdisziplinäre Konfigurationen

JÜRGEN OSTERHAMMEL

Geschichte, Geographie, Geohistorie

1. Erdgeschichte und Tiefenzeit

»Natürlich kann man [...] auch von Dingen, welche die dargelegte Auffassung als der Natur zugehörig bezeichnete, ihre Veränderlichkeit und die Reihenfolge ihrer Veränderungen ins Auge fassen, sie nach dem Moment der Zeit betrachten; und so wird von der Geschichte der Erde, von der Entwicklungsgeschichte etwa der Raupe, es wird von der Geschichte der Erdbeben, von Naturgeschichte gesprochen. Aber man wird sagen dürfen, das ist nur vel quasi Geschichte; Geschichte im eminenten Sinn ist nur die des sittlichen Kosmos, die der Menschenwelt.«[1]

Benedetto Croce aktualisiert und radikalisiert später Droysens Grenzziehung, wenn er »jene Geschichte, die dem Gebiete der sogenannten Naturwissenschaften entspringt«, als »Quasihistorik« oder gar »Pseudogeschichte« aus dem Horizont der Historiker verweist.[2] Droysens Ab- und Eingrenzung läßt 1857 immerhin noch das Vorfeld einer Geschichte »vel quasi« zu: einer Betrachtung im Modus der Veränderung jener Phänomene, deren Anschauung unter dem Primat des Raumes und des »im Kreise sich drehenden Werdens« erfolgt.[3] Die im 18. Jahrhundert angebahnte Historisierung der Natur wird im 19. fortgesetzt: bei Lamarck (1809), bei Darwin (1859), durch den in der Geographie besonders einflußreichen Neo-Lamarckismus.[4] Dies geschieht mit nur geringer Wirkung auf die Fachhistorie, vor allem in Deutschland. Im Gegensatz zur Nähe der späten Aufklärung und des frühen Historismus zu den »life sciences«[5] machte sich die Distanzierung zur Erdgeschichte früh bemerkbar. Vor allem zerbrach infolge einer Verzeitlichung der Erdauffassung die Kontinuität der Chronologie. Dadurch öffnete sich der »dunkle Abgrund der Zeit«.[6] Nachdem sich die Geschichtsdenker der Aufklärung langsam und zögernd der Einsicht genähert hatten, die Welt sei älter, als die biblische Chronologie es zulasse (nach Erzbischof James Ussher: Erschaffung der Welt 4004 v. Chr.), zog der schottische Geologe James Hutton 1795 mit seiner *Theory of the Earth* den radikalen Schluß, die Welt sei von *unbegrenztem* Alter.[7] War erst einmal akzeptiert, daß die

Welt *sehr* alt sei und daß sie sich seit ihrer Entstehung verändert habe, dann war jenseits des Schöpfungsmythos eine Geschichte der unbelebten Natur denkbar geworden.

Der Historismus des 19. Jahrhunderts entstand vor dem Hintergrund der Entdeckung der Tiefenzeit, durch die erst die außermenschliche Natur historisch lesbar wurde. In geologischen Schichten und in Fossilien, deren Aufspüren und Sammeln im frühen 19. Jahrhundert zu einer Breitenbewegung wurde[8], offenbarte der Raum die Spuren seiner Zeitlichkeit. Charles Lyell paßte dann die Erdgeschichte in seinem großen Werk *Principles of Geology* (1830–33) dem gradualistischen Zeitgeist an; er eliminierte die Idee von Erdkatastrophen und führte das Konzept der allmählichen, kausal erklärbaren Entwicklung ein. Entwertung der biblischen und Entgrenzung der naturgeschichtlichen Chronologie öffneten den Blick auf die Anfänge der menschlichen Zivilisation im allgemeinen und individueller Zivilisationen im besonderen. Nunmehr wurden Ursprungsmythen kritisierbar. Vico war ein Vorläufer solcher Kritik gewesen; nun suchten Niebuhr, Savigny, die Brüder Grimm und andere nach beglaubigten Zeugnissen früher Volksgeschichte. Außerdem entstand ein Interesse an der Ur- und Frühgeschichte des Menschen, das durch den Antiquarianismus früherer Zeiten nicht länger zufriedenzustellen war. Der dänische Gelehrte und Pionier des Museumswesens Christian Jürgensen Thomsen (1788–1865) schuf eine wissenschaftlich kontrollierte Chronologie, die nicht auf Schriftquellen beruhte.[9] Die Methoden der Archäologie wurden nun vom klassischen Italien auf nordische Gegenden übertragen. Zur gleichen Zeit entstand die vorderasiatische Archäologie[10]; seit 1802 wurde die Keilschrift schrittweise entziffert, seit 1822 waren die ägyptischen Hieroglyphen lesbar. Zwischen »Vor- und Frühgeschichte« und griechisch-römisches Altertum schob sich die Epochenkonfiguration der »altorientalischen Hochkulturen«, deren sich neue und besondere Wissenschaften annahmen (Assyriologie, Ägyptologie usw.).

2. Geschichte und Geoperspektiven im 18. Jahrhundert

Die Historisierung der Erde und der vor- bzw. frühzivilisatorischen Entwicklung des Menschen sowie die Ausdifferenzierung eines orientalischen Altertums erweiterten zum einen die Zeitskala des allgemeinen Geschichtsbewußtseins und entlasteten zum anderen die Fachhistoriker von Kommentaren über den Ursprung der Menschheit und über die vorklassischen und außereuropäischen Reiche, deren Sprachen sie nicht verstanden. Damit war eine große Freiheit gewonnen. Die Geschichte der Natur konnte in frühere Zeiten zurückgedrängt, sie konnte speziellen Wissenschaften überlassen werden. Die Historiker brauchten sich auch nicht länger – wie noch die Göttinger Aufklärer – für den »Anfang der Erde« zuständig zu fühlen, sie konnten Schlözers »UrWelt«, »Dunkle Welt« und »VorWelt« fortan ignorieren.[11] Die Geschichte wurde eindeutiger denn je eine solche »des sittlichen Kosmos, der Menschenwelt« (Droysen), der vom Willen bewegten Bestrebungen und Handlungen, wie sie der schriftlichen, (text-) kritisch zu prüfenden Überlieferung des abendländischen Kulturkreises zu entnehmen waren. Im gleichen Zuge konnten Naturfaktoren ausgegrenzt werden, alle Faktoren also, welche die Handlungsautonomie der historischen Individualitäten materialistisch einzuschränken schienen. Dazu gehörte das Geographische in einem sehr weiten Sinne.

Die Überzeugung, daß die »Umwelt« – insbesondere Klima, Relief, Bodenfruchtbarkeit und Verteilung von Land und Wasser – menschliche Gesellschaften in ihren Zuständen und Entwicklungen beeinflußt, ist keine okzidentale Errungenschaft, zumal keine moderne. Sie ist der klassischen chinesischen Geschichtsschreibung geläufig und findet sich im 14. Jahrhundert in detaillierter Ausführung bei Ibn Chaldûn.[12] Sie gehört zentral zum Denken der Antike und bleibt dem Mittelalter nicht unbekannt.[13] Man kann sie als den ideenhistorischen Normalfall betrachten. Die Klimatheorien Bodins und Montesquieus sind nur die bekanntesten Ausprägungen eines weitverzweigten geographisch-historischen Diskurses. Er wird empirisch um 1629 in Philipp Klüwers Schriften über die antike Geographie von Sizilien und Italien, bündelt sich 1655 bei Georg Hornius zu einer nicht nur geographisch, sondern auch ethnographisch konzipierten Universalgeschichte[14] und findet 1781 bei dem englischen Arzt William Falconer eine enzyklopädische Zusammenfassung.[15] Edward Gibbon deutet die Entstehung des Islam vor dem Hintergrund der »dreary waste of Arabia«.[16] Und Johann Gottfried Herder betrachtet »die Erde als einen Schauplatz der Menschengeschichte«[17] und resümiert den älteren Environmentalismus in dem Satz: »So hat also die Natur mit den Bergreihen, die sie zog, wie mit den Strömen, die sie herunter rinnen ließ, gleichsam den rohen, aber vesten Grundriß aller Menschengeschichte und ihrer Revolutionen entworfen.«[18]

Während das environmentalistische Denken, das vielfach in physikotheologische Spekulationen eingebunden war[19], oft auf die Untersuchung spezifischer Zusammenhänge verzichtete, präsentierte sich im 18. Jahrhundert die Politische Geographie, vor allem bei Anton Friedrich Büsching, als eine empirisch-beschreibende Lehre von den Staaten der Erde.[20] Sie war mit Statistik und Geschichtsschreibung als Hilfswissenschaft verbunden. Selten gelangte sie jedoch über additive, kompendienhafte Datensammlung hinaus. Vor allem fehlte ihr ein dynamisch-organischer Naturbegriff; sofern physikalisch-geographische Aspekte berücksichtigt wurden, geschah dies mathematisch im Sinne der Erdvermessung.

3. Carl Ritter und das »historische Element« in den geographischen Wissenschaften

Carl Ritter (1779–1859), der nicht allein chronologische Zeitgenosse der Gründergeneration des deutschen Historismus, führte Geographie und Geschichte auf das engste zusammen. Er ist die wissenschaftsgeschichtliche Zentralfigur sowohl für die Modernisierung der europäisch-amerikanischen Geographie als auch für die transepochale Verknüpfung geohistorischer Bemühungen: das *missing link* zwischen Herder und Braudel.

Ritter schließt mit seinem riesigen Werk, in dessen Mittelpunkt die 21 Bände von *Die Erdkunde im Verhältnis zur Natur und zur Geschichte des Menschen* (1817–59) stehen[21], an beide geographischen Richtungen des 18. Jahrhunderts an: die Staatengeographie Büschings ebenso wie den physikotheologischen Environmentalismus Herders.[22] Beide hat er kritisch durchdacht und zu einer eigenständigen Synthese im Zeichen einer totalisierenden »Länderkunde« geführt. Ritter ist, mehr noch als der viele Jahre lang in Paris tätige Alexander von Humboldt, während der ersten Hälfte des 19. Jahrhunderts der entscheidende Ideengeber und Organisator der deutschen Geographie gewesen.[23] Seit 1820 lehrte er als außerordentlicher Professor für »Erd-, Länder-, Völker- und Staatenkunde« an der Friedrich-Wilhelms-Universität zu Berlin; dort wurde er 1825 zum Ordinarius »der Länder- und Völkerkunde und der *Geschichte*« ernannt. Gleichzeitig unterrichtete er »Allgemeine Geographie« an der Allgemeinen Kriegsschule; sein Einfluß auf die geographische Schulung im Großen Generalstab steht außer Frage. Ritter war der erste und jahrzehntelang der einzige ordentliche Geographieprofessor in Preußen. Er bildete kaum Fachgeographen aus, sondern wirkte vornehmlich durch öffentliche Vorträge für ein breiteres Publikum. Ritter vertrat ein kleines, traditionsloses Fach, das er selbst im Grunde erst schuf und dessen Reputation weithin mit dem Ansehen und dem Lehrercharisma seines Gründers identisch war.

Ritter hat ebensowenig wie Ranke ein System seiner Wissenschaft entwickelt; die leitenden Prinzipien finden sich in den materialen Werken. Ihm ging es um eine große Synthese, deren Kern die Idee des organisch belebten Zusammenhangs bildete. Er lehnte die Fixierung der politischen Kompendien-Geographie auf Staaten als den grundlegenden Ordnungsgrößen ab, bestritt die Berechtigung deduzierter Taxonomien und Systeme[24] mit ihren »larvenartigen Begriffen«[25] und mißbilligte den Mangel an Zusammenhang zwischen den in den Handbüchern des 18. Jahrhunderts aufgehäuften Daten. Ritter entwarf eine neue Gliederung der Erdoberfläche nach physikalischen Kriterien; physiognomisch erfaßte »Länder« und »Landschaften« traten an die Stelle statistisch klassifizierter Staaten. Sie sollten zunächst nach ihrer Oberflächengestalt beschrieben werden. Insofern galt auch für Ritter – wie für die gesamte Geographie von Kant bis zum Ende des 19. Jahrhunderts – der Primat des Physikalischen.[26] Die spätere Alternative »naturwissenschaftliche Geographie *oder* Humangeographie« wäre ihm unverständlich gewesen.

Ritter sah wie Herder die Erde als Schauplatz der Geschichte. Er hielt es für eine der Aufgaben der Geographie, die Entwicklung der Völker, also der für ihn entscheidenden »Individualitäten«, im Zusammenhang mit »Landesheimath« und »Landesnatur« zu verfolgen. Die »allgemeine« Erdkunde ist keine apriorische Disziplin; erst durch die Erkenntnis des Individuellen kann in ferner Zukunft das Ideal der Allgemeinheit erreicht werden. Ein Hauptziel seines großen Werkes sei es, so schrieb er 1817, »die allgemein wichtigsten, geographisch-physikalischen Verhältnisse der Erdoberfläche in ihrem Naturzusammenhange, und zwar ihren wesentlichen Zügen und Hauptumrissen nach darzustellen, insbesondere als Vaterland der Völker in dessen mannigfaltigstem Einflusse auf die körperlich und geistig sich entwickelnde Menschheit«.[27] Dabei vermied er in der Regel die Reduktion von »geschichtlicher Bewegung« auf Naturkonstanten, etwa das Klima. Seine religiös begründete Überzeugung von der zweckmäßigen Einrichtung der Erde hinderte ihn nicht an präzisen und empirisch nüchternen Beschreibungen auf der Grundlage des besten Nachrichtenstandes. Ritter sah die Natur als Rahmen für die Geschichte, als – seine meistzitierte Formulierung – »Erziehungshaus des Menschengeschlechts«, als Quelle der Prägung kollektiver Identitäten und Sozialtypen. Aber er war kein Geodeterminist: Die Völker können sich den Naturzwängen bis zu einem gewissen Grade entziehen. Überhaupt denkt Ritter den Bezug zwischen Natur und Geschichte eher in Korrespondenzen als in Kausalitäten; geographisch-historische »Gesetze« (wie die auf ihm aufbauende »Anthropogeographie« des späten 19. Jahrhunderts) hat er nicht aufstellen wollen. Mechanische Erklärungen waren ihm fremd, und stets suchte er »ein geistiges Element auch in der materiellen Erscheinung der Welt«.[28] Ritter privilegiert in mancher Hinsicht den »classischen Boden der alten Weltgeschichte«[29], aber bleibt, entgegen dem Geist der Zeit, herderisch in seiner Überzeugung von der Gleichwertigkeit aller Kulturen. Sein Konzept einer »vergleichenden« Erdkunde verlangt ohnehin eine Berücksichtigung des gesamten Globus.

Ritter ging es nicht um die Einführung geographischer Gesichtspunkte in die Geschichtsschreibung. Er hat die geographische Abstinenz seiner historiographischen Zeitgenossen niemals getadelt. Er wollte die Geographie als eine das Historische notwendig umfassende Wissenschaft neu konstituieren, mißbilligte aber die Mode, einer geographischen Darstellung etwas Geschichte »einzupropfen« und in einem geschichtlichen Anhang »lehrreiche historische Anekdoten aus der Specialgeschichte« mitzuteilen.[30] Die geschichtliche Dimension komme hauptsächlich in den Veränderungen der »materiellen Erfüllung der Räume« zum Vorschein.[31] Sie müsse global konzipiert, aber im lokalen Detail ausgearbeitet werden: »Diese Betrachtung des Ganzen ist es, die uns allein das Maaß der Theile giebt«.[32] Die Abstufung vom Allgemeinsten zum Besonderen kann in Ritters Sicht über die Vorstellung der »Individualität« vermittelt werden. Die größten Individualitäten sind die Kontinente, die kleinsten die den Raum erfüllenden menschlichen Subjekte. Hauptsächlich besteht der geschichtliche Prozeß aus der Sicht des Geographen darin, daß die Menschen die Erde, die ihnen als »Erziehungshaus des Menschengeschlechts«[33] vom Schöpfer anvertraut worden ist, allmählich ausfüllen und in Besitz nehmen.

Entscheidend für Ritter, wie er an vielen Beispielen zeigt – etwa an dem des Wandels der Alpen von einer unüberwindlichen Barriere zu einer geschichtsmächtigen Durchgangsregion oder dem der Beschleunigung der Hochsee- und Mississippischiffahrt –, ist die Verdichtung des Weltzusammenhangs durch den Verkehr und die wachsende Einwirkung des Menschen auf die Natur: einerseits als Zähmung und Nutzbarmachung von Naturkräften, andererseits aber auch mit der Folge der Vernichtung und Verdrängung tierischer und pflanzlicher Arten.[34] Die kultivierende Raumerfüllung ist als Fortschrittsprozeß aufzufassen. Freilich nicht immer: Es kommt auch zu Rückschritten, etwa dem vorwiegend von Menschen verursachten ökologischen Niedergang Ägyptens oder Mesopotamiens.

Derlei historische Beobachtungen verdanken sich vor allem der vergleichenden Methode. Unmöglich ist es aber, so meint Ritter, allgemeine Gesetzmäßigkeiten aufzustellen. Nur soviel läßt sich generell sagen: Je beweglicher die Welt wird, um so weniger wirken stationäre Kräfte. »Denn in frühern Jahrhunderten und Jahrtausenden, als die Völkergeschlechter überall mehr auf ihre Heimathen und auf sich selbst angewiesen waren, wurden sie von der allgemeinen tellurischen Physik kaum berührt; desto mächtiger griff aber die locale Physik der Heimath, die vaterländische Natur in die Individualitäten der Völker und Staaten ein.«[35] Davon emanzipieren sich die meisten Völker allmählich. »Es besteht also auch eine andere tellurische Physik für die alte, eine andere für die neue Zeit«.[36]

Carl Ritter distanziert sich ebenso wie der andere große Geograph der Epoche, Alexander von Humboldt, von der romantischen Naturphilosophie. Beide Gelehrte vertreten einen emphatischen, der Strenge der Rankeschule grundsätzlich in nichts nachstehenden Forschungsimperativ: Geographie soll eine empirische, sich regelhafter Methodik befleißigende Disziplin sein. Bei Ritter finden sich dennoch an zentralen Stellen die Leitbegriffe des deutschen Historismus: Individualität, Anschauung, Zusammenhang, das Organische, Entwicklung. Seine Darstellungsweise in Schrift und Vortrag zielt auf »Verlebendigung« geographischer Verhältnisse. Der Geograph will Lehrer sein.

Ritters Werk ist *historiographiegeschichtlich* deshalb erinnerungswürdig, weil es Momente bewahrt, die in der (deutschen) Fachhistorie des 19. Jahrhunderts an den Rand gedrängt wurden. (1) Es ist *zivilisationsgeschichtlich* orientiert, stellt also die Geschichte der *materiellen* Lebensumstände der Völker über die Geschichte der staatspolitisch-nationalen Ereignisse und geistigen Kräfte. (2) Es ist *universal* angelegt, umfaßt also tendenziell alle Weltkulturen. (3) Es trägt einen starken *ethnographischen* Akzent: Ritter hat gründlicher und umfassender als jeder seiner Vorgänger das von europäischen Reisenden in Jahrhunderten gesammelte völkerkundliche Material aufgearbeitet.

Wäre es auch allzu dramatisch, bei Ritter die verschüttete Alternative zu den disziplinären Verengungen des 19. Jahrhunderts finden zu wollen, so ist doch unverkennbar, daß neuere und neueste Richtungen der Geschichtswissenschaft in ihm einen ideenreichen Vorläufer besitzen: die Umweltgeschichte, die geohistorische (Braudelsche) Strömung innerhalb der *Annales*-Schule, eine ethnographisch interessierte »außereuropäische Geschichte«. Und selbstverständlich war Ritters Geschichtsschreibung das Gegenteil von erzählter Ereignisgeschichte – eine Geschichte der Kollektive, der Strukturen, der Langsamkeit, der *longue durée*.

4. Geographielose Geschichte, geschichtslose Geographie

Die Geschichte der Verdrängung Ritters aus der Wissenschaftsgeschichte ist die Geschichte eines Verlusts. Ritters hohes Ansehen in der deutschen Gelehrtenwelt hat seine Historikerkollegen nicht daran gehindert, seine Ideen, wie Geschichte im Naturzusammenhang aufzufassen sei, zu ignorieren. Unter den namhaften deutschen Historikern hat Ernst Curtius (1814–96)[37] nicht nur Ritter persönlich am nächsten gestanden, sondern auch als nahezu einziger in seinem Sinne Geschichte geschrieben, vor allem in *Peloponnesos* und im Kapitel »Land und Volk« der *Griechischen Geschichte*, einem der beim Publikum beliebtesten Geschichtswerke des 19. Jahrhunderts.[38]

Ritter war eine internationale Berühmtheit. In Polen und Rußland wurde er verehrt und gelesen.[39] Jules Michelet exzerpierte aus Schriften Ritters, als er seine bemerkenswerten geographisch-kulturhistorischen Bücher vorbereitete: vor allem *La Mer* (1861), später *La Montagne* (1868).[40] Die weiteste Verbreitung fanden Ritters Ideen in den USA. Der

Vermittler war sein Schweizer Schüler Arnold Henri Guyot (1807–84)[41], der seit 1854 als Professor für Geographie in Princeton der in Amerika damals vorherrschenden klassifizierenden Kompendiengeographie eine historisch-ökologische Perspektive entgegensetzte, in der die Wechselwirkungen zwischen Menschen und Natur betont wurden.[42] Eine niemals unterbrochene starke kulturgeographisch-historische Strömung in den USA, die sich freilich früh von jeglichem »Geodeterminismus« distanzierte, geht maßgeblich auf Guyot zurück.

Guyot trug ebenfalls zur Verbreitung von Ritters Gedanken in Frankreich bei. Ritter war der maßgebende Inspirator der französischen Geographie auch noch nach 1860, als er in Deutschland bereits heftig kritisiert wurde. Die Verehrung Ritters war das einzige Band, das die verschiedenen Richtungen der französischen Geographie zusammenhielt.[43] In der von Paul Vidal de la Blache (1845–1918), einem gelernten Historiker und Hörer Michelets, begründeten »neuen« Geographie gelang eine Verbindung von naturwissenschaftlichen mit historisch-kulturellen Perspektiven im Sinne der deutschen Klassiker Ritter und Humboldt und in Auseinandersetzung mit dem wichtigsten deutschen Ritterianer, Friedrich Ratzel.[44] So wurde in der französischen Geographie die Ritter-Tradition viel stärker gepflegt als in der deutschen. Lucien Febvre konnte hier 1922 anknüpfen, als er die geographische Perspektive für die Geschichtswissenschaft der entstehenden *Annales*-Schule erschloß.[45] Der wahre Fortsetzer Carl Ritters, vielleicht überhaupt der weltweit wichtigste historisch denkende Geograph in der zweiten Hälfte des 19. Jahrhunderts, war aber ein Außenseiter beider »Zünfte«: der heute am ehesten noch als Theoretiker eines »sanften« Anarchismus bekannte Privatgelehrte Élisée Reclus (1830–1905). Seine neunzehnbändige *Nouvelle géographie universelle: La terre et les hommes* (1876–94) sowie vor allem sein sechsbändiges Spätwerk *L'homme et la terre* (1905–1908) realisieren, im Ergebnis weit über Ritter hinausgehend, das Programm einer Geohistorie menschlicher Gesellschaften.[46]

In Deutschland verliefen die wissenschaftsgeschichtlichen Kraftlinien anders. Während nicht nur Frankreich, sondern alle größeren Wissenschaftsnationen die durch Ritter eingeleitete Historisierung der Geographie zumindest partiell nachvollzogen, ging ausgerechnet Deutschland einen eigenen Weg. Der Abweisung des Geographischen durch die Historiker folgte spätestens nach dem Tode sowohl Carl Ritters als auch Alexander von Humboldts im Jahr 1859 eine antihistorische Wende in der deutschen Geographie. Ritter wurde nunmehr, besonders von Oscar Peschel (1826–75), seine religiöse Teleologie vorgehalten.[47] Man erstrebte im positivistischen Sinne eine möglichst exakte Erdwissenschaft. Sie sollte sich am Wissenschaftsbegriff der Naturwissenschaften ausrichten. Ein solches Programm wurde nirgendwo sonst so nachdrücklich verfolgt wie in Deutschland.

Dies hatte nicht nur wissenschaftsimmanente Gründe. Die Geographie war trotz der Bemühungen Carl Ritters ein akademisch schwach institutionalisiertes Fach geblieben. Erst nach der Reichsgründung erhielt sie – vorwiegend aus politischen Gründen – in größerer Zahl Lehrstühle, die mitunter den widerstrebenden Fakultäten oktroyiert werden mußten: Man fürchtete, ein Fach ohne klaren Gegenstand und eindeutige Methoden könne zu einem Tummelplatz für Dilettanten werden.[48] Fast ausnahmslos waren die ersten Inhaber der neuen Lehrstühle denn auch keine ausgebildeten Geographen – woher hätte man sie nehmen sollen?[49] Sie bemühten sich aber eifrig und mit Erfolg um respektable Forschungsleistungen. Bald wurde die deutsche Geographie zu einem Vorbild für die Welt. Ratzel in Leipzig, der sich selbst ausdrücklich in die Herder-Ritter-Tradition stellte, blieb ein geachteter Außenseiter der entstehenden Fachgeographie.

Besonders wichtig für die gesellschaftliche Verankerung, Anerkennung und Wirksamkeit einer Disziplin war ihre Präsenz in den höheren Schulen. Dies gilt für alle Geisteswissenschaften: Die große deutsche Geschichtsschreibung des 19. Jahrhunderts kann nicht ohne den Resonanzkörper verstanden werden, den ihr das Gymnasium bot. Die Stellung der Geographie war allerdings weitaus prekärer. Für sie sah das klassisch-humanistische Bildungskonzept keinen größeren Raum vor. Erst 1882 wurde die Geographie in Preußen in den Stundentafeln als eigenes Unterrichtsfach ausgewiesen.[50] Die Schulgeographen scheiterten aber mit ihrem Versuch, es den Kollegen von der Universität nachzutun und sich durch eine naturwissenschaftliche Umorientierung von der Vormundschaft des übermächtigen Nachbarfaches Geschichte zu emanzipieren.[51] Die Folge war, daß bis zur Jahrhundertwende Formen der Geographie an den Schulen überdauerten, die an der Universität mehrheitlich nicht mehr akzeptabel waren: zum großen Teil noch die Rudimente einer vorritterschen Staatengeographie, teils aber auch eine sich auf Ritter beziehende Länderkunde.[52]

5. Von Ritter zur modernen Geohistorie

Carl Ritter, der Generationsgenosse Hegels und Niebuhrs, hatte in einem großen Entwurf Natur und Geschichte, Raum und Ereignis, Prozeß und Aktion zusammengeführt. In der Sprache des Idealismus hatte er für die Berücksichtigung materieller Bestimmungsgründe der universalen Menschheitsentwicklung plädiert. Sowohl die Historie als auch die Geographie wiesen in Deutschland Ritters Einheitskonzept ab. Es wurde Opfer einer symmetrischen Ausgrenzung. Die Geschichtsschreibung überließ das Geographische allenfalls der gegen Ende des Jahrhunderts ausgebauten Landesgeschichte und der Altertumskunde. Selbst als Stilmittel historischer Erzählung spielte die Evokation des Raumes – anders als bei Michelet oder manchen russischen und nordamerikanischen Historikern des 19. Jahrhunderts – in der maßstäblichen deutschen Historiographie, abgesehen vielleicht von Ferdinand Gregorovius[53], keine auffallende Rolle. Die Geographie wiederum ging nicht, wie andere Disziplinen, den Weg der Historisierung; sie definierte sich als geschichtsferne Naturwissenschaft.[54] Die alte europäische Tradition des Environmentalismus, wie sie Montesquieu und Herder verkörpert hatten, überdauerte nach Ritter bei eigenwilligen Randfiguren wie Friedrich Ratzel und vor allem Élisée Reclus. An sie kann die Geohistorie der Gegenwart, wenn sie denn des Ahnenbezugs bedarf, anknüpfen.

Anmerkungen

1 Johann Gustav Droysen, *Historik. Vorlesungen über Enzyklopädie und Methodologie der Geschichte*, hg. v. Rudolf Hübner, München 1937, S. 13. Auch: »Die Natur hat kein Erinnern. Nur was Menschengeist und Menschenhand geprägt, geformt, berührt hat, nur die Menschenspur leuchtet wieder auf.« Ders., *Historik. Historisch-kritische Ausgabe*, hg. v. Peter Leyh, Bd. 1, Stuttgart 1977, S. 397, auch S. 422.

2 Benedetto Croce, *Theorie und Geschichte der Historiographie und Betrachtungen zur Philosophie der Politik* (1915), bearbeitet u. übersetzt v. Hans Feist u. Richard Peters, Tübingen 1930, S. 102, 103 u. 108.

3 Droysen, *Historik* [Hübner] (wie Anm. 1), S. 12.

4 Vgl. David N. Livingstone, *The Geographical Tradition: Episodes in the History of a Contested Enterprise*, Oxford 1992, S. 187 ff.

5 Vgl. Peter Hanns Reill, »History and the Life Sciences in the Early Nineteenth Century: Wilhelm von Humboldt and Leopold von Ranke«, in: Georg G. Iggers/James M. Powell (Hg.), *Leopold von Ranke and the Shaping of the Historical Discipline*, Syracuse, N. Y. 1990, S. 21–35.

6 Paolo Rossi, *The Dark Abyss of Time: The History of the Earth and the History of Nations from Hooke to Vico*, Chicago/London 1984 (ital. 1979).

7 Zu Hutton vgl. Peter Bowler, *Evolution: The History of an Idea*, rev. ed., Berkeley/Los Angeles/London 1989, S. 45–49.

8 Jedenfalls in Großbritannien, vgl. Peter J. Bowler, *The Invention of Progress: The Victorians and the Past*, Oxford 1989, S. 75ff.

9 Vgl. Bruce G. Trigger, *A History of Archaeological Thought*, Cambridge 1989, S. 73ff.; Glyn Daniel/Colin Renfrew, *The Idea of Prehistory*, Edinburgh 1988, S. 22ff.; Hans Gummel, *Forschungsgeschichte in Deutschland* (= *Die Urgeschichtsforschung und ihre historische Entwicklung in den Kulturstaaten der Erde*, Bd. 1), Berlin 1938, S. 110ff.

10 Als ihr literarischer Beginn gilt Claudius J. Rich, *Memoir on the Ruins of Babylon*, London 1815.

11 Vgl. August Ludwig Schlözer, *WeltGeschichte nach ihren HauptTheilen im Auszuge und Zusammenhange*, Göttingen 1785, S. 13ff. u. 131ff.

12 Vgl. Ibn Chaldûn, *The Muqaddimah: An Introduction to History*, translated from the Arabic by Franz Rosenthal, abridged and edited by N. J. Dawood, London/Henley 1967, S. 45–69 u. passim.

13 Vgl. die maßgebende Darstellung: Clarence J. Glacken, *Traces on the Rhodian Shore: Nature and Culture in Western Thought from Ancient Times to the End of the Eighteenth Century*, Berkeley/Los Angeles/London 1967.

14 Vgl. Eckart Olshausen, *Einführung in die Historische Geographie der Alten Welt*, Darmstadt 1991, S. 7f.; Adalbert Klempt, *Die Säkularisierung der universalhistorischen Auffassung. Zum Wandel des Geschichtsdenkens im 16. und 17. Jahrhundert*, Göttingen 1960, S. 114–123.

15 William Falconer, *Remarks on the Influence of Climate, Situation, Nature of Country, Population, Nature of Food, and Way of Life, on The Disposition and Temper, Manners and Behaviour, Intellects, Laws, and Customs, Form of Government, and Religion, of Mankind*, London 1781. Eine deutsche Übersetzung erschien 1782 in Leipzig.

16 Edward Gibbon, *Decline and Fall of the Roman Empire*, ed. by J. B. Bury, Bd. 5, London 1911, S. 333.

17 Johann Gottfried Herder, *Ideen zur Philosophie der Geschichte der Menschheit* (1784/85), in: ders., *Sämmtliche Werke*, hg. v. Bernhard Suphan, Bd. 13, Berlin 1887, hier S. 41.

18 Ebd., S. 38.

19 Seit der Mitte des 17. Jahrhunderts versteht man unter Physikotheologie »die teleologische Betrachtung der Körperwelt und den Beweis, der von der so konstatierten zweckmäßigen Einrichtung, Vollkommenheit und Schönheit dieser Welt auf die Existenz Gottes und seine Eigenschaften schließt«; Stefan Lorenz, Art. »Physikotheologie«, in: *Historisches Wörterbuch der Philosophie*, hg. v. Joachim Ritter u. Karlfried Gründer, Bd. 7, Basel 1989, Sp. 948–955, hier Sp. 948.

20 Reinhard Jäkel, »Parallelen im geographischen Denken bei Anton Friedrich Büsching und Carl Ritter«, in: Manfred Büttner (Hg.), *Carl Ritter. Zur europäisch-amerikanischen Geographie an der Wende vom 18. zum 19. Jahrhundert*, Paderborn 1980, S. 27–41.

21 Wilhelm von Humboldt nannte 1830 Ritters Erdkunde »eines der geistvollsten und genialsten Bücher, die seit langem erschienen sind«. Zit. in Lothar Zögner, *Carl Ritter in seiner Zeit 1779–1859* (Ausstellungskatalog), Berlin 1979, S. 9.

22 Zur Entwirrung der komplizierten Bibliographie des Werkes und zu einer geographiehistorischen Einordnung vgl. Hanno Beck, *Carl Ritter. Genius der Geographie*, Berlin 1979, S. 65 ff.

23 Zu Ritters Biographie vgl. ebd., S. 11–61; Gerhard Engelmann, *Die Hochschulgeographie in Preußen 1810–1914*, Wiesbaden 1983, S. 10–24.

24 Carl Ritter, *Die Erdkunde im Verhältniß zur Natur und zur Geschichte des Menschen, oder Allgemeine vergleichende Geographie, als sichere Grundlage des Studiums und Unterrichts in physicalischen und historischen Wissenschaften*, Bd. 1: *Afrika*, 2. Aufl. Berlin 1822, S. XV (Vorrede zur 2. Ausgabe).

25 Ebd., Bd. 2: *Der Norden und Nord-Osten von Hoch-Asien*, 2. Ausgabe, Berlin 1832, S. XV.

26 Ein erster größerer Versuch zur Überwindung der Staatengeographie durch eine »reine« Geographie der Erdräume war August Zeune, *Gea. Versuch die Erdrinde sowohl in Land- als Seeboden mit Bezug auf Nation und Völkerleben zu schildern*, Berlin 1808.

27 Ritter, *Erdkunde* (wie Anm. 24), Bd. 1 (Vorrede zur 1. Ausgabe), S. V.

28 Ebd., Bd. 15, 1. Abt.: *Palästina und Syrien I*, Berlin 1850, S. 10.

29 Ebd.

30 Carl Ritter, »Ueber das historische Element in der geographischen Wissenschaft«, in: ders., *Einleitung zur allgemeinen vergleichenden Geographie, und Abhandlungen zur Begründung einer mehr wissenschaftlichen Behandlung der Erdkunde*, Berlin 1852, S. 152–181, hier S. 155.

31 Ebd., S. 157.

32 Ebd., S. 158.

33 Ebd., S. 161.

34 Ebd., S. 164 f.

35 Ebd., S. 178.

36 Ebd., S. 179.

37 Zu ihm vgl. Karl Christ, *Von Gibbon zu Rostovtzeff. Leben und Werk führender Althistoriker der Neuzeit*, Darmstadt 1972, S. 68–83; ders., »Ernst Curtius und Jacob Burckhardt. Zur deutschen Rezeption der griechischen Geschichte im 19. Jahrhundert«, in: ders. / Arnaldo Momigliano (Hg.), *L'Antichità dell'Ottocento in Italia e Germania*, Bologna / Berlin 1988, S. 221–248.

38 Ernst Curtius, *Peloponnesos. Eine historisch-geographische Beschreibung der Halbinsel*, 2 Bde., Gotha 1851–52; ders., *Griechische Geschichte* (1852–67), Bd. 1, 5., verb. Aufl. Berlin 1878, S. 3–33, auch etwa S. 284–288.

39 Die umfangreichste Übersetzung von Ritters *Erdkunde* war die ins Russische (10 Bde., 1856–95). Zu Ritters Einfluß in Polen vgl. Józef Babicz, »›Neoritterianis-

mus‹: Der Einfluß Carl Ritters auf die Geographie in Polen in der Epoche des Positivismus (1860–1900)«, in: Karl Lenz (Hg.), *Carl Ritter – Geltung und Deutung. Beiträge des Symposiums anläßlich der Wiederkehr des 200. Geburtstages von Carl Ritter*, Berlin 1981, S. 191–203.

40 Vgl. die Erläuterungen des Herausgebers in: Jules Michelet, *La Mer*, édition présentée, établie et annotée par Jean Borie, Paris 1983, S. 353 u. 356.

41 Vgl. Georg Kish, »Carl Ritter's Influence on American Geography«, in: Lenz, *Carl Ritter* (wie Anm. 39), S. 205–211.

42 Sein einflußreichstes Werk entstand schon vor seiner Berufung nach Princeton: Arnold Guyot, *The Earth and Man: Lectures on Comparative Physical Geography in Its Relation to the History of Mankind*, translated from the French by C. C. Felton, Boston 1849.

43 Vgl. Vincent Berdoulay, *La formation de l'école française de géographie*, Paris 1981, S. 35f.

44 Ebd., S. 37–41 u. 102f. – Ratzels Anthropogeographie erschien in zwei Bänden 1882 und 1891.

45 Lucien Febvre, *La terre et l'évolution humaine: Introduction géographique à l'histoire*, Paris 1922. Allerdings wollte Febvre die Geographie von den, wie er es sah, geodeterministischen Exzessen Friedrich Ratzels gereinigt wissen (vgl. bes. S. 144ff.).

46 Einige neuere Veröffentlichungen zeugen von einer Renaissance dieses lange vergessenen Autors: Gary S. Dunbar, *Élisée Reclus: Historian of Nature*, Hamden, Ct. 1978; Peter Jud, *Élisée Reclus und Charles Perron. Schöpfer der »Nouvelle Géographie Universelle«. Ein Beitrag zur geographischen Wissenschaftshistorie des 19. Jahrhunderts*, phil. Diss. Zürich 1987; Yves Lacoste, »Élisée Reclus: Géographicité et géopolitique«, in: ders., *Paysages politiques: Braudel, Graq, Reclus*, Paris 1990, S. 191–233.

47 Vgl. Michel Korinman, *Quand l'Allemagne pensait le monde: Grandeur et décadence d'une géopolitique*, Paris 1990, S. 25f. Peschel und andere Ritter-Kritiker übersahen dabei, daß sich Ritters religiöse Teleologie in der Regel auf die Vorworte zu seinen Bänden beschränkte. In seiner Praxis folgte er gewöhnlich dem kantischen Programm einer formalen Beschreibung der Erdoberfläche. Vgl. auch Ann Buttimer, *Geography and the Human Spirit*, Baltimore/London 1993, S. 169.

48 Vgl. Hans-Dietrich Schulz, *Die deutschsprachige Geographie 1800–1970. Ein Beitrag zur Geschichte ihrer Methodologie*, Berlin 1980, S. 93.

49 Vgl. Engelmann, *Hochschulgeographie* (wie Anm. 23), S. 59ff.

50 Vgl. Hans-Dietrich Schulz, *Die Geographie als Bildungsfach im Kaiserreich*, Osnabrück 1989, S. 75ff.

51 Ebd., S. 15f.

52 Ebd., S. 17, 111, 124, 131, 267 u. 291–296.

53 Vgl. die große Schilderung der römischen Stadtlandschaft in Ferdinand Gregorovius, *Geschichte der Stadt Rom im Mittelalter. Vom V. bis zum XVI. Jahrhundert* (1859–72), hg. v. Waldemar Kampf, München 1978, Bd. 4, S. 324–353.

54 Ausnahmen finden sich am ehesten in der historischen Geographie der Antike, z. B. bei den Geographen Joseph Partsch (1851–1925) und Alfred Philippson

(1884–1953). Vgl. auch den weltweiten Überblick über die Geschichte der historischen Geographie bei Robin A. Butlin, *Historical Geography: Through the Gates of Space and Time*, London u. a. 1993, S. 1–43.

CHRISTOPH MARX

Die »Geschichtslosigkeit Afrikas« und die Geschichte der deutschen Afrikaforschung im späten 19. Jahrhundert

Der afrikanische Kontinent wurde geographisch erst im Verlauf des 19. Jahrhunderts vollständig erschlossen. Gleichzeitig fand die Geschichte seiner Völker kaum Eingang in die großen universalgeschichtlichen Synthesen. Die folgenden Überlegungen sollen zeigen, daß eine der wesentlichen Ursachen dafür in der materialen Afrikaforschung liegt, nämlich im Vorgehen, in den Wahrnehmungsformen und Kommunikationszusammenhängen von Forschenden in Afrika. Dabei wird sich die Analyse auf die historische Afrikaforschung im deutschsprachigen Raum in der zweiten Hälfte des 19. Jahrhunderts konzentrieren.
Die wissenschaftliche Afrikaforschung entwickelte sich ab etwa 1870 im Rahmen der Herausbildung einer neuen akademischen Disziplin, der Ethnologie.[1] Die eingangs genannten Eingrenzungen lassen sich damit begründen, daß sich gerade in Deutschland die Ethnologie als historische Wissenschaft verstand und die materiale Afrikaforschung zwischen 1850 und 1870 mit den Reisen von Heinrich Barth und Gustav Nachtigal ihren entscheidenden Sprung nach vorn erlebte.[2]

Beide erschlossen nicht nur geographisch bis dahin unbekannte Regionen, sondern auch die Geschichte der dort lebenden Völker. Heinrich Barths Reise nach West- und Zentralafrika in den Jahren 1849–1855 markiert gleich zu Beginn den Höhepunkt des deutschen Beitrags zur Erforschung Afrikas, wobei Barth ironischerweise Teilnehmer einer britischen Expedition war. Barth verstand sich noch nicht als Ethnologe, sondern er war von Ausbildung und Profession Geograph und Historiker. Dabei befand er sich in zweierlei Hinsicht in einer besonders glücklichen Situation: Einerseits kannten die westafrikanischen Gesellschaften, die er erforschte, als islamisierte, die Schrift, und Barth konnte tatsächlich die bis heute zentralen schriftlichen Quellen ausfindig machen, in erster Linie den *Tarikh as Sudan* und die Bornu-Chronik.[3] Zum zweiten begünstigten die außerwissenschaftlichen Interessen der Barthschen Expedition die Wahrnehmung der Geschichtlichkeit der Gesellschaften Westafrikas. Diese Interessen waren die des Freihandels – der explizite Auftrag der

Expedition war, Handelskontakte anzuknüpfen – und des Abolitionismus.[4] Barths wissenschaftlicher Mentor Carl Ritter war einer der entschiedensten Protagonisten des Abolitionismus in Deutschland und damit ein Vertreter eines humanitären Universalismus, der die Wahrnehmung afrikanischer Gesellschaften als historischer beförderte.

Die Rekonstruktion des Niedergangs und des Zerfalls der westafrikanischen Großreiche durch Barth erlaubte eine Historisierung des Bildes von Afrika, indem eine einseitige Konzentration auf kumulative Kulturentwicklung durch die Möglichkeit des Niedergangs aufgebrochen wurde. Die Begründung dafür fand er in immanenten kulturellen und politischen Entwicklungen und leitete sie nicht aus einer Degenerationstheorie ab. Im Gegenteil vertraute Barth auf die Fähigkeiten der Afrikaner, diesem dem Aufschwung des Handels abträglichen Zustand staatlicher Zersplitterung aus eigener Kraft abhelfen zu können. Zudem verfolgte Barth die von Ritter propagierte Methode, theoretisches mit Erfahrungswissen zu verbinden, was die Reise, in Anlehnung an das große Vorbild Alexander von Humboldt, zu einer wichtigen Form der Forschung erhob.

Bei Barth fehlt gänzlich die für die spätere Ethnologie so charakteristische Frage nach den Ursprüngen und der Entwicklung der verschiedenen Zweige der Menschheit. Er gab sich weder Spekulationen über einen gemeinsamen Ursprung hin, noch interessierte ihn die Frage nach der entwicklungsgeschichtlichen Stellung der Afrikaner. Dies scheint mir die eigentliche Leistung Barths, aber auch Nachtigals, zu sein: nämlich das Herauslösen Afrikas aus universalen Zivilisationstheorien oder deren starke Relativierung, wodurch ein historisches Eigenleben wahrnehmbar und erforschbar wurde. Die Sensibilisierung für die Besonderheiten afrikanischer Lebenswelten eröffnete auch den Blick für neue, dem Gegenstand angepaßte Forschungsmethoden. Zwanzig Jahre nach Barth bereiste Nachtigal die Region nördlich und östlich des Tschadsees. Er leistete insbesondere im Bereich einer Frühform der »Oral History« Beachtliches und konnte für die Staaten der zentralen Sahel-Zone wesentliches historisches Material erschließen. Gleichzeitig finden sich bei ihm erste Ansätze zu einer Klimageschichte des Tschadseeraums. Auch wenn Nachtigals Forschungen nicht eine solche Fülle an Erkenntnissen zu den verschiedensten Wissensgebieten erbrachten wie die Barthsche Reise, so zeigen sie doch, daß auch ein interessierter und gut vorbereiteter Nichtfachmann Beiträge von erheblicher Bedeutung leisten konnte.

In der Folgezeit setzte ein Rückgang in der historischen Erfassung Afrikas ein, nach dessen Gründen zu fragen ist, zumal die Zahl der Reisen insgesamt – und dementsprechend das ethnographische und geographische Wissen – erheblich zunahm. Im Gegensatz zu England, wo sich die Geschichte nicht zu einer »leitenden Orientierungswissenschaft« (Hübinger) entwickelte, fand in der deutschen Wissenschaft die Trennung der »geschichtlichen« von den »ungeschichtlichen« Völkern gerade wegen dieses Charakters der Geschichtswissenschaft statt. Im Lauf der Professionalisierung wurden diejenigen Völker, die über keine schriftlichen Zeugnisse ihrer Vergangenheit und über kein stabiles Staatswesen verfügten und deren Geschichte mit den etablierten Methoden der historistischen Geschichtswissenschaft nicht erschlossen werden konnte, aus methodischen Gründen abgetrennt. Einer Historisierung der gerade entstehenden Ethnologie widersprach das scheinbare Fehlen von Staat und Schrift, was eine Hereinnahme der Afrikaner in den Kreis der historischen Völker nicht zuließ. Die methodischen und materialen Erkenntnisse Barths und Nachtigals wirkten kaum als Ansporn, was mit ihrer Heroisierung durch eine zunehmend nationalistische Publizistik seltsam kontrastierte.

Für dieses ›Verschwinden der Geschichte Afrikas‹ lassen sich im wesentlichen vier Gründe anführen, nämlich 1. das erhebliche Maß außerwissenschaftlicher Einflüsse, 2. die Forschungssituation, 3. die kaum reflektierte wissenschaftliche Methode und 4. die Wissenschaftsorganisation. Alle vier Faktoren hingen miteinander zusammen und verstärkten sich gegenseitig.

1. Die außerwissenschaftlichen Interessen verlagerten sich allmählich vom Bestreben, Handelskontakte aufzubauen, auf die Suche nach Brükkenköpfen für einen Territorialerwerb. Dieser Wandel ist als Prozeß zu verstehen, der eher durch allmähliche Akzentverschiebungen als durch dramatische Wechsel und Brüche gekennzeichnet ist. Der Abolitionismus wurde im Zug dieser Entwicklung instrumentalisiert zu einer Legitimationsideologie für Interventionen.[5] In der Biographie Nachtigals läßt sich diese Veränderung verfolgen. Vor allem der Faktor einer erheblichen außerwissenschaftlichen Beeinflussung erschwerte die Herausbildung einer »disziplinären Matrix« für die noch junge Wissenschaft der Ethnologie.[6]

2. Die Forschungsergebnisse sind untrennbar verbunden mit der Situation des Forschers vor Ort und dienen der Abwehr des Fremden, der

Identitätsversicherung in einer fremdkulturellen Umwelt sowie der Bewältigung ganz realer Ängste der faktisch den Afrikanern ausgelieferten Forschungsreisenden. Hier spielt eine Fülle unterschiedlicher Faktoren eine Rolle, angefangen vom beängstigenden Charakter der durchreisten Landschaft über die mangelnden Sprachkenntnisse, die Art der Fortbewegung bis hin zum Einsatz »kultureller Übersetzer«, etwa arabisch-islamischer Mitreisender.[7] Die Forschungsergebnisse sind darum nicht nur abhängig von den Vorstellungen und Vorurteilen, der Mentalität der Afrikareisenden, sondern sie sind immer in Relation zu setzen zur Forschungssituation, zu konkreten Erlebnissen und strukturellen Vorgaben durch die afrikanische Umgebung, sowohl in sozialer als auch in geographischer Hinsicht.

3. Obwohl es einzelne Ansätze zu einer planmäßigen Steuerung der geographischen Afrikaforschung gab, etwa durch August Petermann, existierte aber keine wirkungsvolle Außenkontrolle der angewandten Forschungsmethoden. Die Afrikaforscher selbst waren nur in selteneren Fällen zu einer methodischen Selbstreflexion in der Lage oder willens. Selbst wenn die Problematik der Forschungssituation erkannt wurde, bedeutete dies keineswegs, daß die zuweilen sogar als solche registrierten Abwehrhaltungen gegenüber dem Fremden auf die Methode modifizierend rückbezogen worden wären.[8]

4. Die Ethnologie hob sich von der Ethnographie als bloßer Beschreibung fremder Völker ab, indem sie diese Beschreibungen theoretisch zu reflektieren suchte. Eine methodologische Selbstreflexion, wie sie die Verwissenschaftlichung des Historismus im 19. Jahrhundert kennzeichnet, findet sich dagegen nur in Ansätzen. Die theoretische Verarbeitung ethnographischer Daten war deutlich geprägt von den verschiedenen Disziplinen, aus denen sich die Ethnologie entwickelte; in Deutschland wurde sie vor allem von Geographie und Völkerpsychologie in großem Maß beeinflußt und geprägt, in Westeuropa deutlich stärker durch die Soziologie. War Heinrich Barth ein Wissenschaftler, der in der Lage war, über die eigenen Theorien und Methoden zu reflektieren, so wurde diese Einheit von materialer Forschung und reflektierender Durchdringung des gewonnenen Materials in der Folgezeit wieder aufgespalten in einen arbeitsteiligen Forschungsprozeß.

Innerhalb der materialen Afrikaforschung erhielt sich eine Form der Ethnographie, die von der theoretischen Verarbeitung der von ihr gesammelten Daten weitgehend getrennt blieb. Die Theoretiker führten in der Regel keine eigenen Feldforschungen durch, sondern verarbeiteten das Material, das ihnen in Reiseberichten, Artikeln und Briefen bereits vorlag.[9] Damit waren sie als die eigentlichen Ethnologen abgeschnitten von einer Diskussion über die Methoden der empirischen Forschung. Im Zentrum des ethnologischen Diskurses stand keine Methodendiskussion, sondern eine Konkurrenz von Interpretationsmustern. Die Aufnahme der empirisch gewonnenen Daten passierte mehrere Filter, zunächst in der selektiven Wahrnehmung durch die Reisenden, dann durch die auswählende Rezeption der Theoretiker, die durch ihre Vorgaben wiederum die Wahrnehmung der Reisenden bis zu einem gewissen Grad lenkten. Die Fragenkataloge, die manche Ethnologen Afrikareisenden mit auf den Weg gaben, konnten durchaus deren Wahrnehmungen vorstrukturieren, aber sie waren kein Ersatz für die weitgehend fehlende Selbstreflexion.

Die Ethnologie im 19. Jahrhundert entwickelte noch keineswegs die Kennzeichen einer »geschlossenen Gesellschaft«[10], sondern sie blieb in ihrer Zusammensetzung, der Gemengelage unterschiedlicher Interessen und daraus resultierender Wahrnehmungsgravitationen noch ohne jene »wissenschaftsinterne, methodologische Geltungssicherung«, wie sie die Geschichtswissenschaft derselben Zeit auszeichnete.[11] Zu dem Zeitpunkt, als die Form der Datenerhebung in den Mittelpunkt wissenschaftlicher Selbstreflexion rückte, konnte die Ethnologie eine wissenschaftliche Matrix ausbilden. Dies war aber erst möglich, als die Arbeitsteilung von Feldforschern und Ethnologen aufgehoben wurde, nämlich in den ersten Jahrzehnten des 20. Jahrhunderts.

Die empirischen Forscher lassen sich grob unterteilen in drei Gruppen, entsprechend ihrer Stellung in einem interkulturellen, aber auch in einem wissenschaftlichen Kommunikationszusammenhang:

1. Die Afrikareisenden, die als »Entdeckungsreisende« größere Entfernungen zurücklegten, mit verschiedenen afrikanischen Gesellschaften oft nur kurzzeitig zu tun hatten und ihre Berichte in einer Art erweiterten und ausgeschmückten Reisetagebuchs einer breiten Öffentlichkeit vorlegten.[12] Der Bestsellererfolg vieler Reiseberichte seinerseits war Ursache weiterer Verzerrungen, indem Berichte immer häufiger sensationell aufgebauscht wurden. Cornelia Essner hat auf die heterogene berufliche und soziale Zusammensetzung der Afrikareisenden hingewiesen und gezeigt, wie sehr eine »Entdeckungsreise« im 19. Jahrhundert zu einer karrierefördernden Strategie wurde.[13] Dabei waren nur sehr we-

nige Afrikareisende wissenschaftlich adäquat auf ihre Tätigkeit vorbereitet. Die meisten beherrschten geographische Meßmethoden, einige waren Vertreter naturwissenschaftlicher Disziplinen und leisteten in ihrem Feld sicher Bedeutsames, wie etwa der Botaniker Georg Schweinfurth. Doch befand sich außer Medizinern kaum ein Wissenschaftler unter den Reisenden, dessen Disziplin sich um die Erforschung des Menschen bemüht hätte. Der einzige ausgebildete Geograph und Historiker war und blieb Heinrich Barth; Nachtigal als früherer Konsul in Tripolis verfügte immerhin über diplomatische Erfahrungen, kulturelle und Sprachkenntnisse.

2. Die Missionare und Kolonialverwalter in tropischen Kolonien standen in engem Austausch mit Afrikanern, verfügten darum über ein oft sehr detailliertes und differenziertes Wissen über die Gesellschaften und ihre Kultur. Ihre Kenntnisse gelangten nur in wenigen Fällen an eine breitere Öffentlichkeit, sondern blieben oft internes Spezialistenwissen. Wenn ihre Schriften überhaupt veröffentlicht wurden, dann in Spezialzeitschriften wie den *Mittheilungen von Reisenden und Gelehrten aus den deutschen Schutzgebieten*, nur sehr selten in Form eigenständiger Monographien.[14] Aber selbst unter den Kolonialverwaltern setzte sich die Mehrheit aus ethnographisch dilettierenden Militärs zusammen, denen als Verwalter kleiner Gebiete in der Regel auch ein größerer regionaler Überblick fehlte.

3. Im Fall der weißen Siedler und der in Siedlerkolonien tätigen Kolonialverwalter sind aus naheliegenden Gründen herrschaftslegitimierende Erklärungen in starkem Ausmaß in die Darstellung der afrikanischen Bevölkerungen eingeflossen. In der ältesten Siedlerkolonie, Südafrika, nahmen die Anfänge einer historiographischen Selbstverortung der weißen Siedlerschaft bereits Züge eines nationalistischen Mythos an, etwa in der ersten afrikaanssprachigen Geschichtsdarstellung von Stephanus du Toit oder in den Büchern des kanadisch-südafrikanischen Historikers George McCall Theal.[15] Die Erklärungen des Kulturgefälles rekurrierten im wesentlichen auf einen geographischen und/oder rassischen Determinismus. Diese Autoren wandten sich bewußt an ein größeres Publikum, ihre Schriften prägten oft nachhaltig in einer breiteren Öffentlichkeit, aber auch unter Fachleuten, das historische Bild einer bestimmten Region.

Diejenige Gruppe, die ein größeres Interesse an sozialen Organisationsformen zeigte, nämlich die der Missionare, war auch diejenige, die am wenigsten rezipiert wurde.

Die geographischen Determinismen, namentlich die Ungegliedertheit des afrikanischen Kontinents, erleichterten eine Einebnung der Unterschiede afrikanischer Gesellschaften durch die Begrifflichkeit, die ihrerseits die Wahrnehmung der Afrikaforscher beeinflußte. Die Afrikareisenden beschrieben neben ihren bestandenen Abenteuern auch die von ihnen besuchten Gesellschaften – in der Regel in separaten ethnographischen Überblickskapiteln –, verfügten aber weder über ein adäquates Fachvokabular noch über ausreichende Vorkenntnisse. Die Autoren waren auf vorwissenschaftliche Begriffe zurückgeworfen, die von Verlegenheitsausdrücken durch den allgemein üblich werdenden Gebrauch zu einem Surrogat wissenschaftlicher Kategorien avancierten. Der verallgemeinernde Gebrauch von »Stamm« als universaler sozialer Einheit, die Beschreibung des politischen Lebens als »Despotien« und der Religion als »Fetischismus«, führte zu einer Einebnung der Unterschiede zwischen den afrikanischen Gesellschaften, die dann wiederum von den Theoretikern in ein universalgeschichtliches, evolutionistisches Ablaufschema eingeordnet werden konnten. Die »Geschichte Afrikas« als Kollektivsingular zeichnete sich dadurch aus, daß sie eigentlich noch gar keine Geschichte war, sondern im vorhistorischen Raum, als nicht-kumulative Kulturentwicklung, verharrte.

Konnte Barth Geographie und Geschichte miteinander verbinden, aber nicht in Form einer Überbetonung der geographischen Einflüsse, sondern indem er gesellschaftlichen und politischen Entwicklungen ein eigenes Recht einräumte, so wurde vor allem unter dem Einfluß Friedrich Ratzels als des für Deutschland wichtigsten ethnologischen Theoretikers die Rolle der geographischen Bedingungen deutlicher umrissen, ja sie tendierte zu einem Umweltdeterminismus, zumal gleichzeitig das Interesse an den Gesellschaften mehr und mehr schwand.

Die Ethnologie verstand sich zwar als eine historische Wissenschaft, war es faktisch aber eher im negativen Sinn. Auch wenn sich alle Afrikareisenden immer wieder um historische Informationen bemühten, erhielten sie aus unterschiedlichen Gründen nur selten Zugang zu ihnen. Die oftmals magere Ausbeute wurde nicht methodologisch hinterfragt, sondern über ausgefeilte anthropogeographische Begründungen als Beweis für die Geschichtslosigkeit der afrikanischen Völker gewertet. Der Rekurs auf geographische Bedingungen zeigte gleichzeitig, daß Afrika wegen seiner geringen Binnengliederung gewissermaßen über das Stadium permanenter Völkerwanderung nicht hinausgekommen war und darum die Voraussetzung für eine kulturhistorische Entwicklung, nämlich Seßhaftigkeit, Staatlichkeit, kulturelle Profilierung und Austausch über Verkehr, nicht erreicht hatte. Den Interpretationsrahmen lieferte Friedrich Ratzel in seinem Doppelwerk von Völkerkunde und Anthropogeographie.[16]

Auf der Basis derartiger Befunde ließ sich der Schwerpunkt um so leichter auf die Entwicklungsgeschichte verlagern. Diese erscheint im wesentlichen in zwei Formen. Adolf Bastian, der Begründer einer institutionalisierten Ethnologie, versuchte, völkerpsychologische Entwicklungsstufen herauszuarbeiten, die als Stadien von jedem Volk durchlaufen werden.[17] Ratzel war dagegen stärker an ethnologischen Verwandtschaften, Ausbreitungswegen, Mischungen und Umwelteinflüssen interessiert, bei ihm ist der Evolutionismus in viel stärkerem Maß historisch relativiert.

Trotzdem blieb Geschichte die Leitwissenschaft, und bezeichnenderweise waren die gegen Ende des Jahrhunderts verstärkten Versuche, der Ethnologie eine eigene Methodik zu verschaffen, darauf gerichtet, sie durch eine Überwindung des Evolutionismus in den Rang einer historischen Wissenschaft zu erheben. Methodisch geschah dies, indem die materielle Kultur als historische Quelle gelesen wurde.[18] Ein diffusionistisches Paradigma, das aus einem älteren Diskurs stammte[19], ließ es als möglich erscheinen, die Ausbreitung und Wanderung von Kulturen zu untersuchen. Die Kulturkreislehre, der bekannteste Versuch einer solchen methodischen Profilierung der Ethnologie, unterscheidet sich durch ihre historische Orientierung von den viel stärker soziologisch forschenden Richtungen in Westeuropa. Die Behauptung, die Völker Afrikas seien noch im Stadium der Völkerwanderung befangen, erleichterte die Konzentration auf die Kultur, unter Vernachlässigung der sie produzierenden und reproduzierenden Gesellschaften. Von daher gesehen ist es wenig erstaunlich, daß die Kulturkreislehre gerade Afrika zu ihrem eigentlichen Untersuchungsfeld machte.

Anmerkungen

1 Die institutionelle Verankerung der Ethnologie läßt sich mit der Gründung der *Zeitschrift für Ethnologie* und des Instituts für Völkerkunde an der Universität Berlin im Jahr 1869 ansetzen.

2 Zu Barth, Nachtigal und anderen im Text erwähnten Afrikaforschern ausführlich Christoph Marx, »*Völker ohne Schrift und Geschichte*«. *Zur historischen Erfassung des vorkolonialen Schwarzafrika in der deutschen Forschung des 19. und frühen 20. Jahrhunderts* (*Beiträge zur Kolonial- und Überseegeschichte*, Bd. 43), Stuttgart 1988.

3 Dierk Lange, »Das alte Mali und Ghana. Der Beitrag der Oraltraditionen zur Kritik an einer historiographischen Fiktion«, in: *Historische Zeitschrift*, Bd. 255 (1991), S. 587–623, hier S. 589.

4 Vgl. dazu Peter Kremer, »Carl Ritters Einstellung zu den Afrikanern. Grundlage für eine philanthropisch orientierte Afrikaforschung«, in: Karl Lenz (Hg.), *Carl Ritter – Geltung und Deutung. Beiträge des Symposiums anläßlich der Wiederkehr des 200. Geburtstages von Carl Ritter*, Berlin 1981, S. 127–154, sowie den Beitrag von Jürgen Osterhammel, »Geschichte, Geographie, Geohistorie«, in diesem Band, S. 257–271.

5 Klaus J. Bade, »Antisklavereibewegung in Deutschland und Kolonialkrieg in Deutsch-Ostafrika 1888–1890: Bismarck und Friedrich Fabri«, in: *Geschichte und Gesellschaft* 3 (1977), S. 31–58, bes. S. 41ff. u. 52ff.

6 Jörn Rüsen, *Historische Vernunft* (*Grundzüge einer Historik I: Die Grundlagen der Geschichtswissenschaft*), Göttingen 1983, S. 24ff. Es wäre durchaus möglich nachzuweisen, daß alle fünf Faktoren, die Rüsen für die disziplinäre Matrix der Geschichtswissenschaft herausgearbeitet hat, auch für die Ethnologie grundsätzlich gelten, aber im 19. Jahrhundert in einem überdurchschnittlichen Maß nach »außen« gerichtet, d.h. wenig aufeinander bezogen sind. Dieser mangelnden Kohärenz korrespondiert logischerweise eine geringe methodologische Selbstreflexion.

7 Vgl. Christoph Marx, »Der Afrikareisende Georg Schweinfurth und der Kannibalismus. Überlegungen zur Bewältigung der Begegnung mit fremden Kulturen«, in: *Wiener Ethnohistorische Blätter* 34 (1989), S. 69–97.

8 Einige der Afrikareisenden waren zu erstaunlich hellsichtigen Erkenntnissen fähig, ohne dies aber auf ihr Verhalten modifizierend anzuwenden: Georg Schweinfurth, *Im Herzen von Afrika. Reisen und Entdeckungen im centralen Aequatorial-Afrika während der Jahre 1868–1871*, Neuausgabe in einem Band, Leipzig 1918, S. 244.

9 Ganz ähnlich lag der Fall in England, vgl. George W. Stocking, *Victorian Anthropology*, New York/London 1987, bes. S. 234.

10 Horst Walter Blanke, »Diskursgrenzen des Historismus. Die wissenschaftshistorischen Schriften Lamprechts und Breysigs und erneuter Paradigmenwechsel der Historie«, in: ders./Jörn Rüsen (Hg.), *Von der Aufklärung zum Historismus. Zum Strukturwandel des historischen Denkens*, Paderborn 1984, S. 285–304, hier S. 292f.

11 Gangolf Hübinger, »Forschendes Erklären. Georg Gottfried Gervinus' Mittelstellung zwischen Aufklärung und Historismus«, in: Blanke/Rüsen, *Von der Aufklärung zum Historismus* (wie Anm. 10), S. 227–235, hier S. 228.

12 Bezeichnenderweise hat Gerd Spittler, *Der Forscher und die Eingeborenen. Die Praxis der Feldforschung vor der Kolonialzeit, dargestellt am Beispiel der Reisen und Expeditionen ins Innere Afrikas*, unveröffentlicht, (Freiburg) 1983, sein Plä-

doyer für eine Wiederentdeckung der Reise als einer Alternative zur stationären Feldforschung mit dem Beispiel Barths verbunden; dabei differenziert er zwischen Reise und Expedition, welch letztere er für weniger ertragreich hält. Dies wird etwa deutlich im Fall der Expedition des Herzogs zu Mecklenburg, der mit insgesamt 2230 Trägern und Begleitern den Kontinent durchquerte: Adolf Friedrich Herzog zu Mecklenburg, *Ins Innerste Afrika. Bericht über den Verlauf der deutschen wissenschaftlichen Afrika-Expedition 1907–1908*, Leipzig 1909, S. 9ff.

13 Cornelia Essner, *Deutsche Afrikareisende im neunzehnten Jahrhundert. Zur Sozialgeschichte des Reisens* (*Beiträge zur Kolonial- und Überseegeschichte*, Bd. 32), Stuttgart 1985, bes. S. 51ff. u. 93ff. Eine ähnliche Erscheinung gab es in England nicht, da Reisen als Bestandteil der Heranbildung zum »Gentleman« hier eine längere Tradition hatte; siehe auch Stocking, *Victorian Anthropology* (wie Anm. 9), S. 78ff.; vgl. auch Gérard Leclerc, *Anthropologie und Kolonialismus*, Frankfurt/Berlin/Wien 1976, S. 13ff.

14 Dabei ist etwa an das für die Zeit außergewöhnliche Buch des Missionars der Basler Missionsgesellschaft Jakob Spieth, der lange Jahre in Togo lebte, zu denken: *Die Ewe-Stämme. Material zur Kunde des Ewe-Volkes in Deutsch-Togo*, Berlin 1906. Unter den Militärs ist etwa der zeitweilige Gouverneur von Togo, Graf Zech, eine Ausnahme.

15 Stephanus Jacobus du Toit, *Di geskiedenis van ons land in di taal van ons volk*, o. O. 1895; zu McCall Theals umfangreichem Werk siehe Christopher C. Saunders, *The Making of the South African Past. Major Historians on Race and Class*, Kapstadt/Johannesburg 1988, S. 9ff.

16 Vgl bes. Friedrich Ratzel, *Die Naturvölker Afrikas. Völkerkunde*, Bd. 1, Leipzig 1885, S. 20f.

17 Allerdings differenzierte Bastian zwischen universalen und regionalspezifischen Entwicklungsstufen mit seiner Unterscheidung von Völker- und Elementargedanken: Wilhelm E. Mühlmann, *Geschichte der Anthropologie*, Wiesbaden 1984, S. 87ff.

18 Der avancierteste Versuch, der kulturhistorischen Ethnologie eine eigene historische Methode zu entwickeln, stammte von Fritz Graebner, *Methode der Ethnologie*, Heidelberg 1911.

19 Nämlich aus der Kontroverse über einen mono- oder polygenetischen Ursprung der Menschheit: Urs Bitterli, *Die »Wilden« und die »Zivilisierten«. Die europäisch-überseeische Begegnung*, München 1982, S. 325ff.

KURT NOWAK

Historische oder dogmatische Methode? Protestantische Theologie im Jahrhundert des Historismus

Um 1900 mehrten sich die kritischen Stimmen, die in der historischen Denkform ein Danaergeschenk an die Theologie erblickten. Sogar in den Debatten des Preußischen Herrenhauses waren sie zu vernehmen. In Leipzig notierte der Systematische Theologe Otto Kirn: »Man kennt die Weltanschauungen, die Religionen, die philosophischen Systeme entlegener Völker und Zeitalter und würdigt sie in ihrem relativen Recht, aber man endigt damit, auch der eigenen Weltanschauung und religiösen Überzeugung nur ein relatives Recht zuzuerkennen.« In Berlin wies Julius Kaftan die Ansprüche der geschichtswissenschaftlichen Erkenntnis auf die Dogmatik als unzulässig zurück. Geschichtswissenschaft und Dogmatik seien einander ergänzende, im Grundsatz aber unterschiedliche Erkenntnisformen.[1] Zu scharfen Worten griff Karl Barth im Jahr 1910 in einem Vortrag vor der deutschen Pastoralkonferenz der Westschweiz im Blick auf eine besonders weit vorgeschobene Phalanx theologischer Historisierung, die »Religionsgeschichtliche Schule«. Barth würdigte zwar deren Rückwendung in die Geschichte im Kontrast zu bodenferner theologischer Spekulation, meinte aber: »sie wollten l'art pour l'art, Geschichte um der Geschichte willen treiben und das Resultat war, daß ihnen die Offenbarung abhanden kam. (...) *Gott verschwand aus der Geschichte.*«[2]

All das sind beliebig vermehrbare Beispiele aus der historismuskritischen Bewegung in der protestantischen Theologie an der Wende vom 19. zum 20. Jahrhundert. Ihre volle Entfaltung erlebte sie in der antihistorischen Revolte der evangelischen Theologie während der 1920er Jahre.[3] Die antihistorische Kritik war die Antwort auf die breitflächige Durchdringung der protestantischen Theologie durch den Historismus. Der »latenten« Historisierung im Zeitalter der Spätorthodoxie, des Pietismus und der Aufklärung war die »akute« Historisierung der protestantischen Theologie im 19. Jahrhundert gefolgt. Während des 16. bis 18. Jahrhunderts waren freilich schon beträchtliche Wegstrecken zurückgelegt: in der Textkritik, in der Hermeneutik, in der Chronologie, in der Einschmelzung der »historia sacra« in die Weltgeschichte. Die allseitige Anwendung der historischen Methode blieb gleichwohl dem Jahrhundert des Historismus vorbehalten. Hinreichend erforscht ist die akute Historisierung der protestantischen Theologie im 19. Jahrhundert ungeachtet zahlreich vorliegender »Geschichten der Theologie« und Einzelstudien bisher noch nicht. Die theologische Historismusforschung beschränkt sich in aller Regel auf Spezialstudien, d. h. auf relativ wenige, allerdings signifikante Ausschnitte aus dem Gesamtpanorama.[4] Deshalb überwiegen in manchen Bereichen Fragen die festen Erkenntnisse. Wie disziplinenspezifisch vollzog sich in den fünf klassischen Fächern der Theologie – Altes Testament, Neues Testament, Kirchengeschichte, Systematische Theologie, Praktische Theologie – die Durchsättigung mit dem Historismus? Welche Folgen hatten die unterschiedlichen Historisierungsgrade der Teilfächer für den internen Verbund der Theologie als enzyklopädischer Wissenschaft? Welche Disziplin der protestantischen Theologie übernahm wann und wie lange eine Leitfunktion? Zeitweilig schienen die Kirchenhistoriker das Zepter zu führen (Ferdinand Christian Baur), dann wieder die Alt- und Neutestamentler, ohne daß man indes vom klaren Primat eines Teilfachs sprechen kann. Wenn durch die Leistungen Adolf von Harnacks die Kirchengeschichte am Ende des 19. Jahrhunderts endgültig das Feld zu beherrschen schien, so war dieser Eindruck vielleicht vordergründig. Denn Harnack erhob Ansprüche auch als Neutestamentler und Systematiker, ja sogar als Religionsphilosoph, der das »Wesen des Christentums« deutete. Als Historiker wollte Harnack ein die Gesamtdisziplin mitverantwortender und -gestaltender Theologe sein.

Spezialisierung und disziplinäre Professionalisierung, der noch wenig erforschte Wechsel im Hervortreten dieses oder jenes Fachs, dazu der integrative Anspruch des jeweiligen Fachvertreters (als Theologe!) im Blick auf die Gesamtdisziplin bilden bei der Rekonstruktion der Beziehung Historismus – Theologie im 19. Jahrhundert ein unübersichtliches Gelände. Zudem parzelliert es sich nach Anwälten und Gegnern der Historisierung, unter den Anwälten wiederum nach theoretisch distanzierten, doch historisch tatkräftigen Empirikern und theoriefreudigen, doch empirieschwachen Systematikern.

Gelenkstellen des Historisierungsprozesses in der protestantischen Theologie des 19. Jahrhunderts waren sachlich und wirkungsgeschichtlich *Das Leben Jesu* von David Friedrich Strauß (1835/36), Adolf von

Harnacks *Lehrbuch der Dogmengeschichte* (1886–1890) und die Etablierung der »Religionsgeschichtlichen Schule« (1890ff.). Die mit Strauß, Harnack und der »Religionsgeschichtlichen Schule« verbundenen Konzepte charakterisieren die Gesamtentwicklung nicht generell. Wohl aber sind sie geeignet, ein besonders helles Licht auf sie zu werfen. Dabei fällt auf, welche Mischungen zwischen historischer und dogmatischer Methode selbst noch in Schlüsseltexten des theologischen Historismus anzutreffen sind. Barths Vorwurf vom »l'art pour l'art« trifft weder auf Strauß noch auf Harnack und nicht einmal auf die »Religionsgeschichtliche Schule« zu, auf die er ausdrücklich gemünzt war. Die historische Methode blieb überlagert von theologischen Perspektiven und gelenkt von religiösen Ansprüchen. Der Versuch, diese Heterogenie der Methoden, Zwecke und Ziele gegeneinander auszugleichen, erscheint als das eigentliche Schicksal des protestantisch-theologischen Historismus und des sich gegen ihn aufbauenden Antihistorismus.

1. Historisierung des Evangeliums

1835/36 legte der damalige Repetent am Tübinger Stift, David Friedrich Strauß, unter dem knappen Titel *Das Leben Jesu, kritisch bearbeitet* den wirkungsgeschichtlich weitreichendsten Text der protestantischen Theologie des 19. Jahrhunderts vor. Betrachtete man die vier Evangelien des Neuen Testaments unter dem Mikroskop der historisch-kritischen Methode, dann war nach Strauß im »Leben Jesu« nur noch ein Sagenkreis unhistorischer Verherrlichungen des Mannes aus Nazareth erkennbar. Strauß teilte einer teils enthusiastischen, teils empörten Öffentlichkeit mit: »Der neue Standpunkt ist ... der mythische«.[5] Strauß behandelte die Evangelien als Zeugnisse einer antiken religiösen Bewußtseinskultur, deren Eigenart bei der Begegnung mit großen Individuen in der Produktion von Mythen bestand, von Geburtsmythen, wunderhaften Taten, Leidensmythen, Auferstehungsmythen. Entscheidende Impulse hatte Strauß aus der kritischen Durcharbeitung von »zwei getreue(n) Nachschriften von Schleiermachers Vorlesungen über das Leben Jesu« erhalten.[6] In seinen Vorlesungen hatte sich Schleiermacher vor die Alternative gestellt, Jesus als Wundertäter entweder geschichtlich zu erweisen oder aber ihn als »mythisch« preiszugeben. Von Schleiermacher war viel exegetischer Scharfsinn aufgeboten worden, um die Glaubwürdigkeit der

Evangelien als historische Quelle zu stärken. Strauß schrieb an Wilhelm Vatke: »Der Schleiermacher hat mich mächtig angeregt, ich bin ihm viel Dank schuldig; aber der Mann hat mich doch nicht befriedigt. Er bleibt auf halbem Wege stehen, er sagt nicht das letzte Wort. Dies Wort werde ich aussprechen«.[7]

Im *Leben Jesu* zeigte Strauß zweierlei: 1. Die Kriterien neuzeitlichen historischen Denkens galten noch nicht für die Autoren der Evangelien. 2. Deren unhistorische Denkweise forderte, falls man sie nicht von vornherein für disqualifizierend hielt, eine Erklärung. Die Erklärung war das mythische Denken. Erdichtetes als faktisch Geschehenes darzubieten entsprach dem antiken Mythenbewußtsein und diente der Verherrlichung Christi. Jörg Sandberger, einer der führenden Strauß-Forscher, nennt Ansatz und Ausführung des *Leben Jesu* »verwirrend ambivalent«.[8] Analysierte Strauß die Evangelien als religionsgeschichtlich interessierter Historiker, als christlicher Theologe oder als spekulativer Philosoph? Strauß selber verstand das *Leben Jesu* als Vorarbeit zu einem »größeren dogmatischen Plane«, nämlich zu einer spekulativen Dogmatik auf dem Niveau einer Theorie des menschlichen Selbstbewußtseins.[9] Im *Leben Jesu* lag der Arbeitsschwerpunkt zunächst in der Zusammenfassung und Radikalisierung all dessen, was in der Auslegungsgeschichte des Neuen Testaments seit J. A. Ernesti u. a. an kritischen Einsichten in den Charakter und in die Überlieferung der Evangelien zur Verfügung stand. In der *Christlichen Glaubenslehre* (1840/41) zog Strauß hingegen wenige Jahre später die seiner Meinung nach unausweichlichen Konsequenzen. Er übertrug die christologische Prädikation (Durchdringung von Menschlichem und Göttlichem) vom Individualsubjekt Jesus auf das Kollektivsubjekt Menschheit und historisierte sie, indem er die nunmehrige Menschheits-Christologie in ein Evolutionsmodell der menschlichen Bewußtseinsgeschichte eintrug. Mit seiner »spekulativen Dogmatik« oder, anders gesprochen, mit seiner Religionsphilosophie in kollektiv-christologischer Absicht bog Strauß vom Pfad des Historismus wieder ab, auf den er durch seine historisch-kritischen Operationen am Text der Evangelien so energisch seinen Fuß gesetzt hatte. Seine »spekulative Dogmatik« war der Versuch, die Gott-Mensch-Qualität sicherzustellen, ohne dabei in ein sacrificium intellectus zu verfallen. Ein gutes historisches Gewissen hatte Strauß dabei insofern, als er meinte, die von ihm auf den Begriff gebrachte innere »Entwicklungsgeschichte« des Christentums läge längst vor: in den Formulierungen der dogmengeschichtlichen Tradition, in den Positionen der kirchlichen Parteien, in den »Ketzereien und Synoden, als Rationalismus, Philosophie u[nd] s[o] f[ort]«. Der »jetzt lebende Theologe« habe diesen Prozeß lediglich »begreifend zusammenzufassen«.[10]

Strauß trug dazu bei, ein differenziertes Bild der Frühgeschichte des Christentums und der Produktionsbedingungen von religiösen Texten zu gewinnen. Aber die vollständige Applizierung der historischen Sichtweise auf die Texte der Evangelien war schwierig und schmerzhaft. Nach dem Erscheinen des *Leben Jesu* konnte Strauß sich in Deutschland keine Aussichten mehr auf eine akademische Karriere machen. 1839 erhielt er einen Ruf nach Zürich als Professor der Dogmatik und Kirchengeschichte. Jedoch sah sich die Kantonalregierung wegen des starken Drucks der Konservativen gezwungen, den Neuberufenen in den Ruhestand zu versetzen, ehe er seine Lehrtätigkeit aufnehmen konnte.

2. Historisierung des Dogmas

»Die wahre Kritik des Dogmas ist seine Geschichte«, hatte David Friedrich Strauß in seiner *Christlichen Glaubenslehre* 1840 notiert.[11] Die historisch-kritische Behandlung der Geschichte des Dogmas war von Strauß durch das Einschwenken in die »Pseudo-Spekulation« nicht klar durchgeführt worden. An dieser Stelle setzte ein halbes Jahrhundert später Adolf von Harnack ein, zunächst mit dem Entwurf einer »Christlichen Dogmengeschichte« (unveröffentlicht)[12], sodann mit seinem dreibändigen opus magnum, dem *Lehrbuch der Dogmengeschichte* (1886–1890).[13] Hatte Strauß im *Leben Jesu* die historisch-kritischen Forschungen zu den Evangelien zusammengefaßt, so unterwarf Harnack nunmehr die Dogmengeschichte ähnlich konsequenten Operationen. Am Nullpunkt brauchte er dabei nicht anzusetzen. Bereits durch die protestantische Orthodoxie waren Grundlagen für eine differenzierte Betrachtung der kirchlichen Lehrentwicklung geschaffen worden, ohne daß sie ihre Arbeit allerdings als historisch verstand. Die Differenzierung war durch die Einbringung von Gesichtspunkten der konfessionellen Polemik geschehen. Teile der Dogmengeschichte waren erhalten geblieben (die Dogmen der Alten Kirche), andere verworfen worden (Lehrentwicklung des lateinischen Mittelalters). Weitere Möglichkeiten zur dogmenkritischen Distanznahme von der Lehrtradition hatte der Pietismus entwikkelt. In seinem dogmatischen Interesse auf die Soteriologie konzentriert, gab er nolens volens andere Bestände der kirchlichen Lehrentwicklung zur kritischen Betrachtung frei. Dieser Freigabe waren auch Elemente der Lehrentwicklung des Protestantismus im 16. Jahrhundert verfallen. Vollends im Zeitalter der Aufklärung war das Dogma dann Gegenstand der »äußeren Kritik«, d. h. der Rekonstruktion seiner historischen Bedingtheit, sowie der »inneren Kritik«, also seiner logischen Brüche und Undeutlichkeiten, geworden. Das Zeitalter der Aufklärung entwertete die Dogmen als autoritative Urkunden, hob sie unter veränderten Vorzeichen jedoch auch wieder auf eine gewisse Höhe. Sie galten als Bestandteile des Werdens des Christentums in historischer Perspektive.

Als Harnack seine dogmenkritische Arbeit begann, existierten im Spannungsfeld von historischer Forschung und theologischem Interesse zahlreiche dogmengeschichtliche Programme nebeneinander. Genannt seien die Konzeptionen von Strauß, Ferdinand Christian Baur und Theodor Kliefoth im näheren oder weiteren Umfeld des Hegelianismus sowie der aus Motiven lutherischer Theologie gespeiste Entwurf des Erlangers Gottfried Thomasius. Im Unterschied zu Strauß wirkte Harnack im Wissenschaftsmilieu des voll ausgebildeten Historismus. Die Ansprüche der Geschichtswissenschaft bei der Arbeit des Dogmenhistorikers waren gravierender als in den ersten Jahrzehnten des 19. Jahrhunderts, in denen noch die Philosophie des Deutschen Idealismus herrschte. Harnack meinte, in seiner dogmenhistorischen Arbeit alle Beimengungen der spekulativen Philosophie hinter sich gelassen zu haben. Er schrieb: »Die Dogmen entstehen, entwickeln sich und werden neuen Absichten dienstbar gemacht; dies geschieht in allen Fällen durch die *Theologie*. Die Theologie aber ist abhängig von unzähligen Factoren, vor allem von dem Geiste der Zeit«.[14] Diese Bekundung erinnerte an den Standpunkt Rudolf Hayms, der in seinen *Vorlesungen über Entstehung, Wesen und Wert der Hegel'schen Philosophie* in den 1850er Jahren die Erkenntniskraft des Historismus mit den Worten gefeiert hatte: »Es ist einer der aufklärendsten Schritte, welche überhaupt gegangen werden können, wenn man, die Arbeit der Geschichte rückwärts nachmachend, etwas, was bis dahin als etwas Dogmatisches, als etwas objektiv Ideelles, als eine Metaphysik oder Religion, als etwas Ewiges und Fixes gegolten hat, zu einem rein Historischen herabholt und bis auf seinen Ursprung im bewegten Menschengeist verfolgt«.[15] Harnack stellte das Dogma in den prinzipiell offenen und damit unendlichen Diskurs der theologischen Arbeit zurück. Das Dogma war nicht die Basis theologischer Aussagen, es war lediglich ihr »Exponent«. Die Aufgabe des Dogmengeschichtsschreibers verstand Harnack als Nachzeichnung eines »sehr complicirte(n) Verhältniss(es) von kirchlichem Dogma und Theologie«.[16] Das richtige Verstehen des Dogmas setzte eine Analyse des Gesamtzusammenhangs der Geschichte der Theologie und diese wiederum die Analyse der christlichen Religion bei ihrer Einbürgerung in die Lebenswelt des Menschen voraus. Der Bogen zur Historisierung des Dogmas war denkbar weit geschlagen. Er umschloß die interne Denkentwicklung der Theologie, die kirchliche Institutionsgeschichte, die politische Geschichte, die Kultur- und Sozialgeschichte. Wirklich durchzuführen vermochte Harnack dieses interdisziplinäre historische Programm indes nicht, weil zuvor im Binnenbereich der Theologie-, Dogmen- und Kirchengeschichte viel Material zu bewegen war.

Durch flächendeckende Anwendung der historischen Methode entdogmatisierte Harnack das Dogma. Am Ende seines *Lehrbuchs der Dogmengeschichte* konstatierte er einen »dreifachen Ausgang der Dogmengeschichte«: 1. Im nachtridentinischen Katholizismus vollendete sich die von länger her angelegte theologische Neutralisierung des Dogmas zugunsten einer arbiträren Rechtsordnung mit dogmatisch uneindeutigen Inhalten. 2. Im Antitrinitarismus und Sozianismus erfuhr das Dogma seine Aufhebung und Zersetzung durch den Verstand. 3. In der Reformation vollzog sich eine über das Dogma hinausweisende Bewegung nach rückwärts zu den reinen Quellen des Ursprungs, nach vorwärts zu einem evangelisch-protestantischen Glaubensverständnis, das »befreit (war) vom Dogma und versöhnt mit der Freiheit und mit der Wahrheit unbezweifelbarer geschichtlicher Erkenntnis«.[17]

Den theologischen Wurzelboden von Harnacks dogmenhistorischen Analysen und Wertungen bildete ein am Geist der Aufklärungstheologie des 18. Jahrhunderts und der liberalen Theologie des 19. Jahrhunderts geschultes Verständnis Jesu und der Evangelien. Dieser theologische Hintergrund verbietet es, die dogmenkritischen Resultate Harnacks allein auf das Konto der »historischen Methode« und der durch sie ermöglichten kontextualen Rekonstruktions- und Dekonstruktionsleistungen zu setzen. Anders gesagt, Harnack trat an die Dogmengeschichte mit einem massiven theologischen Vorverständnis heran. Im Lichte der ursprünglichen Jesus-Verkündigung erschien alles Weitere als ein unnötig komplizierter dogmatisch-metaphysischer Überbau. Den Grund für die dogmatische Verkomplizierung der christlichen Botschaft erblickte Harnack im Eintauchen der auf dem Boden Palästinas entstandenen Jesus-Verkündigung in die Welt der hellenistischen Philosophie. Harnack war Historiker genug, um die theologie-, dogmen- und kirchengeschichtlichen Entwicklungen von 1900 Jahren nicht einfach für null und nichtig zu erklären. Die Geschichte grämlich nach Maßgabe dessen zu meistern, was eigentlich hätte sein sollen, lehnte er ab. Wohl aber hegte er die feste Überzeugung, daß der Menschheit nach ihrem einigermaßen quälenden Durchgang durch dogmatische Systembauten der Weg auf das freie Gelände persönlich verantworteter Frömmigkeit beschieden sei. Nach dem Zeitalter des Dogmas sei das postdogmatische Zeitalter des Christentums angebrochen.

In Harnacks dogmengeschichtlichen Arbeiten begegnete eine kaum auflösbare Mischung von Historie und Theologie. Die Analyse und Darstellung der Dogmengeschichte folgte nicht exklusiv den Prämissen einer vor- oder außertheologischen Historik. Umgekehrt stand die Theologie nicht proklamativ auf sich selber, sondern versuchte sich mit der Historie zu verbinden. Als historische Grundtatsache, die angeblich mit induktiven und deduktiven Methoden ermittelt war, betrachtete Harnack die von ihm entwickelte Version der jesuanischen Verkündigung. Genau diese Version aber war strittig. Sollte Jesus wirklich den unendlichen Wert der menschlichen Seele verkündigt haben, wie Harnack behauptete? Diese These erinnerte allzu stark an die bürgerliche Persönlichkeitskultur des 19. Jahrhunderts, um problemlos auf den Mann aus Nazareth zurückgeführt werden zu können. Kaum anders verhielt es sich mit weiteren Elementen, die Harnack zufolge originär jesuanisch waren. Kurz, Harnacks Jesus war nicht der historische Jesus, sondern eine liberaltheologische Konstruktion.

Ohne jeden Zweifel war Harnack ein großer Historiker, der die Verwissenschaftlichung der Dogmengeschichtsschreibung im Horizont des Historismus am Ende des 19. Jahrhunderts entscheidend förderte. Kein Zweifel dürfte aber auch daran bestehen, daß er gleichzeitig ein eigenwilliger theologischer Systematiker und christlicher Popularphilosoph war. Die Empirisierung und Temporalisierung des Dogmas fand bei Harnack ihren Gegenhalt in der enthistorisierten »originalen Religion« Jesu. Bei den Fachkollegen wurde Harnacks quellenkritische Souveränität, sein Talent für alles, was im Zeitalter des Historismus den Ruhm des Geschichtsforschers ausmachte, bewundert. Doch in die Bewunderung war der Zweifel gemischt, ob Harnack die Möglichkeiten des Fachs nicht überstrapazierte. Man sah bei ihm eine allzu schnell hervorbrechende Neigung zur großräumigen theologischen Theoriebildung.

Aus den Kreisen des kirchlichen Konservativismus schlug Harnack unerbittliche Feindschaft entgegen. Wie immer die Konservativen sein Programm hin- und herwendeten, sie vermochten in ihm nur Zerstörerisches und Zersetzendes zu erkennen. Mit der gleichsam schrankenlosen Handhabung der historischen Methode warf Harnack, wie sein intimer Feind Adolf Stoecker es ausdrückte, die gesamte Tradition in den »Hexenkessel« der Kritik.[18] Und mit seinem Angebot einer postdogmatischen Frömmigkeit fiel Harnack, wie sie meinten, weit hinter den Reichtum der Inhalte des christlichen Glaubens zurück. Ganze Pfarrkonferenzen fragten empört, ob Harnack sich überhaupt noch die Bezeichnung Christ anmaßen dürfte. Die zahlreichen Streitigkeiten um Harnack am Ende der 1880er und in den 1890er Jahren belegen, in wie starkem Maße die Historisierungsschübe in der protestantischen Theologie von Blockaden und Retardationen begleitet waren. Was die Gegner nicht sahen oder nicht sehen wollten: historische Methode und geschichtliches Denken als hermeneutischer Königsweg standen bei Harnack zwar an erster, nicht aber an letzter Stelle. Jenseits der Historie gab es für Harnack eine »Metahistorie«, jenseits des animal historicum das animal metahistoricum. Von einem positivistischen Konzept des Historismus, das zu den Fragen der Geschichtsphilosophie und -theologie schwieg, hielt Harnack nichts. Sein Historismus stand im Einzugsfeld eines geschichtsphilosophischen Synkretismus, der zusammengesetzt war aus Elementen des Deutschen Idealismus, der Romantik und der rationalen Metaphysik des 18. Jahrhunderts. Theologisch-philosophisches Kernstück war das an keiner Stelle des Werks näher begründete Axiom vom religiösen Apriori.

3. Historisierung der Religion

Vor der Historisierung der Religion als Urphänomen im Bewußtseinshaushalt der Menschheit war Harnack noch zurückgewichen. Diese Aufgabe ist um 1890 von den Repräsentanten der »Religionsgeschichtlichen Schule« in Angriff genommen worden. Voraussetzung dafür war eine Reformulierung des Selbstverständnisses der Theologie. Sie sollte nicht mehr als exemte Offenbarungswissenschaft gelten, sondern als

»religionsgeschichtliche Disziplin«.[19] Betrieben von christlichen Theologen, war diese Disziplin jedoch nicht abstrahiert von ihren christlich-theologischen Voraussetzungen zu verstehen. Sie sollte mit dem Vorzeichen des christlichen Glaubens versehen bleiben, dies in Abgrenzung gegen die Disziplin Allgemeine Religionswissenschaft. Die Matrix einer religionsgeschichtlichen Disziplin in christlicher Absicht paraphrasierte auf verändertem Niveau die Mischung von historischer und dogmatischer Methode, die generell bei der Historisierung der protestantischen Theologie sichtbar ist.

Einerseits wollten die Vertreter der »Religionsgeschichtlichen Schule« (Hermann Gunkel, William Wrede, Wilhelm Bousset, Ernst Troeltsch u. a.) das Christentum einer historischen, soziologischen und phänomenologischen Formenanalyse unterwerfen. Andererseits hofften sie, dadurch die überragende religiöse Geltung des Christentums im Vergleich mit allen anderen Religionen der Menschheit neu bewähren zu können. Im Blick auf ihr methodisches Instrumentarium schwankten die »Religionsgeschichtler« zwischen der konsequenten Historisierung religiöser Phänomene (insbesondere von religiösen Texten) und den normativen Ansprüchen einer Religionsphilosophie. Troeltsch meinte: »Die Hauptfrage ... nach der Geltung des Christentums selbst ist keine rein historische, sondern eine ... religionsphilosophische«. Sie könne im wissenschaftlichen Sinne nur von einer allgemeinen Religionstheorie her angefaßt werden.[20] Da eine Theorie der Religion nicht in ahistorischer Unmittelbarkeit zu gewinnen war, vielmehr das disziplinäre Spektrum der Psychologie, Erkenntnistheorie, Geschichtsphilosophie, Ethnologie usf. in sich aufzunehmen hatte, war die von Troeltsch suggerierte Dichotomie zwischen historischer Methode (»deskriptiver« Bereich) und Religionsphilosophie (»normativer« Bereich) nicht so groß, wie es auf den ersten Blick scheinen mochte. Auch der normative Bereich unterlag Erkenntnisinstanzen des historisch um sich selbst wissenden Subjekts. In ihm konnten die Konstitutions- und Produktionsbedingungen jener Theorieleistungen, die er aus sich heraussetzte, nicht gut negiert werden, ohne daß die Wissensproduzenten sich sagen mußten, neuerlich einem vorkritischen und vorhistorischen Denken anheimzufallen.

Die exegetischen Leistungen der »Religionsgeschichtlichen Schule« kristallisierten sich um die Religionsgeschichte des Alten Testaments und des Urchristentums. Vergleicht man sie mit dem, was Harnack über die religionsgeschichtliche Entwicklung vom Judentum zum Christentum und innerhalb des Christentums von dessen Frühgeschichte gesagt hatte, wird erkennbar, wie dogmatisch Harnacks kirchen- und dogmenhistorischer Ansatz insgesamt noch geblieben war. Bousset interpretierte Jesu Vergottung als Ergebnis des hellenistischen Kyrios-Kults. Heinrich Hackmann untersuchte die Bildung des Kanons von heiligen Schriften in der Vergleichsperspektive von Buddhismus, Judentum, Christentum, Islam. Gunkel legte meisterhafte Analysen zur »Literaturgeschichte« Israels nach Gattung und Stil vor.

Die Historisierungsleistungen auf dem Boden religions- und literaturwissenschaftlicher Methoden mochten als Fortsetzung der dem Protestantismus eigentümlichen historisch-kritischen Methode und insofern als unverfänglich angesehen werden. Die historisch-kritische Methode als Feind und nicht als Verbündeten des christlichen Glaubens anzusehen war in der protestantischen Tradition vor allem die Sorge von konservativen Theologen und Kirchenmännern, insofern Teilphänomen einer reichhaltigeren Bewegung. Der kritische Punkt lag anderswo: in der von Publikation zu Publikation wachsenden Schwierigkeit, die historische Deskription auf das Feld theologiefähiger Aussagen zu überführen und damit die Lebenskraft des christlichen Glaubens zu stärken. Bevor das Phänomen Religion den Verwertungsinteressen der Theologie auf dem Niveau des Wissenschafts- und Wahrheitsbewußtseins der Zeit neu nahegebracht werden konnte, war es nach allen Seiten historisch und religionswissenschaftlich zu durchdringen. Interessant ist, daß sich die Forschungslogik der »Religionsgeschichtlichen Schule« in erster Linie auf Prozesse der Tradierung religiöser Vorstellungsinhalte richtete, auf ihre Ursprünge, ihre Weiterführung, ihre Veränderung. Dieser Prozeß wurde als organisch und (weil in aller Regel an anonymen Stücken der Tradition gezeigt) als transpersonal vorgeführt. Erkenntnistheoretische Fragestellungen nach den Ursachen, Möglichkeiten und Bedingungen der religiösen Daseinsverfassung des Menschen blieben im Hintergrund, ebenso sozial- und gesellschaftsgeschichtliche Fragen. Es war Ernst Troeltsch, der die auf Literatur- und Rezeptionsgeschichte begrenzte Reichweite dieser Methodik deutlich sah und deshalb mannigfache Vorstöße zur methodischen Ausweitung unternahm. Am überzeugendsten gelang ihm das mit seinem historisch-soziologischen Zugriff auf das Christentum (*Soziallehren der christlichen Kirchen und Gruppen* [1912]), am wenigsten überzeugend in seiner Religionstheorie.

Troeltsch konnte nicht mehr ungebrochen an religionstheoretische

Entwürfe der jüngeren Vergangenheit (Friedrich Schleiermacher) anknüpfen. Diese Entwürfe waren kontextuell historisiert und systemisch relativiert. Das Selbst-Bewußtsein des Menschen gab am Ende des 19. Jahrhunderts aber auch eine historisch reflektierte und aufgefangene Theorie der Religion nicht mehr ohne weiteres her. Wie war Religion als Phänomen sui generis theoretisch noch einsichtig begründbar, wenn sie mittlerweile das kritische Feuer funktionaler Religionsdeutungen und der Religionspsychologie hatte durchschreiten müssen? Stand einer Theorie der Religion mit normativen Geltungsansprüchen überdies nicht die generelle Zerstörung der »Metaphysik der Individualität« entgegen? Das Individuum war Fokus und Platzhalter der religiösen Erfahrung, aber seine Stellung in der Welt mutete ungewisser und problematischer an als jemals zuvor. Der Historismus vergegenwärtigte dem Individuum seine kulturellen Herkunftsspuren und relativierte alle seine Äußerungen von Unmittelbarkeit. Die moderne Industrie- und Massengesellschaft verdeutlichte ihm seine Randstellung; eine emphatische Hypostasierung des Individuums hatte den Geist der Zeit gegen sich. Die Neukonstituierung des Individuums in einer philosophischen Anthropologie oder Religionstheorie, die alle Perspektiven aufnahm und verarbeitete, welche hierbei zu berücksichtigen waren (Geschichte, Soziologie, Psychologie, Philosophie, Theologie), gelang Troeltsch nicht. Die Werkgeschichte der trotz ernster Vorsätze und Anläufe ungeschriebenen »Religionsphilosophie« Troeltschs wurde zum Anschauungsmaterial eines Scheiterns auf hohem Niveau.[21] Troeltschs Scheitern an der »Religionsphilosophie« bedeutete für die »Religionsgeschichtliche Schule« ein theoretisch unbereinigtes Vagieren des Religionsbegriffs quer durch deren Texte, außerdem einen empfindlichen Mangel an Kompensation für das ansonsten so energisch Geleistete: die Historisierung religiöser Überlieferungszusammenhänge. Indem die Bruchstellen zwischen historisch-kritischer Arbeit und Religionstheorie klafften, war der Rekurs auf ein religiöses Apriori, zumal wenn dieses »Apriori« materialiter mit einem bestimmten Typus von Religion, der mystischen Erfahrung, aufgefüllt war, lediglich eine Überbrückungsgeste.

4. Antihistorismus

Die Spannung von Geschichte und Glaube, Historie und Metahistorie, Geschichtserkenntnis und dogmatischer Erkenntnis, theozentrischer und anthropozentrischer Theologie und wie immer man sie noch beschreiben will, blieb in der Zeit der Blüte und Neige des Historismus unbereinigt. Die Historisierung der protestantischen Theologie produzierte serienweise offene Fragen. Ihr Druck wurde in Kirchenkreisen für um so bedrohlicher gehalten, je besorgter man in der Gesellschaft Schrumpfungsprozesse von Religiosität, Kirchlichkeit und Christlichkeit wahrnahm. Der theologische Antihistorismus gewann unter solchen Verhältnissen die Kraft eines Befreiungsschlags. Über ihn ist hier nicht weiter zu sprechen. Doch sollen zumindest zwei Spielarten des theoloschen Antihistorismus angedeutet werden: Karl Barths Theologie des Wortes Gottes und Paul Tillichs Kairos-Theologie.[22]

Karl Barth vollzog in seinen beiden Kommentaren zum »Römerbrief« eine offenbarungstheologische Kehre gegen den »historisch-psychologischen Anthropozentrismus« der neueren protestantischen Theologie. Unter dem Eindruck von »Gottes Wort« erschien das neuzeitlich-moderne Subjekt nur noch im Licht von Negationen. Es wurde zu einem in religiösen und ethischen Scheinwelten gefangenen Wesen. Barth, »extra nos« ansetzend, entmächtigte das Subjekt und hob aus den Trümmern des »Subjektivismus« das Wort Gottes als »totaliter aliter« um so majestätischer empor. Kraft der Unverfügbarkeit Gottes wurde das von Gottes Wort getroffene Subjekt sich selber unverfügbar gemacht. Damit galten all jene Kategorien als hinfällig, die dem religiösen Subjekt der Neuzeit zu seiner Selbstauslegung gedient hatten. So erklärte Barth beispielsweise die in die Geschichte eingezeichneten Spuren religiöser Daseinserfahrung für irrelevant. Er entließ die Geschichte in ihre Profanität, in ihr, wie er formulierte, Auf- und Abwogen in immer neuer Feierlichkeit und Nichtigkeit. Das war eine veränderte Hermeneutik der Geschichte, ohne daß sich Barth, der Theologe, dann noch ernstlich für die Geschichte interessieren mußte (es sei denn als politisch handelnder Mensch im gesellschaftlich-politischen Kontext der Zeit). Zur Bibel und zur Theologiegeschichte, welche durch die Arbeit vergangener protestantischer Theologengenerationen stark historisiert worden waren, nahm Barth ein Verhältnis aktualistischer Unmittelbarkeit ein. Das Prinzip des Verstehens des Vergangenen im Zusammenhang der geschichtlichen Entwicklung war damit ebenfalls erledigt. Durch die Bibel sprach Gott, durch die Theologiegeschichte – sofern sie in Teilen ihrer Entwicklung nicht als Geschichte theologischer Irrungen und Wirrungen verstanden war – die von Gott ermächtigte Wolke der Zeugen. In seinen zahlreichen Studien zur Theologiegeschichte verteilte Barth dabei ausgiebig Zensuren.

Paul Tillich sah in den 1920er Jahren die Gefahren und Folgekosten einer Hermeneutik der Unmittelbarkeit. Bereits 1922 warnte er vor dem Verlust des »geschichtsbewußten Denkens«, welches er als wertvolles Sondergut der semitisch-persischen und christlich-abendländischen Entwicklung bezeichnete. Die Hauptbedrohung sah Tillich im Überwiegen der »rationalen Geschichtsbewußtheit«, deren begreifliche Folge dann die Flucht aus der Geschichte sei. Um das geschichtliche Denken auf verständige Weise wiederzugewinnen, forderte Tillich eine Betrachtung der Geschichte »in den höchsten Augenblicken schöpferischer Welterfassung«. Terminus technicus dafür war der alsbald breit durch das Spektrum der Geistes- und Sozialwissenschaften sowie der Schönen Künste wandernde Begriff »Kairos«. Die neue Rhythmengebung der Geschichte, ihre Dynamisierung im Namen der lebendigen Erfahrung verblieb freilich ebenfalls in der Bannmeile des Antihistorismus, den Tillich zu überwinden hoffte.

Zum Langzeitschicksal für die protestantische Theologie wurde der Antihistorismus der Krisenjahre am Ende des Kaiserreichs und in den Jahren der ersten Republik nicht. Jedoch verhinderte er damals eine Weiterentwicklung jener Historikprogramme der protestantischen Theologie, die am ehesten geeignet waren, die Aporien des Historismus zu reflektieren und das Verhältnis von Historie, Religion, Theologie konstruktiv aufzufangen. Zu nennen wäre hier noch einmal das Werk von Ernst Troeltsch. Nach Jahrzehnten polemischer Mißachtung zieht es in der Gegenwart wieder erhebliches Interesse auf sich.

Anmerkungen

1 Die Nachweise zu Otto Kirn und Julius Kaftan finden sich bei Annette Wittkau, *Historismus. Zur Geschichte des Problems und des Begriffs*, Göttingen 1992, S. 116–119.

2 Karl Barth, »Der christliche Glaube und die Geschichte. ([Erweitertes] Referat, ge-

halten an der deutschen Pastoralkonferenz der Westschweiz 5. Oktober 1910 in Neuenburg)«, in: *Schweizerische Theologische Zeitschrift* 29 (1912), S. 1–18 u. S. 49–72, hier S. 3.

3 Näheres bei Kurt Nowak, »Die ›antihistoristische Revolution‹. Symptome und Folgen der Krise historischer Weltorientierung nach dem Ersten Weltkrieg in Deutschland«, in: Horst Renz/Friedrich Wilhelm Graf (Hg.), *Umstrittene Moderne. Die Zukunft der Neuzeit im Urteil der Epoche Ernst Troeltschs* (*Troeltsch-Studien*, Bd. 4), Gütersloh 1987, S. 133–171.

4 Vgl. als jüngstes Beispiel für Leistungsfähigkeit und Grenzen protestantischer Historismusforschung Michael Murrmann-Kahl, *Die entzauberte Heilsgeschichte. Der Historismus erobert die Theologie 1880–1920*, Gütersloh 1992.

5 David Friedrich Strauß, *Das Leben Jesu, kritisch bearbeitet*, 2 Bde., Tübingen 1835/36 (Nachdruck Darmstadt 1969), Bd. 1, S. IV.

6 Walter Sachs (Hg.), *Friedrich Schleiermacher: Theologische Enzyklopädie (1831/32). Nachschrift David Friedrich Strauß*, Berlin/New York 1987, S. XXXI (*Schleiermacher-Archiv* 4).

7 Ebd., S. XXXVI.

8 Jörg Sandberger, »David Friedrich Strauß«, in: Martin Greschat (Hg.), *Gestalten der Kirchengeschichte. Die neueste Zeit II*, Stuttgart/Berlin/Köln/Mainz 1985, S. 20–32, hier S. 24.

9 Friedrich Wilhelm Graf, *Kritik und Pseudo-Spekulation. David Friedrich Strauß als Dogmatiker im Kontext der positionellen Theologie seiner Zeit*, München 1982, S. 88.

10 David Friedrich Strauß, *Die christliche Glaubenslehre in ihrer geschichtlichen Entwicklung und im Kampfe mit der modernen Wissenschaft*, 2 Bde., Tübingen/Stuttgart 1840/41 (Nachdruck Darmstadt 1973), Bd. 1, S. 71.

11 Ebd.

12 Das Manuskript befindet sich im Harnack-Nachlaß (Handschriftenabteilung/Staatsbibliothek Berlin Unter den Linden).

13 Adolf von Harnack, *Lehrbuch der Dogmengeschichte*, 3 Bde., Freiburg i.B. 1886–1890 (seither zahlreiche Auflagen). Zur zeitgenössischen Resonanz auf das Werk vgl. aus der Fülle der Äußerungen vor allem die Besprechungen von Auguste Sabatier, in: *Revue critique d'histoire et de la littérature* 25 (1891), S. 256–260; J.-F. Astie, »La fin des dogmes?«, in: *Revue de Théologie et de Philosophie* 24 (1891), S. 5–25 u. S. 125–170; H. P. Forbes, »Dr. Harnack on the origin of Christian Dogma«, in: *The Universalist Quarterly* (January 1887), S. 49–56.

14 Harnack, *Lehrbuch* (wie Anm. 13), Bd. 1, S. 12 (= 5., photomechan. gedruckte Aufl. Tübingen 1931).

15 Rudolph Haym, *Hegel und seine Zeit. Vorlesungen über Entstehung, Wesen und Wert der Hegel'schen Philosophie*, 2. Aufl. Leipzig 1927, S. 9.

16 Harnack, *Lehrbuch* (wie Anm. 13), Bd. 1, S. 12. Nähere Erläuterungen bei Kurt Nowak, »Un christianisme sans dogme«, Nachwort zu: Adolf von Harnack, *Histoire des dogmes*, Paris 1993, S. 461–473 (Patrimoines, Christianisme).

17 Adolf von Harnack, *Dogmengeschichte*, 7., photomechan. gedruckte Aufl. Tübingen 1931, §§ 72–81, hier § 72 (S. 430). Dieses Werk ist die Kurzfassung des dreibändigen Lehrbuchs und als Summarium von besonderer Prägnanz.

18 Zitiert nach Agnes von Zahn-Harnack, *Adolf von Harnack*, Berlin-Tempelhof 1936, S. 202 (2. Aufl. 1951).

19 Promotionsthese 1 von Ernst Troeltsch am 14. Februar 1891. Die 17 Promotionsthesen Troeltschs sind gedruckt in: Horst Renz/Friedrich Wilhelm Graf (Hg.), *Untersuchungen zur Biographie und Werkgeschichte. Mit den unveröffentlichten Promotionsthesen der »Kleinen Göttinger Fakultät« 1888–1893* (*Troeltsch-Studien*, Bd. 1), Gütersloh 1982 (2., durchges. Aufl. 1985), S. 299f. Zu Troeltsch insgesamt Hans-Georg Drescher, *Ernst Troeltsch. Leben und Werk*, Göttingen 1991.

20 Zitiert nach Murrmann-Kahl, *Entzauberte Heilsgeschichte* (wie Anm. 4), S. 356. Dort auch weitere Informationen zur »Religionsgeschichtlichen Schule« (S. 295ff.). Eine nützliche Einführung bietet auch Gerd Lüdemann, »Die Religionsgeschichtliche Schule und ihre Konsequenzen für die Neutestamentliche Wissenschaft«, in: Hans Martin Müller (Hg.), *Kulturprotestantismus. Beiträge zu einer Gestalt des modernen Christentums*, Gütersloh 1992, S. 311–338.

21 Einzelheiten bei Friedrich Wilhelm Graf, »Religion und Individualität. Bemerkungen zu einem Grundproblem der Religionstheorie Ernst Troeltschs«, in: Horst Renz/Friedrich Wilhelm Graf (Hg.), *Protestantismus und Neuzeit* (*Troeltsch-Studien*, Bd. 3), Gütersloh 1984, S. 207–230. Grafs Konklusion klingt etwas versöhnlicher, als es der Gesamttenor seines Aufsatzes erwarten läßt. Man solle die Unabgeschlossenheit von Troeltschs Religionstheorie nicht als »Scheitern« interpretieren, sondern als eines ihrer »systemkonstitutiven« Momente. Troeltsch habe an einer »kulturpraktischen Entgrenzung der Religionstheorie« gearbeitet (S. 230).

22 Nachweise bei Kurt Nowak, »La question de l'historicisme et la compréhension de la théologie à l'époque de Troeltsch«, in: Pierre Gisel (Hg.), *Historicisme et théologie chez Ernst Troeltsch*, Genève 1992, S. 151–176.

JOACHIM RÜCKERT

Vom Umgang mit der Geschichte, juristisch und historisch

I. Spannungen

Daß jetzt zu *Geschichtsdiskurs 3: Die Epoche der Historisierung* auch ein Jurist und Rechtshistoriker eingeladen ist, Historikern etwas zu berichten über seine ›andere Disziplin‹, darf dankbar vermerkt werden als ebenso großzügig wie umsichtig. Historisch war es geradezu unabdingbar. Denn diese ›andere Disziplin‹ Rechtswissenschaft war nicht nur eine unter anderen, die damals historisch wurden. Noch diese Einladung von 1994 verdankt sich zuletzt der wirkmächtigen Eroberung einer historischen Dimension durch Friedrich Carl von Savignys programmatische Gründung einer »geschichtlichen Schule der Rechtswissenschaft« (1815), die man damals und lange noch als die Begründung von geschichtlicher Wissenschaft überhaupt ansah. 1981 schrieb kein Geringerer als Alfred Heuß – und ohne Niebuhr damit etwas zu nehmen – über die heute so genannte historische Rechtsschule, sie sei »bekanntlich... ›historische Schule‹ schlechthin«.[1] Als Gründungsdokument nennt man oft Savignys berühmte polemische Grundsatzschrift *Vom Beruf unserer Zeit für Gesetzgebung und Rechtswissenschaft* von 1814. Ausdrücklich propagierte er eine »geschichtliche Schule« dann 1815 mit der Gründung einer *Zeitschrift für geschichtliche Rechtswissenschaft* – nicht etwa »für Rechtsgeschichte«[2]; eine *Zeitschrift für Rechtsgeschichte* folgte, durchaus bezeichnend, erst 1861. Der Schulgründungsversuch von 1815 war weniger Zukunftsprogramm als Abschluß und werbende Umsetzung. Schon im Gründungsjahr erschien der erste Band eines, wenn nicht des Meisterwerks dieser Schule, Savignys *Geschichte des Römischen Rechts im Mittelalter*. Die Pläne und Arbeiten dazu liefen spätestens seit ca. 1803.[3] Den grundstürzenden, berühmt gewordenen neuen Satz, daß die »ganze Rechtswissenschaft selbst nichts Anderes ist, als Rechtsgeschichte«, hatte er schon 1806 öffentlich verkündet.[4]

Die Spannung zwischen dieser alten Rolle der Rechtswissenschaft als geschichtswissenschaftliches Paradigma und der der heutigen Rechtsgeschichte als einer auch historischen Disziplin läßt sich natürlich nicht irgendwie ›klarstellen‹ oder ›berichtigen‹. Sie ist selbst Geschichtsmoment, Ergebnis insbesondere der Geschichte der Jurisprudenz und Geschichtswissenschaft. Diese Geschichte, auch in ihrer Verschränkung, ließe sich auf rund zehn Seiten erzählen, wenn ein verläßlicher Forschungskonsens vorläge. Das ist aber ersichtlich nicht der Fall, obwohl es wenigstens für die Rechtswissenschaftsgeschichte so scheinen könnte.

II. Fragen

Ich möchte daher sofort medias in res gehen, auf einen eigenen Abschnitt zum Forschungsstand verzichten und einen maßgebenden Forschungstext zum Ausgangspunkt nehmen. Franz Wieacker, der vor kurzem verstorbene große Rechtswissenschaftler und Rechtshistoriker, resümierte 1967 die etwas überraschende, aber recht allgemein geteilte Meinung zur Rechtswissenschaft im 19. Jahrhundert und ihrem Verhältnis zur Geschichte. Das Resümee steht in seiner immer noch prägenden und führenden, so suggestiv fruchtbaren Darstellung der *Privatrechtsgeschichte der Neuzeit*, die bekanntlich weit über den Titel hinaus die Ideen- und Methodengeschichte einschließt. Erst nach 1880 hat danach »Die Entdekkung der Rechtsgeschichte« stattgefunden.[5] So gesehen haben also nicht schon Savigny und mit ihm der (Rechts-)germanist Eichhorn 1815 als die Berliner Väter der »geschichtlichen Schule« oder gar Gustav Hugo 1790 als ihr Göttinger Großvater die Rechtsgeschichte entdeckt.[6] Diese etwas überraschende Forschungsmeinung zeigt, daß offensichtlich verschiedene Geschichten über diese Geschichte im Umlauf sind.

Im weiteren Text differenziert Wieacker die Optik, indem er nun von eigentlich zwei Entdeckungszeitaltern der Rechtsgeschichte spricht. Ein erstes habe doch schon mit der Entstehung der historischen Schule stattgefunden. Er denkt dabei vor allem an Niebuhr, dann auch Huschke, Dirksen, Haenel, Keller, Bluhme und Rudorff mit ihren quellenkritischen Arbeiten zur römischen Geschichte und Rechtsgeschichte.[7] Ein »zweites Entdeckungszeitalter der antiken Rechtsgeschichte« hätten dann »Mommsens alte Jahre« gesehen, also die Zeit nach ca. 1880. Er nennt dazu vor allem Lenels Ediktsrekonstruktion, Gradenwitz' Interpolationenforschung und Ludwig Mitteis' Werk über die östlichen Provinzen. Darin erst liege, wie er sagt, die »volle Emanzipation« der Rechtsgeschichte.[8] Für die germanistische Rechtsgeschichte gelte Entsprechendes mit den *Monumenta Germaniae Historica* (seit 1817), den Quellenforschungen Richthofens, Zeumers, Haenels, Homeyers u. a. Ja, ihre Methode habe sich sogar »früher und gleichmäßiger den deutschen Altertumswissenschaften und der mittelalterlichen Geschichtswissenschaft angeschlossen«.[9]

Aber was rechtfertigt eigentlich den entscheidenden Akzent auf 1880, und was unterscheidet die in Sachen Geschichte doch noch unmündigen Väter und Großväter von den emanzipierten Söhnen? Das ist nicht so klar auszumachen, wie die Entdeckungen benannt sind. Wieacker zieht dazu gleich zu Beginn des Abschnitts folgende Linien:[10]

»Die historische Schule erneuerte die Rechtswissenschaft, indem sie sie auf ihre Weise als ›geschichtliche‹ begriff; sie zielte damit auf eine neue Rechtsdogmatik, nicht auf Geschichtsforschung um ihrer selbst willen. Ermutigte auch das Schulprogramm rechtsgeschichtliche Forschungen als Mittel für das organische Verständnis des geschichtlich gewordenen Rechts, so verwehrte doch gerade ihre Richtung auf die dogmatische Aufgabe der Jurisprudenz einen vollen Anteil an der Vollendung der Geschichtswissenschaften im 19. Jahrhundert. Dagegen zog die rechtsgeschichtliche Forschung selbst Nutzen aus dem glänzenden Aufstieg der Philologie und nahm bis zum Vergessen ihrer humanistischen oder romantischen Ursprünge teil an dem Positivismus, der Stofferweiterung und der Verfeinerung der kritischen Methoden der Altertumswissenschaften [...] Dabei gingen Romanistik und Germanistik, wenn schon auf verschiedenen Wegen, im gleichen Schritt.«

Das zweite und eigentliche Entdeckungszeitalter in »Mommsens Altersjahren« ab ca. 1880 erklärt Wieacker wenig später so:

»Die historische Schule hatte zwar die antiquarische Forschung der alten humanistischen Jurisprudenz glorreich wieder aufgenommen, ja im einzelnen überboten; den methodischen Durchbruch zur Geschichtlichkeit der antiken Rechte hatte sie nicht vollzogen. Von der Tradition der Eleganten Jurisprudenz unterschied sie vielmehr der tief ungeschichtlich gedachte Versuch, die Systematik und Begrifflichkeit der durch sie erneuerten Rechtswissenschaft auch der Darstellung der antik-römischen Dogmatik nutzbar zu machen. Geschichtswissenschaft konnte sie aber auch nicht werden, solange sie im Dienst der Dogmatik des geltenden Rechts stand. Freies geschichtliches Verstehen hätte eine Auslegung der Pandektentexte gestört, die der Gegenwart dienen mußte; eine unbeschränkte Textkritik die gesicherten Ergebnisse einer kunstvollen Harmonisierung der Pandekten bedroht«.

Unterschieden werden also eine ältere unemanzipierte Geschichtsmethodik mit Bindung an aktuelle Dogmatik, an System, an juristische Harmonisierung zu widerspruchsfreien Regeln und an organisches Verstehen des Rechts einerseits und andererseits eine jüngere Geschichtsmethodik, von der juristischen Aufgabe emanzipiert, gelehrt forschend, philologienah, mit kritischer Methode, mit Quellenarbeit um ihrer selbst willen und völlig freiem geschichtlichen Verstehen.

Wieackers Anleitung ergibt wenigstens drei lohnende Fragen. Zunächst steckt in dieser »Entdeckung« einer von Dogmatik ganz emanzipierten Rechtsgeschichte viel mehr als bloß die Trennung des Juristen vom Historiker oder der juristischen von den historischen Aufgaben. Es geht um eine generelle Emanzipation von systematischen und harmonisierenden Deutungsversuchen, von organischem Verständnis, von Betrachtung der Geschichte als Ganzheit. Zweitens fällt quellenkritisch auf, daß Wieacker das historische Meisterwerk Savignys zum Mittelalter hier gar nicht in Anschlag bringt, sondern die geschichtlichen Arbeiten der für ihn eigentlichen Geschichts-Entdecker offenbar mit Schriften systematischer Aufgabenstellung wie Savignys *System des heutigen Römischen Rechts* (1840 ff.), einem Buch zum noch geltenden Recht, vergleicht.[11] So gesehen wird das Entdecken sehr plausibel. Aber der Vergleich 1815–1880 erscheint mindestens unvollständig, wenn nicht schief. Das Verhältnis zu denjenigen Arbeiten der Schulgründer, die bloß geschichtlichen Aufgaben galten, also etwa zu Savignys *Geschichte des Römischen Rechts im Mittelalter* (1815 ff.) oder zu Eichhorns *Deutsche Staats- und Rechtsgeschichte* (1808 ff.) bleibt unklar.[12] Die Entdeckungsgeschichte scheint also etwas anders zu liegen, wenigstens müßten die »geschichtlichen« Arbeiten explizit einbezogen werden. Drittens entspricht Wieackers Linienführung vermutlich, jedenfalls im Negativen, einer verbreiteten Auffassung auch der Allgemeinhistoriker. Die sogenannte historische Schule erscheint als unhistorisch.

So verstanden gibt uns Wieacker die Fäden für einige wesentliche Überlegungen in die Hand, die die zunächst etwas divergenten, offenbar unvollständigen oder schief vergleichenden Aussagen zur Rechtsgeschichte und Rechtswissenschaft im 19. Jahrhundert im Zusammenhang verständlich machen können. Zudem eröffnet seine Linienführung auch Überlegungen zur allgemeinhistorischen Geschichtserzählung von Geschichte.

III. Versuchsanordnung

Sowenig wie der Forschungsstand kann hier der Quellenverlauf explizit gesammelt, gesichtet und geprüft werden. Ich versuche es daher mit einer stark ergebnisreduzierten kritischen Durchsicht anhand m. E. wesentlicher und quellenträchtiger Kriterien. Der Jurist würde sagen, Glaubhaftmachung statt Beweis.

Es gibt gemeinsame Elemente des rechtswissenschaftlichen Umgangs mit Geschichte im 19. Jahrhundert, aber auch eher trennende, die tiefer liegen als der Gegensatz von Geschichte und Dogmatik. Jedenfalls erscheint es nützlich, einmal drei Ebenen zu unterscheiden und zu überprüfen, bevor man Konklusionen über Entdeckungen der Rechtsgeschichte und juristischen Historismus oder derlei zieht. Die drei Ebenen sind folgende:

1. der Umgang mit den *Quellen als Einzelnem*, als Quellenkritik, als Philologie,
2. der Versuch, daraus ›Wissenschaft‹ zu machen, d. h. *Zusammenhänge* zu finden, das Ganze zu finden, System zu geben, und
3. die Art der *Bewertung* des Vergangenen als (juristisch) abgestorben und tot oder noch lebendig (mit Savigny) bzw. als (historisch) wertlose Ruine oder bewahrenswertes Museum (mit Rüsen).

Die Unterscheidung dieser drei Aspekte von Umgang mit Geschichte hat natürlich einen wissenschaftstheoretischen und erkenntnistheoretischen Hintergrund. Wie man zu diesen philosophischen Fragen auch stehen mag, analytisch lohnt es jedenfalls, sie immerhin zu unterscheiden. Außerdem interessiert ›geschichtswissenschaftsgeschichtlich‹ nicht so sehr die Art der Aufgabenstellung, etwa als dogmatisch oder geschichtlich wie bei Wieackers Linienführung, sondern die Art, wie sich geschichtlich nennende oder geschichtlich erscheinende Aufgaben gestellt und durchgeführt werden. In der Tat sind die drei Aspekte Quellen, Zusammenhang, Bewertung geeignet, die recht verschiedenen Strömungen im Umgang der Rechtswissenschaft mit Geschichte präziser zu sehen. An den Verschiebungen der Elemente in sich und untereinander läßt sich dann »das 19. Jahrhundert«, d. h. die Kontinuitäten und der Wandel im Verlauf des Jahrhunderts, besser begreifen. Dies gilt wiederum nicht nur für die Rechtswissenschaft, sondern auch für die Geschichtswissenschaft. Denn in Sachen Geschichte war, wie gesagt, die Rechtswissenschaft des 19. Jahrhunderts lange eine führende

Disziplin. Daß in diesem Ziel differenzierender Synthese auch ein eigenes Geschichtscredo gesehen werden kann, spricht noch nicht dagegen.[13]

IV. Versuchsergebnisse

Auch insoweit muß ich mich mit zu knappen Thesen zu Kontinuität und Wandel ohne volle Durchführungen begnügen. Als Leitfaden benutze ich Savignys Konzeption, einige Vergleiche müssen als Anreicherung genügen. Für die drei Aspekte erscheint mir Folgendes wesentlich:

1. In Sachen *Quellenkritik und Philologie* sind Savigny und seine »geschichtliche Schule« den Späteren keineswegs grundsätzlich unterlegen. Man arbeitet später, also etwa seit der Mitte des Jahrhunderts, gewiß spezialisierter und vor allem in größerem institutionellen Rahmen. Aber der Zuwachs an Intensität und Umfang bedeutet hier keine neue Qualität. Von Savigny bis ans Ende des Jahrhunderts ist man hier ganz »historisch«. Das zeigt etwa ein Blick in Savignys *Geschichte des Römischen Rechts im Mittelalter* (1815–31), ein methodisch quellenkritisches Standardwerk bis heute.

Ich möchte dafür nicht nur mein eigenes Urteil geben. Besonders aufschlußreich sind die Meinungen und Begründungen für die geschichtsmethodische Charakteristik dieses Werks, die einige wesentliche Kritikerstimmen von 1827 bis heute formulieren. Denn sie klären zugleich die sonst oft etwas dunklen Maßstäbe. Auch Savignys verständigste und schärfste Kritiker, so der hegelianische Jurist und Welthistoriker Eduard Gans oder ›voll-historische‹ maßgebende Kenner wie Ernst Landsberg oder modern-kritische Mediävisten wie Hermann-Ulrich Kantorowicz, Romanisten wie Franz Wieacker und Paul Koschaker und Wissenschaftshistoriker des 19. Jahrhunderts wie Walter Wilhelm, haben hier allenfalls zu viel bloße Geschichte und zu wenig Philosophie oder Evolutionsidee oder großen Kulturzusammenhang oder juristischen Gegenwartsbezug gefunden.

Gans[14] moniert zu viel »Äußerliches«, bloßes Gerippe (334) und fast nur Gelehrtes (341), er vermißt »wissenschaftliche Rechtsgeschichte« (321) und »objectiven Gang der Entwicklung« (340), »weltgeschichtliches Interesse«, »ewiges Privatrecht« und »innerliche Geschichte« (344). Landsberg[15] lobt 1910 die »strenge, sorgfältigste [...] Einzelforschung«

und »Hingabe an den Stoff« (219), vermißt aber außer in Bd. 1–2 weitgehend »das evolutionistische Element« (219f.) des Programms von 1814/15 und die »innerliche« Geschichte des Rechts (219), d. h. ihm fehlen die »große Idee der geschichtlichen Kontinuität« oder »weitertragende, herrschende Gesichtspunkte«, bis hin zum Vorwurf eines »Bruchs« mit der Evolutionsidee (221).[16] Ganz vermißt er das »romantische Element« einer Hinwendung zum Frühmittelalter, zu den dunklen Zeiten, zur Stimme des Volkes (222). Kantorowicz[17] lobt 1911 in seiner überaus scharfen Abrechnung das Geschichtswerk überraschend als konsequentes, organisches Ganzes. Aber das Lob hat Hintersinn, denn für ihn ist das Werk eben bloße »Quellengeschichte« (398) und lobenswert als Spiegel der Quellenlage. Für diesen Quellenkenner besaß Savigny die »Gabe der Quellenkritik, in einem Grade, der an das Wunderbare grenzt« (398). Aber zugleich vermißt er die »Rücksicht auf die allgemeinen Kulturzusammenhänge« und konstatiert folgenreich einen »rechtsgeschichtlichen Formalismus« entgegen dem »rechtsphilosophischen Programm« (399) der Schule. Er nennt das sogar dezidiert polemisch »Historismus« (422) und verwerfliche »Abkehr vom Leben« (415, 417). »Historismus« meint hier »jene Einseitigkeit des Denkens, die in dem Gegenstand einer Wissenschaft lediglich oder vorzugsweise einen Gegenstand geschichtlicher Behandlung sieht« (422 u.ö.), also Antiquarismus und Quietismus. 1937 fand er in diesen Bänden, inzwischen seinen »companions for more than thirty years« (434), nichts mehr von Formalismus, sondern genauer, weniger ehrgeizig und weniger schematisch einerseits in Bd. 1–2 eine unplausible Quelleninterpretation zur zentralen Frage der Fortdauer der Munizipalverfassung, im übrigen aber geradezu emphatisch ein schlichtes »masterpiece of historical science« eines »great historian« (433) und in »the broad lines« immer noch »correct« (434).[18] Diese Korrektur in der Emigration wurde kaum beachtet. Nach Koschakers Urteil in seinem Klassiker *Europa und das römische Recht* hat Savigny zwar die Grundlagen zu einer deutschen (romanistischen) Mediävistik gelegt. Aber seine »puristische Einstellung« zugunsten des klassischen Rechts habe die »Erfüllung der rechtsgeschichtlichen Aufgabe seiner Schule« verhindert, »nämlich festzustellen, was vom römischen Recht in der Gegenwart noch brauchbar sei«.[19] Allerdings hat sich Savigny diese Aufgabe mit seinem Mittelalterbuch zunächst gerade nicht gestellt (erst 1840 mit dem *System*), sondern nur eine allgemeinere geschichtliche Verbindung zu beweisen gesucht und bewiesen, mit seinen Worten: »wie der Rechtszustand neuerer Zeiten, soweit er auf Römischem Grunde beruht, aus dem Zustand des bestehenden Weströmischen Reichs durch bloße Entwicklung und Verwandlung, ohne Unterbrechung, hervorgegangen ist« (Bd. 1, S. V). Wieackers Würdigung des Geschichtswerks bleibt 1952 wie 1967 in den Bahnen von Gans und Landsberg: Band 1–2 hätten noch »großen Zug«, der Rest zerfließe in »biographische und literargeschichtliche Nachrichten«.[20] 1967 verschärft er, Savigny sei »zu einer Geschichtsschreibung unmittelbaren Rechtslebens nicht durchzubrechen fähig«, biete keine »Geschichte vitaler rechtsgeschichtlicher Zustände und Ereignisse«[21] – eine Variante des Formalismusvorwurfs. Seine zusätzliche Grundsatzkritik Savignys als unhistorisch, weil unemanzipiert von Dogmatik, wurde berichtet. Wilhelm[22] konstatiert 1958 (d. h. 1955) nur noch vernichtend: »nicht historisch«. Denn »gerade dieses umfassende Werk [die *Geschichte*] bot keine Rechtsgeschichte im strengen Sinn der Schule«, keine »Entwicklungsgeschichte«, allenfalls »›äußere‹ Geschichte und selbst diese ohne Verknüpfung mit den Verhältnissen der Gegenwart« (30f.). Savigny biete »Quellen-Positivismus« statt »wahre geschichtliche Rechtstheorie« (32), »rechtsgeschichtlichen Formalismus« (36), er verrate sein Programm. Die »Historische Schule war demnach, vergleicht man Theorie und Praxis, in jenem eigentlichen Sinne nicht historisch, in welchem sie das historische Verfahren selber aufgefaßt wissen wollte. Sie verwirklichte nicht das entwicklungsgeschichtliche Prinzip« (36).

Das Mittelalterbuch wird nur selten an der soeben zu Koschaker zitierten eigenen Aufgabenstellung gemessen, die es gewiß im wesentlichen erfüllt hat. Über allem Kampfgetümmel um Savigny stimmen die Würdigungen mit Recht darin überein, daß es ein Werk hoher Quellennähe und magistraler Quellenkritik darstellt. Ebenso einhellig findet man Defizite gegenüber eigenen Vorstellungen von historischen Zusammenhängen, sei es als objektivem Gang der weltgeschichtlichen Entwicklung (Gans), als juristische Evolution (Landsberg), als »allgemeine Kulturzusammenhänge« und »Leben« (Kantorowicz), als »vitale Zustände« und »unmittelbares Rechtsleben« (Wieacker) oder juristische Entwicklungsgeschichte bis zur Gegenwart (Wilhelm, im Gewande eines Vergleichs von Werk und Programm). Bewertungsstreit schließt hier an. War es nun ein wahres Geschichtswerk oder nicht? Offenbar kann man hier lange im Kreise reden, wenn man nicht die Kriterien mitbedenkt. Wer zuletzt das Maß der unmittelbaren Quellennähe entscheiden läßt, antwortet mit ja. Wer auf Zusammenhänge setzt, welche es auch seien, antwortet ganz mit nein, wenn er seine vermißt, oder partiell mit nein, weil er nur in Bd. 1–2 einiges dazu findet.

Bei Wieacker und Wilhelm kommt eine grundsätzlichere Kritik an Savignys Konzeption hinzu. Jegliche Orientierung an System, Begriff, Dogmatik o.ä. störe das »freie geschichtliche Verstehen«. Nimmt man dieses Ideal über die Forderung normaler Unbefangenheit und Quellentreue hinaus ernst, so ist offenbar zu viel gefordert. Denn völlig »frei« kann kein »Verstehen« sein, ohne Fragestellung kommt man nicht aus. Diese Kritik geht daher ins Leere bzw. mißt mit einem fragwürdigen Maßstab.

Inzwischen lassen Savignys jetzt zugängliche methodologische Vorlesungsmanuskripte sein auch prinzipiell klares Verständnis für Quellenkritik und Philologie ebenso deutlich erkennen wie sein zusätzliches Eintreten für eine »historische Behandlung im eigentlichen Sinn«, d.h. am Beispiel Rechtsgeschichte für eine »Betrachtung der Gesetzgebung als sich fortbildend in einer gegebenen Zeit« und im »Zusammenhang... mit der Geschichte des Staats und des Volks« (1802/03).[23] Er unterscheidet durchgehend »philologisch« als mehr dem Einzelnen gewidmet und »eigentlich-historisch« bzw. »geschichtlich« als mehr dem Zusammenhang gewidmet. Und immer betont er, es handele sich nur um zu verbindende Elemente, nicht völlig getrennte Arbeitsweisen.[24]

Für die Beherrschung von Quellenkritik und Philologie, von historischer Methode zum Detail, kann also auch von Savigny her eine Kontinuität im 19. Jahrhundert behauptet werden, unbeschadet aller konkreten Kenntnisgewinne. In diesem Sinne wurde Rechtsgeschichte keineswegs erst um 1880 entdeckt.[25] Der Dissens zum Geschichtsverständnis bei Savigny und in der historischen Rechtsschule betrifft erst das Element ›Zusammenhang‹ in der geschichtlichen Aufgabe.

2. In Sachen *Zusammenhang* gehen die Vorstellungen schon von Anfang an, d.h. hier zu Beginn des 19. Jahrhunderts, sehr auseinander. Entsprechend herrschen hier Vielfalt und Diskontinuität bzw. bloß partikulare Kontinuitäten. Eine Besonderheit der Rechtsgeschichte kommt hinzu. Zur Savigny-Zeit (1779–1861) hatte ein Jurist wie selbstverständlich das massenhafte antike und mittelalterliche Rechtsmaterial in zwiefacher Rolle vor sich: als Element eines bloßen Geschichtsverlaufs (geschichtlich) wie eines aktuell irgendwie noch geltenden Rechtssatzes (dogmatisch). Durch die umfassenden Gesetzgebungen seit 1861 in Handelsrecht, Gewerberecht (1869 u.ö.), Strafrecht (1871), Gerichtsverfas-

sung (1871), Prozeßrecht (1877) und zuletzt Bürgerlichem Recht (1896), mit ihren vielen landesrechtlichen Vorläufern seit Beginn des Jahrhunderts, daneben den *Codex Iuris Canonici* (1912), treten mit der Befreiung von ihrer Rolle als noch geltendes Recht alle wesentlichen historischen Rechtsmassen immer mehr aus den dogmatischen Zusammenhängen heraus. Insofern stehen dann Befreiung, Entdeckungen und Diskontinuitäten an.

Aber auch abgesehen von dieser dogmatischen Aufgabe waren schon Großvater Hugo und keineswegs einfach »ungeschichtliche« Juristen wie Thibaut oder Feuerbach, Hufeland, Mittermaier u. a. in Sachen Zusammenhang skeptischer und zurückhaltender als Savigny.[26] Diese allesamt philosophisch-methodisch durchgebildeten Juristen halten die Zusammenhänge, auch die historischen, deutlicher für ein Ergebnis prinzipiell subjektiven Erkennens. Sie denken erkenntnistheoretisch von Kant her. Savigny, Eichhorn u. a. gehen dagegen aus von einem »inneren Zusammenhang« in den Quellen[27], von einem in der Geschichte »fortschreitenden System« (Savigny 1802/03).[28] 1814/15 beschwört Savigny die »Geschichte« als »den einzigen Weg zur wahren Erkenntnis unsers eigenen Zustandes«. Es geht ihm daher um ein »Herausfühlen« der »leitenden Grundsätze«, darum, »streng historisch [... ein] organisches Princip [zu] entdecken« und »wahrhaft historisch ... das Gegebene aufwärts durch alle seine Verwandlungen hindurch bis zu seiner Entstehung aus des Volkes Natur... zu verfolgen« und »zurückzuführen... auf inwohnende Einheit« – usw.[29]

Während Thibaut im historischen römischen Recht einen Wust und ein Chaos sieht, findet Savigny darin eine harmonische Welt von Prinzipien und Detail.[30] Gegen Feuerbach notierte er scharf, ein auf eine bloße Hilfsfunktion reduziertes Verständnis von Historie wie in dessen berühmter Schrift *Über Philosophie und Empirie in ihrem Verhältnis zur positiven Rechtswissenschaft* von 1804 sei »borniert«, das »wahre Wesen der Jurisprudenz als Historie« damit verfehlt.[31]

Savignys Vorstellung vom historischen Gegenstand ist also weiter und optimistischer und zugleich objektiver und in diesem Sinne idealistischer. Seine Methode wird damit »Anschauung« in dreifachem Sinn, wie er sagt, philologisch, systematisch und historisch in einem[32], wie er immer wieder betont, z. B. mit den präzisen Notizen von 1809[33]:

»Die vollendete Darstellung unserer Wissenschaft beruht auf 3 Operationen, nach drei verschiedenen Ansichten der Gesetzgebung:
1. Philologische Ansicht – die Gesetze im einzelnen und als einzeln betrachtet – *Interpretation*. – 2. Systematische Ansicht – der Inhalt der Gesetze als gleichzeitiges Ganze betrachtet, nach dem inneren Zusammenhang der Begriffe und der Grundsätze – *System*. – 3. Historische Ansicht – der Inhalt der Gesetze als successives Ganze betrachtet, nach dem Gesetz der historischen Entwicklung, also nach dem nothwendigen Zusammenhang verschiedener Zeiten desselben Volkes – *Innere Rechtsgeschichte*. Keine dieser 3 Operationen kann rein für sich bestehen (Erklärung durch Beispiele). Jede ist nur *Ein Element* der ganzen, vollendeten Wissenschaft – diese ist selbst nichts anderes als das *System* in seiner historischen Entwicklung und aus unmittelbarer, vollständiger *Anschauung der Quellen* geschöpft.«

Sein Begriff von Wissenschaft ist also anspruchsvoller durchaus in Kants Sinn: Wissenschaft von der Rechtsgeschichte soll auch ein »nach Prinzipien geordnetes Ganze der Erkenntnis« (Kant 1786) ergeben.[34] So soll der Gegenstand erscheinen. Aber Savigny geht über Kant hinaus und sieht dieses Ganze prinzipiell schon im Gegenstand gegeben, »natürlich« gegeben, als »nothwendigen Zusammenhang«, nach dem »Gesetz historischer Entwicklung« (1809 u.ö.). Immanenz, Inwohnen, Von-selbst-Verlauf sind die philosophischen Stichworte, ohne die dies nicht gedacht werden kann. Die wirkmächtige Umsetzung dieser Konzeption war Savignys große wissenschaftsgeschichtliche Tat. Er begriff sie mit Recht als »neue Ansicht«:

»Neue Ansicht für die Wissenschaft: historische Behandlung im eigentlichen Sinn, d. h. Betrachtung der Gesetzgebung als sich fortbildend in einer gegebenen Zeit. – Zusammenhang unserer Wissenschaft mit der Geschichte des Staates und des Volks. – Das System selbst muß als fortschreitend gedacht werden.«[35]

Die betonten Abgrenzungen und Umschreibungen eines Eigentlichen am Historischen halten ein gutes Dezennium an und bezeugen gewisse Schwierigkeiten, sein Anliegen klarzulegen. Offensichtlich ging es nicht bloß um Vermittlung leicht verständlichen Traditionsgutes. In der Tat nimmt er damit teil an den allgemeinen Bemühungen besonders seiner frühen Zeit bis ca. 1815 um eine Neubestimmung des Geschichtsverständnisses, die wiederum eng zusammenhängt mit dem Wissenschaftsbegriff und einer Umwertung des Wirklichen. Geschichte wird zu einem »erhabenen Wort« (A. Müller). Mit ihr zielt man auf ein »höheres Ganzes«. Der alte Dualismus von »historisch« und »philosophisch« lebt weiter, aber er erlebt eine grundlegende Metamorphose in einer neuen Gesamtrichtung, die im ganzen Reichtum zugleich etwas »Objectives« finden können will.[36]

Savignys derart neue und vollere Vorstellung von »wahrhaft historisch«, bzw. wie er es später vorzieht »geschichtlich«, konnte offenbar bald ebenso leicht als Modell für Geschichtswissenschaft überhaupt dienen wie die schlichtere Konzeption der skeptischeren, mehr quellenbescheidenen Zeitgenossen. Seine »drei Operationen« benannten eine geschichtliche Arbeits- und Denkweise, die für jeden Gegenstand gefordert werden konnte. Der Gegenstand Recht erfreute sich seit 1789 und erst recht seit 1806 (Rheinbundreformen, dann preußische Reformen) und 1813/14 besonders intensiver allgemeiner Anteilnahme. Savigny hat gerade für diesen kritischen Gegenstand Recht und für eine der maßgebenden Fachwissenschaften der Zeit (neben der Theologie) seine »geschichtliche Betrachtung« durchgekämpft und einige Zeit wirkungsmächtig durchgesetzt, für einen Gegenstand, der damals wie heute gerne als beliebig veränderbar und ohne notwendigen Zusammenhang gedacht wird. Sein Erfolg war offenbar nach 1814 zeitgemäß, und vermutlich ließ dies seine Auffassung für einige Zeit paradigmatisch werden und seine Rechtsschule zur historischen Schule schlechthin (Heuß).

Historismus als bloße Philologie, Antiquarismus und Mikrologie, aber auch schon als positivistischer Faktenwust und als die Wissenschaft letztlich beliebiger Zusammenhänge (Relativismus) wird also abgewehrt mit eigentlich-»geschichtlichem Sinn« für »innere Notwendigkeit« in der Fülle und für »die Größe und Eigenthümlichkeit anderer Zeiten, so wie für die naturgemäße Entwicklung der Völker und Verfassungen«.[37] Geschichte steht hier gerade für Sinngebung, nicht für Chaos.

Der Befund läßt sich erweitern. Nicht eigentlich überraschend operiert Savigny hier durchaus in einer Front etwa mit Hegel und seinen Mitstreitern gegen Mikrologie und Antiquarismus und für Prinzipsuche.[38] Gewiß bekämpft man sich zugleich im erbitterten Streit um die richtigen »notwendigen« Zusammenhänge bzw. – philosophischer gesagt – um die Substanzen oder den Begriff in den historischen Erscheinungen und kritisiert, ja, denunziert sich als bloß antiquarisch oder bloß spekulativ. Auch scheidet Savigny von Hegel u. a. nicht weniger als der Anspruch auf Autonomie seiner Wissenschaft gegen philosophisch-inhaltliche Vorgaben. Es bleibt die im übrigen einhellig kantkritische Front, die erst mit dem Zusammenbruch der großen Systeme nach ca. 1850 wieder zerfällt, der die Entdeckung oder besser Wiederentdeckung einer weniger zusammenhangsfreudigen kritischen Geschichtshaltung vorbereitet und begleitet. Erst 1864 heißt es bei dem Rechtshistoriker und -philosophen Felix Dahn im verbreiteten *Staatswörterbuch*: »Das Scheitern der großen apriorischen Systeme hat die Philosophie selbst zum Historismus bekehrt – spricht man doch heutzutage von einer ›exakten Philosophie‹.«[39] Das ist die Stimme einer neuen Epoche auch in Sachen Geschichtszusammenhang. Zusammenhang wird erst »exakt« und dann als notwendiger überhaupt fraglich.

3. Auch auf der dritten Ebene, in Sachen *Bewertung der Geschichte*, fällt es Savigny leichter als den Skeptischeren. Diese erkenntnistheoretisch Vorsichtigeren wie wiederum besonders Hugo, Hufeland, Thibaut, Feuerbach können hier nicht recht auf eine geschichtlich sich klärende innere Notwendigkeit hoffen. Ihnen bleibt die Vergangenheit mehr Beispielsammlung, pragmatisch oder psychologisch oder vergleichend belehrend. Savigny wehrt genau diese Art von Verhältnis der »Vergangenheit zur Gegenwart ... von Werden zum Seyn« ab, ihm ist die Geschichte nicht »eine moralisch-politische Beispiel-Sammlung« und »eine von vielen Hülfskenntnissen«.[40] Bei richtiger Betrachtung ergibt sich das Richtige am Ende »von-selbst«. Die Skeptischeren müssen mehr oder weniger plausibel, aber jedenfalls prinzipiell ganz offen, wählen und werten, sei es nun konservativ oder progressiv, »geschichtlich« oder »ungeschichtlich« oder sonstwie. Ein kurzer Vergleich macht das klarer.

Hugo blieb stehen bei einer bis heute sehr originellen, nicht abstrakt naturrechtlichen, sondern bewundernswert geschichtsgesättigten, aber eben doch nur offen und relativ wertenden *Philosophie des positiven Rechts* (1. Aufl. 1798; 4. Aufl. 1819). Er verglich darin die gegebenen Rechtsinstitute systematisch auf ihre Vor- und Nachteile gemäß bestimmten Maßstäben und in historischer Perspektive. Vom Hegelianer Marx wurde er daher 1842 passend als »positiv, d. h. unkritisch«, und als Philosoph der so denunzierten historischen Schule gebrandmarkt.[41] Feuerbach vertrat schon 1800 und gegen Savignys Geschichtskonzeption deutlicher 1810 die ebenfalls folgenreiche Idee einer vergleichenden Rechtswissenschaft unter dem Stichwort »Universal-Jurisprudenz« und mit Berufung auf Montesquieu.[42] Die Ausführung dieser universalgeschichtlichen Annäherung an das Richtige unterblieb freilich, nur in seinem Nachlaß findet sich dazu ein Einleitungstorso über »Idee und

Nothwendigkeit einer Universaljurisprudenz«.[43] Wenn »Wissenschaft« dort für ihn in der »Erkenntnis des Allgemeinen und Notwendigen im Verhältnis zum Besonderen und Zufälligen« besteht, teilt er letztlich das hohe Savignysche Ziel, bleibt aber in der Methoden- und Gegenstandsvorstellung zurückhaltender. Thibaut nahm die Universalidee 1814 gegen Savigny auf mit dem berühmten polemischen Wort von den »zehn geistvollen Vorlesungen über die Rechtsverfassung der Perser und Chinesen«, die »in unsern Studierenden mehr wahren juristischen Sinn wecken« würden, »als hundert über die jämmerlichen Pfuschereyen, denen die Intestaterbfolge von Augustus bis Justinianus unterlag«[44] – eine offenbar nicht ohne weiteres gerechte Forderung, ganz abgesehen von ihrer Solidität. Gans setzte 1824 diese Sentenz als provozierendes Motto vor den ersten Band seines Hauptwerks *Das Erbrecht in weltgeschichtlicher Entwicklung. Eine Abhandlung der Universalrechtsgeschichte* und machte sie berühmt. Er setzte sie damit aber auch in einen ganz anderen philosophischen Kontext jenseits von Kant und in offene Konkurrenz zu Savignys nationalgeschichtlichen inneren Notwendigkeiten. Erneuten Aufschwung nahm diese offen philosophierende Richtung mit A. H. Post und besonders Josef Kohler seit den 80er Jahren. Die ›Entdeckung der Rechtsgeschichte‹ nimmt hier eine ganz eigene, gar nicht quellenbescheidene Richtung.[45] Der frühe Zusammenhang wenigstens zu »deutschen« Ideen über Universalgeschichte bei Schlözer 1772, Reitemeier 1785, Schiller 1789, J. v. Müller postum 1810 und Ranke ca. 1831, hier in mehr objektiver Fassung, dort in mehr kritischer, sei immerhin angedeutet.

Savigny hatte Thibauts (und Feuerbachs) Vorschlag zwar als letztlich illusionär zurückgewiesen wegen Materialmangel und Unvergleichbarkeiten der Nationen.[46] Er entwickelte aber gerade mit seinem optimistischen Blick aufs Ganze eine bewunderungswürdige Energie in der Verbindung des Details mit innerem, notwendigem Zusammenhang. Am Ende ergibt sich ihm gerade bei »strenger historischer Methode« daraus »von selbst das, was noch Leben hat« (1814). Der geschichtliche Weg wird zum »einzigen Weg« (1815).[47] Das war zunächst ein fulminantes Patentrezept gegenüber der so schwierigen juristischen Frage, welche Regeln des an sich weithin geltenden Corpus Iuris in der Fortbildung der Jahrhunderte (oder des alten deutschen Rechts seit dem Sachsenspiegel für die Germanisten) wirklich noch als geltend und juristisch bindend zu betrachten waren. Auch das Sklavenrecht, Familienrecht und Staatsrecht? Im *System des heutigen Römischen Rechts* (1840–49) hat Savigny die Frage dann systematisch aufgerollt, aber weiter als Frage des »Wahrheitssinns« bezeichnet.[48] Seine Wertungen stecken dort in einer schwer lösbaren Mischung aus geschichtlichen, grundsätzlichen und politischen Erwägungen, deren Ergebnis oft einfach als »natürlich« bezeichnet wird. Dies war zugleich wieder ein ebenso fulminantes Rezept für die moralisch-politischen Wertungsprobleme der Zeit überhaupt.

Eben dieser große und grundsätzliche geschichtliche Sinn führt Savigny auch auf eine merkwürdig scheinende Formel, die man bei einem Hugo, Thibaut u. a. vergeblich suchen dürfte. Geschichte ist ihm »heiliges Amt«, nicht nur »edle Lehrerin«:

»Wenn Geschichte auch im Jünglingsalter der Völker eine edle Lehrerin ist, so hat sie in Zeitaltern, wie das unsrige, noch ein anderes und heiligeres Amt. Denn nur durch sie kann der lebendige Zusammenhang mit den ursprünglichen Zuständen der Völker erhalten werden, und der Verlust dieses Zusammenhangs muß jedem Volk den besten Theil seines geistigen Lebens entziehen.«[49]

1812 schrieb er analog mahnend an die Gebrüder Grimm[50], 1814 kehrte die Prägung im *Beruf unserer Zeit* wieder. 1815 wird das Stichwort »Beispiel-Sammlung« polemisch verwendet. Savigny zeigt sich wohlvertraut mit der umwälzenden Diskussion um die Aufgabe von Geschichtsschreibung. Mutiger als Humboldt oder Ranke u. a. schlägt er mit der Formulierung »heiliges Amt« jedenfalls eine Verbindung zu Schellings Methodenvorlesungen von 1802. Dort fand Schelling »selbst unter dem Heiligsten nichts, was heiliger wäre als die Geschichte, dieser große Spiegel des Weltgeistes, dieses ewige Gedicht des göttlichen Verstandes; nichts, das weniger die Berührung unreiner Hände ertrüge.«[51]

»Heilig« als Stichwort für Geschichte? In der religiösen Formel und noch in ihrer Abschwächung bei Savigny zeigt sich etwas von der übergeschichtlichen Sendung in Savignys Konzeption. Das erleichtert ihm auch die Bewertungsfrage entschieden. Er ist von Wertfreiheit noch weit entfernt, natürlich ohne deswegen unmittelbar parteiisch zu sein. Für die Skeptiker, wie einen Hugo und Feuerbach 1816, bedarf es dagegen je eigener Wissenschaft und dann Bewertung auch des noch so vorbildlichen Erbes. Dieses ihr Amt erscheint ihnen gewiß verantwortungsvoll, aber kaum heilig.

4. Mein Versuch einer dreifach vergleichenden Charakteristik ergibt ein differenziert scharfes Bild in vier Punkten:

– Savignys Geschichtskonzeption und -praxis hält als *quellenkritische*

Praxis am historischen Einzelstoff ohne weiteres den Rang von Meisterschaft und Vorbild – und nicht nur für Juristen.
- Darüber hinaus stiftet seine Konzeption mehr als andere »geschichtlichen Sinn« für spezifische »innere« *Zusammenhänge* und für die Erkenntnis des *Ganzen* (nicht einfach nur als Evolution).
- Er befolgt einen besonders anspruchsvollen *Wissenschaftsbegriff* (Geschichte als nach *inneren* Prinzipien geordnetes Ganzes).
- Er bietet einen spezifischen Zugang zu geschichtlich geheiligten *Bewertungen* (heiliges Amt).

In dieser Prachtgestalt, mit diesem »Apparat allgemeiner Ideen« (Jhering 1861), zog seine rechtswissenschaftliche Geschichtsbotschaft viele Zeitgenossen mächtig an und avancierte für längere Zeit sogar zu einem geschichtswissenschaftlichen Leitbild, etwa bei Humboldt und Ranke und erneuert noch von Troeltsch[52], in der Ökonomie bei Roscher u. a.

V. Folgerungen I: Rechtsgeschichte

Was bleibt also von den »Entdeckungen« Wieackers? Im Verlauf des Jahrhunderts gewinnen die philologischen und quellenkritischen Erfolge an Gewicht, das ist ein Teil der »Entdeckung der Rechtsgeschichte um 1880«. Aber diese Intensität allein bringt kein eigentliches Neuland, kein Amerika der Geschichte. Kontinuität überwiegt hier.

Erst der Verzicht auf Savignys und Eichhorns idealistisch unterbauten Optimismus, auf den Systemdrang und -glauben setzt die Kritik ganz frei, macht die Edition, Philologie und Interpolationenjagd zu einer Modebeschäftigung der Romanisten, weniger scharf auch die Edition und Interpretation der frühmittelalterlichen Leges, Urkunden usw. zur Hauptbeschäftigung der Germanisten und erweitert die Perspektive auf die ganze Antike (Lotmar, Mitteis, Wenger) und die ganze germanische, besonders skandinavische Welt (Konrad Maurer, v. Amira usw.).[53] Ebenfalls um 1880 nennt man nun die quellenbesessene und sonst skeptische Hauptpartei polemisch »historistisch«.[54] Zugleich erwachsen ihr neue Gegner. Für Recht und Rechtsgeschichte als historisches Ganzes landet man gewissermaßen implizit wieder bei Hugos Skepsis gegenüber Systemen, aber unter neuen, sehr viel aktiveren Forschungsbedingungen, die andererseits auch wieder Mut machen. Zugleich sucht man wie erwähnt wieder den Absprung in die universale Vergleichung (Post, Kohler).

Die Bewertung schließlich überläßt man nun fast ganz der Rechtsdogmatik und vor allem der erwähnten hochaktiven Gesetzgebungspolitik seit den 70er Jahren. Daneben etabliert sich konsequent eine eigene – ziemlich vergessene – »legislative Rechtswissenschaft«, d. h. eine wissenschaftliche Gesetzgebungskritik und Rechtspolitik.[55] Die Juristen haben es hier leichter mit dem Abschied von der werthaltigen Geschichte als die Historiker. Man braucht diesen »geschichtlichen Sinn« nicht mehr, da man einen politischen gefunden hat.[56]

VI. Folgerungen II: Geschichtlich

Der Befund läßt sich verallgemeinern. Bei Savigny gingen Quellenkritik, Zusammenhangsfindung, Gegenstandsvorstellung, Methode und Bewertung Hand in Hand. Das philosophische Band dafür ist sein von mir so genannter ›objektiver Idealismus‹, ein Ausdruck, den Friedrich Schlegel gegen Kants sog. Subjektivismus begründete.[57] Die Gegenpositionen verstehen sich philosophisch als mehr oder weniger kantianisch. Man denkt dabei an Kants Erkenntniskritik. Der rechtswissenschaftliche Umgang mit Geschichte zeigt in diesem Sinne einen durchaus parallelen Verlauf mit den philosophischen Moden. Für den geschichtswissenschaftlichen Verlauf dürfte es kaum anders sein. Ohne Beachtung der Philosophievorgaben, freilich in ihrer Pluralität auch zu Zeiten Hegels, bleiben daher die Instrumente unserer Rekonstruktionen stumpf.

Einem Überwiegen eines objektiv-idealistischen Ansatzes seit Hölderlin, Schelling und Hegel[58] entspricht die Tendenz von Savigny bis Ranke und noch Jhering. Einem Überwiegen eines kritisch-kantianischen Ansatzes entspricht die Tendenz bei Hugo, Feuerbach, Thibaut und dann wieder nach Otto Liebmanns Ruf »Zurück zu Kant« (1855) in den 70ern und 80ern. Namen zu nennen fällt schwerer, da nun die Historiker seltener zugleich philosophisch-methodischen Anhalt geben. Vielleicht kann man nennen Paul Roth, E. I. Bekker, L. Goldschmidt, H. Brunner, Ph. Lotmar, daneben R. Stammler, vielleicht auch Otto von Gierke. Aber diese Epoche, in der uns der Klassiker Landsberg[59] verläßt, bedürfte viel genauerer Befragung in dieser Richtung.

VII. Nachtrag

Das Zusammentreffen in Bielefeld gab Anlaß, auch einigen kritischen Transfer zu versuchen zu dem großen Bild von »Geschichtsdiskurs«, an dem alle malten. Aus der Sicht des Rechtshistorikers, der seiner Erbmasse freudig bewußt ist, war mit Erstaunen ein klares Defizit festzustellen. Savignys Konzeption, pars pro toto gesprochen, kam nicht vor, nicht einmal in der Synthese. Er war nur als Fachwissenschaftler präsent, nicht als der Begründer eines auch geschichtswissenschaftlichen Modells, einer »historischen Schule schlechthin« (A. Heuß), als die »entscheidende Gestalt in der Geschichte des Entwicklungsbegriffs« (W. Wieland), gar als der, der die »Ideale des Historismus am reinsten« verkörpert.[60]

Das Defizit läßt sich generös beheben, aber es zeigt mehr. Die Fragestellungen und Suchsonden zu Überblicken im Geschichtsdiskurs sind zu projektiv und zu undifferenziert.

Zu projektiv verlängern sie offenbar das Bild von einer etablierten Geschichtswissenschaft als historisch prägender Kraft, wie sie heute und seit längerem besteht, bis zurück ins frühe 19. Jahrhundert. Für diese Zeit kann aber von einer vergleichbaren Situation nicht leicht die Rede sein. Als wissenschaftsgeschichtliche Wortführer muß man für damals und noch lange viel eher die Philosophen und nur wenige hervorragende Fachwissenschaftler betrachten. Auch ein Blick auf die schwache institutionelle Lage der Geschichte oder die Ausprägung in eigenen Periodika zeigt dies. Eine Geschichtswissenschaft gab es in voller Blüte um 1900[61], aber kaum in gleicher prägender Weise um 1800.

Zu undifferenziert verwenden die Mutigeren dann doch zu dualistische Modelle. Konkret lassen sie zudem gerade die weithin prägenden philosophischen Vorgaben nicht recht in den Blick kommen. Ich denke dabei an von Iggers angedeutete Instrumente wie Realismus versus Romantik, die er freilich sogleich bewußt vermischt und zurückstellt[62], an Historismus als maßgebliche Denkform oder -struktur, genauer als historisiertes, rational-wissenschaftliches Denken versus nicht so streng rationales, philologisch-hermeneutisch-einfühlendes (Iggers in Diskussion mit Muhlack und Jaeger/Rüsen), an nomothetisch versus ideographisch bei Ringer, an individualisierender versus generalisierender Historismus bei Hübinger. Daß die Synthese eher zum Kaleidoskop wird, scheint mir auch damit zu tun zu haben. »Die Geschichte der Geschichtswissenschaft als einen fortlaufenden Dialog betrachten« (Iggers) ist ein reizvoll plurales und fruchtbares Konzept – doch worum und wo und wann, so wäre zu klären, kreisen dann eigentlich die geschichtswissenschaftlichen Gespräche oder gar Diskurse? Zwischen Hugo und Eichhorn und Michaelis und Spittler und Schlözer und J. v. Müller und Heeren und Dahlmann, zwischen Savigny und Grimm und Creuzer und Niebuhr und Boeckh und Ranke und Mommsen und Droysen, Thibaut und Schlosser, Beseler und Reyscher und Dahlmann und Gervinus und Häusser, zwischen Roth und Maurer und Amira und Sybel und Waitz und Loebell[63], zwischen Mohl und Treitschke und Haym usw. und vice versa? Eine solche dichte Beschreibung ist noch nicht absehbar. Könnten bis dahin nicht vor allem Fragen der Art der Quellenkritik und Philologie, der Art der Zusammenhangsbildung und der Bewertung als erkennbare Verdichtungspunkte in Frage kommen?

Anmerkungen

1 Alfred Heuß, *Barthold Georg Niebuhrs wissenschaftliche Anfänge*, Göttingen 1981, S. 16.

2 Friedrich Carl von Savigny, »Über den Zweck dieser Zeitschrift«, in: *Zeitschrift für geschichtliche Rechtswissenschaft* 1 (1815), S. 1–17, hier S. 2, 6 u.ö; vgl. ders., *Vom Beruf unserer Zeit für Gesetzgebung und Rechtswissenschaft*, Heidelberg 1814 (und versch. Neuaufl. und -drucke, bes. v. Jaques Stern, *Thibaut und Savigny*, Berlin 1914, ND Darmstadt 1959), S. 5 (für »geschichtlichen Sinn« als eine von »zwey Meinungen« über »Entstehung alles positiven Rechts« und »Rechtswissenschaft« davon).

3 Das dazu Bekannte jetzt bei Joachim Rückert, *Idealismus, Jurisprudenz und Politik bei Friedrich Carl von Savigny*, Ebelsbach 1984, S. 90 f.

4 Friedrich Carl von Savigny, »Rez. von Hugos Rechtsgeschichte 2. Aufl. 1799 u. 3. Aufl. 1806«, zuerst in: *(Hallische) Allgemeine Literatur-Zeitung*, 1806, Nr. 251 f., Sp. 129–144, erneut in: ders., *Vermischte Schriften*, Bd. 5, Berlin 1850, S. 1–36, hier S. 2.

5 Franz Wieacker, *Privatrechtsgeschichte der Neuzeit*, 2. Aufl. Göttingen 1967, § 22, S. 416 ff.: Überschrift und Text (analog schon 1. Aufl. 1952, S. 248).

6 Für Gustav Hugo (1764–1844) meint man sein sogenanntes Lehrbuch der Geschichte des Römischen Rechts, zuerst 1790 als *Lehrbuch der Rechtsgeschichte bis auf unsere Zeiten* auf 256 S., zuletzt in zwei Teilen, *bis* Justinian in 11. Aufl. 1832 auf 1226 S., und *seit* Justinian in 3. Aufl. 1830 auf 672 S. Man folgt damit vor allem Savignys Rezensionslob von 1806 (wie Anm. 4), wo es heißt: »daß das sorgfältige Studium desselben [d. h. des Hugoschen Rechtsgeschichtswerks] am besten dazu

dienen kann, die wahre historische Methode zu erkennen und sich zu eigen zu machen« (S. 3).

7 Wieacker, *Privatrechtsgeschichte* (wie Anm. 5), S. 416f., mit genaueren Werkhinweisen.

8 Ebd., S. 419f.

9 Ebd., S. 422, hier etwas unchronologisch ohne genauere Daten. Zu ergänzen wären Werke O. Stobbes, P. Roths, K. Maurers, H. Brunners, K. v. Amiras u. a.; vgl. als Übersicht v. Amira-Eckhardt, *Germanisches Recht*, Bd. 1, 4. Aufl. 1960, S. 187f.

10 Ebd., S. 416 u. 419.

11 Ich fürchte, die Tragweite dieses Satzes ist Nichtjuristen nicht leicht zu vermitteln. Anders als heutige Juristen, die i. d. R. ihre Dogmatik an neuere Gesetze anschließen können und gewissermaßen die Geschichte im wesentlichen los sind, was dann auch heutigen Historikern als Juristenarbeit vertraut ist, hatte man zur Savigny-Zeit das gleiche antike oder mittelalterliche Material in zwiefacher Rolle vor sich: zum einen als bloßes Element eines Geschichtsverlaufs (geschichtlich), zum anderen als Element eines aktuellen, noch irgendwie (aber eben wie genau?) geltenden Rechtssatzes der römischen oder deutschen oder sonstigen Tradition (rechtsdogmatisch).

12 Wieacker, *Privatrechtsgeschichte* (wie Anm. 5), S. 387 (zu Savigny), erkennt einen historischen Wert der *Geschichte* sehr an und kritisiert nur aus einem eigenen Begriff von Rechtsgeschichte als »Geschichte vitaler rechtsgeschichtlicher Zustände« eine Begrenzung im Gegenstand. Zu Eichhorn (S. 474) wird ebenfalls nicht genauer geschichtsmethodisch verglichen.

13 Vgl. zu diesen Fragen die brillante Übersicht und Argumentation von Karl Acham, »Die Ausdifferenzierung geisteswissenschaftlicher Erkenntnisbestrebungen und der Wille zur historischen Synthese«, in: *Bericht über das 4. deutsch-norwegische Historikertreffen*, Stifterverband für die deutsche Wissenschaft, o. O. 1990, S. 139–166. Wie ich feststelle, berührt sich meine ›Versuchsanordnung‹ vielfach mit den systematisch-historischen Kriterien der großen Studie von Ulrich Muhlack, *Geschichtswissenschaft im Humanismus und in der Aufklärung. Die Vorgeschichte des Historismus*, München 1991. Die Kennzeichnung als nicht mehr dualistisch, sondern immanentistisch für die Zeit nach 1800 fixiert Wichtiges, ebnet aber auch, schon für Savigny-Niebuhr-Hegel-Ranke-Droysen, erkenntnistheoretische Differenzen ein (vgl. S. 423 mit 413), auf die es mir dann ankommt, wenn es differenzierter um das 19. Jahrhundert geht.

14 Siehe Eduard Gans, in: *(Berliner) Jahrbücher für wissenschaftliche Kritik*, 1827, Nr. 41f., März, Sp. 321–344. Die Seitenzahlen dazu sowie zu den folgenden Zitaten jeweils im Text. Siehe jetzt näher Joachim Rückert, »Jurisprudenz und ›wissenschaftliche Kritik‹ in den ›Jahrbüchern für wissenschaftliche Kritik‹ (1827–1846)«, in: *Die »Jahrbücher für wissenschaftliche Kritik«. Hegels Berliner Gegenakademie*, hg. v. Christoph Jamme, Stuttgart 1994, S. 449–488, hier S. 468f.

15 Ernst Landsberg, *Geschichte der deutschen Rechtswissenschaft*, 3. Abt., 2. Hbd., München/Berlin 1910, dort im Textband, S. 217–222, die immer noch eingehendste Würdigung.

16 Hier bezeichnenderweise mit Hinweis auf Gierkes Kritik.

17 Hermann-Ulrich Kantorowicz, »Was ist uns Savigny?«, zuerst in: *Recht und Wirtschaft* 1 (1911/12), S. 47–54 u. S. 76–79, auch separat 1912, dann in: ders., *Rechtshistorische Schriften*, hg. v. Helmut Coing u. Gerhard Immel, Karlsruhe 1970, S. 397–419.

18 Hermann-Ulrich Kantorowicz, »Savigny and the Historical School of Law«, zuerst in: *Law Quarterly Review* 53 (London 1937), S. 326–343, jetzt in: ders., *Schriften* (wie Anm. 17), S. 419–435.

19 Paul Koschaker, *Europa und das römische Recht*, München 1947 u.ö., S. 273.

20 Wieacker, *Privatrechtsgeschichte* [1952] (wie Anm. 5), S. 238; analog [1967], S. 387f.

21 Ebd. [1967], S. 388.

22 Walter Wilhelm in seinem wichtigen, einflußreichen Buch *Zur juristischen Methodenlehre im 19. Jahrhundert*, Frankfurt/M. 1958 (zugleich Diss. iur. Frankfurt/M. 1955).

23 Siehe Friedrich Carl von Savigny, *Vorlesungen über juristische Methodologie 1802–1842*, hg. v. Aldo Mazzacane (= *Savignyana*, hg. von J. Rückert, Bd. 2), Frankfurt/M. 1994, hier S. 87f.; vgl. auch S. 136 für 1804, S. 139 für 1809 (Gesetzgebung als ein successives Ganzes betrachtet) usw.

24 Dazu näher mit allen Belegen auch aus dem neuen Material Joachim Rückert, »Savignys Konzeption von Jurisprudenz und Recht, ihre Folgen und ihre Bedeutung bis heute«, in: *Tijdschrift voor Rechtsgeschiedenis/The Legal History Review* 61 (1993), S. 65–95, bes. S. 68–76.

25 Nicht die Rede kann hier natürlich von früheren humanistischen und pragmatischen Verdiensten sein. – Ein schöne Bestätigung, auch in ihrer gewissen Einseitigkeit, gibt Ranke, der Savigny eine »neue Methode beim Studium der Urquellen des Rechts« zuschreibt, und d. h.: die Methode der »klassischen Studien«, für Savigny also »völlige Vertiefung in den Text der Pandekten«; siehe: Brief Rankes an F. Mignet v. Juni/Juli 1864, in: Leopold von Ranke, *Das Briefwerk*, hg. v. Walther Peter Fuchs, Hamburg 1949, S. 448–452. Der Brief sollte Mignet für eine Pariser Akademie-Würdigung Savignys dienen, war durch Erkundigungen Rankes bei Savigny-Schülern vorbereitet und ersichtlich sorgfältig formuliert.

26 Der Kürze halber möchte ich mich mit Verweisen auf meine vergleichenden Untersuchungen begnügen dürfen, die alle Zitate und Belege enthalten; siehe Rückert, *Savigny* (wie Anm. 3), S. 86 u. 181 zu Thibaut, S. 103f. zu Hufeland und Feuerbach, S. 204 zu Feuerbach, S. 73f., 104 u. 207 zu Hugo.

27 Ebd., S. 94, 107, 331, auch zu »innere Notwendigkeit«, S. 381ff.

28 Ebd., S. 98 (jetzt auch bei Mazzacane [wie Anm. 23], S. 88f.).

29 Ebd., S. 379 u. 331f.

30 Dazu näher Joachim Rückert, »Heidelberg um 1804 – oder: die erfolgreiche Modernisierung der Jurisprudenz durch Thibaut, Savigny, Heise, Martin, Zachariä u. a.«, in: *Heidelberg im säkularen Umbruch. Traditionsbewußtsein und Kulturpolitik um 1800*, hg. von Friedrich Strack, Stuttgart 1987, S. 83–116, hier S. 105ff.

31 Rückert, *Savigny* (wie Anm. 3), S. 204f.; die ganze Quelle jetzt bei Mazzacane (wie Anm. 23), S. 127f.; analog Savigny, »Zweck« (wie Anm. 2). Zitiert hier bei Anm. 29 im Text.

32 Rückert, *Savigny* (wie Anm. 3), S. 333 u. 94.

33 Ebd., S. 94 (jetzt bei Mazzacane [wie Anm. 23], S. 139f.).

34 Näher dazu Rückert, »Heidelberg« (wie Anm. 30), S. 103f.

35 Savigny, Sog. *Methodenlehre* 1802/03; vgl. bei Rückert, *Savigny* (wie Anm. 3), S. 98, und jetzt bei Mazzacane (wie Anm. 23), S. 87f.

36 Nähere Ausführung und Begründung bei Rückert, *Savigny* (wie Anm. 3), S. 97ff. u. 331f.

37 Savigny, *Beruf* (wie Anm. 2), S. 5 [= Stern, S. 74].

38 Vgl. Rückert, »Savignys Konzeption« (wie Anm. 24), S. 76–79, zum »zeitgenössisch-philosophischen Gehalt« von Savignys Konzeption. Vgl. für die Kritik nur wie erwähnt Gans (wie im Text bei Anm. 14).

39 Felix Dahn, Art. »Rechtsschulen«, in: *Dt. Staatswörterbuch* 8 (1864), S. 544–552, hier S. 551.

40 Savigny, »Zweck« (wie Anm. 2), S. 3.

41 Zu alledem jetzt Joachim Rückert, »›...daß dies nicht das Feld war, auf dem er seine Rosen pflücken konnte...‹? Gustav Hugos Beitrag zur juristisch-philosophischen Grundlagendiskussion nach 1789«, in: *Rechtspositivismus und Wertbezug des Rechts. Vorträge der Tagung der Dt. Sektion der IVR, Göttingen 12. – 14. Oktober 1988*, hg. v. Ralf Dreier, Stuttgart 1990, S. 94–128.

42 Paul Johann Anselm Feuerbach, »Versuch einer Criminaljurisprudenz des Coran«, in: *Bibliothek für die peinliche Rechtswissenschaft* (1800); ders., »Blick auf die teutsche Rechtswissenschaft« (zuerst 1810 als Vorrede zu K. A. D. Unterholzner, *Juristische Abhandlungen*, dann), in: ders., *Kleine Schriften vermischten Inhalts*, Nürnberg 1833, S. 152–177, hier S. 163f. u. 170 (ND in: Erik Wolf, *Quellenbuch zur Geschichte der Rechtswissenschaft*, 1949, S. 296ff.).

43 Ludwig Feuerbach (Hg.), *P. J. A. Feuerbachs biographischer Nachlaß*, Leipzig 1853, S. 378ff.; informativ: Gustav Radbruch, *P. J. A. Feuerbach. Ein Juristenleben* (1934), 3. Aufl. Göttingen 1969, S. 190–195.

44 Anton Friedrich Justus Thibaut, zuerst in der Selbstanzeige seiner Kodifikationsschrift in: *Heidelbergische Jahrbücher der Literatur* 1814, I, Nr. 33, S. 525–528, erneut in seinen *Civilistischen Abhandlungen*, Heidelberg 1814, daraus ND bei Stern, *Thibaut* (wie Anm. 2), S. 170.

45 Guter Überblick mit Kritik immer noch bei Fritz Berolzheimer, *System der Rechts- und Wirtschaftsphilosophie*, Bd. 2, München 1905, S. 403–410 u. 20f.

46 Friedrich Carl von Savigny, »Stimmen für und wider neue Gesetzbücher«, zuerst in: *Zeitschrift für geschichtliche Rechtswissenschaft* 3, I (1816), S. 1–52; erneut in: ders., *Beruf* (wie Anm. 2), 2. Aufl. 1828; danach bei: Stern, *Thibaut* (wie Anm. 2), S. 205ff., hier S. 206f.

47 Savigny, *Beruf* (wie Anm. 2), S. 117 [= Stern, S. 140], und ders., »Zweck« (wie Anm. 2), S. 4; dazu Rückert, *Savigny* (wie Anm. 3), S. 332.

48 Dazu ebd., S. 332.

49 Savigny, *Beruf* (wie Anm. 2), S. 117 [= Stern, S. 141].

50 Rückert, *Savigny* (wie Anm. 3), S. 333 mit Zitat.

51 Friedrich Wilhelm Joseph Schelling, »Vorlesungen über die Methode des akademischen Studiums«, 12. Abs. der 10. Vorl. (= *Sämmtliche Werke*, hg. v. K. F. A. Schelling, Stuttgart/Augsburg 1856–61, I. Abt., Bd. 3, S. 587f.); dazu Rückert,

Savigny (wie Anm. 3), S. 102. Anderer Anhalt fand sich trotz einiger Suche nicht.

52 Sehr hilfreich zum Vergleich hier die Analysen von Otto Gerhard Oexle, »›Der Teil und das Ganze‹ als Problem geschichtswissenschaftlicher Erkenntnis. Ein historisch-typologischer Versuch«, in: Karl Acham/Winfried Schulze (Hg.), *Teil und Ganzes. Zum Verhältnis von Einzel- und Gesamtanalyse in Geschichts- und Sozialwissenschaften* (*Theorie der Geschichte. Beiträge zur Historik*, Bd. 6), München 1990, S. 348–384, und ders., »Die Geschichtswissenschaft im Zeichen des Historismus. Bemerkungen zum Standort der Geschichtsforschung«, in: *Historische Zeitschrift*, Bd. 238 (1984) S. 17–55, bes. S. 37ff.

53 Vgl. statt aller noch einmal Wieacker, *Privatrechtsgeschichte* (wie bei Anm. 9).

54 Dazu eindringlich Annette Wittkau, *Historismus. Zur Geschichte des Begriffs und des Problems*, Göttingen 1992, zusfd. S. 15.

55 Joachim Rückert, *Autonomie des Rechts in rechtshistorischer Perspektive*, Hannover 1988, S. 97ff.

56 Ebd., S. 87f. u. 95f.

57 Rückert, *Savigny* (wie Anm. 3), S. 292ff.

58 Dazu hilfreich Panajotis Kondylis, *Die Entstehung der Dialektik*, Stuttgart 1979; konkretisierend Rückert, *Savigny* (wie Anm. 3), S. 234f., 253f. (zu Schlegel), 255ff. (zu Hölderlin) u. 287ff.

59 Wie Anm. 15. Eine wesentliche Teilstudie bietet Sten Gagnér, »Zielsetzungen und Werkgestaltung in Paul Roths Wissenschaft«, in: ders./Hans Schlosser/Wolfgang Wiegand (Hg.), *Festschrift für Hermann Krause*, Köln 1975, S. 276–450, hier bes. S. 339–363 über Roths Methode als kritische Methode der Historiker.

60 Wolfgang Wieland, Art. »Entwicklung, Evolution (III.7: Savigny und der Historismus)«, in: *Geschichtliche Grundbegriffe. Historisches Lexikon zur politisch-sozialen Sprache in Deutschland*, hg. v. Otto Brunner, Werner Conze u. Reinhart Koselleck, Bd. 2, Stuttgart 1975, S. 213–217, hier S. 213.

61 Vgl. den Band von Notker Hammerstein (Hg.), *Deutsche Geschichtswissenschaft um 1900*, Stuttgart/Wiesbaden 1988.

62 Vgl. dazu und zum Folgenden die Beiträge in diesem Band, soweit sie der Tagungsfassung entsprechen.

63 Dafür gibt es eine wirkliche Gesprächsrekonstruktion bei Gagnér, »Paul Roths Wissenschaft« (wie Anm. 59).

EGON FLAIG

Volkssouveränität ohne Repräsentation. Zum *Römischen Staatsrecht* von Theodor Mommsen

Geschichtswissenschaftliche Werke zu historisieren kann nicht darin bestehen, diese in eine Wissenschaftsgeschichte einzusargen, die sich als bloße Geschichte des Faches versteht. Um ein verbindliches Fundament bereitzustellen und die Fachmitglieder dem professionellen Zwang zu unterwerfen, sich disziplinär zu homogenisieren[1], erhebt die Fachwissenschaft bestimmte Werke zu ›Grundlagen‹; dazu löst sie diese heraus aus dem Kontext, in welchem sie geschrieben wurden, um sie einzupassen in eine ›Fortschrittsgeschichte der Disziplin‹. Dies um so mehr, je weiter die Autonomisierung des Faches voranschreitet und je mehr die Selbstreferentialität zunimmt. Die Fachwissenschaft neigt mithin dazu, ›vorbildliche‹ Werke zu kanonisieren. Diese Neigung behindert ihre Selbstreflexion. Denn ein Werk zu kanonisieren heißt stets, es aus seinem Kontext herauszulösen. Kanonbildung ist Kontextzerstörung.[2] Wissenschaftliche Selbstreflexion dekonstruiert den Kanon, indem sie den Kontext rekonstruiert. Wenn sich herausstellt, daß der Kontext, in welchem ein historiographisches Werk Stellung bezieht, zu einem beträchtlichen Ausmaß gar nicht ein fachlicher ist, dann verdient fachlich beschränkte Wissenschaftsgeschichte zumindest Skepsis. Der Geschichtstheorie obliegt es, der fachwissenschaftlichen Mortifizierung der Texte entgegenzuwirken, indem sie die polemischen Kontexte berücksichtigt, innerhalb welcher die historiographischen Werke Stellung bezogen, in Stellung gingen. Sie nimmt die Kategorien und Axiome in den Blick, vermittels welcher die Historiker ihre Werke konstruieren. Diese Elemente und Strukturprinzipien sind mitnichten neutrale Instrumente; besonders im 19. Jahrhundert waren sie zum Bersten mit Politik aufgeladen. Das läßt sich aufzeigen an einem untypischen Vertreter des deutschen Historismus, Theodor Mommsen. Ich möchte darlegen, daß man den geschichtsphilosophischen und politischen Gehalt von Mommsens *Römischem Staatsrecht* zudeckt, wenn man es nur in das Umfeld der juristischen Literatur oder der historischen Forschung stellt. Die Konstruktionsprinzipien, gemäß denen Mommsen seine *Römische Geschichte* und sein *Römisches Staatsrecht* konzipierte, entsprechen geschichtsphilosophischen Schemata und Kategorien der Politischen Philosophie. Das rechtfertigt eine andere und neue Lektüre dieser Werke.

Mit dem Begriff ›Historismus‹ bezeichne ich nicht die seit dem 18. Jahrhundert immer stärkere Tendenz, alle kulturellen Phänomene zu historisieren[3], sondern denjenigen geschichtsphilosophisch geladenen Diskurs[4], der im Gefolge der Reaktion auf die Französische Revolution antritt – meist, aber nicht notwendig im Medium der Historiographie –, um die Identität schonungslos gegen die Autonomie auszuspielen.[5] Die semantische Strategie des Historismus zielt darauf, kollektive Identitäten moderner Großgruppen – der ›Nationen‹ – zu behaupten oder zu sichern, indem die Historiographie deren Gewordensein und Sinnhaftigkeit nachweist. Je festere Gestalt die Vergangenheit im Medium der Historiographie annimmt, desto mehr gewinnt das Resultat des geschichtlichen Prozesses den Anschein von Unverfügbarkeit. Als unverfügbar muß die gewordene Identität sich aber geben, um verbindlich zu sein. Mit Hilfe solcher Verbindlichkeit suchen üblicherweise die intellektuell hegemonialen Gruppen innerhalb kultureller oder politischer Sammelsurien, deren Mitglieder um einheitsstiftende Symbole zu scharen, sie zu einem Kollektiv zu homogenisieren, dieses zu situieren in der Gegenwart und es politisch zu orientieren für die Zukunft. Der historistische Diskurs faßt diese Kollektive als ›Nationen‹, grenzt sie von anderen kulturellen Einheiten ab, indem er ihnen je eine spezifische Eigenart – genannt ›Individualität‹ – zuspricht und diese definiert. Diese ›Individualitäten‹ sind quasimetaphysische Entitäten, eigentlich geschichtslos, welche sich in der Geschichte nur noch zu realisieren brauchen. Indem eine ›Nation‹ in der Geschichte allmählich entsteht, relativiert sich ihre ›Individualität‹ keineswegs, sondern gewinnt sie allererst unwiderstehliche Verbindlichkeit für alle Mitglieder dieser Großgruppe.

Aber nicht nur der allmählichen Entstehung einer bestimmten Großgruppe nachgehend, leistet die historistische Geschichtsschreibung diese Identitätssicherung, sondern auch indem sie bisweilen aufzeigt, wie eine spezifische Eigenart – eine ›Individualität‹ – in einem jähen Ursprung zutage getreten ist. Einen solchen Ursprung immer wieder zu reproduzieren, obschon mit Abwandlungen, mutet der historistische Diskurs dem betreffenden Kollektiv zu. Wie Burckhardt in der *Griechischen Kulturgeschichte* eine ursprungsmythische Stiftung der kulturellen Identität Europas erbringt[6], so gewinnt Mommsen am republikanischen Rom eine ursprungsmythische Fundierung europäischer Staatlichkeit.

I.

In seiner *Römischen Geschichte* formuliert Mommsen gegen Gibbon und gegen Montesquieu eine neue Konzeption für den Umstand, daß das Römische Reich ›untergegangen‹ ist, bzw. für die Annahme, es sei eine historische Mißbildung gewesen. Montesquieu hatte den Untergang damit erklärt, daß die übermäßige Ausdehnung des Römischen Reiches – über das Meer und die Alpen hinweg – zu einer Umstrukturierung der inneren Organisation des politischen Systems und der Verhaltensprinzipien seiner Bürger geführt habe[7]; die Inkongruenz von Ausdehnung und Organisationskompetenz ist für ihn ein technisch-soziales Problem. Mommsen setzt dagegen eine grundsätzlich andere Erklärung: »Es waren uralte sociale Schäden im letzten Kern der Ruin des Mittelstandes durch das Sklavenproletariat, an denen das römische Gemeinwesen zu Grunde ging.«[8] Doch dieser soziale Schaden verdankte sich der Tatsache, daß die Stadtgemeinde Rom eine »widernatürliche Erweiterung« (RG II, 379) durchgemacht hatte, widernatürlich in zwiefachem Sinne: Erstens griff Rom über Italien hinaus und verpaßte damit seine welthistorische Aufgabe, die italische Nation in einem Nationalstaat zusammenzufassen, zweitens integrierte Rom die italische Nation in die »Stadtgemeinde«, anstatt eine repräsentative gesamtitalische Verfassung herauszubilden. Die hypertrophe »Stadtgemeinde« verlor ihre Funktionsfähigkeit und mußte entweder untergehen oder sich in eine Monarchie verwandeln. Beide Versagen hingen aneinander; schlimmer war das erste, denn es hatte das zweite zur automatischen Folge. Daß die römische Republik den Boden der »italischen Nation« verlassen und ein Weltreich geschaffen hatte, war das Grundübel: »Es ist das Verhängnis solcher Staatenbildungen, die sich von der Nationalität loslösen, daß es für sie keine Schranken mehr gibt.«[9] Mommsen setzt also gegen das ›mathematisch-quantitative‹ Explikationsschema Montesquieus, der vor allem auf Relationen und Proportionen achtet, ein ›essentialistisch-substantialistisches‹: Die politische Organisation wird eine weltgeschichtliche Mißbildung, sobald sie nicht mehr quasi-organisch an eine nationale Essenz gebunden bleibt. Den massenhaften Import von Sklaven in die italischen Städte faßt Mommsen als direktes Ergebnis der Expansion auf. Diese Sklavenmassen ruinierten nicht allein den Hauptträger der »italischen Nationalität«, den »Mittelstand«; sondern sie ersetzten als Massen von Freigelassenen mit Bürgerrecht das ehemalige römische und italische Volk. Sie ›entnationalisierten‹ Italien (RG I [1874], 876). Mommsen richtet sich damit entschieden gegen die These, daß eine ›Hellenisierung‹ den Charakter der römischen Politik und Gesellschaft verändert habe. Das Gegenteil sei der Fall gewesen: »Der innerliche Zersetzungsprozeß der italischen Nation war bereits, namentlich in der Aristokratie, weit genug gediehen, um das Surrogat der Nationalität, die allgemein humane Bildung auch für Italien unvermeidlich zu machen« (RG I, 878). Die griechische Kultur war nach Mommsen an der intakten italischen »Nationalität« abgeprallt; erst als diese sich auflöste, vermochte die ›Hellenisierung‹ in Rom Einzug zu halten, um eine dem Weltreich angemessene Kultur zu liefern.

Halten wir einen Augenblick inne, um uns auf die logische Struktur dieser Ausführungen zu besinnen. Wir stehen einer erstaunlichen petitio principii gegenüber: Mommsen muß nämlich unentwegt voraussetzen, daß eine italische Nation avant la lettre schon existierte, bevor die Römer sie zusammenfaßten. Den einzelnen italischen Stämmen und Völkerschaften verleiht er den Titel »Nationen«; er ist genötigt, ihre kulturelle und sprachliche Verschiedenartigkeit zu berücksichtigen. Wenn sie aber »Nationen« waren, wie konnte dann aus ihnen die »italische Nation« entstehen? Das geht nur, wenn es ›Nationen‹ gibt, denen keine geschichtsmetaphysische Würde zukommt; sie sind sozusagen prädestiniert, Bestandteil von ›wahrhaften Nationen‹ zu werden. Im Mommsenschen Text klafft somit eine Bruchlinie auf zwischen dem ›deutschen Historismus‹ und seiner metaphysischen Verdinglichung der ›Nation‹ und der gängigen Verwendung des Begriffs in Frankreich und England. Mommsen ist gehalten, den geschichtlichen Prozeß so zu konstruieren, daß die ›wahrhafte Nation‹ sich zu verkörpern sucht, daß sie darum ringt, in die geschichtliche Existenz zu treten. Sie muß dann allerdings schon Wirklichkeit sein, bevor sie zu existieren beginnt. Wir stoßen auf eine typische Denkbewegung des deutschen Idealismus, welcher Hegel in seiner Behandlung der Modalkategorien die prägnanteste Form verliehen hat.

Der multisprachlichen und multikulturellen Ansammlung auf der italischen Halbinsel eine gemeinsame Nationalität zu unterstellen ist eine der waghalsigsten historiographischen Beweisverfahren in der *Römischen Geschichte*. Einerseits sei Italien erst mit der römischen Eroberung »eine politische Einheit« geworden und im Zuge gewesen, »eine nationale zu werden« (RG I, 428). Anderseits behauptet Mommsen, daß »die verschiedenen Nationen« Italiens schon lange »sich als eine Einheit gefühlt und zusammengefunden haben theils in dem Gegensatz gegen die Hellenen, theils und vor allem in der gemeinschaftlichen Abwehr der Kelten«. Tatsachen, welche dieses Bild trüben könnten, entwertet er mit einem geschichtsteleologischen Argument: Auch wenn gelegentlich italische Städte mit den Kelten gegen Rom gemeinschaftliche Sache machten, »so brach doch auf die Länge das gesunde Nationalgefühl nothwendig sich Bahn« (RG I, 427). Ursprünge zu konstruieren heißt, mythische Setzungen vorzunehmen. Es mag die Regel sein, daß das »Nationalgefühl« auftaucht, bevor die Etablierung eines ›Nationalstaates‹ gelingt. Doch hier existiert und wirkt das »Nationalgefühl«, bevor die Nation selber vorhanden ist. Die Homologie zur Marxschen Problematik, wie die Arbeiterschaft aus einer ›Klasse an sich‹ zu einer ›Klasse für sich‹ werden kann, ist evident. Die Rolle des sich in Kämpfen schärfenden Klassenbewußtseins, ohne welche diese historische Verwandlung nicht stattfindet, wird bei Mommsen übernommen durch das sich in gemeinsamen Abwehrkämpfen verstärkende »Nationalgefühl«. Es ist das Nationalgefühl einer noch nicht vorhandenen Nation, welches als kardinaler Faktor dazu drängt, daß eine ›Nation an sich‹ zu einer ›Nation für sich‹ wird. Dieser historischen Arbeit des »Nationalgefühls« bescheinigt Mommsen »Notwendigkeit«. Ob die geschichtsmetaphysische Funktion dieses Begriffs in den Mommsenschen Überlegungen einen hohen Stellenwert einnimmt, wird noch zu fragen sein.

Roms Geschichte ist nicht nur die Erzählung, wie die Akteure versäumten, die italische Nation politisch zu organisieren, sondern überdies die einer mißlungenen Staatenbildung, insofern Rom nicht zum System politischer Repräsentation fand: »Es rächte sich hier der Grundfehler der Politie des Altertums, daß sie nie vollständig von der städtischen zur staatlichen Verfassung oder, was dasselbe ist, von dem System der Urversammlungen zum parlamentarischen fortgeschritten ist« (RG II, 94). Die Geschichte Roms sei deswegen in die falsche Richtung gelaufen. Indem Rom über die Grenzen Italiens hinausgriff, ging die italische Nationalität verloren gerade in dem Augenblick, als sie sich heranbilden sollte. Da keine politische Repräsentation vorhanden war, konnte die ›Masse‹, zu welcher die städtische römische Bürgerschaft degeneriert sei, direkt in die Politik eingreifen. Diese ›Masse‹, die sich zunehmend entnationalisierte, drängte jedoch zum Weltreich. Rom versäumte somit die Herausbildung eines italischen Nationalstaates und verfehlte daher den Endzweck der Geschichte. Dieser Endzweck liegt für den Historisten

Mommsen in der »heiligen Allianz der Völker«, d. h. in der Herausbildung diverser Nationalstaaten, die sich untereinander vertragen.[10] Hätte Rom ein Repräsentativsystem gehabt, wäre die Geschichte 2000 Jahre früher zu diesem Telos der Geschichte gelangt. Dieses kann nach Mommsen auch in der Moderne verfehlt werden, und zwar dann, wenn die europäischen Kriege und der Militarismus eine Konstellation entstehen lassen, in welcher eine der »bewaffneten Massen« alle anderen überwältigt und ein Großreich schafft, in welchem die Nationalität als kulturelles und politisches Prinzip abermals abdanken muß. Vor dieser Gefahr – und nur in dieser Hinsicht – kann das römische Kaiserreich »der Gegenwart einigermaßen zum Spiegel dienen«.[11]

Alle diese Äußerungen sind Elemente in einer komplexen Vernetzung unterschiedlicher Diskurse. Es möge genügen, hier nur einige wenige Konfrontationslinien anzudeuten. Da ist zunächst Mommsens Postulat einer italischen Nation als quasi transzendentaler Größe, welche sich im 5. Jahrhundert v. Chr. bereits in einem Zustand des Hegelschen Ansichseins befand. Man kann darin eine doppelte Frontstellung gegen die Hegelsche Geschichtsphilosophie erblicken: Zum einen läßt Mommsen die ›Nation‹ als übergeschichtliche Idee auf eine Chance lauern, sich in der Geschichte zu verwirklichen. Die idealistische Metaphysik des ›deutschen Historismus‹ ist hier mit Händen zu greifen. Aber dieser Idealismus ist nicht kombiniert mit einer Stufenfolge der Selbstbewußtwerdung des Geistes. Der Nationalstaat – so der Tenor von Mommsens *Römischer Geschichte* – wäre schon in der Antike möglich gewesen. Zum anderen behält Mommsen zwar die Kategorie der historischen Notwendigkeit bei, beraubt sie aber ihres zwingenden Charakters: Eine übergeschichtliche Notwendigkeit treibt auf die Bildung von Nationalstaaten hin; aber diese Notwendigkeit muß sich in der Geschichte nicht realisieren, das von ihr angegebene Ziel kann verfehlt werden. Mommsens Reflexion ist mithin eine Absage an die Hegelsche Konzeption des Fortschritts.[12] Es ist kaum zu vermeiden, sie zugleich als eine scharfe Erwiderung auf Droysen zu lesen, welcher in seinem Werk über Alexander und den Hellenismus die Hegelsche Geschichtsphilosophie auf glänzende Weise historiographisch vollstreckte.[13] Die Möglichkeit, daß die Geschichte stets um ihr Ziel gebracht werden kann, nimmt Mommsen in doppelter Weise ernst, systematisch in seiner Historiographie, praktisch in seinem politischen Verhalten. Die Besinnung auf diese Möglichkeit macht einige seiner Überlegungen denjenigen ähnlich, die Benjamin

Constant eine Generation vor Mommsen anstellte.[14] Und das ist, wie in der Folge zu sehen sein wird, nicht die einzige Stelle in Mommsens Texten, aus welcher die immense Wirkung des großen liberalen Franzosen nachhallt; denn dieser erhebt sich als markante Figur auch an der zweiten Konfrontationslinie, die Mommsen in seinen Texten zieht, nämlich auf der Walstatt, wo für oder wider die Volkssouveränität gestritten wurde.[15]

Zurück zur fehlgesteuerten Geschichte Roms. Auch die Monarchie hätte die römische Geschichte wohl noch in die richtige Richtung lenken und einen italischen Nationalstaat herausbilden können. Doch die Monarchie Cäsars kam zu spät; das Weltreich war schon da, als endlich die Senatsherrschaft endete (RG III, 476ff.). Im Weltreich war nur noch eine absolute Militärmonarchie möglich, wenn auch in republikanischen Formen. Diese Monarchie nun wies eine Besonderheit auf, mit welcher Mommsen sich im zweiten Band des *Staatsrechts* eingehend beschäftigt: Das römische Kaisertum war usurpationsanfällig; immer wieder wurden Kaiser gewaltsam gestürzt und gewaltsam erhoben. Die Gewaltsamkeit der Kaisererhebung erörternd, reflektiert Mommsen ein kardinales Problem in den politischen Debatten des 19. Jahrhunderts.

II.

Den spät (1893) verfaßten *Abriß des Römischen Staatsrechts* leitet Mommsen mit einer scharfen Polemik gegen den Positivismus in der historischen Forschung ein: »Vor der Plattheit derjenigen historischen Forschung, welche das was sich nie und nirgend begeben hat, bei Seite lassen zu dürfen vermeint, schützt den Juristen sein genetisches Verständnis von Wissenschaft.«[16] Genese heißt also für Mommsen etwas radikal anderes als das, was positivistische Historiker darunter verstanden: nicht die von Ereignis zu Ereignis fortstolpernde Entstehung, sondern die Realisierung einer Struktur, die nicht allein von der geschichtlichen Bewegung unabhängig, sondern ihr vorgängig ist.

Das *Römische Staatsrecht* ist damit der eigentliche geschichtliche Gehalt Roms; denn in ihm konstruiert Mommsen die Ordnung Roms, eine Ordnung, deren Prinzipien von Anfang an feststehen und sich in der Zeit realisieren. Die römische Ordnung ist laut Mommsen hochgradig rechtlich strukturiert; sie ist darstellbar, indem man das Staatsrecht der Römer darstellt. Dieses liefert ihre Struktur. Aber wie kann dann die Gewalt einen privilegierten Ort innerhalb dieser Ordnung besetzen? Ist diese doch dermaßen im Ursprung selber nach Rechtsprinzipien organisiert, daß ihre zeitliche Entwicklung sozusagen gänzlich mit der Entfaltung dieser Prinzipien kongruiert. Warum taucht die Gewalt dennoch als konstituierende Kraft im *Römischen Staatsrecht* auf? Wie kommt es, daß die Gewalt nicht nur in dieser Ordnung immer wieder jäh ausbricht, sondern ihren unantastbaren Ort innerhalb des Gefüges der Rechtsprinzipien dieser Ordnung innehält? Mommsen hält nämlich den gewaltsamen Kaiserwechsel für rechtmäßig. Wenn das Recht am Ursprung und damit vor dem Beginn der Geschichte steht, gibt es dann noch ein anderes Recht, das apriorisch das konkret wirksame Recht umspannt wie ein transzendentaler Himmel? Ein ursprungsmythisches Recht, welches das konkrete Recht immer wieder suspendiert?

Jedesmal, wenn in der Prinzipatsepoche ein Kaiser gestürzt und ein anderer erhoben wurde, ereignete sich ein Gewaltakt, den Mommsen »rechtmäßig« nennt: »Überall wird das Imperium streng genommen nicht übertragen; es wird von dem Träger genommen..., entweder auf Aufforderung des Senats oder auf Aufforderung der Truppen ... Aber rechtlich ist wen bloß die Soldaten auffordern sich imperator zu nennen, ebenso befugt dies zu tun als wem diese Aufforderung vom Senat zugeht ... die Rechtsgültigkeit des neuen Imperium beginnt mit dem Vollzug des einen oder des anderen der beiden Akte«.[17] Das konstitutionelle Problem der römischen Monarchie besteht hauptsächlich darin, daß kein Organ vorhanden war, welches eindeutig und verbindlich für das gesamte Gemeinwesen einer bestimmten Person die kaiserliche Gewalt übertrug. Diesen Umstand zwängt Mommsen in die Formulierung, die Erhebung eines Kaisers durch die Truppen sei ebenso rechtmäßig wie seine Erhebung durch den Senat. Die »Rechtmäßigkeit« ergibt sich kurz und bündig daraus, daß im Handeln der Soldaten – wie auch in demjenigen des Senats – sich die Volkssouveränität äußerte. Es ist niemand anders als der Souverän selber, welcher in diesem Moment agiert: »Der Volkswille erhebt den Princeps, wenn und wann er will, und stürzt ihn, wenn und wann er will; die Vollendung der Volkssouveränität ist zugleich ihre Selbstvernichtung« (SR II/2, 1133). Warum vernichtet die Volkssouveränität sich selber, indem sie sich vollendet? Will der Volkswille die politische Ordnung nicht ins Chaos stürzen und damit ihren eigenen Träger, das Volk, als geschichtliche Größe auslöschen, dann bleibt ihm nichts anderes übrig, als sich genau im Augenblick, in dem er hervortritt, einen autokratischen Herrn zu schaffen; und mit dieser Schöpfung verschwindet er wieder in abwartende Latenz. Mommsen konstruiert eine Bewegungsform, in welcher die härtesten Gegensätze ihr dynamisches Zusammenspiel finden: die drohende Anarchie und die schrankenloseste Alleinherrschaft lösen einander ab. Das Dilemma des Volkswillens ist, daß er keine organisierte Gestalt annehmen kann, da er unrepräsentiert bleibt. Jedesmal, wenn der Souverän in die Politik einbricht, setzt er wieder bei Null ein. Das ist der systematische Grund, weshalb der Prinzipat jedesmal mit dem Kaiser stirbt (SR II/2, 1143). Unter solchen Umständen kann sich selbstverständlich keine monarchische Kontinuität herausbilden. In dieser Optik erscheint die gesamte Prinzipatsepoche als eine Sukzession diskreter Monarchien, die je aus einer Eruption des Volkswillens entsprangen. Es ist ein Irrtum, dies wie Alfred Heuß so zu verstehen, als habe Mommsen die ›Revolution‹ jurifiziert.[18] Denn Mommsen führt keinen juristischen Diskurs, sondern er behandelt den ›rechtsetzenden‹ Charakter politischer Gewalt.[19]

Mommsen gebraucht die gegenwartsgespeisten politischen Erfahrungen, um Revolution und Alleinherrschaft zu verbinden. So sei das römische Kaisertum zwar eine Autokratie mit unumschränkter Gewalt (SR II/2, 748), jedoch eine Autokratie besonderer Art: »Der römische Prinzipat ist nicht bloß praktisch, sondern auch theoretisch eine durch die rechtlich permanente Revolution temperierte Autokratie« (SR II/2, 1133). Eine ›rechtlich permanente Revolution‹ ist eine widersinnige Formulierung, wenn man sie – wie Alfred Heuß – juristisch liest; bezieht man sie dagegen auf die Debatten der politischen Philosophie, dann gewinnt sie plötzlich eine konturierte Bedeutung: die ›rechtlich permanente Revolution‹ ergibt sich aus der Drohung des souveränen Volkes, jederzeit in Aktion zu treten. Mommsen, so lautet meine These, führt im *Römischen Staatsrecht* eine konzentrierte Auseinandersetzung mit Rousseau sowie mit Sieyès und Mably, also mit derjenigen politischen Strömung, die im 19. Jahrhundert eine direkte Demokratie befürwortete. Der Abbé Sieyès brachte im 5. Kapitel von *Qu'est-ce que le Tiers état?* das Problem auf den Punkt, als er sagte, der Souverän als pouvoir constituant könne zu jeder beliebigen Zeit, wie er will und wo er will, den pouvoir constitué auflösen, die Ordnung umstürzen: »La volonté nationale ... n'a besoin que de sa réalité pour être toujours légale, elle est l'origine de toute légalité. Non seulement la nation n'est pas soumise à une constitution, mais elle ne peut pas l'être, mais elle ne doit pas l'être, ce qui équivaut encore à dire qu'elle ne l'est pas«.[20] Die so gedachte permanente Reversibilität der Ordnung lastete als Obsession auf den Theoretikern der Gegenrevolution wie etwa Burke, de Maistre, Bonald und Donoso Cortés. Sie war in deren politischen Philosophie der Angriffspunkt schlechthin, um die Volkssouveränität zu diskreditieren.[21] Mit der rechtlichen Permanenz der Revolution benennt Mommsen den Modus, gemäß welchem das Kaisertum der Volkssouveränität verbunden war. Indem er dieses Oxymoron durchdenkt, wägt er die Befürchtungen der gegenrevolutionären Denker ab, wonach die permanente Drohung des souveränen Volkes, in Präsenz zu treten, alle Ordnung zerstöre.

Ganz folgerichtig malt Mommsen die anarchischen Konsequenzen des durch keine Repräsentation eingeschränkten Volkswillens aus: Die Kaisererhebung ist ein Akt, der »von Rechts wegen« auf den »Zuruf irgend welcher Soldaten« gestützt werden konnte, »so daß in der Tat jeder bewaffnete Mann gleichsam ein Recht hatte wenn nicht sich, doch jeden andern zum Kaiser zu machen« (SR II/2, 844). Nun hat sich ein solcher Fall, wie Mommsen ihn konstruiert, während der gesamten Prinzipatsepoche nirgendwo ereignet; realiter fielen nie einzelne Soldaten, sondern immer geschlossene militärische Einheiten (Legionen) vom momentanen Kaiser ab, um einen neuen zu erheben. Warum übergeht Mommsen den historischen Sachverhalt wie auch die soziologischen Bedingungen des gewaltsamen Kaiserwechsels? Er tut dies, um das politische Problem gedanklich bis zum Äußersten zuzuspitzen: Wenn der Volkswille nicht repräsentiert ist, vermag er sich nicht organisiert zu äußern; folglich äußert er sich in den Willensakten individueller Soldaten. Demnach ist es Rechtens, wenn jeder einzelne Soldat einen Kaiser erhebt. Dieser Vorgang müßte in der historischen Realität chaotisch ablaufen. So macht Mommsen offenkundig, wie die Abwesenheit eines Organs, welches den Willen der einzelnen band, bewirkte, daß ein anarchischer Zustand – wenn auch nur für einen winzigen Moment lang – ausbrach. Es ist deutlich, daß Mommsen mit der Denkfigur, jeder einzelne Soldat könne rechtmäßig einen Kaiser erheben, den Begriff des Rechts aufsprengt. Aber eben das tut die Volkssouveränität, falls keine Repräsentation sie eindämmt.

Daß Soldaten – und zwar jeder beliebige Soldat – ›rechtmäßig‹ revoltierten, ›rechtmäßig‹ den Kaiser stürzten und ›rechtmäßig‹ einen neuen erhoben, war für die althistorische Forschung nicht annehmbar.[22] Es war für die althistorische Rezeption des Textes auch nicht nachvollziehbar, wie Mommsen dazu kam, dies zu behaupten; denn der maßgebliche politische Kontext des Textes ist unbeachtet geblieben.

Die rechtliche Zuständigkeit des Heeres für die Erhebung des Kaisers ergibt sich bei Mommsen ganz automatisch aus dem Vermögen, die Volkssouveränität gegen den Kaiser zur Geltung zu bringen. Daher ist es zwecklos, gegen Mommsen auf die »nur virtuelle Selbstbestimmung der ermächtigenden Instanzen Senat und Volk« (mit letzterem meint er die stadtrömische Volksversammlung, welche auch in der Kaiserzeit noch zusammentrat) hinzuweisen, welchen in ihrer Machtlosigkeit nichts anderes übriggeblieben sei, als zuzustimmen.[23] Denn solange ein unumschränkter Alleinherrscher regierte, blieb ihnen nichts anderes übrig, als zuzustimmen; und sobald der Volkswille aus der Latenz heraustrat, um den Kaiser zu stürzen, verurteilt er den Senat und die Volksversammlung zu derselben Machtlosigkeit, wie das der Alleinherrscher auch tut. Der souveräne Volkswille wird solche »Instanzen« genau im entscheidenden Augenblick übergehen, und zwar dann, wenn ein »Notstand« eintritt (SR II/1, 741); und ob ein solcher eintritt, darüber entscheidet er selber.

Mommsen spricht klar die simulative Beziehung zwischen dem Volkswillen und dem Volkshandeln aus: »Die Aufforderung der Truppen ist ohne Zweifel immer so gedacht worden, daß die zunächst handelnden Soldaten auftreten als Vertreter des gesamten Heeres« (SR II/2, 843 f.). Dagegen wollte Heuß einwenden, eine solche »Rechtssatzkonstruktion« sei nur möglich, »wenn die Repräsentationsrolle von Anfang an gegeben war«.[24] Dieser Einwand ist Mommsen wohlbekannt. Hier steckt ja gerade das grundsätzliche Dilemma der Volkssouveränität ohne Repräsentation. Solange keine repräsentative Gewalt die Volkssouveränität darstellt, äußert diese sich notwendigerweise in einem ›Als ob‹. D.h. die repräsentative Qualität einer Gruppe oder einer Handlung kann sich erst nachträglich erweisen – und zwar in keiner anderen Weise als dadurch, daß sie akzeptiert wird. Wird sie nicht akzeptiert, dann kommt es zu gewaltsamen Konfrontationen. Die Volkssouveränität, die unvermittelt und jäh in die Politik eintritt, nimmt bloß ihr Recht wahr. Doch dieses Recht äußert sich in einer Serie von Akten, die gewaltsam und nur als Unrecht zu bezeichnen sind. Mommsen folgert, daß das Recht des Stärkeren sich konstituierend betätigte: »Auch in diesem Fall aber ist der Volkswille nicht gebunden an die Äußerung durch den Senat; vielmehr ist er immer und überall berechtigt, wenn er als der wahrhafte Wille der Gesamtheit sich ausweist durch das Recht des Stärkeren« (SR II/2, 1133).

Das »Recht des Stärkeren« war Konsequenz einer repetitiven Eruption des Volkswillens, den keine Repräsentation formte. Denn auf diese Weise konnte er sich zugleich an mehreren Orten in entgegengesetzter Weise äußern. Anders gesagt: Gegen den Kaiser konnte sich ein neuer erheben; und beide Kaiser entsprachen einer Äußerung des Volkswillens; als solche waren sie beide per definitionem rechtmäßig. Daher blieb keine andere Möglichkeit, zwischen den verschiedenen rechtmäßig erworbenen und innegehaltenen Kaisergewalten zu entscheiden, als eine militärische Kraftprobe zwischen den jeweiligen Heeresgruppen. Der »wahrhafte Volkswillen« war in solch einem Falle gar nicht anders zu ermitteln. Zwischen zwei gleichwertigen Rechten, mit gleichem Nachdruck vertreten, entscheidet die Gewalt. Mommsen weiß, was er sagt, wenn er das »Recht des Stärkeren« ins Spiel bringt. Das Recht des Stärkeren – darauf hat Rousseau gegen Hobbes hingewiesen –, vermag kein Recht zu setzen, weil es nur so lange gilt, wie der Stärkere sich zu behaupten vermag.[25] Nichts bewahrt ihn davor, daß auch seine Stärke erprobt wird. Doch auf diese Weise wird die politische Lage tendenziell garantielos. Das ist deswegen schlüssig, weil Rousseau das Problem ausschließlich auf der Ebene der Konfrontation zwischen Individuen situiert. Mommsens Optik ist eine andere: Das Recht des stärkeren Imperators ergibt sich aus der stärkeren Akzeptanz, von der er getragen wird; man kann die Tatsache, daß ein Imperator »stärker« ist als der andere, nicht abtrennen vom »wahrhaften Willen der Gesamtheit«. Die Nachträglichkeit des repräsentativen Charakters einer Kaisererhebung, die Gewaltsamkeit ihrer Durchsetzung und damit das »Recht des Stärkeren« hängen systematisch zusammen; beide Korrelate schulden sich der Abwesenheit eines Repräsentativsystems.

Gewalt und Unrecht konstituierten also repetitiv die römische Monarchie: »Daß verglichen mit dieser die Anomalie zur Norm erhebenden und die Besetzung des höchsten Amtes durch Gewalt und Unrecht geradezu heraufbeschwörenden Institution jede, auch die verkehrteste Fixierung der Regierungsfolge ein Segen für das Gemeinwesen sein würde, ist an sich klar« (SR II/2, 1144). Es geht Mommsen also um die Konstituierung von politischen Zuständen, nicht um deren rechtliche Beschaffenheit; er reflektiert, welche fatalen Auswirkungen es auf die politische Stabilität hat, wenn der Souverän unvermittelt in Präsenz tritt. Doch er entdramatisiert zugleich diese Fatalität. Denn die »rechtlich permanente Revolution« ist das Gegenteil einer Revolution: Sie ereignet sich auf einem sehr schmalen Gebiet der römischen Gesellschaft; sie tut nichts weiter, als den Herrscher auszuwechseln. Der Souverän stürzt das Recht nicht um, er verändert es nicht einmal. Er bricht es lediglich, um immer wieder dasselbe zu tun: einen Herrscher stürzen und einen neuen erschaffen. Zugrunde liegt die Figur der Wiederholung, nicht die Metapher des Kataraktes oder der etappenweisen Springflut.

Mommsen analysiert den Prinzipat, als ob die Volkssouveränität sich im Römischen Reich unter quasi experimentellen Bedingungen betätigte, als ob er ein historisches Experiment mit gegenwartsbezüglicher Relevanz vor sich hätte. Die Rahmenbedingungen, in denen das mehr konstruierte als analysierte Experiment stattfindet, sind zugleich harmlos und bedrohlich. Harmlos erscheinen sie, weil die Theoretiker der Gegenrevolution die Tätigkeit der Volkssouveränität als per definitionem revolutionär bestimmten, die unvermeidlich etappenweise springflutartig die soziale Ordnung zerstören müsse. Auch bei Tocqueville und bei Jacob Burckhardt findet sich diese Befürchtung.[26] Demgegenüber hält Mommsen sogar eine unrepräsentierte Volkssouveränität nicht für eine notwendigerweise chaotische Macht, welche auf die Auflösung aller Sozialität hintreibe; sie kann ebensogut in eine autokratische politische Ordnung einmünden, in der immer wieder der Herrscher gewaltsam gewechselt wird, die aber ansonsten eine enorme Stabilität aufweisen kann. Bedrohlich ist der Befund dieser am historischen Gegenstand durchgeführten experimentellen Analyse, weil die Herrschaft des Konvents oder jene der beiden Napoleone in weiten Kreisen als plebiszitäre Diktaturen galten – als Diktaturen, welche sich just auf der Volkssouveränität aufruhten. Vielen Liberalen waren sie ein ebenso schlimmes Greuel wie die sogenannten absoluten Monarchien.

Die Mommsensche Konstruktion besitzt demnach einen Mahnwert: Die rousseauistische Fassung der Volkssouveränität in einem großflächigen Staatsgebilde führt notwendig zu Konsequenzen, die Sieyès gezogen hat – insofern stimmt er den gegenrevolutionären Denkern partiell zu; doch gleichzeitig entdramatisiert er diese Konsequenzen, denn die entfesselte Volkssouveränität – will sie den Souverän und damit sich selber nicht auflösen – wird kaum etwas anderes tun, als repetitiv einen Autokrator zu erschaffen, was in der Moderne bloß heißen kann, daß sie repetitiv Diktaturen schafft. Dennoch hält er an der Volkssouveränität fest: Denn in der Moderne kommt die Repräsentation der Volkssouveränität zu Hilfe. Mommsen bleibt mithin dem Impuls treu, dem er schon in der

Römischen Geschichte folgt: Er rettet Rousseaus Lehre gegen diesen selber, indem er die Repräsentation zum unverzichtbaren Kern der Moderne erhebt. Er stellt sich damit in eine klar umrissene politische Tradition. Die gesamte politische Axiomatik, welche er bei der Erörterung der Volkssouveränität in der *Römischen Geschichte* und im *Römischen Staatsrecht* analytisch und konstruktionell anwendet, entstammt dem Vortrag »De la liberté des anciens comparée à celle des modernes«, welchen Benjamin Constant 1819 im Pariser Athenaeum gehalten hatte.[27] Constant verfügte über eine außerordentliche Ausstrahlung auf die liberalen Milieus in Europa. Die Rezeption dieses Vortrages war enorm; mit ihm gelang es Constant, in einer kritischen Situation die liberalen Positionen neu abzustecken. Die Liberalen in Westeuropa waren dabei, sich in zwei Lager zu scheiden. Viele von ihnen bezogen Stellung gegen die Restauration der ›absolutistischen‹ Monarchie, taten dies aber von ›ständischen‹ Positionen aus, d. h. sie befürworteten die Beibehaltung von Adelsprivilegien, ja reduzierten – unter Berufung auf Montesquieu – den Begriff ›Freiheit‹ auf ebendiese Privilegien; und sie waren selbstverständlich entschiedene Gegner der Volkssouveränität.[28] Für diejenigen Liberalen, die weiterhin die Volkssouveränität hochhielten, lieferte der Vortrag über die ›Zwei Freiheiten‹ die griffigen Formulierungen. Er ist darum lange Zeit die Programmschrift des ›demokratisch‹ orientierten Liberalismus geblieben, welcher sich zunehmend schärfer vom ›feudalen‹ Liberalismus absetzte. Die zentralen ›Widersprüche‹ in Mommsens impliziter politischer Philosophie verschwinden fast vollständig, wenn man Mommsens Äußerungen auf die Positionen des späten Constant bezieht.[29] Zwar finden sich viele Kohärenz verbürgende Grundannahmen explizit in der *Römischen Geschichte* und im *Römischen Staatsrecht*, doch sie liegen zerstreut im Text, und ihre Bezogenheit auf das unmittelbare textliche Umfeld nimmt ihnen ein Gutteil ihrer Eindeutigkeit. Die maßgeblichen dieser Grundannahmen finden sich jedoch konzentriert versammelt in jenem fulminanten Vortrag des großen Franzosen: Erstens die Absage an alle Romantisierung der antiken Stadtstaaten und die Negierung ihrer Vorbildhaftigkeit für die moderne Staatlichkeit; zweitens die entschiedene Absonderung der antiken Freiheit, welche auf der Partizipation am Gemeinwesen beruht, von der modernen Freiheit, welche sich definiert durch eine rechtlich garantierte private Sphäre ungehinderter individueller Entfaltung; drittens die Behauptung, daß die Moderne den antiken Gemeinwesen überlegen sei, weil sie das Prinzip der

Repräsentation kennt und daher in der Lage ist, großflächige politische Ordnungen ohne Unterwerfung der anderen herzustellen[30]; viertens die Behauptung, daß der dritte Stand das Prinzip der Repräsentation erfunden habe, um die Usurpation der politischen Herrschaft durch die adlige Oligarchie einzudämmen[31]; fünftens das Gebot für die modernen Bürger, die öffentlichen Angelegenheiten aufmerksam zu verfolgen und sich politisch zu betätigen, damit sie ihre Freiheit nicht wieder verlieren[32]; sechstens die Forderung, das Wahlrecht auf alle Bürger – »tous les citoyens, sans exceptions« – auszuweiten, um politische Gleichheit herzustellen.[33] Was Mommsens politische Axiomatik von jener Constants trennt, ist im wesentlichen der mit metaphysischen Implikationen des deutschen Idealismus aufgeladene Begriff der ›Nation‹; und genau deswegen gerät er später mit den französischen Kollegen – anläßlich der Annexion von Elsaß-Lothringen – in Konflikt. Darauf näher einzugehen müßte den Rahmen dieses Aufsatzes sprengen.

Die Konstruktion einer rechtmäßigen Gewalt im *Römischen Staatsrecht* ist überhaupt nicht verständlich, wenn man sie in den Kontext der deutschen Rechtswissenschaft einordnet.[34] Sie gibt ihren Gehalt und ihre Brisanz erst zu erkennen, wenn man sie bezieht auf die Schlachten zwischen revolutionären und gegenrevolutionären Diskursen über die Volkssouveränität. Eine umfassendere Lektüre der Texte, als die Fachwissenschaft sie bei der Erstellung ihrer Ahnengalerie leistet, ist somit vonnöten. Denn der innerfachliche Rückblick auf die ›eigenen‹ Basistexte gehorcht dem Gebot, diese in die ›Fachgeschichte‹ hineinzuzwängen; und er verfängt sich obendrein in den opaken Scheiben einer abschottenden Autonomisierung der Fachdisziplin selber, welche ihm das Bild einer fachlichen Selbstreferentialität zurückwerfen – ein Trugbild: Denn jene Texte entstammen einem Bereich, der sich gegen die Zumutungen der Identitätsstiftung noch nicht verselbständigt hatte, sondern geradezu der privilegierte Ort war, diese zu erfüllen. Auf diesem tummelten sich die politischen Diskurse darum weit unvermittelter als in der verfachlichten Geschichtswissenschaft des 20. Jahrhunderts. Ein innerfachlicher Rückblick, der dieser Einlagerung der historiographischen Texte in viel breitere Diskurse nicht systematisch Rechnung trägt, mortifiziert die Texte und arbeitet mit am Verlust von Geschichte – zumindest ihrer eigenen.

Anmerkungen

1 Dazu Rüdiger vom Bruch, »Historiographiegeschichte als Sozialgeschichte. Geschichtswissenschaft und Gesellschaftswissenschaft«, in: Wolfgang Küttler/Jörn Rüsen/Ernst Schulin (Hg.), *Geschichtsdiskurs*, Bd. 1: *Grundlagen und Methoden der Historiographiegeschichte*, Frankfurt/M. 1993, S. 257–270; Jörn Rüsen, *Konfigurationen des Historismus. Studien zur deutschen Wissenschaftskultur*, Frankfurt/M. 1993, S. 34–69.

2 Dazu Arnold Goldberg, »Die Zerstörung von Kontext als Voraussetzung für die Kanonisierung religiöser Texte im rabbinischen Judentum«, in: Aleida u. Jan Assmann (Hg.), *Kanon und Zensur. Beiträge zur Archäologie der literarischen Kommunikation II*, München 1987, S. 201–211.

3 Siehe dazu Otto Gerhard Oexle, »›Historismus‹. Überlegungen zur Geschichte des Phänomens und des Begriffs«, in: *Braunschweigische Wissenschaftliche Gesellschaft. Jahrbuch 1986*, S. 119–155.; ders., »Die Geschichtswissenschaft im Zeichen des Historismus. Bemerkungen zum Standort der Geschichtsforschung«, in: *Historische Zeitschrift*, Bd. 238 (1984), S. 17–55.

4 Wolfgang Hardtwig, »Geschichtsreligion – Wissenschaft als Arbeit – Objektivität. Der Historismus in neuer Sicht«, in: *Historische Zeitschrift*, Bd. 252 (1991), S. 1–32; Friedrich Jäger/Jörn Rüsen, *Geschichte des Historismus. Eine Einführung*, München 1992, S. 8–11.

5 Zum politischen Gehalt des historistischen Diskurses vgl. Egon Flaig, »Identität gegen Autonomie. Vexierspiel mit der Individualität«, in: Otto Gerhard Oexle/Jörn Rüsen (Hg.), *Historismus in den Kulturwissenschaften. Geschichtskonzepte, historische Einschätzungen, Grundlagenprobleme*, Köln 1996, S. 221–238.

6 Dazu Egon Flaig, *Angeschaute Geschichte. Zu Jacob Burckhardts »Griechische Kulturgeschichte«*, Rheinfelden 1987.

7 Charles de Montesquieu, *Considération sur les causes de la grandeur des Romains et de leur décadence* (1734), Kap. 9, in: *Œuvres de Montesquieu*, Amsterdam 1758, ND Paris 1950 als *Œuvres Complètes*, vol. 1, tome 3, S. 411–416.

8 Theodor Mommsen, *Römische Geschichte* (1854–85), 9. Aufl. Berlin 1903, Bd. II, S. 380, hinfort im Text zitiert als RG.

9 Theodor Mommsen, *Reden und Aufsätze*, Berlin 1905, S. 321.

10 Theodor Mommsen, »Ein Deutscher an die Engländer«, in: *Die Nation* XXI (1903/04), S. 21; dazu Albert Wucher, *Theodor Mommsen. Geschichtsschreibung und Politik*, Göttingen u. a. 1956, S. 194–199. Er ergreift also einen zentralen Begriff der Konterrevolution (der ersten Jahrhunderthälfte) und prägt ihn zu eigenen politischen Zwecken um. Mommsen geht damit erheblich über die Idee des ›Gleichgewichts‹ hinaus, die er schon in der *Römischen Geschichte* als typisch für die Moderne hinstellt: »Die alte Welt kannte das Gleichgewicht der Nationen nicht und deshalb war jede Nation, die sich im Innern geeinigt hatte, ihre Nachbarn entweder geradezu zu unterwerfen bestrebt, wie die hellenischen Staaten, oder doch unschädlich zu machen, wie Rom« (RG I, 778).

11 Mommsen, *Reden und Aufsätze* (wie Anm. 9), S. 107.

12 Alfred Heuß hält Mommsen für einen Hegelianer. Dessen Meinung, der Prinzipat

sei aus dem Volkstribunat hervorgegangen, kommentiert er: »Das ist nun glatte Ideologie... Es ist auch keine römische Ideologie, sondern die des demokratischen Hegelianers Mommsen« (Alfred Heuß, »Theodor Mommsen und die revolutionäre Struktur des römischen Kaisertums«, in: *Aufstieg und Niedergang der römischen Welt*, hg. v. Hildegard Temporini u. Wolfgang Haase, Bd. II/1, Berlin 1974, S. 77–90, hier S. 89). Gleichzeitig behauptet Heuß jedoch, Mommsen habe die römische Geschichte als eine kreisläufige Verfassungsentwicklung von der Monarchie zur Monarchie aufgefaßt: »Es war seine Konzeption von der römischen Geschichte und damit auch von dem zum Anfang zurückfindenden Kreislauf der römischen Verfassung« (ebd.). Es trifft nicht zu, daß Mommsen Hegelianer war; ferner trifft es nicht zu, daß er eine Kreisläufigkeit der römischen Geschichte annahm, denn das archaische römische Königtum ist bei ihm ganz anders strukturiert als der Prinzipat (dazu Egon Flaig, »Im Schlepptau der Masse. Politische Obsession und historiographische Konstruktion bei Jacob Burckhardt und Theodor Mommsen«, in: *Rechtshistorisches Journal* 12 [1993], S. 405–442, hier S. 423–427); und schließlich sind beide unzutreffenden Annahmen miteinander nicht vereinbar, denn die Triade bei Hegel ist kein Kreislauf.

13 Dazu Jörn Rüsen, *Begriffene Geschichte. Genesis und Begründung der Geschichtstheorie J.G. Droysens*, Paderborn 1969; Reinhold Bichler, *›Hellenismus‹. Geschichte und Problematik eines Epochenbegriffs*, Darmstadt 1983.

14 Stephen Holmes, *Benjamin Constant and the Making of Modern Liberalism*, New Haven/London 1984, S. 182–187.

15 Das Buch von Wucher (Anm. 10) ist sehr verdienstvoll; der Autor geht jedoch auf die europaweiten politischen Konfrontationslinien kaum ein.

16 Theodor Mommsen, *Abriß des Römischen Staatsrechts* (1893), Leipzig 1907, S. VIIf. Mommsen betrachtete sein *Römisches Staatsrecht* als genuin geschichtswissenschaftliches Werk, das er eigens gegen die am bloß Empirischen klebende Historie ins Feld führt. Dazu sehr präzise Alfred Heuß, *Theodor Mommsen und das 19. Jahrhundert*, Kiel 1956, S. 55f.

17 Theodor Mommsen, *Römisches Staatsrecht* (1871–87/88), Leipzig 1887, ND Basel 1952, Bd. II/2, S. 842f., hinfort im Text zitiert als SR.

18 Heuß, »Revolutionäre Struktur« (wie Anm. 12), S. 86.

19 Dazu Walter Benjamin, »Zur Kritik der Gewalt« (1920/21), in: ders., *Gesammelte Schriften*, hg. v. Rolf Tiedemann u. Hermann Schweppenhäuser, Frankfurt/M. 1977, Bd. II/1, S. 179–203, bes. S. 184ff.

20 Emmanuel Sieyès, *Qu'est-ce que le Tiers état?* (1789), hg. v. R. Zapperi, Genf 1970, S. 182. Ganz ähnlich argumentiert Gabriel Bonnet de Mably, *De la législation ou principes des lois*, III 3 u. 4, in: ders., *Collection complète des Œuvres*, publiée par G. Arnoux, tome 9, Paris 1794/95, ND Aalen 1977, S. 290–356.

21 Flaig, »Im Schlepptau der Masse« (wie Anm. 12).

22 Alfred Heuß, »Revolutionäre Struktur« (wie Anm. 12), S. 86, nähert sich der Mommsenschen Konzeption wohl am meisten; doch auch er kommt mit diesen Sätzen nicht zurecht. Eine systematische Auseinandersetzung mit der Heußschen Lektüre des Staatsrechts von Mommsen findet sich im Anhang von Flaig, »Im Schlepptau der Masse« (wie Anm. 12), S. 437–442.

23 Heuß, »Revolutionäre Struktur« (wie Anm. 12), S. 85.

24 So Heuß, ebd., S. 87.

25 Jean-Jacques Rousseau, *Contrat social* (1762) I, 3.

26 Flaig, »Im Schlepptau der Masse« (wie Anm. 12), S. 413 f.

27 Benjamin Constant, »De la liberté des anciens comparée à celle des modernes«, in: ders., *Cours de politique constitutionelle ou collection des ouvrages publiés sur le gouvernement représentatif*, hg. v. Edouard Laboulaye, 2 Bde., Paris 1872, Bd. II, S. 539–560.

28 Dazu Holmes, *Benjamin Constant* (wie Anm. 14), S. 9 f., 18–23 u. passim.

29 Wenn Mommsen einerseits eine starke Zentrale und durchaus auch die Monarchie befürwortete, anderseits zu keinerlei Kompromissen in der Frage der bürgerlichen Grundrechte und Freiheiten bereit war, dann geht er genau dort in Stellung, wo Constant seinen Gefechtsstand bezogen hatte. Dazu Holmes, *Benjamin Constant* (wie Anm. 14), S. 10–26.

30 Constant, »De la liberté« (wie Anm. 27), S. 540. Daß Constant hier Einsichten wiedergibt, die seit Montesquieu, Rousseau und Adam Smith sich großer Verbreitung erfreuten, ist richtig. Aber er gibt ihnen eine neue politische Stoßrichtung (dazu Holmes, *Benjamin Constant* [wie Anm. 14]).

31 Ebd. Constant definiert damit den politischen Gehalt des Repräsentationssystems in einem gegen Montesquieu gerichteten Sinne um: Es richtet sich nicht gegen die starke Zentrale, sondern gegen die unkontrollierten adligen Partikulargewalten, welche die unterprivilegierten Klassen schlimmer unterdrückten, als es die sogenannte ›absolute‹ Monarchie jemals tat. Tocqueville, für den Constant ständiger Bezugspunkt blieb, hat zeitlebens versucht, dieser Umdefinierung die Spitze abzubrechen. Die Auseinandersetzung um die historische Bewertung des Adelsregimes zieht ihre Spur in den Text der *Römischen Geschichte*: Mommsen hält das Nobilitätsregiment, welches sich nach den Ständekämpfen der römischen Republik herausbildete, bezeichnenderweise für eine adlige »Usurpation« (RG II, 69).

32 Constant, »De la liberté« (wie Anm. 27), S. 542 u. 558.

33 Dazu Holmes, *Benjamin Constant* (wie Anm. 14), S. 28–52 u. 72–75. Je mehr diese Strömung des Liberalismus sich demokratischen Positionen annäherte, desto mehr gewannen die verfemten Theoretiker der direkten Demokratie, Rousseau und Sieyès, für sie wieder an Bedeutung.

34 Heuß (»Revolutionäre Struktur« [wie Anm. 12], S. 90) behauptet: »Mommsens ›Staatsrecht‹ ist keineswegs, wie man nach den vorigen Bemerkungen vielleicht denken könnte, ein Niederschlag Hegelscher Spekulation. Für seine Durchführung, für das Durchkneten des gewaltigen Stoffes, wurde für ihn Savigny-Puchtas Pandektistik, das heißt die historische Rechtsschule, viel wichtiger. Im Gegensatz zu Mommsens Hegelianismus war diese von einem unpolitischen abstrakten Erkenntnisideal beherrscht.« Es trifft nicht zu, daß die ›historische Rechtsschule‹ einem »abstrakten Erkenntnisideal« anhing; die Analysen von Joachim Rückert (*Idealismus, Jurisprudenz und Politik bei Friedrich Carl von Savigny*, Ebelsbach 1984; ders., »Savignys Konzeption von Jurisprudenz und Recht. Ihre Folgen und ihre Bedeutung bis heute«, in: *Revue d'Histoire du Droit* 61 [1993], S. 65–95) haben mit ernüchternder Deutlichkeit klargemacht, wie sehr die idealistische Geschichtsmetaphysik für Savignys Rechtslehre konstitutiv war. Ferner bleibt es unerfindlich, wie die Pandektistik hätte helfen können, den Stoff so zu gliedern, daß

die drei konstitutionellen Komponenten (Volk, Magistratur, Senat) in eine Kräftebeziehung zueinander traten, innerhalb der die Volkssouveränität das letzte Wort behielt.

GANGOLF HÜBINGER

Wissenschaftliche Politik und Historismus

In welcher Form und in welchem Ausmaß betreibt der Historismus eine Verwissenschaftlichung des politischen Handlungswissens und der politischen Ordnungsvorstellungen? In welcher interdisziplinären Konstellation und mit welchem inhaltlichen Profil entsteht gegenüber den Staatsklugheitslehren des 18. Jahrhunderts in der Epoche des Historismus das, was Leopold Ranke in seiner Berliner Antrittsrede von 1836 die neue, »in unseren Tagen entstandene« Wissenschaft der Politik nennt?[1] Mein Thema ist damit nicht die ideologische Verschränkung von Geschichte und Politik, die Ranke in dieser Antrittsrede bereits hinreichend kritisiert und der Georg Iggers 1968 seine einschlägige Studie in zentralen Aspekten gewidmet hat.[2] Mein Thema ist auch nicht die eindimensionale Ausrichtung auf den Staat, die sprichwörtliche Staatsverherrlichung, die Johann Gustav Droysen theoretisch ebenso beklagte, wie er sie de facto praktizierte, und die Wolfgang J. Mommsen 1971 zu seiner Forderung nach einer »Geschichtswissenschaft jenseits des Historismus« geführt hat.[3] Angeregt durch eine eindringliche Studie, die drei britische Vertreter der »intellectual history« über »that noble science of politics«, über Systematisierungen und Konkretisierungen eines »corpus of knowledge«, verfaßt haben[4], frage ich nach einem vergleichbaren Diskurs in Deutschland unter den Vorzeichen des Historismus.

In historistischer Theorie und Praxis konzentriert sich dieser Diskurs das ganze 19. Jahrhundert hindurch auf die Frage nach der adäquaten Zurechnung von kultureller Entwicklung und politischer Form. Zwei methodische Wege wurden im 19. Jahrhundert hierfür konkurrierend ausgetestet und theoretisch begründet: Die »individualisierende« Methode, die eine besondere nationalkulturelle Identität gegen positivistische Generalisierungen abschirmt und die in der neueren Forschung mit Droysens berühmter Buckle-Kritik als paradigmatisches Abgrenzungskriterium des Historismus überhaupt gilt.[5] Aber auch gesetzessuchende, mit vergleichenden, »analogisierenden« Verfahren generalisierend vorgehende Methoden sind im 19. Jahrhundert von großem Einfluß und wurden in der älteren Forschung, etwa mit Bezug auf Wilhelm Roschers Verknüpfung von Geschichte, Ökonomie und Politik, zweifelsfrei dem Historismus zugeschlagen.[6] Die Spannungen und Antinomien zwischen einem individualisierenden und einem generalisierenden Historismus, so wird zu zeigen sein, kommen in den gegenwartsbezogenen Politiklehren besonders markant zum Ausdruck.

1. Interdisziplinäre Problemlagen und Konfigurationen

Im historistischen 19. Jahrhundert räumten die Historiker, mehr noch als die Nationalökomomen, der »Politik« einen festen Platz in Forschung und akademischer Lehre ein. Heinrich Luden (1778–1847), Friedrich Christoph Dahlmann (1785–1860), Georg Gottfried Gervinus (1805–1871), Johann Gustav Droysen (1808–1886), Heinrich von Sybel (1817–1895), Georg Waitz (1813–1886), Heinrich von Treitschke (1834–1896) und Otto Hintze (1861–1940) sind die prominenten Beispiele. Untersucht worden ist diese immerhin verblüffende Dichte nie systematisch. Im Gegenteil: Zu sehr steht für die gegenwärtige Politikwissenschaft fest, ihre eigene Wissenschaftsgeschichte nach Maßstäben der alteuropäischen politischen Philosophie als Verlust- und Niedergangsgeschichte zu schreiben. Dezidiert ist hier besonders die These von Hans Maier, die er 1985, basierend auf seiner großen Studie zur älteren deutschen Staats- und Verwaltungslehre, noch einmal stringent zusammenfaßt: Mit dem Einbruch von »Historismus und Positivismus« habe die Politik »ihren Charakter als Grundlagenwissenschaft eingebüßt« und sei »zu einem bloßen Ingredienz positiver Fächer« geworden, »das sich mit deren Verselbständigung immer mehr verflüchtigt«. »Das Fehlen sozialethischer Gesichtspunkte« habe diese Auflösung bewirkt, »da die soziologische Forschung ohne das Bild des ›sozialen Körpers‹ sich mehr und mehr in das l'art pour l'art eines äußerlichen Wissenschaftsbetriebs zu verlieren drohte.«[7] In Ernst Vollraths Artikel »Politik« im *Historischen Wörterbuch der Philosophie* liest sich diese These noch verschärft: Durch den Deutschen Idealismus sei die »alte Politik« der »Diskriminierung verfallen«.[8] Nur am Rande erwähnen Maier und Vollrath, daß die Tradition integrativer Politikvorlesungen in der professionalisierten Geschichtswissenschaft eine Fortsetzung gefunden hat. Sie verbuchen die

»von Kant ausgehende« Entwicklung jedoch nur als geistige Verarmung[9], nicht als kreative Neufassung von Problemstellungen, die durch die epochalen Veränderungen der industriellen und der politischen Revolutionen in England und in Frankreich erforderlich wurden und die eine neue Ordnung des politischen Wissens wie auch neue Konfigurationen der wissenschaftlichen Disziplinen nach sich zogen.

Erweitert man die disziplinäre zur interdisziplinären Matrix, dann wird rasch deutlich, daß die Epoche des Historismus in keiner Weise durch eine unfruchtbare Abschottung von Moralwissenschaft, Nationalökonomie, Staatslehre und eben Geschichte gekennzeichnet ist. Historismus, im Sinne der »grundsätzlichen Historisierung alles unseres Denkens über den Menschen, seine Kultur und seine Werte«[10], verflüchtigt die »Darbietung des Politischen« mitnichten zum bloßen Ingredienz. Seine Pointe liegt ja gerade darin, quer durch die ideologischen Lager den quellengesicherten »Interpretationsrahmen historischer Forschung zugleich als Ethik politischen Handelns« vorzuführen.[11] In biographischen Eckdaten gefaßt, läßt sich ein weiter Bogen spannen vom Spätaufklärer August Ludwig Schlözer (1735–1809), Göttinger Ordinarius für Politik- und Geschichtswissenschaft, zu Otto Hintze, Berliner Ordinarius für Verfassungs-, Verwaltungs-, Wirtschaftsgeschichte und Politik. Allein die Lehrstuhlbezeichnungen waren nicht nur nominal, sie waren interdisziplinäres Programm. Wenig beachtet ist bisher die daraus resultierende Aufgabenstellung in einer spezifischen interdisziplinären historistischen Konfiguration, die in der zweiten Jahrhunderthälfte ihre Wirkung entfaltete. Für Fachhistorie, Wirtschaftslehre und Wissenschaftliche Politik galt gleichermaßen, nach »historischer Methode« empirisch vergleichend zu forschen, der Ökonomie einen gebührenden Platz einzuräumen, der Politik aber die Schlüsselstellung im System der Wissenschaften vom Menschen zu behaupten.

2. Begriffene Revolutionen. Politik auf geschichtlicher Grundlage 1800–1840

Das moralische Gebot der Zeitgenossen von 1789 – »Historiker, seid der Epoche würdig«[12] – hat seine Voraussetzung in dem intellektuellen Gebot, zur Zeitdiagnose fähig zu sein. Die Kompetenz der Historiker als Politikanalytiker mußte darin liegen, Traditionsbruch und Traditionsgebundenheit in ein neues Vermittlungsverhältnis zu setzen, Legitimitätswandel politischer Herrschaft zu erklären und neue soziale Gruppen wie »Volk« und »Bürgertum« als politische Handlungsträger zu erfassen.[13] August Ludwig Schlözer und Heinrich Luden[14] erzielten hier, jeder auf seine Weise, erhebliche Resonanz in der deutschen Öffentlichkeit.

Schlözer reagierte auf 1789, deshalb durchzieht seine Schriften die Emphase des aufgeklärten Weltbürgers ebenso wie der antirevolutionäre Versöhnungsappell an Fürst und Volk zur Wahrung des Gemeinwohls: »Fürsten werden Fürsten bleiben und alle deutschen Menschen freie Menschen werden«.[15] Sein Schüler Luden reagierte auf 1806, deshalb betont er die nationalstaatliche Unabhängigkeit gegenüber napoleonischer Fremdherrschaft; jedoch nicht ohne Seitenhiebe auf das absolutistische Regiment der Preußenkönige. Beide verbindet der frühhistoristische Methodenansatz, daß sich aus dem vergleichenden Studium der Staatengeschichte und der Kulturgeschichte, die bei Schlözer explizit Wirtschafts- und Sozialgeschichte einschließt, der jeweilige national angemessene Verfassungstypus ermitteln lasse. Eine solche Staatslehre federt den Universalismus der Französischen Revolution historisch dämpfend ab. Gleichzeitig ist die Grundmelodie für die zentrale politische Reformforderung des Vormärz gefunden: die nationalstaatliche Einheit im Bedingungszusammenhang mit der bürgerlichen Freiheit. Strikter als bei Luden zielt Schlözers »Politik« auf die Professionalisierung der Beamtenschaft. Gefördert in der Tradition der alten kameralistischen Politik wird ein elitärer staatsbürokratischer Konstitutionalismus, wie er das verfassungspolitische Denken auch der meisten Liberalen bis in die Revolution von 1848 hinein beherrschen wird.

Ihre wichtigsten Impulse erhält die Wissenschaftliche Politik in Deutschland durch das europäische Revolutionsjahr 1830. Rottecks und Welckers *Staats-Lexikon* (1834)[16], Dahlmanns *Politik* (1835)[17], Gervinus' Besprechungsessay in systematischer Absicht (1836)[18] und Rankes bereits genannte Antrittsvorlesung (1836)[19] stehen in einem unmittelbaren und stimulierenden Zusammenhang. Die Historiker, sofern liberal, haben das *Staats-Lexikon* als gesinnungspolitisches Bürgerbuch zwar geschätzt, in seinem Anspruch, die Aufgaben einer »Rechts- und Staats- oder der politischen Wissenschaft« zu erfüllen, dagegen entschieden abgelehnt. Dahlmanns *Politik*, die im Titel den genetischen Erklärungsanspruch erhebt, zeigt das geschärfte Methodenbewußtsein jedoch nur bedingt; sie ist ihrerseits kanonischer als beim Göttinger Vorgänger Schlözer am aristotelischen Staatsdenken orientiert. Der Staat ist eine »ursprüngliche Ordnung«, »keine Erfindung, weder der Not noch der Kunst, keine Aktiengesellschaft, keine Maschine, kein aus einem frei aufgegebenen Naturleben hervorspringendes Vertragswerk«[20], lauten die Einleitungssätze. Dahlmann, der fortschreitende Industrialisierung und Pauperismus nicht ignoriert, baut, wie er es nennt, den von Aristoteles urbar gemachten Boden der Politik zeitkritisch fort. Dieser Weiterbau läuft methodisch auf eine vergleichende Verfassungslehre zu. Praktisch dient sie dem Zweck, England als Vorbild der preußisch-deutschen Reformen zu legitimieren.

Ein scharfer theoretischer Kritiker dieser Konzeption wurde der von Dahlmann protegierte und 1835 auf den Göttinger Lehrstuhl für Geschichte und Literaturgeschichte berufene Georg Gottfried Gervinus. »Über Dahlmann's Politik« ist weniger eine Rezension, viel mehr eine Programmschrift, mit der sich Gervinus in die Tradition der Göttinger Politikvorlesungen stellen, aber auch partiell mit ihr brechen wollte. Die neue wissenschaftliche Politik hatte für ihn auf universalgeschichtlicher Grundlage »aus der ungeheuren Summe der flüchtigen geschichtlichen Erscheinungen das Gesetzliche und Allgemeine herauszugreifen, aus den Staaten den Staat zu erklären, ein politisches System aufzustellen, das gleichbedeutend mit einer Geschichte des Staates und zu einer Philosophie der Geschichte der nötige Grundstock sein sollte«.[21] Statt individualisierendem Verstehen also generalisierendes Erklären; mit »Analogieschlüssen« sucht Gervinus nach Geschichtsgesetzen, ein vom »klassischen« Historismus verpöntes Verfahren. Theoretisch, und in seiner späteren evolutionistisch die europäisch-amerikanische Zivilisationsgeschichte durchmusternden *Einleitung in die Geschichte des 19. Jahrhunderts* (1853) auch praktisch, steht er damit Henry Thomas Buckle näher als Droysen.[22] Nicht zufällig notiert denn auch Droysen kritisch, Gervinus habe lediglich eine »Enzyklopädie des politischen Studiums«[23] geliefert, während Gervinus wiederum gegen die hegelianische »Idealistik« polemisiert und die politische Theorie in eine alternative Tradition einbettet: »Für die Gesetze der Hauptseite, der staatlichen, politischen Seite der Geschichte (...) sind Aristoteles und Machiavelli, den Vico wie Hegel nachzuschlagen versäumten, die einzigen brauchbaren Wegweiser geblieben.«[24]

3. Herrschaft, Freiheit, Bürgerlichkeit. Baumeister der politischen Moderne 1840–1871

Eine Wissenschaft von der Politik, an der die Historiker arbeiteten, beschränkte sich zu keiner Zeit auf die von Ranke eingeforderte akademische Zurückhaltung. Sie lieferte sich aber auch nicht, wie von ihm gefürchtet, den sich in den 1840er Jahren immer stärker voneinander abgrenzenden parteipolitischen Lagern aus. Konzeptionelle Innovationen und ideologische Imprägnierungen gingen vielmehr komplizierte Wechselverhältnisse ein.[25] An Gervinus, der 1846/47 in Heidelberg vor großem, auch nichtstudentischem Publikum seine Vorlesung über »Politik auf geschichtlicher Grundlage« wesentlich empirisch-praktischer hielt, als es seine Dahlmann-Kritik erwarten ließ, ist diese Wechselbeziehung besonders deutlich zu verfolgen.[26] Struktureller als vergleichbare Zeithistoriker und politische Theoretiker verbindet Gervinus in seiner Politikvorlesung Verfassungsfrage, Machtstrukturen, Industrialisierung, staatliche Wirtschaftspolitik und Mobilisierung der politischen Öffentlichkeit zu einer Modernisierungstheorie avant la lettre. Ebensowenig wie Dahlmann teilt Gervinus die nationalkulturellen Sperren eines zu individualisierenden Historismus: »Die Wahrheit ist, daß die gesamten Staatsbildungen der neueren Zeit weder ausschließlich deutsch, noch französisch, sondern gemeinsam europäisch waren.«[27]

Johann Gustav Droysen verstand seine schon im Vormärz geplante, aber erst im Sommer 1850 in Jena gehaltene Vorlesung über Politik als Aufarbeitung des »sehr ernsten Kursus der praktischen Politik«[28] von 1848. Die Quintessenz ist die diskursive Herauspräparierung der Macht als Definition des Politischen: Politik ist die »Wissenschaft von den Machtmitteln und Machtstörungen, von den Machtentwicklungen und Machtverhältnissen der Staaten«.[29] Nicht intendiert ist damit ein pragmatisches Einschwenken auf den Kurs, für den zeitgenössisch das Wort »Realpolitik« Karriere machte. Im Gegenteil, es verbirgt sich dahinter eine grandiose idealistische Revision, in der nationale Identitäts-, bürgerliche Emanzipations- und individuelle Freiheitsgeschichte als Einheit begriffen und in der *Historik* in die entsprechenden Erkenntnisregeln gefaßt werden. »Das historische, nicht das juristische Studium ist die Grundlage für die politische und administrative Ausbildung«.[30] Das ist die theoretisch schlüssige, in der Ausbildung der politischen Elite Preußens jedoch in keiner Weise durchsetzbare Maxime der *Historik*.[31]

Ihre öffentliche Wirkung entfaltete die in Droysens *Historik* borussianisch konzipierte politische Wissenschaft in der kriegerischen Neugliederung Mitteleuropas vor 1871 gleichwohl in mehrfacher Hinsicht.[32] Weniger ideologisch als geschichtstheoretisch konträr zu Gervinus, der föderalistisches Staatsprinzip und demokratisches Gesellschaftsprinzip für die europäischen Herrschaftsordnungen und ihre Institutionen zu neuen historischen Vergleichskategorien wählte[33], hat das, »was man jetzt die Wissenschaft der Politik nennt«, bei Droysen zur »scharfe(n) Empfindung des *individuellen* Wesens (eines) Staates« zu führen und seine Fähigkeit zur machtbewußten Außenpolitik zu stärken: »Es gibt nichts Verkehrteres, als etwa in Frankreich das konstitutionelle Muster Englands anführen zu wollen.«[34] Droysen ethisiert die preußische Hegemonialpolitik, indem er sie als historische Mission und Preußen als politisch-sittlichen Vollstrecker der Reformation in Deutschland teleologisch begreift. Preußens derart erfundene Tradition kappt den föderativen Reichsnationalismus endgültig und liefert den protestantischen Mittelschichten ein zivilreligiöses nationales Identitätsbewußtsein. Die historische Wiedergeburt Deutschlands aus der sittlichen Kraft Preußens sieht für den innenpolitischen Ordnungsrahmen die Stärkung der bürokratischen auf Kosten der parlamentarischen Herrschaft vor. Die *Historik* wird an dieser Stelle polemisch: Das Verfassungsrecht des »Dreinredens« müsse vor der »Administration« als Trägerin der »Staatsidee« zurückstehen: »Es ist eine der unglücklichsten Vorstellungen, die freilich sehr im Gange ist, zu meinen, es sei mit der Freiheit um so viel schlechter geworden, als die Organisation der Macht gewachsen sei.«[35]

4. Forschendes Vergleichen und Erklären politischer Herrschaft

1892 legte der 75jährige Wilhelm Roscher als Alterswerk eine siebenhundert Seiten starke *Politik* vor, die auch in der Epoche des Neukantianismus und der Gründungsphase der empirischen Sozialwissenschaften starke Beachtung fand und 1908 noch eine dritte Auflage mit zwölfhundert Exemplaren erhielt. Die *Geschichtliche Naturlehre der Monarchie, Aristokratie und Demokratie*[36] kann als eine Meisterleistung historistischer Geschichtsschreibung gelten. Sie bietet eine universale empirische Erfassung (»Naturlehre«) der Verfassungsformen; sie gliedert diese Verfassungen in einen entwicklungslogischen Ordnungsrahmen (»Stufenlehren«); und sie zielt auf eine sittlich-politische Option, auf die harmonisierende Kraft des monarchischen Prinzips angesichts der Labilität der industriebürgerlichen Gesellschaftsordnung. An Roschers *Politik* lassen sich somit die Merkmale derjenigen historistischen Wissenschaftskonzeption bündeln, die weniger von der philosophischen Tradition Humboldts und Hegels als von den Göttinger Staatswissenschaften geformt worden ist. Es lassen sich ebenso die Grenzlinien ziehen, die seine Kritiker zur paradigmatischen Neufassung der Politischen Wissenschaft im wilhelminischen Deutschland geführt haben.

Die »geschichtliche Naturlehre« versagt sich dezidiert fichteanischen Konstruktionen »eines besten Staates«[37], sondern folgt konsequent dem, was schon der *Grundriß* von 1843 als die »*Historische Methode*« der Staatswissenschaften definiert hatte: »Untersuchung des politischen Triebes der Menschen, der nur aus einer Vergleichung aller bekannten Völker erforscht werden kann. Das Gleichartige in den verschiedenen Volksentwicklungen als Entwicklungsgesetz zusammengestellt. Arbeit des Historikers und des Naturforschers einander ähnlich.«[38] Das »analogisierende« Verfahren, das Roscher von Gervinus übernommen und auf die Nationalökonomie übertragen hat, gab er in Leipzig an den jungen Studenten Karl Lamprecht weiter. Es ist in dessen evolutionistisches und kausalgenetisches Konzept von Kulturgeschichte eingegangen.[39] Aus diesem Entwicklungsstrang ergeben sich die bereits punktuell angesprochenen Konsequenzen für die Geschichtsschreibung des Historismus. Wird die bisherige Opposition von Erklären und Verstehen aufrechterhalten, dann sind wichtige Vertreter der Göttinger Schule über Gervinus bis zu den Klassikern der historischen Nationalökonomie auszugliedern. Zählt deren an vergleichender Forschung und Entwicklungsgesetzen orientiertes Geschichtsdenken hinzu, dann wäre eine neue Typologie des Historismus zu entwerfen, die sich stärker den interdisziplinären Konfigurationen von Geschichte, Wirtschaft und Politik, hier einmal abgesehen von Religion und Kunst, zu widmen hätte.

Mit Roschers Habilitation wird der *Wirtschaftsfaktor* zur Tragachse seiner historisch-politischen Prozeßanalyse. Roschers Werke sind Teil der Gründungsphilosophie des 1872 gegründeten »Vereins für Sozialpolitik«, des wohl gewichtigsten Gremiums wissenschaftlicher Politikberatung im Deutschen Kaiserreich.[40] Auch Roschers aristotelische *Politik* integriert ökonomische Erklärungsansätze. Die Gegenwartskrise, die er ähnlich Jacob Burckhardt im Verfall der bürgerlichen Institutionen auf das politische System des »Caesarismus« zulaufen sieht, deutet er als den vom Staat nicht gelenkten Konflikt von kapitalistischer Plutokratie und proletarischer Besitzlosigkeit.[41] Der von Roscher und der älteren Schule der historischen Nationalökonomie in ihren Stufenlehren verkörperte Historismus ruht ungebrochen auf der *Einheit von Ethik, Ökonomie und Politik.* Erst Max Weber wählt exemplarisch Roschers Wissenschaftsbegriff, um die Trennung von Sein und Sollen methodisch einzufordern, bleibt damit aber bei den anschließenden Werturteilsdebatten in einer Minderheitenposition gegenüber dem inzwischen von Schmoller wissenschaftspolitisch offensiv vertretenen normativen Anspruch der historischen Sozialwissenschaften.[42] Roschers »geschichtliche Naturlehre« der Staatsformen diente auch der neuen Generation interdisziplinär forschender Politikwissenschaftler als Kritikfolie. Georg Jellinek, Ordinarius für »Staatsrecht, Völkerrecht und Politik« in Heidelberg, und Otto Hintze, der in Berlin den Lehrstuhl für »Verfassungs-, Verwaltungs-, Wirtschaftsgeschichte und Politik« erhielt, rezensierten Roschers *Politik* mit neuen programmatischen Vorgaben. Angemessene Untersuchungsebene der Staatsformen seien »ihre soziale Struktur und ihre rechtlichen Institutionen«[43] bzw. der »politische Trieb zur Herrschaft« als »Motor« zur »Bewältigung des ganzen Komplexes menschlicher Beziehungen« im inzwischen weltumspannenden System der modernen nationalen Großstaaten.[44] Der Übergang der historistischen Politiklehre in die historisch-soziologischen Herrschafts- und Staatslehren des frühen 20. Jahrhunderts, wie sie Jellinek, Hintze oder auch Max Weber entwickelten[45], eröffnet ein neues Themenfeld.

Anmerkungen

1 Leopold von Ranke, »Über die Verwandtschaft und den Unterschied der Historie und der Politik. Eine Rede zum Antritt der ordentlichen Professur an der Universität zu Berlin im Jahre 1836«, in: ders., *Sämmtliche Werke*, Bd. 24, Leipzig 1872, S. 280–293, hier S. 282.

2 Georg G. Iggers, *The German Conception of History. The National Tradition of Historical Thought from Herder to the Present*, Middletown, Conn. 1968 (dt.: *Deutsche Geschichtswissenschaft. Eine Kritik der traditionellen Geschichtsauffas-*

sung von Herder bis zur Gegenwart, München 1971). Unbestritten waren die historiographischen Werke des 19. Jahrhunderts »zum Bersten mit Politik aufgeladen«, aber das ist ein anders gewichtetes Thema; vgl. dazu Egon Flaig, »Im Schlepptau der Masse. Politische Obsessionen und historiographische Konstruktion bei Jacob Burckhardt und Theodor Mommsen«, in: *Rechtshistorisches Journal* 12 (1993), S. 405–442.

3 Wolfgang J. Mommsen, *Die Geschichtswissenschaft jenseits des Historismus,* Düsseldorf 1971.

4 Stefan Collini/Donald Winch/John Burrow, *That noble science of politics. A study in nineteenth-century intellectual history,* Cambridge 1983.

5 So bei Friedrich Jaeger/Jörn Rüsen, *Geschichte des Historismus. Eine Einführung,* München 1992, S. 141 u. 61ff.

6 Gottfried Eisermann, *Die Grundlagen des Historismus in der deutschen Nationalökonomie,* Stuttgart 1956, bes. S. 132f. Zu Roschers wissenschaftsgeschichtlicher Bedeutung auch Walter Bußmann, *Treitschke. Sein Welt- und Geschichtsbild* (1952), 2., unveränd. Aufl. Göttingen 1981, S. 194: »Das Einmalige wird weniger gesucht als das Wiederkehrende; das Unberechenbare und Zufällige geschichtlichen Ablaufs ziehen weniger an als das Gesetzmäßige und Gleichartige.«

7 Hans Maier, *Politik und Staatswissenschaft an den deutschen Universitäten,* Passau 1985, S. 3, 31 u. 34; Wiederabdruck in: ders., *Politische Wissenschaft in Deutschland. Lehre und Wirkung,* München 1985; vgl. als Grundlage ders., *Die ältere deutsche Staats- und Verwaltungslehre,* Neuwied 1966 (ND München 1986).

8 Ernst Vollrath, Art. »Politik [Abschnitt III]«, in: *Historisches Wörterbuch der Philosophie,* hg. v. Joachim Ritter u. Karlfried Gründer, Bd. 7, Basel 1989, Sp. 1055–1072, hier Sp. 1057.

9 Vgl. Hans Maier, »Akademische Politik und Staatswissenschaft in Heidelberg – von den Anfängen bis zu Max Weber«, in: *Die Geschichte der Universität Heidelberg. Vorträge im Wintersemester 1985/86,* Heidelberg 1986, S. 129–156, hier S. 132: »Immerhin aber bildet die Trias Ethik-Ökonomik-Politik vier Jahrhunderte lang einen festen Bestandteil des akademischen Unterrichts; erst die von Kant ausgehende Umwälzung des philosophischen Unterrichts an der Wende vom 18. zum 19. Jahrhundert verdrängte dann die aristotelische Tradition endgültig aus den deutschen Universitäten.«

10 Ernst Troeltsch, *Der Historismus und seine Probleme* (= *Gesammelte Schriften,* Bd. 3), Tübingen 1922 (ND Aalen 1977), S. 102.

11 Jörn Rüsen, *Konfigurationen des Historismus. Studien zur deutschen Wissenschaftskultur,* Frankfurt/M. 1993, S. 160.

12 Vgl. Ernst Schulin, »›Historiker, seid der Epoche würdig!‹. Zur Geschichtsschreibung im Zeitalter der Französischen Revolution – zwischen Aufklärung und Historismus«, in: *Tel Aviver Jahrbuch für deutsche Geschichte* 18 (1989), S. 1–28, zum zitierten Ausspruch des Journalisten Duval siehe dort Anm. 1.

13 Ebd., S. 6; zum wissenschaftlichen Erfahrungsschub durch die Revolution von 1789 vgl. auch Ulrich Muhlack, *Geschichtswissenschaft im Humanismus und in der Aufklärung. Die Vorgeschichte des Historismus,* München 1991, S. 416–418.

14 August Ludwig von Schlözer, *StatsGelahrtheit nach ihren HauptTheilen im Aus-*

zug und Zusammenhang, 1. Theil: Einleitung, Encyklopädie, Metapolitik, Statsrecht und von RegirungsFormen. Allg. StatsRecht u. StatsVerfassungsLere, Göttingen 1793; 2. *Theil: Allgemeine Statistik. Theorie der Statistik. Nebst Ideen über das Studium der Politik überhaupt*, Göttingen 1804; Heinrich Luden, *Handbuch der Staatsweisheit oder der Politik. Ein wissenschaftlicher Versuch*, Jena 1811.

15 *StatsAnzeigen* 16 (1791), S. 96, zitiert nach Christof Dipper, *Deutsche Geschichte 1648–1789*, Frankfurt/M. 1991, S. 314.

16 *Das Staats-Lexikon. Encyklopädie der sämmtlichen Staatswissenschaften für alle Stände. In Verbindung mit vielen der angesehensten Publicisten Deutschlands herausgegeben von Carl von Rotteck und Carl Welcker*, 15 Bde., Altona 1834–1843, 4 Supplementbde., 1846–1848.

17 Friedrich Christoph Dahlmann, *Die Politik, auf den Grund und das Maß der gegebenen Zustände zurückgeführt*, Göttingen 1835. Im folgenden zitiert nach der Neuausgabe, eingeleitet von Manfred Riedel, Frankfurt/M. 1968.

18 Georg Gottfried Gervinus, »Über Dahlmann's Politik«, in: *Blätter für literarische Unterhaltung* (Leipzig 1836), hier zitiert nach dem Wiederabdruck in: ders., *Gesammelte kleine historische Schriften*, Karlsruhe 1838, S. 593–618.

19 Siehe oben Anm. 1.

20 Dahlmann, *Politik* (wie Anm. 17), S. 37. Manfred Riedel ist als einziger in einem klassischen Aufsatz von 1963 (!) der Geschichtswissenschaft als dem universitären Sitz der Wissenschaftlichen Politik im Zusammenhang nachgegangen: »Der Staatsbegriff der deutschen Geschichtsschreibung des 19. Jahrhunderts in seinem Verhältnis zur klassisch-politischen Philosophie«, in: *Der Staat* 2 (1963), S. 41–63. Mit seiner These vom »vorrevolutionären« Rückgriff auf Aristoteles stellt Riedel allerdings zu wenig in Rechnung, daß eine aristotelische Klassifizierung des Verfassungswandels durchaus flexibel gehandhabt und mit den Revolutionserfahrungen verbunden werden konnte.

21 Gervinus, »Dahlmann's Politik« (wie Anm. 18), S. 595. Die Methode des Vergleichens und Herausarbeitens typischer konstanter Strukturen, des Systematisierens und Generalisierens ist Gervinus' so wichtig, daß er diesen Passus in seiner Autobiographie nahezu wörtlich wiederholt, siehe: *G. G. Gervinus Leben. Von ihm selbst. 1860*, hg. v. J. Keller, Leipzig 1893, S. 298. In Abgrenzung zu Droysens »forschendem Verstehen« ließe sich deshalb bei Gervinus vom »forschenden Erklären« sprechen, vgl. Gangolf Hübinger, »Forschendes Erklären. Georg Gottfried Gervinus' Mittelstellung zwischen Aufklärung und Historismus«, in: Horst Walter Blanke/Jörn Rüsen (Hg.), *Von der Aufklärung zum Historismus. Zum Strukturwandel des historischen Denkens*, Paderborn 1984, S. 227–235. Für die Wissenschaftsgeschichte des Historismus hat dies noch zu erarbeitende Konsequenzen. Entweder hat Droysen in seiner Buckle-Rezension als Beigabe der Historik die für den Historismus konstitutive »Unterscheidung zwischen Erklären und Verstehen« getroffen, wie Friedrich Jaeger und Jörn Rüsen schreiben (*Geschichte des Historismus* [wie Anm. 5], S. 62f.), dann ist Gervinus *kein* Historist. Wird er aber »als typischer Vertreter des Historismus« eingeordnet (wie ebd., S. 123), dann müssen die von Droysen explizit ausgeschlossenen Elemente positivistischer Erklärungsansätze systematisch in einen Idealtypus des »Historismus« einbezogen werden.

22 Ausführlicher dargestellt bei Gangolf Hübinger, *Georg Gottfried Gervinus. Historisches Urteil und politische Kritik*, Göttingen 1984.

23 Johann Gustav Droysen, *Historik. Historisch-kritische Ausgabe*, hg. v. Peter Leyh, Bd. 1, Stuttgart 1977, S. 278.

24 *Gervinus Leben* (wie Anm. 21), S. 281.

25 Zu eng faßt das Spektrum politischer und sozialer Wahrnehmung jüngst Utz Haltern, »Geschichte und Bürgertum. Droysen – Sybel – Treitschke«, in: *Historische Zeitschrift*, Bd. 259 (1994), S. 59–107.

26 »Politik auf geschichtlicher Grundlage«, Nachschrift Ludwig Benz, Universitätsbibliothek Heidelberg, HHs 1405, Bl. 55.

27 Georg Gottfried Gervinus, *Die Preußische Verfassung und das Patent vom 3. Februar 1847*, Mannheim 1847, S. 79.

28 Rudolf Hübner, »Joh. Gust. Droysens Vorlesungen über Politik«, in: *Zeitschrift für Politik* 10 (1917), S. 325–376, hier S. 339.

29 Zitiert nach Hübner, ebd., S. 354. Max Webers vielzitierte Aufforderung in »Politik als Beruf« (1919), »Machtverteilungs-, Machterhaltungs- und Machtverschiebungsinteressen« zu erforschen (»Politik würde für uns also heißen: Streben nach Machtanteil oder nach Beeinflussung der Machtverteilung, sei es zwischen Staaten, sei es innerhalb eines Staates zwischen den Menschengruppen, die er umschließt«), unterscheidet sich von Droysens Definition letztlich nur in der konsequenten Soziologisierung der Politik- und Staatslehre; *Max-Weber-Gesamtausgabe*, Abt. I, Bd. 17, hg. v. Wolfgang J. Mommsen, Tübingen 1992, S. 159.

30 Droysen, *Historik* (wie Anm. 23), S. 449 u. 269. Das politische Studium ist aber nicht auf den Staat beschränkt. Die Durcharbeitung der »sittlichen Mächte«, Familie, Arbeit, Religion, gilt als Voraussetzung: »Das System unserer historischen Disziplinen, wie es der zweite Teil unserer Historik zu bringen hat, ist ohne weiteres die politische Propädeutik« (ebd., S. 278). Zum kulturanthropologischen Fundament vgl. auch Friedrich Jaeger, *Bürgerliche Modernisierungskrise und historische Sinnbildung. Kulturgeschichte bei Droysen, Burckhardt und Max Weber* (*Bürgertum. Beiträge zur europäischen Gesellschaftsgeschichte*, Bd. 5), Göttingen 1994, S. 40ff.

31 Vgl. Wilhelm Bleek, *Von der Kameralausbildung zum Juristenprivileg. Studium, Prüfung und Ausbildung der höheren Beamten des allgemeinen Verwaltungsdienstes in Deutschland im 18. und 19. Jahrhundert*, Berlin 1972; dazu auch Gangolf Hübinger, »Geschichte als leitende Orientierungswissenschaft im 19. Jahrhundert«, in: *Berichte zur Wissenschaftsgeschichte* 11 (1988), S. 149–158, hier S. 154f.

32 Hierfür grundlegend Wolfgang Hardtwig, »Von Preußens Aufgabe in Deutschland zu Deutschlands Aufgabe in der Welt. Liberalismus und borussianisches Geschichtsbild zwischen Revolution und Imperialismus«, in: ders., *Geschichtskultur und Wissenschaft*, München 1990, S. 103–160.

33 Weniger als politische Kampfbegriffe, sondern durchaus innovativ für die Geschichtsschreibung hat Gervinus in der *Einleitung in die Geschichte des neunzehnten Jahrhunderts*, Leipzig 1853, Bezeichnungen wie »Republik«, »Revolution«, »vierter Stand«, »Masse«, auch »Bonapartismus«, ihrer rein negativen politischen Semantik entkleidet und zu historischen Grundbegriffen, bzw. zu analytischen Vergleichskategorien, aufgewertet.

34 Alle Zitate bei Droysen, *Historik* (wie Anm. 23), S. 273; zur außenpolitischen Zuspitzung in Droysens Staatsteleologie siehe Hardtwig, »Preußens Aufgabe« (wie Anm. 32), S. 125. Eine Angleichung der politischen Systeme unter den Bedingungen der Industrialisierung ist dagegen das Ergebnis von Gervinus' geschichtlicher Stufenlehre: »Deutschlands Geschichte seit der Reformation hat denselben regelmäßigen, nur langsameren Verlauf genommen, wie die Geschichte Englands und Frankreichs. Sie hat uns durch religiöse Freiheit (Reformation) und geistige Freiheit (Literaturperiode des vorigen Jahrhunderts) an die Schwelle der staatlichen Freiheit geführt, und läßt uns hoffen, daß wir auch diese in einem Maße erringen werden, das den gründlichen Vorbereitungen entspricht«; *Einleitung* (wie Anm. 33), S. 179.

35 Droysen, *Historik* (wie Anm. 23), S. 358. Eine systematische Darstellung der interdisziplinären Problemgeschichte wissenschaftlicher Politik hätte neben der Konfiguration Dahlmann / Gervinus / Droysen die sich damit überschneidende und nur zum Teil ergänzende Konfiguration Robert von Mohl / Lorenz von Stein / Heinrich von Treitschke zu analysieren. Dies muß hier aus Platzgründen unterbleiben.

36 Wilhelm Roscher, *Politik. Geschichtliche Naturlehre der Monarchie, Aristokratie und Demokratie*, Stuttgart 1892, 2. Aufl. 1892/93, 3. Aufl. 1908; die Auflagenhöhe im Deutschen Literaturarchiv Marbach, Cotta-Archiv, Kalkulationsbücher.

37 Ebd., S. 3.

38 Wilhelm Roscher, *Grundriß zu Vorlesungen über die Staatswirtschaft. Nach geschichtlicher Methode*, Göttingen 1843, S. 2.

39 Siehe Hübinger, *Gervinus* (wie Anm. 22), S. 99ff.; zu Roscher und Lamprecht jetzt Roger Chickering, *Karl Lamprecht. A German Academic Life (1856–1915)*, Atlantic Highlands, N. J. 1993, S. 48ff.

40 Siehe Brief Schmoller an Roscher vom 15.7.1872, in: *Briefwechsel zwischen Wilhelm Roscher und Gustav Schmoller*, hg. v. Eduard Biermann, Greifswald 1922, S. 22f. Im europäischen Überblick siehe Peter Wagner, *Sozialwissenschaften und Staat. Frankreich, Italien, Deutschland 1870–1980*, Frankfurt/M. 1990.

41 Roscher, *Politik* (wie Anm. 36), S. 473ff.

42 Max Weber, »Roscher und Knies und die logischen Probleme der historischen Nationalökonomie, Teil I, Roschers historische Methode«, in: ders., *Gesammelte Aufsätze zur Wissenschaftslehre*, hg. v. Johannes Winckelmann, 4. Aufl. Tübingen 1973, S. 1–42. Materialreich Dieter Lindenlaub, *Richtungskämpfe im Verein für Sozialpolitik im Kaiserreich*, Wiesbaden 1967.

43 Georg Jellinek, »Eine Naturlehre des Staates« (1893), in: ders., *Ausgewählte Schriften und Reden*, Berlin 1911 (ND Aalen 1970), Bd. 2, S. 320–329, hier S. 322.

44 Otto Hintze, »Roschers politische Entwicklungstheorie« (1897), in: ders., *Soziologie und Geschichte* (= *Gesammelte Abhandlungen*, Bd. 2), hg. v. Gerhard Oestreich, 2. Aufl. Göttingen 1964, S. 3–45, hier S. 5.

45 Siehe Gangolf Hübinger, »Staatstheorie und Politik als Wissenschaft im Kaiserreich. Georg Jellinek, Otto Hintze, Max Weber«, in: *Festschrift für Wilhelm Hennis*, hg. v. Hans Maier, Ulrich Matz u. Kurt Sontheimer, Stuttgart 1988, S. 143–161; Stefan Breuer, »Max Webers Staatssoziologie«, in: *Kölner Zeitschrift für Soziologie und Sozialpsychologie* 45 (1993), S. 199–219.

VII.
Kontroversen der Historisierung

CHRISTIAN SIMON

Gesellschaftsgeschichte in der ersten Hälfte des 19. Jahrhunderts – Frankreich und Deutschland

Mich interessiert, wie in der bürgerlichen Historiographie der ersten Hälfte des 19. Jahrhunderts Gesellschaft zu einem Gegenstand der Geschichtsdarstellungen wurde. Mein Gesichtsfeld beschränkt sich zunächst auf Frankreich, weil in diesem Land besonders aufschlußreiche Beispiele für meine Problemstellung zu finden sind, die ihrerseits wieder Vorbildcharakter für die Geschichtsschreibung in anderen Teilen Europas erhalten haben. Die Einflüsse auf Lorenz von Stein und Heinrich von Sybel werden nachfolgend kurz besprochen, während die Rezeptionen z. B. durch Karl Marx[1] oder Jacob Burckhardt[2] hier bloß erwähnt werden können. Das Interesse für französische Historie ergibt sich auch aus der Ausgangshypothese, wonach Wesenszüge bürgerlicher Historiographie dort besonders deutlich zu fassen seien, wo eine bürgerliche Revolution erfolgreich vollzogen und eine bürgerliche Herrschaft politisch etabliert wurde. Denn Historiographie hatte in bestimmten Schichten ihrer Texte eine legitimatorische Funktion, die sich auf diese Herrschaft positiv bezog.[3] Da sich die Legitimation in der Auseinandersetzung mit adlig bestimmten Traditionen und Werten formulierte, erwarte ich eine Akzentuierung einer bürgerlichen Selbstdarstellung in der Rekonstruktion nationaler Vergangenheit, worin die eigene Bestimmung der gesellschaftlichen Rolle des Bürgertums in der Geschichte sichtbar wurde. Vor diesem Hintergrund konnte Gesellschaft ein Gegenstand oder eine Erklärungsebene in Geschichtsdarstellungen werden.

Eine differenzierte Betrachtung muß berücksichtigen, daß es verschiedene Varianten bürgerlicher Selbstrepräsentation durch Geschichte gab. Ferner müssen Erörterungen über Gesellschaft als Begründungsebene, auf der Historiker Antworten auf Fragen nach dem Warum und Wie von Entwicklungen suchten, unterschieden werden von Bemühungen um die Erkenntnis der damals so genannten ›Zustände‹ als eigenes Darstellungsfeld. Zur Kennzeichnung dieses Unterschieds schlage ich vor, einerseits von ›Gesellschaftsgeschichte‹ (im engeren Sinne) und andererseits von einem Konglomerat aus Sozialgeschichte, Wirtschaftsgeschichte, Kulturgeschichte zu sprechen. Mein Interesse richtet sich in diesem Beitrag aus Platzgründen ausschließlich auf die Gesellschaftsgeschichte.

Schließlich soll nicht vergessen werden, daß sich die Entwicklung und die Formen bürgerlicher Geschichtsschreibung im Untersuchungszeitraum nicht ausschließlich aus ideologischen Bedürfnissen einer bourgeoisen Hegemonie herleiten lassen. Andere Erklärungsstränge ergeben sich aus den Prozessen der Professionalisierung der Historie und aus der Rezeption historistischer Postulate ebenso wie aus den ästhetischen Imperativen der Romantik.[4]

1. Voraussetzungen

Die Historiographie, die ich untersuche, wird im Lichte einer Reihe von Voraussetzungen gelesen, die ich hier eingangs zusammenstelle.

Politisch wie kulturell entscheidend waren die Erfahrungen der Revolutionszeit, von der Vorrevolution der Parlamente um 1787/88 über die Entwicklungen von 1789 bis 1794, aber auch das Direktorium, die napoleonische Zeit und die Restauration. Hierin wurden sowohl politische Kollektiverfahrungen gesammelt, die durch das ganze 19. Jahrhundert hindurch in Programmatik und Literatur verarbeitet wurden, als auch Motive und Gegenmotive formuliert, die in den Projekten bürgerlicher Geschichtskonstruktion zum Tragen kamen. Ich erwähne nur zwei Beispiele. Die historische Legitimierung der Feudallasten wurde zwar schon im 18. Jahrhundert diskutiert, doch erhielt die Kritik daran durch die Revolution und die Restauration neue Impulse. Bestanden diese ›Rechte‹ vielleicht kraft Eroberungsrecht der Franken aus der Völkerwanderungszeit?[5] Ein anderes Beispiel ist die Selbstinterpretation eines gemäßigten Revolutionärs von Antoine Barnave.[6] Er erklärte die Revolution aus dem gesellschaftlichen Aufstieg der Bürger, im Unterschied zu den Jakobinern, die lieber von höheren Dingen wie Tugenden und antiker Bürgerfreiheit sprachen.[7]

Zu den literarischen Voraussetzungen gehörten selbstverständlich die Anregungen der Aufklärung, Kulturgeschichte zu schreiben und nach systematischen, rationalen Erklärungen umfassender historischer Entwicklungen, nach überzeitlich gültigen ›Gesetzen‹ zu suchen.[8]

Dank der Revolution und den Impulsen aus der Aufklärung, die von Revolutionären in der Formulierung einer ihren Zwecken angepaßten politischen Sprache umgesetzt worden waren, sehen sich die nachfolgenden Historiographen einer speziellen Herausforderung konfrontiert. Die Revolution galt als Bruch mit der Geschichte überhaupt; sie konnte als Versuch verstanden werden, bürgerliche Herrschaft auf einem chronologischen Nullpunkt zu errichten. Nach 1794 stellte sich allerdings die Frage, wie zentrale Errungenschaften auf die Dauer abgesichert werden konnten, ohne Gefahr zu laufen, die Schrecken der Jahre 1792–1794 zu wiederholen. Die Herleitung aus einer überzeitlichen, vernunft- und naturrechtlichen Philosophie, wie sie die ›Idéologues‹ praktiziert hatten, befriedigte unter restaurativen Rahmenbedingungen und im Umfeld romantischer Ästhetik nicht mehr.[9]

Hier erfolgte der Rückgriff auf angebliche oder wirkliche Geschichtstraditionen, die jetzt mit bürgerlichen Augen neu gelesen wurden. Diese Traditionen bezogen sich auf Adel und Königtum, und sie entsprachen zugleich der Vorliebe der Romantik für das Mittelalter. Hinter dem (für Frankreich) ›klassischen‹ Zeitalter lagen die Völkerwanderungszeit, die Phase der Herausbildung der Königsherrschaft, die Geschichte des Städtewesens und die Anfänge der absolutistischen Monarchie im Dreieck Krone/Adel/Stadtbürgertum.

Eine weitere Bildungsvoraussetzung trat hinzu, die durch den Unterricht der höheren Schulen immer wieder neu lebendig wurde: die Bekanntschaft mit dem reichen Motivschatz der klassischen, griechisch-römischen antiken Literatur, die teils direkt aus den Texten rezipiert wurde, teils indirekt z. B. durch die Montesquieu-Lektüre. Die Diskussionen über die Staatsform, die einer bürgerlichen Hegemonie in der Gesellschaft am ehesten entspräche, und die Erklärung politischer Veränderungen aus sozioökonomischen Ursachen war in den sogenannten Ständekämpfen, den Konflikten zwischen Demokraten und Aristokraten, zwischen Tyrannis und Oligarchien in den Quellen zur Geschichte antiker Stadtstaaten geradezu präformiert. Solche Texte zeigten eine andere, politisch-soziale Antike, während die dem klassizistischen Altertumsbild zugrundeliegenden die Tugenden der ›Alten‹ in den Vordergrund stellten. Diese Darstellungen standen bereit, im neuen Kontext revalorisiert zu werden.[10]

Nicht vergessen möchte ich eine weitere Voraussetzung, die in der sozialphilosophischen Auseinandersetzung mit den ökonomischen Grundlagen bürgerlicher Herrschaft selbst lag. Ich meine die Bestrebungen zur bewußten Stiftung einer »industriellen« Gesellschaft, die auf der produktiven Arbeit im weitesten Sinne beruhte und daraus ihre Werte bezog, Werte, die auf eine gesellschaftliche Reform abzielten (»Industrialismus«).[11] Saint-Simon schuf sich selbst ein Geschichtsbild, das bei den zu besprechenden Autoren deutliche Spuren hinterließ. Er sah in der Geschichte die Emanzipation des ›Volkes‹: Zuerst war das Volk versklavt (Antike), dann unterlagen die produktiven Menschen der Leibherrschaft (Mittelalter), dann dem Absolutismus; erst die Revolution von 1789 eröffnete ihnen den Weg zum Licht.[12]

Schließlich kreiste die damalige französische Geschichtsschreibung fast immer um die Revolution. Sie tat dies natürlich besonders sichtbar dann, wenn die revolutionären Ereignisse direkt dargestellt und erklärt wurden, aber auch im Zusammenhang mit anderen Stoffen, deren Analyse sehr oft als Beitrag zur Herleitung der Revolution und der als unausweichlich empfundenen bürgerlichen Herrschaft gemeint war.

2. Ausprägungen in Frankreich

Im folgenden behandele ich die Motive und Strategien von Hauptrepräsentanten der bürgerlichen Historiographie vor 1848, also von Augustin Thierry, Auguste Mignet, dem frühen Adolphe Thiers (der ›Ecole fataliste‹) und von François Guizot (›Doctrinaires‹).[13] Die erwähnten Autoren gehörten zur Opposition gegen die Restauration von 1814, zu den Anhängern der ›Charte‹ von 1824, zu den Gegnern Karls X., und sie investierten ihre Hoffnungen weitgehend in das Königtum von 1830, was es ihnen später schwermachte, »1848« angemessen zu verarbeiten.[14] Sie stellten sich die Aufgabe, die Geschichte aus der Perspektive der Errungenschaften von »1789« neu zu schreiben, aber auch neu, aus den Quellen, zu erforschen. Zentrales Motiv dieser Art von Historiographie war die Emanzipationsgeschichte dessen, was die Autoren ›Volk‹, gelegentlich ›Nation‹ nannten. Sie erzählten die Geschichte des sich gegen den Adel emanzipierenden Bürgertums oder insgesamt (wie bei Thierry explizit) die Geschichte des ›Dritten Standes‹.

Dieser Geschichte lag ein ›Plot‹ zugrunde, der in Varianten immer wiederkehrte. Er beginnt mit den Barbareninvasionen: Germanische Franken unterjochten die friedlichen, arbeitsamen, ordnungsliebenden Romanen oder Gallo-Römer, eigneten sich deren Land an und forderten seither Tributzahlungen, die Feudallasten. Dieser Teil der Geschichte konnte auch ethnisch akzentuiert sein: Germanen unterwarfen Romanen; die wahre Nation sei demzufolge nicht germanischen Stammes (Thierry). In einer anderen Version wurde sie stärker sozial akzentuiert: Herrschende beuteten als müßiggehende Tributverzehrer Beherrschte aus. Schließlich stelle man sich den Adel als Raubritter vor, die den wertvollen, arbeitenden, Reichtümer schaffenden Teil der Bevölkerung bedrängten. Unterdrückung bedeutete zugleich den Beginn einer Emanzipationsgeschichte. Die unterdrückten, produktiven Teile der Bevölkerung fanden als Stadtbürger zu Organisation und Selbstbewußtsein gegen den Adel, entwickelten eine soziale Differenzierung in Handwerker, Händler, Beamte und kämpften immer bewußter als ›Klasse‹, wie es in unseren Texten heißt, gegen den ausbeuterischen Adel. Die französische Geschichte der bürgerlichen Emanzipation wurde explizit als eine Geschichte von Klassenkämpfen zwischen dem ›Volk‹ (das war die produktive Klasse) und dem Adel (das war die unproduktive Klasse, die sich einen Teil des Wertes, den die Volksklasse schuf, aneignete) verstanden. Taktische Bündnisse der emanzipationswilligen Klasse mit dem Königtum galten als möglich. Das Königtum stand, so glaubte man, außerhalb der Dialektik zwischen den beiden Klassen, sein Interesse galt der Entmachtung der Feudalklasse. Dazu brauchte es aber ökonomische und intellektuelle Ressourcen, die nur die Bürgerklasse gewähren konnte, so daß die Bürger nicht nur durch erfolgreiches Wirtschaften die Grundlage ihrer eigenen Emanzipation schufen, sondern auch den Interessen des Königtums dienten. Als Höhepunkte im ›Klassenkampf‹[15] galten die Kommunebewegung des Mittelalters und die Französische Revolution. In beiden sollte nach Ansicht unserer Autoren das Königtum eine positive Rolle spielen; es garantierte Recht und Ordnung und hätte eigentlich gemäß dem Ergebnis der Arbeit der Konstituante mit der bürgerlichen Herrschaft kooperieren sollen.

In diesen Geschichten stellt sich die Frage nach der Beziehung zwischen der jeweiligen politischen Ordnung und den gegebenen gesellschaftlichen Verhältnissen. Geradezu von trivialer Selbstverständlichkeit war die Überzeugung, daß die äußere Form politischer Herrschaft auf der Machtverteilung in der Gesellschaft aufruhte oder aufruhen sollte. Von daher wurde eine Interpretationslinie plausibel, die konservative Zeitgenossen als ›Fatalismus‹ der Revolutionsdarstellungen denunzierten. Wenn die Bürger durch ihre Arbeit als soziale Gruppe, als Klasse, Macht in der Gesellschaft errungen hatten, dann mußte eines

Tages auch die politische Ordnung sich so wandeln, daß sie das ›Gouvernement‹ dieser Gesellschaft legitim übernehmen konnten. Revolutionen waren nicht bloß erklärlich, sie erschienen auch als notwendig. *Die* Revolution (1789) bedeutete den Durchbruch des Bürgertums zur ersten Macht sowohl in der Gesellschaft als auch in einer politischen Ordnung, die ihren Bedürfnissen angepaßt sein mußte (gedacht war immer an das ›Bürgerkönigtum‹ Louis Philippes von 1830).

Wer die Notwendigkeit der Revolution unterstrich, meinte damit allerdings nicht, daß die Klassenkämpfe immer weiter gehen sollten, ganz im Gegenteil. Der ›IV. Stand‹ hatte in diesen Geschichtsbildern keinen Platz. Er wurde als nützliches Anhängsel oder als ein nicht näher zu bezeichnender Teil der bürgerlich-nationalen Allgemeinheit behandelt. Mit der durch die gesellschaftliche und politische Emanzipation der Bürger verheißenen Prosperität sollte es auch dem IV. Stand bessergehen. Seine autonomen Äußerungen, etwa in Streiks, waren für dieses Denken nicht legitimierbar und wurden durch den Staatsapparat selbstverständlich unterdrückt; ebenso wurden die Nichtbesitzenden von der politischen Partizipation ganz selbstverständlich ausgeschlossen – sie sollten aber die Aussicht haben, durch kluges Wirtschaften als künftige Besitzende auch künftige Bürger zu werden.

Sehr häufig wurde die französische Geschichte bürgerlicher Emanzipation mit der englischen Geschichte verglichen. Dieser Vergleich war durch die liberalen Postulate selbst geradezu überdeterminiert. Englische Gesellschaftsgeschichte wurde als Bildung einer Aristokratie aus der Verbindung eines nützlichen, bürgerlichen Werten offenen Adels mit erfolgreichen Bourgeois verstanden. Diese bildeten zusammen früh die ›Nation‹, die dem König gegenübertrat. Die Krone erhielt damit eine andere Funktion als in der französischen Geschichte. Man erkennt die Erklärungskraft, die den Argumentationen mit gesellschaftlichen Gruppen und deren Interessen innewohnte. Nicht nur ließ sich eine plausible Reinterpretation der eigenen französischen Geschichte erreichen, es wurde auch leicht möglich, in vergleichender Perspektive wesentliche Unterschiede zu Nachbargesellschaften in deren Geschichte zu erkennen und zu erklären.

Zufolge dieser Auffassungen waren Gesellschaft und Staat gemeinsam entstanden. Bei Guizot bewirkte dies der Prozeß der »Civilisation«, der der Geschichte Richtung und Sinn verlieh (Fortschritt), verstanden als die Herausbildung von »Gesellschaft« in einem engeren Sinne. Diese

»Société« bedeutete die Emanzipation der Individuen aus der Anarchie der Völkerwanderung und des Feudalzeitalters; sie zeichnete sich erstmals in der bürgerlichen Selbstorganisation der Communes ab und setzte sich in der Revolution durch. Die Bürger zur »Société« vereinigt und mit freien und gleichheitlichen Institutionen ausgestattet, dies war das Ergebnis der Revolution, hinter welches das 19. Jahrhundert nicht zurückfallen sollte. »Société« und »Gouvernement« hatten eine gemeinsame Geschichte. In der Moderne müßten aber der Staat und die Politik aus dem gesellschaftlichen Rohmaterial das vernünftige Ganze herstellen. Dies durfte sich allerdings nicht im Stile eines Robespierre-Rousseauismus vollziehen. Volkssouveränität war verzichtbar, dafür bedurfte es der Führung durch die aufgeklärte, vernünftige Elite, die ›Mittelklasse‹.[16]

Nach dieser groben Skizze des generellen ›Plot‹ sind allerdings Differenzierungen und Einschränkungen anzubringen. Zwar kam ›Klasse‹ mit ökonomischen Vorstellungen konnotiert vor, allerdings in einem weiten Sinne. Es gab kaum Bemühungen, die ökonomische Grundlage einer bürgerlichen Existenz zu einer bestimmten Zeit wirklich festzustellen, also keine Sozial- und Wirtschaftsgeschichte. Die wenigen Ausnahmen rührten vom Wunsch her, das Zeitkolorit plastisch werden zu lassen, also das materielle Leben der Menschen möglichst authentisch zu vergegenwärtigen. Nie wurde ›Klasse‹ mit Produktionsverhältnissen oder der Verfügung über Produktivkräfte begründet. Die Volksklasse bildeten schlicht die Arbeitenden, unter Führung der Handwerksmeister, Großhändler, Unternehmer; sie war also mit dem ›Dritten Stand‹ identisch. Wer postulierte, materielle Prosperität sei Motor des Bedürfnisses nach politischer Partizipation, dachte oder nannte immer die Höherentwicklung der Ethik mit.[17]

Ferner fällt mir auf, daß ›Klasse‹ zwar an einzelnen Stellen mit Interessen ausgestattet erschien, aber es gab Autoren wie Guizot, deren Vorstellung von ›Klassen‹ eher spiritualistisch aufgeladen war: ›Klasse‹ fungierte als Trägerin eines Prinzips oder einer Idee – wie denn die Geschichte letztlich auf Moral und Politik zentriert wurde, weil der Fortschritt der »Civilisation« sich in Ethik und Institutionen materialisierte. Auf diesen Feldern wurde Freiheit thematisiert, während die Details der Ökonomie als Privatsache weitgehend ausgeklammert blieben. Diese Art von Metageschichte ergab sich aus philosophischen Optionen. Die für die Politiker vom Schlage Guizots maßgebende Philosophie von Victor Cousin sah in der Welt Ideen am Werk, die sich in einzelnen realen Phänomenen materialisierten.[18]

Immerhin rechnete eine materialistischere Variante der spiritualistischen Metahistorie damit, daß hinter der den jeweiligen Zeitgenossen sichtbaren Geschichte aus Ereignissen und Personen in einer Tiefenebene eine versteckte, mächtigere Geschichte wirkte, und dort wurden die langfristigen Wandlungen gesellschaftlicher Strukturen lokalisiert, die das Geschehen auf der politischen Bühne zu etwas Determiniertem und deshalb auch Erklärbarem machten (»la force des choses«, Mignet).

Zuletzt sollten wir die Argumente ›Klasse‹, ›Klassenkampf‹, ›Gesellschaftsgeschichte‹ nicht aus ihrem Kontext isolieren. Dieser Kontext war durch das Projekt einer Historie gegeben, die auf Erzählung abstellte, den ästhetischen Normen nicht professionell qualifizierter Leserinnen und Leser entsprechen mußte, aber innerhalb des so gezogenen Kreises das aufklärerische Postulat einer »philosophischen«, d. h. rational erklärenden, nach Ursachen und Zusammenhängen forschenden Geschichte nicht preisgeben wollte (»narration analytique«).[19]

Es fehlten offensichtlich Anlässe, den Klassenbegriff zu präzisieren und theoretisch auszuarbeiten. ›Klasse‹ war letztlich eher eine Bündelung legitimatorischer Anschauungen.[20] Eine Weiterentwicklung in materialistischer Richtung mußte im liberalen Kontext nach 1848 sowieso unterbleiben. Die ›soziale Frage‹ konnte wegen der Furcht vor dem Proletariat nicht in *dieser* Anschauung von ›Klasse‹ diskutiert werden.[21] Liberale Bürger in der Defensive argumentieren idealistisch und überlassen die Rede vom ›Klassenkampf‹ einerseits der sozialistischen Linken, andererseits den Konservativen und ›Realpolitikern‹.

Die Konjunktur der bürgerlichen Gesellschaftsgeschichte liberalen Zuschnitts fiel somit in die Epoche der kämpferischen oder ihres Sieges sich bewußt werdenden Bourgeoisie. Doch gerade weil das Proletariat 1848 als eigene Kraft deutlich sichtbar wurde, begannen sich einzelne Historiker in der nachfolgenden, durch das Régime von Louis Napoléon, später Napoléon III., stabilisierten Gesellschaft für Sozialgeschichte zu interessieren. Damit erarbeiteten sie Wissen über das Proletariat, das mehr leisten sollte, als nur den Nachweis der moralischen Verworfenheit unterbürgerlicher Schichten zu führen. Allerdings kam der Hauptvertreter dieser Art von Forschung, Emile Levasseur, zu dem Schluß, daß die Proletarier sich wie unmündige Kinder aufführten, wenn sie sich selbst überlassen blieben.[22]

3. Ein liberaler Aristokrat: Tocqueville

Die Unterschiede in den Auffassungen von Alexis de Tocqueville zu den bürgerlichen Liberalen resultierten aus der Betonung der Themen ›Zentralismus‹ und ›Individualismus‹. Deshalb stand bei ihm das Wort ›Démocratie‹ für das, was andere als ›Freiheit‹ bezeichneten. Das Buch über das Ancien Régime kann als »Archäologie des Individualismus« gelesen werden[23], d.h. als Studie über Werte, von denen aus gesehen der Optimismus der bürgerlichen Liberalen, daß die ›Classe moyenne‹ die Freiheit bringe, fragwürdig erschien. Für die ›Aristoliberalen‹[24] galt die Herrschaft der Bürger selbst als eine zweifelhafte, aber irreversible Errungenschaft, die Mediokrität, Handels- und Geschäftsgeist und Machtzentralisation mit sich bringe. Ihnen fehlte also die Utopie eines glücklichen Endes der Geschichte in Harmonie, obschon sie sich in derselben ›Moderne‹ bewegten.

Die Diskussion der Ansätze von Tocqueville ist durch stilistische Eigenheiten seiner Texte erschwert. Zwar kommt das Argument im einzelnen Abschnitt mit stringenter Klarheit daher, die an klassischen Modellen (Montesquieu, wohl auch Thukydides) geschult war, aber im Blick auf das Ganze zeigen sich schnell Widersprüche.[25] Soviel ist klar, daß Tocqueville seinerseits den Adel und die Bürger als »Klassen«[26] verstand, deren Auseinandersetzung im Sinn der oben erwähnten Metageschichte im Hintergrund der sichtbaren, plötzlichen Ereignisse (wie namentlich der Revolution von 1789) ablief. Tocqueville diskutierte auch die gesellschaftliche Funktion des Adels in verschiedenen Epochen. Er vertrat konsequent die Auffassung, der Adel, also die ›Klasse‹, aus der Tocqueville selbst stammte, hätte die Entwicklung zur »Aristokratie« verpaßt und damit ein Stück weit seine Niederlage selbst herbeigeführt (was als Breitseite gegen den ultramontanen und legitimistischen Adel seiner Zeit zu lesen ist). Desgleichen hielt er die alten Freiheiten ebenso wie feudale Strukturen für obsolet und der Nostalgie für unwürdig.

Andererseits gab es für ihn einen in der Tiefe wirkenden Demokratisierungsprozeß und einen staatlich-administrativen Zentralisierungsprozeß, die zusammen die moderne Gesellschaft und den modernen Staat des 19. Jahrhunderts notwendig herbeiführten, und dieses System beruhte auf den Vielen, den ökonomisch Erfolgreichen, den Bürgern, deren Beziehungen durch formale Rechtsgleichheit geregelt wurden. Adlige hatten darin allenfalls nach einer Wandlung zu Aristokraten eine Funktion als Advokaten der Freiheit – so gut es eben ging. Die Kontinuität des Zentralisierungs- wie des Demokratisierungsprozesses durch die angebliche Zäsur der Revolution hindurch gilt als eine der Kernthesen von Tocqueville, obschon andere vor ihm ähnliche Beobachtungen angestellt hatten (Montloisier).[27] Erscheint es im Lichte einiger Stellen als ausgemacht, daß der ›Klassenkampf‹ diese Prozesse vorantriebe (im Wechselspiel mit den Interessen des Königtums), lassen sich andere Passagen wieder nur so lesen, als ob der Klassenkampf seinerseits Folge oder Ausdruck der beiden elementaren Geschichtsprozesse wäre. Wer nicht behaupten will, es sei hier eine Dialektik am Werk, konstatiert schlicht das Desinteresse an der Klärung solcher Fragen. Dieser Mangel an Interesse ließe sich dadurch verstehen, daß es Tocqueville im Grunde nicht um die Entwicklung sozialgeschichtlicher Ansätze zu tun war, sondern um die Erkenntnis des ›Geistes‹ und der ›Sitten‹ der Franzosen zu bestimmten Zeiten. Die Bezugsgröße hieße damit wieder aufklärerische Sittengeschichte (›moeurs‹, ›esprit‹).

Wie die bürgerlichen Romantiker, die ›Fatalisten‹ und vor allem die ›Doctrinaires‹ schöpfte Tocqueville seine Kenntnisse aus der Arbeit an den Originalakten in den Archiven. Die Verwissenschaftlichung der Historie vollzog in dieser Epoche einen wichtigen Schritt, wobei diese Historiographie ihrer Idee nach legendenkritisch antrat. Ihre Suche nach Authentizität durch Rückgriff auf das Dokument ging Hand in Hand mit der Erfüllung ›romantischer‹ Forderungen nach konkreter Vergegenwärtigung im Lokalkolorit. Das Besondere am Vorgehen Tocquevilles bestand in seiner Aufmerksamkeit für die ›Cahiers de doléances‹ und die provinziellen Verwaltungsarchive, in denen er erforschte, was von den Beschlüssen der Zentrale wirklich ausgeführt worden war. Dieses Mißtrauen gegen den Buchstaben der Bestimmungen und die Suche nach der gesellschaftlichen Realität neben den publizierten Normen teilte Tocqueville mit Fustel de Coulanges. Auch für ihn war eine wirkliche Revolution »un changement réel, efficace, durable«, nicht ein lärmiges, auffälliges Ereignis, »événement«.[28]

4. Ausblick auf die verwissenschaftlichte Historie in Frankreich: Fustel de Coulanges

Einen guten, wenn auch sehr individuell geprägten Eindruck von den Möglichkeiten der bürgerlichen Gesellschaftsgeschichte in einer späteren Generation erhalten wir aus dem Studium der Werke von Numa Denys Fustel de Coulanges.[29] Angesichts seiner Wirkung auf diejenigen Historiker, die die Geschichte endgültig (in ›positivem‹ Sinne) verwissenschaftlichen und sie als solche auch in den Curricula institutionalisieren wollten, ist seine Bedeutung für die 1860er bis 1880er Jahre kaum zu unterschätzen. Hier dominierte der Wunsch nach einer betont wissenschaftlichen, nüchtern-konstatierenden Fachsprache die Prosa. Mitgeteilt wurden Einsichten aus der Arbeit an den Originalquellen, und die impliziten Gesellschaftsvorstellungen des Autors verwiesen auf die verzweifelte Suche nach Stabilität des Regimes, nach Ordnung und Freiheit zugleich, allerdings nicht einer Freiheit für die Vielen; demokratische Züge fehlten ganz. Daraus folgte die Überzeugung, daß Historie (explizit) eine Wissenschaft von der Gesellschaft sei, und ihre Aufgabe in der Erklärung des Funktionierens von gesellschaftlichen Zuständen und deren Wandel läge.[30] Am Schluß des Lebenswerks stand der unvollendete Versuch, auf Grundlage dieser Prämissen die Geschichte der französischen Gesellschaft vom römischen Gallien bis zur Revolution aus den Originaltexten zu rekonstruieren und damit letztlich wiederum die Revolution zu erklären, aber auch zu erkennen, ob eine nachrevolutionäre Gesellschaft überhaupt funktionstüchtig sein könne.

Leichter zu interpretieren, weil vom Autor abgeschlossene Arbeiten aus einem Guß, sind die früheren Studien. Die lateinische Dissertation (Vestakult)[31] und die *Cité antique*[32] erörterten die sozialen Funktionen der religiösen Vorstellungen in den antiken Gesellschaften und entwarfen eine Theorie der Revolutionen (z. B.: Sturz der Könige, Ständekämpfe und Gleichstellung der plebejischen ›Gentes‹ mit den altadligen Familien, Kampf der Demokratie gegen die Herrschaft der ›Gentes‹), die gesellschaftsgeschichtlich konzipiert war.[33] Nach diesen Darstellungen stabilisierten religiöse Bindungen die Familien, Gruppen, die ganze Gesellschaft und die darauf aufgebauten politischen Strukturen. Doch schuf jeder erreichte stabile Zustand Verlierer, die an seinem Erhalt kein Interesse hatten, vielmehr nach Veränderung trachteten, eine Veränderung, die legitim erscheinen konnte: »inégalité trop grande«.[34]

Das Klassenkampfthema beherrschte die französische Dissertation[35], die Polybios' Geschichte des Niedergangs der griechischen Stadtstaaten zum Ausgangspunkt für eine Analyse der Bedingungen politischer Instabilität in demokratischen Verfassungen nahm. In direkter Anlehnung an das griechische historiographische Vorbild selbst war sie in den Kategorien von ›Klassen‹ und ›Klasseninteressen‹ gehalten. Fustel de Coulanges beschrieb hier eine Gesellschaft, die – wohl in bewußtem Kontrast zur mittelalterlichen Stadtgesellschaft, wie sie sich die liberalen Historiker der 1820er Jahre vorgestellt hatten – den Wert produktiver Arbeit nicht kannte, diese vielmehr den Sklaven überließ, die damit den Reichtum ihrer müßiggehenden Herren mehrten.[36] Das politisch vollberechtigte Volk hatte keine eigene Existenzbasis, es lebte von Geldern, die es im Theater und in der Volksversammlung erhielt. Die beiden ›Klassen‹ bildeten somit die Reichen und die Armen (Freien). Letztere hatten von der bestehenden Ordnung (als Eigentumsordnung aufgefaßt) nichts zu erwarten und griffen folglich zu ›demokratischen‹ Mitteln wie Ostrakismos mit Güterkonfiskation zugunsten der Armen, schwerer Besteuerung der Reichen oder zu revolutionären Mitteln wie Umsturz mit Schuldentilgung oder Übertragung der Gewalt an einen Tyrannen, der mehr versprach, als die Aristokraten versprochen hatten.

Eine Einsicht, die Fustel besonders am Herzen lag, erschien sowohl im älteren Polybios-Buch als auch in der vielbändigen Geschichte der französischen Gesellschaft: Der Gesellschaftshistoriker studiere nicht den Buchstaben der Verfassungen und Gesetze, sondern die realen, d. h. sozialen Beziehungen zwischen den Gruppen. Deshalb war es wichtig zu sehen, daß die römische Republik zwar den Gesetzen nach eine demokratische Verfassung hatte, daß aber die reale gesellschaftliche und politische Macht für lange Zeit bei den aristokratischen Familien verblieb (erst die Krise des 1. Jahrhunderts änderte die reale Verfassung).[37] Aufgrund derselben Forschungsintention entdeckte Fustel de Coulanges den Klientelismus als Strukturprinzip spätantiker Gesellschaften.

Der soziale Wandel allerdings ergab sich für ihn letztlich aus den Veränderungen in den Wertsystemen, den ideellen Vorstellungen, die sich die Menschen von ihrer Gesellschaft machten, und diese unterlagen einer Art von Fortschrittsprozeß, der entfernt an Guizots Prozeß der »Civilisation« erinnerte.[38] Auch Fustel de Coulanges hatte anscheinend kein Bedürfnis, eine Hierarchie zwischen der Erklärung durch Normenwandel und der Erklärung durch unbefriedigte materielle Interessen der von einem System benachteiligten ›Klasse‹ zu etablieren. Beide wurden als zwei Ursachen behandelt, die schlicht nebeneinander stehenblieben.[39] Diese Unentschiedenheit machte in einem bürgerlichen Geschichtsprojekt Sinn, während sie in einem sozialistischen Projekt unerträglich wäre. Immerhin sollte bei Fustel de Coulanges keine durchgehende Kohärenz systematischer Erklärungsansätze erwartet werden. In seinen Texten nahm die Skepsis immer mehr überhand, zusammen mit der Überzeugung, daß Geschichte als Wissenschaft nicht dazu bestimmt sei, einer Ideologie Dienste zu leisten. Vielmehr seien aus der Arbeit an den Texten und den aus ihnen unmittelbar geschöpften Konzeptionen gültige Einsichten zu gewinnen, die dann allerdings der Nation auf den richtigen Weg helfen sollten.[40]

5. Ausblick auf deutsche Rezeptionen

An zwei Beispielen erörtere ich, was unter deutschen Voraussetzungen mit diesen Anstößen ins Werk zu setzen war.[41] Beide Beispiele beruhten auf verschiedenen Rezeptionsweisen französischer Schriften, aber beide trugen den Stempel der Hegelschen Philosophie; beide sind als bürgerlich zu charakterisieren. ›Staat‹ war für Heinrich von Sybel wie für Lorenz von Stein ähnlich bedeutend wie für Treitschke, war doch innerhalb einer vom Staatsbegriff dominierten Historie Platz für die Würdigung gesellschaftlicher Entwicklungen.[42] Oder wie Wilhelm Wachsmuth formulierte: »Die Geschichte ist also der Inbegriff der nach Raum und Zeit bestimmten Handlungen menschlicher Freiheit im Staate«.[43] Sybels *Geschichte der Revolutionszeit* (1853) wird zeigen, was ein deutscher Bürger mit den verschiedenen bürgerlich-französischen Ansätzen zu einer Gesellschaftsgeschichte anfangen konnte. In Steins frühen Arbeiten wurde demgegenüber das Wort »Gesellschaftsgeschichte« im Deutschen zuerst nachweislich verwendet.

Für beide maßgebend war Hegels Bild von der Französischen Revolution.[44] Wie die liberalen französischen Autoren verstand Hegel Geschichte als Entstehungsprozeß der bürgerlichen Gesellschaft. Für ihn war die Revolution der Durchbruch der Vernunft gegen das Bestehende, auf der Basis der Freiheit des Willens. Sie übertrug die Freiheit ins Allgemeine und verschaffte ihr rechtliche Garantien. Da Hof und Parlamente an Privilegien gebunden und nicht zur Reform bereit waren, handelte es sich um eine gerechtfertigte Revolution. Die Jakobiner aber schätzte er nicht, der Terror entsprach in seinen Augen den Hexenverfolgungen. Und die Ausbreitung des Liberalismus in Europa erfolgte nach Hegel nicht durch die Revolution, sondern erst durch Napoleon. Revolutionen machten anscheinend nur romanische Völker; die Germanen hatten alles schon in der Reformation antizipiert, was ihnen eine Revolution hätte bringen können.

a) Heinrich von Sybels *Geschichte der Revolutionszeit*

Sybels Revolutionsgeschichte hatte unbestreitbare Meriten, die immer auch im Vergleich zu den Beschränktheiten der französischen Werke gelobt wurden und werden. Er schrieb Revolutionsgeschichte dezidiert als europäische Geschichte und überwand damit die Pariser Nabelschau grundsätzlich. Er hatte wenigstens zu Beginn ein waches Interesse für gesellschaftliche Zustände, und im Unterschied zum romantischen Lokalkolorit suchte er nach Zahlenangaben, nahm Berechnungen vor, stellte materielle Aussagen in eine vergleichende Perspektive. Vor allem im ersten Band fand sich das ›positive‹ Verhältnis zu den materiellen Dingen in Stadt *und* Land, das die bürgerlichen französischen Historiker der ersten Jahrhunderthälfte vermissen ließen. Unzweifelhaft hatte Geschichte bei Sybel eine Art materiellen Unterbau; hier walteten zunächst einmal nachrechenbare Kräfte.

Aber ›Klassen‹ gab es für ihn im Grunde nur eine, und diese war vor allem gefährlich: das städtische Proletariat. Sybels Geschichte interpretierte die soziale Welt aus dem Blickwinkel der bürgerlichen Ängste nach 1848, und von dorther zurückblickend galt schon die Erklärung der Bürger- und Menschenrechte als eine kurzsichtige Preisgabe vernünftiger Regierungsmaximen und als ein Einfallstor für proletarische Angriffe auf das Eigentum.[45]

Die Revolution folgte in Sybels Darstellung auf eine Krise im Staat und in der Moral der führenden Stände; auch seine quantifizierenden Einblicke zeigten ein Land, das Luxus und Leichtsinn nachlebte (so war die ökonomische Bedeutung eines Luxusgewerbes wie der Spitzenproduktion viel größer als diejenige der ›nützlichen‹ Tuchproduktion), wo Staatsklugheit und Biedersinn fehlten, wo verderbliche Ideen ungehindert alles untergraben konnten. Sybel arbeitete mit einem Dekadenzthema: Frankreich war morsch, und insofern konnte er die Aussichten der Menschen von 1789 nachvollziehen, die zwar keine Vorstellung hatten von dem, was ihnen später widerfuhr, die sich aber darin einig waren, daß etwas Neues kommen mußte.

Sybels Revolution war keine bürgerliche Revolution, sondern ein krisenhafter Übergang, der (in anderen Formen) ein gesamteuropäisches Phänomen ausmachte. Ein ›moderner‹ Staat entstand für ihn bereits im frühneuzeitlichen Königtum, aber aufgesetzt auf ein Feudalsystem, das mächtig genug blieb, den Fortschritt zu hindern. Auch Sybel berichtete also die Geschichte der Moderne (er braucht das Wort »modern« selbst an Schlüsselstellen), die sich gegen den Feudalismus entwickelte und ihn schließlich abschüttelte. Es gab für ihn aber keine Klassen, die diesen Prozeß vorantrieben. Er versuchte nicht, die Interessen einer ›Klasse‹ mit diesen modernen Tendenzen und die Interessen einer anderen ›Klasse‹ mit den feudalen Zuständen zu identifizieren. In der Krise selbst sah er einen ›Klassenkampf‹ zwischen den Proletariern und den Besitzenden toben, der die Dimensionen antiker Ständekämpfe übertraf. Aus der Krise resultierte das, was für Sybel den wahrhaft ›modernen‹ Staat charakterisierte: der Militärstaat, der die Freiheit der Bürger gegen äußere Feinde, aber auch gegen die Klasse der Proletarier garantierte.

b) Lorenz von Stein und die »Gesellschaftsgeschichte«

Lorenz von Stein[46] war im Vormärz in Paris gewesen, hatte Flugschriften gesammelt[47] und der preußischen Polizei Lageberichte übermittelt. Auf der Basis dieser Sammlung redigierte er ein Übersichtswerk, das die sozialistischen Bestrebungen in Paris vor 1848 hervorragend dokumentierte.[48] Aus der Lektüre dieser Papiere, besonders der Propaganda der Saint-Simonisten[49], übernahm Stein verschiedene Ansätze, die er mit seinen hegelianischen Begriffen zu einer eigenen Gesellschaftslehre verband.[50]

›Gesellschaft‹ bezeichnete das Vermittelnde zwischen den Individuen/Familien und dem Allgemeinen (Staat), von dem eigene Impulse zum Wandel ausgingen. Daraus ergab sich für Stein eine Basis, von der aus sich ›das Ganze‹, Staat plus Gesellschaft, analysieren ließ. Diese Gesellschaftslehre wurde allerdings weiterhin in hohem Maße vom Staat aus konzipiert, weil erst im Staat der Mensch zu seiner freien Entfaltung komme, und erst der Staat ermögliche die Entfaltung der in der Gesellschaft angelegten Kräfte zum Besten möglichst aller. Dennoch oder – wie bei der Steinschen Dialektik durchaus sinnvoll – gerade deshalb verdiente die Gesellschaft eine eigene Aufmerksamkeit, denn der real gegebene Staat wurde (leider) durch die Gesellschaftsordnung beherrscht. Stein wußte, daß das politische System eines real gegebenen Staates weitgehend von den gesellschaftlichen Machtverhältnissen abhing (insofern konnte der Staat unfrei, weil von der Gesellschaft beherrscht, sein). Dies galt auch für die politischen Ideen: Die Inhalte der Schriften, die Stein sammelte, faßte er als Ausdruck bestimmter gesellschaftlicher Interessen auf.

Gesellschaft entfaltete sich in der Zeit, deshalb mußte »Gesellschaftsgeschichte« betrieben werden. Denn die sozialen Bewegungen, deren Kenntnis die Lösung der »Socialen Frage« versprach, entwickelten sich in der Geschichte – in der »Gesellschaftsgeschichte«. Angesichts der Bedeutung von Gesellschaft als Ausgangspunkt der praktischen Analyse gegebener Verhältnisse war diese Gesellschaftsgeschichte nicht eine Sonderdisziplin, sondern die relevanteste Form der Historie überhaupt. Eine reine »Staatsgeschichte« mit ihren Berichten über Herrscher, Kriege und Siege erschien als unzulänglich.[51]

Bürgerlich geprägt war Steins Ansatz durch den Versuch, Freiheit mit Ordnung zu versöhnen, revolutionäre Potenzen zu entschärfen, die Verwaltung die sozialen Probleme lösen zu lassen. Doch wollte er der Freiheit auch der kleinen Leute Raum schaffen. Dies folgte aus der philosophischen Überzeugung, daß die Geschichte die dialektische Entfaltung der Freiheit bedeute. Der jeweils konkret erreichbare Grad der Freiheit hing davon ab, in welchem Maße die Gesellschaft den Staat beherrschte. Recht und Staat entwickelten sich in den Kämpfen um Bewahrung oder Veränderung der Besitzverhältnisse. Gesellschaftsgeschichte war somit nicht einfach Geschichte des »eigentlichen Volkes«, sondern zunehmend diejenige der Erarbeitung und Aneignung gesellschaftlicher Güter durch die Beherrschten. Die Beherrschten waren Träger des Fortschritts, da die Herrschenden nach einer Stabilität strebten, die ihnen Besitz ohne Arbeit garantierte, während die Beherrschten sich durch Arbeit zu emanzipieren suchten. Dieser Prozeß gestaltete die Staatsordnung unter Entmachtung der herrschenden Klasse um, sobald der Klassengegensatz Arbeitende/Herrschende (Besitzende) rein ausgeprägt war. Diese Bewegung bedeutete zugleich Fortschritt und Entfaltung der Individuen.[52] Klang hier Guizots Theorie der »Civilisation« an, so erinnerte der angenommene Endzustand an Saint-Simon: eine Erwerbsgesellschaft ohne Klassenschranken, allerdings – und hier kam ähnlich wie bei Sybel die nach-1848er Erfahrung zum Ausdruck – stabilisiert durch einen autoritären Verwaltungs- oder Sozialstaat.

Wie bei den französischen Autoren blieb bei Stein die Frage unentschieden, ob nur der Klassenkampf aus eigener, materieller Dynamik den Geschichtsprozeß vorantreibe oder ob es sich nicht (auch) um ideelle Konflikte handle, in denen der Geist seinen Gang gehe. Dementsprechend sieht es oft so aus, als wenn sich bei Stein die unterdrückte Klasse weniger durch den Erwerb materieller und mehr durch den Erwerb geistiger Güter zur freieren Persönlichkeit aufschwinge. Hier wirkte dann Bildung als Medium des Fortschritts, und geistige Güter (Wissen) galten als beliebig verfügbar, bedingten deshalb keinen Klassenantagonismus, gestatteten aber den Sturz geistig verarmter Herrschender. Doch Bildung war nur in Verbindung mit Besitz möglich.[53]

6. Schluß

Wer nach der Herkunft der Gesellschaftsgeschichte sucht, darf sich nicht auf die Untersuchung der Werke der Historiographie im engeren Sinne beschränken. Juristen wie Lorenz von Stein haben dazu ebensoviel beigetragen wie Sozialphilosophen vom Schlage Saint-Simons. Andererseits ist das Studium der ›großen Namen‹ und ihrer historiographischen Werke unentbehrlich, handelt es sich doch darum, die Beiträge der innovativen Köpfe und diejenigen Werke zu studieren, die Traditionen begründeten, und nicht den Mainstream dessen, was in der Produktion von Geschichtswerken gangbar und üblich war. Das ›Jahrhundert der Geschichte‹ scheint mir auf dieser Ebene der innovativen Eliten dadurch gekennzeichnet, daß das Nachdenken über gesellschaftliche Zusammenhänge historisch informiert war. Sozialwissenschaftliche Ansätze der ersten Jahrhunderthälfte konzipierten nicht eine außerzeitliche, als System gedachte Gesellschaft, sondern sie wollten den Gang der Geschichte erkennen, um seinen weiteren, künftigen Verlauf beeinflussen zu können, dies – entsprechend der bürgerlichen Auswahl – meist und seit 1848 immer mehr in einem konservativen Sinne. Der Zug, der 1789 losgefahren war, sollte gebremst werden. Daß Geschichte von der Gesellschaft handelte, war vor der Jahrhundertmitte die weitgehend akzeptierte Meinung; damit war die Darstellung der Resultate als umfangreiche Geschichtserzählung durchaus vereinbar, in der wenigstens als Metapher auch die Vorsehung und der ›große Mann‹ ihre Plätze fanden.

Wer deutsche und französische Gesellschaftsgeschichte des frühen 19. Jahrhunderts vergleicht, wird Unterschiede feststellen, die darauf zurückgeführt werden können, daß im einen Fall eine Revolution die Legitimitätsgrundlagen des alten Staates ebenso wie die die alte Gesellschaft konstituierenden Prinzipien radikal in Frage gestellt hatte. Im anderen Fall wurden sie bloß transformiert und modernisiert. In beiden Fällen stellte sich nach der Zäsur oder den Erschütterungen der Revolutionszeit[54] die Aufgabe, eine soziopolitische Ordnung durch eine diskursive Begründung ihrer Herkunft und ihrer historischen Notwendigkeit gangbar machen zu helfen. Wenn wir die These von Linda Orr: »history shared the task of making the postrevolutionary society work«[55] aufgreifen und verallgemeinern, dann resultieren die historiographischen Unterschiede aus den unterschiedlichen Erfahrungen und deren Auswirkungen auf Staat, Politik, Gesellschaft. In den deutschen Beispielen stellte sich die Historiographie auf die Ebene von Staat und Herrschaft und erforschte und sicherte von diesem Standort aus schreibend die Gesellschaft. Im französischen Fall mußte Autorität durch Erzählen von Gesellschaftsgeschichte (mit sozialen Gruppen als Subjekten) weitgehend neu konstituiert werden.

Angesichts dieser tendenziellen Verschiedenheit soll nicht vergessen werden, daß das Schreiben von Geschichten in beiden Ländern durch gemeinsame kulturelle Werte geprägt war. Zu ihnen gehörten Narrativität, Bürgerlichkeit, aber auch ein Streben nach Authentizität durch den Rückgriff auf Originalquellen, die die Vergegenwärtigung von Geschichte ganz anders verbürgen sollten, als es eine Rekonstruktion aus Werken zweiter Hand vermochte – ganz abgesehen davon, daß in den Quellen zunehmend der Geist der eigenen Nation gefunden wurde, der der neuen, (nach-)revolutionären Zeit die Richtung weisen sollte. Schließlich dominierte nicht eine materialistische Gesellschaftsgeschichte. Die meisten hier herangezogenen Texte ließen eine Tür zur idealistischen, ›spiritualistischen‹ Interpretation offen, die die handelnden sozialen Gruppen als Akteure einer Metageschichte, als Repräsentanten von Ideen und ideellen Kräften deutete.

Anmerkungen

1 Rezeptionen bei Marx und Engels: Peter Stadler, *Geschichtsschreibung und historisches Denken in Frankreich 1789–1871*, Zürich 1958, S. 149; Hans-Peter Jaeck, »Gesellschaftsbildung als historiographisches Problem. Analysen und Erkenntnisse des Restaurationshistorikers François Guizot«, in: Hans Schleier (Hg.), *Jahrbuch für Geschichte 37: Fortschritt und Reaktion im Geschichtsdenken der ersten Hälfte des 19. Jahrhunderts*, Berlin 1988, S. 237–265.

2 Niklaus Röthlin, »Burckhardts Stellung in der Kulturgeschichte des 19. Jahrhunderts«, in: *Archiv für Kulturgeschichte* 69 (1987), S. 389–406. Burckhardts ›Gesellschaftsgeschichte‹ erörtert u. a. Felix Gilbert, *History – Politics or Culture? Reflections on Ranke and Burckhardt*, Princeton 1990, S. 46ff.

3 »Nineteenth-century French history shared the task of making the postrevolutionary society work.« Linda Orr, *Headless History. 19th-Century French Historiography of the Revolution*, Ithaca/London 1990, S. 18. Zu den Funktionen dieser Historiographie Stanley Mellon, *The Political Uses of History*, Stanford 1958; ein komplexeres Bild zeichnet Pierre Rosanvallon, *Le moment Guizot*, Paris 1985.

4 Ob der Begriff ›Romantiker‹ berechtigt ist, ist umstritten. Orr, *Headless History* (wie Anm. 3); Ceri Crossley, *French Historians and Romanticism. Thierry, Guizot, the Saint-Simonians, Quinet, Michelet*, London/New York 1993, S. 252f.

5 Jean Walch, *Les maîtres de l'histoire 1815–1850. Augustin Thierry, Mignet, Guizot, Thiers, Michelet, Edgar Quinet*, Genève/Paris 1986, S. 25 (Debatten in der Assemblée nationale 1789–90). Die dahinterstehende Geschichtskonstruktion bereits in: Henri de Boulainvilliers (1658–1722), *Histoire de l'ancien gouvernement de la France* (1727), *Essai sur la noblesse* (1732), hier positiv zur Rechtfertigung der Privilegien des Adels.

6 Antoine Barnave, *De la Révolution et de la Constitution*, préface de François Furet, introduction de Patrice Gueniffey, Grenoble 1988. Barnaves ideengeschichtliche Voraussetzungen suchen Furet und Gueniffey bei Montesquieu und in der schottischen Moralphilosophie. Die Ansätze von Barnave werden erstmals bei Jaurès rezipiert und als protomarxistisch gedeutet (Furet, ebd., S. 32).

7 Numa Denys Fustel de Coulanges, *La Cité antique. Etude sur le culte, le droit, les institutions de la Grèce et de Rome*, 21e édition, Paris 1910, S. 2: »L'idée que l'on s'est faite de la Grèce et de Rome a souvent troublé nos générations. Pour avoir mal observé les institutions de la cité ancienne, on a imaginé de les faire reviver chez nous. On s'est fait illusion sur la liberté chez les anciens, et pour cela seul la liberté chez les modernes a été mise en péril. Nos quatre-vingt dernières années ont montré clairement que l'une des grandes difficultés qui s'opposent à la marche de la société moderne est l'habitude qu'elle a prise d'avoir toujours l'antiquité grecque et romaine devant les yeux.«

8 Zum Gesetzesbegriff der bürgerlichen Historiker der ersten Jahrhunderthälfte siehe Walch, *Les maîtres* (wie Anm. 5), S. 44.

9 Crossley, *French Historians* (wie Anm. 4), S. 4; zu den ›Idéologues‹ ebd., S. 11.

10 Alan S. Kahan, *Aristocratic Liberalism. The social and political thought of Jacob*

Burckhardt, John Stuart Mill, and Alexis de Tocqueville, New York/Oxford 1992, S. 5 (»civic humanism«).

11 Crossley, *French Historians* (wie Anm. 4), S. 25.

12 Zu Saint-Simon, wohl etwas stark betont, Walch, *Les maîtres* (wie Anm. 5); zum Einfluß von Saint-Simon auf Thierry auch Stadler, *Geschichtsschreibung* (wie Anm. 1), S. 142; von Saint Simon beeinflußt sind ferner die Bearbeiter der wichtigen *Histoire parlementaire* von 1834–38, Buchez und Roux (Stadler, ebd., S. 211).

13 Vgl. Stadler, *Geschichtsschreibung* (wie Anm. 1), S. 73 (›Doctrinaires‹), S. 102 (zu Guizot) u. S. 118 (zum ›Fatalismus‹).

14 Zu Michelet, den ich hier nicht behandle, siehe den Beitrag von Hans-Jürgen Lüsebrink, »Französische Geschichtsschreibung im 19. Jahrhundert – das Beispiel Michelet«, in diesem Band, S. 218–226.

15 Zur Geschichte des Wortes ›lutte des classes‹ Stadler, *Geschichtsschreibung* (wie Anm. 1), S. 112; Walch, *Les maîtres* (wie Anm. 5), S. 29. Die Auffassung von einer Überschichtung der romanischen Bevölkerung durch einen germanischen Adel, somit ein Bild von sozialen Schichten in der Geschichte, ist durchaus vorrevolutionär, vgl. Anm. 5. Neu ist der Gebrauch, der im Kontext der Geschichtsrekonstruktion durch ein erfolgreiches Bürgertum davon gemacht wird.

16 François Furet, *Penser la Révolution française*, Paris 1978, S. 178–181 (zu Guizot); ferner Jaeck, »Gesellschaftsbildung« (wie Anm. 1), S. 246. – Die Bedeutung der mittelalterlichen Stadtbürger nach Thierry und Guizot auch bei Hegel, vgl. Jaroslav Kudrna, »Die theoretische und historische Gestalt der Hegelschen ›Vorlesungen über die Philosophie der Weltgeschichte‹«, in: Schleier, *Jahrbuch für Geschichte* (wie Anm. 1), S. 43–70.

17 Jaeck, »Gesellschaftsbildung« (wie Anm. 1), S. 264 (zu Guizot). Mignet differenziert innerhalb des Dritten Standes zwischen Mittelklassen und populären Klassen, die je eine Phase der Revolution tragen; Crossley, *French Historians* (wie Anm. 4), S. 31.

18 Zur Rezeption deutscher Ideen bei Guizot Stadler, *Geschichtsschreibung* (wie Anm. 1), S. 102. Ideen sind »causes morales« (ebd., S. 111). Mignet spricht von »Tendenzen«, die den Geschichtsprozeß vorantreiben, etwa der Gegensatz Anarchie/Ordnung, Ordnung/Freiheit (ebd., S. 126).

19 Walch, *Les maîtres* (wie Anm. 5), S. 179, prägt diesen Begriff für Thiers' Darstellungsform. Ein explizit-analytisches Moment findet sich am ehesten bei Guizot (ebd., S. 95).

20 Zur Kritik des vieldeutigen, vorbegrifflichen Wortgebrauchs von ›classe‹ am Beispiel Mignet vgl. Walch, *Les maîtres* (wie Anm. 5), S. 76.

21 Zur Rolle von 1848 für die französische bürgerliche Historiographie vgl. Stadler, *Geschichtsschreibung* (wie Anm. 1), S. 220. Tocqueville stellt fest, daß das Neue an der 48er Revolution darin bestehe, daß erstmals das arbeitende Volk allein die Revolution geprägt habe; Kurt Holzapfel/Matthias Middell, »Tocqueville und die Geburt der bürgerlichen Gesellschaft in Frankreich«, in: Schleier, *Jahrbuch für Geschichte* (wie Anm. 1), S. 267–296, hier S. 286.

22 Emile Levasseur, *Histoire des classes ouvrières en France depuis la conquête de Jules César jusqu'à la révolution*, 2 Bde., Paris 1859.

23 Kahan, *Aristocratic Liberalism* (wie Anm. 10), S. 17.

24 Ebd.

25 Vgl. die Leseerfahrungen bei Orr, *Headless History* (wie Anm. 3), S. 90, und bei Furet, *Penser la Révolution* (wie Anm. 16), S. 30, 104, 181 u. 194.

26 Furet, *Penser la Révolution* (wie Anm. 16), S. 194, zur Inkonsistenz des Wortgebrauchs »Klasse« bei Tocqueville. Kahan, *Aristocratic Liberalism* (wie Anm. 10), S. 35: Das Modewort »Klasse« verlangte damals keine nähere Begriffsbestimmung.

27 Stadler, *Geschichtsschreibung* (wie Anm. 1), S. 242; zu Burckhardt und Droysen: Kahan, *Aristocratic Liberalism* (wie Anm. 10), S. 6.

28 Stadler, *Geschichtsschreibung* (wie Anm. 1), S. 324; Kahan, *Aristocratic Liberalism* (wie Anm. 10), S. 24–26.

29 Jane Herrick, *The Historical Thought of Fustel de Coulanges*, Washington 1954; François Hartog, *Le XIXe siècle et l'histoire. Le cas Fustel de Coulanges*, Paris 1988. Mit der Fustel-Lektüre verbindet sich ein Grundproblem: Betonen wir seine Unzeitgemäßheit, indem wir herausstellen, wie stark seine Ansätze durch antiquarische Forschungen aus der Zeit vor der Revolution und durch die Interpretationen gesellschaftlicher Vorgänge bedingt sind, die schon in den antiken und mittelalterlichen Quellen selbst angelegt sind; oder beziehen wir Fustels Texte auf den Kontext des französischen 19. Jahrhunderts und lesen sie als Antworten auf Zeitfragen? Trotz der von Wilfried Nippel auf dieser Tagung ausgesprochenen Warnungen wähle ich hier den zweiten Weg.

30 »L'histoire est une science. Son objet [...] est l'homme [...] vivant en société, l'homme travaillant, l'homme agissant et faisant oeuvre d'homme. L'homme fonde des sociétés, des Etats; il se donne des lois; il crée des religions, il fait la guerre, il conclut des traités de paix; il développe son langage et se fait une littérature; tout cela est oeuvre humaine et appartient à l'histoire.« Zitiert nach Hartog, *Le XIXe siècle* (wie Anm. 29), S. 374. Zur Gleichsetzung von ›Histoire‹ und ›Sociologie‹ Herrick, *Historical Thought* (wie Anm. 29), S. 25, 83 u. 115f.; Hartog, *Le XIXe siècle* (wie Anm. 29), S. 146.

31 Numa Denys Fustel de Coulanges, *Quid Vestae cultus in institutis veterum privatis publicisque valuerit*, Paris 1858; dazu Hartog, *Le XIXe siècle* (wie Anm. 29), S. 24ff.

32 Fustel, *La Cité antique* (wie Anm. 7).

33 Ebd., Livre IV, S. 270ff.

34 Ebd., S. 282.

35 Numa Denys Fustel de Coulanges, *Polybe ou la Grèce conquise par les Romains*, [Reprint] con una nota di lettura di Bertrand Hemmerdinger, Napoli 1984 (OA: Amiens 1858).

36 Fustel, *La Cité antique* (wie Anm. 7), S. 397, mit dem Lob der modernen Gesellschaftsordnung. Zur Sklaverei vgl. Fustel, *Polybe* (wie Anm. 35), S. 8ff. u. 21.

37 Fustel, *Polybe* (wie Anm. 35), S. 77.

38 Die Gesellschaftsgeschichte suche Ursachen »dans l'homme«, nicht in Zufällen oder reinen Gewaltakten. Ein Teil in uns verändere sich mit der Zeit: »notre intelligence«, »presque toujours en progrès«. »L'homme ne pense plus aujourd'hui ce qu'il pensait il y a vingt-cinq siècles, et c'est pour cela qu'il ne se gouverne plus

comme il se gouvernait.« ›Gesellschaft‹ heißt in der Praxis der Forschung und Explikation primär Recht, Gesetz, Sitte, und diese werden erklärt aus der Religion, die die »intelligence humaine« der Zeit enthält. Fustel, *La Cité antique* (wie Anm. 7), S. 2f. – Die Bedeutung von Guizots Vorstellung von der »Civilisation« für Fustel betont Stadler, *Geschichtsschreibung* (wie Anm. 1), S. 317.

39 Zum Beispiel Fustel, *La Cité antique* (wie Anm. 7), S. 270f.

40 Hartog, *Le XIXe siècle* (wie Anm. 29), S. 81 u.ö. Fustel mißtraut den »Illusionen« des 18. Jahrhunderts und findet als Boden für seine eigenen Interpretationen das »Interesse«. Dahinter aber steht bei ihm die menschliche Natur (die sich in der Geschichte wandelt) und mit ihr die Psychologie, nicht direkt die materielle Welt (Hartog, ebd., S. 144f.). – Unklar ist, ob bei Fustel eine Entwicklung seines Denkens vorliegt, die das Objekt der Historie von der Psychologie zur Soziologie verschiebe (wie Hartog, S. 220, annimmt), oder eine Verbindung beider Ansätze (wie es Marc Bloch 1930 sehen wollte; Nachweis dazu bei Hartog).

41 Michael Neumüller, *Liberalismus und Revolution. Das Problem der Revolution in der deutschen Geschichtsschreibung des 19. Jahrhunderts*, Düsseldorf 1973.

42 Jürgen Kocka, *Sozialgeschichte. Begriff – Entwicklung – Probleme*, 2., erweit. Aufl. Göttingen 1986, S. 54; Carsten Quesel, *Soziologie und Soziale Frage. Lorenz von Stein und die Entstehung der Gesellschaftswissenschaft in Deutschland*, Wiesbaden 1989, S. 77ff.

43 Zitiert nach Hans Schleier, »Wilhelm Wachsmuths ›Entwurf einer Theorie der Geschichte‹ aus dem Jahre 1820«, in: ders., *Jahrbuch für Geschichte* (wie Anm. 1), S. 103–135, hier S. 122.

44 Kudrna, »Hegelsche Vorlesungen« (wie Anm. 16).

45 Der Haß auf die »vile populace« natürlich schon z. B. bei Thiers, vgl. Stadler, *Geschichtsschreibung* (wie Anm. 1), S. 125.

46 Julien Freund, *D'Auguste Comte à Max Weber*, Paris 1992, würdigt Stein als einen der Gründerväter der Soziologie.

47 Vgl. Wilhelm Wachsmuth, *Geschichte Frankreichs im Revolutionszeitalter* (1840–1844); dazu Schleier, »Wachsmuth« (wie Anm. 43).

48 Ich beziehe mich auf: *Der Socialismus und Communismus des heutigen Frankreichs*, Leipzig 1842 (2. Ausg. 1848), und: *Geschichte der socialen Bewegung in Frankreich von 1789 bis auf unsere Tage*, 1850.

49 Walch, *Les maîtres* (wie Anm. 5), S. 31.

50 Vgl. neben Quesel, *Soziologie* (wie Anm. 42), Stefan Koslowski, *Die Geburt des Sozialstaats aus dem Geist des Deutschen Idealismus. Person und Gemeinschaft bei Lorenz von Stein*, Weinheim 1989.

51 Kocka, *Sozialgeschichte* (wie Anm. 42), S. 55f.

52 Quesel, *Soziologie* (wie Anm. 42), S. 74ff.

53 Ebd., S. 81f.

54 Richtiger wäre die Formulierung »während der Revolutionszeit«. Die Jahre 1789–1848 können als zusammenhängende Revolutionsepoche verstanden werden. Für viele Autoren war 1830 fast wichtiger als 1789. Zu 1830 siehe am Beispiel der deutschen Politikwissenschaft Gangolf Hübinger, »Wissenschaftliche Politik und Historismus«, in diesem Band, S. 340–352.

55 Wie Anm. 3.

WOLFGANG KÜTTLER

Gesellschaftstheorie, Ökonomie und Geschichte. Karl Marx im gesellschaftlichen und wissenschaftsgeschichtlichen Kontext der Modernisierung des Geschichtsdenkens

Wenn wir das 19. Jahrhundert mit guten Gründen als die eigentliche Epoche der modernen Historisierung der soziokulturellen Lebenswelt und der damit befaßten Wissenschaften betrachten, so kommt darin dem Werk von Karl Marx und der Entstehung des Marxismus eine besondere Bedeutung zu. Das gilt vor allem dann, wenn wie im Rahmen des Konzepts »Geschichtsdiskurs« versucht wird, die Beziehung von praktischen Interessen zu leitenden Hinsichten, die Funktion von allgemeiner Theorie in der kognitiven Struktur, die substantielle Gegenstandsbestimmung und die gesellschaftliche Wirkung der Geschichte als moderner Erkenntnis- und Bewußtseinsform komplex zu erfassen.[1]

In der Entwicklung des Marxismus bündeln sich einerseits übergreifende Probleme des gesamten »Geschichtsdiskurses« der Moderne: Der »historische Materialismus« fungierte gleichermaßen als wissenschaftliches System und politische Ideologie einer sozialen Bewegung (später auch von Staaten), in beiden Hinsichten seit Marx vielfach differenziert und in viele Richtungen weltanschaulich-ideologischer und wissenschaftlicher Rezeption aufgespalten.[2] Marx steht konstitutiv und paradigmatisch für Möglichkeit, Grenzen und Gefahren einer theorieorientierten, praktisch eingreifenden Wissenschaft von Geschichte, Gesellschaft und Kultur.[3] Andererseits ist die theorie- und wissenschaftsgeschichtliche Standortbestimmung der Entstehung des »historischen Materialismus« eine Kernfrage für die Gesamtbeurteilung des Geschichtsdenkens und der Geschichtswissenschaft im 19. Jahrhundert, d. h. auch und vor allem für die Frage des Historismus.[4] Beides zusammen bestimmt die Grundlagendebatten über Geschichte bis heute.[5] Mehr als bei allen vergleichbaren Theoriesystemen haben daher spätere Entwicklungen im Pro und Kontra der gesellschaftspolitischen und ideellen Auseinandersetzungen vor allem des 20. Jahrhunderts den ursprünglichen soziokulturellen und wissenschaftsgeschichtlichen Kontext überschichtet.[6]

Daher kommt es mir vor allem auf die Rekonstruktion des zeitspezifischen Standorts der Marxschen Theorie und Methode im Hinblick auf die übergreifende Problematik des »Sitzes im Leben« an, den eine zugleich verwissenschaftlichte und praktisch sinnstiftende Historie in der säkularisierten, auf großer Industrie und Markt gegründeten gesellschaftlichen Lebenswelt einnimmt.[7] Nach dem Anliegen und der inneren kognitiven Struktur des Marxschen Werkes soll dies im folgenden skizzenhaft an der Beziehung von allgemeinem theoretischen Entwurf, ökonomischer Gesellschaftsanalyse und Geschichte verdeutlicht werden.

1. Der Entstehungskontext

Den für Marx entscheidenden vor- und außerwissenschaftlichen Bezugsrahmen für die Erforschung der Gesellschaft und ihrer Geschichte bildete zum einen das politische und geistige Klima im deutschen Vormärz, d. h. die Auseinandersetzung mit den »deutschen Zuständen«.[8] Zum anderen wurden – damit unmittelbar verknüpft – die industrielle Revolution und die Arbeiterfrage als soziale Frage des 19. Jahrhunderts erkenntnisleitend. Prägende Erfahrungen dafür konnten er und Friedrich Engels[9] in Frankreich und besonders in England machen.[10] Für sie wie für viele Zeitgenossen unterschiedlicher Positionen wurde damit die Problemsituation der entstehenden großindustriellen Moderne als bürgerlich-kapitalistischer Gesellschaft maßgeblicher Erkenntnisgrund sozialer und historischer Wissenschaft.[11]

Den Orientierungsrahmen dieser Generation bestimmten die Französische Revolution und ihre Folgen; Schlüsselereignis wurde die Revolution von 1848/49[12], deren Vorgeschichte, unmittelbare Erfahrungen und Folgen ganz allgemein einen Kreuzweg für Geschichtsdenken und Geschichtswissenschaft im bürgerlichen Zeitalter – vor allem in Deutschland – darstellten. Für Marx und Engels bedeutete dann 1870/71 mit der Pariser Kommune und der Einigung Deutschlands »von oben« eine weitere maßgebliche Zäsur: In beiden epochalen Ereigniskomplexen fanden sie nicht nur ihr revolutionäres Grundanliegen praktisch zum Ausdruck gekommen, sondern hier kreuzten sich in den Langzeitfolgen auch schon alle Widersprüche von Kapitalismusanalyse, historisch-materialistischer Theorie und praktischer Revolutionserwartung, die das Marxsche Geschichtsdenken und seine Rezeption insgesamt bestimmten.[13]

Zwar ist der Bildungshorizont, der den jungen Marx prägte, zunächst derjenige des philologisch orientierten deutschen Gymnasiums mit besonderen Schwerpunkten auf Antike und klassischer Literatur (das ganze Werk ist mit einschlägigen Metaphern, Zitaten, direkten und indirekten Bezugnahmen gesättigt), aber sein Werdegang und sein Grundansatz, dieses Wissen aufzunehmen und zu verarbeiten, sind von vornherein radikal-demokratisch und scharf kritisch, wie bereits die Dissertation zeigt.[14] Denn Marx' klassisch-humanistisches Denken wurzelte in der kritisch-weiterführenden Auseinandersetzung mit Philosophie und Wissenschaften der Aufklärung und der Klassik. Seine interdisziplinäre, die Beschäftigung mit den mathematisch-naturwissenschaftlichen Fächern einschließende Denk- und Arbeitsweise läßt sich im Hinblick auf Welt-, Geschichts- und Naturauffassung zunächst den ideengeschichtlichen Zusammenhängen zuordnen, die Peter Reill kritisch gegenüber einer zu frühen Zäsursetzung zwischen »Aufklärung« und »Historismus« auch noch für die erste Hälfte des 19. Jahrhunderts aufzeigt.[15]

Aber für radikal kritische Geister wie Marx war es zugleich schwierig, in diesem Erbe neue Ansatzpunkte gesellschaftlichen Fortschritts über die sichtbar werdenden Grenzen der sich noch von traditionalen Herrschaftsverhältnissen emanzipierenden bürgerlichen Gesellschaft und auch der Ideen von 1789 hinaus zu finden.[16] Die tradierten Denkmuster der Aufklärungs- und Revolutionszeit waren gründlich erschüttert, nicht nur durch die Dominanz der Restauration oder angepaßten Reform, sondern mehr noch angesichts der neuen sozialen Widersprüche.

Die Akzeptanz kritischer Perspektivenfragen war jedoch neben Abkehr von der Aufklärung und klassischen Philosophie[17] ein wichtiges Element der geistigen Situation der Zeit geblieben. Dazu zählten sozialistische und kommunistische Ideen[18] ebenso wie schon seit der späten Aufklärung die Suche nach wissenschaftlichen Ansätzen, die innere Struktur und Entwicklung der Gesellschaft zu erfassen.[19] Wo Marx hier kritisch anknüpfte, bei den frühen Sozialisten, bei der klassischen deutschen Philosophie, vornehmlich Hegel, bei der britischen Nationalökonomie und der französischen Revolutionsgeschichtsschreibung, waren diese am weitesten gediehen.[20]

Im Übergang von der radikalen Demokratie zur sozialistisch-kommunistischen Option nahm Marx bereits von einem allgemein emanzipatorisch-anthropologischen Standpunkt aus Partei für die Arbeiter gegen die Entfremdung der menschlichen Arbeit im Kapitalismus.[21] In der Kritik der Hegelschen Rechtsphilosophie und der Junghegelianer setzte er sich dann mit den leitenden Ideen der bürgerlichen Gesellschaft und den Ergebnissen der politischen bürgerlichen Revolution schon vom Standpunkt einer künftigen sozialen Erhebung des Proletariats auseinander.[22] In kognitiver Hinsicht bedeutete dies, daß seine Näherung an das Problem der Verwissenschaftlichung der mit Geschichte und Gesellschaft befaßten Disziplinen sich von vornherein von den Ansätzen unterschied, die Ausgangspunkte der professionellen Historiographie an den deutschen Universitäten waren.

2. Die materialistische Geschichtsauffassung als Basishypothese der sozialökonomischen Kritik des Kapitalismus

Marx suchte einen grundsätzlich neuen Standort für praktische und theoretische Gesellschaftskritik zu gewinnen, den er in den Feuerbach-Thesen formulierte: Im Gegensatz zur bisherigen bloß interpretierenden Philosophie müsse statt der bürgerlichen »die menschliche Gesellschaft oder die gesellschaftliche Menschheit« der Standpunkt praktisch eingreifender Wissenschaft sein, wodurch die Welt nicht mehr nur verschieden interpretiert, sondern verändert werde.[23]

Ab Mitte der 1840er Jahre stellte er – bereits in enger Kooperation mit Friedrich Engels – diese Frage der kognitiven Begründung praxisorientierter Gesellschaftstheorie konsequent als Problem der Widersprüche der kapitalistischen Ökonomie und ihrer revolutionären Überwindung durch das Proletariat. Die allgemeine geschichts- und gesellschaftstheoretische Grundlage zu diesem Vorhaben bildete das Konzept, Geschichte aus der Entwicklung der Produktion der materiellen Lebensbedingungen durch die Menschen zu erklären, d. h. die Formationstheorie[24], die einschließlich ihrer hypothetischen Vorstufen wohl am treffendsten und jenseits dogmatischer Verengung als Theorie der historischen Formierung der Gesellschaft bezeichnet werden kann.[25] Hypothetische Ansätze zum Formationskonzept finden wir schon in den frühen Schriften und dann vor allem in der *Deutschen Ideologie* (1845/46) in teilweise noch anderen Begriffen (»Verkehrsform«[26] statt »Formation«) skizziert.[27] Eine derartige Gesellschafts- und Geschichtsbetrachtung sollte allen bisherigen idealistischen Deutungen, in denen Geschichte als »eine eingebildete Aktion eingebildeter Subjekte« erschien, ebenso entgegengesetzt werden wie »den selbst noch abstrakten Empirikern«, bei denen die Geschichte eine »Sammlung toter Fakta« bleibt.[28] Diese Kritik galt somit nicht nur der professionellen Historiographie innerhalb der »deutschen Ideologie«, der »spekulativen Philosophie«[29], sondern auch den bisher vorherrschenden Auffassungen von Geschichte in den historischen und sozialen Wissenschaften überhaupt.

Voraussetzung der neuen Grundlagenwissenschaft von der Geschichte sollten »die wirklichen Individuen, ihre Aktion und ihre materiellen Lebensbedingungen, sowohl die vorgefundenen wie die durch ihre eigne Aktion erzeugten« sein[30], wodurch erst alle Formen des Bewußtseins erzeugt und variabel ausgeprägt würden.[31] In diesem Sinne bildete »Geschichte« nicht nur die leitende Hypothese, sondern lieferte zugleich das Ausgangs- und Grundwissen für die mit der ausgearbeiteten ökonomischen Theorie begründete Gesellschaftskritik des Kapitalismus.

Das Verhältnis von Freiheit und Bedingtheit geschichtlichen Handelns wird in diesem Systemzusammenhang am möglichen Fortschritt sozialökonomischer Emanzipation gemessen: »Die Menschen machen ihre eigene Geschichte, aber sie machen sie nicht aus freien Stücken, nicht unter selbstgewählten, sondern unter unmittelbar vorgefundenen, gegebenen und überlieferten Umständen«.[32] Dieser berühmte Schlüsselsatz für Marx' Auffassung von den Grundlagen, Möglichkeiten und Grenzen geschichtlichen Handelns steht im Kontext einer seiner wichtigsten zeitgeschichtlichen Arbeiten und leitet den Forschungs- und Darstellungsgang seiner historischen Erklärung der ursprünglichen Revolutionserwartungen gegenläufigen Resultate der Entwicklung in Frankreich seit Februar 1848 ein.[33] Wenige Sätze später steht hier auch die erste explizite Verwendung seiner theoretischen Grundkategorie »Gesellschaftsformation«; und der Gedankengang führt schließlich zu der prognostischen Aussage, daß erst die soziale Revolution der Arbeiterklasse die wirkliche Freiheit des gesellschaftlich emanzipierten Menschen gegenüber dem bisherigen Zustand unbeherrscht und hinter dem Rücken der Handelnden sich durchsetzender Gesetze bringen werde.[34]

Die Marxsche Verbindung von Geschichte, allgemeiner Gesellschaftstheorie und Handlungsorientierung ist hier prägnant zusammengefaßt. Die Substanz dessen, was historisiert werden sollte, wurde gegenüber dem hermeneutisch-individualisierenden Vorgehen des idealistischen Historismus umgekehrt: Menschliche Handlungen waren Ausgangs- und Zielpunkt nicht aus ihrer je singulären Motivation heraus, sondern als Aktion und Verhalten der Menschen in sozialen Gruppen (Klassen) unter bestimmten Systembedingungen. »Formierung« und »Formation« waren in diesem Doppelsinn von gesellschaftlicher Praxis als Aktions- und Bedingungszusammenhang menschlicher Entwicklung die spezifischen historisch-ökonomischen Stufen- und Systembegriffe bei Marx.

3. *Das Kapital*: Geschichte als Evidenz ökonomischer Theorie und Formationsanalyse der bürgerlichen Gesellschaft

In den vorbereitenden Arbeiten, erläuternden Methodenbeschreibungen und in der endgültigen Darstellung des Marxschen Hauptwerks, soweit er diese abschließen konnte, übernimmt die Ökonomie die Funktion der Leitwissenschaft und speziellen Theorie in einem umfassenderen Sinne, als sie die Gesellschaftslehren und historischen Ansichten der britischen Ökonomen des ausgehenden 18. und beginnenden 19. Jahrhunderts bestimmt hatte. Geschichtstheorie und historische Forschung behalten aber eine zentrale Bedeutung für die empirische Evidenz der ökonomischen Formationsanalyse ebenso wie für Konzepte des historischen Entstehungs- und Entwicklungsprozesses der bürgerlichen Gesellschaften.

Damit ist zugleich der heuristische und allgemein konzeptionelle Zusammenhang von Geschichte und Ökonomie vorgegeben: Es ging Marx *erstens* um die Formierung des Kapitalismus als »modern bürgerliche Produktionsweise« im Nach- und Nebeneinander seiner historischen Voraussetzungen und in der Bildung eigener Strukturen.[35] *Zweitens* handelte es sich um die kritische Bestimmung dieser als der letzten antagonistischen Formation, der aufgrund der selbst produzierten Gegensätze notwendig die künftige gesamtgesellschaftliche Emanzipation folgt.[36]

Der Formationsbegriff des Kapitalismus bezieht sich *historisch* auf Werden, Entwicklung und progressive Überwindung einer Produktionsweise, die sich nicht mehr auf dem Grund und Boden als vorherrschendem Produktionsmittel, sondern auf freier gewerblicher Arbeit und Kapitalbildung und damit auf Marktbeziehungen gründet. Die eigentliche Formationsanalyse gilt der ökonomischen Struktur des Industriekapitalismus, wie er sich in England in bis dahin reinster Ausprägung entfaltet hat. Die Ansätze einer sozialen und den Überbau einbeziehenden Gesamtanalyse der bürgerlichen Gesellschaft, die Marx, mit heutigen Vorstellungen umschrieben, gewissermaßen als eine historische Soziologie beabsichtigte, blieben unvollendet und sind daher auch nur in Fragmenten der von Engels ergänzten Teile des Hauptwerkes enthalten oder bruchstückhaft über das ganze Werk verstreut.[37]

Zugleich wird in den entsprechenden Methodenskizzen die zugrunde gelegte Geschichts- und Gesellschaftstheorie generell dargelegt: Strukturell wird der gesellschaftliche Formierungsprozeß aus den jeweiligen materiellen Produktions- und Reproduktionsbedingungen, d. h. der Produktionsweise, und davon ausgehend den Produktions- und Klassenverhältnissen, entwicklungstheoretisch aus dem Entstehen von Widersprüchen zwischen der Entwicklung der Produktivkräfte und den jeweils herrschenden Produktionsverhältnissen erklärt. Dadurch ergibt sich die Notwendigkeit der Ablösung einer ökonomischen Gesellschaftsformation durch die andere, wobei der Klassenkampf die letzte treibende Kraft gesamtgesellschaftlicher Veränderung, die Vermittlung der naturgeschichtlich getreu zu erfassenden Veränderungen in der ökonomischen Basis zur daraus folgenden Umwälzung in den politischen, ideologischen, rechtlichen und kulturellen Verhältnissen des »Überbaus« ist. Die entsprechenden genetischen Begriffe sind »progressive Epochen der ökonomischen Gesellschaftsformation« bzw. »Epochen sozialer Revolution«, mit denen die wichtigsten innovativen Schübe, nicht aber die gesamte Formationsgeschichte erfaßt werden sollen.[38]

Diese ökonomisch-theoretische Disposition der reifsten Form (Totalität) bedeutet historisch, daß die europäische Formationsgeschichte bei der Kapitalismusanalyse zunächst Priorität hat. Es geht um die Genesis des englischen (und dann kontinentaleuropäischen) Kapitalismus aus der Auflösung des in Europa entwickelten Feudalismus und der bereits in dessen Spätformen fortschreitenden Verbindung von Markt und Produktion, d. h. um den Vorgang der »ursprünglichen Akkumulation des Kapitals«.[39] Die moderne Transformation ist der Stufengang der Warenwirtschaft von vielfältigen Formen der Kleinproduktion in Stadt und Land über die Manufaktur zur großen Industrie in West- und Mitteleuropa. Er wird zugleich als Auflösungsprozeß der unmittelbaren Bindung der Produzenten an die Produktionsmittel, an stabile Gemeinschaften und an persönliche Abhängigkeits- (Herrschafts- und Knechtschafts-) Verhältnisse erfaßt. Das impliziert historisch-retrospektiv die Unterscheidung und den Gegensatz der modernen kapitalistischen Produktionsweise zu den »Formen, die der kapitalistischen Produktion vorhergehen«.[40]

In diesem Zusammenhang werden ursprüngliche (asiatische), antike und feudale Formen nach der jeweiligen Beziehung der Produzenten zu Grund und Boden, Vieh und Inventar und zueinander in der jeweiligen Organisation der Gemeinwesen untersucht. Es sind dies mögliche Dominanten in früheren Gesellschaften ebenso wie historische Mischformen, vielfältige Ausgangslagen und dann auch modifizierende Umstände der modernen kapitalistischen Transformation. Der vielzitierte und umstrittene Satz: »In großen Umrissen können asiatische, antike, feudale und modern bürgerliche Produktionsweisen als progressive Epochen der ökonomischen Gesellschaftsformation bezeichnet werden«[41], gibt eine ungefähre historische Skizze des Ablaufs dieser Entwicklung anhand der bekannten Epochen der mediterran-okzidentalen Geschichte, bevor die Methodenskizze mit der Feststellung abschließt, daß die bürgerliche Gesellschaft die letzte antagonistische ist und mit ihr die »Vorgeschichte der Menschheit« abschließt.[42] Ein universales Schema einer bestimmten Formationsfolge oder eines überall gültigen Strukturmodells lag nicht in dieser Intention. Im Gegenteil, bekanntlich warnte Marx energisch davor, seine Theorie als »Universalschlüssel« für jede einzelne konkrete historische Entwicklung benutzen zu wollen.[43]

Auch strukturell wird eine Vielfalt von Basis-Überbau-Vermittlungen, d. h. Wechselbeziehungen ökonomischer, sozialer und politischer Verhältnisse, vorausgesetzt, wenn auch wegen der ökonomisch-theoretischen Präferenz nur andeutungsweise beschrieben. Schon im Vergleich der britischen und kontinentalen Vorformen des Kapitalismus wird deutlich, daß der konkrete klassische Fall nicht mit der gesamten Transformation identisch ist und sich die ungeheure Bandbreite möglicher Entstehungs- und Entwicklungsformen jeder Schematisierung entzieht. Marx' Ansatz ist somit in historischer und systematischer Hinsicht prinzipiell durchaus offen für die kritische Einbeziehung und theoretische Verallgemeinerung neuer Entwicklungen und Erkenntnisse (auch aus anderen Wissenschaftsdisziplinen), womit er sich – auch auf Kosten der Vollendung seines Hauptwerks – zeitlebens immer wieder neu auseinandersetzte.[44]

Wissenschaftsgeschichtlich wichtig ist, daß Formationstheorie und -analyse an Elemente der Wissenschaftsentwicklung in der Aufklärung anknüpften, die im deutschen Historismus negiert oder jedenfalls marginalisiert wurden: Gesetzeserkenntnis in Natur- und Sozial- bzw. Geschichtswissenschaften, Verbindung und Kompatibilität von Natur- und Menschengeschichte bzw. der damit befaßten Wissenschaften, möglichst enzyklopädischer Einsatz des gesamten Wissens auch in sozial- und geschichtswissenschaftlichen Spezialforschungen.[45] Marx' Wissenschaftssprache, gerade auch in seinen Theorie- und Methodenzusammenfassungen, ist durchsetzt mit Metaphern aus der Physik (Kräfte, Triebkräfte), Chemie (Äther, spezifisches Gewicht), Biologie und Medizin (Organismus, Anatomie: die Anatomie der bürgerlichen Gesellschaft ist der Schlüssel zu allen früheren Gesellschaften, insgesamt Analogien zur Darwinschen Evolutionstheorie), Geologie (Formationsschichten als Vorbild für die Gleichzeitigkeit des Ungleichzeitigen in der Formationsgeschichte) usw.[46]

4. Das Spätwerk: Ansätze einer multiversalen Theorie der Formationsgeschichte und »Dialektik des Kommunismus«

Marx erweitert und relativiert im weiteren Forschungsweg nach 1867, als der erste Band von *Das Kapital* erschien, die Geschichtstheorie des historischen Materialismus sowohl von der Ausdehnung der historischen Studien als auch in der Interdisziplinarität der Ansätze. Zum einen betrifft das die weitere Entwicklung des Kapitalismus angesichts neuer Entwicklungen in Rußland, den USA, auf dem europäischen Kontinent (besonders in Deutschland), aber auch durch die weltweite Expansion. Noch wichtiger waren aber zum anderen Studien zur Urgesellschaft. Seit Mitte der 1870er und vor allem um die Wende zu den 1880er Jahren erhalten die ursprünglichen Gemeinwesen (Urgemeinden) angesichts neuer ethnologischer und vorgeschichtlicher Forschungsergebnisse (u.a. Bachofen, v. Maurer, Kovalevskij[47] und vor allem Morgan) wie auch unmittelbarer Untersuchungen der Verhältnisse in den britischen und niederländischen Kolonien die Bedeutung der primären Formation zwischen Hominisation und Zivilisation.[48] Marx ist zu einer Synthese seiner Forschungen nicht mehr gekommen. Engels setzte sie – eingeschränkt wiederum auf die mediterran-okzidentale Entwicklung und daher später oft einseitig interpretiert – im *Ursprung der Familie, des Privateigentums und des Staats* (1884) fort.[49] Der viel umfassendere Ansatz von Marx wird am deutlichsten in den Entwürfen zu einem Brief an die russische Revolutionärin Vera Sassulitsch expliziert, wo es um historischen Ort und Perspektiven der russischen Dorfgemeinde geht.[50]

Die Urgesellschaft erschien nicht nur als selbständige Formierungsstufe. Vielmehr kommen urgesellschaftliche Formen des Gemeinwesens auch als Schichtungen in späteren Zivilisationen in den Blick, die wie die antagonistischen Strukturen vorkapitalistischer Entwicklungen bis in die Neuzeit hineinreichen. Wie der Feudalismus in Europa, sind sie in den Kolonialreichen weitverbreitete Ausgangs- und Begleitumstände des weltweit vordringenden Kapitalismus und seiner Penetration außereuropäischer Kulturen, wie sie Marx schon in den 1850er Jahren am Beispiel Indiens zu studieren begonnen hatte.[51] Außerdem analysierte Marx Spätformen der urgesellschaftlichen Territorialgemeinde mit Übergängen zur Privateigentumsordnung auch als mögliche Grundlage von Herrschaftsverhältnissen in antagonistischen Hochkulturen bis hin zum neuzeitlichen Rußland. In dieser Perspektive wird »asiatische Produktionsweise« auch zum gesamtgesellschaftlichen Formierungs- und Strukturbegriff.

Das wichtigste Resultat der neuen gesamtgeschichtlichen Integration der Urgesellschaften war, daß die europäische Formationsgeschichte dadurch als – wenn auch weiterhin genetisch charakteristischer – Sonderfall des allgemeinen Formationsprozesses menschlicher Kultur und Gesellschaft erschien und ihr Verhältnis zu diesem das entscheidende neue Problem für den Marxschen Ansatz wurde. Daraus folgte eine veränderte diachrone und synchrone Betrachtung des gesamten Formationsprozesses.

Auf diese Weise erhält in den fragmentarischen Randglossen zu Exzerpten und Bemerkungen von Marx in seinen letzten Lebensjahren die moderne kapitalistische Formation insgesamt einen veränderten Platz in der Formationsgeschichte. Neben die theoretische Analyse einer bestimmten Formationsstruktur, wie sie in Europa und Nordamerika Systemcharakter (Totalität) angenommen hatte, tritt zunehmend der differenzierende Blick auf die Umstände der weltweiten, alle Kulturen erfassenden Umwälzung, die der expandierende Kapitalismus auslöst. Zugleich ergeben sich vertiefte Einsichten in die Heterogenität und künftige Vielfalt der modernen Transformation. Deren Ausdehnung über alle Kontinente implizierte vor allem das Problem von »Zentrum« und »Peripherie« und seine Konsequenzen für Bedingungen, Fristen und Chancen der modernen sozialen Revolution, wobei beides weniger räumlich als strukturell, im Vergleich des erreichten Entwicklungsniveaus, aufzufassen ist: zunächst im Vergleich der englischen und kontinentalen Entwicklung, dann in bezug auf die kolonial unterdrückten Völker und schließlich vor allem im Zusammenhang mit den Aussichten einer revolutionären Bewegung in Rußland.

Die globale Formationsgeschichte wurde jetzt nach großen übergreifenden Grundtypen gegliedert, die sich nach gemeinschaftlicher oder privater Aneignungsform unterschieden: Urgemeinschaften mit gentiler Struktur oder kollektivem Grundeigentum, patriarchalische Herrschafts- und Knechtschaftsverhältnisse mit individuellem oder kollektivem Privateigentum besonders an Grund und Boden (bei kontrovers gebliebener Ein- und Zuordnung der altorientalischen Gesellschaften, der Antike und des Feudalismus[52]), kapitalistische und in der Prognose nach deren Überwindung modern kommunistische Gesellschaften.[53]

Was die historische Perspektive moderner Gesellschaften betrifft, so verstärkte diese Theorieentwicklung die inneren Widersprüche des Konzepts. Einerseits wird es offener für eine Vielfalt von Entwicklungen und unterschiedliche Theorieansätze mit interdisziplinärem Zuschnitt. Andererseits steigerten diese Ansätze, gerade was die archaischen Gesellschaftsformen und ihre Fortexistenz betrifft, auch die utopischen Züge, indem die Kritik an Privateigentums- und Klassengesellschaften mit historischer Fundierung zugleich eine Zukunftsprojektion erhielt.[54]

5. Marx im Geschichtsdiskurs und in der Entwicklung der historischen Wissenschaften. Probleme der Zuordnung

Versuchen wir abschließend eine Verortung von Marx' »historischem Materialismus« im 19. Jahrhundert als »Epoche der Historisierung«, so zeichnet sich dieser zunächst durch die Verknüpfung von allgemeiner Theoriebildung und Historisierung einer »sozialen Wissenschaft« aus. Gemessen an späterer disziplinärer Ausdifferenzierung entwickelte Marx einen ökonomisch und mit allgemeiner Gesellschaftstheorie begründeten gesellschaftsgeschichtlichen Ansatz, nach der Marxschen Begrifflichkeit die Synthese einer sozialökonomischen Formationsgeschichte. Damit trug er wesentlich zur wechselseitigen Historisierung von Gesellschaftstheorien und der damals führenden systematischen Grundlagendisziplin Ökonomie einerseits und der Theoretisierung historischer Forschung andererseits bei, die – im interdisziplinären Vergleich gesehen – eine wichtige Tendenz der Wissenschaftsentwicklung im 19. Jahrhundert war, und dies auch in Deutschland, wenn man nicht nur das interne Paradigma der Universitätszunft im Blick hat.[55]

Der Marxismus gehörte somit in der kognitiven Struktur und der soziokulturellen Funktionszuweisung historischer Erkenntnis durchaus zu den typischen Optionen modernen Geschichts- und Gesellschaftsdenkens – und zwar in der grundsätzlichen Orientierung auf wissenschaftliche Theoriebildung mit empirischem Geltungsanspruch und in praktisch eingreifender Absicht. Darin waren alle wesentlichen Wissenschaftsrichtungen des 19. Jahrhunderts ziemlich unbefangen. Durch seinen Versuch der Synthese von Geschichts- und Gesellschaftswissenschaft hat Marx – wie immer er heute eingeordnet werden mag – anhaltende wissenschaftsgeschichtliche Wirkung auf alle sozial-, struktur- und systemgeschichtlichen Richtungen der modernen Historiographie ausgeübt, konnte sein Ansatz später selbst als eine der wichtigsten Modernisierungstheorien rezipiert werden.[56]

Die besondere Eigenart der Marxschen und noch mehr der späteren »marxistischen« Versionen dieser Verknüpfung war jedoch, daß die praktische Zukunftsvorstellung direkt aus komplexer Sozial- und Geschichtswissenschaft begründet und auf diese Weise als praktisch notwendig, als »Naturgesetz« der realen Gesellschaftsentwicklung, d. h. als objektiv gültig, »aus der Sache selbst« unvermeidlich folgend vorgegeben wurde: Spekulative Geschichtsphilosophie sollte durch Wissenschaft von der Geschichte positiv überwunden, d. h. das utopische Element des Entwurfs durch wissenschaftliche Forschung gewissermaßen schon als immanente Realität des Bestehenden (des Kapitalismus) nachgewiesen und als Utopie aufgehoben werden.

Im *Manifest der Kommunistischen Partei* (1848) beschrieben Marx und Engels – damals noch in der Hypothesenphase der Formationstheorie – den *modernen* Umwälzungsprozeß als die Aufstiegs- und Erfolgsgeschichte zuerst der Bourgeoisie, die alle traditionalen Bindungen auflöst und die Klassenspaltung auf die Spitze treibt, und dann der Arbeiterklasse.[57] Diese ist aufgrund ihrer Stellung in der modernsten gesellschaftlichen Produktion, d. h. durch die Verbindung mit der großen Industrie und die Trennung von allen Besitzverhältnissen außer der Verfügung über die eigene Arbeitskraft, objektiv daran interessiert, den bestehenden Zustand durch die Bewegung des und zum Kommunismus progressiv aufzuheben. Es ist die Aufgabe der Kommunisten, sie über diese Lage aufzuklären und zur sozialen Aktion zu mobilisieren.[58]

Hier entspringt ein innerer Widerspruch bei Marx selbst, der nicht nur für die Funktion von Geschichte, sondern von Wissenschaft in der Moderne überhaupt wesentlich ist: Theorie sollte einerseits lediglich als heuristisches Prinzip jenseits jeder Art des Zurechtstutzens der Fakten und wohlverstanden nicht als Universalschlüssel zur einmal vorgegebenen Erklärung aller möglichen historischen Verhältnisse und Handlungen dienen.[59] Sie sollte gerade im entschiedenen Gegensatz zu spekulativer Philosophie lediglich Abstraktionen umfassen, die »für sich, getrennt von der wirklichen Geschichte, durchaus keinen Wert« besitzen und nur »dazu dienen, die Ordnung des geschichtlichen Materials zu erleichtern, die Reihenfolge seiner einzelnen Schichten anzudeuten«.[60]

Durch das ganze Werk von Marx zieht sich andererseits die Spannung zwischen dieser für vielfältige Forschungszwecke vorbildlich praktizierten pluralen Heuristik und dem objektiven Geltungsanspruch als *einzig richtige* Theorie für *notwendiges* Handeln einer *per se progressiven Klasse*. Das sollte später folgenschwere Konsequenzen in den vielfältigen Versuchen konzeptioneller Zusammenfassung der Marxschen Forschungsergebnisse bis hin zur dogmatischen Sanktionierung als quasireligiöse säkular-historische Weltanschauung haben.[61] Man muß nicht der postmodernen Radikalkritik folgen, die darin die Steigerung der »monologischen« Großerzählungen der Moderne und ihrer repressiven Konsequenzen sieht[62], um festzustellen, daß Marx mit diesen Widersprüchen von Originalwerk und Rezeption eine innere unaufhebbare Spannung des gesamten modernen Geschichtsdiskurses zum Ausdruck bringt.

Damit stand die Marxsche historische Methode auch in schroffem Gegensatz zur etablierten Geschichtsforschung und Universitätsgeschichtsschreibung vor allem in Deutschland. Aber diesen Gegensatz entwickelte Marx nicht in einem Diskurs, der unmittelbar auf den klassischen Historismus und auf die großen Repräsentanten der deutschen Historikerzunft Bezug nahm – mit deren führenden Vertretern hat er sich nur im Kontext von Sachfragen auseinandergesetzt, so mit Theodor Mommsen wegen seines Analogiekonzepts der antiken römischen und der modern bürgerlichen Gesellschaft.[63] Mit der Bedeutung der Rezeption der französischen Revolutionsgeschichtsschreibung, vor allem Guizots, ist dies jedenfalls nicht zu vergleichen.

Die fehlende Kommunikation mit den Grundlagendebatten der bürgerlichen Historiographie in Deutschland hat jedoch noch tiefere Gründe. Die Kernstücke des Marxschen Werkes waren nicht historiographischer Natur im damals professionellen Sinne, zumal ihm ja auch die Archive verschlossen blieben. *Das Kapital* ist ein Muster systematisch-theoretischer Disposition; Narrationen haben im letztlich vorgelegten Text nur sekundäre, stofflich exemplifizierende Funktion und ergänzen die Rekonstruktion des kapitalistischen Systems, wie oben skizziert, durch unterschiedliche Dimensionen seiner Vorgeschichte. Zweifellos hat Marx aber dennoch mit seinen wichtigen zeitgeschichtlichen Schriften wie *Die Klassenkämpfe in Frankreich 1848–50* (1850), *Der achtzehnte Brumaire des Louis Bonaparte* (1851/52) und *Der Bürgerkrieg in Frankreich* (1871) glänzende Beispiele literarisch anspruchsvoller Geschichtspublizistik geliefert, wie sie dem marktorientierten Betrieb der Geschichtsschreibung in der britischen und französischen Öffentlichkeit allerdings weit mehr entsprach als dem deutschen professionellen Universitätsfach Geschichte.[64] In ähnlicher Weise gilt das für die Marx' Ansätze fortsetzenden und zusammenfassenden historischen Arbeiten von Friedrich Engels.[65] Die literarische Seite der Marxschen Historiographie hat nicht zufällig Hayden White zu einer exemplarischen Behandlung von Marx im System seiner Tropologie angeregt.[66]

Fassen wir zusammen: Die Verwissenschaftlichung der Geschichte ist im 19. Jahrhundert mit beiden Alternativen – sowohl der Abgrenzung von als auch der Verbindung mit allgemeiner Theorie und Philosophie – begründet worden. Für den radikalsten Versuch praktisch eingreifender Theorie über Geschichte und Gesellschaft mit empirisch-historischer Geltungssicherung steht das Werk von Marx, das gerade deshalb in der Entwicklung der Geschichte als Wissenschaft einen zugleich innovativen und extrem polariserenden Impuls darstellt. Daher konnte sein Konzept substantiell entweder als die eigentliche und einzig richtige Verwissenschaftlichung des Geschichtsdenkens oder als direkte Kontraposition zu entscheidenden Grundprinzipien moderner Geschichtswissenschaft erscheinen. Wird diese generell und besonders im 19. Jahrhundert im wesentlichen als fortschreitende Emanzipation des Historischen von Geschichtsphilosophie, »exakten« Naturwissenschaften und systematischen Sozialwissenschaften, vor allem aber von den Bindungen an Geschichtsphilosophie wie auch überhaupt allgemeine Theorien von Gesellschaft und Kultur betrachtet, so wird der Marxismus schon in seiner Entstehungszeit – konsequent zu Ende gedacht – zum Relikt eines Geschichtsdenkens, das der Historismus bereits überwunden hatte und dessen Wiederbelebung schon nicht mehr den weiteren allgemeinen wissenschaftsgeschichtlichen Entwicklungen entsprach. Aber dann fielen auch die weitverbreitete positivistische Geschichtswissenschaft und alle Ansätze einer historischen Struktur- und Gesellschaftsanalyse aus dem Spektrum der eigentlichen historischen Wissenschaft heraus.[67]

Die vorstehende Skizze einer »Kontextualisierung« des Marxschen Werks weist seinen Ansatz jedoch gerade als konstitutiv für Grundelemente der Modernität des Geschichtsdenkens und der darin enthaltenen Verbindung von wissenschaftlicher Geltung und praktischer Funktion eines jeden Betriebs forschender Erzeugung und darstellender (narrativer) Repräsentation historischen Wissens aus. Daß er dadurch besonders und bis heute anhaltend umstritten ist, gereicht eher zum Beweis als zur Gegenargumentation für diese These. Diese Annahme geht davon aus, daß die Gründe für praktisch eingreifende Theorieentwürfe (einschließlich utopischer Konsequenzen) und für Erkenntniskritik und reflexive Selbstbescheidung der Wissenschaft in der modernen Kultur zu deren Grundspannungen gehören, die sich in der Entwicklung des modernen Geschichtsdenkens daher auch immer wieder jeweils aus bestimmten lebensweltlichen Situationen reproduzieren. Sie sind im Historisierungsprozeß von »Wissenschaft und Leben« im 19. Jahrhundert beide angelegt.

Anmerkungen

1 Vgl. »Vorwort der Herausgeber«, in: Wolfgang Küttler/Jörn Rüsen/Ernst Schulin (Hg.), *Geschichtsdiskurs*, Bd. 1: *Grundlagen und Methoden der Historiographiegeschichte*, Frankfurt/M. 1993, S. 11–13.

2 Vgl. Wolfgang Fritz Haug, *Pluraler Marxismus. Beiträge zur politischen Kultur*, 3 Bde., Berlin 1985/86.

3 Ausführlicher dazu Wolfgang Küttler, »Marxistische Geschichtswissenschaft heute«, in: Ilko-Sascha Kowalczuk (Hg.), *Paradigmen deutscher Geschichtswissenschaft. Ringvorlesung an der Humboldt-Universität zu Berlin*, Berlin 1994, S. 211–235, bes. S. 216ff.

4 Vgl. die Beiträge von Ulrich Muhlack, Jörn Rüsen und Georg Iggers in diesem Band sowie Teil I: »Hypothesen zur Modernisierung«, in: Wolfgang Küttler/Jörn Rüsen/Ernst Schulin (Hg.), *Geschichtsdiskurs*, Bd. 2: *Anfänge modernen historischen Denkens*, Frankfurt/M. 1994, S. 17–91.

5 Vgl. Pietro Rossi (Hg.), *Theorie der modernen Geschichtsschreibung*, Frankfurt/M. 1987; Konrad H. Jarausch/Jörn Rüsen/Hans Schleier (Hg.), *Geschichtswissenschaft vor 2000. Perspektiven der Historiographiegeschichte, Geschichtstheorie, Sozial- und Kulturgeschichte (Festschrift für Georg G. Iggers zum 65. Geburtstag)*, Hagen 1991.

6 Vgl. Georg G. Iggers, *Geschichtswissenschaft im 20. Jahrhundert. Ein kritischer Überblick im internationalen Zusammenhang*, Göttingen 1993, S. 63ff.

7 Vgl. Jörn Rüsen, *Historische Orientierung. Über die Arbeit des Geschichtsbewußtseins, sich in der Zeit zurechtzufinden*, Köln 1994, bes. Teil I: »Fundamente und Dimensionen historischer Sinnbildung«, S. 1–67.

8 Vgl. Friedrich Engels, »Deutsche Zustände I-III« (Briefe an die Redaktion *The Northern Star*, 1845), in: *MEW*, Bd. 2, S. 564–584. – Die Quellentexte werden zitiert nach: Karl Marx/Friedrich Engels, *Werke*, Berlin 1956ff. [= *MEW*], und dies., *Gesamtausgabe*, Abt. I-IV, Berlin 1975ff. [= *MEGA*]; die Zitate werden in der modernisierten Schreibweise der *MEW* wiedergegeben.

9 Friedrich Engels, *Die Lage der arbeitenden Klasse in England* (1845), in: *MEW*, Bd. 2, S. 229–506.

10 Vgl. ihre Schriften bis 1843, in: *MEGA*, I, Bde. 1–3.

11 Vgl. Ernst Schulin, »Die Epochenschwelle zwischen Aufklärung und Historismus«, in diesem Band, S. 17–26; allgemein Jürgen Kocka, *Bürger und Bürgerlichkeit im 19. Jahrhundert*, Göttingen 1987.

12 Das illustrieren die Beiträge des Bandes: Helmut Bock/Renate Plöse (Hg.), *Aufbruch in die Bürgerwelt. Lebensbilder aus Vormärz und Biedermeier*, Münster 1994, vgl. bes. Helmut Bock, »Vorrede«, S. 13ff.

13 Vgl. in kritischer Rückschau Friedrich Engels, »Einleitung zu Karl Marx' ›Klassenkämpfe in Frankreich 1848–1850‹« (1895), in: *MEW*, Bd. 22, S. 509–527, hier S. 509–517.

14 Karl Marx, »Differenz der demokritischen und epikureischen Naturphilosophie nebst einem Anhange« (1840/41), in: *MEGA*, I, 1, S. 5–91.

15 Vgl. Peter Hanns Reill, »Die Historisierung von Natur und Mensch. Der Zusammenhang von Naturwissenschaften und historischem Denken im Entstehungsprozeß der modernen Naturwissenschaften«, in: Küttler/Rüsen/Schulin, *Geschichtsdiskurs* 2 (wie Anm. 4), S. 48–61, und ders., »Aufklärung und Historismus: Bruch oder Kontinuität?«, in: Otto Gerhard Oexle/Jörn Rüsen (Hg.), *Historismus in den Kulturwissenschaften. Geschichtskonzepte, historische Einschätzungen, Grundlagenprobleme*, Köln/Weimar/Wien 1996, S. 45–68.

16 Für Marx und sein Umfeld vgl. Hans-Peter Jaeck, *Die französische bürgerliche Revolution von 1789 im Frühwerk von Karl Marx (1843–1846)*, Berlin 1979, bes. S. 1ff., 17ff. u. 36ff.

17 Vgl. Klaus Christian Köhnke, *Entstehung und Aufstieg des Neukantianismus. Die deutsche Universitätsphilosophie zwischen Idealismus und Positivismus*, Frankfurt/M. 1993, bes. Teil I, S. 23ff.

18 Vgl. Jacques Grandjonc, *Communisme/Kommunismus/Communism. Origine et développement international de la terminologie communautaire prémarxiste des utopistes aux néo-babouvistes 1785–1842*, 2 Bde. *(Schriften aus dem Karl-Marx-Haus 39/1–2)*, Trier 1989.

19 Vgl. Teil IV: »Paradigmen der Aufklärung«, in: Küttler/Rüsen/Schulin, *Geschichtsdiskurs 2* (wie Anm. 4), S. 219–291.

20 Aus der DDR-Literatur wäre hier vor allem zu verweisen auf Wolfgang Förster (Hg.), *Studien zur Vorgeschichte des historischen Materialismus*, Bd. I: *Bürgerliche Revolution und Sozialtheorie;* Bd. II: *Gesellschaftslehren der klassischen bürgerlichen deutschen Philosophie*, Berlin 1982/83.

21 Vgl. Karl Marx, *Ökonomisch-philosophische Manuskripte* (1844), in: *MEGA*, I, 2, S. 187–438, bes. S. 234ff. u. 365ff.

22 Karl Marx, *Zur Kritik der Hegelschen Rechtsphilosophie* (1844), in: *MEGA*, I, 2, S. 3–137, bes. S. 58ff.; ders., »Zur Judenfrage« (1843), in: ebd., S. 141–169.

23 »Thesen über Feuerbach« (1845), in: *MEW*, Bd. 3, S. 5–7, hier S. 7.

24 Dazu ausführlich, wenn auch heute in mancher Hinsicht überholt: Ernst Engelberg/Wolfgang Küttler (Hg.), *Formationstheorie und Geschichte. Studien zur historischen Analyse von Gesellschaftsformationen im Werk von Marx, Engels und Lenin*, Berlin 1978. Zur kritischen Einordnung: Wolfgang Küttler, »Geschichtstheorie und -methodologie in der DDR«, in: *Zeitschrift für Geschichtswissenschaft* 42 (1994), H. 1, S. 8–20.

25 Vgl. die gründliche theoriegeschichtliche Analyse von Hans-Peter Jaeck, »Geschichtswissenschaftliche Erklärungen, Erklärungsprobleme und die Marxsche Theorie der historischen Formierung der Gesellschaft«, in: Wolfgang Küttler (Hg.), *Gesellschaftstheorie und geschichtswissenschaftliche Erklärung*, Berlin 1985, S. 237–288.

26 *MEW*, Bd. 3, S. 36; vgl. auch ebd., S. 20ff., 50ff. u. 71, sowie etwa zeitgleich Marx an P. W. Annenkow v. 28.12.1846, in: *MEW*, Bd. 27, S. 451ff. (*MEGA*, III, 2, S. 70ff.).

27 Ausführlich dazu Hans-Peter Jaeck, »Die materialistische Erklärung des gesellschaftlichen Formationsprozesses«, in: Engelberg/Küttler, *Formationstheorie* (wie Anm. 24), S. 19–90.

28 Karl Marx/Friedrich Engels, *Die deutsche Ideologie* (1845/46), in: *MEW*, Bd. 3, S. 27.

29 Ebd., S. 18ff.

30 Ebd., S. 20 u. 21ff.

31 Ebd., S. 21ff.; vgl. später *Das Kapital*, Bd. 3, in: *MEW*, Bd. 25, S. 890f.

32 Karl Marx, *Der achtzehnte Brumaire des Louis Bonaparte* (1851/52), in: *MEW*, Bd. 8, S. 115–207, hier S. 115 (*MEGA*, I, 11, S. 96–189, hier S. 96f.).

33 Dazu ausführlich Hans-Peter Jaeck, *Genesis und Notwendigkeit. Studien zur Marxschen Methodik der historischen Erklärung (1845/46–1859)*, Berlin 1988, S. 119ff.

34 Marx, *Der achtzehnte Brumaire* (wie Anm. 32), S. 116–119 (*MEGA*, I, 11, S. 97–101).

35 Vgl. Vorwort zur 1. u. Nachwort zur 2. Aufl. von *Das Kapital*, in: *MEW*, Bd. 23, S. 11–28 (*MEGA*, II, 6, S. 65–68 u. 700–710) sowie den Abschnitt »Methode der politischen Ökonomie« in der Einleitung zu den *Grundrissen der Kritik der politischen Ökonomie* (1857/58), in: *MEW*, Bd. 42, S. 19–45, hier S. 34–42 (*MEGA*, II, 1, 1, S. 17–45, hier S. 35–43).

36 Vorwort »Zur Kritik der politischen Ökonomie« (1859), in: *MEW*, Bd. 13, S. 9

(*MEGA*, II, 2, S. 101), und *Das Kapital*, Bd. 1, in: *MEW*, Bd. 23, S. 791 (*MEGA*, II, 5, S. 609f.; 2. Aufl. II, 6, S. 683), mit direktem Hinweis auf die entsprechende Prognose im *Kommunistischen Manifest* (*MEW*, Bd. 3, S. 472 u. 474).

37 Vgl. neben zahlreichen Stellen im Briefwechsel Engels' Vorworte zum 2. und 3. Band von *Das Kapital* (1893/94), in: *MEW*, Bd. 24, S. 7–26; Bd. 25, S. 7–30.

38 Die hier wiedergegebene Methodenskizze im Vorwort »Zur Kritik der politischen Ökonomie« von 1859 (*MEW*, Bd. 13, S. 7–11; *MEGA*, II, 2, S. 99–103) entspricht ausführlicheren Darlegungen in der Einleitung zu den *Grundrissen der Kritik der politischen Ökonomie* von 1857/58 (*MEGA*, II, 1, 1, S. 21ff. u. 43ff.); die Hauptinhalte finden sich auch in *Lohnarbeit und Kapital* (1849), in: *MEW*, Bd. 6, S. 408.

39 Karl Marx, *Das Kapital*, Bd. 1 (1867), Kap. 24, in: *MEW*, Bd. 23, S. 741–791 (*MEGA*, II, 6, S. 644–683, und die teilweise abweichende französische Ausgabe, *MEGA*, II, 7, Kap. 26–30, S. 631–679).

40 Marx, *Grundrisse*, in: *MEGA*, II, 1, S. 379ff.

41 *MEW*, Bd. 13, S. 9; *MEGA*, II, 2, S. 101; 1849 noch ohne »asiatische« Form (*MEW*, Bd. 6, S. 408).

42 Zur Werk- und Rezeptionszuordnung vgl. Jaeck, *Genesis und Notwendigkeit* (wie Anm. 33), S. 210ff., bes. S. 217f.

43 Karl Marx, »Brief an die Redaktion der *Otetschestwennyje Sapiski*«, in: *MEW*, Bd. 19, S. 111f. (*MEGA*, I, 25, S. 116f., französ. Original).

44 Vgl. Friedrich Engels, Vorwort zum 2. Band des *Kapitals*, in: *MEW*, Bd. 24, S. 11–13.

45 Vgl. die m. E. weiterhin aktuelle Zusammenfassung von Hans Schleier, *Geschichte der Geschichtswissenschaft. Grundlinien der bürgerlichen deutschen Geschichtsschreibung und Geschichtstheorien vor 1945*, 2. überarb. Aufl. Potsdam 1988, S. 127ff.

46 Vgl. vor allem die Einleitung zu den *Grundrissen* (wie Anm. 35).

47 Vgl. Hans-Peter Harstick, *Karl Marx über Formen vorkapitalistischer Produktion*, Frankfurt/New York 1977, bes. Einführung u. Einleitung des Hg., S. XIII-XLVIII u. S. 2–21.

48 Vgl. *The Ethnological Notebooks of Karl Marx (Studies of Morgan, Phear, Maine, Lubbock)*, transcribed and edited, with an Introduction by Lawrence Krader, Assen 1972.

49 *MEW*, Bd. 21, über das werkgeschichtliche Verhältnis zu Marx' »Vermächtnis« bes. das Vorwort zur 1. Aufl., S. 27–29.

50 *MEW*, Bd. 19, S. 384–306, der nur sehr kurze abgesandte Brief v. 8. 3. 1881 ebd., S. 242f.; der französ. Originaltext in: *MEGA*, I, 25, S. 219–239 u. 240–242, Kommentar S. 823–920.

51 Vgl. bes. Karl Marx, »Die britische Herrschaft in Indien« (1853), in: *MEW*, Bd. 9, S. 127–133 (engl. Orig. in: *MEGA*, I, 12, S. 166–173).

52 Vgl. Klaus Naumann, *Probleme antiker Gesellschaftsformation. Wissenschaftsgeschichtliche Studien zur Geschichtsmethodologie*, Budapest 1984.

53 Zum Vorstehenden ausführlich Wolfgang Küttler, »Der gesellschaftliche Formationsprozeß als Dialektik von Gemeineigentum und Privateigentum«, in: Engelberg/Küttler, *Formationstheorie* (wie Anm. 24), S. 227–292, bes. S. 254–292.

54 Dieser Gedanke ist in allen drei Briefentwürfen an Vera Sassulitsch enthalten

(*MEW*, Bd. 19, S. 386ff.); vgl. auch den Schlußabschnitt »Barbarei und Zivilisation« in Engels' *Der Ursprung der Familie, des Privateigenthums und des Staats* (1884), in: *MEW*, Bd. 21, S. 152–173.

55 Vgl. – von der Debatte über das Historismusproblem im Verhältnis zur Aufklärung her – Teil I: »Hypothesen zur Modernisierung«, in: *Geschichtsdiskurs 2* (wie Anm. 4).

56 Vgl. Hans-Ulrich Wehler, *Modernisierungstheorie und Geschichte*, Göttingen 1975, bes. S. 51ff.

57 *MEW*, Bd. 4, S. 462–474.

58 Ebd., S. 474ff.

59 *MEW*, Bd. 19, S. 111 u. 241f.

60 Marx/Engels, *Deutsche Ideologie*, in: *MEW*, Bd. 3, S. 27.

61 Vgl. Helmut Fleischer, *Epochenphänomen Marxismus*, Hannover 1993, bes. S. 69ff. u. 282ff.

62 Vgl. Jean-François Lyotard, »Beantwortung der Frage: Was ist postmodern? (15. Mai 1982)«, in: *Postmoderne und Dekonstruktion. Texte französischer Philosophen der Gegenwart*, mit einer Einführung hg. v. Peter Engelmann, Stuttgart 1990, S. 33–48, bes. S. 48; ders., »Randbemerkungen zu den Erzählungen (6. Februar 1984)«, in: ebd., S. 49–53.

63 Vgl. Karl Marx, *Das Kapital*, Bd. 1, in: *MEGA*, II, 6, S. 184 u. 186. Eine genauere Untersuchung der Rezeption wichtiger zeitgenössischer Historiker steht noch aus.

64 Vgl. Lutz Raphael, »Epochen der französischen Geschichtsschreibung«, und Jürgen Osterhammel, »Epochen der britischen Geschichtsschreibung«, in: Küttler/Rüsen/Schulin, *Geschichtsdiskurs 1* (wie Anm. 1), S. 101–132 und S. 157–188, sowie Eckhardt Fuchs, »Positivistischer Szientismus in vergleichender Perspektive«, in diesem Band, S. 396–423.

65 Vgl. dazu Engelberg/Küttler, *Formationstheorie* (wie Anm. 24), Kap. V, S. 293ff.

66 Vgl. Hayden White, *Metahistory. Die historische Einbildungskraft im 19. Jahrhundert in Europa*, Frankfurt/M. 1991 (amerikan. Erstausgabe 1973).

67 Vgl. Christian Simon, »Gesellschaftsgeschichte in der ersten Hälfte des 19. Jahrhunderts – Frankreich und Deutschland«, in diesem Band, S. 355–376, sowie Eckhardt Fuchs, *Henry Thomas Buckle. Geschichtsschreibung und Positivismus in England und Deutschland*, Leipzig 1994, bes. Teil II, S. 243ff.

ECKHARDT FUCHS

Positivistischer Szientismus in vergleichender Perspektive: Zum nomothetischen Wissenschaftsverständnis in der englischen, amerikanischen und deutschen Geschichtsschreibung

Historiographiehistoriker haben seit mehr als einem Jahrzehnt verstärkt Versuche unternommen, die Geschichte des deutschen Historismus in differenzierter Sicht neu zu bewerten. Trotz unterschiedlicher Auffassungen über das Wesen des Historismus als ein spezifisch deutsches Wissenschaftsparadigma wird mehrheitlich dessen Universalität und führende Rolle im Verwissenschaftlichungs- und Professionalisierungsprozeß der Geschichtsschreibung im 19. Jahrhundert hervorgehoben und sein hermeneutisches Wissenschaftsverständnis zur Leitformel der Disziplingenese erklärt. Obwohl vor allem anglo-amerikanische und französische Historiker unter dem Blickwinkel der internationalen Dimension der Verwissenschaftlichung der Geschichtsschreibung im letzten Jahrhundert wiederholt auf nichthistoristische Konzeptionen verwiesen haben, ist die Rolle des Positivismus als ein solches Wissenschaftsverständnis – im Unterschied zur umfangreichen Positivismusforschung in England und Frankreich[1] – in Deutschland bisher kaum Gegenstand der Historiographiegeschichtsforschung gewesen. Während die Dominanz positivistischen und evolutionistischen Denkens etwa in den Naturwissenschaften unumstritten zu sein scheint[2], sind – und das hat sich seit der Abhandlung Erich Rothackers nur unwesentlich geändert – »zu einer Geschichte des geisteswissenschaftlichen Positivismus ... noch nicht einmal Ansätze vorhanden«.[3]

In meinen Ausführungen gehe ich von drei Annahmen aus. Erstens räume ich dem »positivistischen Szientismus« eine maßgebliche Rolle – wenn auch in den drei Ländern durchaus in unterschiedlichem Maße – im Verwissenschaftlichungsprozeß der Geschichtsschreibung in der zweiten Hälfte des 19. Jahrhunderts ein. Obwohl der Positivismus nicht als ein direkter theoretisch-methodischer Gegenentwurf zum deutschen Historismus entstanden war, führte – insbesondere im Hinblick auf die deutschen Historiker – die Auseinandersetzung mit dessen nomothetischen Konzeptionen zur vollständigen Durchsetzung einer Geschichtswissenschaft als »verstehender Geisteswissenschaft« im letzten Drittel des vorigen Jahrhunderts, eine Entwicklung, die durch die zunehmende Ausgrenzung bestimmter Theorie- und Methodenpotentiale moderner historischer Forschung gekennzeichnet war. Im Unterschied zu dieser Ablehnung positivistisch-szientistischer Theoriekonzepte, die in theoretischer, methodischer Hinsicht und in bezug auf den Forschungsgegenstand auf eine strikte Trennung der Geschichtswissenschaft von anderen natur- und geisteswissenschaftlichen Disziplinen abzielte, blieb bis weit in das letzte Viertel des Jahrhunderts ein intellektueller »Zeitgeist« vorherrschend, der gerade im Zusammenwirken der unterschiedlichen Wissenschaftsgebiete ein allgemeines Bildungsideal sah.

Ein Blick über die nationalen Grenzen hinaus wirft zweitens die Frage nach der Vorbildrolle der historistischen Geschichtstheorie für den Verwissenschaftlichungsprozeß der Geschichte in anderen Ländern auf. In England und den USA scheint der deutsche Historismus in theoretischer Hinsicht eine wesentlich geringere Rolle gespielt zu haben, als bisher angenommen worden ist. Hier griffen Historiker häufig Theoriekonzepte und Untersuchungsgegenstände auf, die sie den natur- oder sozialwissenschaftlichen Nachbardisziplinen entlehnten. Die nomothetischen Geschichtsauffassungen einer »scientific history« haben so stets neben einer hermeneutischen Geschichtskonzeption bestanden.

Drittens ist der Lamprecht-Streit, dem in der historiographiegeschichtlichen Retrospektive über die Verwissenschaftlichung der historischen Disziplin zu Recht eine geradezu paradigmatische Rolle zugewiesen worden ist, bisher kaum in den Prozeß der generellen Wissenschaftsentwicklung in der zweiten Hälfte des vorigen Jahrhunderts, in die disziplinübergreifenden Debatten um einen allgemein verbindlichen Wissenschaftsbegriff eingeordnet worden. Insbesondere unter den Herausforderungen verschiedener, von den Naturwissenschaften beeinflußter Wissenschaftskonzeptionen spielte die Kontroverse um einen solchen Wissenschaftsbegriff auch in der Geschichtsschreibung seit der Jahrhundertmitte eine bedeutende Rolle. Nicht also in der Thematik der theoretisch-methodologischen Auseinandersetzungen, so meine These, sondern allein in seiner Schärfe und Hartnäckigkeit lag die Besonderheit des Lamprecht-Streites.

Im folgenden werde ich zunächst auf den Positivismusbegriff eingehen, dann kurz einige wissenschaftliche Rezeptionsstränge des Comteschen Positivismus skizzieren und mich anschließend ausgewählten Debatten innerhalb der Geschichtswissenschaften in England, Deutschland und den USA – vor allem bezogen auf die Rezeption des englischen Amateurhistorikers Henry Thomas Buckle – zuwenden. Da zu England und den USA umfassende Darstellungen über die Verbreitung des Positivismus vorliegen, wird Deutschland der größere Raum eingeräumt. Auf eine Einbeziehung des positivistischen Einflusses in der Philosophie sowie in anderen Kultur- und Sozialwissenschaften, des naturwissenschaftlichen als auch des »religiösen Positivismus« (Comtismus) muß hier allerdings verzichtet werden.

1. Überlegungen zum Begriff

Ohne daß im folgenden auf die Begriffsgeschichte des Positivismus detailliert eingegangen werden kann[4], bleibt festzuhalten, daß der Terminus »positif« durch Auguste Comte eine rezeptionsgeschichtlich bedeutsame Erweiterung über dessen bis dahin bekannte Begriffsbestimmung hinaus erfuhr. Comte hatte »positif« als »organisch, bestimmt, gewiß, nützlich und wirklich« definiert.[5] Die antispekulative Betonung des durch Erfahrung und Beobachtung erkennbaren empirischen Faktes und die Ablehnung der, so Comte, metaphysischen Erforschung vom Wesen und von den ersten Ursachen der Erscheinungen implizierten für ihn jedoch keinen Empirismus. Beobachtung ohne theoretische Voraussetzungen erklärte er für nutzlos. Jeder Beobachtung müsse eine Theorie a priori vorausgehen, die durch die gewonnene Erkenntnis verifiziert und modifiziert werde. Das Ziel der Wissenschaft bestünde einzig in der Aufdeckung von Gesetzen, deren Kenntnis eine Vorhersage der Erscheinungen ermögliche. Auf die Geschichte, bei Comte »soziale Dynamik« der Soziologie, angewandt, unterschied der französische Philosoph zwei Arten von Geschichtsbetrachtung. Während die »konkrete« Betrachtung in den bisherigen traditionellen Geschichtswerken vorgeherrscht und mit Hilfe von Quellen nur eine fortlaufende Reihe von Ereignissen erzählt hätte, bestünde der Zweck der bisher nicht geschriebenen »abstrakten« Geschichte in der Aufdeckung historischer Gesetze, die die Entwicklung der Menschheit bestimmten.[6] Dazu müßte die Soziologie als kompliziertteste Wissenschaft in der von Comte entwickelten Klassifikation der Wissenschaften entsprechend seinem Dreistadiengesetz das theologische und metaphysische Stadium überwinden und in das positive übergehen. Erst in dieser Phase erhielte sie den Status einer Wissenschaft. Die Positivität der Wissenschaft würde in der historischen (gesetzmäßigen) Abfolge der drei Stadien durch Überwindung von Theologie und Metaphysik, jedoch nicht von Philosophie und Theorie erreicht werden.

Émile Littré, Anhänger Comtes, beschrieb 1875 in seinem *Dictionnaire de la langue française* »positif« als Synonym für bestimmt, feststehend, auf Tatsachen beruhend, sich auf Begriffe a posteriori stützend einerseits, als Kennzeichnung der »positiven Philosophie« Comtes andererseits.[7] Diese zweite, von der Comteschen Philosophie ausgehende Begriffsdefinition führte zu jener terminologischen Doppeldeutigkeit, die in der Folgezeit eine Hauptursache für die unterschiedlichen Positivismusbestimmungen bildete und selbst unter den Anhängern der Comteschen Philosophie zu Differenzen führte.[8] Ein solcher, an die Idealisierung der Naturwissenschaften als allgemein gültiges Wissenschaftsmodell, an die Ablehnung von Metaphysik und an beobachtbare Phänomene knüpfende, auf Gesetzeserklärung und Prognostik abzielende Positivismusbegriff bei Comte unterscheidet sich von einem atheoretischen »Faktenpositivismus« als einer ebenfalls gebräuchlichen Definition, die im Rahmen des historischen Forschungsprozesses nichts anderes meint als die antispekulative Beschränkung auf die Sammlung empirischer Fakten über bestimmte historische Ereignisse und die Vermeidung von theoretischen Verallgemeinerungen.[9]

Sieht man von den geschichtstheoretischen und methodischen Auffassungen in Auguste Comtes zwischen 1832 und 1840 erschienenen *Cours de philosophie positive* und John Stuart Mills *System of Logic* von 1843 ab, ist eine eigentliche Historik des Positivismus allerdings nicht entwikkelt worden, wobei aber Historiker wie Henry Thomas Buckle, Frederic Harrison oder John Fiske in ihren Schriften explizit auf ihre theoretisch-methodischen Prämissen eingegangen sind. Theoretische Konzepte und die jeweilige Methodik sind ansonsten weitgehend implizit in den Darstellungen positivistischer Historiker enthalten und variieren zum Teil beträchtlich.

Der allgemeine szientistische Zeitgeist Mitte des 19. Jahrhunderts, der die Entstehung und weite Verbreitung des positivistischen Wissenschaftsideals erst ermöglichte, läßt sich zwar im weitesten Sinn auf die revolutionären Umwälzungen innerhalb der Naturwissenschaften, deren Entdeckungen tradierte Weltbilder erschütterten, zurückführen. Seine Auswirkung auf andere Wissenschaftsdisziplinen erfolgte aber oftmals vermittelt über eine Gemengelage von Theorien und Wissenschaftsauffassungen, die sich in den wissenschaftstheoretischen Diskussionen dieser Zeit überlagerten.

Wirkten so neben dem Positivismus auch weiterhin vielfältige philosophische Einflüsse wie Elemente aus der Aufklärung, der Idealismus in seiner postkantianischen oder hegelianischen Form, die romantische Naturphilosophie und der englische Utilitarismus, begannen seit den 60er Jahren evolutionistische Konzepte, der Darwinismus und auf Spencer zurückgreifende Lehren zunehmend an Einfluß zu gewinnen. Angesichts der unterschiedlichen Theorieentwürfe innerhalb des naturwissenschaftlichen Weltbildes und in Berücksichtigung der zahlreichen, voneinander differierenden Positivismuskonzepte scheint es angebracht zu sein, begrifflich nicht von *dem* »Positivismus« als einem spezifischen Wissenschaftskonzept in der Geschichtsschreibung zu sprechen. Ich möchte den Terminus »positivistischer Szientismus« als Versuch vorschlagen, jene Strömungen unter einem Oberbegriff zusammenzufassen, die von einem nomothetischen Wissenschaftsverständnis ausgehen. Diesen »szientistischen« Konzepten ist, wie Otto Gerhard Oexle und Wolfgang Hardtwig[10] in bezug auf den Positivismus festgestellt haben, mit dem Historismus ein Objektivismus, eine – wenn auch im Positivismus säkularisierte – geschichtsreligiöse (als universale Sinndeutung), eine normative und teleologische Geschichtssicht gemeinsam. Der Hauptunterschied dürfte dagegen im nomothetischen Charakter der positivistischen Konzeptionen liegen, der vor allem in Hinsicht auf die Methodik und die Gegenstandsbestimmung von Geschichtswissenschaft vom Historismus differierte.

Wenn daher im folgenden von Positivismus die Rede ist, verstehe ich darunter eine Wissenschaftsauffassung, die – sich bewußt oder unbewußt an Comtes System anlehnend – in der Ersetzung der metaphysischen Einheitswissenschaft Philosophie durch die Erkenntnisleistung der positiven Einzelwissenschaften eine neue »Wissenschaftstheorie« zu begründen bzw. Kriterien einzelwissenschaftlicher Forschung aufzustellen versuchte. Unter dem Einfluß der aufstrebenden Naturwissenschaften bedeutete dies für die Geschichtsschreibung zunächst und vor allem ein Konzept, das in der Aufdeckung historischer Gesetze das allgemein gültige Wissenschaftsideal sah. In Ablehnung metaphysischer Spekulationen zielte dieser positivistisch-nomothetische Wissenschaftsanspruch darauf ab, durch die aus der empirischen Erforschung historischer Fakten hergeleiteten Verallgemeinerungen die Geschichtsschreibung in den

Rang einer exakten Wissenschaft zu erheben. Dieser sich an den Naturwissenschaften orientierende Szientismus war aber weniger durch die Übernahme besonderer naturwissenschaftlicher Methoden gekennzeichnet als durch die Nutzung der neuesten Erkenntnisse aus allen Bereichen der Naturwissenschaft für die Erklärung historischer Prozesse, zunächst vor allem aus der Chemie, der Medizin, der Physik, Physiologie und später der Biologie. Das Ziel der positivistischen Geschichtswissenschaft bestand in der Zusammenfassung des gesamten spezialisierten Wissens zu einer universellen Einheitswissenschaft. Die Menschheitsgeschichte wurde dabei nicht nur als ein Bestandteil der Naturgeschichte gedacht, sondern als ein spezifischer »natürlicher Organismus« in das Verhältnis zu den natürlichen Bedingungen gesetzt. Die Funktion dieser evolutionären und säkularisierten Geschichtswissenschaft lag im Erklärungspotential zukünftiger gesellschaftlicher Entwicklung, das sich aus dem gesetzmäßigen, einheitlich und universell fortschreitenden Geschichtsprozeß ergab.

2. Die Rezeption Comtes

In allen drei Ländern ist der Positivismus etwa gleichzeitig in den späten 30er und 40er Jahren, aber auf unterschiedlichen Kanälen, mit ungleicher Intensität und differierenden Trägern rezipiert worden. In England stießen Comtes wissenschaftstheoretische Ideen, sein Empirismus und seine Gesellschaftstheorie auf besondere Resonanz, entsprachen sie doch einem unbegrenzten Fortschrittsoptimismus und einer Wissenschaftsgläubigkeit, die auf einer bemerkenswerten Entwicklung der Wissenschaften fußten, welche die Zeit zwischen 1830 und 1880 zu einem der bedeutendsten Abschnitte der Wissenschaftsgeschichte überhaupt werden ließ. So ist kaum verwunderlich, daß es Naturwissenschaftler wie Charles Wheatstone und David Brewster[11] waren, die erstmals Wissenschaftlerkreise mit der positiven Philosophie bekanntgemacht hatten, bevor John Stuart Mill, der seit Ende der 20er Jahre mit Comte in Verbindung stand, durch sein 1843 erschienenes Werk *System of Logic* den Positivismus auch außerhalb der Naturwissenschaften und über seinen intellektuellen Kreis in London hinaus popularisierte. Die wohl erste umfassende Würdigung Comtes und seines Werkes unternahm aber der Philosophiehistoriker George Henry Lewes, den Comte als eigentlichen »tête du positivisme britannique«[12] ansah. In seinem ersten, 1845/46 erschienenen, vierbändigen Werk *A Biographical History of Philosophy* bezeichnete er den Franzosen als den Bacon des 19. Jahrhunderts und den Positivismus als Höhepunkt der gesamten Philosophiegeschichte.[13] Seine Schriften und die von Harriet Martineau herausgegebene erste, verkürzte Ausgabe des *Cours* in London[14] führten bereits in den frühen 50er Jahren zu einer eingehenden Beachtung und Kritik des Comteschen Systems in verschiedenen Zeitschriften[15] und machten ihn über die Universitäten hinaus einer breiten Öffentlichkeit bekannt. Insbesondere unter Naturwissenschaftlern, Philosophen und Historikern erfolgte die Wissenschaftsdebatte dann ab den 60er Jahren vor allem in Auseinandersetzung mit dem Comteschen Positivismus, dem Buckleschen Szientismus, Spencers Soziologie und Darwins Evolutionismus.

In den USA hat der Positivismus nicht durch Anhänger Comtes, sondern in den 40er Jahren zunächst über die ablehnenden Bewertungen von protestantischen Theologen vor allem in den Neuenglandstaaten Beachtung gefunden.[16] Ab Beginn des nächsten Jahrzehnts sind dann von Naturwissenschaftlern wie Seba Smith, der mit Comte korrespondierte, und William M. Gillespie Teilübersetzungen des *Cours* erschienen.[17] Während in England und Deutschland vor allem Philosophen Comte einem breiten Publikum vertraut machten, zählte in Übersee ein Historiker zu jenem Kreis, der sich von Beginn an mit Comte und dem Positivismus auseinandersetzte. Der Südstaatenhistoriker George Frederick Holmes hatte bereits 1848 begonnen, Comtes Werk zu studieren, und veröffentlichte seit Beginn der 50er Jahre eine Folge von Aufsätzen über Comtes Philosophie.[18] Seit 1852 stand er im Briefwechsel mit dem französischen Denker. Beeinflußt von französischen Historikern und besonders von Michelet, trachtete Holmes danach, eine neue Wissenschaft von der Geschichte zu entwickeln, die eine Reform der gegenwärtigen Gesellschaft nach sich zöge. Obwohl äußerst kritisch dem System Comtes und dessen Religionsauffassung gegenüberstehend, fand Holmes in der positivistischen Gesellschaftstheorie einen Schritt zu der angestrebten Sozialreform. Wie Gillis J. Harp kürzlich gezeigt hat[19], spielten die Positivisten, insbesondere in New York und Washington, dann ab Ende der 60er Jahre bis zur Jahrhundertwende eine wichtige Rolle in der Rekonstruktionsbewegung des amerikanischen Liberalismus. Diese intellektuellen Kreise, die weit über die religiösen Gemeinden der Comtisten – wie etwa um Henry Edger – hinausreichten, bildeten mit ihren Zeitschriften, Debattierzirkeln und Klubs zugleich ein außeruniversitäres wissenschaftliches Netzwerk, in dem Fragen der Verwissenschaftlichung unterschiedlicher Disziplinen interdisziplinär diskutiert wurden. Dieser community gehörten u. a. solche Persönlichkeiten wie der Soziologe Lester F. Ward, der Verleger Edward L. Youmans, der Präsident der Cornell University, Andrew D. White, und der Historiker, Philosoph und Publizist John Fiske an.

Blickt man auf Deutschland, so wird der Beginn der Auseinandersetzung mit dem Positivismus dort zumeist mit der Rezension des Werkes von Henry Thomas Buckle durch Johann Gustav Droysen[20] auf das Jahr 1863 datiert. Comtes Schriften fanden aber bereits seit den 20er Jahren Erwähnung; ein Hinweis auf den französischen Philosophen findet sich beispielsweise 1830 in den *Jahrbüchern für wissenschaftliche Kritik*.[21] Die Vermittlung durch Schriften anderer Positivisten oder durch Übersetzungen – wie in England – blieb jedoch gering. Nach ersten, wenig bekannten Übersetzungen von Frühschriften Comtes durch den Publizisten und Historiker Friedrich Buchholz in dessen *Monatsschrift für Deutschland* 1824–26[22] und wiederholten Verweisen in verschiedenen Fach- und Literaturzeitschriften setzte die erste große Rezeptionswelle 1857, im Todesjahr Comtes[23], ein. Über die Stationen des Aufsatzes von Karl Twesten 1859 und seiner Debatte mit dem Philosophen Rudolf Haym, der Buckle-Rezeption in den 60er Jahren, der Materialismusgeschichte Friedrich Albert Langes bis zu Franz Brentanos Comte-Würdigung 1869 ist Comte auch in Deutschland bekannt geworden.[24] Aber noch vor 1857 ist von dem Philosophen und Schüler Schleiermachers, Franz Vorländer, 1853 in der *Allgemeinen Monatsschrift für Wissenschaft und Literatur* die erste umfassende Kritik der Comteschen Philosophie erschienen.[25] Vorländer warf dem Franzosen vor allem dessen Unkenntnis der deutschen Philosophie vor, bestätige die »positive Philosophie« doch nur, was »wir Deutschen längst aus der Geschichte der Philosophie und aus unseren einheimischen empiristischen Systemen gelernt haben, dass der blosse Empirismus gar nicht zu bestimmten Principien gelangt und statt derselben zu unwissenschaftlichen Hypothesen seine Zuflucht nehmen muss, und zwar das letztere ganz besonders im Gebiete der Geistes-Wissenschaften«. Trotzdem wäre manches aus dem Werk Comtes zu lernen »besonders für den vagen Idealismus, der die

Erklärung der Erscheinungen und Thatsachen über oder hinter denselben in einer Region sucht, welche niemals Gegenstand der Wissenschaft werden kann.«[26]

Nicht über die Vermittlung Mills oder Lewes', sondern angesichts der Herausforderungen an die Philosophie in Form des Materialismus, einer naturwissenschaftlichen Psychologie und der Auflösung der Einheitswissenschaft der spekulativen Philosophie in autonome Wissenschaftsgruppen und Einzelwissenschaften ist der Positivismus Comtes für deutsche Philosophen interessant geworden.[27] Von Naturwissenschaftlern dagegen ist weniger Comte als Mill, dessen *System of Logic* bereits 1849 als eine Teilübersetzung erschienen war, rezipiert worden.[28]

So wird man wohl Julius Heyderhoff und an ihn anschließenden Interpretationen nicht zustimmen können, daß der von Karl Twesten 1859 in den *Preußischen Jahrbüchern* anonym erschienene Artikel »Lehre und Schriften August Comte's«[29] die »erste Gesamtwürdigung seines [Comtes; E. F.] Systems in Deutschland« gewesen ist.[30] Die sich an den Aufsatz in den nächsten Jahren anschließende Polemik zwischen Twesten und Haym in derselben Zeitschrift[31] bildete aber den Ausgangspunkt einer Auseinandersetzung in Deutschland mit dem Positivismus, die gerade die schon von Vorländer akzentuierten erkenntnistheoretischen und methodischen Differenzen in den Mittelpunkt stellte.

3. Henry Thomas Buckle: die geschichtswissenschaftlichen Kontroversen

Entscheidend für unsere Betrachtung ist die Wirkung des positivistischen Wissenschaftskonzeptes auf die Theoriediskussion und die Geschichtsschreibung. Als entscheidender Transformator zwischen Comtes Philosophie und der Historiographie fungierte in allen drei Ländern Henry Thomas Buckle mit seinem Werk *History of Civilization in England*, das 1857 und 1861 in zwei Bänden erschienen war.[32] Darin hatte dieser englische Amateurhistoriker versucht, in Ablehnung der herkömmlichen, sich vor allem auf die Sammlung von Tatsachen, auf politische Ereignisgeschichte und individualisierende Sichtweise beschränkenden Geschichtsschreibung eine theoretisch fundierte Geschichtswissenschaft zu begründen. Ausgehend von den natürlichen Faktoren wie Klima, Boden, Nahrung und generellen Naturerscheinungen stellte er so spezifische

Gesetze auf, die beweisen sollten, daß die geistige Entwicklung der Menschheit den entscheidenden Faktor der historischen Entwicklung ausmachte und daß sich aufgrund der spezifischen klimatischen Bedingungen in Europa (und an der Spitze England) der geschichtliche Fortschritt vollzogen hatte. Buckles Versuch, die Geschichte als eine nomothetische Wissenschaft theoretisch zu begründen und praktisch umzusetzen, löste in den 60er Jahren eine Diskussion unter Historikern (und anderen Geisteswissenschaftlern) aus, die mit Unterbrechungen bis zum Ende des Jahrhunderts andauerte.

Sofort mit dem Erscheinen des ersten Bandes war Buckle in seinem Heimatland nicht von ungefähr mit dem Werk Comtes und dem Positivismus in Verbindung gebracht worden, hatte er doch Comte mehrfach zitiert und wenig Zweifel daran gelassen, wie sehr er mit Stuart Mill, dessen Stellung zu Comtes Philosophie bekannt war, in wissenschaftstheoretischen Fragen übereinstimmte. Der junge Acton, Richard Simpson, Charles Kingsley, James A. Froude und Goldwin Smith[33] gehörten zu jenen Historikern, die einer positivistischen Geschichtsschreibung mit ihrem Determinismus entschieden entgegentraten. Geschichte, so der Grundtenor, würde nicht durch die Formulierung allgemeiner Gesetze zur Wissenschaft, sondern durch eine individualisierende Geschichtssicht, die auf wissenschaftlicher Objektivität basierte und deren Werturteile auf festen moralischen Prinzipien, nicht aber auf statistischen Gesetzen beruhten.[34] Die Diskussion um die theoretisch-methodologischen Grundlagen der Geschichtsschreibung dehnte sich durch die Verteidiger der positivistischen »scientific history«[35] rasch aus. Für deren Vertreter – u. a. Edward Beesley, Frederic Harrison, John Morley, Stuart Mill und William Lecky – lag das Erkenntnisziel der Geschichtswissenschaft in der Entdeckung historischer Gesetze, ihre Grundlage sahen sie in der Anwendung eines den Naturwissenschaften entlehnten methodischen Instrumentariums und einer Gegenstandswahl, die sich vor allem den sozialen und ökonomischen Bedingungen gesellschaftlicher Massen und nicht den »großen Männern« zuwandte.[36]

Die Debatte schien zunächst, nach der ersten Phase Ende der 60er Jahre, zu einem Erfolg der nichtakademischen »scientific historians« zu führen. Aber schon bald wurde deutlich, daß sich der verwendete Positivismusbegriff von Comtes Werk zu trennen begann und auf eine allgemeine Wissenschaftlichkeit abzielte. Er wurde so seines geschichtstheoretischen Determinismus entleert und in einen methodisch definierten

Faktenpositivismus transformiert. Die vielfältigen Diskussionen um die Rolle des Positivismus in den 60er Jahren hatten so zugleich den Zenit des Positivismus in der Geschichtsschreibung symbolisiert. Sein Determinismus, der Siegeszug des Darwinismus, neue, anthropologisch fundierte Evolutionskonzepte, die Verengung der Comteschen Intentionen auf die sektiererische »Positivistische Gesellschaft« und nicht zuletzt eine allmähliche Anlehnung an das deutsche Wissenschaftsmodell führten zum Rückgang seines Einflusses und damit der Attraktivität der Buckleschen Geschichtstheorie.

Im Unterschied zu Actons Eröffnungsbeitrag in der *English Historical Review* rechnete der erste Präsident der American Historical Association, Andrew D. White, in seiner Rede im Jahre 1885 Buckle zu den bedeutendsten Historikern.[37] Diese Wertschätzung spiegelte eine Geschichtssicht wider, die im Ideal einer sich an den Naturwissenschaften orientierenden »scientific history« die Grundlagen der Geschichtswissenschaft sah. Frederick Holmes, John William Draper und John Fiske gehörten zu jenen Historikern nach der Jahrhundertmitte, die die Schriften Comtes, Buckles und Spencers popularisierten und selbst eine solche wissenschaftliche Begründung der Geschichtsschreibung unternahmen.[38] Der amerikanische Chemiker Draper hatte seit 1858 versucht, ausgehend vom naturwissenschaftlichen Wissenschaftsverständnis eine Geschichte der gesetzmäßigen, intellektuellen Entwicklung Europas zu schreiben, und war unabhängig von Buckle 1863 zu ähnlichen Resultaten gelangt.[39] Auch Draper sah mit Comte und Buckle in der Aufdeckung von historischen Gesetzen die Voraussetzung für eine Verwissenschaftlichung der Geschichte, Gesetze, die er in einer spiralförmig aufsteigenden, fünfstufigen Zyklentheorie dazustellen versuchte. In seiner *History of the American Civil War* (1867–1870) diente ihm die Klimatheorie als Erklärungsrahmen für den amerikanischen Bürgerkrieg.

Sowohl Drapers als auch Buckles Bücher entzündeten eine Diskussion, die 1863 und 1864 in drei Artikeln von Edward B. Freeland in der *Continental Monthly* eröffnet und von Fiske weitergeführt wurde. Mit Comte ging Freeland von einem Dreistadienmodell in der Geschichte aus und zielte analog zu Buckle auf eine kombinierte Anwendung der verschiedenen Methoden. Eine »science of history« erschien ihm erst nach der Entdeckung eines »unitary law« und der Anwendung der deduktiven Methode auf alle Wissenschaftsbereiche möglich.[40]

Wie aus dem Nachlaß von John Fiske hervorgeht, hatte dieser amerikanische Historiker Comte und Buckle 1859 kennengelernt und war zunächst vom Anspruch des Positivismus als der »wissenschaftlichen Philosophie« schlechthin begeistert, obwohl er Comtes Klassifikations- und Dreistadiengesetz ablehnte.[41] Seine ausgewogene Rezension über Buckles Werk zwei Jahre darauf machte ihn schlagartig bekannt.[42] Unter dem Einfluß der Philosophie Spencers, des Darwinismus und in Abkehr von Comtes positiver Religion wandte er sich aber bald dem Evolutionskonzept zu. In zwei Teilen veröffentlichte Fiske 1868 und 1869 einen umfassenden Rezensionsessay unter dem Titel »The Laws of History«, in dem er sich mit den geschichtstheoretischen Auffassungen von Goldwin Smith, William Adams, Draper und Henry S. Maine auseinandersetzte.[43] Seine darin vertretene Theorie des »law of progress« popularisierte er 1869/70 in Vorlesungen zur Evolutionstheorie und »positiven Philosophie« an der Harvard University, die die Grundlage seines 1874 erschienenen Werkes *Outlines of Cosmic Philosophy, Based on the Doctrine of Evolution, with Criticism of the Positive Philosophy* darstellten. Mit der Hinwendung zur amerikanischen Geschichte seit den 80er Jahren konzentrierte er sich auf die Geschichte der amerikanischen Institutionen, wobei er den evolutionären Fortschrittsprozeß des politischen Systems Amerikas nachzuzeichnen versuchte.[44] Der wohl populärste amerikanische Historiker seiner Zeit zählte damit zu den Hauptvertretern einer »scientific history«, die ihr Wissenschaftsverständnis aus der Traditionslinie Comte–Buckle–Spencer–Darwin herleitete und vom deutschen Historismus weitgehend unbeeinflußt blieb.

Buckle wurde in Deutschland zwar auch – wie in seinem Heimatland – mit Comte und dem Positivismus in Verbindung gebracht, er ist aber zunächst nicht wegen seiner Religionsauffassung von Theologen wie in England und den USA, sondern wegen seiner politischen Anschauungen mit ihren Implikationen für die Geschichtsschreibung angegriffen worden.[45] Bei aller Würdigung der »physikalischen Methode« im Bereich der Naturwissenschaften gefährdete der Positivismus für die deutschen Historiker, wie der Briefwechsel Droysens zeigt[46], vor allem die überkommenen gesellschaftlichen Verhältnisse. Buckles liberale und demokratische Auffassungen, seine »Manchesterlehre«, verfielen einem radikalen Verdikt.[47] Zudem stieß seine Geschichtssicht mit dem Auseinanderfallen von Staat und Gesellschaft auf den Widerstand einer bereits etablierten

Historikerschaft, die um eine neue Fächerkonkurrenz fürchtete und diesbezüglichen Ansätzen sofort entschieden entgegentrat. Es war diese »undeutsche« angelsächsische Soziologie, die als eventuelle Konkurrentin der Geschichtswissenschaft auf die Gegenwehr der deutschen Historiker stieß. Als »Erblast der Aufklärung« und beruhend auf dem Selbstverständnis der bürgerlichen Gesellschaft wurde sie zur Bedrohung, weil sie der besonderen deutschen Entwicklung nicht gerecht werden konnte.[48] Diese Abwehrhaltung führte auch zur Ablehnung von Buckles theoretisch-methodischem Konzept.

Die bewußte Auseinandersetzung mit dem Ziel, den naturwissenschaftlich-nomothetischen Ansatz Buckles für die Geschichtswissenschaft abzuwehren, erfolgte nach mehreren Besprechungen in literarischen Journalen in einer Fachzeitschrift erstmals 1862, nämlich in der Rezension Franz Vorländers – der ein Jahrzehnt zuvor bereits Comtes *Cours* besprochen hatte – in den *Preußischen Jahrbüchern*. Vorländer lehnte zwar Buckles Geschichtsphilosophie und dessen Gesetzeskonzeption ab, nicht aber die Existenz von universellen Gesetzen in der Geschichte an sich. Für Vorländer bildeten zwei Gesetze die Grundlage der Menschheitsentwicklung: das »Sittengesetz«, das alle »Gattungen der Selbstthätigkeit (der Menschen) beherrscht in Bezug auf ihre Wirksamkeit, auf Erhaltung, Fortschritt oder Verfall eines Volkes«, und das »die politische Organisation wesentlich beherrschende Gesetz, das des sittlich-natürlichen Rechts«. Diese Bedeutung der »sittlichen Mächte« sah Vorländer in Deutschland so verbreitet, daß, so sein Urteil, »wir nicht fürchten dürfen, die Theorie Buckle's werde in dieser Rücksicht eine wissenschaftliche Revolution hervorbringen«.[49]

Während Vorländer es aber mit Buckle als eine Aufgabe der Wissenschaft ansah, Gesetze der Wirkung und Verbreitung des Wissens auf die Geschichte der Völker festzustellen[50], lehnte Droysen ein Jahr später in der *Historischen Zeitschrift* eine solche Wissenschaftsauffassung ab. Droysen anerkannte das Verdienst Buckles, das Problem der Begründung der Geschichte als wissenschaftliche Disziplin auf die Tagesordnung gesetzt zu haben, denn die historischen Studien hätten die Geschichtswissenschaft bisher weder theoretisch noch systematisch begründet.[51] Eine solche Begründung könne, so Droysen, nicht – wie Buckle versucht hätte – durch die Anwendung der naturwissenschaftlichen Methode erfolgen, denn ein solches Verfahren würde die Geschichte nicht zu einer Wissenschaft erheben, sondern sie vielmehr »in den Kreis der Naturwissenschaften« stellen. Die Übernahme des naturwissenschaftlichen Modells enthebe den Historiker der Aufgabe, so Droysens berechtigter Einwand, die Begriffe und Methoden der Geschichtswissenschaft zu untersuchen und zu definieren. Droysen setzte daher dem naturwissenschaftlichen »Erklären« eine »eigene Erkenntnisart« und einen »eigenen Erkenntnisbereich« entgegen – die hermeneutische Methode und die »sittliche Welt«. Die Pluralität der Wissenschaften mit jeweils anderen Gegenständen erforderte unterschiedliche Methoden, die aber alle zur Sicherung von objektiven Resultaten dienten. Insofern akzeptierte Droysen durchaus die Methodologie der Naturwissenschaften und die Tatsache, daß es neben den disziplinspezifischen auch allgemein anwendbare Methoden gab.[52] Resultierend aus der die Geschichte konstituierenden sittlichen Vermittlung zwischen dem Menschen und der Welt leitete Droysen die spezifische Methode des Historikers als »forschendes Verstehen« ab, das er unter Verwendung Humboldtscher Begriffe als »intuitiven Rückschluß des Verstehenden von menschlichen Lebensäußerungen auf eine ›zentrale Kraft‹ des sich Äußernden« beschrieb.[53] Auf die Formel »A = a + x« gebracht, wobei »A« die Summe der menschlichen Handlungen, »a« die äußeren Umstände und »x« den individuellen Willen darstellten, verkörperte für Droysen dieses »x« vom menschlichen und sittlichen Standpunkt alleinigen Wert.

Ohne Zweifel war Droysens Kritik an der einseitigen Ausrichtung des Positivismus an den naturwissenschaftlichen Methoden berechtigt. Zugleich verabsolutierte er jedoch die spezifisch historische, d. h. die hermeneutische Methode für die Geschichtswissenschaft und trug mit seiner Abwehr der nomothetischen Erklärung als methodisches Verfahren zu einer Polarisierung zwischen rationalen und hermeneutischen Wissenschaften bei. Die daraus resultierende, für die deutsche akademische Geschichtswissenschaft letztlich verhängnisvolle »hermeneutische Wende«[54] ist als ein wesentlicher Grund für die Verzögerung der Herausbildung und Anerkennung sozialgeschichtlicher Forschungen im 20. Jahrhundert anzusehen. Indem Droysen nämlich (historische) Wissenschaft mit (historistischer) Methode gleichsetzte und irrtümlich Buckles Geschichtswerk als Versuch interpretierte, die Geschichtswissenschaft in den Rang einer Naturwissenschaft zu erheben, fungierte die hermeneutische Methode als Ausgrenzungskriterium und Grenzlinie zwischen dem forschenden Geschichtswissenschaftler und dem Amateur einerseits, dem Geistes- und dem Naturwissenschaftler andererseits.

Diese von Droysen vorgenommene Gleichsetzung schloß andere methodische Verfahren als unwissenschaftlich aus dem Erkenntnisprozeß aus und eliminierte die Möglichkeit, neue Perspektiven auf den Gegenstand der historischen Forschung zu entwickeln. Droysen übersah so die Potentiale eines szientistischen, säkularisierten Wissenschaftsverständnisses, zu dessen Bestandteilen eine theoretische Konzeptionalisierung historischer Ereignisse unter Verwendung hypothetischer Annahmen sowie deren idealtypische Rekonstruktion gehörten. Da Buckle nicht die ereignisorientierte Politik- und Personengeschichte in den Mittelpunkt seines Geschichtswerkes gestellt hat, eröffnete er der historischen Forschung zudem andere Gegenstandsbereiche, die geographische, psychologische und soziologische Faktoren einschlossen.

An den Reaktionen der Historiker in den folgenden zwei Jahrzehnten auf die »Bedrohungen« des nomothetischen Wissenschaftsverständnisses in Form der Naturwissenschaften, einer soziologischen Gesellschaftsgeschichte, einer naturalistischen Philologie und Literaturgeschichtsschreibung, einer Kulturgeschichtsschreibung und der Völkerpsychologie wird aber deutlich, daß sich diese »Wende« nicht sofort und ohne weitere theoretisch-methodische Reflexionen vollzogen hat. Drei weitere Rezensionen in den *Preußischen Jahrbüchern* und der *Historischen Zeitschrift* allein zu Buckles Oeuvre unterstreichen das.[55] Die Debatte um den Gesetzescharakter der Geschichts- und Sozialwissenschaften fußte indes schon in den 60er Jahren trotz wiederholter Referenzen nicht unmittelbar auf den Gedankengebäuden eines Comte, Buckle, Mill oder Spencer, sondern auf einem allgemeinen naturwissenschaftlichen Zeitgeist. Sybel etwa anerkannte durchaus die Fähigkeit der Geschichtswissenschaft, aufgrund der Tatsache, daß »alle menschlichen Wesens sind und von den gleichen Gesetzen der menschlichen Natur bestimmt werden ... zu völlig exakter Erkenntnis vorzudringen«, wobei die »Sicherheit des Erkennens« mit der »absolute(n) Gesetzmäßigkeit in der Entwikkelung« stehe und falle.[56] Der Historiker kann im Erkenntnisprozeß aber neben der hermeneutischen Methode sowohl induktiv als auch zur Untersuchung nicht vollständig bekannter Einzelheiten durch die Ableitung aus dem bereits festgestellten Zusammenhang deduktiv verfahren.[57] Sybel versuchte – wie auch Buckle –, aus der »Vereinigung von methodischer Forschung, philosophischer Auffassung und künstlerischer Reproduktion« die »echte« Geschichtsschreibung zu begründen.[58] Diese von Sybel eingenommene »Mittelstellung zwischen idealistischer Tradition und positivistischer Theorie«[59] widerspiegelte eine, wenn vielleicht auch unbewußte und indirekte, Rezeption und Beschäftigung mit der – in Form des Positivismus – naturwissenschaftlichen Herausforderung.

Droysen war so in der Folgezeit keinesfalls der einzige, der auf diese Herausforderung und den Anspruch einer nomothetischen Geschichtswissenschaft zu reagieren versuchte[60], und wie der 1889 in der *Historischen Zeitschrift* erschienene Aufsatz des Geschichtsphilosophen Paul Hinneberg über »Die philosophischen Grundlagen der Geschichtswissenschaft« unterstreicht, war auch Droysens Argumentation noch nicht unbedingt als verbindliches Paradigma angesehen worden. Hinneberg bemängelte, daß in Deutschland keine anerkannte historiographische Richtung existierte und der Rückstand der Geistes- gegenüber den Naturwissenschaften auf den »Mangel einer festausgebildeten Methode« zurückzuführen wäre.[61] Stellte Droysens Historik auch die »beste formale Methodenlehre« dar, sah Hinneberg ihren Mangel darin, den Anforderungen der modernen Wissenschaften, insbesondere nach dem Erscheinen der Deszendenzlehre Darwins, nicht gerecht zu werden. Dazu zählte er die Trennung von Natur und Geschichte, Raum und Zeit, die er mit Dilthey durch die Systematik von Natur- und Geisteswissenschaften – wobei die Geschichtswissenschaft letzteren zugeordnet wird – überwinden wollte. Diese hätte daher sowohl die Geschichte des Geistes als auch die des Verhältnisses von Geist und Körper zu untersuchen.[62] Einen zentralen Punkt in Hinnebergs Argumentation nahm die »Grundfrage der gesammten Geisteswissenschaften überhaupt« ein: die nach der Wechselbeziehung von Willensfreiheit und Notwendigkeit. Hier setzte Hinnebergs Hauptkritik an Droysen an, an dessen Formel »A = a + x« und ihrer Auslegung nämlich, die den »Irrthum der Droysen'schen Argumentation« ausmachte. Die Aufgabe der Geschichtswissenschaft sah Hinneberg in der Ausdehnung ihres Gegenstandes über das Gebiet der individuellen Handlungen hinaus. Neben der Untersuchung des »x« lag das entscheidende Erkenntnisobjekt, und hier ging er über Droysen hinaus, in der Variable »a«, die allein zur Erkenntnis der Gesetzmäßigkeiten führe. In kritischer Analyse der Gesetzesdefinitionen bei Lazarus und ausführlich bei Rümelin, aber auch bei den Staatswissenschaftlern und Nationalökonomen Gustav Schmoller und Adolph Wagner kam er zu dem Urteil, daß die Aufgabe der Geisteswissenschaften gerade darin bestehe, mittels der statistischen Methode »Gesetze aufzufinden und diese in stufenweisem Fortschreiten unter immer höhere Gesetze zu bringen«.[63]

Hinneberg sah so in der Synthese beider Gegenstandsbereiche der Geschichte die Grundlage der »wissenschaftlichen Geschichtsschreibung«. Indem er an die Seite des »forschenden Verstehens« ein »nomothetisches Forschen« stellte, versuchte er, die Geschichtsschreibung an das »szientistische Zeitalter« anzupassen, ohne die Droysensche Geschichtstheorie und -methodik aufzugeben. Anspruch, Weg und Ziel seines Vorhabens ähnelten ohne Zweifel in den Hauptrichtungen den Intentionen Buckles drei Jahrzehnte zuvor.

4. Positivistischer Szientismus und Geschichtswissenschaft

Versucht man einen Vergleich zwischen den drei Ländern, ist eine Parallelität der Rezeption von Comtes Philosophie zunächst nicht zu übersehen. Sie beginnt mit unterschiedlicher Intensität und bei leichter Verspätung Deutschlands in den 30er, verstärkt dann in den 40er Jahren. Erste Rezeptionskanäle sind in England Naturwissenschaftler (Physiker, Mathematiker), dann nichtakademische Philosophen, in den USA vor allem Theologen und der akademische Historiker Holmes. In England erfolgt die Vermittlung vor allem über Mill, in den USA durch Besprechungen in religiösen Journalen und verschiedene Übersetzungen, später besonders durch die Rezeption Spencers. In Deutschland fanden Comtes Schriften erste Erwähnung in literarischen Journalen und philosophischen Zeitschriften, die Vermittlung durch Schriften anderer Positivisten oder durch Übersetzungen blieb gering. Erst ab den 80er Jahren begann die Herausgabe der Comteschen Schriften in deutscher Sprache. Während in England und vor allem in den USA die erste Rezeptionsphase durch eine starke theologische Abwehrhaltung bestimmt war, die sich gegen den angeblichen Atheismus der Comteschen Philosophie richtete, spielte in Deutschland der Vorwurf des »Atheismus« eine geringere Rolle. Vielmehr trat dort die Abwehr der liberalen Gesellschaftsauffassung des »Positivisten« Buckle in den Vordergrund.

Abgesehen von den zeitweilig einflußreichen religiösen »Positivistischen Gesellschaften« in den USA und England konnte sich der Positivismus auf der Insel zunächst im intellektuellen Zirkel um John Stuart Mill und später in speziellen Zeitschriften wie der *Fortnightly Review* und der *Positivist Review* eine institutionelle Basis schaffen, die es in Deutschland meines Wissens nicht gab. Er ist dort aber durch die literarischen Journale bis zum Jahrhundertende präsent geblieben und in wissenschaftlichen Zirkeln wie dem »Selbstmörderklub« in Berlin und dem »Positivistenkränzchen« in Leipzig diskutiert worden.[64]

Zu Beginn der 60er Jahre bildete Buckles Werk zeitgleich jenen Katalysator, der die Diskussion um den Wissenschaftscharakter natur- und geisteswissenschaftlicher Erkenntnis in allen drei Ländern auf die Geschichtsschreibung ausdehnte. Diese Debatte nun verlief insgesamt mehrdimensional und regional sehr unterschiedlich; wissenschaftsgeschichtlich läßt sich deutlich eine Phasenverschiebung im Verwissenschaftlichungsprozeß der Geschichtsschreibung ausmachen: *disziplinkonstituierend* in den USA, *disziplinfördernd* in England, *disziplinherausfordernd* in Deutschland.

In den USA trafen Buckle und der positivistische Szientismus auf großen Widerhall unter Historikern. Die Geschichtsschreibung befand sich zwar um die Jahrhundertmitte erst an den Anfängen ihrer Professionalisierung, der Positivismus bildete aber eine entscheidende Säule im Verwissenschaftlichungsprozeß der Disziplin. Die Positivisten Comte und Buckle, ab den 70er Jahren dann vor allem Spencer bildeten die entscheidenden Bezugspunkte einer evolutionistischen »scientific history«, die sich im letzten Viertel des Jahrhunderts zu konstituieren begann und rasch an Einfluß gewann. Dieser Prozeß ist zunächst von außeruniversitären Historikern getragen worden, fand aber auch Eingang in die akademische Geschichtsschreibung. Fachhistoriker wie Henry Adams oder Herbert Baxter Adams haben naturwissenschaftliche Theorien als Basis für die Geschichtswissenschaft übernommen. Beeindruckt von der quellenkritischen Methode, begannen vor allem in Deutschland studierte Historiker zwar ab dem letzten Drittel des Jahrhunderts, sich am deutschen Vorbild der Seminarausbildung zu orientieren, ohne jedoch die historistische Wissenschaftskonzeption zu übernehmen. Zwischen Natur- und Geisteswissenschaften konnten daher leichter vermittelnde Brücken beschritten werden.[65]

Die englische Geschichtsschreibung wurde hingegen zu einem Zeitpunkt mit dem Positivismus konfrontiert, als sie sich als akademische Disziplin zu etablieren begann. Nicht also vor – wie in den USA –, sondern in der ersten Phase des Professionalisierungsprozesses fand die Diskussion mit

Buckles Wissenschaftskonzept statt. Von den ersten akademischen Historikern zwar kritisiert und abgelehnt, erfolgte aber keine radikale Abweisung des nomothetischen Programms. Die Diskussion zwischen professionellen und »wissenschaftlichen« Historikern verlief daher moderat, der Methodenstreit zog sich prozeßhaft und periodisch bis zum Jahrhundertwechsel hin. Ein wissenschaftshistorischer Bruch läßt sich so zu diesem Zeitpunkt nicht nachweisen. Die »scientific historians« stellten vor allem am Anfang eine einflußreiche Strömung dar. Comte war lange im öffentlichen Diskurs sehr populär.

Die Polemik gegen Buckle und die positivistischen »scientific historians« war zugleich mit dem allgemeinen Niedergang der »men of letters« verbunden. Die Entstehung der verschiedenen Wissenschaftsdisziplinen schuf ein neues Publikum, das an exakten wissenschaftlichen Ergebnissen und nicht mehr an moralischen Belehrungen interessiert war. Die »professional scientists« und akademischen Historiker wurden zu Kritikern und Rivalen des von den »men of letters« erhobenen Anspruches auf eine »cultural leadership«. Dies ging einher mit der Abwertung des Amateurstatus, den viele »men of letters« als Hobbywissenschaftler einnahmen und die sich in den Attacken der »professionals« gegen deren wissenschaftliche Seichtigkeit und Unkorrektheit, Parteilichkeit und didaktischen Anspruch widerspiegelte. Die Professionalisierung der Geschichte mit der Durchsetzung des »research ideal« wurde von den »professional historians« an objektives und systematisiertes Wissen, d. h. Sachkenntnis, gebunden, dessen Verifizierung, Meisterung und Ausdehnung nur Spezialisten möglich war, die die theoretisch-methodischen Standards durch eine umfassende Ausbildung erlernt hatten. Geschichte als Wissenschaft sollte nun die Quellenforschung und -kritik mit einer umfassenden Arbeitsteilung zwischen den historischen Disziplinen vereinen. Ein solch allgemeiner Wissenschaftsbegriff von der Geschichte, der auf Methodologie abhob, wurde auch für die einstigen Gegner der »scientific historians« akzeptabel.[66] Angesichts eines in den 70er Jahren einsetzenden Professionalisierungs- und Institutionalisierungsschubes der Geschichtsschreibung als akademischer Disziplin konnte man die theoretisch-methodische Begründung der Geschichte als Wissenschaft kaum allein einem Amateur wie Buckle überlassen. Dazu ist zu berücksichtigen, daß viele englische Historiker, die seit dieser Zeit zunehmend mit der deutschen Geschichtsschreibung in Berührung gekommen waren, in deren vor allem methodisch streng geregeltem

Konzept einer faktenpositivistischen und idiographischen Geschichtswissenschaft – bei Ignorierung der weltanschaulichen Implikationen – ihre antiphilosophische Einstellung und ihr Ziel der Verwissenschaftlichung der Geschichte als Alternative zum naturwissenschaftlichen Modell verwirklicht sahen. Erst mit dem Begriffswandel von »scientific« unter Historikern im letzten Jahrhundertviertel schwächte sich also der positivistische, nicht aber der »szientistische« Einfluß generell ab. Der weltanschauliche Streit beschränkte sich auf die generelle Kontroverse von Religion und Wissenschaft vor dem komplexen Hintergrund des allgemeinen Niedergangs der Religion und der Säkularisierungsbewegungen, auf politisch-ideologischer Ebene herrschte ein weitgehender Konsens.

In Deutschland war um die Jahrhundertmitte der Professionalisierungsprozeß bereits abgeschlossen, es existierte eine akademische Zunft mit einem methodischen Selbstverständnis. So ist die geringe Bereitschaft zu erklären, neue Wissenschaftskonzepte zu rezipieren oder gar zu integrieren; der Positivismus und Buckles Wissenschaftsauffassung stießen daher auf sofortige Ablehnung in der Zunft. Mit Droysens Verdikt von 1863 war aber für die Zeitgenossen weder die Frage nach dem Wissenschaftscharakter der Geschichtsforschung und anderer Geisteswissenschaften noch das Problem der historischen Gesetze und das seit langem diskutierte Determinismusproblem gelöst. Gerade außerhalb der akademischen Historikerzunft – in geistes- und sozialwissenschaftlichen Nachbardisziplinen und unter den gebildeten, an populären Ideen interessierten Lesern – sollten die wissenschaftstheoretischen Auffassungen des Amateurs Buckle weite Verbreitung finden.[67] Naturwissenschaftliche Gedanken, die nicht selten weniger direkt vom Positivismus herstammten, sondern Ausdruck eines intellektuellen Konsenses über einen auf Beobachtung und Faktenerkenntnis beruhenden, induktiv verfahrenden Wissenschaftsbegriff waren, fanden rasch Eingang in historische und wissenschaftstheoretische Abhandlungen. Es läßt sich so innerhalb anderer Geisteswissenschaften eine immense Diskussion ausmachen, die hinsichtlich ihres Verhältnisses zu den Naturwissenschaften wesentlich weiterging als die akademische Geschichtsschreibung. Unter diesen setzten sich die Philosophen angesichts des Zusammenbruchs der spekulativen Philosophie nach Hegel am intensivsten mit den veränderten wissenschaftsinternen und -externen Bedingungen ihrer Disziplin auseinander;

der Neukantianismus schließlich als eine Antwort auf die Entwicklung der naturwissenschaftlichen Einzeldisziplinen lehnte sich teilweise stark an den Positivismus an, ja die Jahre 1876–78/79 sind als Hochzeit des »philosophischen« Positivismus anzusehen.[68]

Da es den »Szientisten« mehrheitlich nicht um eine Abgrenzung von historistisch-hermeneutischen Vorstellungen, sondern um eine Synthese der unterschiedlichen Wissenschaftsauffassungen ging[69], ist der »positivistische Szientismus« von vielen Zeitgenossen als ein der deutschen akademischen Geschichtsschreibung komplementäres und nicht gegensätzliches Modell verstanden worden. Das allgemeine Desinteresse der führenden Vertreter des Historismus an der Entwicklung des naturwissenschaftlichen Denkens und der naturwissenschaftlichen Forschung sowie deren Ignoranz gegenüber einer ernsthaften Prüfung neuer Methoden standen so in Kontrast zu diesen Debatten. Im Unterschied zu den englischen oder amerikanischen Historikern stellten sie sich mit ihrer Abwehrhaltung außerhalb eines intellektuellen Zeitgeistes, der bis in die 80er Jahre in der Einheit von Natur- und Geisteswissenschaften das allgemeine Wissenschaftsideal sah.

Zusammenfassend muß man wohl zwischen dem Postulat einer »positivistischen Geschichts*wissenschaft*« und einer »positivistischen Geschichts*schreibung*« unterscheiden. Die Theoriedebatten haben – abgesehen von einigen Ausnahmen in Deutschland (Twesten[70]) und England (Buckle/Lecky) – nur in den USA zu einer praktischen Umsetzung einer positivistisch-szientistischen Geschichtsdarstellung (Draper, Fiske, Henry Adams, Herbert Baxter Adams) geführt. In England und Deutschland spielte die positivistisch-szientistische Geschichtsschreibung an den akademischen Einrichtungen keine bedeutende Rolle. Buckles Werk bildete an deutschen Universitäten nur einmal den Gegenstand einer Vorlesung, Comte ist zwischen 1862 und 1890 nur sechsmal gelesen worden.[71] So gering die Auswirkungen einer direkten Rezeption Comtes, Buckles oder Spencers auf die Geschichtsschreibung insgesamt auch geblieben sind, förderte jedoch die Diskussion um deren nomothetischen Wissenschaftsanspruch einen Entwicklungsschub im Verwissenschaftlichungsprozeß der Geschichte im 19. Jahrhundert. Die berechtigte Kritik deutscher Historiker an einseitigen Auffassungen des Positivismus wie seinem Determinismus, den Einseitigkeiten seines nomothetischen Wissenschaftsbegriffs und seiner Gesetzeserkenntnis vertiefte aber infolge der radikalen Absage an sein Innovationspotential die Einseitigkeiten des

Historismus. Im Gefolge des Lamprecht-Streites führte dies letztlich zum Verlust seiner Führungsrolle im Entwicklungsprozeß der modernen Geschichtswissenschaft.

Anmerkungen

1 Vgl. allgemein Walter Michael Simon, *European Positivism in the Nineteenth Century. An Essay in Intellectual History*, Ithaca, NY 1963. Für England vgl. die Angaben bei Eckhardt Fuchs, »Wissenschaft, Positivismus und Geschichtsschreibung in England Mitte des 19. Jahrhunderts«, in: *Zeitschrift für Geschichtswissenschaft* 42 (1994), S. 197–216, hier Anm. 48. Für Frankreich siehe an neuerer Literatur u. a. Charles-Olivier Carbonell, »Histoire narrative et histoire structurelle dans l'historiographie positiviste du XIXème siècle«, in: *Storia della Storiografia* 10 (1986), S. 153–161; Angèle Kremer-Marietti, *Le Positivisme*, Paris 1982; Jean Walch, »Romantisme et positivisme: Une rupture épistemologique dans l'historiographie?«, in: *Romantisme* 21/22 (1978), S. 161–172; Alice Gérard, »Le Positivisme dans le siècle«, in: *Rivista di Storia della storiografia moderna* 11 (1990), S. 123–157.

2 Vgl. Dietrich von Engelhardt, *Historisches Bewußtsein in der Naturwissenschaft von der Aufklärung bis zum Positivismus*, München 1979.

3 Erich Rothacker, *Einleitung in die Geisteswissenschaften* (1920), 2. Aufl. Tübingen 1930, S. 198. Zu historiographiegeschichtlichen Reflexionen über den Positivismus siehe Jürgen Blühdorn/Joachim Ritter (Hg.), *Positivismus im 19. Jahrhundert. Beiträge zu seiner geschichtlichen und systematischen Bedeutung*, Frankfurt/M. 1971; Peter Schneider/Otto Sahme (Hg.), *Positivismus als wissenschaftstheoretisches Problem*, Mainz 1968.

4 Vgl. dazu Eckhardt Fuchs, *Henry Thomas Buckle. Geschichtsschreibung und Positivismus in England und Deutschland*, Leipzig 1994.

5 Comte erklärte diesen für seine Philosophie konstitutiven Begriff mit geringen Modifikationen in seinen wichtigsten Werken. Vgl. u. a. in: Auguste Comte, *Rede über den Geist des Positivismus*, übers., eingel. u. hg. v. Iring Fetscher, Hamburg 1956, S. 85ff.; ders., *Soziologie*, aus d. franz. Original ins Dt. übertr. v. Valentine Dorn u. eingel. v. Heinrich Waentig, Bd. 1, Jena 1907, S. 209ff.

6 Comte, *Soziologie* (wie Anm. 5), Bd. 1, S. 226.

7 Émile Littré, *Dictionnaire de la langue française*, Vol. 6 (1875), Gullimard/Hachette 1958, Sp. 164.

8 Comte selbst unterschied zwischen »les vrais et les faux positivists, les uns conservateurs et religieux, les autres révolutionnaires et irreligieux«; vgl. Auguste Comte, *Correspondance Générale et Confessions*, T. 7 (1853–1854), Paris 1987, S. 328.

9 Charles-Olivier Carbonell, »L'Histoire dite positiviste en France«, in: *Romantisme* 21/22 (1978), S. 173–185, hier S. 182ff., gebraucht die Begriffe »histoire

positive« und »histoire positiviste«. Zum »Faktenpositivismus« als »Kernelement des Historismus« siehe Karl-Dietrich Erdmann, *Die Ökumene der Historiker. Geschichte der Internationalen Historikerkongresse und des Comité International des Sciences Historiques*, Göttingen 1987, S. 31.

10 Oexle subsumierte zuletzt unter den Positivismus folgende Merkmale: Erfassung von Gesetzen der Geschichte oder der Natur auf der Grundlage von Fakten; Anerkennung der Wissenschaft als höchste Form des Wissens; die didaktische Funktion und die Rolle der Naturwissenschaften als Leitwissenschaft; vgl. Otto Gerhard Oexle, »›Wissenschaft‹ und ›Leben‹. Historische Reflexionen über Tragweite und Grenzen der modernen Wissenschaft«, in: *Geschichte in Wissenschaft und Unterricht* 41 (1990), S. 145–161; Wolfgang Hardtwig, »Geschichtsreligion – Wissenschaft als Arbeit – Objektivität. Der Historismus in neuer Sicht«, in: *Historische Zeitschrift*, Bd. 252 (1991), S. 1–32.

11 In: *Edinburgh Review* 67 (1838), S. 271–308.

12 A. Comte an G. H. Lewes, 12. 8. 1852, in: Auguste Comte, *Correspondance*, T. 6 (1851–1852), Paris 1984, S. 330. Beide korrespondierten von 1846–1855.

13 *British Foreign Review* 15 (1843), S. 353–406, und 16 (1844), S. 85–98. George H. Lewes, *A Biographical History of Philosophy*, Vol. 4, London 1846, S. 245; die 3. und die nächsten Aufl. ab 1867 erschienen u.d.T.: *The History of Philosophy from Thales to Comte*.

14 A. Comte an H. Martineau, 29. 12. 1853, in: Comte, *Correspondance*, T. 7 (wie Anm. 8), S. 158–160.

15 Vgl. zur Rezeption James Maurice Murphy, *Positivism in England. The Reception of Comte's Doctrines 1840–1870*, Diss. phil. Columbia 1968, S. 153 ff., und Terence R. Wright, *The Religion of Humanity. The Impact of Comtean Positivism on Victorian Britain*, Cambridge 1986, S. 61ff; siehe auch Fuchs, »Wissenschaft, Positivismus und Geschichtsschreibung« (wie Anm. 1).

16 U. a. die ausführliche Rezension der Martineau-Übersetzung von Francis Bowen, in: *North American Review* 79 (1854), S. 200–229. Weitere Angaben vgl. bei Richmond L. Hawkins, *Positivism in the United States (1853–1861)*, Cambridge 1938, S. 68.

17 Vgl. Richmond L. Hawkins, *Auguste Comte and the United States (1816–1853)*, Cambridge 1936; Robert E. Schneider, *Positivism in the United States. The Apostleship of Henry Edger*, Rosario 1946; Woodbridge Riley, »La philosophie française en Amérique«, in: *Revue philosophique de la France* 87 (1919), S. 369–423; Frederic Harrison, »Auguste Comte in America«, in: *Positivist Review* 9 (1901), S. 121–125.

18 Vgl. George Frederick Holmes: »Philosophy and Faith«, in: *Methodist Quarterly Review* 3 (1851), S. 185–218; »Faith and Science – Comte's Positive Philosophy«, in: ebd. 4 (1852), S. 9–37 u. S. 169–199; »Instauration Nova – Auguste Comte«, in: ebd. 4 (1852), S. 329–360; »The Bacon of the Nineteenth Century«, in: ebd. 5 (1853), S. 329–354 u. S. 489–513; »The Positive Religion, or the Religion of Humanity«, in: ebd. 6 (1854), S. 329–359; »Auguste Comte and Positivism«, in: *North British Review* 21 (1854), S. 128–153. Vgl. auch ders., »Modern Philosophical Systems. Comte, Herbert Spencer, Sir William Hamilton. – Inquiry into the Originality of the Positive Philosophy, Etc.«, in: *De Bow's Review* 1 (1866),

S. 225–238. Zu Holmes vgl. Neal C. Gillespie, *The Collapse of Orthodoxy. The Intellectual Ordeal of George Frederick Holmes*, Charlottesville 1972.

19 Vgl. Gillis J. Harp, *Positivist Republic. Auguste Comte and the Reconstruction of American Liberalism, 1865–1910*, University Park, PA 1995.

20 Johann Gustav Droysen, »Die Erhebung der Geschichte in den Rang einer Wissenschaft«, in: ders., *Historik. Vorlesungen über Enzyklopädie und Methodologie der Geschichte*, hg. v. Rudolf Hübner, München 1937, S. 386–405; erstmals erschienen in: *Historische Zeitschrift*, Bd. 9 (1863), S. 1–22.

21 Carové, »Doctrine de Saint-Simon. Exposition. Prémière année. 1829«, in: *Jahrbücher für wissenschaftliche Kritik* 2 (1830), S. 922.

22 Zu Buchholz vgl. Rütger Schäfer, *Friedrich Buchholz – ein vergessener Vorläufer der Soziologie*, Bd. 1, Marburg 1971, S. 118ff. u. 167ff.

23 Vgl. u.a. die Beiträge »Comte und der Positivismus« und »Auguste Comte«, in: *Allgemeine Zeitung*, Beilage Nr. 351 (17.12.1857), S. 5606, u. Beilage Nr. 356 (22.12.1857), S. 5685f.; Hermann Orges, »Auguste Comte«, in: *Deutsches Museum* 9 (1859), S. 89–96.

24 Friedrich Albert Lange, *Geschichte des Materialismus und Kritik seiner Bedeutung in der Gegenwart*, Bd. 2, Iserlohn 1866; Franz Brentano, »Auguste Comte und die positive Philosophie« (1869), in: ders., *Die vier Phasen der Philosophie und ihr augenblicklicher Stand. Nebst Abhandlungen über Plotinus, Thomas von Aquin, Kant, Schopenhauer und Auguste Comte*, mit Einl., Anm. u. Register hg. v. Oskar Kraus, Leipzig 1926, S. 98–133.

25 Franz Vorländer, »Die Grundlage der Wissenschaft der Gesellschaft (sociologie) von Aug. Comte«, in: *Allgemeine Monatsschrift für Wissenschaft und Literatur* (1853), S. 937–958.

26 Ebd., S. 955ff.

27 Klaus Christian Köhnke, *Entstehung und Aufstieg des Neukantianismus. Die deutsche Universitätsphilosophie zwischen Idealismus und Positivismus*, Frankfurt/M. 1986, S. 137f.

28 Die erste vollständige Übersetzung ist erschienen u.d.T.: *System der deductiven und inductiven Logik. Eine Darlegung der Principien wissenschaftlicher Forschung, insbesondere der Naturforschung*, dt. v. J. Schiel, Braunschweig 1862/63. Die Übersetzung Schiels von 1849 u.d.T.: *Die inductive Logik. Eine Darlegung der philosophischen Principien wissenschaftlicher Forschung, insbesondere der Naturforschung*, umfaßte noch nicht das Gesamtwerk.

29 In: *Preußische Jahrbücher* 4 (1859), S. 279–307.

30 Julius Heyderhoff, »Rudolf Haym und Karl Twesten: Ein Briefwechsel über positive Philosophie und Fortschrittspolitik 1859–1863«, in: *Preußische Jahrbücher* 161 (1915), S. 232–256, hier S. 233.

31 Twesten, der 1851 bei einem Parisaufenthalt Comtes Schriften kennengelernt hatte, arbeitete seitdem, den Grundanschauungen Comtes folgend, an einer »auf sehr spezielle kulturhistorische Studien gestützte(n) Philosophie der Geschichte« mit dem Ziel, die die historischen Erscheinungen beherrschenden Gesetze zu erkennen. Vgl. Twesten an Haym, 28.6.1859, 8.4.1859, in: Heyderhoff, ebd., S. 248 u. 237.

32 Henry Thomas Buckle, *History of Civilization in England*, 2 vols., London 1857/

1861. Die deutsche Ausgabe besorgte Arnold Ruge u.d.T.: *Geschichte der Civilisation in England*, Leipzig 1860. Vgl. ausführlich Fuchs, *Henry Thomas Buckle* (wie Anm. 4).

33 Charles Kingsley, »The Limits of Exact Science as Applied to History«, in: ders., *The Roman and the Teuton. A Series of Lectures delivered before the University of Cambridge* (1860), London 1891, S. 307–343; James Anthony Froude, »The Science of History«, in: ders., *Short Studies on Great Subjects*, Vol. I, London 1891, S. 1–38; Goldwin Smith, *Lectures on Modern History. Delivered in Oxford, 1859–61*, Freeport/New York 1972; Richard Simpson, »Mr. Buckle's Thesis and Method«, und John E. D. Acton, »Mr. Buckle's Philosophy of History«, in: John E. D. Acton, *Historical Essays and Studies*, London 1907, S. 305–323 u. S. 324–343.

34 Vgl. zusammenfassend John E. D. Acton, *Die neuere deutsche Geschichtswissenschaft*, Berlin 1887, S. 51.

35 Edward S. Beesley, »Mr. Kingsley on the Study of History«, in: *Westminster Review* 19 (1861), S. 305–336; Frederic Harrison, »Mr. Goldwin Smith on the Study of History«, in: *Westminster Review* 20 (1861), S. 293–334; John Morley, »Mr. Froude on the Science of History«, in: *Fortnightly Review* 2 (1867), S. 226–237.

36 Morley, »Mr. Froude« (wie Anm. 35), S. 234; Harrison, »Mr. Goldwin Smith« (wie Anm. 35), S. 333; James F. Stephen, »The Study of History«, in: *Cornhill Magazine* 3 (1861), S. 666–680 (Reprint in: *History and Theory* 1 [1961], S. 186–201).

37 Andrew D. White, »On Studies in General History and the History of Civilization«, in: *Papers of the American Historical Association* 1 (1885), S. 49–72.

38 Rezensionen zu Buckle u. a. in: *North American Review* 87 (1858), S. 388–423; von Theodore Parker (1858), in: ders., *An American Scholar*, Boston 1907, S. 364–418; von Francis Bowen, in: *North American Review* 93 (1861), S. 519–559; von James F. Clarke (1861), in: ders., *Nineteenth Century Questions*, Boston/New York 1897, S. 196–234; von James H. Stirling, in: *North American Review* 115 (1872), S. 65–103, und ders., in: *Journal of Speculative Philosophy* 9 (1875), S. 337–400.

39 John W. Draper, *History of the Intellectual Development of Europe*, New York 1863. Eine dt. Übers. v. A. Bartels erschien bereits 1865. Drapers Werk enthält keinen wissenschaftlichen Apparat, und es bleibt offen, ob er Buckles Werk gekannt hat. Da er aber 1860 einen Vortrag über sein Projekt auf der durch die Huxley-Wilberforce-Debatte berühmt gewordenen 30. Tagung der British Association for the Advancement of Science gehalten hat, ist dies hinsichtlich des ersten Bandes von Buckle wahrscheinlich.

40 Edward B. Freeland, »Buckle, Draper, and a Science of History«, in: *Continental Monthly* 4 (1863), S. 529–545, S. 610–624, u. ebd. 5 (1864), S. 161–180; vgl. dazu das kritische »Editorial«, in: ebd. 4 (1863), S. 711–713.

41 John Fiske Collection, Huntington Library, FK 1282, 1142 u. 581. John Fiske, Rez. zu Mills »The Positive Philosophy of Auguste Comte«, in: *North American Review* 102 (1866), S. 275–280.

42 John Fiske Collection, Huntington Library, HM 18876. Die Rezension erschien

1862 u.d.T. »Mr. Buckle's Fallacies«, ND in: John Fiske, *Darwinism and Other Essays*, Boston/New York 1885, S. 136–195; vgl. auch ders., »Pilgrim Memories«, in: *Nation* 22 (1876), S. 309–310.

43 John Fiske, »The Laws of History«, in: *Fortnightly Review* 4 (1868), S. 277–299, und *North American Review* 109 (1869), S. 197–230.

44 Vgl. u. a. John Fiske, *Excursions of an Evolutionist*, Boston/New York 1902; ders., *The Discoveries of America*, 3 vols., Boston/New York 1902; ders., *The Critical Period of American History*, 1783–1789, Boston/New York 1902.

45 Georg Weber, »Gedanken über Geschichte und Geschichtschreibung«, in: *Grenzboten* 45 (1886), S. 302f., bezeichnete Buckle als den wichtigsten Vertreter der »materialistisch-statistischen« Richtung.

46 Vgl. Johann Gustav Droysen, *Briefwechsel*, hg. v. Rudolf Hübner, Berlin/Leipzig 1929, Bd. 2, S. 48, 120 u. 849.

47 Exemplarisch siehe Heinrich von Eicken, »Der Geschichtsschreiber der Manchesterpartei«, in: *Preußische Jahrbücher* 42 (1878), S. 377–383.

48 Wolf Lepenies, *Die drei Kulturen. Soziologie zwischen Literatur und Wissenschaft*, München/Wien 1985, S. 285. Comte, so brachte Alexander Brückner (»Zur Geschichte der Geschichte«, in: *Baltische Monatsschrift* 18 [1869], S. 326–362, hier S. 348) diese Furcht auf den Begriff, »hatte das Problem einer Sociologie gestellt, Buckle, so schien es, hatte es gelöst«.

49 Franz Vorländer, »Englische Geschichtsphilosophie«, in: *Preußische Jahrbücher* 9 (1862), S. 501–527, hier S. 518f. u. 526.

50 Ebd., S. 527.

51 Droysen, »Erhebung« (wie Anm. 20), S. 389: »Ein Werk wie das Buckles ist sehr geeignet, daran zu erinnern, in welchem Maße unklar, kontrovers, beliebigen Meinungen ausgesetzt die Fundamente unserer Wissenschaft sind.«

52 Ebd., S. 391, 400, 396, 392 u. 398. Droysen erwähnte als Beispiel die Statistik; Comtes System bezeichnete er als »anziehende(n) ›Philosophie positive‹« (S. 387).

53 Droysen, *Historik* (wie Anm. 20), S. 22; vgl. Jörn Rüsen, »Johann Gustav Droysen«, in: Hans-Ulrich Wehler (Hg.), *Deutsche Historiker*, Bd. 2., Göttingen 1971, S. 7–23, hier S. 18.

54 Manfred Riedel, *Verstehen oder Erklären? Zur Theorie und Geschichte der hermeneutischen Wissenschaften*, Stuttgart 1978, S. 118 u. 122ff., leitet aus dem in der Auseinandersetzung zwischen Twesten und Haym erstmals manifestierten »falschen Gegensatz zwischen Metaphysik und Wissenschaft« für den folgenden Prozeß der Auseinandersetzung zwischen Positivismus und Historismus als das grundlegende Problem die Frage nach einer Alternative zu diesem Gegensatz ab. Beginnend bei Droysen wäre dann diese Kontroverse in die hermeneutische Richtung eingemündet.

55 Rudolf Usinger, »Thomas Buckle«, in: *Historische Zeitschrift*, Bd. 19 (1868), S. 24–37; Kurt Dieterich, »Buckle und Hegel. Ein Beitrag zur Charakteristik englischer und deutscher Geschichtsphilosophie«, in: *Preußische Jahrbücher* 32 (1873), S. 257–302 u. S. 463–481.

56 Heinrich von Sybel, »Über die Gesetze des historischen Wissens« (1864), in: ders., *Vorträge und Aufsätze*, 3. Aufl. Berlin 1885, S. 3–20, hier S. 11, 19 u. 5.

57 Ebd., S. 9 u. 11f. Vgl. auch Heinrich von Sybel, »Gedächtnisrede auf Leopold v. Ranke« (1886), in: ders., *Vorträge und Abhandlungen*, München/Leipzig 1897, S. 290–308, hier S. 301f.

58 Sybel, »Gedächtnisrede«, ebd., S. 303.

59 Volker Dotterweich, *Heinrich von Sybel. Geschichtswissenschaft in politischer Absicht (1817–1861)*, Göttingen 1978, S. 275 u. 379; vgl. auch Joachim Wach, *Das Verstehen. Grundzüge einer Geschichte der hermeneutischen Theorie im 19. Jahrhundert*, Bd. 3, Tübingen 1933, S. 189.

60 Ernst Petsche, *Geschichte und Geschichtschreibung unserer Zeit*, Leipzig 1865; vgl. die negative Rezension von Max Büdinger, in: *Historische Zeitschrift*, Bd. 15 (1866), S. 167f.; Gustav Rümelin, »Über Gesetze der Geschichte« (1878), in: ders., *Reden und Aufsätze*, Freiburg/Tübingen 1881, S. 118–148. 1867 hatte er die Rede »Über den Begriff eines sozialen Gesetzes« gehalten; vgl. ders., *Kanzlerreden*, Tübingen 1907, S. 1–24.

61 Paul Hinneberg, »Die philosophischen Grundlagen der Geschichtswissenschaft«, in: *Historische Zeitschrift*, Bd. 63 (1889), S. 18–55, hier S. 19. Hinneberg (1862–1934) hatte in Berlin Staatswissenschaften und Philosophie studiert und 1888 in Halle mit der Arbeit *Die philosophischen Grundlagen der Geschichtswissenschaft* promoviert. Seit 1885 Mitarbeiter Rankes, gab er dessen 7. Band der *Weltgeschichte* heraus. 1892 wurde er Mitherausgeber der *Deutschen Literatur-Zeitung*.

62 Ebd., S. 22ff.

63 Ebd., S. 51.

64 Unter dem Namen »Selbstmörderklub« hat sich in Berlin in den 60er Jahren ein intellektueller Kreis – ähnlich dem um John Stuart Mill in England – wöchentlich getroffen. Zu ihm gehörten junge Gelehrte wie Julian Schmidt, Wilhelm Scherer, Bernhard Erdmannsdörffer, Wilhelm Dilthey und Alfred Boretius, die in lockerer Form politische und wissenschaftliche Probleme diskutierten. Vgl. Bernhard Erdmannsdörffer, »Alfred Boretius«, in: *Preußische Jahrbücher* 104 (1901), S. 1–14, hier S. 5ff.; ders., *Kleine historische Schriften*, Bd. 1, hg. v. Heinrich Lilienfein, Berlin 1911, S. VIII; siehe auch Rothacker, *Einleitung* (wie Anm. 3), S. 137f. Zu Leipzig siehe Roger Chickering, »Das Leipziger ›Positivisten-Kränzchen‹ um die Jahrhundertwende«, Vortrag gehalten auf der Jahrestagung der German Studies Association, Minneapolis 1992.

65 Vgl. zur »scientific history« ausführlicher Matthias Waechter, *Demokratie und freies Land. Das Thema der Frontier in der amerikanischen Geschichtswissenschaft*, Phil. Diss. Freiburg 1994, S. 56ff.; ders., »›Scientific History‹ in den Vereinigten Staaten. Sozialer Evolutionismus als Theoriemodell«, in: Eckhardt Fuchs/Steffen Sammler (Hg.), *Geschichtswissenschaft neben dem Historismus* (= *Comparativ* 5:3 [1995]), S. 32–49.

66 1877 schrieb Stubbs, daß »there is such a science«, eine Geschichtswissenschaft allerdings, die nicht nomothetisch definiert war; vgl. William Stubbs, »Methods of Historical Study (May 18, 1877)«, in: ders., *Seventeen Lectures on the Study of Medieval and Modern History and Kindred Subjects* (1886), New York 1967, S. 93–114, hier S. 97; ders., »On the Purposes and Methods of Historical Study (May 15, 1877)«, in: ebd., S. 71–92, hier S. 89ff.

67 1874 erschien die 5. und 1881 die 6. Aufl. der Übersetzung Ruges (siehe Anm. 32). 1870 gab Immanuel H. Ritter in Berlin eine fünfbändige Übersetzung heraus.

68 Vgl. Köhnke, *Neukantianismus* (wie Anm. 27), S. 404 ff.

69 Siehe z. B. Gunter Mann, »Geschichte als Wissenschaft und Wissenschaftsgeschichte bei Du Bois-Reymond«, in: *Historische Zeitschrift*, Bd. 231 (1980), S. 75–100.

70 Das Werk Karl Twestens mit einer langen Einleitung (S. 1–159) wurde nach seinem Tod von Moritz Lazarus herausgegeben: *Die religiösen, politischen und sozialen Ideen der asiatischen Kulturvölker und der Aegypter*, Berlin 1872.

71 Im Sommersemester 1870 behandelte Ludwig Adolf Cohn die Geschichtsauffassung des Engländers; vgl. Horst Walter Blanke, *Historiographiegeschichte als Historik* (*Fundamenta Historica*, Bd. 3), Stuttgart 1991, S. 251; zu Comte vgl. Köhnke, *Neukantianismus* (wie Anm. 27), S. 383.

HANS SCHLEIER

Kulturgeschichte im 19. Jahrhundert: Oppositionswissenschaft, Modernisierungsgeschichte, Geistesgeschichte, spezialisierte Sammlungsbewegung

Die Kulturgeschichte gehört zweifellos zu den wichtigsten Alternativkonzeptionen der traditionellen akademischen Geschichtsschreibung im 19. Jahrhundert. Sie ist freilich nur teilweise in der sich professionalisierenden Fachwissenschaft verankert; sie ist oft das Werk von Außenseitern bzw. Amateurhistorikern. Sie geht aber im Zuge der gesellschaftlichen Modernisierungsprobleme häufig über den Tellerrand der akademischen Geschichtsschreibung im engeren Sinne hinaus und wirft im Zusammenhang mit anderen Disziplinen neue Problemstellungen auf und fordert das Perspektivenbewußtsein des Faches heraus. Sie versteht sich oftmals als Hinwendung von der äußerlichen Geschichte zu ihren inneren Bereichen, wenn nicht gar generell als Verwissenschaftlichung der konventionellen Geschichtsschreibung. Indem sie auf politisch-soziale Fragen des Modernisierungsprozesses reagiert, ist sie nicht nur im fachlichen, sondern zumindest teilweise auch im politischen Sinne Oppositionswissenschaft.[1]

Man kann sagen: Kulturgeschichte fordert einerseits das Fach durch ihren Gegenstand, ihre Ansichten und ihre Arbeitsweise heraus, andererseits läßt der Umgang mit ihr Rückschlüsse zu auf Zustand und Befindlichkeit des Faches selbst.

Kulturgeschichte ist in Deutschland und international alles andere als eine in sich einheitliche Richtung. Ja selbst die Termini, unter die sie sich einordnet – Kulturgeschichte, Zivilisationsgeschichte oder anders –, schwanken. Hier sollen Werke herangezogen werden, in denen der Autor Kultur generell zum Erklärungsgrund der Geschichte bzw. einzelner Kulturzeitalter erhebt oder aber Bereiche der materiellen und ideellen Kultur zum vorrangigen Gegenstand seiner Betrachtungen macht.

Das bedeutet, daß Kulturgeschichte zwischen den Polen der Makro- und der Mikrohistorie angesiedelt ist. Sie kann sich einerseits mit Universalgeschichte oder auch mit Historischer Anthropologie berühren, andererseits kann sie empirische Untersuchungen beinhalten, die man heute auch in die Alltagsgeschichte einordnet. Teilweise spezialisiert sie sich auf Darstellungen des geistig-kulturellen Lebens oder des »Nichtpolitischen«. Manche Kulturgeschichten auch noch des 19. Jahrhunderts sind kaum mehr als kompilatorische Sammlungen von Fakten aus verschiedenen kulturellen Bereichen. In unserem Zusammenhang interessieren vor allem Werke der allgemeinen Kulturgeschichte bzw. diejenigen Werke, die Schlußfolgerungen von kulturgeschichtlichen Zuständen und Mentalitäten auf die sogenannte Ereignisgeschichte ziehen und diese so neuartig interpretieren wollen.

Die Geschichte der Kulturgeschichtsschreibung betreffend, kann man in ihr m. E. zumindest einige Phasen herausstellen, in denen von der Kulturgeschichte verstärkt wichtige Denkanstöße für das internationale Geschichts- und Gesellschaftsdenken ausgehen.

In der Spätaufklärung, die in den Nachwirkungen bis Anfang des 19. Jahrhunderts verläuft, erweitert die Kulturgeschichte den Horizont und den Gegenstandsbereich über die bisherige Staaten-, Fürsten- und Kirchengeschichte hinaus (räumlich, zeitlich, gesellschaftlich-strukturell) und bringt neue generelle Interpretationsmodelle der Welt- und Menschheitsgeschichte in das Denken ein. Der Zusammenhang zur Naturgeschichte bleibt gewahrt und wird auf das Hineinwachsen des Menschen in den Kulturzustand konzentriert. Daneben orientiert sich das Interesse individueller auf die Kulturen der einzelner Völker. Es beginnt die empirische Arbeitsweise der Kulturgeschichte.[2]

Machen wir einen Sprung zum Ende des 19. Jahrhunderts: Hier finden zeitgleich in der Geschichtswissenschaft zahlreicher Länder heftige Diskurse statt, die den Erklärungsbedarf für die neuen sozialen und weltpolitischen Erscheinungen widerspiegeln. Man debattiert über eine Vertiefung oder Ablösung der traditionellen historistischen Politikgeschichte durch eine »verwissenschaftlichte« Geschichte in Form einer Kultur- bzw. Sozialgeschichte. Neue Theorieansätze und Methoden tauchen auf, der interdisziplinäre Rahmen dafür, wenn nicht gar für eine umfassende Synthese der Gesellschaftsgeschichte wird gesucht.

Um die Mitte des 19. Jahrhunderts, im Zeitraum, der hier vorrangig zur Debatte stehen soll, geben folgende Erscheinungen Anstöße zu neuen Aspekten des Geschichtsdenkens:

Es sind erstens die Industrielle Revolution und der gewaltige Aufschwung der zivilisatorischen, technischen und naturwissenschaftlichen Entwicklung. Auch die immense Mobilität und die bewußt empfundene Beschleunigung von Zeitabläufen werden zum Problem. Diesem Modernisierungsprozeß widmen sich, teils auch historisch bis zur Vorgeschichte rückblickend, Kultur- und Zivilisationsgeschichte, die die Geschichte in ein neues, höheres Zeitalter münden lassen.

Zweitens: Mit der Hinwendung zu neuen Gegenständen und sozialen Schichten dokumentieren sich einerseits die neue sozialökonomische Rolle und die politischen Ansprüche des Bürgertums, dessen Leben und Denken – auch in der Geschichte – aufgegriffen wird. Häufig wird das Bürgertum als Interessenwahrer des gesamten dritten Standes gesehen und eine Betrachtung der Lebensweise breiterer Volksschichten gefordert. Andererseits lassen Pauperismus und die sogenannte soziale Frage neue Fragestellungen eher aufklingen, als sie im Rahmen zumindest der Kulturgeschichte beantwortet werden. Weitaus intensiver wirkt sich dagegen die Niederlage des Bürgertums in den Revolutionen von 1848/49 auf Intentionen und Ausrichtung der Kulturgeschichte seit der Mitte des 19. Jahrhunderts aus.

Drittens bleiben auch die forcierten Nationalstaatsentwicklungen und Nationalideen nicht ohne Auswirkung auf die Kulturgeschichte und den von ihr gewählten Betrachtungsrahmen, der vorzugsweise vom universalen auf den nationalen Bereich verlegt wird.

Wie wichtig den Zeitgenossen diese Erscheinungen sind, verdeutlichen weitere Alternativvorstellungen des Geschichts- und Gesellschaftsdenkens, die gleichzeitig, teilweise in loserem oder engerem Zusammenhang mit der Kulturgeschichte aufkommen oder belebt werden, um die neuen Problemstellungen zu verarbeiten: Ich meine insbesondere Gesellschaftslehren und Gesellschaftswissenschaft, Sozialismus- und Kommunismus-Perspektiven, den westeuropäischen Positivismus, naturwissenschaftlich-organologische Ansichten und auf Gesetze ausgerichtete Analogien für eine neue Sozialwissenschaft. Von diesen Anstößen sind es hauptsächlich die nationalstaatlichen und volksgeschichtlichen, die von der akademischen Geschichtsschreibung akzeptiert, einbezogen und als eines der wichtigen neuen Kriterien der Modernität in der Geschichtswissenschaft proklamiert werden, wie in Deutschland das Gründungsprogramm der *Historischen Zeitschrift* von 1859 demonstriert. Andere Konzepte und Methoden fassen Fuß in sich verselbständigenden akademischen Disziplinen wie der Volkskunde, Ethnologie/Völkerkunde, Historischen Anthropologie oder Soziologie.

Was die Kulturgeschichte selbst angeht, seien zunächst zwei Gesichtspunkte kurz hervorgehoben: Erstens die durchgängige Kritik kulturhistorischer Autoren an der unzureichenden Ereignisgeschichte, explizit polemisch oder implizit durch ihre Nichtbeachtung. Zweitens ist es das Resultat des Modernisierungsprozesses um die Jahrhundertmitte und der Revolution von 1848/49, daß die Kulturgeschichte nicht zu einer einheitlichen Richtung der Geschichtsschreibung zusammenwächst, sondern sich im Gegenteil weiter diversifiziert.

Folgende Ansätze der Kulturgeschichtsschreibung, zum Teil ineinander übergreifend und sich bei einzelnen Autoren verbindend, kann man erkennen:

1. die Zivilisationsgeschichte des europäischen Modernisierungsprozesses als Fortschrittsprozeß, die eine neue Ausrichtung der Geschichtsschreibung postuliert, vertreten durch Guizot als Vorläufer, durch Buckle und Rambaud, in Deutschland durch Kolb, Biedermann und Lippert;

2. die Kulturgeschichte als universale Naturgeschichte und Gesetzeswissenschaft, getragen von Gedanken des westeuropäischen Positivismus und von Sozialwissenschaftlern wie Lilienfeld, vertreten wiederum durch Buckle, ferner durch Tylor und Spencer, in Deutschland vor allem von Klemm und Heller von Hellwald;

3. die Kulturgeschichte als politische Opposition gegen den Obrigkeitsstaat und/oder als zeitkritische Dominante der Geschichtsinterpretation, verkörpert durch Kolb, Scherr, Vehse, Twesten, Henne am Rhyn, Jodl, Honegger;

4. die Kulturgeschichte als Volkskunde von Volkspersönlichkeit/Volksgeist, als Gesamtgesittung des Volkes oder als Mentalitätsgeschichte des Nationalen/der Kulturnation, wobei der Volksgeist eine hypothetische Konstruktion bleibt und die Betrachtung der nationalen Mentalität eher in einzelne Stränge aufgelöst wird; gekennzeichnet werden diese Bestrebungen durch Namen wie Engelhardt, Duller, Riehl, Lazarus, Steinthal bzw. Freytag, Dahn und den späteren Biedermann;

5. ein Kulturkonzept der Ethnologie als Kulturanthropologie, verbunden mit Namen wie Bastian, Lubbock, Bagehot und Spencer; das Herauswachsen der Zivilisation aus dem Naturprozeß bleibt ebenso wie im 18. Jahrhundert ein wichtiges Thema; unterstützt werden diese Bestrebungen in West- und Mitteleuropa erst (1840er Jahre) durch ethnologische, später (ab 1859) durch anthropologische Gesellschaften;

6. eine neuartige Sicht auf Kulturzeitalter und Kulturkreise, die vergleichend, analogisierend und typologisierend angegangen und in grö-

ßere universale Zusammenhänge gestellt werden, gekennzeichnet durch Burckhardt, E. Meyer, Wilamowitz-Moellendorff, Ratzel, Frobenius, Ankermann, Graebner;

7. Kulturgeschichte als Kritik am Modernisierungsprozeß und als generelle Kulturkritik (mit der Idealisierung des Landes und des Bauernstandes sowie der Ablehnung des hektischen technischen Zeitalters, mit der Vorhersage der geistigen Verflachung und des Kulturverfalls), getragen von Riehl, Draper, Burckhardt, Nietzsche, Brooks Adams;

8. Kulturgeschichte als enttäuschte Abwendung von der Politik und das Ausweichen in die höhere Sphäre des Geistig-Kulturellen oder als Spezialgeschichte des Geistig-Kulturellen bzw. der Übergang von der zünftigen Geschichtsschreibung in die ästhetisch-belletristische Darstellungsform, gekennzeichnet von Namen wie v. Lasaulx, Scheffel, Vehse, Gregorovius, Kugler, Faucher, Draper, Lecky, Stephen, Sainte-Beuve;

9. Kulturgeschichte als apolitische Spezialgeschichte des »Nichtpolitischen« bzw. als mikrohistorische Erkundung des Alltags, der Gebräuche und Sitten (auch als Volkskunde und Sittengeschichte), des Geschmacks, der Trachten und Moden usw. mit Autoren wie Preusker, Johannes Heinrich Müller, Jacob v. Falke, dem frühen Steinhausen – dazu rechnen kann man in weiterem Sinne die breite museale Sammlungsbewegung von Sachzeugen und Quellen, getragen u. a. vom Germanischen Nationalmuseum in Nürnberg, von Namen wie v. Aufsess, Jacob und Johannes Falke, Klemm, Preusker, Virchow;

10. Kulturgeschichte in indirekter Form als wirtschaftsgeschichtliche Studien, verbunden mit der Beschreibung von Arbeitsgeräten und Siedlung, sozialen Verbänden und Beziehungen, von Mentalitäten und Lebensweise, vorzugsweise getragen von Nationalökonomen, Volks- und Landeskundlern, Ende des Jahrhunderts im großen Stile intensiviert von der jüngeren historischen Schule der Nationalökonomie (Preusker, Meitzen, Nitzsch, Schmoller, Gothein);

11. noch bis über die Mitte des Jahrhunderts Kulturgeschichte als weitergeführte altmodische, gewissermaßen polyhistorische Kompilation alles Greifbaren aus der Sekundärliteratur, verbunden mit Werken von Wachsmuth, Klemm oder dem Amerikaner Amos Dean.

Diese Ansätze, die hier vorrangig nach dem Selbstverständnis der Kulturhistoriker angeordnet werden, liegen also auf ganz verschiedenen Ebenen. Sie spiegeln sowohl die unterschiedlichen Kulturauffassungen als auch die abweichenden Gegenstandsbereiche der Kulturgeschichte wider; entsprechend differieren Forschungs- und Sammlungsmethoden. Die erste Ebene erfaßt Kulturgeschichte als universales Konzept der Historiographie, aber auf unterschiedlichen Theorieansätzen basierend (die genannten Ansätze unter 1, 2, 11 und zeitlich später 6). Eine zweite Ebene bildet Kulturgeschichte in der Form sich spezialisierender Disziplinen, die sich bewußt auf bestimmte Aspekte konzentriert, um sie quellenmäßig genauer angehen zu können (die erwähnten Ansätze unter 4, 5, 8, 10), aber damit auch den Gegenstand der Kulturgeschichte verengt (8). Kulturgeschichte wird – dritte Ebene – benutzt als Ausdruck des Zeitgeistes und in Reaktion auf den Modernisierungsprozeß (Ansätze 3, 6, 7, 8). Viertens präsentiert sich Kulturgeschichte als Spezialgeschichte ohne theoretische Anstrengungen hinsichtlich des Kulturbegriffs und als große Sammlungsbewegung von Kulturgütern (Ansätze 9, 10, 11, teils auch 8).

Die vorgestellten Trends lassen erkennen, wie verschieden die Kulturhistoriker auf die politisch-ideologischen Geschehnisse seit dem Vormärz und auf den Modernisierungsprozeß reagieren. Der Vormarsch der Naturwissenschaften und des Entwicklungsdenkens wird von zahlreichen Kulturhistorikern rezipiert. Es tritt ferner hervor, daß das breitgefächerte öffentliche Interesse an Kulturgeschichte zu sich verselbständigenden Sammlungsbewegungen und Museumsgründungen führt, daß sich neben der Geschichte auch neue Disziplinen wie die Volkskunde und die Ethnographie / Ethnologie herausbilden, die besondere Bereiche der Kultur in Deutschland und in anderen, oft außereuropäischen Ländern verfolgen.

Ordnet man die kulturgeschichtlichen Bestrebungen regional, so fällt auf, daß im deutschsprachigen Raum Preußen sowohl vor als auch nach der Reichsgründung wenig vertreten ist! Rankesche wie borussische Schule der Geschichtsschreibung sind vornehmlich auf politische Historie ausgerichtet. Die Polemik gegen den sogenannten Dilettantismus der Kulturgeschichte geht häufig von preußischen Universitäten aus. Es sind sächsische, süddeutsche und südwestdeutsche Autoren, die Kulturgeschichte betreiben und Verbindungen nach Österreich und der Schweiz haben, Länder, in denen Kulturgeschichte auf breiteres Interesse stößt und Kulturhistoriker an den Universitäten tätig sein können. In den angelsächsischen Ländern, in denen die Professionalisierung später einsetzt, schreiben Amateurhistoriker Kulturgeschichte und konzentrieren sich Interessierte auf ethnologische Forschungen, die dann an den Universitäten Eingang finden.

Zwei grundsätzliche Schwierigkeiten kennzeichnen die Kulturgeschichte allgemein. Erstens ist es die generelle, die sie von ihrer Entstehung bis heute begleitet: Ich meine den riesigen Umfang des Gegenstandes der allgemeinen Kulturgeschichte, räumlich, horizontal und vertikal. In den meisten Fällen ist das Auseinanderklaffen von theoretisch-methodologischem Anspruch und der arbeitsmäßig begrenzten Ausführungsmöglichkeit gar nicht zu vermeiden, so daß die Synthesen bzw. Aussagen über historische Zusammenhänge ebenfalls beschränkt bleiben bzw. faktenmäßig unzureichend belegt sind. Zweitens hat Kulturgeschichte vielfach andere Quellen als die Ereignisgeschichte, nicht zuletzt Sachzeugen. Die Methoden der Quellenforschung bilden sich aber erst nach und nach mit der Einsicht über neue Quellengruppen, den Zugang zu ihnen und ihre Verwertungsmöglichkeiten heraus. Amateurhistoriker schreiben oft noch Bücher über Bücher. Im Zeitalter der Professionalisierung der Geschichtswissenschaft mit einem festgelegten Methodenkanon und der vorrangigen Ausrichtung auf schriftliche Quellen haftet den Kulturhistorikern daher generell der Makel des Dilettantismus an. Das sollte sich erst im 20. Jahrhundert ändern.

Trotzdem entwickelt die Kulturgeschichte im 19. Jahrhundert einige interessante und innovative Theoriekonzepte, Methoden und Organisationsformen, die trotz der ablehnenden Haltung der akademischen Zunft ihr gegenüber nicht übersehen werden sollten, auch wenn manche dieser Vorstellungen nur erste Ansätze bleiben oder provozierend Gegenvorstellungen hervorrufen. Auf einige dieser Theoriekonzepte, Methoden und Organisationsformen soll im folgenden hingewiesen werden.

A) Zunächst zum neuen theoretischen Hintergrund der Kulturgeschichte:

1. Der europäische Modernisierungsprozeß zur kapitalistischen Industriegesellschaft erscheint als notwendiger und primärer Forschungsgegenstand, den eine moderne Geschichtswissenschaft vorrangig anzugehen hat und der als Gesamtphänomen zu beurteilen ist. Die bisherige Ereignisgeschichte ist demgegenüber nur zweitrangig (Guizot, Buckle, Tylor, Kolb, Biedermann, Lippert, Honegger, Henne am Rhyn). Kolb verkündet 1869, die jüngste Epoche habe die gewaltigste soziale Umwälzung bei allen Kulturvölkern seit der Völkerwanderung gebracht; diese neue Epoche erfordere eine neue Geschichtsschreibung.[3] Schon 1829 postuliert Guizot als früher Interpret, die Zivilisation sei die wichtigste aller Geschichten, sie begreife alle anderen in sich; sie sei das Hauptfak-

tum, auf welches sich alle anderen Ereignisse bezögen und von dem aus sie erst ihre Bedeutung fänden.[4] »Die Wohltäter und Heroen der neuen Zeit sind im einfachen Studierzimmer und in der geräuschvollen Maschinenwerkstatt zu suchen«, formuliert Honegger.[5]

Von diesem Modernisierungsprozeß der Gegenwart ergibt sich auch ein neuer Blick auf den universalen Zivilisationsprozeß und seine großen Entwicklungsstufen, auf Kulturzeitalter. Modernisierung lenkt den Blick der Kulturhistoriker sehr stark auf Wirtschaft, Technik, Handel, auf »Arbeit« und »Lebensfürsorge« (Lippert), auf soziale Veränderungen und ihre nachhaltige Bedeutung für den historischen Prozeß. Biedermann meint 1857, die materiellen Interessen seien zu »der« sozialen Macht des Jahrhunderts erwachsen.[6] Und ein Jahr später erklärt Peez: »Oekonomische Motive durchziehen die Weltgeschichte.«[7] Johannes Falke betont 1872: »Das in seinem Umfange weiteste, in seiner Bedeutung für jeden Einzelnen wie für jedes Volk wichtigste, in der Fülle der schaffenden Kräfte und ihrer Strebungen wie der durch sie erzeugten Güter reichste Gebiet des Kulturlebens ist das *wirtschaftliche*.«[8] Das Verhältnis der Kulturgeschichte zur Volkswirtschaftslehre wird aus diesen Motiven mehrmals aufgegriffen und eine Sinnerweiterung in dieser Richtung gefordert (Peez, Johannes Falke).

2. Das Forschungsinteresse verschiebt sich von der politisch-dynastischen Ereignisgeschichte und ideellen Faktoren auf Bereiche der materiellen und ideellen Kultur, auf kollektive Zustände und Erscheinungen, auf das Bürgertum und nicht zuletzt auf die breiteren Volksschichten. Das ganze Volk, sagt Biedermann, müsse vollgültiger Gegenstand der Geschichte sein.[9] Die Arbeit und Lebensweise werden ebenso wichtig wie soziale Strukturen und der Mechanismus sozialer Zusammenhänge. Einbezogen werden sollen die sittlichen Zustände und die Denkweise des Volkes, die Gebräuche, Moden und Ergötzungen.

Der Bereich der Gesellschaft ist derjenige Bereich, dem sich eine moderne Geschichtswissenschaft zuzuwenden hat, um die Rückstände im Wissen darüber und über historische Zusammenhänge aufzuholen (Buckle, Biedermann, Kolb, Jodl, auch Wachsmuth). Dagegen wenden sich die Fachhistoriker. 1888 moniert D. Schäfer: »Nicht die politischen und religiösen Überzeugungen und Leidenschaften der Völker stehen im Vordergrunde des kulturgeschichtlichen Interesses, sondern ihre alltäglichen Gewohnheiten und Gepflogenheiten, nicht jene geistigen und sittlichen Regungen, die als göttliches Erbteil im Menschen leben, sondern die Formen der Befriedigung jener niedrigeren Bedürfnisse, die im animalen Teile des menschlichen Seins ihren Ursprung haben.«[10]

Das breite kulturgeschichtliche Interesse im Bürgertum führt zu einer breitgefächerten Sammlung von Sachzeugen, kunstgeschichtlichen Überlieferungen und anderen neuartigen Quellen. Das ist ein Sammlungsprozeß, der sich freilich in vielen Fällen mikrohistorisch verselbständigt, sich zu historischen Spezialgebieten auswächst oder in manchen Disziplinen wie der Volkskunde dominierend wird. Trotzdem gewinnt die Vorstellung Raum, und deshalb ist sie als konzeptioneller Ansatz bedeutsam, daß mit Sachzeugen nicht nur eine neue Qualität der Veranschaulichung der Vergangenheit, sondern auch ihrer vertiefenden Interpretation gewonnen werden kann. Freilich bleibt das Mißtrauen der historischen Zunft gegen den alltags- und sozialgeschichtlichen Bereich und die Geringschätzung der materiellen Quellen bestehen.

3. Die Mannigfaltigkeit der neuen Erkenntnisse und Quellen kann von der Kulturgeschichte nur unzureichend zu einem Ganzen zusammengefaßt werden, denn die theoretischen Ansätze bevorzugen in der Regel einzelne Faktoren des Modernisierungsprozesses als maßgebliche Dominanten, die aber jeweils nur – umstrittene – Teilerklärungen bringen. Doch gibt es wiederholt Bemühungen, Gegenstand und Aufgabenbereich der Kulturgeschichte festzulegen.

1851 unternimmt der Dresdener Bibliothekar Gustav Klemm den wenig beachteten Versuch, zwischen einer Kulturgeschichte, die die Erscheinungen in der chronologischen Aufeinanderfolge darstelle, und einer Kulturwissenschaft, die die Erscheinungen als ein Ganzes zu fassen habe, zu unterscheiden.[11] Einbegriffen in die Kulturwissenschaft sind nach aufklärerischer Gepflogenheit noch Naturkräfte und Körperlichkeit, im Mittelpunkt steht aber die Tätigkeit des Menschen zur Befriedigung und Bereicherung seiner Bedürfnisse.

Der Historiker und Philosoph Jodl schreibt 1878 die erste Geschichte der Kulturgeschichtsschreibung und versucht, ihren Gegenstand zu umreißen und damit ihren ersten Rang in der Fachwissenschaft neben und zusammen mit Geschichtsphilosophie und Universalgeschichte zu begründen. Der Gegenstand der Kulturgeschichte ist daher nach Jodl eingeschränkter als bei Klemm und umfaßt die Erkenntnis des Wesens der Kultur und der Formen ihrer Entwicklung, gegliedert nach den Bereichen: (1) Arbeit und materielle Kultur, Bedürfnisbefriedigung und Lebensweise, (2) soziale, politische und rechtliche Zustände, (3) die internationalen Beziehungen der Völker, (4) das geistig-kulturelle Leben, Sitten und Religion.[12] Das Programm stößt auf entschiedene Ablehnung der historischen Zunft.

Eine Gegenstandsbestimmung verfolgt fast gleichzeitig (1879) der *Katechismus der Culturgeschichte* des Zürichers Honegger, der freilich weniger bekannt wird. Honegger unterscheidet eine »allgemeine Kulturgeschichte«, die die Geschichte der Menschheit aus anthropologisch-ethnographischem Gesichtspunkte erfassen soll, und eine »besondere Kulturgeschichte«, die spezieller auf Kulturentwicklungen der fünf Erdteile seit der Antike einzugehen hat, aber hochmütig die »kulturlosen« Völker ausklammert.[13]

Wie schwierig es ist, ein Bild von der Geschichte der Kulturgeschichtsschreibung seit Ende des 18. Jahrhunderts zu gewinnen, zeigen die Abweichungen in Autoren und Gegenstandsbereichen, die Jodl und Honegger in ihren erwähnten Schriften erkennen lassen. Bei beiden fehlen übrigens Riehl, Freytag, Burckhardt und der Kreis um die *Zeitschrift für deutsche Kulturgeschichte*. In dem vielfältigen Geflecht der internationalen Kulturgeschichtsschreibung kann sich keiner der erwähnten Begründungsansätze durchsetzen. Unterschiedliche Gegenstands- und Funktionsauffassungen bleiben bestehen, z. B.:

a) ob Kulturgeschichte genereller Aspekt für universale Synthese und damit dominierendes Element der Historie sein muß (Kolb), gewissermaßen der »Stamm«, an dem alle übrigen Wissenschaften nur »Zweige« sind (Joh. Falke), oder ob Kulturgeschichte sich in die politische Geschichte nur »einordnen« soll, das etatistische »Knochengerüst« gewissermaßen mit dem »ausfüllenden Fleisch« des »Volkslebens« bereichernd (Biedermann);[14]

b) ob allgemeine Kulturgeschichte einer Zweiteilung in eine chronologische Aufarbeitung der Erscheinungen und eine Systemanalyse des Kulturlebens bedarf oder ob eine solche Zweiteilung gerade die universale Interpretation beschränkt;

c) ob Naturgeschichte und Abstammungslehre noch Gegenstand der modernen Kulturgeschichte sein müssen oder inzwischen in selbständigen Wissenschaften behandelt werden;

d) ob Kulturgeschichte zumindest vorerst noch universal sinnvoll behandelt werden kann oder ob ihr nicht die Untersuchung ethnologischer bzw. nationaler Bereiche vorangehen muß. Schon infolge der Überfülle des Materials ist in der Praxis eine verstärkte Hinwendung zur nationalen Kulturgeschichte augenfällig (Scherr, *Geschichte Deutscher Cultur und Sitte*, 1852; Joh. Falke, *Die deutsche Kulturgeschichte*, 1856; *Zeitschrift für deutsche Kulturgeschichte*, 1856ff.). Man kann außerdem beobachten: Je intensiver die Zuwendung zum kulturhistorischen Detail, etwa in der weiteren Spezialisierung von der nationalen zur territorialen und lokalen Kulturgeschichte, desto geringer ist die Neigung zu verallgemeinernden Überlegungen, zu einer allgemeinen Kulturgeschichte.

e) Der Terminus der Kulturgeschichte ist oft bei ein- und demselben Autor ein schillernder Begriff in doppelter Bedeutung, mal allgemeine Kulturgeschichte als grundlegender Aspekt der Geschichtsbetrachtung, mal eingehende Schilderung des geistig-kulturellen Lebens als höchste Form menschlicher Erfüllung.

4. Gesetzesdenken im Rahmen des Positivismus bzw. der Naturwissenschaften führt zu veränderten Erklärungsmodellen auch der Sozialwissenschaften, die freilich umstritten sind, weil sie auf der einen Seite nur allgemeinste und geschichtsferne Aspekte erfassen oder auf der anderen Seite gewagte Übertragungen naturwissenschaftlicher Beobachtungen auf die Gesellschaft sind. Doch haben sie immerhin den Erkenntniswert, die Aufmerksamkeit auf sozialökonomische Erscheinungen und Zustände zu richten, auf Massenerscheinungen des Handelns, Denkens und Fühlens, auf Wiederholungen und Regelmäßigkeiten, ferner auf immanente soziale Aspekte, die gewissermaßen hinter dem Rücken der Menschen liegen und doch ihr Denken und Handeln beeinflussen.

Zu einem zentralen Begriff der Kulturgeschichte wird der Fortschrittsgedanke, der einerseits im Lichte des europäischen Modernisierungsprozesses ziemlich geradlinig, organologisch vorgestellt werden kann oder andererseits, besonders mit außereuropäischem Blick, als zyklisch, als Folge von Kulturkreisen, von Haupt- und Seitenwegen interpretiert wird. Der weitverbreitete Optimismus läßt nicht nur Otto Henne am Rhyn eine *Kulturgeschichte im Lichte des Fortschritts* (1869) möglich erscheinen.

5. Der Bereich der Kultur wird auch zu demjenigen Bereich, von dem aus man in erster Linie Nationalvorstellungen, kollektive psychische Eigenheiten und Mentalitäten von Kulturnationen bzw. – seit dem Ende des 19. Jahrhunderts intensiviert – von landschaftlichen Regionen bestimmen kann. Gerade die regionalen Untersuchungen sind empirisch gesättigter als größere Darstellungsbereiche. An die vielfältigen, wenn auch sicherlich diffusen Beobachtungen des 19. Jahrhunderts konnte die

moderne Kulturgeschichte seit den *Annales* anknüpfen. Aber auch anthropologische Überlegungen, die nicht die Körperlichkeit betreffen, gehen in der Regel von der Kultur aus.

6. Jodl versucht, den sich verändernden Kulturerscheinungen solche der Stabilität gewissermaßen als grundlegende anthropologische Denk- und Verhaltensweisen gegenüberzustellen. Was später eine Theorie historischer Zeiten genannt wird, ist implizit in den einander gegenübergestellten und miteinander verbundenen Ebenen der kulturellen und sittlichen Zustände und der ereignisbedingten Kulturhaltungen und -handlungen schon angedeutet. Jodl jedenfalls schlägt vor, darauf eine systematische Einteilung des gesamten Kulturinhalts zu gründen, die für die Zunft sofort unannehmbar wird, weil sie auch das Gesetzmäßige ergründen soll.[15]

7. Ausgeweitete Beobachtung der Kulturerscheinungen und Kulturkritik an der Moderne tragen dazu bei, daß der Begriff der Kultur Ende des 19. Jahrhunderts enorme und verselbständigte Bedeutung für die Interpretation der Gegenwart wie der Vergangenheit bekommt. Ausdrucksformen solcher Überlegungen sind aber nur zum geringeren Teil kulturgeschichtliche Darstellungen, sondern die Einwirkungen auf die öffentliche Meinung kommen aus verschiedenen Wissenschaften, aus der Literatur und Publizistik. Es beginnt die Rede von den »Kulturwissenschaften«.[16]

Seit den 1870er Jahren mehren sich wieder Stimmen, die der Kulturgeschichte innerhalb der Geschichtsschreibung eine Integrationsfunktion bei der Interpretation der historischen Faktoren zuweisen (Kolb, Joh. Falke, Burckhardt, Jodl, Henne am Rhyn, Honegger, Lippert, Gothein). Zugleich ist der Begriff der Kultur auch ein zentraler Begriff, um eine fachübergreifende Synthese als Gesellschaftsgeschichte zu instrumentalisieren und eine Zusammenarbeit der Sozialwissenschaften anzumahnen.

B) Zu den neuen Methoden, die die Kulturgeschichte aufgreift bzw. entwickelt, kann man rechnen:

1. Es wird erkannt, daß Alltagsleben und Alltagsmentalität andere als die staatlichen Quellen erfordern. Biedermann fordert z. B. für die Familiengeschichte das Aufspüren von Familienpapieren, privaten Briefen, Tage- und Haushaltbüchern, die systematische Suche in Chroniken und Ortsgeschichten, in Gerichtsakten, Kirchenbüchern usw.[17] Er selbst und

andere sammeln frühere Flugschriften und werten Zeitungen u. a. Periodika aus. Steinhausen erkundet Mentalitäten aus Tausenden von Briefen. Doch ist sich Biedermann bewußt, daß das riesige Forschungsfeld nur in langer Arbeit und von vielen Köpfen beackert werden kann. Dazu kommt es aus organisatorischen und materiellen Gründen nicht. Diese Suche und die Edition bleiben trotz zahlreicher Einzelpublikationen sporadisch und spontan. Der immense Arbeitsaufwand der Quellensuche ist auch ein wichtiger Grund, daß sich die Kulturgeschichte von der universalen zu der nationalen Geschichte wendet (Scherr, Joh. Falke, Biedermann) und sich die Ethnologie / Völkerkunde verselbständigt.

2. Wichtig für die Kenntnis des Volkslebens werden statistische Massen- und Durchschnittsdaten, die systematisch auszuwerten sind. Man kann sich den Aufschwung der staatlichen Statistik in Europa (Quetelet) und damit die »unwiderlegliche Rüstung der Zahlen«[18] wenigstens teilweise zunutze machen. Von Durchschnittsdaten geht man in ersten Ansätzen über zur Typenbildung in Form von Durchschnittstypen sozialer Gruppen und ihres Verhaltens (Tylor, Lippert, Gothein, Werner). Gothein meint, da Kulturgeschichte zum großen Teil mit Massenerscheinungen zu tun habe, müsse sie im Rahmen ihrer analytischen Methoden mit Typen arbeiten.[19] Der Wiener Germanist Richard M. Werner spricht sich 1895 dafür aus, »Biographien der Namenlosen« nach »Typen« ihrer »Lebensführung« zu erarbeiten.[20]

3. Doch erprobt man auch andere Formen der Typenbildung und Typologisierung, gewissermaßen qualitative Formen, die aus den Quellen das, was Max Weber später Idealtypen nennt, herauslesen und insbesondere für Mentalitäten, Verhaltensformen, gesellschaftliche Normen und Standards bis hin zu kulturzeitaltertypischen politischen Handlungsformen entwickeln (Riehl, Jodl, Burckhardt, Steinhausen, Gothein). Vertreter der individualisierenden Geschichtsbetrachtung wie M. Lehmann, D. Schäfer oder F. Rachfahl sprechen sich kategorisch gegen die Verwendung von Typenbegriffen in der Geschichte aus.

4. Weitere direkte Zugänge zum Alltagsleben werden erschlossen, z. B. selbstbeobachtende Wanderungen zum Bericht über Landschaften und Leute (Riehl: »Handwerksgeheimnisse des Volksstudiums«[21]). Befragungen nehmen zu; es gibt erste größere systematische Umfragen (Wilhelm Mannhardt 1865 über Ackersbräuche) und Anregungen dazu (August Meitzen über Besiedlung, Hausbau und landwirtschaftliche

Kultur).[22] Ende des Jahrhunderts entsteht zunächst spontan, dann öffentlich unterstützt die aufschlußreiche Gattung autobiographischer Aufzeichnungen von Arbeiterinnen und Arbeitern, die deren Alltagsbewußtsein auch als soziales Bewußtsein dokumentieren.

5. Von außerordentlichem Wert ist die breite Sammlung von materiellen und ideellen Kulturgütern, Sachzeugen der früheren und näheren Vergangenheit. Vereine und Museen widmen sich ihnen, wobei Laien- oder Amateurhistorikern trotz mancher Schwächen große Verdienste beim Zusammentragen und der ersten Beschreibung zukommen. Es wird ein riesenhaftes Material zusammengebracht, ausgestellt oder ediert. Nicht zuletzt wird durch diese Wirksamkeit die Vorstellung von dem Wert dieser Kulturgüter geweckt, der achtlose Umgang mit ihnen oder die Quellenvernichtung gestoppt.

Die Museen (erst der Altertümer, später der Kulturgeschichte, der Völkerkunde usw.) stehen vor der großen und im Grunde nicht gelösten Schwierigkeit, das Gesammelte nach einem plausiblen, auch breitenwirksamen kulturgeschichtlichen Gesamtkonzept anzuordnen. Die vereinzelnde, unzureichend erklärend zusammengefaßte Präsentation von Sachzeugen hat Vorrang.[23] G. Freytag spricht abwertend von derartigen kompilatorischen Kulturgeschichten und Sammlungen als »zuweilen großen Trödelläden..., zu denen die Menschen fehlen«.[24] Ein früh geäußerter Vorschlag Klemms zu einem Museum für die Kulturgeschichte der Menschheit (1843),[25] das dem universalen Charakter zufolge auf strenge Auswahl von Beispielen ausgerichtet sein soll, läßt sich in Dresden nicht verwirklichen. Klemms eigene große private Sammlung bildet später – charakteristisch genug in der Begrenzung – einen wichtigen Grundstock des Leipziger Museums für Völkerkunde.

6. Kulturgeschichtliche Bildbände mit zeitgenössischen Bildern und Gegenständen werden eine neue Form des Erkenntnisgewinns und der popularisierenden Erkenntnisvermittlung über Lebensweise und Mentalitäten (v. Essenwein, v. Eye, v. Hefner-Alteneck, Jacob v. Falke). Franz Kugler hebt berechtigtermaßen hervor, daß über die Kunstgeschichte hinaus die Illustrationen zu einer Visualisierung und damit zur Vergegenwärtigung des Vergangenen beitragen, die auch zu einem besseren Verständnis der Handlungsweise der Menschen hinführen.[26]

C) Es gibt neue wissenschaftsorganisatorische Anstöße, die freilich nur bedingt erfolgreich sind:

1. Die historischen Vereine des Vormärz sind erste wichtige Sammelorgane der Schätze der Nationalkultur. Auch in dem 1852 im dritten Anlauf gegründeten »Gesamtverein der deutschen Geschichts- und Altertumsvereine« gilt dieser Seite der Arbeit weiterhin Augenmerk, wenn auch auf lokaler bzw. regionaler Basis. Dagegen sind der 1857 gegründeten »Gesellschaft für Kulturgeschichte«, für die sich auch Biedermann engagiert und die er zu einem systematischen Werkzeug einer umfassenderen kulturhistorischen Arbeit ausbauen möchte, nur wenige Jahre beschieden, da sie nur von wenigen Fachhistorikern Unterstützung findet.

2. Das ist auch ein wichtiger Grund dafür, daß eine *Zeitschrift für deutsche Kulturgeschichte* dreimal scheitert, so daß ihr in den drei Anläufen von 1856 bis 1859, von 1872 bis 1875 und von 1890 bis 1892 jeweils nur kurze Erscheinungsphasen beschieden sind. Darüber hinaus gelingt es den Zeitschriftenherausgebern nicht, ein schlüssiges Programm zu entwickeln, so daß die Zeitschrift, abgesehen von wenigen grundsätzlichen Artikeln, über ein kulturgeschichtliches Bric-à-brac nicht hinauskommt. Erst der betriebsame Organisator Steinhausen hat ab 1893 mit seinem Organ, dem noch heute bestehenden *Archiv* [zuerst: *Zeitschrift*] *für Kulturgeschichte* Erfolg. Steinhausen ficht die Rolle der politischen Geschichte nicht an und beschränkt sich auf die Kulturgeschichte des »Nichtpolitischen«, so daß er nach und nach auch Fachhistoriker gewinnen kann. Dagegen ist die dreißig Jahre bestehende, von Julius Faucher u. a. Wirtschaftsjournalisten geleitete *Vierteljahrschrift für Volkswirtschaft (, Politik) und Kulturgeschichte* (1863/1893) hauptsächlich auf Wirtschaftsfragen ausgerichtet.

3. Von großer und meist bleibender Bedeutung sind Museen, voran das Germanische Nationalmuseum in Nürnberg (1852), auch wenn der ursprünglich umfassende Plan des v. Aufseß und seiner Nürnberger Mitstreiter gegen den Widerstand der akademischen Prominenz (Ranke u. a. wenden sich gegen die ausufernde und konzeptionslose Sammelwut der »Dilettanten«) nicht realisiert werden kann.[27] Weitere Museen und Interessenvereinigungen (Klemm mit seiner ethnographischen Privatsammlung in Dresden 1843, Bastian mit dem Berliner Museum 1868, die von Bastian und Virchow initiierte Berliner Gesellschaft für Anthropologie, Ethnologie und Urgeschichte, 1869, das Museum für deutsche Volkstrachten und Erzeugnisse des Hausgewerbes in Berlin 1889, das volks-

kundliche »Vaterländische Museum« in Celle, 1892 u. a.) verbreitern die kulturgeschichtliche Sammlungsbewegung und Volksbildung.

4. Als Unterrichtsfach an Universitäten und Schulen bleibt Kulturgeschichte im 19. Jahrhundert eine Randerscheinung, getragen von vielen Zufälligkeiten und unsystematisch im Konzeptionellen. Erfolgte Stichproben in Vorlesungsverzeichnissen erweisen das für die Universitäten um 1840 und 1890. Biedermanns mehrmalige Initiative für die kulturgeschichtliche Methode als Grundlage des Geschichtsunterrichts zwischen 1860 und 1886 (mit programmatischen Überlegungen und einem eigenen Grundriß für »Schule und Haus«)[28] löst ebenfalls keine nennenswerte Reform aus. Auch die von Steinhausen in den 90er Jahren in seiner Zeitschrift wiederholt erhobenen Forderungen nach einer besonderen Vertretung der Kulturgeschichte an den Universitäten und damit als eigenes Ausbildungsfach finden kein Gehör.[29]

D) Seit den 1860er Jahren kommen neue Diskussionen um die Rolle der Kulturgeschichte auf, die den wachsenden Bucherfolg kulturhistorischer Schriften begleiten. Das kann nur stichwortartig angedeutet werden:

1. Buckles Konzeption wird von Fachhistorikern sowohl in Großbritannien (Acton, Froude, G. Smith u. a.) als auch in Deutschland (Droysen, Treitschke) prinzipiell angegriffen und abgelehnt. Neben seinem Positivismus wird auch die Verlagerung des Forschungsgegenstandes kritisiert. Politische Geschichte soll ihre dominierende Rolle in der Fachwissenschaft behalten.

2. Mit Heller von Hellwald und Bastian werden die international so erfolgreichen Naturwissenschaften sowie die Naturgeschichte als Grundlagen der Kulturgeschichte betont. Autoritäten wie der Berliner Physiologe Dubois-Reymond unterstützen dies programmatisch und weisen der Kulturgeschichte (vorrangig eine Geschichte der Naturwissenschaften) die ausschlaggebende Rolle bei der Erkenntnis der Menschheitsgeschichte und auch der Gymnasialbildung zu, während die Geschichte von Staatenbildung und Kriegsführung nur einen unersprießlich einförmigen Wellenschlag spiegele. Ottokar Lorenz u. a. Historiker wenden sich dagegen und lehnen »die naturwissenschaftliche Geschichte« kategorisch ab.[30]

3. Neuerdings betont wird die aktuelle Funktion der Kulturgeschichte als bewußtseins- und erkenntnisbildendes Moment über den Modernisierungsprozeß und die Zivilisationsgeschichte generell (Kolb, Bieder-

mann, Tylor). Entsprechend verändert und verbreitert sich von oben nach unten der Gegenstand der Geschichte. Sie verdiene ihren Namen erst dann, so greift Biedermann einen Gedanken Mösers auf, wenn sie Volksgeschichte im vollen Sinne des Wortes sei.[31] Es gibt neue (teils schon erwähnte) Versuche, die Kulturgeschichte in Gegenstandsbereich, Aufgabenbereich und ihrem Verhältnis zu den Geschichtswissenschaften zu bestimmen (Joh. Falke, Jodl, Honegger, Henne am Rhyn).

4. Burckhardts erfolgreiche Schriften über einzelne Kulturzeitalter, seine neuen typologisierenden Methoden und seine weitgezogenen Betrachtungen zu historischen Perspektiven lassen die Fachhistoriker aufmerken, aber vorzugsweise in Distanz verharren (Treitschke). Doch gehört die Veröffentlichung der mehr systematischen Aussagen aus Burckhardts Nachlaß schon der neuen Phase der Diskussion um die Jahrhundertwende an.[32]

5. Die Ende des 19. Jahrhunderts aufkommenden Kulturkreislehren von E. Meyer, Wilamowitz-Moellendorff, Helmolt, Ratzel, Frobenius, Graebner u. a. diskutieren neue universale oder zumindest epochenübergreifende Dimensionen der historischen Interpretation. Sie berühren die Wertung der Kulturgeschichte, auch wenn die Autoren keine Kulturgeschichte im geläufigen Sinne schreiben wollen.[33] Völkerkunde und Völkerpsychologie gehen eigene Wege, konzentrieren sich aber auf den Kulturbegriff, der bei den Zeitgenossen auch durch aufsehenerregende Kultur- und Zivilisationskritik immer größeres Interesse findet. Kulturbegriff und Kulturproblem werden Kernpunkte der öffentlichen Diskussion und wissenschaftlicher Kontroversen. Der Begriff der »Kulturwissenschaften« findet Eingang, sowohl um sich gegenüber den andrängenden Naturwissenschaften mit ihren Normativen abzugrenzen als auch für die gemeinschaftlichen Bemühungen in verschiedenen Disziplinen, in den Gegenwartsdiskursen integrierende Orientierungsmuster zu finden.[34]

6. Es gibt eine Reihe von Anlässen, die die Kulturgeschichte momentan ins Blickfeld rücken. Erwähnt sei für Deutschland in der Zeit des Kulturkampfes die Rolle Johannes Janssens, der in seiner *Geschichte des deutschen Volkes seit dem Ausgang des Mittelalters* (1876/94) Kulturgeschichte zu einer betont katholischen Interpretation benutzt. Das Werk findet riesiges Echo, erlebt bis zum Ersten Weltkrieg zwanzig Auflagen und ruft protestantisch-etatistische Historiker auf den Plan. Politisches Mißtrauen erregen auch andere Kulturhistoriker wie Kolb, Vehse,

Twesten oder Scherr durch ihr entschieden liberales und demokratisches Engagement. Kolb spricht schon früher vom »Knechtsinn« der traditionellen dynastischen Geschichtsschreibung und mahnt 1873 neben der »Einheit« auch die »Freiheit« an, die Grund- und Volksrechte von 1849. Ein Staat auf freiheitlicher Grundlage sei außerdem Voraussetzung, die »gewaltige soziale Revolution«, in der man lebe, auf gütlichem Wege zu bewältigen.[35] Die Demokraten machen damit die Kulturgeschichte in Deutschland ebenso politisch verdächtig wie angelsächsische oder Schweizer liberale Autoren im obrigkeitsstaatlichen Kaiserreich, die den »Fluch des Militarismus« und die freiheitsgefährdende Autokratie der Fürstenmacht verurteilen (Honegger).[36] Schäfer lehnt 1891 eine dermaßen politisch akzentuierte Kulturgeschichte kategorisch ab.

7. Höhepunkt der Diskussion vor dem sogenannten Methodenstreit um Lamprecht seit Mitte der 1890er Jahre ist die ab 1888 zwischen Schäfer und Gothein geführte Polemik um die führende Funktion von politischer oder Kulturgeschichte, um, wie es Schäfer ausdrückt, »das eigentliche Arbeitsgebiet der Geschichte«. Neben dem Staat als dem einigenden Mittelpunkt aller historischen Darstellung sind alle anderen Bereiche zwar wichtig, aber vergleichsweise nur »Seitenwege«. Schäfer warnt kategorisch davor, die »geschichtliche Auffassung überhaupt in ein ganz neues Licht rücken« zu wollen.[37] Gothein, u. a. 1886 mit einer Kulturgeschichte Süditaliens hervorgetreten, wendet sich in seiner Abhandlung *Die Aufgaben der Kulturgeschichte* (1889) gegen die »Alleinherrschaft der politischen Geschichtsschreibung«, die für die Kulturgeschichte als gerade noch geduldete Spezialdisziplin nur das »Kehrichtfaß und die Rumpelkammer« übrig lasse.[38] Gotheins doppelter Begriff der Kulturgeschichte ist in sich widersprüchlich. Als Kulturgeschichte im engeren Sinne soll sie die politische Geschichte nur ergänzen. Der Kulturgeschichte im weiteren Sinne, die Formen und Geschichte des menschlichen Geistes erklären helfen solle, kommt dagegen eine Art »Führerschaft« zu, ein Standpunkt, den die historische Zunft trotz Gotheins Ausrichtung auf das Ideelle entschieden ablehnt. Das praktisch-persönliche Resultat dieser Kontroverse drückt die akademischen Stärkeverhältnisse aus: Während Schäfer bald an die Hauptstadt-Universität Berlin berufen wird, findet der Nationalökonom und Wirtschaftshistoriker Gothein zeitlebens nicht den ersehnten Lehrstuhl für Geschichte.

Der Kulturhistoriker und Ökonom Gothein ist zugleich Bindeglied zu der jüngeren historischen Schule der Nationalökonomie mit ihrer Ausrichtung auf Wirtschaftsgeschichte, die eine breitgefächerte Palette von quellengestützten Forschungen und Publikationen hervorbringt.[39] Ohne explizit Kulturgeschichte betreiben zu wollen, beschreiben Wirtschaftshistoriker wichtige Seiten der materiellen Kultur und werten sie damit als Faktor historischer Bedürfnisse und Motivationen auf. Obwohl Autoren wie Schmoller den Primat des Staatlich-Politischen nicht in Frage stellen, löst die Wirtschaftsgeschichte bei führenden Fachhistorikern wie Sybel, Schäfer oder Lenz erhebliches Mißtrauen aus.

Als Fazit aus den genannten Aspekten läßt sich für die zweite Hälfte des 19. Jahrhunderts feststellen:

1. Die Kulturgeschichte ist eine publikumswirksame Form der Geschichtsschreibung; kulturhistorische Gesamt- und Einzeldarstellungen finden eine breite bürgerliche Leserschaft. Aber in sich ist Kulturgeschichte äußerst uneinheitlich. Es gibt kein anerkanntes, vor allem kein plausibles und arbeitsmäßig umsetzungsfähiges Konzept der Kulturgeschichte. Das behindert vor allem in Deutschland und anderen Ländern entscheidend ihre Durchsetzungsfähigkeit als akademisch anerkannte alternative Richtung der Geschichtsschreibung. Kulturgeschichte ist weitgehend das Werk von Außenseitern oder Vertretern anderer akademischer Fächer. Im akademischen Bereich gibt es bis zum Ende des 19. Jahrhunderts nur relativ wenige Vorlesungen; spezielle Dozenturen oder gar Professuren sind nicht erwünscht. Honegger mit einer zeitweisen Professur für Literatur- und Kulturgeschichte in Zürich und Riehl mit der Professur für Kulturgeschichte und Statistik in München (aber in der staatswissenschaftlichen Fakultät!) sind Ausnahmen.

2. Die Kritik der Kulturgeschichte an der Tradition trifft die Grundgedanken des Historismus im engeren Sinne, d. h. die individualisierende Auffassung von Geschichte und Geschichtsschreibung, die Vernachlässigung von kausalen Erklärungen und Verallgemeinerungen, die einseitige Bevorzugung politisch-nationalstaatlicher und geistiger Phänomene bzw. Ideen, aber auch die Geschichtsschreibung aus der Perspektive von oben, von den Regierenden her.[40]

Die Fachwissenschaft ist alarmiert durch die buchhändlerischen Erfolge populärer Kulturgeschichten und durch erneuerte konzeptionelle Diskussionen und Ansprüche, die – von den Gegnern oft ungeschieden gesehen – vom Positivismus, den Naturwissenschaften, vom Materialismus und der Kultur- als Universalgeschichte ausgehen. Man baut polemisch und wissenschaftsorganisatorisch Bastionen auf, um die Dominanz der politischen Geschichte und des ihr zugrundeliegenden Historismus im engeren Sinne zu sichern. Akzeptiert wird Kulturgeschichte nur als Spezialgeschichte des Geistig-Kulturellen und als Beigabe der politischen Geschichte. Im angelsächsischen und westeuropäischen Raum ist innerhalb des größeren Wissenschaftspluralismus der Einflußbereich breiter gesteckt, äußert sich in Ansätzen zu sozialwissenschaftlichen Synthesen ebenso wie in einem starken Interesse für Kulturanthropologie (Ethnologie) und für die Entwicklung des historisch-kulturellen Bewußtseins.

3. Die methodologische Position der Geschichtswissenschaft ist insgesamt unsicher; ein von Philosophen wie Dilthey und Simmel, Windelband und Rickert ausgearbeitetes erkenntnistheoretisch-methodologisches Fundament für die historiographische Tradition ist in Deutschland erst im Entstehen. Dies und die neuen Erscheinungen des beginnenden imperialistischen Zeitalters führen zumindest bei kritischeren Zeitgenossen zu einem Krisenbewußtsein und dem Bedürfnis, nach neuen Konzepten und Methoden zu suchen bzw. die von den Philosophen aufgestellten Grundsätze bereitwillig zu übernehmen, da sie der traditionell historistischen Arbeitsweise des Faches entsprechen.

Bei den eher traditionellen Verfechtern der politischen Geschichte in Deutschland führt dann ihre allgemeine Kritik an Lamprecht zu einer grundsätzlichen Abwehr seiner Ansichten wie der Kulturgeschichte als allgemeiner historischer Betrachtungs- und Forschungsform.[41]

4. Das riesige kulturgeschichtliche Material an Sachzeugen und schriftlichen Quellen, das für Europa und Übersee zusammengetragen und nur teilweise systematisch ausgewertet wird, bildet einen unschätzbaren Fundus für die späteren Arbeiten aller Geschichtswissenschaften, wenn sie sich intensiv auf Gesellschaftsgeschichte einlassen wollen.

Anmerkungen

1 Zu den hier vorgelegten Thesen können aus Platzgründen nur einige wenige weiterführende Titel angegeben werden. Vgl. allgemein: Heide Wunder, »Kulturgeschichte, Mentalitätengeschichte, Historische Anthropologie«, in: *Das Fischer Lexikon Geschichte*, hg. v. Richard van Dülmen, Frankfurt/M. 1990, S. 65–86;

Rudolf Vierhaus, »Kulturgeschichte«, in: *Handbuch der Geschichtsdidaktik*, hg. v. Klaus Bergmann, Annette Kuhn, Jörn Rüsen u. Gerhard Schneider, 3. Aufl. Düsseldorf 1985, S. 187–190; Ute Daniel, »›Kultur‹ und ›Gesellschaft‹. Überlegungen zum Gegenstandsbereich der Sozialgeschichte«, in: *Geschichte und Gesellschaft* 19 (1993), H. 1, S. 69–99; Heinrich Dilly/James Ryding, »Kulturgeschichtsschreibung vor und nach der bürgerlichen Revolution von 1848«, in: *Ästhetik und Kommunikation* 6 (1975), H. 21, S. 15–32; Volker Hartmann, *Die deutsche Kulturgeschichtsschreibung von ihren Anfängen bis Wilhelm Heinrich Riehl*, phil. Diss., Marburg 1971; Harry Elmer Barnes, »The Rise of Kulturgeschichte: The History of Civilization and Culture«, in: ders., *A History of Historical Writing*, 2. Aufl. New York 1963, S. 310–329; Friedrich Jodl, *Die Culturgeschichtsschreibung, ihre Entwickelung und ihr Problem*, Halle 1878; *Kulturgeschichte heute*, hg. v. Wolfgang Hardtwig u. Hans-Ulrich Wehler, Göttingen 1996 (Sonderheft 16 von *Geschichte und Gesellschaft*); *Wege zur Kulturgeschichte = Geschichte und Gesellschaft* 23 (1997), H. 1.

2 Vgl. Hans Schleier, »Kulturgeschichte der Völker als Evolution und Vervollkommnung des Menschen. Deutsche Kulturhistoriker Ende des 18. Jahrhunderts«, erscheint in: *Europa in der frühen Neuzeit. Festschrift für Günter Mühlpfordt*, Bd. 4; Jörn Garber, »Von der Menschheitsgeschichte zur Kulturgeschichte. Zum geschichtstheoretischen Kulturbegriff der deutschen Spätaufklärung«, in: ders., *Spätabsolutismus und bürgerliche Gesellschaft. Studien zur deutschen Staats- und Gesellschaftstheorie im Übergang zur Moderne*, Frankfurt/M. 1992, S. 409–433.

3 Georg Friedrich Kolb, *Culturgeschichte der Menschheit*, Bd. 1, 2. Aufl. Leipzig 1872, Vorrede (1869), S. V/VIf.

4 François Pierre Guilleaume Guizot, *Allgemeine Geschichte der europäischen Civilization*, Stuttgart 1844, S. 4.

5 Johann Jacob Honegger, *Katechismus der Culturgeschichte*, Leipzig 1879, S. 212.

6 Karl Biedermann, »Die Stellung der Kulturgeschichte in der Gegenwart mit besonderer Hinsicht auf die Idee eines kulturgeschichtlichen Vereins«, in: *Zeitschrift für deutsche Kulturgeschichte* [im folg.: ZdtKG] 2 (1857), S. 67–73, hier S. 69.

7 (Alexander) Peez, »Berührungspunkte zwischen Kulturgeschichte und Nationalökonomie«, in: ZdtKG 3 (1858), S. 415–426, hier S. 416.

8 Johannes Falke, »Die Kulturgeschichte und die Volkswirthschaftslehre«, in: ZdtKG, Neue Folge 1 (1872), S. 1–30, hier S. 9.

9 Biedermann, »Die Stellung« (wie Anm. 6), S. 69.

10 Dietrich Schäfer, *Das eigentliche Arbeitsgebiet der Geschichte*, Jena 1888, S. 6.

11 Gustav Klemm, »Grundideen zu einer allgemeinen Cultur-Wissenschaft«, in: *Sitzungsberichte der philosophisch-historischen Classe der kaiserlichen Akademie der Wissenschaften* (Wien), Bd. 7, 1851, S. 167–190, hier S. 168.

12 Jodl, *Culturgeschichtsschreibung* (wie Anm. 1), S. 112ff.

13 Honegger, *Katechismus* (wie Anm. 5), S. 6ff.

14 Joh. Falke, »Die Kulturgeschichte« (wie Anm. 8), S. 20f.; Biedermann, »Die Stellung« (wie Anm. 6), S. 73.

15 Jodl, *Culturgeschichtsschreibung* (wie Anm. 1), S. 100ff.

16 Rüdiger vom Bruch/Friedrich Wilhelm Graf/Gangolf Hübinger, »Einleitung:

Kulturbegriff, Kulturkritik und Kulturwissenschaften um 1900«, in: dies. (Hg.), *Kultur und Kulturwissenschaften um 1900. Krise der Moderne und Glaube an die Wissenschaft*, Stuttgart 1989, S. 9–24.

17 Biedermann, »Die Stellung« (wie Anm. 6), S. 71f.

18 Peez, »Berührungspunkte« (wie Anm. 7), S. 425.

19 Eberhard Gothein, *Die Aufgaben der Kulturgeschichte*, Leipzig 1889, S. 11; vgl. auch Edward B. Tylor, *Die Anfänge der Cultur*, Leipzig 1873, S. 10ff.

20 Richard M. Werner, »Biographie der Namenlosen«, in: *Biographische Blätter. Jahrbuch für lebensgeschichtliche Kunst und Forschung*, Bd. 1 (1895), S. 114–119, hier S. 115.

21 Wilhelm Heinrich Riehl, *Die Naturgeschichte des Volkes*, Bd. 4, 4. Aufl. Stuttgart/Berlin 1903, S. 1ff.; vgl. neuerdings: Jasper von Altenbockum, *Wilhelm Heinrich Riehl 1823–1897. Sozialwissenschaft zwischen Kulturgeschichte und Ethnographie*, Köln/Weimar/Wien 1994.

22 Ingeborg Weber-Kellermann/Andreas C. Bimmer, *Einführung in die Volkskunde/Europäische Ethnologie*, 2. Aufl. Stuttgart 1985, S. 38ff. (zu Mannhardt); Wolfgang Jacobeit, *Bäuerliche Arbeit und Wirtschaft. Ein Beitrag zur Wissenschaftsgeschichte der deutschen Volkskunde*, Berlin 1965, S. 55ff. (zu Meitzen).

23 Bernward Deneke, »Die Museen und die Entwicklung der Kulturgeschichte«, in: ders./Rainer Kahsnitz (Hg.), *Das kunst- und kulturgeschichtliche Museum im 19. Jahrhundert*, München 1977, S. 118–132; vgl. auch Rudolf Vierhaus, »Einrichtungen wissenschaftlicher und populärer Geschichtsforschung im 19. Jahrhundert«, in: ebd., S. 109–117.

24 Zitiert nach Deneke, »Die Museen« (wie Anm. 23), S. 121.

25 Gustav Klemm, *Fantasie über ein Museum für die Culturgeschichte der Menschheit*, Dresden 1843.

26 Zitiert nach Deneke, »Die Museen« (wie Anm. 23), S. 123; hier auch über damalige Bildwerke zur Kulturgeschichte und ihre Problematik der Zusammenstellung des Vielfältig-Unbestimmten.

27 *Das Germanische Nationalmuseum in Nürnberg 1852–1977*, hg. v. Bernward Deneke u. Rainer Kahsnitz, München 1978, S. 19.

28 Karl Biedermann, *Der Geschichtsunterricht auf Schulen nach kulturgeschichtlicher Methode*, Wiesbaden 1885; ders., *Deutsche Volks- und Kulturgeschichte für Schule und Haus*, 2. Aufl. Wiesbaden 1891.

29 Vgl. u. a. Georg Steinhausen, »Die Kulturgeschichte und die deutschen Universitäten«, in: ZdtKG, Neue Folge 2 (1892), S. 256–259.

30 Emil Du Bois-Reymond, »Culturgeschichte und Naturwissenschaft« (1877) in: ders., *Reden*, 1. Folge, Leipzig 1886, S. 240–306; Ottokar Lorenz, »Die ›bürgerliche‹ und die naturwissenschaftliche Geschichte«, in: *Historische Zeitschrift*, Bd. 39 (1878), S. 458–485.

31 Biedermann, *Volks- und Kulturgeschichte* (wie Anm. 28), S. VIII.

32 Vgl. Wolfgang Hardtwig, *Geschichtsschreibung zwischen Alteuropa und moderner Welt. Jacob Burckhardt in seiner Zeit*, Göttingen 1974.

33 Vgl. Paul Leser, »Zur Geschichte des Wortes Kulturkreis«, in: *Anthropos* 58 (1963), S. 1–36; vgl. allgemein Ernst Schulin, »Das alte und neue Problem der Weltgeschichte als Kulturgeschichte«, in: *Saeculum* 33 (1982), H. 2, S. 161–173.

34 Vgl. *Kulturwissenschaften um 1900* (wie Anm. 16).

35 Kolb, *Culturgeschichte* (wie Anm. 3), Bd. 2, Leipzig 1873, S. XVI.

36 Honegger, *Katechismus* (wie Anm. 5), S. 206.

37 Schäfer, *Arbeitsgebiet* (wie Anm. 10), S. 27 u. 29; Hans Schleier, »Kulturgeschichte contra politische Geschichte. Oder: Wie man offiziöse Geschichte schreiben soll«, in: *Bismarckzeit. Historische Streiflichter einer Epoche 1871–1895*, hg. v. Gustav Seeber, Leipzig/Jena/Berlin 1991, S. 301–312.

38 Gothein, *Die Aufgaben* (wie Anm. 19), S. 5; dieser Essay auch zum folgenden.

39 Kürzlich erschienen und dies als Paradigmenwechsel deklarierend: Stefan Haas, *Historische Kulturforschung in Deutschland 1880–1930. Geschichtswissenschaft zwischen Synthese und Pluralität*, Köln/Weimar/Wien 1994, bes. S. 40ff.

40 Gerhard Oestreich, »Die Fachhistorie und die Anfänge der sozialgeschichtlichen Forschung in Deutschland«, in: *Historische Zeitschrift*, Bd. 208 (1969), S. 320–363; vgl. allgemein Friedrich Jaeger/Jörn Rüsen, *Geschichte des Historismus. Eine Einführung*, München 1992.

41 Vgl. Luise Schorn-Schütte, *Karl Lamprecht. Kulturgeschichtsschreibung zwischen Wissenschaft und Politik*, Göttingen 1984; Hans Schleier, »Der Kulturhistoriker Karl Lamprecht, der ›Methodenstreit‹ und die Folgen«, in: Karl Lamprecht, *Alternative zu Ranke. Schriften zur Geschichtstheorie*, hg. v. Hans Schleier, Leipzig 1988, S. 7–45; Roger Chickering, *Karl Lamprecht. A German Academic Life (1856–1915)*, Atlantic Highlands, N. J. 1993, S. 108ff.

SIEGBERT PEETZ

Unzeitgemäße Begriffe der Kulturentwicklung bei Lasaulx und Burckhardt (zugleich ein Beitrag zu Burckhardts Potenzenlehre)

Ich möchte eine These zur Diskussion stellen, die erklären soll, warum Ernst von Lasaulx' und Jacob Burckhardts Begriffe der Kulturentwicklung im Blick auf das 19. Jahrhundert ebenso unzeitgemäß wie im Blick auf das 20. Jahrhundert innovativ erscheinen. Diese These ist folgende: Zum Zweck einer Diagnose der Moderne entwickeln Lasaulx und Burckhardt Gegenkonzepte zu Hegels Philosophie der Geschichte, die sich im Rückgriff auf das Instrumentarium der Philosophie Schellings plausibel machen lassen. Damit plädiere ich zugleich dafür, bei der Erforschung der Beziehungen zwischen Idealismus und Historismus die bisherige, auf Hegel zentrierte Perspektive zugunsten einer multiperspektivischen Behandlung des Phänomens ›Idealismus‹ zu überwinden. Die These ist in drei Schritten zu entfalten, wobei ich auf Lasaulx kurz (I.), auf Burckhardt ausführlich (II.) eingehe und abschließend aufzeige, wie beide Ansätze in einem identischen Fluchtpunkt zusammentreffen (III.).

I. Lasaulx: Kultur als Zyklus

Lasaulx' Konzept von Geschichte ist als Kulturzyklentheorie zu charakterisieren – und dies, obwohl der Terminus »Kultur« von ihm im programmatischen Sinne nicht verwendet wird, weil sein Erkenntnisinteresse ein religionsphilosophisches ist: Die wichtigsten seiner Texte thematisieren explizit das Problem des Übergangs der Antike in das Christentum, sind implizit aber von der Frage bewegt, wie angesichts des tiefgreifenden Epochenschnitts der Französischen Revolution an der Kontinuität weltgeschichtlicher Entwicklung in einem christlichen Sinne festgehalten werden kann.

Diesem Interesse entsprechend parallelisiert Lasaulx den Verlauf von Antike und Christentum nach dem Muster organischer Zyklen – mit der Folge, daß er seine eigene Gegenwart isomorph zur Spätantike als Zeit des Untergangs analysiert. Das Problem der Koppelung dieser Verfallsdiagnose mit dem christlichen Fortschrittsgedanken löst Lasaulx durch das Paradigma des *Messianismus*: Während die Entwicklung der Kulturen dem organischen Zyklusmodell der ewigen Wiederkehr des Gleichen unterliegt, bedeutet der Untergang einer Religion nichts anderes als deren Übergang in eine neue, höhere Gestalt.[1] Es wird hier eine Verschränkung von Zyklus und Fortschritt sichtbar, welche, wie ich anderenorts gezeigt habe, die Folge der Anwendung von Schellings Modell des Verhältnisses von Mythologie und Offenbarung auf den Gang der Weltgeschichte ist.[2]

Hieraus ergeben sich folgende Konsequenzen:

Erstens: Die Eigenart von Lasaulx' Konzept besteht darin, daß es den antiken Zyklusgedanken *rehabilitiert* und den neuzeitlichen Fortschrittsgedanken *exiliert*. Infolge hiervon erscheint eine Einheit der Geschichte nur noch aus der Perspektive messianischer Zukunft denkbar; real zerfällt sie in diskrete, aber dafür strukturanaloge Einheiten bzw. Kulturen.

Zweitens ergibt sich die Möglichkeit eines Strukturvergleichs von Kulturen oder kulturellen Entwicklungen – in methodischer Hinsicht ein Vorgehen, welches auf so unterschiedliche Entwürfe wie die von Max Weber und Oswald Spengler vorausweist.

Drittens ergibt sich ein neues Wirklichkeitsverständnis insofern, als das Vergangene nicht vergänglich im Sinne von »überwunden«, sondern ein *unabgeschlossener Versuch* ist, der unter Zufuhr neuer Energie wiederaufgenommen und fortgeführt werden kann. Indem das Geschichtliche wie das Natürliche dem – mit Schelling gesprochen – »Rad der Geburt«[3] unterliegt, erhält es potentielle Präsenz in Gegenwart und Zukunft.

II. Burckhardt: Kultur als Potenz

Potentielle Präsenz des Geschichtlichen in dem Sinne, daß es als zukunftsträchtiges Experiment des Geistes wahrgenommen wird, ist auch das Zentrum des Geschichtsdenkens von Jacob Burckhardt. Das läßt sich am Kernstück seines Konzeptes von Geschichte, der Potenzenlehre, aufzeigen.

Meine These, deren Tragfähigkeit an Burckhardts Potenz der Kultur erprobt werden soll, ist, daß Burckhardts Potenzenlehre nicht, wie Rüsen vorschlägt, von Hegel her, sondern, wie Kaegi vermutet und Schulin bestreitet, von Schelling her zu verstehen ist.[4]

Ich möchte dies anhand einer auf drei Punkte konzentrierten Strukturanalogie von Schellings und Burckhardts Potenzenlehre plausibel machen. Zunächst zu Schelling:

1. Schellings Begriff der Potenz ist im Kontext seiner Identitätsphilosophie (1801–1804) zu verstehen. Seine Funktion besteht in der Überwindung des cartesianischen Substanzendualismus durch ein Konzept von Subjektivität, das sich im Kontrast zu demjenigen Fichtes nicht primär als Reflexionsmodell, sondern als *Produktionsmodell* versteht. Durch letzteres wird es Schelling möglich, auch die Natur als Form der Subjektivität zu begreifen und damit die Diskontinuität von Materie und Geist aufzuheben. Dies geschieht in der Weise, daß er beide unter Wahrung ihrer prinzipientheoretischen Differenz als Produkte derselben absoluten Produktivität konstruiert. Daraus folgt: *Alles* Seiende ist Zeitstufe des Verhältnisses von idealem *und realem* Moment eines identischen Seins und als solches *Potenz.*[5]

Für Schellings Erfassung der Geschichte ergibt sich hieraus die Methode der von ihm so genannten »historischen Konstruktion«: Sie erlaubt ihm, das jeweils angeschaute geschichtliche Einzelne als Experiment des Geistes zu realisieren, d. h. als potentielle Instantiierung von dessen real-idealer Relationsstruktur zu begreifen, ohne daß dadurch die Momentaneität und Individualität dieses Einzelnen beschädigt würde.[6]

2. In dem Begriff der Potenz wird ein Paradigmenwechsel von einer reflexiven zu einer *experimentell-poetischen* Verfahrensweise des Geistes vollzogen. Das bedeutet: Natur und Geschichte sind als gleich mögliche Potenzen des Geistes *Kunstwerke.*[7] Als Verständnisschlüssel für die Geschichte ergibt sich somit die Kunst. Dies in dem zweifachen Sinn, daß nach Schelling einmal die Geschichte selbst als das »ewige Gedicht des göttlichen Verstandes« anzusehen ist[8] und daß zum anderen – infolge hiervon – nicht Philosophie, sondern Kunst zum Leitmodell für die Historie avanciert.[9] Gegenstand der Historie im engeren Sinne ist daher für Schelling der »Staat als Kunstwerk«.[10]

3. Der Begriff Potenz impliziert im Kontext von Schellings Ontologie die Bindung der Kontinuität des Geistes an die Regel der *Teleologie.*

Zu der skizzierten Potenzenlehre Schellings läßt sich nun Burckhardts Potenzenlehre wie folgt in Beziehung setzen:

Ad 1: *Produktionsmodell.* In formaler Hinsicht stimmt Burckhardts

Potenzenlehre mit derjenigen Schellings weitgehend, d.h. mit Ausnahme der in Ad 3 benannten Divergenz, überein; inhaltlich hingegen weicht sie signifikant von ihr ab, indem Burckhardt sie auf eine Anthropologie anwendet, deren Grundannahme in einer dreifachen Bedürfnisstruktur des menschlichen Geistes besteht: Metaphysik, Politik, Kultur.[11]

Ad 2: *Kunst*. Wie für Schelling gilt für Burckhardt: Der Geist ist ein *Künstler*. Aber anders als für Schelling ist dies für Burckhardt kein metaphysischer, sondern ein anthropologischer Satz.[12] Gleichwohl ist sein Konzept des Geistes mit demjenigen Schellings strukturidentisch. Das zeigt sich einmal daran, daß die für Schelling konstitutive Dialektik von Produktivität und Produkt auf den Burckhardtschen Antagonismus der »stabilen« Potenzen Staat und Religion auf der einen und der mobilen Potenz Kultur auf der anderen Seite abbildbar ist[13]; zum anderen an Burckhardts subjektiv wie objektiv lesbarem Diktum über Geschichte in dem Brief an Karl Fresenius vom 19.6.1842: »Die Geschichte ist und bleibt mir Poesie im größten Maßstabe«.[14] Schließlich zeigt es sich in Form und Inhalt seiner *Kultur der Renaissance in Italien*: Die Rede vom »Staat als Kunstwerk« (I. Abschnitt) ist ebenso Schelling-Zitat wie Index dafür, daß Burckhardt Schellings Modell einer Poetisierung des Staats in der Antike auf den Beginn der Moderne überträgt.[15]

Ad 3: *Teleologie*. Im *Unterschied* zu Schelling gilt für Burckhardt aber zugleich: Der Geist ist ein *Wühler*.[16] Das heißt: Burckhardt sprengt das Schellingsche Junktim von Kontinuität und Teleologie zugunsten einer Kontinuität *ohne* Teleologie auf. An die Stelle zielgerichteter Prozessualität tritt richtungsindifferente »*Wandelbarkeit*« des Geistes.[17] Sie dokumentiert sich vor allem in der kreativ-chaotischen Eigendynamik der Potenz *Kultur*: Kultur, von Burckhardt mit »Gesellschaft im weitesten Sinne« identifiziert[18], ist experimentierfreudig, deswegen tendenziell anarchisch und indifferent gegenüber Moral.[19] Wird sie dominant, so zeigt sich dies in Form einer Legitimitätskrise der Ordnungsmächte Staat und Religion, die sich zu einer geschichtlichen Krise ausweiten, d.h. mit dem Untergang von Staat und/oder Religion enden kann.[20]

Vor dem Hintergrund der eruierten Strukturanalogie von Schellings und Burckhardts Potenzenlehre sind nun die methodologischen Konsequenzen für Burckhardts Konzept der Historie zu skizzieren.

Die erste Folge ist eine neue Erzählform, die nicht mehr chronologisch verfährt, sondern sich ihre Regel gegenstandsbezogen von derjenigen

Konstellation der Potenzen vorgeben läßt, als welche sie den jeweiligen Gegenstand realisiert hat. Damit setzt Burckhardt die zielorientierte Geschichtsphilosophie Hegelschen Typs ebenso wie das traditionelle Gattungsgefüge der Geschichtsschreibung außer Kraft.

Das hat – zweitens – Folgen für Burckhardts Begriff der Kulturgeschichte: Er ist nicht zu verstehen als streng historiographischer Gattungsbegriff, sondern meint das nach Potenzenkonstellationen variierte Erzählen geschichtlicher Zustände aus der Perspektive der ›Kultur‹. Er »schwankt« daher, wie Burckhardt sagt.[21]

Die dritte Folge betrifft das Verhältnis von Kultur- und Kunstgeschichte bei Burckhardt. Legt man die von Schelling her begründete Potenzstruktur des Geistes zugrunde, so läßt sich sagen, daß Kulturgeschichte primär die *reale* Potenz des Geistes, also den Geist als Wühler, Kunstgeschichte hingegen denselben Geist primär in *idealer* Potenz, d. h. als Künstler thematisiert. Gleichwohl gipfelt Kulturgeschichte im »Staat als Kunstwerk«, und Kunstgeschichte bleibt ohne Thematisierung der »Aufgaben«, d. h. ohne den sozialgeschichtlichen Kontext von Kunstwerken, unvollständig. Daraus folgt: Beide koexistieren, sind aber nicht aufeinander reduzierbar. Burckhardts Aufgeben des Projekts einer Verschmelzung von Kultur- und Kunstgeschichte, wie es 1860 in der *Kultur der Renaissance in Italien* manifest wird, hat damit sein Motiv in der Vermeidung des Reduktionismus.[22]

III. Geschichte als experimentelle Poesie

Zusammenfassend läßt sich sagen, daß die Ansätze von Lasaulx und Burckhardt sich dadurch als unzeitgemäß erweisen, daß sie gegen das herrschende Hegelsche Paradigma vom Ende der Geschichte die teleologiekritischen Momente der Philosophie Schellings stark machen: Teleologie wird entweder durch den Zyklusgedanken unterlaufen (Lasaulx) oder durch Reduktion auf bloße Potentialität destruiert (Burckhardt). Die Exilierung der Teleologie geschieht im Interesse einer Diagnose der Moderne. Dem Konzept von Kultur als Zyklus oder Potenz liegt die Auffassung des Geschichtlichen als Möglichkeit der Gegenwart und Zukunft zugrunde: Lasaulx diagnostiziert aufgrund organischer Strukturanalogie eine kulturelle Gleichzeitigkeit von Gegenwart und Spätantike; Burckhardts Texte sind Dokumente für die Frage, ob die »Weltcultur« des

19. Jahrhunderts eine ähnlich strukturierte Krise darstellt, wie es die Krisen Athens, der Spätantike und der italienischen Renaissance waren.[23] Lasaulx und Burckhardt variieren damit die Schellingsche Auffassung der Geschichte als *experimenteller Poesie des Geistes*: Lasaulx in Form eines gleichsam restituierten Mythos von Sisyphos – Geschichte als immer wieder *scheiterndes* Experiment –, Burckhardt in Form der Auffassung von Geschichte als Potentialität, d. h. als einer Folge von Experimenten mit offenem Ausgang. Die Aufgabe des Historikers besteht für Lasaulx und Burckhardt in nicht mehr – aber auch nicht weniger – als darin, diese Experimente möglichst gut zu beschreiben: mit der offenen Form des historischen Versuchs.[24]

Für die Erforschung der Beziehungen zwischen Idealismus und Historismus ergibt sich hieraus folgendes: Die skizzierten Fallbeispiele zeigen, daß das Instrumentarium historistischer Kritik an der Hegelschen Geschichtsphilosophie nicht außerhalb des Idealismus, sondern in diesem selbst zu lokalisieren ist. Somit ist die Gleichsetzung von Idealismus mit Hegelscher Philosophie der Erforschung der Sache nicht nur nicht angemessen, sondern sogar schädlich. Sie sollte aufgegeben werden.

Anmerkungen

1 Vgl. hierfür Ernst von Lasaulx, »Über den Entwicklungsgang des griechischen und römischen und den gegenwärtigen Zustand des deutschen Lebens, ein Beitrag zur Philosophie der Geschichte« (1847), in: ders., *Studien des classischen Alterthums. Akademische Abhandlungen. Mit einem Anhange politischen Inhaltes*, Regensburg 1854, S. 45–72; ders., *Der Untergang des Hellenismus und die Einziehung seiner Tempelgüter durch die christlichen Kaiser. Ein Beitrag zur Philosophie der Geschichte*, München 1854 (Neuaufl. Stuttgart 1965); ders., *Neuer Versuch einer alten, auf die Wahrheit der Thatsachen gegründeten Philosophie der Geschichte*, München 1856 (Neuaufl., hg. v. E. Thurnher, München/Wien 1952). Zu Lasaulx allgemein: Siegbert Peetz, *Die Wiederkehr im Unterschied. Ernst von Lasaulx*, Freiburg/München 1989, für die hier interessierenden Aspekte bes. S. 189–236, 245ff., 284ff., 291ff. (zum Begriff Kulturgeschichte), 310ff., 324ff. (Messianismus).

2 Vgl. Peetz, *Die Wiederkehr*, ebd., S. 319–323.

3 Vgl. Friedrich Wilhelm Joseph Schelling, *Die Weltalter. Fragmente*, in den Urfassungen von 1811 und 1813 hg. v. M. Schröter (2., unveränd. Nachdruck der 1946 erschien. 1. Aufl.) München 1979, S. 39 u. 42f.; ferner ders., *System der Weltal-*

ter. Münchener Vorlesung 1827/28 in einer Nachschrift von Ernst von Lasaulx, hg. u. eingel. v. Siegbert Peetz, Frankfurt/M. 1990, S. 68f.

4 Vgl. Jörn Rüsen, »Die Uhr, der die Stunde schlägt. Geschichte als Prozeß der Kultur bei Jacob Burckhardt«, in: Karl-Georg Faber/Christian Meier (Hg.), *Historische Prozesse* (= *Theorie der Geschichte. Beiträge zur Historik*, Bd. 2), München 1978, S. 186–217, hier S. 197–203; Werner Kaegi, *Jacob Burckhardt. Eine Biographie*, Bd. VI, Basel/Stuttgart 1977, S. 3–143, bes. S. 96–103; Ernst Schulin, *Burckhardts Potenzen- und Sturmlehre. Zu seiner Vorlesung über das Studium der Geschichte* (*Sitz.-Ber. der Heidelberger Akademie der Wissenschaften. Phil.-hist. Klasse*, Jg. 1983, Bericht 2), Heidelberg 1983, S. 13. Für eine Bezugnahme Burckhardts auf Schelling sind die Aspekte relevant, die Kaegi zu bedenken gibt: 1. die Tatsache, daß Burckhardt Schelling in Berlin selbst gehört hat; 2. daß mit hoher Wahrscheinlichkeit im Freundeskreis Burckhardts im Winter 1841/42 »viel von Schelling und seiner Potenzenlehre gesprochen worden ist«; 3. die Tatsache, daß in den Jahren 1856–1861 eine Gesamtausgabe von Schellings Schriften erschien und Burckhardt möglicherweise hierdurch zu einer erneuten Beschäftigung mit Schelling angeregt worden ist (vgl. Kaegi, *Jacob Burckhardt*, Bd. VI, S. 99f., das Zitat S. 100).

5 Wichtigste Schriften hierfür sind: Friedrich Wilhelm Joseph Schelling, »Ueber den wahren Begriff der Naturphilosophie und die richtige Art ihre Probleme aufzulösen« (1801), in: ders., *Sämmtliche Werke*, hg. v. K. F. A. Schelling (I. Abt.: Bde. 1–10; II. Abt.: Bde. 1–4), Stuttgart/Augsburg 1856–61, hier: I/4, S. 79–103 (Abgrenzung gegen Fichte); ferner ders., »Darstellung meines Systems der Philosophie« (1801), I/4, S. 105–212, bes. S. 109f. (Produktion vs. Reflexion); ders., »Fernere Darstellungen aus dem System der Philosophie« (1802), I/4, S. 333–510, bes. S. 412–431 (Potenzbegriff); ders., »Ueber das Verhältnis der Naturphilosophie zur Philosophie überhaupt« (1802), I/5, S. 106–124. Vgl. auch schon ders., »Einleitung zu dem Entwurf eines Systems der Naturphilosophie. Oder über den Begriff der speculativen Physik und die innere Organisation eines Systems dieser Wissenschaft« (1799), I/3, S. 269–326, bes. S. 286 (Zusammenhang von Produktivität und Kontinuität). Alle folgenden Schelling-Zitate nach dieser Ausgabe.

6 Für die Methode der historischen Konstruktion einschlägig sind folgende Schriften Schellings: »Ueber die Construction in der Philosophie« (1802), I/5, S. 125–151; »Fernere Darstellungen aus dem System der Philosophie« (1802), § IV, I/4, S. 391–411; »Vorlesungen über die Methode des akademischen Studiums« (1803), I/5, S. 207–352, bes. die 8. Vorlesung (»Ueber die historische Construktion des Christenthums«), ebd., S. 286–295, die 10. Vorlesung (»Ueber das Studium der Historie und der Jurisprudenz«), ebd., S. 306–316, sowie die 14. Vorlesung (»Ueber Wissenschaft der Kunst, in Bezug auf das akademische Studium«), ebd., S. 344–352.

7 Vgl. F. W. J. Schelling, »Ueber das Verhältnis der Naturphilosophie zur Philosophie überhaupt« (1802), I/5, S. 106ff.; vgl. auch ders., »Fernere Darstellungen aus dem System der Philosophie« (1802), I/4, S. 422f. (Entsprechung Organismus–Kunstwerk); ders., »Vorlesungen über die Methode des akademischen Studiums« (1803), 10. Vorlesung, I/5, S. 306 (Natur und Geschichte als reale bzw. ideale Potenz des einen Universums).

8 Ebd., I/5, S. 309.

9 Vgl. ebd., S. 309f.: »Auch die wahre Historie beruht auf einer Synthesis des Gegebenen und Wirklichen mit dem Idealen, aber nicht durch Philosophie, da diese die Wirklichkeit vielmehr aufhebt und ganz ideal ist, Historie aber ganz in jener und doch zugleich ideal seyn soll. Dieses ist nirgends als in der Kunst möglich, welche das Wirkliche ganz bestehen läßt, wie die Bühne reale Begebenheiten oder Geschichten, aber in einer Vollendung und Einheit darstellt, wodurch sie Ausdruck der höchsten Ideen werden. Die Kunst also ist es, wodurch die Historie, indem sie Wissenschaft des Wirklichen als solche ist, zugleich über dasselbe auf das höhere Gebiet des Idealen erhoben wird, auf dem die Wissenschaft steht; und der dritte und absolute Standpunkt der Historie ist demnach der der historischen Kunst.«

10 Ebd., S. 312; vgl. ferner 14. Vorlesung, ebd., I/5, S. 352.

11 Vgl. Jacob Burckhardt, *Über das Studium der Geschichte. Der Text der ›Weltgeschichtlichen Betrachtungen‹*, auf Grund der Vorarbeiten von Ernst Ziegler nach den Handschriften hg. v. Peter Ganz, München 1982, S. 226 u. 254; vgl. auch ebd., S. 263.

12 Gemäß der Schillerschen Maxime: »Die *Kunst*, o Mensch, hast du allein«; vgl. Friedrich Schiller, »Die Künstler«, in: ders., *Sämtliche Werke*, auf Grund der Originaldrucke hg. v. G. Fricke u. H. G. Göpfert, Bd. 1, 5. Aufl. München 1973, S. 174. Für die zentrale Bedeutung dieses Gedichts als Ausgangspunkt für Burckhardts Denken über die Stellung der Kunst vgl. Burckhardt, *Studium der Geschichte* (wie Anm. 11), S. 278 u. 280/Anm. 19, sowie die von Ganz beigefügten Notizen Burckhardts zu einem im Winter 1854/55 gehaltenen Vortrag über dieses Gedicht, ebd., S. 495f. Es bleibt allerdings festzuhalten, daß Burckhardt in seiner Anthropologie nicht Schiller (»Schiller hielt die menschliche Natur für gut«), sondern Shakespeare folgt: »Unser Maßstab stammt heute wesentlich von Shakespeare her. Dieser schildert die leichte Oberfläche, die leidenschaftliche Mitte und die Abgrundtiefe des menschlichen Wesens; er erkennt die Welt als eine gemischte zwischen Wahrheit und Lüge; Gutes und Böses ist bei ihm nur bedingt vorhanden.«; Jacob Burckhardt, »Gedächtnisrede auf Schiller« (9. November 1859), in: ders., *Vorträge 1844–1887*, hg. v. Emil Dürr, 2. Aufl. Basel 1918, S. 30–34, hier S. 33.

13 Vgl. Burckhardt, *Studium der Geschichte* (wie Anm. 11), S. 254.

14 Jacob Burckhardt, *Briefe*, vollständige u. kritisch bearbeitete Ausgabe, mit Benützung des handschriftlichen Nachlasses hergestellt v. Max Burckhardt, Bd. 1, Basel 1949, S. 208.

15 Die Schlußpassage von Schellings »Vorlesungen über die Methode des akademischen Studiums« (1803) formuliert geradezu das Programm für Burckhardts Buch: »Wenn es auch nicht allgemein eingesehen werden könnte, daß die Kunst ein nothwendiger und integranter Theil einer nach Ideen entworfenen Staatsverfassung ist, so müßte wenigstens das Alterthum daran erinnern, dessen allgemeine Feste, verewigende Denkmäler, Schauspiele, so wie alle Handlungen des öffentlichen Lebens nur verschiedene Zweige Eines allgemeinen objektiven und lebendigen Kunstwerks waren« (I/5, S. 352).

16 Zum Geist als Wühler vgl. Burckhardt, *Studium der Geschichte* (wie Anm. 11), S. 229/Anm. 18: »er [der Geist] ist ein Wühler«. Burckhardt hat hier offenbar

Hegels Allusion auf Shakespeares »alten Maulwurf«, den Geist von Hamlets Vater, im Ohr: »Auf sein [des Geistes] Drängen – wenn der Maulwurf im Innern fortwühlt – haben wir zu hören und ihm Wirklichkeit zu verschaffen« (Georg Wilhelm Friedrich Hegel, *Vorlesungen über die Geschichte der Philosophie III* [= *Werke*, Bd. 20], hg. v. Eva Moldenhauer u. Karl Markus Michel, Frankfurt/M. 1971, S. 462). Außerdem bezeichnete das Wort damals in Basel »insbesondere radikale Demokraten und Sozialisten«. In Briefen verwendet Burckhardt das Wort in diesem Sinne, vgl. die Hinweise von Ganz, ebd. (wie Anm. 11), S. 476. Zum teleologiekritischen Sinn des Wortes im Kontext der Vorlesung siehe Hans Blumenberg, *Höhlenausgänge*, Frankfurt/M. 1989, S. 637–653.

17 Vgl. Burckhardt, *Studium der Geschichte* (wie Anm. 11), S. 228: »Denn der Geist hat Wandelbarkeit, aber nicht Vergänglichkeit.« Vgl. auch ebd., S. 166 (mit Anm. 7), ferner S. 122, 157 u. 160.

18 Ebd., S. 276; vgl. auch ebd., S. 174, 183 u. 185 (»Sein [i. e. des Staates] und der Cultur *Organ* im Großen: die Gesellschaft«).

19 Ebd., S. 174.

20 Rüsens Versuch (siehe oben Anm. 4), Burckhardts Potenz ›Kultur‹ hegelianisierend als Synthese der beiden anderen zu deuten, ist eine Harmonisierung des Sachverhalts. Will man Hegelsche Kategorien in Anwendung bringen, so erweist sich ›Kultur‹ vielmehr als Potenz der Negativität, der gegenüber ›Staat‹ und ›Religion‹ en bloc zu Potenzen der Positivität zusammenschmelzen; denn letztere sind es, auf welche, wie Burckhardt sagt, die Kultur »unaufhörlich modificirend und zersetzend« einwirkt (Burckhardt, *Studium der Geschichte* [wie Anm. 11], S. 276).

21 Jacob Burckhardt, »Einleitung«, in: ders., *Griechische Kulturgeschichte*, unveränd. Nachdr. der Ausg. v. Schwabe & Co, Basel 1956/57, mit einer Einführung in die ›Griechische Kulturgeschichte‹ zur Taschenbuchausg. v. Werner Kaegi, Bd. I, 2. Aufl. München 1982, S. 3–12, hier S. 5.

22 Daß Burckhardt alles darauf ankommt, den real-idealen Doppelcharakter des Kunstwerks so zu sichern, daß unbeschadet der Koexistenz seiner Momente deren Irreduzibilität gewahrt wird, vermag eine Passage aus dem höchstwahrscheinlich 1868 im Kontext seiner Ästhetik-Vorlesung konzipierten Abschnitt »Zur Aesthetik der Architektur« paradigmatisch zu zeigen. Im Zuge einer Erörterung der Komplexität ästhetischer Wahrnehmung am Beispiel der Architektur konstatiert Burckhardt eine Beeinträchtigung der ästhetischen Wahrnehmung des »Könnens« durch die unwillkürlich primäre Wahrnehmung des geschichtlichen »Bauwillens«. In diesem Zusammenhang macht er die Bemerkung: »... die Geschichte redet lauter als die Kunstgeschichte, und will sich jene Urkunden höchsten Ranges kaum zum Besehen aus den Händen nehmen lassen« (Jacob Burckhardt, *Aesthetik der bildenden Kunst. Der Text der Vorlesung ›Zur Einleitung in die Aesthetik der bildenden Kunst‹*, aufgrund der Handschriften kommentiert u. hg. v. I. Siebert, Darmstadt 1992, S. 60). Das aber wäre – so läßt sich hieraus rückschließen – genau dann der Fall gewesen, wenn Burckhardt 1860 Kunst- mit Kulturgeschichte verschmolzen hätte. Die Trennung beider geschieht also nicht etwa aus biographischen Gründen (so Maurizio Ghelardi, *La scoperta del Rinascimento. L'»Età di Raffaello« di Jacob Burckhardt*, Torino 1991, S. 211–222) oder kulturkritischen Erwägungen (so Friedrich Jaeger, *Bürgerliche Modernisierungskrise und histori-*

sche Sinnbildung. Kulturgeschichte bei Droysen, Burckhardt und Max Weber, Göttingen 1994, S. 96–102 u. 289f.). Das hier als methodologische Konsequenz aus Schellings Geistbegriff erklärte Motiv für Burckhardts Verhältnisbestimmung beider vermag somit diejenigen Deutungen konzeptuell zu stützen, welche Wolfgang Hardtwig (*Geschichtsschreibung zwischen Alteuropa und moderner Welt. Jacob Burckhardt in seiner Zeit*, Göttingen 1974, S. 193–200) und Peter Ganz (»Jacob Burckhardts ›Kultur der Renaissance in Italien‹ und die Kunstgeschichte«, in: *Saeculum* 40 [1989], S. 193–212, bes. S. 200) hierzu vorgelegt haben. Was die spätere Entwicklung von Burckhardts Denken betrifft, so erweist es Huses These einer Änderung von Burckhardts Gesamtkonzept zugunsten einer sozialgeschichtlichen Orientierung der Kunstgeschichte in der Zeit nach 1885 als nicht haltbar (vgl. N. Huse, »Anmerkungen zu Burckhardts ›Kunstgeschichte nach Aufgaben‹«, in: *Festschrift Wolfgang Braunfels*, hg. v. Friedrich Piel u. Jörg Traeger, Tübingen 1977, S. 157–166). Es handelt sich hier vielmehr lediglich um eine Akzentverschiebung, die innerhalb des skizzierten Theorierahmens durchaus verbleibt. Huse liest den späten Burckhardt offenbar von Warburg her (vgl. ebd., S. 157 u. 165), wozu zu bemerken ist, daß Warburgs Ansatz, indem er ein Moment der Burckhardtschen Theorie produktiv verselbständigt, zugleich deren Reflexionsniveau unterbietet.

23 Burckhardt, *Studium der Geschichte* (wie Anm. 11), S. 182 (»Weltcultur« des 19. Jahrhunderts), vgl. auch seine Zeitdiagnosen ebd., S. 322–325 u. S. 366–376.

24 Vgl. hierfür Titel bzw. Untertitel der Hauptwerke Lasaulx' und Burckhardts: Ernst von Lasaulx, *Neuer Versuch einer alten, auf die Wahrheit der Thatsachen gegründeten Philosophie der Geschichte*, München 1856, und Jacob Burckhardt, *Die Kultur der Renaissance in Italien. Ein Versuch*, Basel 1860.

Statt eines Nachworts

GEORG G. IGGERS

Historisches Denken im 19. Jahrhundert. Überlegungen zu einer Synthese

Als Diskussionsausgangspunkt möchte ich Friedrich Jaegers und Jörn Rüsens 1992 erschienenen Band *Geschichte des Historismus*[1] benutzen, mit dem ich zwar in vieler Hinsicht übereinstimme, der aber meiner Meinung nach die Wissenschaftlichkeit der Historie im 19. Jahrhundert überschätzt. Was ich hier vortrage, ist, wie der Titel andeutet, kein Versuch einer Synthese des historischen Denkens des 19. Jahrhunderts, sondern sind nur ganz bescheidene Überlegungen. Eine Synthese ist aus verschiedenen Gründen problematisch. Es hat das 19. Jahrhundert als Epoche eigentlich nicht gegeben. Dennoch gibt es im Diskurs des 19. Jahrhunderts gemeinsame Züge, die sich über die nationalen Grenzen erstrecken und der Zeit eine gewisse Einheit geben. Besonders in Deutschland wird das Geschichtsdenken des 19. Jahrhunderts oft aus der Perspektive des Historismus betrachtet. So sprechen Jaeger und Rüsen, und ähnlich Ulrich Muhlack, vom Historismus als der »maßgebliche(n) Denkform« des 19. Jahrhunderts.[2] In bezug auf die historische Forschung sind Jaeger und Rüsen »der Meinung, daß diese Wissenschaftsdisziplin eine Denkstruktur aufweist, die ihre Entwicklung im Laufe des 19. Jahrhunderts durchgängig bestimmt und es uns möglich macht, von einer einzigen umfassenden und grundlegenden Wissenschaftskonzeption des Historismus zu sprechen.«[3]

Historismus wird hier als »die in den historischen Fachwissenschaften sich ausprägende spezifisch moderne Art des historischen Denkens«[4] definiert, die die »grundsätzliche Historisierung alles unseres Denkens über den Menschen, seine Kultur und seine Werte«[5] einschließt. Der Historismus wird als Teil eines Modernisierungsprozesses gesehen, in dem »›modern‹ historisch denken« »rational-wissenschaftlich« denken bedeutet.[6] Jaeger und Rüsen beziehen diesen Prozeß auf die Geschichtswissenschaft als disziplinäres Fach. Ich möchte aber die Frage aufwerfen, ob sich die Geschichtswissenschaft als »eigenständige Wissenschaftsdisziplin« so sehr vom historischen Denken und Bewußtsein allgemein abgrenzt, wie diese Formulierung es voraussetzt. Ich gehe davon aus, daß die Geschichte als Disziplin weitgehend in das allgemeine Geschichtsdenken des 19. Jahrhunderts eingebettet ist, daß die Grenze zwischen Geschichte als Wissenschaft und als Literatur trotz des Wissenschaftsanspruchs der Disziplin Geschichte weitgehend flüssig bleibt, und ferner, daß die Geschichte, wie sie an den Universitäten Deutschlands und später der übrigen Welt erforscht, geschrieben und gelehrt wird, keineswegs so streng »rational-wissenschaftlich«[7] verfährt, wie es Jaeger und Rüsen behaupten, oder mit anderen Worten, daß die historische Wissenschaft des 19. Jahrhunderts keineswegs eine streng rational verfahrende Wissenschaft ist, sondern auf Gedanken baut, die in den Welt- und Lebensanschauungen der allgemeinen Bevölkerung verankert sind.

Man darf die Rolle, die die Geschichte *als Disziplin* im historischen Bewußtsein des 19. Jahrhunderts einnahm, nicht überschätzen. Das Verhältnis von Geschichte als Wissenschaft und Literatur muß aus zwei Perspektiven gesehen werden. Noch stärker als im 18. Jahrhundert setzt sich im 19. die Überzeugung durch, daß der Mensch nur aus seiner Geschichte verstanden werden kann. Die große Rolle, die die Geschichte im Bewußtsein des 18. Jahrhunderts gespielt hat, darf dabei nicht unterschätzt werden.[8] Aber mit der Romantik setzt sich ein verstärktes Interesse für eine farbenreiche Vergangenheit durch, nicht nur in der historischen Forschung, sondern auch im historischen Roman und im historischen Drama. Walter Scott diente als Modell für Ranke. Romantik und Realismus sind in der Tat untrennbar, und die großen Romanciers des 19. Jahrhunderts, von Stendhal, Balzac und Dickens bis Tolstoi, Dostojewski, Zola und Thomas Mann, streben danach, dem Geist der Zeit näherzukommen, als es der wissenschaftlichen Akribie möglich ist. So besteht eine enge Parallelität zwischen dem Gegenstand des historischen Romans und dem Geschichtswerk. Aber auch die Struktur des Geschichtswerks ähnelt der des historischen Romans. Die Form der Erzählung in den Werken Rankes, Michelets, Macaulays oder Bancrofts entspricht in ihrer narrativen Darstellung eines chronologischen Zusammenhanges, der durch individuelle menschliche Handlungen bestimmt ist, sich aber im Rahmen übergreifender historischer Kräfte abspielt, der der großen realistischen Romane. Man muß zwischen der Selbstdarstellung der Historie, die wenigstens an den Universitäten auf Entrhetorisierung und Versachlichung Wert legt, und ihrer Praxis, die stark rhetorische Züge aufweist, unterscheiden.

Wir müssen uns aber bewußt sein, daß die Fachhistorie im Vergleich zur Literatur nur eine bescheidende Rolle im historischen Bewußtsein der Zeit eingenommen hat. Sehr wahrscheinlich haben unendlich mehr Menschen in Deutschland Dahn und Freytag als Ranke, Sybel oder Waitz gelesen. Viele Historiker – ich denke an Jacob Burckhardt, Lorenz von Stein, Alexis de Tocqueville, Henry Adams, Hippolyte Taine, Jules Michelet, Thomas Carlyle und Thomas Macaulay – wichen vom Paradigma einer historischen Wissenschaft ab, wie sie sich an der deutschen Universität in der Nachfolge von Niebuhr und Ranke durchsetzte. Auch verlor die Geschichtswissenschaft nie ihre Funktion als Literatur, wie wir am Beispiel von Ranke, Michelet und Mommsen sehen.

Das 19. Jahrhundert war auf seine Wissenschaft sehr stolz. In der Tat fand ein Verwissenschaftlichungsprozeß statt. Wir müssen aber mit dem Begriff Wissenschaft vorsichtig umgehen. Die Vorstellung einer rational mit anonymen abstrakten Begriffen arbeitenden Wissenschaft, wie sie Max Weber im Auge hatte, setzt sich in der Geschichtswissenschaft nur sehr beschränkt durch. Das Vorbild der historischen Wissenschaft, wie sie sich an der deutschen Universität etabliert, ist weitgehend die Naturwissenschaft. Von den Naturwissenschaften übernimmt sie den Glauben an die Möglichkeit objektiver Erkenntnis durch rational geregelte methodische Verfahren und die damit verbundene Professionalisierung der Wissenschaft. Wissenschaft ist jetzt das Monopol der Berufswissenschaftler, die als methodisch ausgebildete Experten mit Autorität sprechen können. Von Anfang an grenzt sich die entstehende Geschichtswissenschaft von der cartesianischen Prämisse, daß Wissenschaft in der Formulierung allgemeiner, mathematisierbarer Sätze bestehe, ab und betont den qualitativen, individuellen Charakter menschlicher Handlungen als den Gegenstand der Geschichte. Von Ranke bis Droysen, Dilthey und Weber beschäftigt sich das deutsche historische Denken mit der Aufgabe, die methodischen Grundlagen für eine historische Wissenschaft zu legen. Was für die Naturwissenschaften die Physik ist, ist für die Geschichtswissenschaft seit Heyne und Wolf die Philologie.[9] Die Verwissenschaftlichung der Geschichte in Deutschland und später anderswo ist gleichbedeutend mit der Durchsetzung philologischer Arbeitsweisen im institutionellen Rahmen der Universität oder Akademie. Wissenschaftlich arbeiten bedeutet philologisch arbeiten.

Die philologische Methode ist gleichzeitig Hermeneutik. Ihr Kernstück ist die kritische Untersuchung der Quellen, in erster Linie von Texten, obwohl Kunstwerke, Bauwerke, Münzen, Gesetzgebungen u. a.

auch den Charakter von Texten annehmen können. Was die klassische und die biblische Philologie, wie sie besonders an der Hallenser und der Göttinger Universität im 18. Jahrhundert praktiziert wurde, von älteren Formen der Quellenkritik unterschied, war, daß sie sich nicht auf die Überprüfung der Echtheit und Glaubwürdigkeit der Quellen beschränkte, sondern diese in ihrem historischen Rahmen zu verstehen versuchte. Es geht in der Philologie als Mittel historischer Forschung nicht mehr um den Wortlaut der Texte, sondern um ihre Bedeutung in einem historischen Rahmen, nicht mehr um die Feststellung von Tatsachen, sondern um den großen historischen Zusammenhang, in dem diese stattfinden. Droysen hatte dies im Sinn, als er hundert Jahre später den klassisch gewordenen Satz formulierte: »Das Wesen der geschichtlichen Methode ist *forschend zu verstehen*, ist die Interpretation.«[10]

Ich stimme mit Droysen überein, daß die Interpretation das Kernstück der historischen Methode ist. Allerdings finde ich die Weise, in der die deutschen Historiker diese Methode angewandt haben, in zwei Beziehungen problematisch. Mein erster Vorbehalt ist, daß die Philologie als Methode nicht ihren Anspruch erfüllte, strenge Wissenschaft zu sein. Sie entwickelte die Textkritik als Grundlage historischer Forschung, hatte aber nur sehr diffuse Vorstellungen, wie die Interpretation methodisch stattfinden sollte. Für F. A. Wolf[11] oder B. G. Niebuhr[12] konnten die Epen oder die Gesetze einer Zeit durch Einfühlung in die Quellen verstanden werden, weil sie die geistige Welt eines Volkes verkörperten. Im 19. Jahrhundert wurde der historische Zusammenhang noch erweitert, indem Ranke und Droysen die Geschichte als ein Ganzes sahen, als den Schauplatz »sittlicher Mächte«. Für Ranke sind die Ideen und »moralischen Energien«, die der Geschichte ihren Sinn geben, nur durch ein »Mitfühlen ihres Daseins« zu begreifen. Ähnlich ist für Droysen das Verstehen, das er als »das vollkommenste Erkennen, das uns menschlicherweise möglich ist«, bezeichnet, »wie ein schöpferischer Akt, wie ein Lichtfunken zwischen zwei elektrophoren Körpern, wie ein Akt der Empfängnis.«[13]

Ranke und die historische Schule nach ihm sind davon überzeugt, daß es auf diese Weise möglich ist, die Vergangenheit aufgrund philologisch kritischer Forschung so zu rekonstruieren, wie sie *eigentlich* gewesen ist. Es geht nicht um Wissen, sondern um Wissenschaft. Droysen ist sich der Problematik dieser Einstellung bewußt, indem er schreibt: »Das historische Forschen setzt die Einsicht voraus, daß auch der Inhalt unseres Ich ein vielfach vermitteltes, ein geschichtliches Resultat ist.«[14] »Die transzendentale Bedingung des hermeneutischen Verstehens«, die den Kern der philologischen Methode ausmachte, ist, wie Rüsen und Jaeger richtig bemerken, »eine grundsätzlich existierende Identität zwischen dem verstehenden Erkenntnissubjekt und dem zu verstehenden Geschehenszusammenhang«.[15] Diese Identität kann aber wissenschaftlich nicht bewiesen werden.

Mein zweiter Vorbehalt betrifft den institutionellen Rahmen, der dieser Wissenschaft ihre Autorität verleiht. Man darf, wie Jaeger und Rüsen richtig hervorheben, »die Wissenschaftlichkeit der Geschichtswissenschaft nicht isoliert von ihren politischen Funktionen sehen«, sondern muß sich »ihre(s) inneren Zusammenhang(s) mit neuen Formen der Legitimation« bewußt sein.[16] Die Professionalisierung der Geschichtsschreibung schafft diese »neuen Formen der Legitimation«. Die deutschen Historiker des 19. und 20. Jahrhunderts schauten auf die britische und französische Geschichtsschreibung des 18. Jahrhunderts herab, weil sie aus ihrer Sicht nicht genügend wissenschaftlich war. Unwissenschaftlich bedeutet hier Mangel an philologischer Methode und Mangel an Professionalität. Gibbon, Hume und Voltaire werden als Amateure betrachtet, die sich nicht an die Vergangenheit, wie sie »eigentlich« war, hielten, sondern offen ihren philosophischen und politischen Ansichten Ausdruck gaben. Ranke sieht seine eigenen konservativen Einstellungen nicht als Parteilichkeit, sondern als Konsequenz wissenschaftlicher Objektivität. Trotz der betonten Ablehnung des positivistischen Wissenschaftkonzepts, wie sie in Droysens Kritik an Buckle stattfindet, wird auf die strenge Wissenschaftlichkeit der philologischen – und das heißt der historischen – Methode gewiesen. Es wird aber dabei übersehen, daß das Bucklesche Modell nicht die einzige Alternative zu der philologischen Methode ist, sondern daß, wie Hintze[17] und Weber später betonten, analytische Methoden ihren Platz in einer »verstehenden Soziologie«[18] und Geschichtswissenschaft haben.

Der Mangel einer rationalen Methode der historischen Interpretation trug zur Ideologisierung der Geschichtswissenschaft bei. Zwei Ideen nahmen dabei einen zentralen Platz ein: der im 18. Jahrhundert in der Philologie entstandene Glauben an die Zentralität eines Volksgeistes, von dem aus das geistige Leben einer Gesellschaft erklärt werden könne, und der aus den besonderen politischen Verhältnissen des 19. Jahrhunderts entstandene Gedanke der zentralen Rolle des Staates. Nietzsches

Sorge, daß die Geschichtswissenschaft einen lähmenden Einfluß auf das aktive Leben ausgeübt habe[19], erwies sich leider als grundlos. Wie wir in den Arbeiten der Kleindeutschen und später der Neu-Rankeaner sehen, führte die Entstehung einer Fachdisziplin in der Tat zu einer verstärkten Politisierung und Ideologisierung der Forschung im Dienste neuer historischer Mythen.

In anderen Ländern setzte die Professionalisierung bekanntlich später ein, übernahm aber weitgehend den wissenschaftlichen Habitus der deutschen Historie. Hier bedeutete Verwissenschaftlichung ebenfalls die Übernahme philologischer Methoden und häufig, besonders in England und den USA, die Aneignung der völkischen und etatistischen Anschauungen, die in Deutschland mit der Philologie verbunden waren. In beiden Ländern distanzierte sich die Geschichtsforschung neuen Stils von der liberalen und demokratischen Historiographie der Amateurhistoriker. In Amerika wurde Ranke 1884 zum ersten Ehrenmitglied der neugegründeten American Historical Association gewählt.[20] Mit dieser Wahl identifizierten sich die Gründungsmitglieder nicht nur mit der philologischen Methode, sondern auch weitgehend mit ihren völkischen und etatistischen Vorstellungen. Ähnlich war es in England mit Stubbs, Maine und Freeman.[21]

Die Professionalisierung veränderte den sozialen Rahmen und das Kräfteverhältnis, in denen Geschichte geschrieben wurde. Die Historiker, deren Bücher im 18. Jahrhundert auf den Tischen des gebildeten Publikums lagen, waren die großen Amateure, Gibbon, Hume, Robertson, Catharine Macaulay, Voltaire und Raynal, nicht die Göttinger Professoren. Es lohnt sich zu betonen, daß Catharine Macaulay von ihren männlichen Zeitgenossen, einschließlich David Hume, gegen dessen englische Geschichte sie aus liberaler Sicht polemisierte, ernst genommen – und später total vergessen wurde.[22] Die Institutionalisierung der Geschichte führte zu neuem Konformismus[23], nicht nur in der Methode und in politischen Anschauungen, sondern auch in den Gegenständen der Geschichtsschreibung und in den gesellschaftlichen Kreisen, aus denen Historiker und Historikerinnen kamen. Es gab im 19. Jahrhundert eine große Anzahl von bedeutenden Schriftstellerinnen in fast allen Ländern der westlichen Welt, aber fast keine Historikerinnen. Die Literatur, die auch in Deutschland noch eine große Rolle spielte, gewährte viel mehr Freiheit und Vielfalt für den Historiker als die Universität. Für Andersdenkende oder Außenseiter wie Juden oder Frauen war nicht nur an der deutschen, sondern auch z. B. an der amerikanischen Universität und anderswo wenig Platz.[24]

Ich will aber die professionalisierte Geschichtswissenschaft trotz ihrer Überheblichkeit nicht als Prügelknaben hinstellen. Sie spiegelte Anschauungen wider, die allgemein in Europa und Nordamerika, besonders in der zweiten Hälfte des 19. Jahrhunderts, weit verbreitet waren. Der Streit zwischen Historismus und Positivismus, wie er in Droysens Kritik an Buckle zum Ausdruck kam, verschleiert, wieviel Historisten, Positivisten und Marxisten gemeinsam hatten.[25] Alle huldigten der Wissenschaft, und alle waren vom Fortschritt der europäischen Menschheit überzeugt, selbst Ranke und Droysen, die eine schematische Geschichtsphilosophie vermeiden wollten. Wir haben schon betont, daß die historische Schule fest von der »Erhebung der Geschichte zum Rang einer Wissenschaft«[26], wie Droysens Aufsatz in der *Historischen Zeitschrift* 1863 hieß, überzeugt war. Man könnte sogar argumentieren, daß in gewisser Hinsicht Droysen einen radikaleren szientistischen Standpunkt vertrat als Buckle. Buckle war nämlich immer noch Amateur und Geschichtsphilosoph. Für Droysen war der Habitus des Wissenschaftlers entscheidend. Der Wissenschaftler sprach mit einer Autorität, die – weil sie Wissenschaft war – von Laien akzeptiert werden mußte. Wolfgang Weber konnte daher mit Recht von den »Priestern der Klio«[27] sprechen. Ideologie wurde zur Wissenschaft, ob es sich um Droysens Preußenbild oder Sybels Deutung des Heiligen Römischen Reiches handelte. Der Marxismus bezeichnete sich auf ähnliche Weise als »wissenschaftlichen Sozialismus«.

Eine enge Verbindung besteht zwischen der Wissenschaftsgläubigkeit vieler Menschen in der zweiten Hälfte des 19. Jahrhunderts und ihrem Geschichtsbild. Hier besteht ebenfalls eine Gemeinsamkeit zwischen Historismus, Positivismus und Marxismus. Der Gedanke, daß die Weltgeschichte die Geschichte Europas ist, hat Wurzeln in der Aufklärung, setzte sich aber erst im 19. Jahrhundert im allgemeinen Bewußtsein durch. Montesquieu und Voltaire hatten noch eine hohe Achtung vor außereuropäischen Kulturen, vor China und Persien; für Hegel, Ranke, aber auch Marx gehören diese zur Kindheit der Menschheit. Ranke widersprach seiner Auffassung, daß »alle Epochen unmittelbar zu Gott sind«, als er bemerkte, daß die Chinesen und Inder keine Geschichte, sondern höchstens eine Naturgeschichte haben.[28] Der Unterschied zwischen Kultur- und Naturvölkern setzt sich durch. Dieser Glaube, daß die europäische Kultur geistig und sittlich höher steht als die übrige Welt, wird zum Bestandteil der Ideologie des Imperialismus und spiegelt das politische, militärische, ökonomische und technische Kräfteverhältnis in der damaligen Welt wider. Mit dem Sozialdarwinismus erhält diese Ideologie eine wissenschaftliche Grundlage. Der Kampf ums Dasein wird auch für Weber (und Nietzsche) eine unleugbare, in der Biologie des Menschen begründete Tatsache. Auch Marx, der in seinen Aufsätzen über Indien die Brutalität der englischen Kolonialverwaltung beklagt, ist davon überzeugt, daß der englische Imperialismus notwendig war, um die Inder aus ihrer Stagnation zu befreien.[29] Ähnlich begrüßt Friedrich Engels die französische Annexion Algeriens[30] und spricht von der Überlegenheit der Deutschen im Vergleich zu den Slawen.[31]

Sehr früh nimmt diese europäische Zuversicht völkische und rassistische Züge an. Herder hatte in den Völkern die elementaren menschlichen Einheiten gesehen, aber sie alle, auch die Indianer und die Schwarzafrikaner, als gleichwertig betrachtet. Die Philologie trägt aber schon im 18. Jahrhundert dazu bei, daß den indoeuropäischen Völkern eine bevorzugte Rolle zugewiesen wird.[32] Mit Winckelmann[33] begann der Mythos eines Griechentums als Verkörperung des Schönen und Maßvollen, den Nietzsche später zertrümmerte.[34] Die Entdeckung der indoeuropäischen Sprachenfamilie gab den Vorstellungen einer gemeinsamen indoeuropäischen oder arischen Kulturtradition Vorschub. Die Griechen erscheinen jetzt als Indoeuropäer oder Arier, die sich in Lebensanschauung und Charakter grundsätzlich von den Semiten unterschieden. Das Volk wurde aber zunehmend nicht mehr wie bei Herder als eine Sprach-, sondern als eine Blutgemeinschaft betrachtet. Schon Niebuhr sieht den Konflikt zwischen Patriziern und Plebejern in der römischen Republik nicht als den Konflikt zweier Klassen, sondern zweier Volksgruppen. Michelet lobte Niebuhrs Entdeckung des ethnischen Prinzips in der Geschichte.[35] Ernest Renan entwickelte dieses Prinzip weiter und entwarf in seinen Studien der semitischen Philologie einen Begriff des Orients, den er ethnisch und geistig der indoeuropäischen Welt gegenüberstellte.[36] In Gobineaus Ausführungen wurde diese Gegenüberstellung von Ariern und Semiten zu einer expliziten Theorie des Rassenkampfes erhoben.[37] Der Begriff einer höherstehenden indoeuropäischen oder arischen Gemeinschaft wird dann durch die Vorstellung der besonderen Rolle der Germanen erweitert, und nicht nur in Deutschland. Wir haben schon auf die enge Verbindung zwischen der Etablierung der philologischen Methode an den amerikanischen und englischen Universitäten und der Einführung der sogenannten »Germanist thesis« hingewiesen.[38]

Es gab natürlich Außenseiter, die den Wissenschaftskult und die Fortschrittsgläubigkeit der überwiegenden Mehrheit der »gebildeten« Schichten in Frage stellten. Burckhardt und Nietzsche sind gute Beispiele dafür, in Amerika sind es Henry Adams[39] und Brooks Adams[40], in Rußland Dostojewski. Sie tun dies aus einer elitären Position, aus der Furcht, daß die Massen und der Kommerzialismus die Grundlagen europäischer Kultur, die nur auf elitärer Basis denkbar ist, zerstören. Aber auch Burckhardt und Nietzsche sind in ihrer Ästhetisierung der Gewalt nicht frei von sozialdarwinistischen und eurozentrischen Vorstellungen. Um die Jahrhundertwende wird die Wissenschaftlichkeit der philologischen Methode zunehmend in Frage gestellt, in Frankreich mit Émile Durkheim und Henri Berr, in Amerika mit Frederick Jackson Turner und mit den »New Historians«.[41] Letztere lehnen gleichzeitig die »germanistische These« ab.[42] Die Kritiker glauben weiter an die Möglichkeit wissenschaftlicher Strategien in der Untersuchung menschlicher Gesellschaften in ihren historischen Zusammenhängen. Sie sind, wenn wir von Karl Lamprecht absehen, weit von positivistischen Anschauungen entfernt und üben Kritik an der philologischen Methode, weil sie sie als unzulänglich betrachten und strengere methodische Kriterien für die Untersuchung menschlicher Verhaltensweisen einführen wollen. Gleichzeitig setzten sie sich, wie es der Amerikaner Carl Becker schon 1910 in einem bemerkenswerten Aufsatz tut[43], von dem Objektivismus der philologischen Methode ab, ohne die wissenschaftliche Aufgabe des Historikers zu leugnen.

Diese Überlegungen sind keineswegs als Infragestellung von Wissenschaftlichkeit gedacht. Der ehrliche Historiker und die ehrliche Historikerin müssen bemüht sein, ein ehrliches Bild der Vergangenheit wiederzugeben. Aber der Prozeß, durch den man an diese Wirklichkeit herankommt, ist viel komplexer, als es sich die Geschichtswissenschaft des 19. Jahrhunderts vorgestellt hat. Man muß die Geschichte der Geschichtswissenschaft als einen fortlaufenden Dialog betrachten, in dem unterschiedliche Meinungen zum Ausdruck kommen. Nicht die Subjektivität muß ausgeschaltet werden, wie es Ranke und Fustel de Coulanges wollten, sondern die Selbsttäuschung. Die institutionalisierte Geschichtswissenschaft des 19. Jahrhunderts beweist die Gefahr, wie aus angeblich reiner Forschung eine ideologische Stütze der bestehenden Machtverhältnisse werden konnte.

Anmerkungen

1 Friedrich Jaeger/Jörn Rüsen, *Geschichte des Historismus. Eine Einführung*, München 1992.
2 Ebd., S. 8; siehe auch Ulrich Muhlack, *Geschichtswissenschaft im Humanismus und in der Aufklärung. Die Vorgeschichte des Historismus*, München 1991.
3 Jaeger/Rüsen, *Geschichte des Historismus* (wie Anm. 1), S. 8.
4 Ebd., S. 7.
5 Ebd.
6 Ebd., S. 9.
7 Ebd.
8 Siehe Wilhelm Dilthey, »Das achtzehnte Jahrhundert und die geschichtliche Welt«, in: ders., *Schriften*, Bd. 3, Leipzig 1927, S. 209–268; Ernst Cassirer, *Die Philosophie der Aufklärung*, Tübingen 1932; Peter Gay, *The Enlightenment. An Interpretation*, 2 Bde., New York 1966–69; Peter Hanns Reill, *The German Enlightenment and the Rise of Historicism*, Berkeley 1975; Hans Erich Bödeker/Georg G. Iggers/Jonathan B. Knudsen/Peter H. Reill (Hg.), *Aufklärung und Geschichte. Studien zur deutschen Geschichtswissenschaft im 18. Jahrhundert*, Göttingen 1986; Horst Walter Blanke/Dirk Fleischer (Hg.), *Theoretiker der deutschen Aufklärungshistorie*, 2 Bde. (*Fundamenta Historica. Texte und Forschungen*, Bd. 1), Stuttgart 1990.
9 Siehe Reill, *The German Enlightenment* (wie Anm. 8), sowie Anthony Grafton, »Introduction«, in: F. A. Wolf, *Prolegomena to Homer* (1795), translated, with introduction and notes by Anthony Grafton, Glenn W. Most, and James E. G. Zetzel, Princeton, N. J. 1985, S. 3–35.
10 Johann Gustav Droysen, *Historik. Historisch-kritische Ausgabe*, hg. v. Peter Leyh, Bd. 1, Stuttgart 1977, S. 22.
11 Wolf, *Prolegomena to Homer* (wie Anm. 9).
12 Siehe Gerrit Walther, *Niebuhrs Forschung* (*Frankfurter historische Abhandlungen*, Bd. 35), Stuttgart 1993.
13 Johann Gustav Droysen, *Historik. Vorlesungen über Enzyklopädie und Methodologie der Geschichte*, hg. v. Rudolf Hübner, 4. Aufl. Darmstadt 1960, S. 26.
14 Zitiert nach Otto Gerhard Oexle, »Die Geschichtswissenschaft im Zeichen des Historismus. Bemerkungen zum Standort der Geschichtsforschung«, in: *Historische Zeitschrift*, Bd. 238 (1984), S. 43.
15 Jaeger/Rüsen, *Geschichte des Historismus* (wie Anm. 1), S. 39. Siehe auch Wolfgang Hardtwig, »Geschichtsreligion – Wissenschaft als Arbeit – Objektivität«, in: *Historische Zeitschrift*, Bd. 252 (1991), S. 1–32; siehe auch Oexle, »Die Geschichtswissenschaft« (wie Anm. 14).
16 Jaeger/Rüsen, *Geschichte des Historismus* (wie Anm. 1), S. 9.
17 Siehe Otto Hintze, »Über die individualistische und kollektivistische Geschichtsauffassung«, in: *Historische Zeitschrift*, Bd. 78 (1897), S. 60–67.
18 Siehe Max Weber, »Über einige Kategorien der verstehenden Soziologie«, in: ders., *Gesammelte Aufsätze zur Wissenschaftslehre*, hg. v. Johannes Winckelmann, 3. Aufl. Tübingen 1968, S. 427–474.

19 Siehe Friedrich Nietzsche, »Unzeitgemäße Betrachtungen. Zweites Stück: Vom Nutzen und Nachtheil der Historie für das Leben« (1874), in: ders., *Werke. Kritische Gesamtausgabe*, hg. v. Giorgio Colli u. Mazzino Montinari, Abt. 3, Bd. 1, Berlin/New York 1972, S. 239–330.

20 Siehe Michael Kraus/David D. Joyce, *The Writing of American History*, 2. Ausg., Norman/Oklahoma 1985; John Higham u. a., *History*, Englewood Cliffs, N. J. 1965; Ernst Breisach, *American Progressive History. An Experiment in Modernization*, Chicago 1993.

21 Siehe Ernst Breisach, *Historiography: Ancient, Medieval, and Modern*, Chicago 1983.

22 Siehe Bridget Hill, *The Republican Virago: The Life and Times of Catherine Macaulay, Historian*, Oxford 1992; auch Natalie Z. Davis, »History's Two Bodies«, in: *American Historical Review*, Bd. 93 (1988), S. 1–30.

23 Zur Rekrutierung der Historiker im deutschsprachigen Europa siehe Wolfgang Weber, *Priester der Klio. Historisch-sozialwissenschaftliche Studien zur Herkunft und Karriere deutscher Historiker und zur Geschichte der Geschichtswissenschaft 1800–1970*, Frankfurt/M. 1984; für Frankreich siehe Christophe Charles, *Le Personnel de l'enseignement supérieur en France aux XIXe et XXe siècles*, Paris 1985.

24 Über die Lage in Frankreich siehe Christian Simon, *Staat und Geschichtswissenschaft in Deutschland und Frankreich 1871–1914. Situation und Werk von Geschichtsprofessoren an den Universitäten Berlin, München, Paris*, 2 Bde., Bern 1988; auch Georg G. Iggers, »Geschichtswissenschaft in Deutschland und Frankreich 1830 bis 1918 und die Rolle der Sozialgeschichte. Ein Vergleich zwischen zwei Traditionen bürgerlicher Geschichtsschreibung«, in: Jürgen Kocka (Hg.), *Bürgertum im 19. Jahrhundert. Deutschland im europäischen Vergleich*, München 1988, Bd. 3, S. 175–199.

25 Siehe Eckhardt Fuchs, *Henry Thomas Buckle. Geschichtsschreibung und Positivismus in England und Deutschland* (= *Beiträge zur Universalgeschichte und vergleichenden Gesellschaftsforschung*, Bd. 9), Leipzig 1994; auch ders., »Wissenschaft, Positivismus und Geschichtsschreibung in England«, in: *Zeitschrift für Geschichtswissenschaft*, 42. Jg. (1994), S. 197–216.

26 Johann Gustav Droysen, »Die Erhebung der Geschichte zum Rang einer Wissenschaft«, in: *Historische Zeitschrift*, Bd. 9 (1863), S. 1–22.

27 Weber, *Priester der Klio* (wie Anm. 23).

28 Siehe Eberhard Kessel, »Rankes Idee der Universalhistorie«, in: *Historische Zeitschrift*, Bd. 178 (1954), S. 269–308, hier S. 303.

29 Siehe die Artikel von Marx über Indien für die *New York Daily Tribune*, in: *Karl Marx on Colonialism and Modernization. His Despatches and Other Writings on China, India, Mexico, The Middle East and North Africa*, edited with an Introduction by Shlomo Avineri, Garden City, N. Y. 1968 [auch in: Karl Marx/Friedrich Engels, *Gesamtausgabe*, Abt. I, 12, Berlin 1984].

30 Friedrich Engels, »[French Rule in Algeria]« (*The Northern Star*, 22. 1. 1848), in: *Marx on Colonialism* (wie Anm. 29), S. 43.

31 Siehe Norman Levine, *The Tragic Deception: Marx Contra Engels*, Oxford/Santa Barbara 1975, bes. Kap. 12: »Scientific Socialism as German Ethnocentrism«, S. 200–210.

32 Martin Bernal, *Black Athena. The Afroasiatic Roots of Classical Civilization*, Bd. 1: *The Fabrication of Ancient Greece 1785–1985*, New Brunswick 1987 (dt.: *»Schwarze Athene«. Die afroasiatischen Wurzeln der griechischen Antike*, München 1992).

33 Johann Joachim Winckelmann, *Geschichte der Kunst des Alterthums* (1763).

34 Friedrich Nietzsche, »Die Geburt der Tragödie aus dem Geiste der Musik« (1872), in: ders., *Werke*, Abt. 3, Bd. 1 (wie Anm. 19).

35 Siehe Bernal, *Black Athena* (wie Anm. 32), S. 303.

36 Siehe Edward W. Said, *Orientalism*, New York 1979.

37 Arthur Comte de Gobineau, *De l'inégalité des races humaines* (1853–55).

38 Siehe Georg G. Iggers, »Changing Conceptions of National History Since the French Revolution. A Critical Comparative Perspective«, in: *Conceptions of National History. Proceedings of Nobel Symposium 78*, hg. v. Erik Lönnroth, Karl Molin u. Ragnar Björk, Berlin/New York 1994, S. 132–150, hier S. 140.

39 Zum Beispiel Henry Adams, *Mont-Saint-Michel and Chartres*, Boston 1913.

40 Brooks Adams, *The Law of Civilization and Decay. An Essay on History*, New York 1896.

41 Siehe Richard Hofstadter, *The Progressive Historians. Turner, Beard, Parrington*, New York 1968; auch Breisach, *American Progressive History* (wie Anm. 20).

42 Siehe Breisach, ebd., S. 28.

43 Carl Becker, »Detachment and the Writing of History«, in: *The Atlantic Monthly*, Bd. 6 (Oct. 1910), S. 524–536.

Die Autoren des Bandes

WOLFGANG BIALAS, geboren 1954, ist wissenschaftlicher Mitarbeiter der Max-Planck-Forschungsgruppe »Wissenschaftskulturen im Kommunikationsprozeß des 20. Jahrhunderts« an der Universität Potsdam mit eigenem Schwerpunkt »Philosophie der Weimarer Republik«. Er war u. a. Gastprofessor an der University of California in Los Angeles und an der Katholischen Universität Fribourg, Schweiz. Wichtige Veröffentlichungen: *Von der Theologie der Befreiung zur Philosophie der Freiheit. Hegel und die Religion*, 1993; *Geschichtsphilosophie in kritischer Absicht im Übergang zu einer Teleologie der Apokalypse. Die Frankfurter Schule und die Geschichte*, 1994; *Intellektuelle in der Weimarer Republik* (Hg. zus. mit Georg Iggers), 1996; *Vom unfreien Schweben zum freien Fall. Ostdeutsche Intellektuelle im gesellschaftlichen Umbruch*, 1996.

SUSANNE VON FALKENHAUSEN, geboren 1951, ist Professorin für Kunstgeschichte mit Schwerpunkt Moderne an der Humboldt-Universität, Berlin. Veröffentlichungen u. a.: *Der Zweite Futurismus und die Kunstpolitik des Faschismus in Italien*, Frankfurt/M. 1979; *Italienische Monumentalmalerei im Risorgimento. Strategien nationaler Bildersprache*, Berlin 1993; Artikel zum Verhältnis von Kunst, Macht und kollektiven Identitäten seit 1789, Geschlechtermetaphern in der Kunst der Moderne, zur Problematik von Moderne und Gegenmoderne im 20. Jahrhundert im Zusammenhang ästhetischer Inszenierung »totalitärer« Regimes, zu Historismus und Realismus im 19. Jahrhundert. Sie ist interessiert an interdisziplinärer Methodenreflexion in bezug auf feministische Ansätze in der Kunstwissenschaft.

EGON FLAIG, geboren 1949, war von 1985 bis 1991 Hochschulassistent am Seminar für Alte Geschichte an der Universität Freiburg, habilitierte sich 1990 in Alter Geschichte und ist seit 1993 wissenschaftlicher Mitarbeiter am Max-Planck-Institut für Geschichte in Göttingen. Er vertritt eine praxeologische Geschichtsforschung und beschäftigt sich mit der rituellen und symbolischen Dimension der Politik in der Antike. Er ist Mitherausgeber der Zeitschrift *Historische Anthropologie* und Träger des Hans Reimer Preises der Aby-Warburg-Stiftung (1997). Wichtige Veröffentlichungen: *Angeschaute Geschichte. Zu Jacob Burckhardts »Griechische Kulturgeschichte«*, 1987; *Den Kaiser herausfordern. Die Usurpation im Römischen Reich*, 1992.

ECKHARDT FUCHS, geboren 1961, war wissenschaftlicher Mitarbeiter bei der Historischen Kommission zu Berlin und Mitglied des Graduiertenkollegs am John F. Kennedy-Institut der Freien Universität Berlin; seit 1996 ist er wissenschaftlicher Mitarbeiter am Deutschen Historischen Institut in Washington. Er ist Redaktionsmitglied der Zeitschrift *Comparativ*. Spezialgebiete: Geschichte der deutschen, englischen und amerikanischen Geschichtsschreibung im 19./20. Jahrhundert; internationale Wissenschaftsbeziehungen; Geschichte des Positivismus. Veröffentlichungen: *Henry Thomas Buckle. Geschichtsschreibung und Positivismus in England und Deutschland*, 1994; *»J'accuse!« Zur Affäre Dreyfus* (Co-Autor), 1994.

GANGOLF HÜBINGER, geboren 1950, ist Professor für Kulturgeschichte der Neuzeit an der Europa-Universität Viadrina in Frankfurt an der Oder. Wichtige Veröffentlichungen: *Georg Gottfried Gervinus. Historisches Urteil und politische Kritik*, 1984; »Kulturprotestantismus und Politik. Zum Verhältnis von Liberalismus und Protestantismus im wilhelminischen Deutschland«, 1994; *Intellektuelle im Deutschen Kaiserreich* (Mithg.), 1993; *Universalgeschichte und Nationalgeschichten*, 1994 (Mithg.); Mithg. der Ernst-Troeltsch-Gesamtausgabe.

GEORG G. IGGERS, geboren 1926 in Hamburg, emigrierte 1938 mit seinen Eltern in die USA. Er lehrt Geschichte an der State University of New York in Buffalo und war u. a. Gastprofessor an der TH Darmstadt und der Universität Leipzig. Er ist Träger des Alexander-von-Humboldt-Forschungspreises (1995). Wichtige deutschsprachige Veröffentlichungen: *Deutsche Geschichtswissenschaft. Eine Kritik der traditionellen Geschichtsauffassung von Herder bis zur Gegenwart*, 1971; *Neue Geschichtswissenschaft. Vom Historismus zur Historischen Sozialwissenschaft*, 1978; *Ein anderer historischer Blick. Beispiele ostdeutscher*

Sozialgeschichte (Hg.), 1991; *Geschichtswissenschaft im 20. Jahrhundert. Ein kritischer Überblick im internationalen Zusammenhang,* 1993.

FRIEDRICH JAEGER, geboren 1956, ist wissenschaftlicher Mitarbeiter am Sonderforschungsbereich »Sozialgeschichte des neuzeitlichen Bürgertums. Deutschland im internationalen Vergleich« an der Universität Bielefeld und war 1996 Adjunct Associate Professor an der State University of New York in Buffalo. Wichtige Veröffentlichungen: *Geschichte des Historismus* (zus. mit Jörn Rüsen), 1992; *Bürgerliche Modernisierungskrise und historische Sinnbildung. Kulturgeschichte bei Droysen, Burckhardt und Max Weber,* 1994.

HANS-JÜRGEN LÜSEBRINK, geboren 1952, ist Professor für Romanische Kulturwissenschaft und Interkulturelle Kommunikation (mit Schwerpunkt Frankreich/Deutschland) an der Universität Saarbrücken. Er war Gastprofessor u. a. an der École des Hautes Études en Sciences Sociales (Paris), an der Western Michigan University (USA) und an der Universität Laval in Québec (Kanada). Buchpublikationen u. a.: *Kriminalität und Literatur im Frankreich des 18. Jahrhunderts,* 1983; *Feindbild und Faszination. Vermittlerfiguren und Wahrnehmungsprozesse in den deutsch-französischen Kulturbeziehungen 1789–1983* (Hg. zus. mit J. Riesz), 1984; *Schrift, Buch und Lektüre in der französischsprachigen Literatur Afrikas,* 1990; *Die »Bastille«. Zur Symbolgeschichte von Herrschaft und Freiheit* (zus. mit R. Reichardt), 1990; *Handbuch politisch-sozialer Grundbegriffe in Frankreich 1680–1820* (Hg. zus. mit R. Reichardt), 1990ff.; *»L'Histoire des Deux Indes« – Réécriture et Polygraphie* (Hg. zus. mit A. Strugnell), 1995.

CHRISTOPH MARX, geboren 1957, ist Privatdozent für Neuere und Neueste Geschichte an der Universität Freiburg. Veröffentlichungen: *»Völker ohne Schrift und Geschichte« – Zur historischen Erfassung des vorkolonialen Schwarzafrika in der deutschen Forschung des 19. und frühen 20. Jahrhunderts,* 1988; *Nationalismus der Buren und Schwarzen in Südafrika 1910–1960* (Studienbrief der FernUniversität Hagen), 1995, sowie verschiedene Aufsätze zur Erforschungsgeschichte Afrikas, zur Sozialgeschichte Südafrikas und der Karibik.

HARRO MÜLLER, geboren 1943, ist Full Professor an der Columbia University, New York City, und lehrt Allgemeine und Neuere Deutsche Literaturwissenschaft. Zahlreiche Publikationen zur Literaturgeschichte vom 18. bis zum 20. Jahrhundert, zu literaturtheoretischen, zu wissenschaftsgeschichtlichen und wissenschaftstheoretischen Fragestellungen. Letzte Buchpublikationen: *Geschichte zwischen Kairos und Katastrophe. Historische Romane im 20. Jahrhundert*, 1988; *Giftpfeile. Zu Theorie und Literatur der Moderne*, 1994; *Literaturwissenschaft* (Hg. zus. mit Jürgen Fohrmann), 1995; *Systemtheorie der Literatur* (Hg. zus. mit Jürgen Fohrmann), 1996.

ULRICH MUHLACK, geboren 1940, ist seit 1972 Professor für allgemeine historische Methodenlehre und Geschichte der Geschichtsschreibung an der Johann Wolfgang Goethe-Universität in Frankfurt/Main. Wichtige Veröffentlichungen: *Das zeitgenössische Frankreich in der Politik Humboldts*, 1967; *Einführung in die Geschichte der Klassischen Philologie* (zus. mit Ada Hentschke), 1972; *Geschichtswissenschaft im Humanismus und in der Aufklärung. Die Vorgeschichte des Historismus*, 1991; (Hg. von:) Leopold von Ranke, *Die großen Mächte. Politisches Gespräch*, 1995.

WILFRIED NIPPEL, geboren 1950, ist Professor für Alte Geschichte an der Humboldt-Universität in Berlin. Wichtige Veröffentlichungen: *Mischverfassungstheorie und Verfassungsrealität in Antike und früher Neuzeit*, 1980; *Aufruhr und »Polizei« in der römischen Republik*, 1988; *Griechen, Barbaren und »Wilde«. Alte Geschichte und Sozialanthropologie*, 1990; *Über das Studium der Alten Geschichte* (Hg.), 1993; *Public Order in Ancient Rome*, 1995, sowie Publikationen zur politischen Theorie, zur Verfassungs- und Sozialgeschichte der Antike und ihrer neuzeitlichen Rezeption.

KURT NOWAK, geboren 1942, ist Professor für Kirchengeschichte an der Universität Leipzig, Directeur d'Études associé an der Maison des sciences de l'homme in Paris und Mitglied der Sächsischen Akademie der Wissenschaften zu Leipzig. Monographien (u. a.): *Schleiermacher und die Frühromantik*, 1986; *Evangelische Kirche und Weimarer Republik. Zum politischen Weg des deutschen Protestantismus zwischen 1918 und 1932*, 2. Aufl. 1988; *Geschichte des Christentums in Deutschland*, 1995.

KAREN OFFEN arbeitet als selbständige Historikerin und ist als »Senior Scholar« dem »Institute for Research on Women and Gender« an der Stanford University angeschlossen. Sie ist Mitbegründerin der »International Federation for Research in Women's History« und war Präsidentin der »Western Association of Women Historians (USA)«. Gegenwärtig hat sie eine »John Simon Guggenheim Memorial Foundation Fellowship« inne. Wichtige Veröffentlichungen: *Victorian Women: A Documentary Account of Women's Lives in Nineteenth-Century England, France, and the United States* (Mithg.), 1981; *Women, the Family, and Freedom: The Debate in Documents, 1750–1950* (2 Bde.; Hg. zus. mit Susan Groag Bell), 1983; *Writing Women's History: International Perspectives* (Hg. zus. mit Ruth Roach Pierson und Jane Rendall), 1991; *Paul de Cassagnac and the Authoritarian Tradition in Nineteenth-Century France*, 1991; zahlreiche Aufsätze. Zur Zeit arbeitet sie an Büchern zur Frauenfrage im modernen Frankreich und zum europäischen Feminismus zwischen 1700 und 1950.

JÜRGEN OSTERHAMMEL, geboren 1952, ist Professor für Neuere Geschichte an der FernUniversität Hagen und war 1996/97 Fellow am Wissenschaftskolleg in Berlin. Wichtige Veröffentlichungen: *Britischer Imperialismus im Fernen Osten*, 1983; *China und die Weltgesellschaft*, 1989; *Kolonialismus*, 1994; *Asien in der Neuzeit. Sieben historische Stationen* (Hg. und Autor), 1994 (Fischer Taschenbuch Bd. 11853); *Kolonialismus. Geschiche–Formen–Folgen*, 1995.

SIEGBERT PEETZ, geboren 1954, ist Privatdozent am Institut für Philosophie der Ludwig-Maximilians-Universität in München. Wichtige Veröffentlichungen: *Die Wiederkehr im Unterschied. Ernst von Lasaulx*, 1989; (Hg. von:) Friedrich Wilhelm Joseph Schelling, *System der Weltalter*, 1990; *Die Freiheit im Wissen. Eine Untersuchung zu Schellings Konzept der Rationalität*, 1995, sowie Aufsätze zur antiken und klassischen deutschen Philosophie und zur Theorie der Kunst im 20. Jahrhundert.

ROBERT-JAN VAN PELT, geboren 1955, ist Professor für Kulturgeschichte an der School of Architecture der Universität Waterloo in Kanada. Wichtige Veröffentlichungen: *Het Binnenhof: van Grafelijke Residentie to Regeringscentrum*, 1984; *Tempel van de Wereld. De Kosmische Symboliek van de Tempel van Salomo*, 1984; *Architectural Principles in the Age of Historicism* (zus. mit Carroll William Westfall), 1991; *Dios Arquitecto. Juan Bautista Villalpando y el Templo de Salomon* (zus. mit J. A. Ramirez u. a.), 1991; *Auschwitz 1270–1995* (zus. mit D. Dwork), 1996. Zahlreiche Aufsätze.

FRITZ RINGER, geboren 1934, ist Mellon Professor für Geschichte an der Universität Pittsburgh in den USA. Wichtige Veröffentlichungen: *The Decline of the German Mandarins*, 1969 (1990) [dt.: *Die Gelehrten. Der Niedergang der deutschen Mandarine 1890–1933*, 1983]; *Fields of Knowledge. French Academic Culture in Comparative Perspective 1890–1920*, 1992. Zur Zeit arbeitet er an einem Buch über Max Webers Wissenschaftslehre.

JOACHIM RÜCKERT ist Professor für Zivilrecht und Rechtsgeschichte am FB Rechtswissenschaft der Johann Wolfgang Goethe-Universität in Frankfurt/Main. Monographien: *A. L. Reyschers Leben und Rechtstheorie*, 1974; *Betriebliche Arbeiterausschüsse in Deutschland, Großbritannien und Frankreich im späten 19. und frühen 20. Jahrhundert*, 1979; *Idealismus, Jurisprudenz und Politik bei Fr. C. von Savigny*, 1984; *Autonomie des Rechts in rechtshistorischer Perspektive*, 1988; *Die Deutsche Rechtsgeschichte in der NS-Zeit* (Mithg.), 1995; *Beschreibende Bibliographie zur Geschichte des Arbeitsrechts mit Sozialrecht, Sozialpolitik und Sozialgeschichte* (Hg.), 1996; Abhandlungen zum bürgerlichen Recht und Arbeitsrecht, ihrer Geschichte und Sozialgeschichte, zur NS-Zeit, zur Wissenschaftsgeschichte und zu Theorie- und Methodenfragen.

HANS SCHLEIER, geboren 1931, war bis Ende 1996 Professor in Halle und ist Mitglied des Büros der internationalen Kommission Geschichte der Geschichtsschreibung beim CISH. Veröffentlichungen zur Geschichte und Theorie der Geschichtswissenschaft, u. a.: *Die bürgerliche deutsche Geschichtsschreibung der Weimarer Republik*, 1975; *Karl Lamprecht: Alternative zu Ranke. Schriften zur Geschichtstheorie* (Hg.), 1988; Mithg. von: *Geschichtswissenschaft vor 2000. Festschrift für Georg G. Iggers*, 1991; *Fundamenta Historica*, seit 1990; *Wissen und Kritik*, seit 1992.

CHRISTIAN SIMON, geboren 1951, ist Professor für Neuere allgemeine Geschichte und Schweizergeschichte an der Universität Basel und arbeitet seit 1995 für den Schweizerischen Wissenschaftsrat in Bern. Wichtige

Veröffentlichungen: *Untertanenverhalten und obrigkeitliche Moralpolitik*, 1981; *Staat und Geschichtswissenschaft in Deutschland und Frankreich, 1871–1914. Situation und Werk von Geschichtsprofessoren an den Universitäten Berlin, München, Paris*, 1988; »Identität durch Geschichte im Nationalstaat. Zum Geschichtsbedarf in Frankreich«, in: *Erfundene Schweiz. Konstruktionen nationaler Identität* (hg. v. Guy P. Marchal u. Aram Mattioli), 1992, S. 103–120; »Wirkung und Rezeption. Wissenschaftsgeschichtliche Probleme am Beispiel Karl Lamprechts«, in: *Karl Lamprecht weiterdenken. Universal- und Kulturgeschichte heute* (hg. v. Gerald Diesener), 1993, S. 313–331; *Basler Frieden 1795. Revolution und Krieg in Europa* (Hg.), 1995; »Hektor Amman – Neutralität, Germanophilie, Geschichte«, in: *Intellektuelle von rechts. Ideologie und Politik in der Schweiz 1918–1939* (hg. v. Aram Mattioli), 1995, S. 29–53.

WULF WÜLFING, geboren 1934, lehrt Neuere deutsche Literaturwissenschaft am Germanistischen Institut der Ruhr-Universität Bochum. Wichtige Veröffentlichungen: *Junges Deutschland. Texte – Kontexte, Abbildungen, Kommentar*, 1978; *Schlagworte des Jungen Deutschland. Mit einer Einführung in die Schlagwortforschung*, 1982; *Bewegung und Stillstand in Metaphern und Mythen. Fallstudien zum Verhältnis von elementarem Wissen und Literatur im 19. Jahrhundert* (Hg. zus. mit Jürgen Link), 1984; *Historische Mythologie der Deutschen 1798–1918* (zus. mit Karin Bruns u. Rolf Parr), 1991; *Nationale Mythen und Symbole in der zweiten Hälfte des 19. Jahrhunderts. Strukturen und Funktionen von Konzepten nationaler Identität* (Hg. zus. mit Jürgen Link), 1991.

Fischer Wissenschaft

Eine Auswahl

Philippe Ariès/André Béjin/
Michel Foucault u.a.
Die Masken des Begehrens und die Metamorphosen der Sinnlichkeit
Band 7357

Aleida Assmann/
Dietrich Harth (Hg.)
Mnemosyne. Formen und Funktionen der kulturellen Erinnerung
Band 10724
Kultur als Lebenswelt und Monument
Band 10725

Gaston Bachelard
Epistemologie
Band 11703
Poetik des Raumes
Band 7396
Psychoanalyse des Feuers
Band 10253

Pierre Chaunu
Europäische Kultur im Zeitalter des Barock
Band 7421

Georges Duby
Die Frau ohne Stimme. Liebe und Ehe im Mittelalter
Band 11004
Der Sonntag von Bouvines 27. Juli 1214
Band 12284
Wirklichkeit und höfischer Traum
Zur Kultur des Mittelalters
Band 10252

Umberto Eco
Apokalyptiker und Integrierte
Band 7367

Lucien Febvre
Das Gewissen des Historikers
Band 10332

Moses I. Finley
Quellen und Modelle in der Alten Geschichte
Band 7373

Michel Foucault
Die Geburt der Klinik
Band 7400
Die Ordnung des Diskurses
Band 10083
Von der Subversion des Wissens
Band 7398

Fischer Taschenbuch Verlag

fi 513 / 13 a